海外中文古籍總目
哈佛燕京圖書館書目叢刊第二十一種

美國哈佛大學哈佛燕京圖書館
中文古籍目錄
（第二冊）

Catalogue of Chinese Ancient Books of the Harvard-Yenching Library, Harvard University

哈佛燕京圖書館
中華書局 編

中華書局

第二册目録

目　録

一
經
部
一

叢編

御定仿宋相臺岳氏本五經九十六卷

T115/1121

〔宋〕岳珂編

清乾隆四十八年（1783）武英殿刻本

五十五册

周易十卷略例一卷附考證　〔三國魏〕王弼注　〔晋〕韓康伯補注（略例）〔三國魏〕王弼撰　〔唐〕邢璹注　〔唐〕陸德明音義

尚書十三卷附考證　〔漢〕孔安國傳　〔唐〕陸德明音義

毛詩二十卷附考證　〔漢〕毛亨傳　〔漢〕鄭玄箋　〔唐〕陸德明音義

禮記二十卷附考證　〔漢〕鄭玄注　〔唐〕陸德明音義

春秋經傳集解三十卷附考證又附春秋年表一卷春秋名號歸一圖二卷附考證　〔晋〕杜預撰　〔唐〕陸德明音義　（春秋名號歸一圖）〔後蜀〕馮繼先撰

御纂七經七種

110/4494

〔清〕李光地等撰

清同治六年（1867）杭州浙江書局刻本

一百四十二册

御纂周易折中二十二卷首一卷　〔清〕李光地等撰

欽定書經傳説彙纂二十一卷首二卷書序一卷　〔清〕王頊齡等撰

欽定詩經傳説彙纂二十一卷首二卷詩序二卷　〔清〕王鴻緒等撰

欽定春秋傳説彙纂三十八卷首二卷

〔清〕王掞等撰

欽定周官義疏四十八卷首一卷　〔清〕允禄等撰

欽定儀禮義疏四十八卷首二卷　〔清〕允禄等撰

欽定禮記義疏八十二卷首一卷　〔清〕允禄等撰

九經十卷（存五種）

T110/303

明嘉靖刻本

二十四册

周易一卷

尚書一卷

毛詩一卷

禮記一卷

春秋一卷

十三經注疏三百三十五卷

T110/4120a

明嘉靖李元陽福建刻隆慶二年（1568）重修本

一百七十三册

周易兼義九卷附略例一卷音義一卷　〔三國魏〕王弼注　〔晋〕韓康伯補注　〔唐〕孔穎達正義　（略例）〔三國魏〕王弼撰　〔唐〕邢璹注　〔唐〕陸德明音義

尚書注疏二十卷　〔漢〕孔安國傳　〔唐〕孔穎達疏　〔唐〕陸德明音義

毛詩注疏二十卷　〔漢〕毛亨傳　〔漢〕鄭玄箋　〔唐〕孔穎達疏　〔唐〕陸德明音義

周禮注疏四十二卷　〔漢〕鄭玄注　〔唐〕賈公彦疏　〔唐〕陸德明音義

儀禮注疏十七卷　〔漢〕鄭玄注
　〔唐〕賈公彦疏　〔唐〕陸德明
音義

禮記注疏六十三卷　〔漢〕鄭玄注
　〔唐〕孔穎達疏　〔唐〕陸德明
音義

春秋左傳注疏六十卷　〔晋〕杜預
注　〔唐〕孔穎達疏　〔唐〕陸德
明音義

春秋公羊注疏二十八卷　〔漢〕何
休解詁　〔唐〕徐彦疏　〔唐〕陸
德明音義

春秋穀梁注疏二十卷　〔晋〕范甯
集解　〔唐〕楊士勛疏　〔唐〕陸
德明音義

論語注疏解經二十卷　〔三國魏〕
何晏集解　〔宋〕邢昺疏

孝經注疏九卷　〔唐〕玄宗李隆基
注　〔宋〕邢昺疏

爾雅注疏十一卷　〔晋〕郭璞注
　〔宋〕邢昺疏

孟子注疏解經十四卷　〔漢〕趙岐
注　〔宋〕孫奭疏

十三經注疏補脱一卷

十三經注疏三百三十三卷

T110/7111.41e

明崇禎元年至十二年（1628—1639）
毛氏汲古閣刻本
　一百六十册
　周易兼義九卷　〔三國魏〕王弼注
　　〔晋〕韓康伯補注　〔唐〕孔穎達
　　正義　崇禎四年（1631）刻
　尚書注疏二十卷　〔漢〕孔安國傳
　　〔唐〕孔穎達疏　〔唐〕陸德明音

義　崇禎五年（1632）刻

毛詩注疏二十卷　〔漢〕毛亨傳
　〔漢〕鄭玄箋　〔唐〕孔穎達疏
　〔唐〕陸德明音義　崇禎三年
（1630）刻

周禮注疏四十二卷　〔漢〕鄭玄注
　〔唐〕賈公彦疏　〔唐〕陸德明音
義　崇禎元年（1628）刻

儀禮注疏十七卷　〔漢〕鄭玄注
　〔唐〕賈公彦疏　〔唐〕陸德明音
義　崇禎九年（1636）刻

禮記注疏六十三卷　〔漢〕鄭玄注
　〔唐〕孔穎達疏　〔唐〕陸德明音
義　崇禎十二年（1639）刻

春秋左傳注疏六十卷　〔晋〕杜預
注　〔唐〕孔穎達疏　〔唐〕陸德
明音義　崇禎十一年（1638）刻

春秋公羊注疏二十八卷　〔漢〕何
休注　〔唐〕徐彦疏　〔唐〕陸德
明音義　崇禎七年（1634）刻

春秋穀梁注疏二十卷　〔晋〕范甯
集解　〔唐〕楊士勛疏　〔唐〕陸
德明音義　崇禎八年（1635）刻

論語注疏解經二十卷　〔三國魏〕
何晏集解　〔宋〕邢昺疏　崇禎
十年（1637）刻

孝經注疏九卷　〔唐〕玄宗李隆
基注　〔宋〕邢昺疏　崇禎二年
（1629）刻

爾雅注疏十一卷　〔晋〕郭璞注
　〔宋〕邢昺疏　崇禎元年（1628）刻

孟子注疏解經十四卷　〔漢〕趙
岐注　〔宋〕孫奭疏　崇禎六年
（1633）刻

重刻十三經注疏附考證　110/7111.41C

〔清〕弘晝等校刻

清刻本

一百二十册

周易注疏十三卷略例一卷附考證
　〔三國魏〕王弼注　〔晋〕韓康伯
　補注　〔唐〕陸德明音義　〔唐〕
　孔穎達疏　（略例）〔三國魏〕王
　弼撰　〔唐〕邢璹注　〔唐〕陸德
　明音義

尚書注疏十九卷附考證一卷　〔漢〕
　孔安國傳　〔唐〕孔穎達疏　〔唐〕
　陸德明音義

毛詩注疏三十卷附考證　〔漢〕毛
　亨傳　〔漢〕鄭玄箋　〔唐〕孔穎
　達疏　〔唐〕陸德明音義

周禮注疏四十二卷附考證　〔漢〕
　鄭玄注　〔唐〕賈公彦疏　〔唐〕
　陸德明音義

儀禮注疏十七卷附考證　〔漢〕鄭
　玄注　〔唐〕賈公彦疏　〔唐〕陸
　德明音義

禮記注疏六十三卷附考證　〔漢〕
　鄭玄注　〔唐〕孔穎達疏　〔唐〕
　陸德明音義

春秋左傳注疏六十卷附考證
　〔晋〕杜預注　〔唐〕孔穎達疏
　〔唐〕陸德明音義

春秋公羊注疏二十八卷附考證
　〔漢〕何休注　〔唐〕徐彦疏
　〔唐〕陸德明音義

春秋穀梁注疏二十卷附考證
　〔晋〕范甯集解　〔唐〕楊士勛疏
　〔唐〕陸德明音義

孝經注疏九卷附考證　〔唐〕玄宗

李隆基注　〔宋〕邢昺校　〔唐〕
陸德明音義

論語注疏二十卷附考證　〔三國
　魏〕何晏集解　〔宋〕邢昺疏
　〔唐〕陸德明音義

孟子注疏十四卷附考證　〔漢〕趙
　岐注　〔宋〕孫奭疏

爾雅注疏十一卷附考證　〔晋〕郭
　璞注　〔宋〕邢昺疏　〔唐〕陸德
　明音義

重刊宋本十三經注疏附校勘記

110/7111.41g

〔清〕阮元校勘　〔清〕盧宣旬摘録

清嘉慶二十年（1815）江西南昌府學
刻本

八十八册

周易兼義九卷附音義一卷注疏校勘
　記九卷釋文校勘記一卷　〔三國
　魏〕王弼注　〔晋〕韓康伯補注
　〔唐〕孔穎達正義　〔唐〕陸德明
　音義

附釋音尚書注疏二十卷附校勘記
　二十卷　〔漢〕孔安國傳　〔唐〕
　孔穎達疏　〔唐〕陸德明音義

附釋音毛詩注疏七十卷附校勘記
　七十卷　〔漢〕毛亨傳　〔漢〕鄭
　玄箋　〔唐〕孔穎達疏　〔唐〕陸
　德明音義

附釋音周禮注疏四十二卷附校勘記
　四十二卷　〔漢〕鄭玄注　〔唐〕
　賈公彦疏　〔唐〕陸德明音義

儀禮注疏五十卷附校勘記五十卷
　〔漢〕鄭玄注　〔唐〕賈公彦疏
　〔唐〕陸德明音義

附釋音禮記注疏六十三卷附校勘記
　　六十三卷　　〔漢〕鄭玄注　　〔唐〕
　　孔穎達疏　　〔唐〕陸德明音義
附釋音春秋左傳注疏六十卷附校勘
　　記六十卷　　〔晋〕杜預注　　〔唐〕
　　孔穎達疏　　〔唐〕陸德明音義
監本附音春秋公羊注疏二十八卷附
　　校勘記二十八卷　　〔漢〕何休解
　　詁　　〔唐〕徐彦疏　　〔唐〕陸德明
　　音義
監本附音春秋穀梁注疏二十卷附
　　校勘記二十卷　　〔晋〕范甯集解
　　〔唐〕楊士勛疏　　〔唐〕陸德明
　　音義
論語注疏解經二十卷附校勘記二十
　　卷　　〔三國魏〕何晏集解　　〔宋〕
　　邢昺疏
孝經注疏九卷附校勘記九卷　　〔唐〕
　　玄宗李隆基注　　〔宋〕邢昺校
爾雅注疏十卷附校勘記十卷
　　〔晋〕郭璞注　　〔宋〕邢昺疏
孟子注疏解經十四卷附校勘記十
　　四卷　　〔漢〕趙岐注　　〔宋〕孫
　　奭疏

十三經注　　　　　　　110/7111.41e
清咸豐二年（1852）稽古樓刻本
一百册
周易九卷　　〔三國魏〕王弼注
　　〔晋〕韓康伯補注
尚書六卷　　〔漢〕孔安國傳
毛詩注二十卷附詩譜一卷　　〔漢〕
　　毛亨傳　　〔漢〕鄭玄箋　　（詩譜）
　　〔漢〕鄭玄撰
周禮六卷　　〔漢〕鄭玄注

儀禮十七卷　　〔漢〕鄭玄注
禮記十卷　　〔漢〕鄭玄注
春秋左傳注六十卷　　〔晋〕杜預撰
春秋公羊傳不分卷附考一卷　　〔漢〕
　　何休注　　〔明〕閔齊伋箋注撰附
春秋穀梁傳不分卷附考一卷　　〔晋〕
　　范甯集解　　〔明〕閔齊伋箋注
　　撰附
大學一卷　　〔漢〕鄭玄注　　〔宋〕朱
　　熹章句
中庸一卷　　〔漢〕鄭玄注　　〔宋〕朱
　　熹章句
論語十卷　　〔三國魏〕何晏集解
　　〔宋〕朱熹集注
孟子七卷　　〔漢〕趙岐注　　〔宋〕朱
　　熹集注
孝經一卷　　〔唐〕玄宗李隆基注
爾雅十一卷　　〔晋〕郭璞注

重刊宋本十三經注疏附校勘記
　　　　　　　　　　110/7111.41B
〔清〕阮元校勘　　〔清〕盧宣旬摘録
清光緒十三年（1887）上海脉望仙館
石印本
三十二册
周易兼義九卷附音義一卷注疏校勘
　　記九卷釋文校勘記一卷　　〔三國
　　魏〕王弼注　　〔晋〕韓康伯補注
　　〔唐〕孔穎達正義　　〔唐〕陸德明
　　音義
附釋音尚書注疏二十卷附校勘記
　　二十卷　　〔漢〕孔安國傳　　〔唐〕
　　孔穎達疏　　〔唐〕陸德明音義
附釋音毛詩注疏七十卷附校勘記
　　七十卷　　〔漢〕毛亨傳　　〔漢〕鄭

玄箋　〔唐〕孔穎達疏　〔唐〕陸
德明音義

附釋音周禮注疏四十二卷附校勘記
四十二卷　〔漢〕鄭玄注　〔唐〕
賈公彦疏　〔唐〕陸德明音義

儀禮注疏五十卷附校勘記五十卷
〔漢〕鄭玄注　〔唐〕賈公彦疏
〔唐〕陸德明音義

附釋音禮記注疏六十三卷附校勘記
六十三卷　〔漢〕鄭玄注　〔唐〕
孔穎達疏　〔唐〕陸德明音義

附釋音春秋左傳注疏六十卷附校勘
記六十卷　〔晋〕杜預注　〔唐〕
孔穎達疏　〔唐〕陸德明音義

監本附音春秋公羊注疏二十八卷附
校勘記二十八卷　〔漢〕何休解
詁　〔唐〕徐彦疏　〔唐〕陸德明
音義

監本附音春秋穀梁注疏二十卷附
校勘記二十卷　〔晋〕范甯集解
〔唐〕楊士勛疏　〔唐〕陸德明
音義

論語注疏解經二十卷附校勘記二十
卷　〔三國魏〕何晏集解　〔宋〕
邢昺疏

孝經注疏九卷附校勘記九卷　〔唐〕
玄宗李隆基注　〔宋〕邢昺校

爾雅注疏十卷附校勘記十卷
〔晋〕郭璞注　〔宋〕邢昺疏

孟子注疏解經十四卷附校勘記十四
卷　〔漢〕趙岐注　〔宋〕孫奭疏

重刊宋本十三經注疏附校勘記

110/7111.41

〔清〕阮元校勘　〔清〕盧宣旬摘錄

清光緒十八年（1892）湖南寶慶務本
書局刻本
一百二十八册

周易兼義九卷附音義一卷注疏校勘
記九卷釋文校勘記一卷　〔三國
魏〕王弼注　〔晋〕韓康伯補注
〔唐〕孔穎達正義　〔唐〕陸德明
音義

附釋音尚書注疏二十卷附校勘記
二十卷　〔漢〕孔安國傳　〔唐〕
孔穎達疏　〔唐〕陸德明音義

附釋音毛詩注疏七十卷附校勘記
七十卷　〔漢〕毛亨傳　〔漢〕鄭
玄箋　〔唐〕孔穎達疏　〔唐〕陸
德明音義

附釋音周禮注疏四十二卷附校勘記
四十二卷　〔漢〕鄭玄注　〔唐〕
賈公彦疏　〔唐〕陸德明音義

儀禮注疏五十卷附校勘記五十卷
〔漢〕鄭玄注　〔唐〕賈公彦疏
〔唐〕陸德明音義

附釋音禮記注疏六十三卷附校勘記
六十三卷　〔漢〕鄭玄注　〔唐〕
孔穎達疏　〔唐〕陸德明音義

附釋音春秋左傳注疏六十卷附校勘
記六十卷　〔晋〕杜預注　〔唐〕
孔穎達疏　〔唐〕陸德明音義

監本附音春秋公羊注疏二十八卷附
校勘記二十八卷　〔漢〕何休解
詁　〔唐〕徐彦疏　〔唐〕陸德明
音義

監本附音春秋穀梁注疏二十卷附
校勘記二十卷　〔晋〕范甯集解
〔唐〕陸德明音義　〔唐〕楊士
勛疏

論語注疏解經二十卷附校勘記二十

　　卷　〔三國魏〕何晏集解　〔宋〕

　　邢昺疏

孝經注疏九卷附校勘記九卷　〔唐〕

　　玄宗李隆基注　〔宋〕邢昺校

爾雅注疏十卷附校勘記十卷　〔晋〕

　　郭璞注　〔宋〕邢昺疏

孟子注疏解經十四卷附校勘記十四

　　卷　〔漢〕趙岐注　〔宋〕孫奭疏

通志堂經解一百四十種　　T110/2452b

〔清〕納蘭性德輯

清康熙十二年（1673）通志堂刻本

五百册

子夏易傳十一卷　〔周〕卜商撰

易數鈎隱圖三卷遺論九事一卷

　　〔宋〕劉牧撰

横渠先生易説三卷　〔宋〕張載撰

易學一卷　〔宋〕王湜撰

紫巖居士易傳十卷　〔宋〕張浚撰

漢上易傳十一卷周易卦圖三卷周易

　　叢説一卷　〔宋〕朱震撰

易璇璣三卷　〔宋〕吳沆撰

周易義海撮要十二卷　〔宋〕李衡撰

易小傳六卷　〔宋〕沈該撰

復齋易説六卷　〔宋〕趙彦肅撰

古周易一卷　〔宋〕呂祖謙等撰

童溪王先生易傳三十卷　〔宋〕王

　　宗傳撰

易裨傳一卷外篇一卷　〔宋〕林至撰

易圖説三卷　〔宋〕吳仁傑撰

易學啓蒙通釋二卷圖一卷　〔宋〕

　　胡方平撰

周易玩辭十六卷　〔宋〕項安世撰

東谷鄭先生易翼傳二卷　〔宋〕鄭

　　汝諧撰

三易備遺十卷　〔宋〕朱元昇撰

丙子學易編一卷　〔宋〕李心傳撰

易學啓蒙小傳一卷古經傳一卷

　　〔宋〕税與權撰

水村易鏡一卷　〔宋〕林光世撰

晦庵先生朱文公易説二十三卷

　　〔宋〕朱鑑輯

大易緝説十卷　〔元〕王申子撰

周易輯聞六卷易雅一卷筮宗一卷

　　〔宋〕趙汝楳撰

周易傳義附録十四卷首一卷

　　〔宋〕董楷撰

學易記九卷首一卷　〔元〕李簡撰

讀易私言一卷　〔元〕許衡撰

俞氏易集説十三卷　〔元〕俞琰撰

周易本義附録纂注十五卷　〔元〕

　　胡一桂撰

周易發明啓蒙翼傳三卷外篇一卷

　　〔元〕胡一桂撰

周易本義通釋十二卷輯録雲峰文集

　　易義一卷　〔元〕胡炳文撰

易纂言十二卷首一卷　〔元〕吳澄撰

周易本義集成十二卷首一卷

　　〔元〕熊良輔撰

周易經傳集程朱解附録纂注十四卷

　　首一卷附一卷　〔元〕董真卿撰

易圖通變五卷　〔元〕雷思齊撰

易象圖説内篇三卷外篇三卷

　　〔元〕張理撰

大易象數鈎深圖三卷　〔元〕張

　　理撰

周易參義十二卷　〔明〕梁寅撰

合訂删補大易集義粹言八十卷

　　〔清〕納蘭性德撰

書古文訓十六卷　〔宋〕薛季宣撰

三山拙齋林先生尚書全解四十卷
　　〔宋〕林之奇撰

程尚書禹貢論二卷後論一卷山川地
　　理圖二卷　〔宋〕程大昌撰

尚書說七卷　〔宋〕黄度撰

增修東萊書說三十五卷首一卷
　　〔宋〕吕祖謙撰　〔宋〕時瀾修定

書疑九卷　〔宋〕王柏撰

書集傳或問二卷　〔宋〕陳大猷撰

杏溪傅氏禹貢集解二卷　〔宋〕傅
　　寅撰

尚書詳解十三卷　〔宋〕胡士行撰

尚書表注二卷　〔宋〕金履祥撰

尚書纂傳四十六卷　〔元〕王天與撰

書蔡氏傳輯録纂注六卷首一卷
　　〔元〕董鼎撰

書纂言四卷　〔元〕吴澄撰

書蔡氏傳旁通六卷　〔元〕陳師凱撰

尚書句解十三卷　〔元〕朱祖義撰

書集傳纂疏六卷首一卷　〔元〕陳
　　櫟撰

尚書通考十卷　〔元〕黄鎮成撰

王耕野先生讀書管見二卷　〔元〕
　　王充耘撰

定正洪範集説一卷首一卷　〔元〕
　　胡一中撰

毛詩指説一卷　〔唐〕成伯璵撰

詩本義十五卷鄭氏詩譜補亡一卷
　　〔宋〕歐陽修撰

李迂仲黄實夫毛詩集解四十二卷首
　　一卷　〔宋〕李樗　黄櫄講義
　　〔宋〕吕祖謙釋音

毛詩名物解二十卷　〔宋〕蔡卞撰

詩説一卷　〔宋〕張耒撰

詩疑二卷　〔宋〕王柏撰

詩傳遺説六卷　〔宋〕朱鑑撰

逸齋詩補傳三十卷篇目一卷
　　〔宋〕范處義撰

詩集傳名物鈔八卷　〔元〕許謙撰

詩經疑問七卷附編一卷　〔元〕朱
　　倬撰　（附編）〔元〕趙惪撰

詩解頤四卷　〔明〕朱善撰

春秋尊王發微十二卷附録一卷
　　〔宋〕孫復撰

春秋皇綱論五卷　〔宋〕王晳撰

春秋劉氏傳十五卷　〔宋〕劉敞撰

春秋權衡十七卷　〔宋〕劉敞撰

劉氏春秋意林二卷　〔宋〕劉敞撰

春秋年表一卷

春秋名號歸一圖二卷　〔後蜀〕馮
　　繼先撰

龍學孫公春秋經解十五卷　〔宋〕
　　孫覺撰

春秋臣傳三十卷　〔宋〕王當撰

西疇居士春秋本例二十卷　〔宋〕
　　崔子方撰

木訥先生春秋經筌十六卷　〔宋〕
　　趙鵬飛撰

石林先生春秋傳二十卷　〔宋〕葉
　　夢得撰

止齋先生春秋後傳十二卷　〔宋〕
　　陳傅良撰

春秋集解三十卷　〔宋〕吕祖謙撰

左氏傳説二十卷　〔宋〕吕祖謙撰

春秋左氏傳事類始末五卷附録一卷
　　〔宋〕章沖撰

春秋提綱十卷　〔元〕陳則通撰

春秋王霸列國世紀編三卷　〔宋〕
　　李琪撰

春秋通説十三卷　〔宋〕黃仲炎撰

春秋集注十一卷綱領一卷　〔宋〕張洽撰

春秋或問二十卷　〔宋〕呂大圭撰

春秋五論一卷　〔宋〕呂大圭撰

則堂先生春秋集傳詳説三十卷綱領一卷　〔宋〕家鉉翁撰

春秋類對賦一卷　〔宋〕徐晋卿撰

春秋諸國統紀六卷　〔元〕齊履謙撰

春秋本義三十卷首一卷　〔元〕程端學撰

春秋或問十卷　〔元〕程端學撰

春秋集傳十五卷　〔元〕趙汸撰　〔明〕倪尚誼校定

春秋屬辭十五卷　〔元〕趙汸撰

春秋師説三卷附録二卷　〔元〕趙汸撰

春秋左氏傳補注十卷　〔元〕趙汸撰

春秋諸傳會通二十四卷　〔元〕李廉撰

春秋集傳釋義大成十二卷首一卷　〔元〕俞皋撰

清全齋讀春秋編十二卷　〔元〕陳深撰

春秋春王正月考一卷辨疑一卷　〔明〕張以寧撰

新定三禮圖二十卷　〔宋〕聶崇義集注

東巖周禮訂義八十卷首一卷　〔宋〕王與之撰

鬳齋考工記解二卷　〔宋〕林希逸撰

儀禮圖十七卷旁通圖一卷附儀禮本經十七卷　〔宋〕楊復撰

禮記集説一百六十卷　〔宋〕衛湜撰

禮經會元四卷　〔宋〕葉時撰

太平經國之書十一卷首一卷　〔宋〕鄭伯謙撰

夏小正戴氏傳四卷　〔宋〕傅崧卿注

儀禮集説十七卷　〔元〕敖繼公撰

儀禮逸經傳一卷　〔元〕吳澄撰

經禮補逸九卷附録一卷　〔元〕汪克寬撰

禮記陳氏集説補正三十八卷　〔清〕納蘭性德撰

孝經注解一卷　〔唐〕玄宗李隆基注　〔宋〕司馬光指解　〔宋〕范祖禹説

孝經大義一卷　〔元〕董鼎撰

孝經一卷　〔元〕吳澄校定

晦庵先生所定古文孝經句解一卷　〔宋〕朱申撰

南軒先生論語解十卷　〔宋〕張栻撰

論語集説十卷　〔宋〕蔡節撰

南軒先生孟子説七卷　〔宋〕張栻撰

孟子集疏十四卷　〔宋〕蔡模撰

孟子音義二卷　〔宋〕孫奭撰

大學纂疏一卷中庸纂疏一卷論語纂疏十卷孟子纂疏十四卷　〔宋〕趙順孫撰

大學集編一卷中庸集編一卷論語集編十卷孟子集編十四卷　〔宋〕真德秀撰

大學通一卷中庸通一卷論語通十卷孟子通十四卷　〔元〕胡炳文撰

大學章句或問通證一卷中庸章句或問通證一卷論語集注通證二卷孟子集注通證二卷　〔元〕張存中撰

大學章句纂箋一卷大學或問纂箋一卷中庸章句纂箋一卷中庸或問纂

箋一卷論語集注纂箋十卷孟子集注纂箋十四卷　〔元〕詹道傳撰

四書通旨六卷　〔元〕朱公遷撰

四書辨疑十五卷　〔元〕陳天祥撰

大學集説啓蒙一卷中庸集説啓蒙一卷　〔元〕景星撰

經典釋文三十卷　〔唐〕陸德明撰

公是先生七經小傳三卷　〔宋〕劉敞撰

六經奥論六卷首一卷　〔宋〕鄭樵撰

六經正誤六卷　〔宋〕毛居正撰

熊先生經説七卷　〔元〕熊朋來撰

十一經問對五卷　〔元〕何異孫撰

五經蠡測六卷　〔明〕蔣悌生撰

通志堂經解一百四十種（存一百三十八種）

110/2452

〔清〕納蘭性德輯

清同治十二年（1873）粵東書局刻本

四百八十册

子夏易傳十一卷　〔周〕卜商撰

易數鈎隱圖三卷遺論九事一卷　〔宋〕劉牧撰

橫渠先生易説三卷　〔宋〕張載撰

易學一卷　〔宋〕王湜撰

紫巖居士易傳十卷　〔宋〕張浚撰

漢上易傳十二卷周易卦圖三卷周易叢説一卷　〔宋〕朱震撰

易璇璣三卷　〔宋〕吳沆撰

周易義海撮要十二卷　〔宋〕李衡撰

易小傳六卷　〔宋〕沈該撰

復齋易説六卷　〔宋〕趙彦肅撰

古周易一卷　〔宋〕呂祖謙等撰

童溪王先生易傳三十卷　〔宋〕王宗傳撰

易裨傳一卷外篇一卷　〔宋〕林至撰

易圖説三卷　〔宋〕吳仁傑撰

易學啓蒙通釋二卷圖一卷　〔宋〕胡方平撰

周易玩辭十六卷　〔宋〕項安世撰

東谷鄭先生易翼傳二卷　〔宋〕鄭汝諧撰

三易備遺十卷　〔宋〕朱元昇撰

丙子學易編一卷　〔宋〕李心傳撰

易學啓蒙小傳一卷古經傳一卷　〔宋〕税與權撰

水村易鏡一卷　〔宋〕林光世撰

晦庵先生朱文公易説二十三卷　〔宋〕朱鑑撰

周易集説十卷　〔宋〕俞琰撰

周易輯聞六卷附易雅一卷筮宗一卷　〔宋〕趙汝楳撰

周易傳義附録十四卷首一卷　〔宋〕董楷撰

學易記九卷　〔元〕李簡撰

讀易私言一卷　〔元〕許衡撰

大易緝説十卷　〔元〕王申子撰

周易本義附録纂注十五卷　〔元〕胡一桂撰

周易發明啓蒙翼傳三卷外篇一卷　〔元〕胡一桂撰

周易本義通釋十二卷雲峰易義一卷　〔元〕胡炳文撰

易纂言十二卷首一卷　〔元〕吳澄撰

周易本義集成十二卷首一卷　〔元〕熊良輔撰

周易經傳集程朱解附録纂注十四卷首一卷　〔元〕董真卿撰

易圓通變五卷　〔元〕雷思齊撰

易象圖説内篇三卷外篇三卷
　　〔元〕張理撰
大易象説鈎深圖三卷　　〔元〕張
　　理撰
周易參義十二卷　　〔明〕梁寅撰
合訂删補大易集義粹言八十卷
　　〔清〕納蘭性德撰
書古文訓十六卷　　〔宋〕薛季宣撰
三山拙齋林先生尚書全解四十卷
　　〔宋〕林之奇撰
程尚書禹貢論二卷後論一卷禹貢山
　　川地理圖二卷　　〔宋〕程大昌撰
尚書説七卷　　〔宋〕黄度撰
增修東萊書説三十五卷　　〔宋〕吕
　　祖謙撰　　〔宋〕時瀾修定
書疑九卷　　〔宋〕王柏撰
書集傳或問二卷　　〔宋〕陳大猷撰
杏溪傅氏禹貢集解二卷　　〔宋〕傅
　　寅撰
尚書詳解十三卷　　〔宋〕胡士行撰
尚書表注二卷　　〔宋〕金履祥撰
尚書纂傳四十六卷　　〔元〕王天與撰
書蔡氏傳輯録纂注六卷首一卷
　　〔元〕董鼎撰
書纂言四卷　　〔元〕吳澄撰
書蔡氏傳旁通六卷　　〔元〕陳師凱撰
尚書句解十三卷　　〔元〕朱祖義撰
書集傳纂疏六卷首一卷　　〔元〕陳
　　櫟撰
尚書通考十卷　　〔元〕黄鎮成撰
王耕野先生讀書管見二卷　　〔元〕
　　王充耘撰
定正洪範集説一卷首一卷　　〔元〕
　　胡一中撰
毛詩指説一卷　　〔唐〕成伯璵撰

詩本義十五卷附鄭氏詩譜補亡一卷
　　〔宋〕歐陽修撰
李运仲黄實夫毛詩集解四十二卷首
　　一卷　　〔宋〕李樗　黄櫄講義
　　〔宋〕吕祖謙釋音
毛詩名物解二十卷　　〔宋〕蔡卞撰
詩説一卷　　〔宋〕張耒撰
詩疑二卷　　〔宋〕王柏撰
詩傳遺説六卷　　〔宋〕朱鑑撰
逸齋詩補傳三十卷篇目一卷
　　〔宋〕范處義撰
詩集傳名物鈔八卷　　〔元〕許謙撰
詩經疑問七卷附編一卷　　〔元〕朱
　　倬撰　　（附編）〔元〕趙惪撰
詩解頤四卷　　〔明〕朱善撰
春秋尊王發微十二卷　　〔宋〕孫復撰
春秋皇綱論五卷　　〔宋〕王晳撰
春秋劉氏傳十五卷　　〔宋〕劉敞撰
春秋權衡十七卷　　〔宋〕劉敞撰
劉氏春秋意林二卷　　〔宋〕劉敞撰
春秋年表一卷
春秋名號歸一圖二卷　　〔後蜀〕馮
　　繼先撰
春秋臣傳三十卷　　〔宋〕王當撰
西疇居士春秋本例二十卷　　〔宋〕
　　崔子方撰
木訥先生春秋經筌十六卷　　〔宋〕
　　趙鵬飛撰
石林先生春秋傳二十卷　　〔宋〕葉夢
　　得撰
止齋先生春秋後傳十二卷　　〔宋〕
　　陳傅良撰
春秋集解三十卷　　〔宋〕吕祖謙撰
春秋左氏傳説二十卷　　〔宋〕吕祖
　　謙撰

春秋左氏傳事類始末五卷附録一卷
　〔宋〕章沖撰

春秋提綱十卷　〔元〕陳則通撰

春秋王霸列國世紀編三卷　〔宋〕
　李琪撰

春秋通説十三卷　〔宋〕黃仲炎撰

春秋集注十一卷綱領一卷　〔宋〕
　張洽撰

春秋或問二十卷　〔宋〕呂大圭撰

春秋五論一卷　〔宋〕呂大圭撰

則堂先生春秋集傳詳説三十卷綱領
　一卷　〔宋〕家鉉翁撰

春秋類對賦一卷　〔宋〕徐晋卿撰

春秋諸國統紀六卷　〔元〕齊履謙撰

春秋本義三十卷首一卷　〔元〕程
　端學撰

春秋或問十卷　〔元〕程端學撰

春秋集傳十五卷　〔元〕趙汸撰
　〔明〕倪尚誼校定

春秋屬辭十五卷　〔元〕趙汸撰

春秋師説三卷附録二卷　〔元〕趙
　汸撰

春秋左氏傳補注十卷　〔元〕趙汸撰

春秋諸傳會通二十四卷　〔元〕李
　廉撰

春秋集傳釋義大成十二卷首一卷
　〔元〕俞皋撰

清全齋讀春秋編十二卷　〔元〕陳
　深撰

春秋春王正月考一卷辨疑一卷
　〔明〕張以寧撰

新定三禮圖二十卷　〔宋〕聶崇義
　集注

東巖周禮訂義八十卷首一卷
　〔宋〕王與之撰

鬳齋考工記解二卷　〔宋〕林希逸撰

儀禮圖十七卷旁通圖一卷　〔宋〕
　楊復撰

禮記集説一百六十卷　〔宋〕衛
　湜撰

禮經會元四卷　〔宋〕葉時撰

太平經國之書十一卷首一卷
　〔宋〕鄭伯謙撰

夏小正戴氏傳四卷　〔宋〕傅崧卿注

儀禮集説十七卷　〔元〕敖繼公撰

儀禮逸經傳一卷　〔元〕吳澄撰

經禮補逸九卷　〔元〕汪克寬撰

禮記陳氏集説補正三十八卷
　〔清〕納蘭性德撰

孝經注解一卷　〔唐〕玄宗李隆基
　注　〔宋〕司馬光指解　〔宋〕范
　祖禹説

孝經大義一卷　〔元〕董鼎撰

孝經定本一卷　〔元〕吳澄校定

晦庵先生所定古文孝經句解一卷
　〔宋〕朱申撰

南軒先生論語解十卷　〔宋〕張栻撰

論語集説十卷　〔宋〕蔡節撰

南軒先生孟子説七卷　〔宋〕張栻撰

孟子集疏十四卷　〔宋〕蔡模撰

孟子音義二卷　〔宋〕孫奭撰

大學纂疏一卷中庸纂疏一卷論語纂
　疏十卷孟子纂疏十四卷　〔宋〕
　趙順孫撰

大學集編一卷中庸集編一卷論語集
　編十卷孟子集編十四卷　〔宋〕
　真德秀撰

大學通一卷中庸通一卷論語通十卷
　孟子通十四卷　〔元〕胡炳文撰

大學章句或問通證一卷中庸章句或

問通證一卷論語集注通證二卷
　孟子集注通證二卷　　〔元〕張存
中撰
大學章句纂箋一卷大學或問纂箋一
　卷中庸章句纂箋一卷中庸或問纂
　箋一卷論語集注纂箋十卷孟子集
　注纂箋十四卷　　〔元〕詹道傳撰
四書通旨六卷　　〔元〕朱公遷撰
四書辨疑十五卷　　〔元〕陳天祥撰
大學集説啓蒙一卷中庸集説啓蒙一
　卷　　〔元〕景星撰
經典釋文三十卷　　〔唐〕陸德明撰
公是先生七經小傳三卷　　〔宋〕劉
敞撰
六經奧論六卷首一卷　　〔宋〕鄭樵撰
六經正誤六卷　　〔宋〕毛居正撰
熊先生經説七卷　　〔元〕熊朋來撰
十一經問對五卷　　〔元〕何異孫撰
五經蠡測六卷　　〔明〕蔣悌生撰

皇清經解一百七十二種　　　110/7111
　〔清〕阮元輯
清道光九年（1829）廣東學海堂刻咸
豐十年（1860）補刻本
　三百二十册
左傳杜解補正三卷　〔清〕顧炎武撰
音論一卷　　〔清〕顧炎武撰
易音三卷　　〔清〕顧炎武撰
詩本音十卷　　〔清〕顧炎武撰
日知録二卷　　〔清〕顧炎武撰
四書釋地一卷續一卷又續一卷三續
　一卷　〔清〕閻若璩撰
潛邱劄記二卷　〔清〕閻若璩撰
禹貢錐指二十卷例略圖一卷　〔清〕
　胡渭撰

學禮質疑二卷　　〔清〕萬斯大撰
學春秋隨筆十卷　　〔清〕萬斯大撰
毛詩稽古編三十卷　〔清〕陳啓源撰
仲氏易三十卷　　〔清〕毛奇齡撰
春秋毛詩傳三十六卷　　〔清〕毛奇
　齡撰
春秋簡書刊誤二卷　〔清〕毛奇齡撰
春秋屬辭比事記四卷　　〔清〕毛奇
　齡撰
經問十四卷補一卷　　〔清〕毛奇齡撰
論語稽求篇七卷　　〔清〕毛奇齡撰
四書賸言四卷補二卷　　〔清〕毛奇
　齡撰
詩説三卷附録一卷　　〔清〕惠周惕撰
湛園札記一卷　〔清〕姜宸英撰
經義雜記十卷　　〔清〕臧琳撰
解春集二卷　　〔清〕馮景撰
尚書地理今釋一卷　　〔清〕蔣廷錫撰
易説六卷　　〔清〕惠士奇撰
禮説十四卷　　〔清〕惠士奇撰
春秋説十五卷　　〔清〕惠士奇撰
白田草堂存稿一卷　　〔清〕王懋竑撰
周禮疑義舉要七卷　　〔清〕江永撰
深衣考誤一卷　　〔清〕江永撰
春秋地理考實四卷　　〔清〕江永撰
群經補義五卷　　〔清〕江永撰
鄉黨圖考十卷　　〔清〕江永撰
儀禮章句十七卷　　〔清〕吳廷華撰
觀象授時十四卷　　〔清〕秦蕙田撰
經史問答七卷　　〔清〕全祖望撰
質疑一卷　〔清〕杭世駿撰
注疏考證六卷　　〔清〕齊召南撰
　尚書注疏考證一卷
　禮記注疏考證一卷
　春秋左傳注疏考證二卷

春秋公羊傳注疏考證一卷

春秋穀梁傳注疏考證一卷

周官禄田考三卷　〔清〕沈彤撰

尚書小疏一卷　〔清〕沈彤撰

儀禮小疏八卷　〔清〕沈彤撰

春秋左傳小疏一卷　〔清〕沈彤撰

果堂集一卷　〔清〕沈彤撰

周易述二十一卷　〔清〕惠棟撰

古文尚書考二卷　〔清〕惠棟撰

春秋左傳補注六卷　〔清〕惠棟撰

九經古義十六卷　〔清〕惠棟撰

春秋正辭十一卷春秋舉例一卷春秋
　要指一卷　〔清〕莊存與撰

鍾山札記一卷　〔清〕盧文弨撰

龍城札記一卷　〔清〕盧文弨撰

尚書集注音疏十三卷尚書經師系表
　一卷　〔清〕江聲撰

尚書後案三十一卷　〔清〕王鳴盛撰

周禮軍賦説四卷　〔清〕王鳴盛撰

十駕齋養新録三卷餘録一卷
　〔清〕錢大昕撰

潛研堂文集六卷　〔清〕錢大昕撰

四書考異三十六卷　〔清〕翟灝撰

尚書釋天六卷　〔清〕盛百二撰

讀書脞録二卷續編二卷　〔清〕孫
　志祖撰

弁服釋例八卷　〔清〕任大椿撰

釋繒一卷　〔清〕任大椿撰

爾雅正義二十卷　〔清〕邵晋涵撰

宗法小記一卷　〔清〕程瑤田撰

儀禮喪服文足徵記十卷　〔清〕程
　瑤田撰

釋宮小記一卷　〔清〕程瑤田撰

考工創物小記四卷　〔清〕程瑤田撰

磬折古義一卷　〔清〕程瑤田撰

溝洫疆理小記一卷　〔清〕程瑤田撰

禹貢三江考三卷　〔清〕程瑤田撰

水地小記一卷　〔清〕程瑤田撰

解字小記一卷　〔清〕程瑤田撰

聲律小記一卷　〔清〕程瑤田撰

九穀考四卷　〔清〕程瑤田撰

釋草小記一卷　〔清〕程瑤田撰

釋蟲小記一卷　〔清〕程瑤田撰

禮箋三卷　〔清〕金榜撰

毛鄭詩考正四卷　〔清〕戴震撰

杲溪詩經補注二卷　〔清〕戴震撰

考工記圖二卷　〔清〕戴震撰

戴東原集二卷　〔清〕戴震撰

古文尚書撰異三十三卷　〔清〕段
　玉裁撰

毛詩故訓傳三十卷　〔清〕段玉
　裁訂

詩經小學四卷　〔清〕段玉裁撰

周禮漢讀考六卷　〔清〕段玉裁撰

儀禮漢讀考一卷　〔清〕段玉裁撰

説文解字注十五卷　〔清〕段玉裁撰

六書音均表五卷　〔清〕段玉裁撰

經韻樓集六卷　〔清〕段玉裁撰

廣雅疏證十卷　〔清〕王念孫撰
　〔清〕王引之述

讀書雜志二卷　〔清〕王念孫撰

春秋公羊通義十二卷叙一卷
　〔清〕孔廣森撰

禮學厄言六卷　〔清〕孔廣森撰

大戴禮記補注十三卷　〔清〕孔廣
　森撰

經學厄言六卷　〔清〕孔廣森撰

溉亭述古録二卷　〔清〕錢塘撰

群經識小八卷　〔清〕李惇撰

經讀考異八卷　〔清〕武億撰

尚書今古文注疏三十九卷　〔清〕
　孫星衍撰
問字堂集一卷　〔清〕孫星衍撰
儀禮釋官九卷　〔清〕胡匡衷撰
禮經釋例十三卷　〔清〕凌廷堪撰
校禮堂文集一卷　〔清〕凌廷堪撰
劉氏遺書一卷　〔清〕劉台拱撰
述學二卷　〔清〕汪中撰
經義知新記一卷　〔清〕汪中撰
大戴禮記正誤一卷　〔清〕汪中撰
曾子注釋四卷　〔清〕阮元撰
十三經注疏校勘記二百四十八卷
　〔清〕阮元撰
　周易校勘記九卷略例校勘記一卷
　　釋文校勘記一卷
　尚書校勘記二十卷釋文校勘記
　　二卷
　毛詩校勘記七卷釋文校勘記三卷
　周禮校勘記十二卷釋文校勘記
　　二卷
　儀禮校勘記十七卷釋文校勘記
　　一卷
　禮記校勘記六十三卷釋文校勘記
　　四卷
　春秋左傳校勘記三十六卷釋文校
　　勘記六卷
　春秋公羊傳校勘記十一卷釋文校
　　勘記一卷
　春秋穀梁傳校勘記十二卷釋文校
　　勘記一卷
　論語校勘記十卷釋文校勘記一卷
　孝經校勘記三卷釋文校勘記一卷
　爾雅校勘記六卷釋文校勘記二卷
　孟子校勘記十四卷音義校勘記
　　二卷

考工記車制圖解二卷　〔清〕阮
　元撰
積古齋鐘鼎彝器款識二卷　〔清〕
　阮元撰
疇人傳九卷　〔清〕阮元撰
揅經室集七卷　〔清〕阮元撰
撫本禮記鄭注考異二卷　〔清〕張
　敦仁撰
易章句十二卷　〔清〕焦循撰
易通釋二十卷　〔清〕焦循撰
易圖略八卷　〔清〕焦循撰
孟子正義三十卷　〔清〕焦循撰
周易補疏二卷　〔清〕焦循撰
尚書補疏二卷　〔清〕焦循撰
毛詩補疏五卷　〔清〕焦循撰
禮記補疏三卷　〔清〕焦循撰
春秋左傳補疏五卷　〔清〕焦循撰
論語補疏二卷　〔清〕焦循撰
周易述補四卷　〔清〕江藩撰
拜經日記八卷　〔清〕臧庸撰
拜經文集一卷　〔清〕臧庸撰
瞥記一卷　〔清〕梁玉繩撰
經義述聞二十八卷　〔清〕王引之撰
經傳釋詞十卷　〔清〕王引之撰
周易虞氏義九卷　〔清〕張惠言撰
周易虞氏消息二卷　〔清〕張惠言撰
虞氏易禮二卷　〔清〕張惠言撰
周易鄭氏義二卷　〔清〕張惠言撰
周易荀氏九家義一卷　〔清〕張惠
　言撰
易義別錄十四卷　〔清〕張惠言撰
五經異義疏證三卷　〔清〕陳壽祺撰
左海經辨二卷　〔清〕陳壽祺撰
左海文集二卷　〔清〕陳壽祺撰
鑑止水齋集二卷　〔清〕許宗彥撰

爾雅義疏十九卷　〔清〕郝懿行撰

春秋左傳補注三卷　〔清〕馬宗璉撰

春秋公羊經何氏釋例十卷　〔清〕
　劉逢禄撰

公羊春秋何氏解詁箋一卷　〔清〕
　劉逢禄撰

發墨守評一卷　〔清〕劉逢禄撰

穀梁廢疾申何二卷　〔清〕劉逢禄撰

左氏春秋考證二卷　〔清〕劉逢禄撰

箴膏盲評一卷　〔清〕劉逢禄撰

論語述何二卷　〔清〕劉逢禄撰

燕寢考三卷　〔清〕胡培翬撰

研六室雜著一卷　〔清〕胡培翬撰

春秋異文箋十三卷　〔清〕趙坦撰

寶甓齋札記一卷　〔清〕趙坦撰

寶甓齋文集一卷　〔清〕趙坦撰

夏小正疏義附釋音異字記四卷
　〔清〕洪震煊撰

秋槎雜記一卷　〔清〕劉履恂撰

吾亦廬稿四卷　〔清〕崔應榴撰

論語偶記一卷　〔清〕方觀旭撰

經書算學天文考一卷　〔清〕陳懋
　齡撰

四書釋地辨證二卷　〔清〕宋翔
　鳳撰

毛詩紬義二十四卷　〔清〕李黼
　平撰

公羊禮説一卷　〔清〕凌曙撰

禮説四卷　〔清〕凌曙撰

孝經義疏一卷　〔清〕阮福撰

經傳考證八卷　〔清〕朱彬撰

甓齋遺稿一卷　〔清〕劉玉麐撰

説緯一卷　〔清〕王崧撰

經義叢鈔三十卷　〔清〕嚴杰輯

國朝石經考異一卷　〔清〕馮登府撰

漢石經考異一卷　〔清〕馮登府撰

魏石經考異一卷　〔清〕馮登府撰

唐石經考異一卷　〔清〕馮登府撰

蜀石經考異一卷　〔清〕馮登府撰

北宋石經考異一卷　〔清〕馮登府撰

三家詩異文疏證二卷　〔清〕馮登
　府撰

皇清經解續編二百七種　　110/7111.2

　王先謙輯

　清光緒十四年（1888）江陰南菁書
院刻本

　三百二十冊

九經誤字一卷　〔清〕顧炎武撰

周易稗疏四卷　〔清〕王夫之撰

詩經稗疏四卷　〔清〕王夫之撰

春秋稗疏二卷　〔清〕王夫之撰

四書稗疏三卷　〔清〕王夫之撰

春秋占筮書三卷　〔清〕毛奇齡撰

續詩傳鳥名三卷　〔清〕毛奇齡撰

白鷺洲主客説詩一卷　〔清〕毛奇
　齡撰

孝經問一卷　〔清〕毛奇齡撰

大小宗通繹一卷　〔清〕毛奇齡撰

郊社禘祫問一卷　〔清〕毛奇齡撰

禮記偶箋三卷　〔清〕萬斯大撰

尚書古文疏證九卷（原缺卷三）
　〔清〕閻若璩撰

易圖明辨十卷　〔清〕胡渭撰

春秋長曆十卷　〔清〕陳厚耀撰

儀禮釋例一卷　〔清〕江永撰

儀禮釋宮增注一卷　〔清〕江永撰

禮記訓義擇言八卷　〔清〕江永撰

春秋大事表六十六卷輿圖一卷
　〔清〕顧棟高撰

天子肆獻祼饋食禮纂二卷　〔清〕
　任啓運撰
朝廟宮室考并圖一卷附田賦考
　〔清〕任啓運撰
易例二卷　〔清〕惠棟撰
易漢學八卷　〔清〕惠棟撰
明堂大道録八卷　〔清〕惠棟撰
禘説二卷　〔清〕惠棟撰
晚書訂疑三卷　〔清〕程廷祚撰
周官記五卷　〔清〕莊存與撰
周官説二卷　〔清〕莊存與撰
周官説補三卷　〔清〕莊存與撰
卦氣解一卷　〔清〕莊存與撰
儀禮管見十七卷　〔清〕褚寅亮撰
鄭氏儀禮目録校證一卷　〔清〕胡
　匡衷撰
爾雅補郭二卷　〔清〕翟灝撰
深衣釋例三卷　〔清〕任大椿撰
詩聲類十二卷詩聲分例一卷
　〔清〕孔廣森撰
經傳小記一卷　〔清〕劉台拱撰
國語補校一卷　〔清〕劉台拱撰
爾雅古義二卷　〔清〕錢坫撰
爾雅釋地四篇注一卷　〔清〕錢坫撰
逸周書雜志四卷　〔清〕王念孫撰
車制考一卷　〔清〕錢坫撰
群經義證八卷　〔清〕武億撰
釋服二卷　〔清〕宋綿初撰
孟子四考四卷　〔清〕周廣業撰
　孟子逸文考一卷
　孟子異本考一卷
　孟子古注考一卷
　孟子出處時地考一卷
毛詩考證四卷　〔清〕莊述祖撰
毛詩周頌口義三卷　〔清〕莊述

祖撰
五經小學述二卷　〔清〕莊述祖撰
詩書古訓十卷　〔清〕阮元撰
春秋左傳詁二十卷　〔清〕洪亮吉撰
左通補釋三十二卷　〔清〕梁履繩撰
周易述補五卷　〔清〕李林松撰
易圖條辨一卷　〔清〕張惠言撰
虞氏易事二卷　〔清〕張惠言撰
虞氏易言二卷　〔清〕張惠言撰
虞氏易候一卷　〔清〕張惠言撰
儀禮圖六卷　〔清〕張惠言撰
讀儀禮記二卷　〔清〕張惠言撰
書序述聞一卷　〔清〕劉逢禄撰
尚書今古文集解三十卷附校勘記一
　卷　〔清〕劉逢禄撰
卦本圖考一卷　〔清〕胡秉虔撰
尚書大傳輯校三卷　〔清〕陳壽祺撰
禹貢鄭注釋二卷　〔清〕焦循撰
群經宮室圖二卷　〔清〕焦循撰
隸經文四卷　〔清〕江藩撰
説文聲類十六卷聲類出入表一卷
　〔清〕嚴可均撰
周易考異二卷　〔清〕宋翔鳳撰
尚書略説二卷　〔清〕宋翔鳳撰
尚書譜一卷　〔清〕宋翔鳳撰
大學古義説二卷　〔清〕宋翔鳳撰
論語説義十卷　〔清〕宋翔鳳撰
孟子趙注補正六卷　〔清〕宋翔鳳撰
小爾雅訓纂六卷　〔清〕宋翔鳳撰
過庭録五卷　〔清〕宋翔鳳撰
毛詩傳箋通釋三十二卷　〔清〕馬
　瑞辰撰
毛詩後箋三十卷　〔清〕胡承珙撰
儀禮古今文疏義十七卷　〔清〕胡
　承珙撰

讀書叢録一卷　〔清〕洪頤煊撰

爾雅匡名二十卷　〔清〕嚴元照撰

周官故書考四卷　〔清〕徐養原撰

儀禮今古文異同疏證五卷　〔清〕徐養原撰

論語魯讀考一卷　〔清〕徐養原撰

頑石廬經說十卷　〔清〕徐養原撰

周禮學二卷　〔清〕王聘珍撰

儀禮學一卷　〔清〕王聘珍撰

易經異文釋六卷　〔清〕李富孫撰

詩經異文釋十六卷　〔清〕李富孫撰

春秋左傳異文釋十卷　〔清〕李富孫撰

春秋公羊傳異文釋一卷　〔清〕李富孫撰

春秋穀梁傳異文釋一卷　〔清〕李富孫撰

夏小正分箋四卷　〔清〕黃模撰

夏小正異義二卷　〔清〕黃模撰

春秋左氏古義六卷　〔清〕臧壽恭撰

春秋左氏傳補注十二卷　〔清〕沈欽韓撰

春秋左氏傳地名補注十二卷　〔清〕沈欽韓撰

儀禮經注疏正譌十七卷　〔清〕金曰追撰

周易虞氏略例一卷　〔清〕李鋭撰

論語孔注辨僞二卷　〔清〕沈濤撰

國語發正二十一卷　〔清〕汪遠孫撰

說文諧聲譜九卷　〔清〕張成孫撰

春秋穀梁傳時月日書法釋例四卷　〔清〕許桂林撰

求古録禮説十五卷補遺一卷　〔清〕金鶚撰

鄉黨正義一卷　〔清〕金鶚撰

說文解字音均表十七卷首一卷　〔清〕江沅撰

儀禮正義四十卷　〔清〕胡培翬撰

禘祫答問一卷　〔清〕胡培翬撰

實事求是齋經義二卷　〔清〕朱大韶撰

十三經詁答問六卷　〔清〕馮登府撰

左傳舊疏考正八卷　〔清〕劉文淇撰

春秋朔閏異同二卷　〔清〕羅士琳撰

春秋左傳賈服注輯述二十卷　〔清〕李貽德撰

喪禮經傳約一卷　〔清〕吳卓信撰

詩毛詩傳疏三十卷　〔清〕陳奐撰

釋毛詩音四卷　〔清〕陳奐撰

毛詩説一卷　〔清〕陳奐撰

毛詩傳義類一卷　〔清〕陳奐撰

鄭氏箋考徵一卷　〔清〕陳奐撰

公羊逸禮考徵一卷　〔清〕陳奐撰

周官注疏小箋五卷　〔清〕曾釗撰

大戴禮注補十三卷　〔清〕汪照撰

癸巳類稿六卷　〔清〕俞正燮撰

癸巳存稿四卷　〔清〕俞正燮撰

尚書餘論一卷　〔清〕丁晏撰

禹貢錐指正誤一卷　〔清〕丁晏撰

詩譜考正一卷　〔清〕丁晏撰

孝經徵文一卷　〔清〕丁晏撰

齊詩翼氏學四卷　〔清〕迮鶴壽撰

公羊禮疏十一卷　〔清〕凌曙撰

公羊問答二卷　〔清〕凌曙撰

春秋繁露注十七卷　〔清〕凌曙撰

周易姚氏學十六卷　〔清〕姚配中撰

春秋公羊傳曆譜十一卷　〔清〕包慎言撰

論語古注集箋二十卷　〔清〕潘維城撰

大誓答問一卷　〔清〕龔自珍撰

春秋決事比一卷　〔清〕龔自珍撰

虞氏易消息圖説一卷　〔清〕胡祥
　麟撰

輪輿私箋二卷附圖一卷　〔清〕鄭
　珍撰　（圖）〔清〕鄭知同繪

儀禮私箋八卷　〔清〕鄭珍撰

巢經巢經説一卷　〔清〕鄭珍撰

胡氏禹貢圖考正一卷　〔清〕陳澧撰

東塾讀書記十卷　〔清〕陳澧撰

春秋古經説二卷　〔清〕侯康撰

穀梁禮證二卷　〔清〕侯康撰

説文聲讀表七卷　〔清〕苗夔撰

學禮管釋十八卷　〔清〕夏炘撰

開有益齋經説五卷　〔清〕朱緒曾撰

穀梁大義述三十卷　〔清〕柳興恩撰

春秋釋一卷　〔清〕黄式三撰

考工記考辨八卷　〔清〕王宗涑撰

逸周書集訓校釋十卷逸文一卷
　〔清〕朱右曾撰

詩地理徵七卷　〔清〕朱右曾撰

讀儀禮録一卷　〔清〕曾國藩撰

喪服會通説四卷　〔清〕吳家賓撰

論語正義二十四卷　〔清〕劉寶楠撰

釋穀四卷　〔清〕劉寶楠撰

今古尚書經説考三十八卷　〔清〕陳
　喬樅撰

尚書歐陽夏侯遺説考一卷　〔清〕
　陳喬樅撰

三家詩遺説考　〔清〕陳壽祺撰
　〔清〕陳喬樅概述
　　魯詩遺説考二十卷
　　齊詩遺説考十二卷
　　韓詩遺説考十七卷

毛詩鄭箋改字説四卷　〔清〕陳喬
　樅撰

詩經四家異文考五卷　〔清〕陳喬
　樅撰

齊詩翼氏學疏證二卷　〔清〕陳喬
　樅撰

禮堂經説二卷　〔清〕陳喬樅撰

禮記鄭讀考六卷　〔清〕陳喬樅撰

爾雅經注集證三卷　〔清〕龍啓瑞撰

公羊義疏七十六卷　〔清〕陳立撰

白虎通疏證十二卷　〔清〕陳立撰

周易爻辰申鄭義二卷　〔清〕何秋
　濤撰

禮經通論一卷　〔清〕邵懿辰撰

禹貢鄭氏略例一卷　〔清〕何秋濤撰

書古微十二卷　〔清〕魏源撰

詩古微十七卷　〔清〕魏源撰

讀書偶識十卷附一卷　〔清〕鄒漢
　勛撰

劉貴陽説經一卷　〔清〕劉書年撰

穀梁補注十四卷　〔清〕鍾文烝撰

周易舊疏考正一卷　〔清〕劉毓崧撰

尚書舊疏考正一卷　〔清〕劉毓崧撰

讀易漢學私記一卷　〔清〕陳壽熊撰

孟子音義考證二卷　〔清〕蔣仁榮撰

達齋叢説一卷　〔清〕俞樾撰

周易互體徵一卷　〔清〕俞樾撰

禮記鄭讀考一卷　〔清〕俞樾撰

禮記異文箋一卷　〔清〕俞樾撰

士昏禮對席圖一卷　〔清〕俞樾撰

詩名物證古一卷　〔清〕俞樾撰

九族考一卷　〔清〕俞樾撰

玉佩考一卷　〔清〕俞樾撰

鄭君駁正三禮考一卷　〔清〕俞樾撰

春秋名字解詁補義一卷　〔清〕俞
　樾撰

論語鄭義一卷　〔清〕俞樾撰

續論語駢枝一卷　〔清〕俞樾撰

群經平議三十五卷　〔清〕俞樾撰

　　周易平議二卷

　　尚書平議四卷

　　周書平議一卷

　　毛詩平議四卷

　　周禮平議二卷

　　考工記世室重屋明堂考一卷

　　儀禮平議二卷

　　大戴禮記平議二卷

　　小戴禮記平議四卷

　　春秋公羊傳平議一卷

　　春秋穀梁傳平議一卷

　　春秋左傳平議三卷

　　春秋外傳國語平議二卷

　　論語平議二卷

　　孟子平議二卷

　　爾雅平議一卷

古書疑義舉例七卷　〔清〕俞樾撰

禹貢説一卷　〔清〕倪文蔚撰

周易釋爻例一卷　〔清〕成蓉鏡撰

禹貢班義述三卷　〔清〕成蓉鏡撰

尚書曆譜二卷　〔清〕成蓉鏡撰

春秋日南至譜一卷　〔清〕成蓉鏡撰

禮記天算釋一卷　〔清〕孔廣牧撰

先聖生卒年月日考二卷　〔清〕孔廣
　牧撰

何休注訓論語述一卷　〔清〕劉恭
　冕撰

禮説略三卷　〔清〕黄以周撰

經説略二卷　〔清〕黄以周撰

昏禮重別論對駁義二卷　〔清〕劉
　壽曾撰

漢孳室文鈔二卷　〔清〕陶方琦撰

駁春秋名字解詁一卷　〔清〕胡元
　玉撰

毛詩譜一卷　〔清〕胡元儀輯

隸經賸義一卷　〔清〕林兆豐撰

經述三卷　〔清〕林頤山撰

易類

傳説之屬

京氏易傳三卷　　　　　231/4954（3）

　〔漢〕京房撰　〔三國吴〕陸績注

　清嘉慶十年（1805）照曠閣刻本

　一册

關氏易傳一卷蘇氏易傳四卷

　　　　　　　　　　T1739/7732（1—3）

　〔北魏〕關朗撰　〔唐〕趙蕤注

（蘇氏易傳）〔宋〕蘇軾撰

　明末毛氏汲古閣刻津逮秘書本

　三册

易傳十卷易解附録一卷　　T229/4423b

　〔唐〕李鼎祚撰　（易解附録）

〔漢〕鄭玄注　〔明〕胡震亨輯補

　明萬曆三十一年（1603）刻本

　六册

**周易經傳二十四卷上下篇義一卷周易圖説
一卷五贊一卷筮儀一卷**　　T231/2178

　〔宋〕程頤　朱熹撰

　明刻本

　八册

蘇氏易傳九卷　　　　　　231/4954
　〔宋〕蘇軾撰
　清照曠閣刻本
　三册

郭氏傳家易説十一卷總論一卷　231/0201
　〔宋〕郭雍撰
　清乾隆浙江刻武英殿聚珍版書本
　十册

周易義傳合訂十五卷　　　　235/1332
　〔宋〕朱熹本義　　〔宋〕程頤傳
〔明〕來知德集注　　〔清〕張道緒音釋
　清嘉慶十六年（1811）人境軒刻本
　八册

誠齋易傳二十卷　　　　　　231/4246
　〔宋〕楊萬里撰
　清道光十一年（1831）序刻本
　六册

周易程傳八卷　　　　　　　231/2178
　〔宋〕程頤撰
　清光緒九年（1883）江南書局刻本
　二册

周易傳義音訓八卷　　　　231/2178B
　〔宋〕程頤傳　　〔宋〕朱熹本義
〔宋〕呂祖謙音訓
　清光緒十五年（1889）江南書局刻本
　八册

楊氏易傳二十卷　　　　　T231/4282
　〔宋〕楊簡撰
　明萬曆二十三年（1595）劉日升、陳

道亨刻本
　四册

周易經傳集程朱解附録纂注十四卷
　　　　　　　　　　　　233/4142
　〔元〕董真卿編集
　清同治巴陵鍾謙鈞刻本
　八册

易説醒四卷　　　　　　　　234/3838
　〔明〕洪守美撰
　清同治十一年（1872）刻本
　三册

易醒增删定本四卷　　　　T235/6147
　清抄本
　三册

周易傳義大全二十四卷上下篇義一卷朱
子圖説一卷五贊一卷筮儀一卷綱領一卷
　　　　　　　　　　　　T234/4208
　〔明〕胡廣等輯
　明正統五年（1440）余惠雙桂書堂
刻本
　十册

周易傳義大全二十四卷筮儀一卷上下篇
義一卷易五贊一卷朱子圖説一卷綱領一
卷　　　　　　　　　　　T234/4208a
　〔明〕胡廣等輯　　〔明〕徐九一訂
　明末菊僊書屋刻本
　二十册

漢魏二十一家易注二十一種　223/1990
　〔清〕孫堂輯

清嘉慶四年（1799）平湖孫氏映雪草堂刻本

五冊

子夏易傳一卷　〔周〕卜商撰

孟喜周易章句一卷　〔漢〕孟喜撰

京房周易章句一卷　〔漢〕京房撰

馬融周易傳一卷　〔漢〕馬融撰

荀爽周易注一卷　〔漢〕荀爽撰

鄭康成周易注三卷補遺一卷

　〔漢〕鄭玄撰　〔宋〕王應麟輯

　〔清〕惠棟增補　〔清〕孫堂校并補遺

劉表周易章句一卷　〔漢〕劉表撰

宋衷周易注一卷　〔漢〕宋衷撰

陸績周易述一卷　〔三國吳〕陸績撰　〔明〕姚士粦輯　〔清〕孫堂增補

董遇周易章句一卷　〔三國魏〕董遇撰

虞翻周易注十卷　〔三國吳〕虞翻撰

王肅周易注一卷　〔三國魏〕王肅撰

姚信周易注一卷　〔三國吳〕姚信撰

王廙周易注一卷　〔晉〕王廙撰

張璠周易集解一卷　〔晉〕張璠撰

向秀周易義一卷　〔晉〕向秀撰

干寶周易注一卷　〔晉〕干寶撰　〔元〕屠曾輯　〔清〕孫堂增補

蜀才周易注一卷　〔三國蜀〕范長生撰

翟元周易義一卷　〔□〕翟元撰

九家周易集注一卷

劉瓛周易義疏一卷　〔南朝齊〕劉瓛撰

御纂周易折中二十二卷首一卷　　　T235/4494

　〔清〕李光地等撰

　清康熙五十四年（1715）武英殿刻本

　十二冊

周易後傳八卷易互卦圖一卷　235/2932

　〔清〕朱兆熊撰

　清嘉慶十三年（1808）沈元熙刻本

　三冊

周易傳注七卷附周易筮考一卷　235/4443

　〔清〕李塨撰

　清道光二十三年（1843）石寶林校刻本

　六冊

易經解注傳義辯正四十四卷首二卷附易經圖說辯正二卷　　235/4255

　〔清〕彭申甫編輯

　清光緒十二年（1886）刻本

　十六冊

周易孔義集說二十卷　　　T235/3141

　〔清〕沈起元撰

　清乾隆十八年（1753）自刻本

　十冊

周易孔義集說二十卷　　235/3141a

　〔清〕沈起元撰

　清光緒八年（1882）江蘇書局刻本

　八冊

壽山堂易說不分卷　　　T235/2461

　〔□〕無極呂子撰

清乾隆刻本
六册

圖説之屬

易圖解一卷　　　　　　　T235/2332
〔清〕德沛撰
清乾隆元年（1736）自刻本
二册

易酌十四卷雜卦圖一卷諸圖附考一卷
235/1221
〔清〕刁包撰
清道光五年（1825）祁陽學署刻本
十册

承春堂易學玩圖錐指三十六卷　235/3236
〔清〕湯道煦撰
清刻本
十二册

周易圖四卷續編一卷　　　　235/1133
〔清〕王肇宗撰
清道光九年（1829）京都光華齋刻本
二册

易學圖説會通八卷　　　　　235/4203
〔清〕楊方達撰
清乾隆三年（1738）序刻本（復初堂
藏板）
五册

專著之屬

周易口訣義六卷　　　　　　T229/5024
〔唐〕史徵撰
清抄本
二册

大易疏解十卷　　　　　　　T231/4954
〔宋〕蘇軾撰
明崇禎九年（1636）顧賓刻本
五册

周易明解輯説四卷　　　　　T231/3242
〔宋〕馮椅撰
清乾隆五十八年（1793）刻本
三册

周易要義十卷首一卷　　　　231/2118a
〔宋〕魏了翁撰
清光緒十二年（1886）江蘇書局刻本
四册

易纂言外翼八卷　　　　　　T233/2331
〔元〕吳澄撰
清中晚期抄本
二册

易經蒙引十二卷　　　　　　T234/4932b
〔明〕蔡清撰
明萬曆刻本
九册

易經蒙引二十四卷　　　　　T234/4932
〔明〕蔡清撰
明末敦古齋刻本

十四册

羲經十一翼五卷首一卷　　T234/2403
〔明〕傅文兆撰
明萬曆書林李潮刻本
五册

周易正解二十卷讀易一卷　　T234/4248
〔明〕郝敬撰
明萬曆四十三至四十七年（1615—1619）郝千秋、郝千石刻九經解本
十二册

來瞿唐先生易注十五卷首一卷末一卷
234/4982d
〔明〕來知德撰　　〔清〕高奫映鑒定
〔清〕凌夫惇批點
清嘉慶二年（1797）來錫蕃刻本
十册

來瞿唐先生易注十五卷首一卷末一卷
234/4982c
〔明〕來知德撰　　〔清〕高奫映鑒定
〔清〕凌夫惇批點
清嘉慶寧遠堂刻本
十册

來瞿唐先生易注十五卷首一卷末一卷
234/4982
〔明〕來知德撰　　〔清〕高奫映鑒定
〔清〕凌夫惇批點
清道光十四年（1834）寧陵符永培寧遠堂刻本
十六册

周易大全纂十二卷附周易大全圖説一卷
T234/2112
〔明〕倪晋卿撰
明刻本
六册

周易會通十二卷　　T234/3154
〔明〕汪邦柱　江栴撰
明萬曆四十五年（1617）海陽梅田江氏生生館刻本
十册

今文周易演義十二卷首一卷　　T234/2978
〔明〕徐師曾撰
明隆慶二年（1568）董漢策刻本
六册

周易古今文全書二十一卷　　T234/4262
〔明〕楊時喬撰
明萬曆王其玉刻本
二十册
又一部，T234/4262 c.2，四十三册。

重訂易經疑問十二卷　　T234/4122
〔明〕姚舜牧撰
明萬曆三十八年（1610）刻本
六册

新刻易測十卷　　T234/8648
〔明〕曾朝節撰　　〔明〕李景登等校
明萬曆刻本
四册

易憲四卷　　234/3133
〔明〕沈泓撰

清光緒十四年（1888）錢塘卓氏刻本
三册

周易廓二十四卷　　　　235/7948
〔清〕陳世鎔撰
清咸豐元年（1851）刻本
六册

周易引經通釋十卷　　　　235/4488
〔清〕李鈞簡輯注
清嘉慶十九年（1814）刻本
十册

易經大全會解四卷　　　　T235/4912
〔清〕來爾繩撰
清康熙二十年（1681）朱采治刻後
印本
四册

易經大全會解四卷　　　　T235/4912a
〔清〕來爾繩撰
清康熙刻本
三册

周易通義十六卷　　　　235/3314
〔清〕邊廷英撰
清道光十六年（1836）刻本
八册

周易闡象五卷　　　　235/4984
〔清〕蔡首乾述解
清嘉慶五年（1800）蔡氏木活字印本
五册

讀易述訓四卷　　　　235/4967
〔清〕蔡顯原撰
清同治六年（1867）蔡氏敦睦堂
刻本
四册

易學史鏡八卷　　　　235/5631
〔清〕曹爲霖纂述
清同治十二年（1873）木筆花館刻本
八册

周易學七卷　　　　238/5611
曹元弼撰
清宣統元年（1909）刻本
四册

易箋八卷首一卷　　　　T235/793
〔清〕陳法撰
清乾隆二十七年（1762）陳弘謀刻本
六册

讀易録十八卷　　　　235/7942
〔清〕陳克緒注
清同治三年（1864）霸州孝友堂刻本
六册

知非齋易注三卷首一卷末一卷易釋二卷
235/794
〔清〕陳懋侯述撰
清光緒十四年（1888）刻本
四册

易經述不分卷　　　　T235/7901
〔清〕陳詵撰
清康熙陳氏信學齋刻本

二册

周易注略二卷　　　　　　　235/4874
〔清〕楚陂注
清同治三年（1864）刻本
四册

周易指三十八卷易例一卷易圖五卷易斷辭一卷　　　　　235/0461
〔清〕端木國瑚撰
清道光十六年（1836）刻本
二十册
又一部，235/0461b，二十四册。

易經通注九卷　　　　　　　235/2423
〔清〕傅以漸　曹本榮撰
清光緒十二年（1886）雛園校刻本
八册

周易述解辨義四卷　　　　　T235/4244
〔清〕葛世揚撰
清康熙李安仁刻本
二册

易見九卷首一卷附易見啓蒙二卷　　　　　T235/1833
〔清〕貢渭濱撰
清乾隆二十四年（1759）丹陽貢氏脈望書樓刻本
十二册

讀易傳心十二卷圖説三卷　　235/4596
〔清〕韓怡撰
清嘉慶十三年（1808）江寧木存堂刻本

四册

易鏡十二卷首一卷附易學管窺二卷　　　　　235/2283
〔清〕何毓福撰
清光緒十年（1884）鐵嶺何氏刻本
十三册

讀易匯參十五卷首一卷　　235/2613
〔清〕和瑛纂
清道光二十三年（1843）易簡書室刻本
十六册

易研八卷首一卷　　　　　T235/4241
〔清〕胡翹元撰
清乾隆五十七年（1792）胡永壽刻本
八册

周易函書別集十九卷　　　T235/4263
〔清〕胡煦撰
清雍正胡氏葆璞堂刻本
五册

易經貫一二十二卷　　　　T235/8105
〔清〕金誠撰
清乾隆和序堂刻本
二十二册
又一部，T235/8105 c.2，十一册，存亨部六册、貞部五册。

周易遵翼約編十卷首一卷　　T235/7106
〔清〕匡文昱撰
清乾隆五十一年（1786）匡氏居易廬刻本

六冊

河上易注八卷圖説二卷　　235/2340

〔清〕黎世序撰

清道光元年（1821）謙豫齋刻本

六冊

易史易簡録四卷　　T235/4437

〔清〕李兆賢撰

清雍正元年（1723）酉山堂刻本

三冊

易解醒豁二卷　　235/3987

〔清〕梁欽辰撰

清光緒七年（1881）序刻本

四冊

易經揆一十四卷易學啓蒙補二卷

T235/3981

〔清〕梁錫璵撰

清乾隆刻本

十冊

周易經義審七卷首一卷　　235/2132

〔清〕盧浙輯注

清乾隆六十年（1795）錫環堂刻嘉

慶五年（1800）印本

四冊

周易索詁十二卷首一卷　　235/2122

〔清〕倪象占撰

清嘉慶六年（1801）順受堂刻本

六冊

易鑑三十八卷　　235/7774

〔清〕歐陽厚均撰

清道光二十七年（1847）刻本

十冊

周易辨二十四卷首四卷　　T235/3203.2

〔清〕浦龍淵撰

清康熙十七年（1678）敬日堂刻本

九冊

周易通十卷　　T235/3203

〔清〕浦龍淵撰

清康熙敬日堂刻本

四冊

田間易學不分卷　　T235/8533

〔清〕錢澄之撰

清康熙刻本

六冊

周易洗心十卷　　235/2133

〔清〕任啓運撰

清光緒八年（1882）荊溪任氏一本堂

刻本

六冊

周易讀翼揆方十卷　　T235/1943

〔清〕孫夢逵撰

清乾隆刻本

八冊

辨志堂新輯易經集解四卷首一卷

T235/4221

〔清〕萬經輯

清康熙二十五年（1686）西爽堂刻本

四册

周易變通解六卷首一卷末一卷
　　　　　　　　　　235/4233b
　　〔清〕萬裕澐注
　　清同治十二年（1873）集錦堂木活字
印本
　　六册

周易便解六卷首一卷　　　T235/3106
　　〔清〕汪誥撰
　　清乾隆五十四年（1789）汪氏克復堂
刻本
　　四册

周易詮義十四卷　　　　235/3191
　　〔清〕汪烜撰
　　清同治十二年（1873）安徽敷文書局
校刻本
　　十四册

易通十七卷周易類義八卷　235/1175
　　〔清〕王履中撰
　　清咸豐元年（1851）强恕堂刻本
　　九册

易翼述信十二卷　　　　235/1114
　　〔清〕王又樸撰
　　清乾隆十五年（1750）序刻本
　　八册
　　卷九至十二缺。

睿川易義合編十八卷　　238/2911
　　〔清〕徐天璋撰
　　清宣統三年（1911）揚州徐氏刻本

八册

周易舊注十二卷　　　　255/2342
　　〔清〕徐鼐撰
　　清光緒十二年（1886）刻本
　　六册

易守三十二卷　　　　　235/4924
　　〔清〕葉佩蓀撰
　　清嘉慶十五年（1810）慎餘齋刻本
　　二十四册
　　又一部，235/4924 c.2，八册。

周易考四卷首一卷末一卷　T235/7924
　　〔清〕陳孚編
　　清乾隆六十年（1795）刻本
　　十二册

周易玩辭困學記不分卷　　T235/1332
　　〔清〕張次仲撰
　　清康熙六年（1667）自刻本
　　十册

孔門易緒十六卷首一卷　　T235/1322
　　〔清〕張德純撰
　　清乾隆五十六年（1791）張松孫刻本
　　四册

大易辯志二十四卷　　　T235/1311
　　〔清〕張習孔撰
　　清康熙二年（1663）刻本
　　四册

篤志齋周易解三卷　　　235/1307
　　〔清〕張應譽撰

清同治十年（1871）南皮張氏刻本
二冊

**經笥質疑易義原則六卷首一卷易義附篇
四卷首一卷附三五本紀補一卷**
　　　　　　　　　　　　235/1316
　〔清〕張瓚昭撰
　清道光七年（1827）蘭朋堂刻本
　七冊

周易人事疏證八卷　　　235/0447
　〔清〕章世臣輯
　清宣統二年（1910）同文書館鉛印本
　八冊

易解拾遺七卷附周易句讀讀本二卷
　　　　　　　　　　　　235/7248
　〔清〕周世金撰
　清同治七年（1868）和義堂刻本
　四冊

周易通義十六卷　　　235/4154
　〔清〕莊忠棫撰
　清光緒六年（1880）冶城山館刻本
　二冊

寄傲山房塾課纂輯御案易經備旨七卷
　　　　　　　　　　　　235/2217
　〔清〕鄒聖脈輯　　〔清〕鄒廷猷編次
〔清〕鄒景揚訂
　清嘉慶三年（1798）廣州翰文堂刻本
　三冊

周易象解四卷　　　T235/4262
　〔清〕南明信撰

清乾隆刻本
二冊

周易象義集成三卷　　　235/7933
　〔清〕陳洪冠纂輯
　清咸豐八年（1858）群玉書屋刻本
　六冊

易鈔五種　　　T235/1434
　〔清〕楊卓輯
　清抄本
　八冊
　大真一得十卷附一卷　　〔清〕于濬
　　英撰　　〔清〕楊卓編
　易例舉要一卷　〔清〕吳鼎撰
　震軒夏先生易咏一卷　　〔清〕夏震
　　軒撰
　節錄易翼述信讀法一卷　　〔清〕王
　　又樸撰
　周易經傳一卷

易占之屬

鄭氏爻辰補六卷　　　235/4599
　〔清〕戴棠撰
　清道光二十九年（1849）刻本
　三冊

周易象意三十卷首一卷　　　T235/1143
　〔清〕王世業撰
　清乾隆王氏刻本
　十冊

易象集說附錄六卷　　　T235/2322
　〔清〕吳鼎撰

清黑格抄本
三册

易象闡微五卷大易圖解一卷　235/4236
〔清〕蕭寅顯撰
清咸豐二年（1852）長沙丁取忠校刻本
三册

占易秘解一卷　1740/1314
〔清〕張丙哲撰
清光緒二十二年（1896）保陽張氏刻本
一册

周易象義四卷　T234/0642
〔明〕唐鶴徵撰
明萬曆三十五年（1607）唐氏純白齋刻本
四册

周易象義辨例二十卷　235/2220
〔清〕鄒師謙輯
清末海昌鄒氏刻本
十一册

文字音義之屬

新刊大字周易本義四卷圖説一卷筮儀一卷卦歌一卷　T231/2943a
〔宋〕朱熹撰
明葉繼軒南松書堂刻本
六册

周易本義十二卷易圖一卷五贊一卷筮儀一卷　T231/2943
〔宋〕朱熹撰
清康熙内府仿宋咸淳吳革刻本
四册

周易本義十二卷首一卷末一卷附音訓一卷　231/2943
〔宋〕朱熹撰
清光緒十九年（1893）江南書局刻本
一册（二册合訂）

易經注疏大全合纂六十四卷首一卷周易繫辭注疏大全合纂四卷　T234/1334
〔明〕張溥輯
明崇禎七年（1634）李可衛刻本
十八册

孔易集注一卷首一卷上下經二卷　235/3910
〔清〕梁乃賡撰
清宣統元年（1909）厚生印書館石印本
三册

日講易經解義十八卷　T235/2581
〔清〕牛鈕等撰
清康熙二十三年（1684）内府刻本
十八册

周易訓義七卷　235/6230
〔清〕喻遜纂輯
清嘉慶十八年（1813）序寧鄉喻氏月桂軒刻本
三册

古周易訂詁十六卷　　　　　T234/2246
　　〔明〕何楷撰
　　清乾隆十六年（1751）郭文僚刻朱墨套印本
　　十冊

書類

正文之屬

書經文鈔不分卷　　　　　T335/5649
　　〔清〕曹希煌撰
　　清乾隆五十五年（1790）博古堂刻本
　　二冊

尚書今文二十八篇解不分卷　335/4285
　　〔清〕楊鍾泰撰
　　清道光十八年（1838）載德堂刻本
　　四冊

監本書經四卷　　　　　　　300/7552
　　清刻本
　　二冊

寫定尚書一卷　　　　　　　335/3395
　　清光緒十八年（1892）石印本
　　一冊

傳說之屬

尚書大傳四卷附補遺一卷考異一卷續補遺一卷　　　　　　　　　　324/8203
　　〔漢〕伏勝撰　　〔漢〕鄭玄注　（考異、續補遺）〔清〕盧文弨撰
　　清嘉慶五年（1800）愛日草廬刻本

一冊

尚書注疏二十卷　　　　　　T329/1123b
　　〔漢〕孔安國傳　　〔唐〕孔穎達疏〔唐〕陸德明音義
　　明嘉靖李元陽刻隆慶二年（1568）重修本
　　十六冊

書經集注十卷　　　　　　　T331/4931
　　〔宋〕蔡沈集注
　　明刻本
　　二冊

書經六卷　　　　　　　　　331/4931e
　　〔宋〕蔡沈集傳
　　清同治七年（1868）武昌湖北崇文書局刻本
　　四冊

（滿漢合璧）御製翻譯書經六卷
　　　　　　　　　　　　　Ma331/4931.30
　　〔宋〕蔡沈集傳　　〔清〕高宗弘曆敕編翻譯
　　清光緒二十二年（1896）荆州駐防翻譯總學刻本
　　六冊

尚書蔡傳（書經集傳）六卷　331/4931
　　〔宋〕蔡沈集傳
　　清光緒七年（1881）刻本
　　四冊

書經集傳六卷　　　　　　　331/4931D
　　〔宋〕蔡沈集傳

清光緒十一年（1885）京都刻本
四册

尚書蔡傳（書經集傳）六卷　　331/4931c
〔宋〕蔡沈集傳
清光緒十七年（1891）刻本
四册

書集傳音釋六卷尚書纂圖一卷　331/4931
〔宋〕蔡沈集傳　　〔元〕鄒季友音釋
清光緒十五年（1889）刻本
六册

東坡書傳二十卷　　　　　T331/4954
〔宋〕蘇軾撰
明凌濛初刻朱墨套印本
八册

書傳大全十卷綱領一卷圖一卷
T334/4208
〔明〕胡廣等輯
明刻本
十册

深柳堂彙輯書經大全正解十二卷圖一卷
深柳堂禹貢增删集注正解讀本一卷
T335/2341
〔清〕吳荃撰
清康熙二十九年（1690）孝友堂、贈
言堂刻本
十二册

尚書句解考正六卷　　　　338/2911
〔清〕徐天璋撰　　〔清〕韓紫石鑒定
清光緒二十七年（1901）韓紫石等刻

本（雲麓山館藏板）
六册

尚書古文疏證八卷朱子古文書疑一卷
T335/7241
〔清〕閻若璩撰　　（朱子古文書疑）
〔清〕閻咏撰
清乾隆十年（1745）閻氏眷西堂刻本
八册
又一部，T335/7241 c.2，十册。

尚書古文疏證八卷朱子古文書疑一卷
335/7241b
〔清〕閻若璩撰　　（朱子古文書疑）
〔清〕閻咏撰
清同治六年（1867）錢塘汪氏振綺
堂補刻本
八册
《尚書古文疏證》原缺卷三。

書傳補商十七卷　　　　　335/4582
〔清〕戴鈞衡撰
清咸豐刻本
六册

欽定書經圖説五十卷　　　335/1932
〔清〕孫家鼐等撰
清光緒三十一年（1905）石印本
十六册

尚書離句六卷　　　　　　335/9507
〔清〕錢在培輯解　　〔清〕劉元燮
鑒定
清光緒二十六年（1900）刻本
二册

書經體注大全合參六卷　　235/5270a
〔清〕錢希祥纂輯
清道光十六年（1836）刻本
四冊

書經體注大全合參六卷　　235/5270
〔清〕錢希祥纂輯
清光緒八年（1882）刻本
四冊

尚書孔傳參正三十六卷　　335/1120
王先謙撰
清光緒三十年（1904）虛受堂刻本
六冊

龍岡山人古文尚書四種　　335/3836
〔清〕洪良品撰
清光緒十四年（1888）鉛印本
六冊
古文尚書辨惑十八卷
古文尚書釋難二卷
古文尚書析疑一卷
古文尚書商是一卷

分篇之屬

禹貢指南四卷　　331/2161
〔宋〕毛晃撰
清光緒九年（1883）成都刻本
二冊

禹貢因一卷　　345/3129
〔清〕沈練集注
清光緒十八年（1892）歸安縣署刻本
一冊

禹貢班義述三卷　　345/5248
〔清〕成蓉鏡撰
清光緒十一年（1885）刻本
三冊

禹貢分箋七卷　　345/0236
〔清〕方溶撰
清嘉慶二十四年（1819）銀花藤館
刻本
二冊

禹貢錐指二十卷圖一卷　　T345/4232
〔清〕胡渭撰
清康熙四十年（1701）漱六軒刻
四十四年（1705）增補印本
十冊
又一部，T345/4232 c.2，八冊。

禹貢約注不分卷　　345/8134
〔清〕金安世撰
清光緒十六年（1890）江陰姚氏刻本
一冊

禹貢譜二卷　　T345/1131
〔清〕王澍撰
清康熙刻本
四冊
又一部，T345/1131 c.2，二冊合訂。

禹貢說二卷　　345/2139
〔清〕魏源撰
清同治六年（1867）碧玲瓏館刻本
二冊

禹貢新圖説二卷　　　　　　345/4241
　〔清〕楊懋建撰
　清同治六年（1867）碧玲瓏館刻本
　四册

禹貢本義一卷　　　　　　　345/4234
　〔清〕楊守敬撰
　清光緒三十二年（1906）鄂城刻本
　一册

禹貢正詮四卷　　　　　　　345/4103
　〔清〕姚彦渠輯
　清光緒十一年（1885）歸安姚丙吉
刻本
　二册

專著之屬

尚書詳解五十卷　　　　　　331/7921
　〔宋〕陳經撰
　清乾隆四十七年（1782）刻武英殿
聚珍版書本
　十二册

融堂書解二十卷　　　　　　331/8564
　〔宋〕錢時撰
　清乾隆三十九年（1774）浙江刻本
　四册

尚書通考十卷　　　　　　　T333/4885
　〔元〕黄鎮成撰
　清乾隆三十一年（1766）徐時作
刻本
　六册

讀書叢説六卷　　　　　　　333/0403
　〔元〕許謙撰
　清同治十一年（1872）序永康胡鳳丹
校刻本（退補齋藏板）
　二册

鐫彙附百名公帷中纂論書經講義會編
十二卷　　　　　　　　　　T334/5062
　〔明〕申時行撰
　明書林楊春榮刻本
　六册

尚書軌範撮要圖一卷　　　　T331/4265
　〔明〕吳繼仕輯
　明萬曆刻本
　一册

尚書啓幪五卷　　　　　　　335/4841
　〔清〕黄式三撰
　清光緒十四年（1888）定海黄氏家
塾刻儆居遺書本
　四册

古文尚書考二卷　　　　　　335/5349
　〔清〕惠棟撰
　清乾隆五十七年（1792）序刻本
　二册

尚書古文辨惑二十二卷目録二卷
　　　　　　　　　　　　　335/1303
　〔清〕張諧之撰
　清光緒三十年（1904）弘農潛修精
舍刻本
　十二册

尚書舌存不分卷　　　　T335/4461
　　〔清〕蔣鳴玉撰
　　清康熙刻本
　　十冊

尚書釋天六卷　　　　　T335/7111
　　〔清〕盛百二撰
　　清乾隆三十九年（1774）任城書院
刻本
　　四冊

尚書考辨四卷　　　　　335/3971
　　〔清〕宋鑒撰
　　清嘉慶四年（1799）刻本
　　四冊

書經近指六卷　　　　　335/1943
　　〔清〕孫奇逢撰
　　清康熙十五年（1676）孤竹趙續訂
刻本
　　四冊

尚書後案三十卷尚書後辨一卷
　　　　　　　　　　　T335/1165
　　〔清〕王鳴盛撰
　　清乾隆四十五年（1780）王氏禮堂
刻本
　　八冊

尚書讀記一卷春秋一得一卷　335/7224
　　〔清〕閻循觀撰
　　清乾隆三十八年（1773）樹滋堂刻西
澗草堂全集本
　　一冊

書古微十二卷首一卷　　　335/2139
　　〔清〕魏源撰
　　清末刻本
　　四冊

楊子書繹六卷　　　　　323/4202
　　〔清〕楊文彩撰
　　清光緒二年（1876）刻本
　　十冊

尚書後案駁正二卷　　　335/1140
　　〔清〕王劼撰
　　清咸豐刻本
　　二冊

文字音義之屬

尚書疏衍四卷　　　　　T334/7982
　　〔明〕陳第撰
　　明萬曆四十年（1612）陳氏自刻清
印本
　　四冊

新校尚書減注六卷　　　T334/3620
　　〔明〕潘叔應撰
　　明萬曆書林寶善堂刻本
　　二冊

便蒙刪補書經翼七卷　　T334/0410
　　〔明〕謝廷贊撰
　　明崇禎長庚館刻本
　　七冊

書經注疏大全合纂五十九卷首一卷
　　　　　　　　　　　　　T334/1334

　　〔明〕張溥輯
　　明崇禎刻本
　　十六册

書經旁訓合璧六卷補考一卷　　335/4421
　　〔清〕李繩輯
　　清嘉慶十三年（1808）序姑蘇掃葉山房刻本
　　四册

南海麥仕治先生廣州俗話書經解義四卷
　　　　　　　　　　　　　338/4223

　　〔清〕麥仕治編
　　清末羊城十八甫文寶閣鉛印本
　　五册

尚書約注四卷末一卷　　　　　335/2133
　　〔清〕任啓運撰
　　清光緒十二年（1886）序刻本
　　二册

尚書今古文注疏三十卷　　　　335/1962d
　　〔清〕孫星衍撰
　　清嘉慶二十年（1815）刻本（金陵冶城山館藏板）
　　八册

古文尚書正辭三十三卷　　　　335/2399
　　〔清〕吳光耀撰
　　清光緒十九年（1893）刻本
　　十八册

逸書之屬

尚書逸湯誓考六卷書後一卷　　335/2964
　　〔清〕徐時棟撰
　　清同治十一年（1872）刻本
　　二册

詩類

傳說之屬

附釋音毛詩注疏七十卷附校勘記七十卷詩譜序一卷詩譜序校勘記一卷
　　　　　　　　　　　　　423/2102F

　　〔漢〕毛亨傳　　〔漢〕鄭玄箋
　　〔唐〕孔穎達疏　　〔唐〕陸德明音義
　　（校勘記）〔清〕阮元撰
　　　清嘉慶二十年（1815）江西南昌府學刻本
　　十五册

劉氏詩說十二卷　　　　　　　431/7241
　　〔宋〕劉克撰
　　清道光八年（1828）長洲汪氏刻本
　　四册

詩緝三十六卷　　　　　　　　431/6429b
　　〔宋〕嚴粲述
　　清光緒十六年（1890）雛園刻本
　　十四册

詩經八卷　　　　　　　　　　431/2943.5
　　〔宋〕朱熹集傳
　　清同治至光緒間通州掄秀堂刻本
　　四册

詩經集傳八卷詩序辨說一卷　　431/2943

　　〔宋〕朱熹撰

　　清光緒二十二年（1896）刻本

　　二冊（四冊改訂）

　　又一部，431b/943e，二冊（四冊改訂），缺《詩序辨說》一卷。

詩集傳音釋二十卷詩序一卷札記一卷詩圖一卷詩傳綱領一卷　　431/2943.6

　　〔宋〕朱熹撰　　〔元〕羅復音釋

　　清咸豐七年（1857）海昌蔣光焴刻本

　　六冊

詩傳大全二十卷綱領一卷圖一卷詩序辨說一卷　　T434/4208

　　〔明〕胡廣等輯

　　明永樂十三年（1415）內府刻本

　　十二冊

詩說解頤總論二卷正釋三十卷字義八卷　　T434/2453

　　〔明〕季本撰

　　明嘉靖四十一年（1562）胡宗憲刻本

　　十六冊

毛詩鄭箋纂疏補協二十卷詩譜一卷　　T434/7656

　　〔明〕屠本畯撰　　（詩譜）〔漢〕鄭玄撰

　　明萬曆二十二年（1594）程應衢玄鑒室刻本

　　十冊

葉太史參補古今大方詩經大全十五卷首一卷　　T434/4920

　　〔明〕葉向高編

　　明閩芝城建邑書林余氏刻本

　　十六冊

詩經備旨八卷　　435/2217b

　　〔清〕鄒聖脉輯

　　清光緒六年（1880）掃葉山房刻本

　　八冊

詩經補注附考備旨八卷　　435/2217c

　　〔清〕鄒聖脉纂輯

　　清末刻本

　　八冊

御纂詩義折中二十卷　　435/3203b

　　〔清〕高宗弘曆敕纂　　〔清〕傅恒等編

　　清光緒掃葉山房校刻本

　　十冊

御纂詩義折中二十卷　　435/3203

　　〔清〕高宗弘曆敕纂　　〔清〕傅恒等編

　　清宣統三年（1911）北京自強書局石印本

　　六冊

詩經融注大全體要八卷詩經八卷　　435/0241

　　〔清〕高朝瓔定　　〔清〕沈世楷輯

　　（詩經）〔宋〕朱熹集傳

　　清光緒十年（1884）善成堂刻本

　　四冊

嚴氏詩緝補義八卷　　　　　435/7199
　〔清〕劉燦編
　清嘉慶十六年（1811）序鎮海劉氏墨莊刻本
　四册

詩經廣大全二十卷　　　　　T435/114
　〔清〕王夢白　陳曾撰
　清康熙刻本
　十三册

毛詩名物略四卷　　　　　　478/2941
　〔清〕朱桓編纂
　清嘉慶七年（1802）蔚齋朱氏刻本
　四册

詩毛氏傳疏三十卷　　　　　435/7923b
　〔清〕陳奐傳
　清道光二十七年（1847）吳門陳氏南園掃葉山莊刻本
　十册

詩毛氏傳疏三十卷附釋毛詩音四卷毛詩説一卷毛詩傳義類一卷鄭氏箋考徵一卷
　　　　　　　　　　　　　435/7923c
　〔清〕陳奐撰
　清光緒十年（1884）吳縣徐子静刻本
　十二册

毛詩名物圖説九卷　　　　　T478/2922
　〔清〕徐鼎撰
　清乾隆三十六年（1771）坊刻本
　四册

讀詩鈔説四卷　　　　　　　435/1334
　〔清〕張澍撰
　清光緒十三年（1887）雅安劉永鎮蓉城校刻本
　二册

毛詩質疑六種　　　　　　　435/2501
　〔清〕牟應震撰
　清嘉慶棲霞牟氏刻道光二十九年（1849）歷城朱氏修補印本
　十册
　詩問六卷
　毛詩物名考七卷
　毛詩古韻雜論一卷
　毛詩古韻五卷
　毛詩奇句韻考四卷
　韻譜一卷

專著之屬

毛詩本義十六卷　　　　　　431/7872c
　〔宋〕歐陽修撰
　清道光十四年（1834）瀛塘別墅刻本
　四册

詩經説約二十八卷　　　　　T434/3840
　〔明〕顧夢麟撰
　明崇禎十五年（1642）太倉顧氏織簾居刻本
　十五册

詩經世本古義二十八卷首一卷末一卷
　　　　　　　　　　　　　434/2246
　〔明〕何楷撰
　清嘉慶二十四年（1819）閩漳謝氏文

林堂木活字印本
　　十六册

四刻黄維章先生詩經娜嬛體注八卷
　　　　　　　　　　　　T434/4809
　　〔明〕黄文焕撰
　　清雍正七年（1729）沈三曾刻本
　　三册

新鍥晋雲江先生闡蒙衍義集注不分卷
　　　　　　　　　　　　T434/3113
　　〔明〕江環撰
　　明萬曆四十一年（1613）詹光岳静觀
室刻本
　　三册

多識編七卷　　　　　T478/4931
　　〔明〕林兆珂撰
　　明萬曆三十四年（1606）柜胸别業
刻本
　　三册

新刻徐玄扈先生纂輯毛詩六帖講意四卷
　　　　　　　　　　　　T434/2993
　　〔明〕徐光啓撰
　　明萬曆四十五年（1617）金陵書林唐
振吾廣慶堂刻本
　　三册

詩經備考二十四卷　　T434/8191
　　〔明〕鍾惺　韋調鼎撰
　　明崇禎十四年（1641）刻本
　　八册

詩經類考三十卷　　　T434/3148
　　〔明〕沈萬鈳撰
　　明崇禎陳增遠刻本
　　十八册

毛詩禮徵十卷　　　　474/2149
　　〔清〕包世榮撰
　　清道光七年（1827）小倦游閣刻本
　　六册
　　又一部，474/2149 c.2，六册。

毛詩稽古編三十卷　　475/7933
　　〔清〕陳啓源撰
　　清嘉慶十八年（1813）吴江龐佑清
刻本
　　八册

詩經喈鳳詳解八卷　　435/7954
　　〔清〕陳抒孝輯録　〔清〕汪基增訂
　　清光緒刻本
　　八册

詩經繹參四卷　　　　435/1282
　　〔清〕鄧翔撰
　　清同治六年（1867）孔氏刻本
　　四册

毛詩訂詁八卷附録二卷　475/3840
　　〔清〕顧棟高撰
　　清光緒二十二年（1896）江蘇書局
刻本
　　四册

毛詩後箋三十卷　　　435/4211
　　〔清〕胡承珙撰

清道光十七年（1837）刻本
二十册

詩説三卷　　435/5379
〔清〕惠周惕撰
清嘉慶十七年（1812）刻本
一册

詩經蠹簡四卷　　435/4402
〔清〕李詒經撰
清道光慎思堂刻本
四册

讀詩日録十三卷　　435/7240
〔清〕劉士毅撰
清光緒六年（1880）桐城方宗誠刻本
三册

毛詩證讀五卷讀詩或問一卷　　435/5274
〔清〕戚學標撰
清嘉慶十年（1805）序刻本
二册

田間詩學不分卷　　435/8533
〔清〕錢澄之撰
清刻本
十册

毛詩讀十二卷　　435/1142
〔清〕王劼撰
清咸豐四年（1854）序刻本
十二册

詩經申義十卷　　435/2344
〔清〕吳士模撰

清道光十五年（1835）澤古齋刻本
六册

讀詩一得一卷　　435/2399
〔清〕吳棠撰
清同治三年（1864）歸安縣署刻本
一册

山中學詩記五卷　　435/2964
〔清〕徐時棟撰
清光緒四年（1878）慈谿西河別墅葉
氏刻本
二册

詩識名解十五卷　　435/4192
〔清〕姚炳撰
清嘉慶二十二年（1817）錢塘姚氏刻本
八册

詩經通論十八卷　　435/4179
〔清〕姚際恒撰
清道光十七年（1837）鐵琴山館刻本
八册

毛詩補禮六卷　　474/1933
〔清〕朱澐撰
清道光十九年（1839）刻光緒三年
（1877）吳玉輝補刻本
二册

文字音義之屬

**詩經注疏大全合纂三十四卷綱領一卷圖
一卷**　　T434/1334
〔明〕張溥撰

明崇禎刻本
二十二册

毛詩音韻考四卷　　　　　475/2129
〔清〕程以恬撰
清道光四年（1824）渭南研經堂刻本
四册

詩所八卷　　　　　435/4494
〔清〕李光地注　〔清〕陳萬策校
清晋江刻本
三册

毛詩古音參義五卷首一卷　　435/3640
〔清〕潘相撰
清嘉慶五年（1800）攝謙堂刻本
四册

詩小學三十卷　　　　　435/234
〔清〕吳樹聲撰
清同治七年（1868）壽光官廨刻本
十二册

三百篇原聲七卷　　　　5128/1469
〔清〕夏味堂撰
清嘉慶十二年（1807）楳華書屋刻本
一册

詩經旁訓讀本不分卷　　　435/1342b
〔清〕張大受校訂
清同治二年（1863）芸居樓刻本
三册

詩經增訂旁訓四卷　　　T435/1342
〔清〕張大受增訂

清乾隆二十一年（1756）嘉定張氏匠
門書屋刻本
三册

毛詩辨韻五卷　　　　　435/4823
〔清〕趙似祖撰　〔清〕趙星海訂
清道光二十二年（1842）聽雲山館刻本
四册

南海麥仕治先生廣州俗話詩經解義四卷
　　　　　438/4223
〔清〕麥仕治編
清末羊城十八甫文寶閣鉛印本
四册

三家詩之屬

六家詩名物疏五十五卷　　T478/3220
〔明〕馮復京撰
明萬曆刻本
十册

詩古微上編三卷中編十卷下編二卷首一卷
　　　　　413/2139
〔清〕魏源撰
清光緒十一年（1885）黃岡飛青閣
楊氏刻本
八册

詩經四家異文考五卷　　　435/7924
〔清〕陳喬樅撰
清道光二十三年（1843）刻侯官陳氏
遺書本
十册

周禮類

傳説之屬

周禮六卷　　　　　　　T522/8023f
〔漢〕鄭玄注　〔唐〕陸德明音義
清乾隆五十二年（1787）周震榮福禮堂刻本
六册

周禮注疏四十二卷　　　　T522/8023
〔漢〕鄭玄注　〔唐〕賈公彥疏
〔唐〕陸德明釋文
明嘉靖李元陽刻十三經注疏本
十四册

周禮句解十二卷　　　　　T525/2950
〔宋〕朱申撰
明嘉靖三十五年（1556）蔡揚金刻本
四册

周禮二十卷　　　　　　　T522/7939
〔明〕陳深批點
明凌杜若刻朱墨套印本
六册

周禮正義八十六卷　　　　528/1900
〔清〕孫詒讓撰
清光緒三十三年（1907）瑞安孫氏家刻本
十二册

分篇之屬

考工記二卷　　　　　　　T592/0442（2）
〔明〕郭正域批點
明萬曆閔齊伋刻三經評注朱墨套印本
一册
與《檀弓》合函。

考工記通二卷　　　　　　T535/2960
〔明〕徐昭慶輯注
明萬曆花萼樓刻本
二册

周禮醫官詳説一卷　　　　548/3850
〔清〕顧成章撰
清光緒十九年（1893）鉛印本
一册

周官精義十二卷　　　　　T528/3332
〔清〕連斗山撰
清乾隆刻周懋琦批校本
三册

周官精義十二卷　　　　　T528/3332b
〔清〕連斗山撰
清乾隆四十一年（1776）刻本
八册

六官駢萃四卷　　　　　　540/1345
〔清〕張蔚春撰
清嘉慶九年（1804）張氏六笋齋刻本
一册（四册合訂）

井田圖考二卷　　　　　　　　4394/2947
　〔清〕朱克己撰
　清光緒十六年（1890）山東書局刻本
　二册

專著之屬

宋葉文康公禮經會元四卷　　T525/4964
　〔宋〕葉時撰　　〔清〕許元淮輯
〔清〕陸隴其點定
　清乾隆五十四年（1789）桐柏山房
刻本
　四册

周禮補亡六卷　　　　　　　T526/7143
　〔元〕丘葵撰
　明李緝刻本
　六册

周禮完解十二卷讀周禮一卷　T527/4244
　〔明〕郝敬撰
　明萬曆四十五年（1617）郝千秋、郝
千石刻九經解本
　八册

周禮精華六卷　　　　　　　528/7904
　〔清〕陳龍標編輯
　清嘉慶十六年（1811）緯文堂刻本
　六册

周禮節訓六卷　　　　　　　528/4826
　〔清〕黃叔琳撰　　〔清〕姚培謙重訂
　清道光十年（1830）金閶步月樓刻本
　二册

周禮輯義十二卷　　　　　　528/8438
　〔清〕姜兆錫輯義
　清道光九年（1829）聯墨堂刻本
　四册

周禮政要二卷　　　　　　528/1900.2b
　〔清〕孫詒讓撰
　清光緒二十八年（1902）瑞安普通學
堂刻本
　二册

周禮政要二卷　　　　　　528/1900.2
　〔清〕孫詒讓撰
　清光緒二十九年（1903）上海書局石印本
　二册

評點周禮政要二卷　　　　528/1900.2c
　〔清〕孫詒讓撰　　〔清〕日新圖書局
評點
　清光緒二十九年（1903）日新圖書局
鉛印本
　一册

禮説十四卷附大學説一卷　　528/5344
　〔清〕惠士奇撰
　清嘉慶二年（1797）上海彭氏蘭陵書
屋刻本
　四册
　又一部，528/5344 c.2，六册，缺《大
學説》一卷。

文字音義之屬

注釋古周禮五卷考工記一卷　T527/3231
　〔明〕郎兆玉撰

明天啓郎氏堂策檻刻本
六册

注釋古周禮五卷考工記一卷　　527/3231
　〔明〕郎兆玉撰
　明天啓六年（1626）刻後印本
　三册

周禮注疏删翼三十卷　　T527/1147
　〔明〕王志長輯　　〔明〕葉培恕定
　清世德堂刻本
　十二册

周禮三家佚注一卷　　528/1900.1
　〔清〕孫詒讓校集
　清光緒二十年（1894）瑞安孫氏刻本
　一册

周禮注疏小箋五卷　　528/8681
　〔清〕曾釗撰
　清光緒十二年（1886）廣東學海堂刻
學海堂叢刻本
　一册

儀禮類

傳説之屬

儀禮注疏十七卷　　T554/1880c
　〔漢〕鄭玄注　　〔唐〕賈公彦疏
　明刻本
　十六册

儀禮經傳通解二十三卷儀禮集傳集注十四卷附儀禮經傳通解續二十九卷
　　　　　　　　　　555/2940
　〔宋〕朱熹撰　　（附）〔宋〕黄幹撰
　清初吕氏寶誥堂刻本
　三十二册

儀禮經傳内編二十三卷外編五卷
　　　　　　　　　　T558/8438
　〔清〕姜兆錫撰
　清乾隆元年（1736）寅清樓刻九經
補注本
　十六册

儀禮章句十七卷　　T558/2314
　〔清〕吴廷華撰
　清乾隆五十九年（1794）吴壽祺刻本
　六册

儀禮古今文疏義十七卷　　558/4211
　〔清〕胡承珙撰
　清光緒三年（1877）湖北崇文書局
刻本
　四册

分篇之屬

讀禮叢鈔十六種　　562/4459
　〔清〕李輔燿輯
　清光緒十七年（1891）湖南李氏鞠
園刻本
　六册
　喪葬雜録一卷　　〔清〕張履祥撰
　喪祭雜説一卷　　〔清〕張履祥撰
　讀禮問一卷　　〔清〕吴肅公撰

喪服或問一卷　〔清〕汪琬撰

三年服制考一卷　〔清〕毛奇齡撰

喪禮雜説一卷　〔清〕毛先舒撰

喪服翼注一卷　〔清〕閻若璩撰

約喪禮經傳一卷　〔清〕吳卓信撰

家禮喪祭拾遺一卷　〔清〕李文炤撰

經咫摭録一卷　〔清〕陳祖範撰

讀禮小事記一卷　〔清〕唐鑑撰

喪服今制表一卷　〔清〕張華理撰

喪服雜説一卷　〔清〕張華理撰

制服表一卷　〔清〕周保珪撰

制服成誦篇一卷　〔清〕周保珪撰

喪服通釋一卷　〔清〕周保珪撰

儀禮釋官九卷　　　　568/4275

〔清〕胡匡衷撰

清同治八年（1869）研六閣刻本

四册

弁服釋例八卷　　　　568/2144

〔清〕任大椿撰

清嘉慶元年（1796）蕭山王宗炎望賢
家塾校刻本

八册

制服成誦編一卷制服表一卷喪服通釋一
卷　　　　　563/7221

〔清〕周保珪撰

清光緒十八年（1892）山東書局刻本

一册

專著之屬

儀禮正義四十卷　　　558/b241c

〔漢〕鄭玄注　　〔清〕胡培翬撰

清同治七年（1868）蘇州湯晉苑局
刻本

二十册

儀禮節解十七卷　　　TJ558/4248

〔明〕郝敬撰

清抄本（九部經解之一）

九册

禮經學七卷　　　　558/5611

曹元弼撰

清宣統元年（1909）刻本

七册

儀禮瑣辨一卷　　　558/9246

〔清〕常增撰

清道光五年（1825）刻本

一册

儀禮析疑十七卷　　558/0241

〔清〕方苞撰　　〔清〕程崟　方道興
編校

清乾隆十二年（1747）刻抗希堂全集本

八册

儀禮經注疏正訛十七卷　　T558/8163

〔清〕金曰追撰

清乾隆五十三年（1788）張式慎刻本

四册

儀禮選要一卷附讀易入門便鈔一卷
　　　　　558/1129

〔清〕孔傳性編　　（附）〔清〕樊錫
貴編　〔清〕曹士英校

清道光十年（1830）陽邑近思堂刻本

二册

儀禮易讀十七卷　　　　　　T558/7272
　〔清〕馬駉撰
　清乾隆二十年（1755）刻本
　六册

儀禮恒解十六卷首一卷　　　558/7131
　〔清〕劉沅撰
　清道光二十二年（1842）序豫誠堂
刻本
　六册

儀禮先易六卷　　　　　　　558/6624
　〔清〕吕仁杰撰
　清道光二十六年（1846）江村師敖
書屋刻本
　三册

**儀禮鄭注句讀十七卷監本正誤一卷石本
誤字一卷**　　　　　　　　　　558/1312
　〔清〕張爾岐撰
　清同治七年（1868）金陵書局刻本
　四册

儀禮蠡測十七卷　　　　　　558/4544
　〔清〕韋協夢撰
　清道光二十五年（1845）帶草軒刻本
　六册

圖説之屬

儀禮圖六卷　　　　　　　　558/1350
　〔清〕張惠言撰
　清嘉慶十年（1805）揚州阮氏刻本

三册

文字音義之屬

儀禮韻言二卷　　　　　　　558/4144
　〔清〕檀萃纂
　清光緒八年（1882）上海掃葉山房
刻本
　二册

禮記類

傳説之屬

禮記集注十卷　　　　　　　T586/7936c
　〔元〕陳澔撰
　明刻本
　十册

禮記集説十卷　　　　　　　586/7936B
　〔元〕陳澔撰
　清同治五年（1866）金陵書局刻本
　十册

禮記集説十卷　　　　　　　586/7936
　〔元〕陳澔撰
　清光緒十九年（1893）江南書局刻本
　十册

張翰林校正禮記大全三十卷總論一卷
　　　　　　　　　　　　　　T587/4208
　〔明〕胡廣等輯
　明萬曆閩芝城建邑書林余氏刻本
　十七册

日講禮記解義六十四卷　　　T588/1151

　〔清〕張廷玉等撰

　清乾隆十四年（1749）武英殿刻本

　十六册

續禮記集説一百卷　　　588/4147

　〔清〕杭世駿輯

　清光緒二十一至三十年（1895—1904）杭州浙江書局刻本

　四十册

禮記説義纂訂二十四卷　　　T587/4246

　〔清〕楊梧撰

　清康熙十四年（1675）楊昌齡等刻本

　十二册

禮記集解六十一卷附尚書顧命解一卷

　　　588/1946

　〔清〕孫希旦集解

　清咸豐十年（1860）至同治十年（1871）瑞安孫氏盤谷草堂刻本

　十六册

　又一部，588/1946 c.2，二十六册。

分篇之屬

禮記子思子言鄭注補正四卷　　597/8240

　〔漢〕鄭玄注　　〔清〕簡朝亮補正

　清光緒三十三年（1907）讀書堂刻本

　六册

檀弓二卷　　　T592/0442

　〔宋〕謝枋得批點　　〔明〕楊慎注

　明萬曆四十四年（1616）閔齊伋刻三經評注朱墨套印本

　一册

　與《考工記》合函。又一部，T592/0442 c.2，一册。

檀弓論文二卷　　　592/1942

　〔清〕孫濩孫評注

　清光緒七年（1881）常州狀元第莊刻本

　二册

專著之屬

禮記要義三十三卷　　　585/2118b

　〔宋〕魏了翁撰

　清光緒十二年（1886）江蘇書局刻本

　八册

禮記通解二十二卷讀禮記一卷

　　　T587/4244

　〔明〕郝敬撰

　明萬曆四十四年（1616）郝氏刻九經解本

　二十册

儒行集傳二卷　　　1349/4832

　〔明〕黃道周撰

　清道光四年（1824）宋氏凝遠堂刻本

　二册

禮記質疑四十九卷　　　588/0224

　〔清〕郭嵩燾撰

　清光緒十六年（1890）思賢講舍刻本

　十册

禮記心典傳本三卷　　　　588/4219
　　〔清〕胡瑤光纂輯
　　清善成堂刻本
　　四册

禮記省度四卷　　　　　　588/4278
　　〔清〕彭頤纂
　　清乾隆四十五年（1780）刻朱墨套
印本
　　四册

禮記訓纂四十九卷　　　　588/2942B
　　〔清〕朱彬輯
　　清咸豐六年（1856）朱念祖刻本
　　八册

文字音義之屬

禮記約注三十卷　　　　　T587/3232
　　〔明〕湯道衡撰
　　明末花嶼刻本
　　四册

禮記體注四卷　　　　　　588/4182
　　〔清〕范翔參訂　　〔清〕吳有文等校
　　清光緒五年（1879）紫文閣刻本
　　四册

大戴禮記類

分篇之屬

夏小正考注一卷　　　　　633/6531
　　〔清〕畢沅撰
　　清乾隆四十八年（1783）靈巖山館

刻本
　　一册

夏小正集説四卷　　　　　633/2130
　　〔清〕程鴻詔編
　　清同治十一年（1872）安慶高文元
堂刻本
　　二册

夏小正通釋一卷　　　　　633/3908
　　〔清〕梁章鉅輯
　　清光緒十三年（1887）杭州浙江書局
刻本
　　一册

三禮總義類

通論之屬

三禮編繹二十六卷　　　　T647/1218
　　〔明〕鄧元錫撰
　　明萬曆三十三年（1605）史繼辰等
刻本
　　十二册

禮經貫四卷　　　　　　　T647/4663
　　〔明〕堵景濂撰
　　明崇禎刻本
　　四册

禮書通故不分卷　　　　　648/4827
　　〔清〕黃以周撰
　　清光緒十九年（1893）黃氏試館刻本
　　三十二册

三禮述注七十一卷　　　　　T648/4494
　〔清〕李光坡撰
　清乾隆八至三十二年（1743—1767）
李氏清白堂刻本
　三十册

三禮通釋二百八十卷　　　　648/4962
　〔清〕林昌彝撰
　清同治三年（1864）廣州刻本
　四十八册

讀禮説三卷　　　　　　　　T563/6638
　〔清〕吕宣曾撰
　清乾隆吕公滋刻本
　十册

六禮或問十三卷　　　　　　648/3124
　〔清〕汪紱撰
　清光緒二十一年（1895）刻本
　八册

讀禮條考二十卷　　　　　　648/1164
　〔清〕王曜南撰
　清光緒二十三年（1897）武林杭縣尚
友齋刻本
　六册

讀禮通考一百二十卷　　　　558/2947
　〔清〕徐乾學纂輯
　清康熙三十五年（1696）序刻本
　二十四册

五禮通考二百六十二卷首四卷總目二卷
　　　　　　　　　　　　　T648/5946
　〔清〕秦蕙田撰

清乾隆秦氏味經窩刻本
　八十一册

三禮類綜四卷　　　　　　　648/4833
　〔清〕黄暹編輯　〔清〕夏枝芳校讎
　清嘉慶八年（1803）刻本
　四册

名物制度之屬

求古録禮説十六卷補遺一卷附校勘記三
卷　　　　　　　　　　　　648/8162
　〔清〕金鶚撰　〔清〕王士駿校記
　清光緒二年（1876）刻本
　十册

圖説之屬

三禮圖二十卷　　　　　　　645/1428b
　〔宋〕聶崇義集注
　清末上海同文書局石印本
　二册

禮表一卷　　　　　　　　　648/8248
　〔清〕鄭士範撰　〔清〕周鼎校
　清光緒十九年（1893）周正誼堂刻本
　一册

通禮雜禮之屬

禮書一百五十卷　　　　　　645/7933
　〔宋〕陳祥道撰
　清嘉慶九年（1804）郭氏校經堂刻本
　二十四册

禮書一百五十卷　　　　　　645/7333B
　　〔宋〕陳祥道撰
　　清光緒二年（1876）定遠方濬師校
刻本
　　十四冊

書儀十卷　　　　　　　　　666/1279
　　〔宋〕司馬光撰
　　清同治七年（1868）江蘇書局刻本
　　一冊

文公家禮儀節八卷　　　　T665/2943.7
　　〔明〕丘濬撰
　　明弘治三年（1490）順德知縣吳廷舉
刻本
　　六冊

家禮節要不分卷附射禮儀節一卷
　　　　　　　　　　　　T665/2943.2
　　〔明〕朱廷立撰　　（附）〔明〕楊一
清增注
　　明嘉靖十五年（1536）王汝孝太原府
刻本
　　四冊

天子肆獻裸饋食禮纂三卷附朝廟宮室圖
考一卷田賦考一卷　　　　561/2133
　　〔清〕任啓運撰
　　清光緒十四年（1888）任氏家塾刻本
　　二冊

家禮集議一卷　　　　　　T668/1429
　　〔清〕武先慎撰
　　清乾隆五十八年（1793）刻本
　　二冊

家禮會通四卷　　　　　　T668/1330
　　〔清〕張汝誠撰
　　清坊刻本
　　二冊

家禮全集六卷　　　　　　660/3929
　　〔清〕梁傑輯
　　清光緒二十一年（1895）上海徐錫昌
石印本
　　六冊

樂類

樂理之屬

樂記不分卷　　　　　　　T599/5346
　　〔明〕戈九疇撰
　　明萬曆杭州書林吳山刻本
　　二冊

律呂之屬

樂書二百卷　　　　　　　6730/7962
　　〔宋〕陳暘撰
　　清光緒二年（1876）方濬師廣州刻本
　　十八冊

樂律全書四十九卷　　　　T6730/2944
　　〔明〕朱載堉撰
　　明萬曆鄭藩刻增修清印本
　　十九冊
　　律呂精義內篇十卷外篇十卷
　　律學新說四卷
　　樂學新說一卷附樂經古文一卷
　　算學新說一卷

操縵古樂譜一卷
旋宮合樂譜一卷
鄉飲詩樂譜六卷
六代小舞譜一卷
小舞鄉樂譜一卷
二佾綴兆圖一卷
靈星小舞譜一卷
聖壽萬年曆二卷
萬年曆備考三卷
律曆融通四卷附音義一卷

苑洛志樂二十卷　　　　6730/4424
〔明〕韓邦奇撰
清嘉慶十一年（1806）關中裕德堂
刻本
十二冊

樂典三十六卷　　　　T6730/4821
〔明〕黃佐撰
清康熙二十一年（1682）黃逵卿刻本
七冊

聲律通考十卷　　　　6730/7931
〔清〕陳澧撰
清咸豐十年（1860）番禺陳氏刻本
二冊

律呂通今圖説一卷律易一卷　6730/2278b
〔清〕繆闐撰　〔清〕蔣斯岱　蔣斯
崧校
清咸豐十一年（1861）蕪湖繆氏刻本
一冊

樂律表微八卷　　　　6730/4206
〔清〕胡彥昇撰

清乾隆二十七年（1762）耆學齋刻本
四冊

律音彙考八卷附琴旨申邱一卷
　　　　　　　　　　6730/7232
〔清〕邱之稑撰　（附）〔清〕劉人
熙撰
清光緒二十三年（1897）刻本
四冊

御製律呂正義五卷　　6730/1131
〔清〕聖祖玄燁敕撰
清同治刻本
五冊

樂經律呂通解五卷　　6730/3191
〔清〕汪烜輯
清光緒九年（1883）婺源縣刻本
五冊

御製律呂正義後編一百二十卷
　　　　　　　　　T6730/1131.2
〔清〕允祿等纂
清乾隆十一年（1746）武英殿刻本
四十八冊

春秋左傳類

傳説之屬

左傳經世鈔二十三卷　　718/2136
〔周〕左丘明傳　〔清〕魏禧評點
〔清〕彭家屏參訂
清乾隆十三年（1748）刻聯墨堂後
印本

十二冊

又一部，718/2136 c.2，十冊。

左傳經世鈔二十三卷　　　　718/2136b

〔周〕左丘明傳　〔清〕魏禧評點
〔清〕彭家屏參訂

清乾隆刻本

十冊

春秋綱目左傳句解六卷　　　718/4548c

〔周〕左丘明撰　〔清〕韓菼重訂

清善成堂刻本

六冊

重訂春秋綱目左傳句解全書八卷

718/4548b

〔周〕左丘明撰　〔清〕韓菼重訂

清咸豐十年（1860）廣州古經閣刻本

六冊

春秋左傳三十卷　　　　　　713/4118B

〔晋〕杜預注　〔明〕金蟠校訂

清光緒九年（1883）永懷堂刻本

十冊

春秋左傳杜注三十卷首一卷

T713/4118.2

〔晋〕杜預注　〔清〕姚培謙校

清乾隆十一年（1746）吳郡陸氏小
鬱林刻本

十六冊

春秋左傳杜注三十卷　　　713/4118.2

〔晋〕杜預注　〔清〕姚培謙校

清光緒九年（1883）刻本

十冊

重訂批點春秋左傳詳節句解三十五卷

T715/2950

〔宋〕朱申撰

明崇禎尊古堂刻本

六冊

春秋左傳十五卷　　　　　　T710/1988

〔明〕孫鑛批點

明萬曆四十四年（1616）閔齊伋刻朱
墨套印本

十二冊

春秋左傳十七卷　　　　　　T710/1366

清雍正十三年（1735）果親王府刻四
色套印本

十冊

讀左日鈔十二卷補二卷　　　T718/2942

〔清〕朱鶴齡撰

清康熙二十年（1681）刻本

六冊

欽定春秋左傳讀本三十卷　　718.7/8834

〔清〕英和等纂輯

清同治八年（1869）江蘇書局刻本

十冊

左氏春秋集説十卷凡例二卷　718/2942.2

〔清〕朱鶴齡輯

清道光刻本

八冊

專著之屬

東萊博議四卷　　　　　　　　715/6630
　　〔宋〕呂祖謙撰
　　清光緒三十一年（1905）上海商務印
書館鉛印本
　　二册

東萊左氏博議輯注六卷　　　715/6630d
　　〔宋〕呂祖謙撰　　〔清〕駱根深輯注
　　清光緒二十九年（1903）東莞天香吟
館刻本
　　六册

東萊先生左氏博議集要八卷　715/6630.4
　　〔宋〕呂祖謙撰　　〔清〕宋廷輔評選
　　清光緒十五年（1889）常熟宋氏刻本
　　四册

精選東萊先生左氏博議句解十六卷
　　　　　　　　　　　　　T715/6630b
　　〔宋〕呂祖謙撰
　　明刻本
　　二册

春秋左傳類對賦注一卷　　　T715/2917
　　〔宋〕徐晉卿撰　　〔清〕高士奇注
　　清康熙刻本
　　二册

春秋左氏傳事類始末五卷附錄一卷
　　　　　　　　　　　　　　715/0431
　　〔宋〕章沖編
　　清康熙十九年（1680）通志堂刻通
志堂經解本

四册

春秋左傳注解辯誤二卷古字奇字音釋一
卷補遺一卷　　　　　　　　T717/2433
　　〔明〕傅遜撰
　　明萬曆十三年（1585）傅氏日殖齋刻本
　　二册

春秋非左二卷附春秋楚地答問一卷
　　　　　　　　　　　　　　717/4244
　　〔明〕郝敬撰　　（附）〔清〕易本烺撰
　　清光緒十七年（1891）三餘草堂刻本
　　一册

春秋左傳注評測義七十卷世系譜一卷名
號異稱便覽一卷地名配古籍一卷東坡圖
説一卷總評一卷　　　　　　T717/3427
　　〔明〕凌稚隆撰
　　明萬曆十六年（1588）凌氏刻本
　　二十册

唐荆川先生編纂左氏始末十二卷
　　　　　　　　　　　　　T717/0623
　　〔明〕唐順之撰
　　明嘉靖四十一年（1562）唐氏家塾
刻本
　　四册

左記十二卷　　　　　　　T2526.1/0444
　　〔明〕章大吉纂　　〔明〕章爲之注
〔明〕章達之等訂
　　明崇禎五年（1632）刻本
　　十二册

春秋三書三十一卷　　　　　　T693/1334

　〔明〕張溥撰

　明末刻本

　八册

　春秋列國論二十四卷

　春秋諸傳斷七卷（卷六原缺）

　春秋書法解一卷

春秋左傳釋人十二卷首二卷附錄一卷

　　　　　　　　　　　732/4164

　〔清〕范照藜撰

　清嘉慶八年（1803）如不及齋刻本

　六册

左繡三十卷首一卷春秋經傳集解三十卷
首一卷　　　　　　　　　718/3247

　〔清〕馮李驊　陸浩評輯

　清康熙五十九年（1720）錢塘馮氏華
川書屋刻本

　十六册

　又一部，718/3247 c.2，十六册。

讀左補義五十卷首二卷　　　718/8491

　〔清〕姜炳璋輯撰　〔清〕毛昇等
參校

　清乾隆三十八年（1773）三多堂刻本

　十六册

讀左補義五十卷首二卷　　　718/8491b

　〔清〕姜炳璋輯撰　〔清〕毛昇等
參校

　清乾隆四十七年（1782）同文堂重校
刻本

　十六册

左傳快評八卷　　　　　　　T718/7124

　〔清〕劉繼莊撰

　清康熙四十五年（1706）蕉雨閑房
刻本

　二册

春秋大事表五十卷輿圖一卷　701/3840a

　〔清〕顧棟高撰

　清末萬卷樓刻本

　二十册（缺册一）

春秋左氏傳賈服注輯述二十卷　718/4476

　〔清〕李貽德撰

　清同治五年（1866）刻本

　六册

劉炫規杜持平六卷　　　　　　717/1213

　〔清〕邵瑛撰

　清嘉慶二十二年（1817）刻本

　二册

左氏春秋聚十八卷左辨隨劄一卷表一卷
定稿存原二卷　　　　　　　718/1376

　〔清〕張用星輯

　清嘉慶二十四年（1819）刻本

　十四册

春秋識小録初刻三書　　　　T695/2113

　〔清〕程廷祚撰

　清乾隆八年（1743）三近堂刻本

　六册

　春秋職官考略三卷

　春秋地名辨異三卷附晋書地理志證
　　今一卷

　左傳人名辨異三卷

文字音義之屬

**春秋左傳杜林合注五十卷異名考一卷列
國圖説一卷總目一卷列國指掌圖一卷諸
侯興廢一卷**　　　　　　T717/7442
　〔晋〕杜預　〔宋〕林堯叟撰　〔唐〕
陸德明音義　〔明〕閔夢得　閔光德輯
　　明萬曆二十二年（1594）吳興閔氏
刻本
　　　十六册

春秋左傳綱目定注三十卷　　T717/4414
　〔明〕李廷機撰
　　明崇禎五年（1632）閩書林楊素卿刻本
　　　十册

聽園讀左隨筆二十卷附音釋　718/4441
　〔清〕李藝元撰
　　清同治十二年（1873）長沙李一經堂
家刻本
　　　八册

左通補釋三十二卷　　　　718/3972
　〔清〕梁履繩撰
　　清道光九年（1829）刻光緒元年
（1875）錢塘汪氏振綺堂補刻本
　　　十册

春秋公羊傳類

傳説之屬

春秋公羊經傳解詁十二卷附校記
　　　　　　　　　　742/2229c
　〔漢〕何休注　〔清〕魏彥校記

清光緒二十一年（1895）金陵書局
刻本
　　　二册

專著之屬

**董子春秋繁露一卷附太玄集事一卷揚子
太玄經一卷**　　　　　　T682/7110
　〔漢〕董仲舒撰　（附）〔漢〕揚雄撰
　　明天啓陸氏崢霄館刻本
　　　一册

春秋繁露十七卷　　　　T682/1139
　〔漢〕董仲舒撰
　　明刻本
　　　二册

春秋繁露十七卷　　　　682/2101
　〔漢〕董仲舒撰
　　清光緒二十七年（1901）杭州浙江書
局刻二十二子本
　　　二册

春秋公羊注疏質疑二卷　　742/2241
　〔清〕何若瑤撰
　　清光緒八年（1882）陳少石刻何宮贊
遺書本
　　　二册

春秋繁露義證十七卷　　749/4978
　〔清〕蘇輿撰
　　清宣統二年（1910）刻本
　　　四册
　　又一部，749/4978 c.2，四册。

春秋穀梁傳類

文字音義之屬

春秋穀梁經傳補注二十四卷　778/8101c

〔晋〕范甯集解　〔清〕鍾文烝詳補

清光緒二年（1876）嘉善鍾氏信美室刻本

八册

春秋總義類

傳説之屬

公羊傳十二卷穀梁傳十二卷

T742/2229c

〔漢〕何休解注　〔明〕孫鑛　張榜評　（穀梁傳）〔晋〕范甯集解　〔明〕孫鑛　張榜評

明末刻本

四册

春秋傳三十卷諸國興廢説一卷列國圖説一卷　T690/4236

〔宋〕胡安國撰

明内府刻本

四册

春秋胡傳三十卷綱領一卷總目一卷列國東坡圖説一卷諸國興廢説一卷正經音訓一卷　T690/4236b

〔宋〕胡安國撰　〔宋〕林堯叟音注

明萬曆二十一年（1593）閔氏刻本

四册

春秋胡傳三十卷綱領一卷總目一卷列國東坡圖説一卷諸國興廢説一卷

T690/4236c

〔宋〕胡安國撰

明崇禎十四年（1641）毛氏汲古閣刻四書六經讀本

十册

春秋傳三十卷綱領一卷總目一卷列國圖説一卷諸國興廢一卷　T690/4236d

〔宋〕胡安國撰　〔宋〕林堯叟音注

明金陵奎璧齋莆陽鄭元美刻本

八册

春秋集傳大全三十七卷序論一卷東坡圖説一卷春秋二十國年表一卷諸國興廢説一卷　T693/4208

〔明〕胡廣等輯

明嘉靖九年（1530）劉氏安正堂刻本

二十册

春秋公羊傳十二卷考一卷春秋穀梁傳十二卷考一卷　T742/2229

〔明〕閔齊伋裁注

明天啓元年（1621）閔齊伋刻本

四册

春秋公羊傳十二卷考一卷春秋穀梁傳十二卷考一卷　T742/2229b

〔明〕閔齊伋裁注

明末味經堂覆刻本

八册

春秋大全三十卷附錄三卷　T693/3240.2

〔明〕馮夢龍撰

明刻本

十六册

又一部，T693/3240.2 c.2，四册。

**春秋四傳三十八卷綱領一卷總目一卷列
國東坡圖説一卷春秋二十國年表一卷諸
國興廢説一卷**　　　　　　T691/5262

明嘉靖刻本

十二册

**春秋四傳三十八卷綱領一卷總目一卷列
國東坡圖説一卷春秋二十國年表一卷諸
國興廢説一卷**　　　　　　TNC691/5262

明刻本（卷十三至十六抄配）

二十册

春秋大成三十一卷春秋大成講意三十一卷
　　　　　　　　　　　　T695/3240

〔清〕馮如京撰　　（講意）〔清〕馮
雲驤撰

清順治馮氏介軒刻本

八册

又一部，T695/3240 c.2，八册。

春秋集古傳注二十六卷首一卷
　　　　　　　　　　　　695/2241

〔清〕邰坦撰

清光緒元年（1875）刻本

四册

春秋説約十二卷　　　　T695/2911

〔清〕朱元撰

清乾隆五十五年（1790）爍庚樓刻本

八册

春秋公羊穀梁諸傳彙義十二卷
　　　　　　　　　　　　T695/8438

〔清〕姜兆錫撰

清乾隆五年（1740）寅清樓刻九經補
注本

六册

又一部，T695/8438 c.2，六册。

日講春秋解義六十四卷總説一卷
　　　　　　　　　　　　T695/0542

〔清〕庫勒納等撰

清乾隆二年（1737）内府刻本

十六册

增補左繡匯参三十卷首一卷　　T718/7216

〔清〕周正思撰

清乾隆十三年（1748）嵩山書屋刻
三十九年（1774）芸經堂印本

十六册

春秋集傳辨異十二卷首一卷　　695/4844

〔清〕趙培桂集辨

清同治五年（1866）明德堂刻本

六册

專著之屬

春秋會義二十六卷　　　　690/4102

〔宋〕杜諤撰

清光緒十八年（1892）刻本

十二册

春秋屬辭十五卷　　　　691/4832

〔元〕趙汸撰

清康熙十二年（1673）通志堂刻本

五册

春秋經傳闕疑四十五卷　　　　T691/8211
〔元〕鄭玉撰
清康熙五十年（1711）鄭肇新刻本
十二册

增訂春秋衡庫三十卷附錄三卷備錄一卷
　　　　　　　　　　T693/3240
〔明〕馮夢龍撰
明天啓刻本
十二册

春秋直解十五卷　　　　T693/4248
〔明〕郝敬撰
明萬曆郝千秋、郝千石刻九經解本
六册

麟書捷旨十二卷　　　　T693/3793
〔明〕官裳撰
明天啓金陵李良臣刻本
八册

春秋單合析義三十卷　　　　T693/4952
〔明〕林挺秀　林挺俊撰
清康熙三十四年（1695）挹奎樓刻本
八册

春秋貫玉四卷世系一卷　　　　T693/0829
〔明〕顏鯨撰
明萬曆三十四年（1606）史繼辰浙江
刻本
六册

**增訂春秋世族源流圖考六卷春秋女譜一
卷**　　　　　　　　702/9242
〔清〕陳厚耀撰　　〔清〕常茂徠增訂
清道光三十年（1850）夷門怡古堂刻本
四册

春秋指掌三十卷前二卷附二卷
　　　　　　　　　　T695/2678
〔清〕儲欣　蔣景祁撰
清康熙二十七年（1688）天藜閣刻本
六册

春秋本義十卷　　　　T693/3829
〔清〕顧朱撰
清康熙四十九年（1710）顧鐔家塾
刻本
二册

春秋比事參義十六卷　　　　694/4180
〔清〕桂含章撰
清光緒八年（1882）金陵刻本
十六册

春秋釋四卷　　　　695/4841
〔清〕黃式三撰
清光緒定海黃氏刻儆居遺書本
一册

春秋年譜不分卷　　　　TNC701/6144
〔清〕瞿世壽撰
清康熙間瞿氏香緑居稿本
二册

春秋經傳類求十二卷　　　　T695/1923
〔清〕孫從添　過臨汾撰

清乾隆二十四年（1759）吳禧祖刻本
十二冊

春秋不傳十二卷　　　　　　695/3233
〔清〕湯啓祚撰
清嘉慶二十四年（1819）湯氏校刻本
八冊

春秋例表三十八篇　　　　　695/1122
〔清〕王代豐撰　　〔清〕廖昺文等補
清光緒三十四年（1908）刻本
四冊

春秋朔閏至日考三卷春秋日食辨正一卷
春秋朔閏表一卷　　　　　　7188/1147b
〔清〕王韜撰
清光緒十五年（1889）王氏淞隱廬鉛
印本
四冊

春秋集義五十八卷首一卷末一卷
　　　　　　　　　　　　　T695/2374
〔清〕吳鳳來撰
清乾隆五十四年（1789）吳鳳來小草
廬刻本
二十冊

春秋困學錄十二卷　　　　　T695/4234
〔清〕楊宏聲撰
清乾隆三十九年（1774）尊五堂刻本
六冊

春秋屬辭辨例編六十卷首二卷 695/1306
〔清〕張應昌撰
清同治十二年（1873）江蘇書局活字

印本
三十二冊

春秋經傳日月考一卷　　　　T708/2224
〔清〕鄒伯奇撰
清光緒二十七年（1901）正學堂刻朱
印本
一冊

春秋三傳揭要六卷首一卷　　T695/7246
〔清〕周蕙田撰
清乾隆五十九年（1794）許寶善自怡
軒刻本
三冊

春秋滕薛杞越莒邾許七國統表六卷
　　　　　　　　　　　　　2526/2110
〔清〕魏翼龍編輯
清道光十三年（1833）刻本
一冊

春秋疑義錄二卷　　　　　　695/7240
〔清〕劉士毅撰
清光緒六年（1880）刻本
二冊

春秋大義一卷論語微言一卷　154/2174
〔清〕魏鳳林輯
清同治刻本
一冊

春秋董氏學八卷　　　　　　695/0343B
康有爲撰
清光緒二十四年（1898）廣州演孔書
局刻朱印本

六册

春秋公法比義發微六卷　　　4841/4198

〔清〕藍光策撰

清光緒二十七年（1901）尊經書局刻本

六册

文字音義之屬

鋟王趙二先生校閲音義天梯春秋正文二卷　　　T693/1122

〔明〕王衡校　　〔明〕趙恒閲

明萬曆四十年（1612）書林熊沖宇刻本

一册

春秋箋例三十卷首一卷　　　695/4824

〔清〕趙儀吉輯

清嘉慶二十二年（1817）刻本

八册

孝經類

正文之屬

孝經一卷忠經一卷　　　1685/8203

〔唐〕玄宗李隆基撰　　〔明〕陳選集注　（忠經）〔漢〕鄭玄集注

清善成堂刻本

一册

草廬校定古今文孝經一卷附孝經三本管窺一卷　　　818/2954

〔元〕吳澄撰　　（附）〔清〕吳隆元撰

清康熙五十九年（1720）序高安朱氏刻本

一册

傳説之屬

孝經注疏九卷　　　T814/0320.1

〔唐〕玄宗李隆基注　　〔宋〕邢昺疏

明嘉靖李元陽刻隆慶二年（1568）重修本

一册

孝經注疏九卷　　　T814/0320.17

〔唐〕玄宗李隆基注　　〔宋〕邢昺疏

明萬曆十四至二十一年（1586—1593）北京國子監刻十三經注疏本

一册

張天如先生校正標題孝經集注詳解一卷　　　T1665/2943.13（1）

〔唐〕玄宗李隆基注　　〔宋〕邢昺疏　〔明〕黃澍注解　　〔明〕張溥訂

明崇禎九年（1636）書林吳耀珠刻本

一册

孝經注疏九卷附考證　　　T814/0320.7

〔唐〕玄宗李隆基注　　〔唐〕陸德明音義　〔宋〕邢昺疏

清乾隆四年（1739）北京武英殿校刻十三經注疏本

一册

孝經注解一卷孝經大義一卷　　　814/0320.14

〔唐〕玄宗李隆基注　　〔宋〕司馬光解　〔宋〕范祖禹説　　〔元〕董鼎注

清康熙十九年（1680）刻通志堂經解本

一册

孝經注解一卷　　　　　825/1791
　　〔唐〕玄宗李隆基注　〔宋〕司馬光指解　〔宋〕范祖禹述
　　清光緒三十一年（1905）廣州麟書閣刻本
　　一册

孝經集傳四卷　　　　　T817/4837
　　〔明〕黃道周撰
　　明崇禎十六年（1643）張天維等刻本
　　二册

孝經大全二十八卷首一卷　T817/6623
　　〔明〕吕維祺撰
　　清康熙二年（1663）吕兆璜、吕兆琳刻本
　　五册

孝經傳説圖解四卷　　　1682.5/8134
　　〔清〕金汝幹　金汝楫編撰　〔清〕戴蓮洲繪圖
　　清嘉慶十六年（1811）雲豫堂刻道光元年（1821）印本（嘉郡普濟堂雲鶴樓藏板）
　　四册

孝經傳説圖解不分卷　　818/4220
　　〔清〕金汝幹　金汝楫編撰　〔清〕戴蓮洲繪圖
　　清同治十年（1871）刻本
　　四册

專著之屬

孝經集義一卷孝經勘誤一卷　T819/8964
　　〔明〕余時英撰　（勘誤）〔宋〕朱熹撰
　　明天啓四年（1624）余紹禄等刻本
　　一册

孝經詳説六卷　　　　　818/5443
　　〔清〕冉覲祖撰
　　清光緒七年（1881）大梁書局刻本
　　四册

孝經義疏補九卷　　　　818/7136a
　　〔清〕阮福撰　〔清〕阮元輯
　　清道光九年（1829）刻本
　　四册

孝經闡要一卷　　　　　818/1361
　　〔清〕張恩霨注
　　清光緒九年（1883）序刻本
　　一册

孝經衍義一百卷首二卷　T818.1/4228
　　〔清〕葉方藹　張英　韓菼編
　　清黑格抄本
　　三十册

孝經頌義一卷　　　　　820/7540
　　〔日本〕岡本監輔撰
　　清光緒二十七年（1901）上海商務印書館鉛印本
　　一册

四書類

大學之屬

古本大學説一卷附大學改本考一卷

898/3314

〔清〕邊廷英撰

清道光二十一年（1841）詩境軒刻本

二册

大學章句質疑一卷　　898/0224

〔清〕郭嵩燾撰

清光緒十六年（1890）長沙思賢講舍刻本

一册

大學古本質言一卷　　898/7231

〔清〕劉沅撰

清光緒三十一年（1905）刻本

一册

中庸之屬

中庸章句大全一卷中庸或問一卷讀中庸法一卷　　T917/4208

〔明〕胡廣等編

明弘治八年（1495）種德堂刻四書大全本

二册

中庸直指一卷　　917/2332

〔明〕釋德清撰

清光緒十年（1884）金陵刻經處刻本

一册

中庸衍義十七卷　　917/1437

〔明〕夏良勝撰

清同治十年（1871）刻本

十二册

中庸説二卷　　898/3314（2）

〔清〕邊廷英撰

清道光二十一年（1841）詩境軒刻本

二册

中庸章句質疑二卷　　918/0224

〔清〕郭嵩燾撰

清光緒十六年（1890）長沙思賢講舍刻本

一册

十先生中庸集解二卷　　915/1607

〔清〕石韞編

清道光二十九年（1849）刻本

二册

顧涇陽先生學庸意三卷　　T855/3835

〔明〕顧憲成撰

清康熙張純修刻本

三册

學庸匯通二卷　　854/4290

〔元〕胡炳文撰

清道光十四年（1834）刻本

六册

學庸竊補十四卷附學庸竊補提要二卷

T898/7924

〔清〕陳孚輯

清乾隆十五年（1750）簡王府刻本

八册

學庸遵注不分卷　　　　　　T898.4/5116
　　〔清〕姚雨田撰
　　清抄本
　　五册

學庸困知録四卷　　　　　　856/4103
　　〔清〕莊咏撰
　　清道光二十三年（1843）刻本
　　十册

中庸順講一卷　　　　　　918/3425
　　〔清〕叢秉蕭輯
　　清刻本
　　一册

學庸説文十二卷　　　　　　T898/4421
　　〔清〕李凱撰
　　清李氏寒香亭刻本
　　六册

論語之屬

論語十卷　　　　　　935/2943b
　　〔宋〕朱熹集注
　　清光緒三十二年（1906）上海商務印
書館鉛印本
　　二册

論語二卷　　　　　　938/2343
　　〔清〕吳大澂書篆
　　清光緒十二年（1886）蘇州振新書
社刻本
　　四册

論語注疏解經二十卷　　　　　　T935/1262b
　　〔三國魏〕何晏集解　　〔宋〕邢昺疏
　　明嘉靖李元陽刻隆慶二年（1568）重
修十三經注疏本
　　三册

論語注疏解經十卷附札記一卷 935/1262
　　〔三國魏〕何晏集解　　〔宋〕邢昺疏
（附）〔清〕劉世珩撰
　　清光緒三十三年（1907）貴池劉氏玉
海堂刻玉海堂影宋元本叢書本
　　二册
　　又一部，935/1262 c.2，二册。

論語詳説十卷　　　　　　T935/4422
　　〔明〕曹端撰
　　明刻本
　　四册

論語詳解二十卷讀論語一卷
　　　　　　　　　　T937/4248
　　〔明〕郝敬撰
　　明萬曆四十六年（1618）郝千秋、郝
千石刻九經解本
　　十二册

皇氏論語義疏參訂不分卷
　　　　　　　　　　TNC933/2264.212
　　〔清〕吳騫撰
　　清乾隆吳氏拜經樓稿本
　　四册

論語話解十卷　　　　　　938/7936
　　〔清〕陳澧述
　　清光緒五年（1879）廣仁堂刻本

四册

論語注二十卷　　　　938/4501
〔清〕戴望撰
清同治十年（1871）刻吳興叢書本
二册

論語發疑四卷　　　　938/3850
〔清〕顧成章撰
清光緒十八年（1892）木活字印本
二册

古三疾齋論語直旨四卷　　　　938/2228
〔清〕何綸錦撰
清嘉慶二十一年（1816）刻本
二册

鄉黨圖考十卷　　　　948/3133b
〔清〕江永撰
清乾隆五十八年（1793）金閶書業堂刻本
六册

鄉黨圖考十卷　　　　948/3133
〔清〕江永撰
清富裕堂刻本
六册

鄉黨圖考補正六卷附札記一卷
　　　　948/3133.1
〔清〕王漸鴻撰　〔清〕張庭詩札記
清光緒三十四年（1908）黃縣丁氏海隅山館刻本
六册

論語集注旁證二十卷　　　　938/3908
〔清〕梁章鉅撰
清光緒十二年（1886）刻本
四册

論語後案二十卷　　　　938/4841
〔清〕黃式三撰
清光緒九年（1883）浙江書局刻儆居遺書本
十册

論語正義二十四卷　　　　938/7234D
〔清〕劉寶楠撰
清同治五年（1866）金陵存古書社刻本
六册
又一部，938/7234D c.2，六册。又一部，938/7234D c.3，六册。又一部，938/7234D c.4，六册。

論語正義二十四卷　　　　938/7234F
〔清〕劉寶楠撰
清同治五年（1866）刻本
六册
又一部，938/7234F c.2，六册。

論語補注三卷　　　　938/7277
〔清〕劉開撰
清同治七年（1868）桐城劉氏刻本
一册

講書詳解論語四卷　　　　938/7253
〔清〕劉忠輯　〔清〕劉懋　劉澤校
清善美堂刻本
二册

論語古注集箋十卷附論語考一卷

　　　　　　　　　　　　　938/3629

　　〔清〕潘維城撰

　　清光緒七年（1881）江蘇書局刻本

　　六册

朱子論語集注訓詁考二卷　　938/3624

　　〔清〕潘衍桐輯

　　清光緒十七年（1891）浙江書局刻本

　　一册

　　又一部，938/3624 c.2，一册

論語淺解四卷　　　　　　　938/2248

　　〔清〕喬松年注

　　清光緒三年（1877）強恕堂刻本

　　四册

論語經正録二十卷附先府君年譜一卷

　　　　　　　　　　　　　938/1131

　　〔清〕王肇晋撰　　〔清〕王用誥述

（附）〔清〕王孝箴等撰

　　清光緒二十年（1894）刻本

　　十一册

論語古韻二十卷　　　TNC955/4124

　　〔清〕左喬林撰

　　稿本

　　八册

孟子之屬

孟子二卷　　　　　　　T965/4932b

　　〔宋〕蘇洵批點

　　明嘉靖二十年（1541）余氏自新齋

刻本

　　二册

孟子二卷　　　　　　　T965/4932

　　〔宋〕蘇洵批點

　　明萬曆閔齊伋刻三經評注三色套

印本

　　二册

增補蘇批孟子二卷附孟子年譜一卷

　　　　　　　　　　　　　965/4932

　　〔宋〕蘇洵撰　　〔清〕趙大浣增補

　　清同治八年（1869）福州靈蘭堂刻朱

墨套印本

　　二册

載咏樓重鐫硃批孟子二卷　T965/4932c

　　〔宋〕蘇洵撰

　　清嘉慶元年（1796）刻朱墨套印本

　　四册

孟子集注七卷　　　　　T853/2943d

　　〔宋〕朱熹集注

　　明萬曆書林餘明臺克勤齋刻大魁四

書集注本

　　四册

孟子七卷　　　　　　　　965/2943

　　〔宋〕朱熹集注

　　清光緒三十二年（1906）上海商務印

書館鉛印本

　　三册

論孟卮言一卷　　　　　　969/3142

　　〔清〕江瀚撰

　　清光緒二十八年（1902）刻本

一册

孟子正義三十卷　　　　968/2326b
〔清〕焦循撰
清光緒二年（1876）刻焦氏叢書本
十册

孟子讀法十五卷附中庸二卷大學二卷
　　　　968/1114
〔清〕王又樸撰
清乾隆十五年（1750）詩禮堂刻本
四册

論語發隱一卷孟子發隱一卷　　968/4208
〔清〕楊文會注
清末南京金陵刻經處刻本
一册

孟子文評不分卷　　　　968/4810
〔清〕趙承謨撰
清乾隆三十五年（1770）貽燕堂刻本
四册

孟子徵八卷　　　　968/0343
康有爲撰
清光緒二十七年（1901）鉛印萬木草堂叢書本
二册

總義之屬

正蒙四書十九卷　　　　5161/6156
〔清〕劉式潤繕寫并審音
清嘉慶十五年（1810）謙益堂刻本
六册

四書章句集注便蒙十九卷　　853/2943e
〔宋〕朱熹注
清末翰苑閣刻本
十四册

四書集注二十一卷　　T853/2943b
〔宋〕朱熹撰
明嘉靖十七年（1538）陳氏積善書堂刻本
五册

四書集注二十一卷　　T853/2943c
〔宋〕朱熹撰
明書林蔡瑞陽文峰堂刻本
五册

四書集注二十一卷　　　T853/2943
〔宋〕朱熹撰
明刻本
十二册

（滿漢合璧）四書集注十九卷
　　　　TMA853/2943
〔宋〕朱熹撰
清京都文光堂刻本
十三册

四書集注十九卷附四書集字音義辨一卷
　　　　853/2943G
〔宋〕朱熹撰
清光緒十四年（1888）八旗官學刻本
六册

四書集注十九卷　　　　853/2943B
〔宋〕朱熹撰

清光緒十七年（1891）上海掃葉山房
刻本
　　六册

四書集注十九卷　　　　　853/2943
　　〔宋〕朱熹撰
　　清光緒二十年（1894）金陵書局刻本
　　六册

四書集注補十四卷首一卷　　856/1123
　　〔宋〕朱熹撰　　〔清〕王復禮補
　　清嘉慶十一年（1806）刻本
　　六册

四書十九卷附校刊記　　　　853/2943f
　　〔宋〕朱熹集注
　　清光緒五年（1879）山西濬文書局刻本
　　六册
　　又一部，853/2943h，六册。

**論語集注考證十卷首一卷孟子集注考證
七卷首一卷大學疏義一卷**　　935/8173
　　〔宋〕金履祥撰
　　清同治十二年（1873）永康退補齋刻本
　　三册

四書集注大全四十三卷　　T855/4208b
　　〔明〕胡廣等輯
　　明成化三年（1467）劉氏翠巖精舍
刻本
　　　　九册

周會魁校正四書大全十八卷
　　　　　　　　　　　　　T855/4208
　　〔明〕胡廣等纂　　〔明〕周士顯校

明刻本
十八册
又一部，T855/4208 c.2，十二册。

四書大全四十卷　　　　T856/7174
　　〔清〕陸隴其撰
　　清康熙寶翰樓刻本
　　二十册

四書大全辯六十二卷首一卷　T855/1321
　　〔明〕張自烈撰
　　清順治八年（1651）李嵩陽刻本
　　三十九册

增訂四書大全三十八卷　　T855/4208.3
　　〔清〕汪份撰
　　清康熙汪份遄喜齋刻本
　　二十二册

四書蒙引十五卷　　　　T855/4932
　　〔明〕蔡清撰
　　明萬曆刻本
　　十五册

校刊增注四書便蒙十卷　　856/8274
　　〔宋〕朱熹章句集注　　〔清〕俞長城
等注
　　清光緒三義堂刻本
　　六册

刻四書便蒙講述十一卷　　T855/2110
　　〔明〕盧一誠撰
　　明萬曆刻本
　　十册

正學儀型四書語録二卷　　　　T853/1344
　　〔宋〕張栻撰　　〔清〕張嘉楨等輯
　　清康熙三十三年（1694）武林張氏遥
述堂刻本
　　二册

天蓋樓四書語録四十六卷　　　856/7241
　　〔清〕吕留良評選　　〔清〕周在延編
　　清康熙二十三年（1684）刻本
　　十六册

四書朱子或問語類三十六卷
　　　　　　　　　　　　T853/2943.2
　　〔清〕陳其凝輯
　　清乾隆十二年（1747）陳其凝刻本
　　六册

四書朱子語類三十八卷　　T853/2943.11
　　〔清〕張履祥　吕留良輯
　　清康熙四十年（1701）石門吕氏南陽
講習堂刻本
　　六册

四書備考二十八卷四書考異一卷
　　　　　　　　　　　　T855/7928
　　〔明〕陳仁錫撰　　〔明〕陳義錫等
參訂
　　明崇禎刻本
　　十四册

新訂四書補注備旨十卷　　　856/1249b
　　〔明〕鄧林撰　　〔清〕鄧煜編次
〔清〕杜定基增訂
　　清光緒二十四年（1898）上海文瑞樓
刻本

　　八册

新訂四書補注備旨十卷　　　　856/1249
　　〔明〕鄧林撰
　　清宣統元年（1909）北京文成堂刻本
　　八册

四書考異三十六卷　　　　　856/1138
　　〔清〕翟灝撰
　　清乾隆三十四年（1769）仁和翟氏無
不宜齋刻本
　　十二册

近聖居三刻參補四書燃犀解二十一卷
　　　　　　　　　　　　T855/7922
　　〔明〕陳祖綬撰　　〔明〕夏允彝等參補
　　明末近聖居刻本
　　五册

新鍥四書心鉢九卷　　　　　T855/0200
　　〔明〕方應龍撰
　　明萬曆方氏刻本
　　五册

四書十一經通考二十卷　　T855/3840.2
　　〔明〕顧夢麟撰
　　明崇禎十七年（1644）刻本
　　六册

四書説約二十卷　　　　　　T855/3840
　　〔明〕顧夢麟撰
　　明崇禎十三年（1640）顧氏織簾居
刻本
　　十九册

新鎸四書説約大全合參十九卷

T856/1388

〔清〕趙昕　陳晋等輯

清初武林聖雨齋刻本

八册

又一部，T856/1388 c.2，九册，存卷四至二十。

皇明百方家問答十五卷　　T855/0225

〔明〕郭偉撰

明末金陵李潮刻本

一册

存卷一至四。

四書定本辨正五卷附讀書枕中方一卷

855/4213

〔明〕胡正心輯

清咸豐元年（1851）朱氏刻本

四册

新刻乙丑科華會元四書主意金玉髓十四卷

T855/4514

〔明〕華琪芳撰

明末金陵書林張少吾刻本

十册

四書參十九卷　　　　　T855/448

〔明〕李贄批評　〔明〕楊起元批點〔明〕張明憲等參訂

明張兆隆刻朱墨套印本

六册

四書湖南講十一卷　　　T855/4230

〔明〕葛寅亮撰

明崇禎刻本

九册

新鎸繆當時先生四書九鼎十三卷

T855/2264

〔明〕繆昌期撰

明末長庚館刻本

五册

新刻錢希聲先生四書課兒捷解八卷

T855/8552

〔明〕錢肅樂撰

清初人瑞堂刻本

三册

鼎鎸睡庵湯太史四書脉六卷

T855/3231

〔明〕湯賓尹撰

明萬曆刻本

五册

鎸彙附雲間三太史約文暢解四書增補微言十七卷　　T855/0630

〔明〕唐汝諤輯　〔明〕潘焕文參定

明萬曆四十三年（1615）金陵書林晏少溪朱桃源刻本

五册

四書微十二卷　　　　　T889/1148

〔明〕王夢簡輯　〔明〕湯賓尹鑒定〔明〕馮昌年等訂

明崇禎元年（1628）序刻本

八册

四書眼十九卷　　　　　T855/4241

〔明〕梁知撰

明萬曆大來山房刻本
八冊

近聖居四書翼經圖解十九卷
T855/8905
〔明〕余應虬撰
明末近聖居刻本
十冊
又一部，T855/8905 c.2，四冊。

四書集注闡微直解二十七卷　T855/1371
〔明〕張居正撰
清康熙二十八年（1689）刻本
十五冊

新鐫黃貞父訂補四書周莊合解十卷
T855/7212
〔明〕周延儒　莊奇顯撰　〔明〕黃
汝亨補
明萬曆長虹閣刻本
五冊

四書小參一卷四書問答一卷　855/2942
〔明〕朱斯行撰
清光緒三年（1877）姑蘇刻經處刻本
一冊

四書考輯要二十卷　856/7930
〔清〕陳弘謀輯　〔清〕陳蘭森編校
清桂林陳氏培遠堂刻本
十冊

漱芳軒合纂四書體注十九卷　T856/4182
〔清〕范翔撰
清乾隆龍江書屋刻本

六冊

漱芳軒合纂四書體注十九卷　856/4182
〔清〕范翔撰
清咸豐五年（1855）廈門文德堂刻本
六冊

集虛齋四書口義十卷　856/0214
〔清〕方楘如撰　〔清〕于光華編次
〔清〕姚一桂校
清末務本堂刻本
八冊

四書類典賦二十四卷　889/4724
〔清〕甘紱撰
清廣益堂刻本
十一冊

四書左國彙纂四卷　T883/0242
〔清〕高其名　鄭師成輯
清乾隆三十九年（1774）三友堂刻後
印本
六冊
又一部，T883/0242 c.2，三冊。

大中遵注集解四卷　898/4536
〔清〕韓潚輯
清光緒二十二年（1896）新安韓瞻斗
校刻本（忠信東堂藏板）
六冊

晴窗隨筆四書講義七卷　856/4592
〔清〕韓懤輯　〔清〕李湘棻校
清道光二十四年（1844）約堂刻本
四冊

石渠閣新訂四書講義童子問十卷
　　　　　　　　　　　　T856/4424
　　〔清〕蔣台梅參訂
　　清康熙蔣雲華石渠閣刻本
　　六冊

四書講義困勉錄三十七卷續錄六卷
　　　　　　　　　　　　T856/7174.6
　　〔清〕陸隴其撰　　〔清〕陸公鏐編
　　清康熙三十六年（1697）席氏刻本
　　十二冊

四書講義困勉錄三十七卷續錄六卷
　　　　　　　　　　　　T856/7174.6b
　　〔清〕陸隴其撰　　〔清〕陸公鏐編
　　清乾隆四年（1739）刻後印本
　　十六冊
　　又一部，T856/7174.6b c.2，十六冊。

呂晚村先生四書講義四十三卷　856/6673
　　〔清〕呂留良撰　　〔清〕陳鏦編次
　　清刻本
　　十六冊
　　又一部，856/6673b，八冊。

駁呂留良四書講義不分卷　T856/6673.2
　　〔清〕朱軾等撰
　　清雍正九年（1731）刻本
　　八冊

四書自得錄十卷續錄十卷　　T856/2243
　　〔清〕何如瀅撰
　　清乾隆二十六年（1761）刻後印本
　　六冊

四書繹注覽要七卷　　　　　　856/3846
　　〔清〕洪垣星纂　　〔清〕張承露參訂
　　清光緒二十五年（1899）郁文堂刻本
　　六冊

四書疏注撮言大全三十七卷　856/4214
　　〔清〕胡斐才輯
　　清刻本
　　二十四冊

四書體朱正宗約解十九卷　T856/4242
　　〔清〕胡士佺　陳澗輯
　　清康熙三十年（1691）寶翰樓刻本
　　十冊

校補四書異同商六卷補訂異同商六卷
　　　　　　　　　　　　856/4842
　　〔清〕黃鶴撰
　　清光緒二十九年（1903）湖南大文書
局刻本
　　十一冊

四書講四十卷　　　　　　　856/8143
　　〔清〕金松撰
　　清乾隆五年（1740）檇李朱氏刻本
　　十六冊

四書味根錄三十七卷　　　　856/8134
　　〔清〕金徵撰
　　清咸豐十年（1860）刻本
　　十六冊

日講四書解義二十六卷　　　856/6236
　　〔清〕喇沙里等纂
　　清翻刻武英殿本

十七冊

又一部，856/6236b，二十冊。

四書疑問三十八卷　　　　　T856/4438

〔清〕李灝撰

清乾隆李氏自刻本

八冊

四書朱子異同條辨四十卷　T856/4431.2

〔清〕李沛霖　李禎撰

清康熙近譬堂刻本

三十二冊

四書諸儒輯要四十卷　　　　T856/4431

〔清〕李沛霖撰

清康熙五十七年（1718）三樂齋刻本

三十二冊

四書諸儒輯要四十卷　　　　T856/4431b

〔清〕李沛霖撰

清乾隆五年（1740）三樂齋刻本

三十六冊

四書反身錄八卷　　　　　　856/4436

〔清〕李顒撰

清嘉慶二十二年（1817）刻本

四冊

劉氏家塾四書解二十卷　　　938/7112

〔清〕劉豫師撰　　〔清〕袁文焕校訂

清光緒二年（1876）三韓劉氏家塾

刻本

八冊

又一部，938/7112 c.2，八冊。

增訂二論詳解四卷　　　　　938/7253b

〔清〕劉忠輯

清光緒二十四年（1898）掃葉山房

刻本

四冊

松陽講義十二卷　　　　　　T856/7174.4

〔清〕陸隴其撰　　〔清〕侯銓等編次

清郁文堂刻本

四冊

四書改錯二十二卷附錄一卷　　856/2142

〔清〕毛奇齡撰

清嘉慶十六年（1811）金氏學圃刻本

八冊

又一部，856/2142 c.2，八冊。

然後知齋答問二十卷　　　　154/4535

〔清〕梅沖撰

清嘉慶二十一年（1816）承學堂刻本

四冊

四書約旨二十卷　　　　　　856/2133

〔清〕任啓運撰

清光緒九年（1883）荆溪任氏一本堂

木活字印本

八冊

四書自課錄三十卷　　　　　856/2164

〔清〕任時懋纂

清道光九年（1829）璜川書屋刻本

十六冊

又一部，856/2164 c.2，十六冊。

四書大成三十八卷　　　　　　T856/3116
　〔清〕沈磊　陸楷撰
　清康熙三十三年（1694）張鵬翮刻本
　十六冊

四書纂言四十卷　　　　　　　856/3987
　〔清〕宋翔鳳輯
　清光緒八年（1882）古吳峉崞山房刻本
　十六冊

四書明儒大全精義三十八卷　T856/3228
　〔清〕湯傳矩輯
　清康熙四十四年（1705）刻後印本
　三十二冊

四書朱子大全統義十九卷　　T856/4280
　〔清〕萬人望輯
　清康熙五十七年（1718）本立堂刻本
　十五冊

四書朱子本義匯參四十三卷首四卷
　　　　　　　　　　　　　　T856/1125
　〔清〕王步青撰　　〔清〕王士鰲編
　清乾隆十年（1745）敦復堂刻本
　二十二冊

四書題鏡二十二卷　　　　　　856/3128
　〔清〕汪鯉翔纂述
　清嘉慶元年（1796）世德堂刻本
　八冊

四書箋解十一卷　　　　　　　855/1153
　〔清〕王夫之撰
　清光緒二十年（1894）鄂藩官廨王之
春刻本

四冊

大學困學録一卷中庸困學録一卷
　　　　　　　　　　　　　　T898/1130
　〔清〕王澍撰
　清乾隆刻本
　二冊

四書繹注不分卷　　　　　　　T856/1188
　〔清〕王鈸撰
　清康熙三十五年（1696）刻本
　四冊

四書遵注合講十九卷附四書圖考一卷四
書人物考一卷　　　　　　　　T856/8224
　〔清〕翁復編　　〔清〕詹文焕參定
　清雍正八年（1730）經綸堂刻本
　八冊

銅板四書遵注合講十九卷附四書圖考一
卷四書人物考一卷　　　　　　856/8224b
　〔清〕翁復編　　〔清〕詹文焕參定
　清光緒八年（1882）紫文閣刻本
　六冊

酌雅齋四書遵注合講十九卷附圖説一卷
　　　　　　　　　　　　　　856/8224c
　〔清〕翁復編　　〔清〕詹文焕參定
　清嘉慶十八年（1813）酌雅齋刻本
　二冊

經讀考異八卷補一卷句讀叙述二卷補一
卷附翟晴江四書考異内句讀一卷
　　　　　　　　　　　　　　T154/1423
　〔清〕武億撰　　（附）〔清〕翟灝撰

清乾隆五十八年（1793）武氏小石山房刻本

五册

近文堂四書離句七卷　　　856/4202b

〔清〕楊立先校

清光緒十一年（1885）佛山近文堂刻本

六册

四書離句七卷　　　856/4202

〔清〕楊立先校

清光緒二十四年（1898）天寶樓刻本

五册

四書翼注論文十二卷　　　856/8225

〔清〕鄭獻甫撰

清光緒五年（1879）黔南節署刻本

十二册

四書劄記九卷　　　858/1135

〔清〕王巡泰撰

清光緒九年（1883）臨潼橫渠書院刻本

八册

又一部，858/1135a，八册。

大學西巖講義一卷中庸西巖講義三卷

T856/0472

〔清〕許體仁輯

清抄本

三册

三訂四書辨疑二十二卷辨疑補一卷四書緒餘録二十卷四書緒餘録補三卷四書識小録十卷四書武備編四卷四書樂器編五卷四書拾遺五卷　　　856/1331

〔清〕張江輯

清光緒十三年（1887）鉛印本

八册

四書訓蒙瑣言不分卷　　　856/1445

〔清〕于英本集

清光緒十一年（1885）刻本

十二册

四書教子尊經求通録不分卷　　856/4212

〔清〕楊一崑撰　　〔清〕楊恒占編次

清刻本

八册

四書集疏附正二十二卷　　　856/1324

〔清〕張秉直撰

清道光十五年（1835）刻本

十册

四書説苑十一卷首一卷　　　856/6504

〔清〕孫應科輯

清道光四年（1824）刻本

四册

又一部，856/6504 c.2，四册。

四書經典通考不分卷　　　860.4/7108

〔清〕陸文籀輯

清嘉慶十二年（1807）木活字印本

六册

四書備檢二十卷附補編　　　856/4454
　〔清〕李揚華輯
　清同治十三年（1874）刻本
　十册

繪圖四書新體讀本二十卷　　856/2665
　〔清〕王有宗　施崇恩合演校訂
〔清〕彪蒙書室編
　清光緒三十四年（1908）彪蒙書室石
印本
　二十六册

四書訓解參證十二卷補遺二卷　856/1334
　〔清〕張定鋆撰
　清咸豐至同治間刻本
　五册

四書摭餘説七卷　　　　　　　856/5632
　〔清〕曹之升輯
　清嘉慶三年（1798）刻本
　六册

四書記聞二卷　　　　　　　　856/8772
　〔清〕管同撰
　清光緒十七年（1891）刻本
　一册

四書益智録二十卷　　　　　　856/4180
　〔清〕桂含章輯
　清光緒八年（1882）刻本
　二十册

四書朱子集注古義箋六卷　　　856/4432
　〔清〕李滋然撰
　清宣統三年（1911）鉛印本

三册

四書十九卷　　　　　　　　　856/4110
　克己齋原注
　清吴江官廨刻本
　四册

四書古注群義彙解十種　　　　850/6056
　清光緒三十年（1904）上海同文升記
書局鉛印本
　十八册
　論語集解義疏十卷　〔三國魏〕何
　　晏集解　〔南朝梁〕皇侃義疏
　四書改錯二十二卷　〔清〕毛奇齡撰
　論語正義二十四卷　〔清〕劉寶楠撰
　孟子正義三十卷　〔清〕焦循撰
　大學古本説一卷　〔清〕李光地撰
　中庸章段一卷　〔清〕李光地撰
　中庸餘論一卷　〔清〕李光地撰
　論語札記三卷　〔清〕朱亦棟撰
　孟子札記二卷　〔清〕朱亦棟撰
　增補四書經史摘證四卷　〔清〕宋
　　繼穜撰

四書古注群義彙解十種　　　　850/6056a
　清光緒三十一年（1905）上海慎記石
印本
　二十册
　論語集解義疏十卷　〔三國魏〕何
　　晏集解　〔南朝梁〕皇侃義疏
　四書改錯二十二卷　〔清〕毛奇齡撰
　論語正義二十四卷　〔清〕劉寶
　　楠撰
　孟子正義三十卷　〔清〕焦循撰
　大學古本説一卷　〔清〕李光地撰

中庸章段一卷　〔清〕李光地撰
中庸餘論一卷　〔清〕李光地撰
論語札記三卷　〔清〕朱亦棟撰
孟子札記二卷　〔清〕朱亦棟撰
增補四書經史摘證四卷　〔清〕宋
繼穜撰

四書圖史合考二十四卷　　T883/4932
〔明〕蔡清輯
明末金閶擁萬堂刻本
十册

四書圖考十三卷　　856/4142
〔清〕杜炳輯
清道光七年（1827）太邑集賢齋督刻本
十二册

增補四書人物備考十二卷圖一卷
　　T855/0694.7b
〔明〕薛應旂彙輯　〔明〕陳仁錫
增定
清乾隆三十九（1774）三多齋刻本
十二册

石渠閣删注四書人物考四十卷附四書雜
考六卷　　T862/4400b
〔明〕薛應旂撰
明崇禎刻本
十二册

四書人物考訂補四十卷　　T862/4400
〔明〕薛應旂撰　〔明〕朱焯注釋
〔明〕許胥臣訂補
明天啓七年（1627）刻本
六册

增注四書人物類典串珠四十卷
　　856/2542
〔清〕臧志仁編輯
清末上洋珍藝書局石印本
六册
又一部，856/2542 c.2，六册。

四書人名考二十卷　　888/6582
〔清〕胡之煜等校刊
清嘉慶八年（1803）刻本
十二册

四書名物考二十卷　　T855/7920
〔明〕陳禹謨撰
明萬曆刻經言枝指本
十册

三太史彙纂四書人物類函十六卷
　　T882/1891
〔明〕項煜等撰
明末刻本
五册

四書經學考十卷補遺一卷續考六卷
　　T881/2952
〔明〕徐邦佐撰　（續考）〔明〕陳
鵬霄輯
明崇禎刻本
四册

四書經學考十卷補遺一卷首一卷
　　881/2952.1
〔明〕徐邦佐輯　〔清〕王步青增輯
清刻本
四册

新刻四書通典備考十二卷　　T855/0694.7

　　〔清〕唐光夔撰

　　清康熙三十三年（1694）文樞堂刻本

　　七册

四書古人紀年四卷　　　　860.2/2944

　　〔清〕徐杏林編

　　清嘉慶十年（1805）刻本

　　二册

四書典故辨正二十卷附録一卷

　　　　　　　　　　　　856/7245

　　〔清〕周柄中撰

　　清同治五年（1866）賞奇閣刻本

　　五册

四書典故辨正二十卷附録一卷

　　　　　　　　　　　　856/7245a

　　〔清〕周柄中撰

　　清敬儀堂刻本

　　四册

四書釋地一卷續一卷又續一卷三續一卷

附孟子生卒年月考一卷　　968/7241

　　〔清〕閻若璩撰

　　清乾隆五十二年（1787）刻本

　　八册

四書釋地補一卷續補一卷又續補一卷三

續補一卷　　　　　　　968/7241a

　　〔清〕閻若璩撰　　〔清〕樊廷枚校補

　　清嘉慶二十一年（1816）刻本

　　五册

校正四書釋地八卷附孟子生卒年月考一卷

　　　　　　　　　　　　856/7741.3

　　〔清〕閻若璩撰　　〔清〕顧問重編

　　清嘉慶八年（1803）桐蔭書屋刻本

　　四册

四書經史摘證七卷　　　5781/3922b

　　〔清〕宋繼種撰

　　清道光二十四年（1844）刻本

　　六册

四書經史摘證七卷　　　5781/3922

　　〔清〕宋繼種撰

　　清光緒元年（1875）芝隱堂刻本

　　四册

四書典林三十卷　　　　T856/3133

　　〔清〕江永撰

　　清雍正十三年（1735）汪氏鋤經堂

刻本

　　十六册

四書古人典林十二卷　　T882/3133

　　〔清〕江永撰

　　清乾隆三十九年（1774）光霽堂刻本

　　五册

四書字詁七十八卷　　　885/7401

　　〔清〕段諤廷撰　　〔清〕黃本驥編訂

　　清道光二十九年（1849）黔陽楊氏刻本

　　二十册

　　又一部，885/7401 c.2，十六册。

四書總字音不分卷　　　T885/5903

　　〔清〕秦文淵撰

清初百尺樓刻本
二册

四書典制類聯音注三十三卷　　T889/7743
〔清〕閻其淵編
清嘉慶元年（1796）刻本
十六册

四書鄉音辨訛一卷　　856/6538
〔清〕單爲鏓輯
清道光二十四年（1844）刻本
一册

群經總義類

石經之屬

歷代石經略二卷　　190/4124
〔清〕桂馥撰
清光緒九年（1883）刻本
二册

漢碑經義輯略二卷　　2100/3136
〔清〕淳于鴻恩輯
清光緒二十八年（1902）濟南刻本
二册

漢碑引經考六卷漢碑引緯考一卷
　　2100/4481
〔清〕皮錫瑞撰
清光緒三十年（1904）刻本
五册

唐石經校文十卷　　190/6414
〔清〕嚴可均纂

清嘉慶九年（1804）香山書院刻四録
堂類集本
六册

開成石經圖考一卷　　190/2188
〔清〕魏錫曾撰
清末刻藕香零拾本
一册

國子監石經十五種　　198/617
清拓本（清乾隆刻石）
一百三十五册
周易九卷附周易略例一卷　〔三國
魏〕王弼注　〔晋〕韓康伯補注
（附）〔三國魏〕王弼撰
尚書十三卷　〔漢〕孔安國注
毛詩二十卷　〔漢〕毛亨傳　〔漢〕
鄭玄箋
周禮十二卷　〔漢〕鄭玄注
儀禮十七卷　〔漢〕鄭玄注
禮記二十卷　〔漢〕鄭玄注
春秋經傳集解三十卷　〔晋〕杜預注
春秋公羊經傳解詁十二卷　〔漢〕
何休解詁
春秋穀梁傳十二卷　〔晋〕范甯集解
論語十卷　〔三國魏〕何晏集解
孝經一卷　〔清〕聖祖玄燁注
爾雅三卷　〔晋〕郭璞注
孟子七卷　〔宋〕朱熹集注
五經文字三卷　〔唐〕張參傳
九經字樣一卷　〔唐〕唐玄度傳

石經彙函十種　　190/1221
王秉恩輯
清光緒十六年（1890）四川成都尊

經書局刻本
　　十冊
　　石經考一卷　　〔清〕顧炎武撰
　　石經考異二卷　　〔清〕杭世駿撰
　　漢石經殘字考一卷　　〔清〕翁方綱撰
　　魏三體石經遺字考一卷　　〔清〕孫
　　　　星衍撰
　　唐石經校文十卷　　〔清〕嚴可均撰
　　後蜀毛詩石經殘本一卷　　〔清〕王
　　　　昶撰
　　北宋汴學二體石經記一卷　　〔清〕
　　　　丁晏撰
　　石經考文提要十三卷　　〔清〕彭元
　　　　瑞撰
　　石經補考十一卷　　〔清〕馮登府撰
　　儀禮石經校勘記四卷　　〔清〕阮元撰

蜀石經殘字一卷　　　　　　190/7932
　　〔清〕陳宗彝輯
　　清道光六年（1826）刻本
　　一冊

傳説之屬

五經全文訓解三十二卷　　T152/2329
　　〔宋〕熊禾撰　　〔明〕陳子龍訂定
　　明崇禎熊友兮白炤山房刻本
　　十冊
　　易經訓解四卷
　　書經訓解六卷
　　詩經訓解八卷
　　禮記訓解十卷
　　春秋訓解四卷

五經旁訓十九卷　　　　　　T151/4443
　　〔元〕李恕撰
　　明金閶魯鄒岳刻清印本
　　八冊
　　易經旁訓三卷
　　書經旁訓二卷
　　詩經旁訓四卷
　　禮記旁訓六卷
　　春秋旁訓四卷

五經旁訓二十二卷　　　　　T110/1132
　　〔明〕王安舜撰
　　明天啓元年（1621）刻本
　　十五冊
　　易經旁訓四卷
　　書經旁訓四卷
　　詩經旁訓四卷
　　春秋旁訓四卷
　　禮記旁訓六卷

五經大全一百二十七卷　　　T110/1247
　　〔明〕胡廣等輯
　　明萬曆閩芝城建邑書林余氏刻本
　　六十三冊
　　周會魁校正易經大全二十卷上下篇
　　　　義一卷朱子圖説一卷易五贊一卷
　　　　筮儀一卷易説綱領一卷　　〔明〕
　　　　周士顯校正
　　申學士校正古本官板書經大全十卷
　　　　首一卷圖一卷綱領一卷　　〔明〕申
　　　　時行校正
　　葉太史參補古今大方詩經大全十五
　　　　卷首一卷綱領一卷圖一卷
　　　　〔明〕葉向高輯
　　張翰林校正禮記大全三十卷總論一

卷　〔明〕張瑞圖　沈正宗校正

春秋集傳大全三十七卷序論一卷春
　秋諸國興廢說一卷春秋二十國年
　表一卷　〔明〕虞大復校正

五經大全一百二十七卷　　　T110/1247b

〔明〕胡廣等輯

明萬曆閩芝城建邑書林余氏刻本

七十三冊

陳太史較正易經大全二十卷
　〔明〕陳仁錫校正

申學士校正古本官版書經大全十卷
　首一卷　〔明〕申時行校正

葉太史參補古今大方詩經大全十五
　卷首一卷　〔明〕葉向高輯

張翰林校正禮記大全三十卷總論一
　卷　〔明〕張瑞圖 沈正宗校正

春秋集傳大全三十七卷序論一卷春
　秋諸國興廢說一卷春秋二十國年
　表一卷　〔明〕虞大復校正

五經大全（存三種）　　　T110/1247c

〔明〕胡廣等纂

明萬曆閩芝城建邑書林余氏刻本

二十九冊

陳太史較正易經大全二十卷
　〔明〕陳仁錫校正

申學士校正古本官版書經大全十卷
　首一卷　〔明〕申時行校正

葉太史參補古今大方詩經大全十五
　卷首一卷　〔明〕葉向高輯

五經繹十六卷　　　152/2218

〔明〕鄧元錫撰

清刻本

十六冊

易經繹五卷圖一卷

書經繹二卷

詩經繹三卷

三禮編繹四卷

春秋通一卷

五經集注五十八卷　　　T110/1220

明萬曆刻本

二十冊

周易本義四卷首一卷　〔宋〕朱熹撰

書經集注六卷　〔宋〕蔡沈撰

詩經集注八卷　〔宋〕朱熹撰

禮記集注十卷　〔元〕陳澔撰

春秋胡傳三十卷　〔宋〕胡安國撰
　〔宋〕林堯叟音注

五經疑問六十卷　　　T117/4122

〔明〕姚舜牧撰

明萬曆刻清初補印本

三十二冊

易經疑問十二卷

書經疑問十二卷

詩經疑問十二卷

禮記疑問十二卷

春秋疑問十二卷

五經體注大全五種　　　110/1270

清光緒五年（1879）慈水古草堂刻本

二十四冊

易經大全會解四卷　〔清〕來爾繩
　纂輯

禮記全經體注十卷　〔清〕范翔定
　〔清〕徐瑄補輯

詩經融注大全體要八卷　〔清〕高

朝瓔定　〔清〕沈世楷輯

書經體注大全合參六卷　〔清〕范
　翔鑒定　〔清〕錢希祥纂輯

寄傲山房熟課纂輯春秋備旨十二
　〔清〕鄒聖脉纂輯

石齋先生經傳九種　　T152/4037

〔明〕黃道周撰　〔清〕鄭開極訂

清康熙三十二年（1693）鄭開極刻清
修補印本

三十六册

孝經集傳四卷

易象正十二卷初二卷終二卷

三易洞璣十六卷

洪範明義四卷

表記集傳二卷春秋表記問業一卷

坊記集傳二卷春秋坊記問業一卷

月令明義四卷

緇衣集傳四卷

儒行集傳二卷

匏瓜録十卷　　9153/4245

〔清〕芮長恤撰

清光緒十年（1884）懷永堂刻本

六册

五經類編二十八卷　　T9301/7244

〔清〕周世樟編

清雍正二年（1724）穀詒堂刻本

十册

五經類編二十八卷　　T9301/7244B

〔清〕周世樟編

清雍正二年（1724）刻咸豐至同治間
寶文堂印本

十二册

易堂問目四卷　　T154/2322

〔清〕吳鼎撰

清乾隆三十七年（1772）鄒容成刻本

四册

學耕五經五十八卷　　T110/7512

清乾隆四十九至六十年（1784—
1795）金閶緑陰堂刻本

二十六册

經考五卷　　154/4513

〔清〕戴震撰

清光緒二十六年（1900）南陵徐氏刻
鄦齋叢書本

二册

又一部，154/4513 c.2，二册。

方百川先生經義不分卷　　T856/0224

〔清〕方舟撰　〔清〕方觀承輯評

清乾隆刻本

二册

古經解鈎沉三十卷　　T154/8943

〔清〕余蕭客撰

清乾隆刻本

十册

條對七經略十四卷　　154/1340

〔清〕張大謨撰

清乾隆刻本

六册

稽古日鈔八卷　　　　　　　T154/1303
　〔清〕張方湛等輯
　清乾隆二十九年（1764）秋曉山房
刻本
　四册

經解入門八卷　　　　　　　120/3146A
　〔清〕江藩纂
　清光緒十四年（1888）鴻寶齋石印本
　二册

群經補義五卷　　　　　　　T154/3133
　〔清〕江永撰　〔清〕江鴻緒編
　清乾隆江鴻緒刻本
　二册

五經揭要二十一卷　　　　　T154/7246
　〔清〕周蕙田撰
　清乾隆五十三至五十七年（1788—
1792）許寶善自怡軒刻本
　十六册

經義述聞十五卷　　　　　　154/1113
　〔清〕王引之撰
　清嘉慶二十二年（1817）京師刻本
　四册

經傳繹義五十卷　　　　　　9301/7995
　〔清〕陳煒撰
　清嘉慶九年（1804）校字齋刻本
　二十册

九經古義十六卷　　　　　　154/5349
　〔清〕惠棟撰　〔清〕蔣光彌校
　〔清〕錢朝錦參校

清乾隆五十七年（1792）常熟蔣氏省
吾堂刻本
　八册

王氏經説六卷周人經説四卷　154/1124
　〔清〕王紹蘭撰　葉昌熾校刊
　清刻本
　二册

六經補疏二十卷　　　　　　154/2326
　〔清〕焦循撰
　清道光六至八年（1826—1828）刻本
　五册

經傳考證八卷　　　　　　　154/2942
　〔清〕朱彬撰
　清道光二年（1822）刻本
　四册

經學提要十五卷　　　　　　154/4944
　〔清〕蔡孔炘編
　清道光七年（1827）江蘇蔡氏自刻本
　六册

説經囈語一卷附趙貞婦曲題畫詩
　　　　　　　　　　　　　154/4134
　〔清〕左寶森撰
　清道光二十三年（1843）北京文蔚齋
刻本
　一册

經義未詳説五十二卷　　　　T154/2924
　〔清〕徐卓撰
　清道光徐氏讀未見書齋刻本
　二十四册

五經贊一卷　　　　　　　　154/7198
　　〔清〕陸榮秬纂　　〔清〕徐堂注
　　清同治四年（1865）半畝園刻本
　　一册

經窺十六卷　　　　　　　　154/4935
　　〔清〕蔡啓盛撰
　　清光緒十四年（1888）刻本
　　四册

詩經講義一卷周禮講義三卷儀禮講義二
卷禮記講義一卷春秋講義一卷
　　　　　　　　　　　　154/3621
　　〔清〕潘任輯
　　清光緒南京宜春閣刻本
　　五册

實事求是之齋經義二卷　　　154/2940
　　〔清〕朱大韶撰
　　清光緒九年（1883）刻本（朱星衡澄
華堂藏板）
　　二册

經學輯要二十四卷　　　　　154/2329
　　〔清〕吳潁炎等輯
　　清光緒十四年（1888）上海點石齋石
印經策通纂本
　　三十二册

通介堂經説三十七卷　　　　154/2938
　　〔清〕徐灝撰
　　清光緒九年（1883）刻學壽堂叢書本
　　十册

五經合纂大成四十四卷　　　110/1288
　　〔清〕同文書局輯
　　清光緒十一年（1885）同文書局石
印本
　　二十册

十三經解詁六十四卷　　　T110/7939
　　〔明〕陳深撰
　　明萬曆刻本
　　三十八册
　　周易二卷繫辭一卷
　　尚書三卷
　　毛詩四卷
　　周禮六卷（缺秋官、冬官卷）
　　儀禮四卷
　　禮記十卷
　　左傳十八卷
　　公羊傳四卷
　　穀梁傳四卷
　　論語二卷
　　孝經一卷
　　爾雅三卷
　　孟子二卷

十三經述要六卷　　　　　　156/4134
　　〔清〕姚永樸撰
　　清光緒三十四年（1908）安徽高等
學堂鉛印本
　　二册

三大家經義前模二卷　　　　1065/1331
　　〔清〕張啓琛編輯
　　清光緒二十四年（1898）粤東緯文堂
刻本
　　一册

經學不厭精二卷　　　　　TA157/26
　　〔德國〕花之安撰
　　清光緒二十二年（1896）上海美華書
館鉛印本
　　六册

茶香室經説十六卷　　　　154/8248
　　〔清〕俞樾撰
　　清光緒十八年（1892）廣東學院刻本
　　六册

經學文鈔十五卷首三卷　　　140/3964
　　〔清〕梁鼎芬　曹元弼輯
　　清光緒三十四年（1908）江蘇存古堂
木活字印本
　　三十册

隸經雜著甲編二卷　　　　156/3813
　　〔清〕顧震福撰
　　清光緒十八年（1892）山陽顧氏刻本
　　二册

御纂七經綱領不分卷　　　110/4494.3
　　〔清〕學部圖書館編
　　清宣統元年（1909）江楚書局刻本
　　二册

省吾堂五種二十七卷　　　T110/9619
　　〔清〕蔣光弼輯
　　清乾隆常熟蔣氏省吾堂刻本
　　十二册
　　五經同異三卷　　〔清〕顧炎武撰
　　周易本義辯證五卷　　〔清〕惠棟撰
　　石經考一卷　　〔清〕萬斯同撰
　　九經古義十六卷　　〔清〕惠棟撰

古文尚書考二卷　　〔清〕惠棟撰

七經精義七種　　　　　　154/4831
　　〔清〕黃淦撰
　　清嘉慶刻本
　　十四册
　　周易精義四卷首一卷
　　書經精義四卷首一卷末一卷
　　詩經精義四卷首一卷末一卷
　　周禮精義六卷首一卷
　　儀禮精義不分卷補編一卷
　　禮記精義六卷首一卷末一卷
　　春秋精義四卷首一卷

蜚雲閣凌氏叢書六種　　　9111/1317
　　〔清〕凌曙撰
　　清嘉慶十三年（1808）至道光六年
（1826）江都凌氏蜚雲閣刻本
　　十二册
　　四書典故覈四卷
　　春秋公羊禮疏十一卷
　　公羊禮説一卷
　　公羊問答二卷
　　春秋繁露注十七卷
　　禮論略鈔一卷

萬充宗先生經學五書五種　　154/424
　　〔清〕萬斯大撰
　　清刻本
　　四册
　　學禮質疑二卷
　　禮記偶箋三卷
　　儀禮商二卷附錄一卷
　　周官辨非一卷
　　學春秋隨筆十卷

璜川吳氏經學叢書十四種　　　118/2345
　　〔清〕吳志忠輯
　　清道光十年（1830）寶仁堂刻本
　　四十八册
　　半農先生春秋説十五卷　〔清〕惠
　　　　士奇撰
　　詩説三卷附録一卷　　〔清〕惠周
　　　　惕撰
　　左傳杜解補正三卷　　〔清〕顧炎
　　　　武撰
　　禮説十四卷　〔清〕惠士奇撰
　　大學説一卷　〔清〕惠士奇撰
　　易説六卷　〔清〕惠士奇撰
　　三正考二卷　〔清〕吳鼐撰
　　章水經流考一卷　〔清〕李崇禮撰
　　群經補義五卷　〔清〕江永撰
　　疑辯録三卷　〔明〕周洪謨撰
　　相臺書塾刊正九經三傳沿革例一卷
　　　　〔宋〕岳珂撰
　　道德真經集注釋文一卷　〔宋〕彭
　　　　耜撰
　　春秋疑義二卷　〔清〕華學泉撰
　　有竹石軒經句説二十四卷　〔清〕
　　　　吳英撰

龔畏齋先生十三經客難九種附三種
　　　　　　　　　　　154/0811
　　〔清〕龔元玠撰
　　清道光二十六年（1846）南昌縣學
　刻本
　　二十册
　　畏齋周易客難一卷
　　畏齋書經客難三卷
　　畏齋詩經客難二卷
　　畏齋春秋客難二十四卷

畏齋禮記客難四卷
畏齋周禮客難八卷
畏齋儀禮客難一卷
畏齋爾雅客難一卷
畏齋四書客難四卷
附黄淮安瀾編二卷
　經學史學策一卷
　畏齋文集四卷

惕齋遺書三種　　　　　9118/1924
　　〔清〕孫經世撰
　　清道光二十三年（1843）同安蘇氏
　刻本
　　六册
　　惕齋經説四卷
　　讀經校語二卷
　　經傳釋詞續編二卷

南海桂氏經學叢書五種　　118/4109
　　〔清〕桂文燦撰
　　清咸豐七年（1857）至光緒二十二年
　（1896）刻本
　　五册
　　易大義補一卷
　　毛詩釋地六卷
　　鄭氏詩箋禮注異義考一卷
　　孝經集解一卷
　　孟子趙注考證一卷

訓經室叢鈔五種附一種　154/4909
　　〔清〕林慶炳輯
　　清同治四年（1865）至光緒十八年
　（1892）小石渠閣刻本
　　十八册
　　温經日記六卷　〔清〕林昌彝撰

説文字辨十四卷　〔清〕林慶炳輯

周易集解補箋四卷　〔唐〕李鼎祚
　集解　〔清〕林慶炳補箋

周易述聞一卷　〔清〕林慶炳撰

群經音辨二卷　〔清〕林慶炳輯

附東陽隨筆一卷　〔清〕林慶炳輯

古經解彙函十六種　　110/8108
　〔清〕鍾謙鈞等輯
清同治十二年（1873）廣州粤東書局
刻本
　三十五册
鄭氏周易注三卷補遺一卷　〔漢〕
　鄭玄撰　〔清〕惠棟增補　〔清〕
　孫堂校并輯補遺
陸氏周易述一卷　〔三國吳〕陸績
　撰　〔明〕姚士粦輯　〔清〕孫堂
　增補
周易集解十七卷　〔唐〕李鼎祚撰
周易口訣義六卷　〔唐〕史徵撰
易緯八種　〔漢〕鄭玄注
　　易緯乾坤鑿度二卷
　　易緯乾鑿度二卷
　　易緯稽覽圖二卷
　　易緯辨終備一卷
　　易緯通卦驗二卷
　　易緯乾元序制記一卷
　　易緯是類謀一卷
　　易緯坤靈圖一卷
尚書大傳三卷附序録一卷辨譌一卷
　〔漢〕伏勝撰　〔漢〕鄭玄注
　（序録、辨譌）〔清〕陳壽祺撰
韓詩外傳十卷附校注拾遺　〔漢〕
　韓嬰撰　〔清〕周廷寀校注
　（校注拾遺）〔清〕周宗杭撰

毛詩草木鳥獸蟲魚疏二卷　〔三國
　吳〕陸璣撰　〔清〕丁晏校正
春秋繁露十七卷附録一卷　〔漢〕
　董仲舒撰　〔清〕盧文弨校
春秋釋例十五卷　〔晋〕杜預撰
　〔清〕莊述祖　孫星衍校
春秋啖趙集傳纂例十卷　〔唐〕陸
　淳撰
春秋微旨三卷　〔唐〕陸淳撰
春秋啖趙二先生集傳辨疑十卷
　〔唐〕陸淳撰
論語集解義疏十卷　〔三國魏〕何
　晏集解　〔南朝梁〕皇侃義疏
論語筆解二卷　〔唐〕韓愈撰
鄭志三卷補遺一卷　〔三國魏〕鄭
　小同編　〔清〕王復輯　〔清〕武
　億校

經苑二十五種　　110/8524
　〔清〕錢儀吉輯
清道光至咸豐間大梁書院刻同治七
年（1868）王儒行等印本
　七十七册
温公易説六卷　〔宋〕司馬光撰
吳園周易解九卷附録一卷　〔宋〕
　張根撰
誠齋先生易傳二十卷　〔宋〕楊萬
　里撰
易傳燈四卷　〔宋〕徐總幹撰
易學濫觴一卷　〔元〕黃澤撰
敷文書説一卷　〔宋〕鄭伯熊撰
尚書精義五十卷　〔宋〕黃倫撰
洪範統一一卷　〔宋〕趙善湘撰
詩總聞二十卷　〔宋〕王質撰
吕氏家塾讀詩記三十二卷　〔宋〕

經學通論五卷

經學歷史一卷

古文尚書冤詞平議二卷

尚書中候疏證一卷

王制箋一卷

鄭志疏證八卷鄭記考證一卷附答臨
　孝存周禮難疏證一卷

聖證論補評二卷

六藝論疏證一卷

孫谿朱氏經學叢書初編十三種
　　　　　　　　　　　118/2174

〔清〕朱記榮輯

清光緒吳縣朱氏槐廬刻本

十二册

李氏易解賸義三卷　〔清〕李富孫撰

古易音訓二卷　〔宋〕吕祖謙撰
　〔清〕宋咸熙輯

尚書餘論一卷　〔清〕丁晏撰

詩辨説一卷　〔元〕趙悳撰

饗禮補亡一卷　〔清〕諸錦撰

公羊逸禮考徵一卷　〔清〕陳奐撰

論語孔注辨偽二卷　〔清〕沈濤撰

讀孟質疑二卷　〔清〕施彦士輯

孟子時事略一卷　〔清〕任兆麟撰

弟子職集解一卷　〔清〕莊述祖撰

九經古義十六卷　〔清〕惠棟撰

十三經詁答問六卷　〔清〕馮登府撰

毄經筆記一卷　〔清〕陳倬撰

陳餘山先生所著書二種　9118/7921

〔清〕陳僅撰

清光緒十一年（1885）四明陳氏文
則樓木活字印本

四册

群經質二卷

詩誦五卷

説經五稿五種附一種　118/1104

〔清〕孔廣林撰

清光緒十六年（1890）山東書局刻本

七册

周官肊測六卷叙録一卷

儀禮肊測十七卷叙録一卷

吉凶服名用篇八卷叙録一卷

禘祫觵解篇一卷

明堂億一卷

附儀禮士冠禮箋一卷

史伯平先生所著書二種　9119/5013

〔清〕史致準撰

清光緒刻本

二册

尚書繹聞一卷

讀左評餘一卷

四益館經學叢書五種　118/0214

廖平撰

清光緒十二年（1886）成都刻巾箱本

五册

今古學考二卷

分撰兩戴記章句凡例一卷

春秋左傳古義凡例一卷

何氏公羊解詁十論一卷續一卷再續
　一卷

六書舊義一卷

圖説之屬

六經圖考六卷　　　　　　T149/4260
　〔宋〕楊甲撰　　〔宋〕毛邦翰補
　清康熙潘寀鼎禮耕堂刻本
　十二册

六經圖十二卷　　　　　　T154/8234
　〔清〕鄭之僑編
　清乾隆八年（1743）鄭氏述堂刻本
　六册
　又一部，T154/8234 c.2，六册。

群經宮室圖二卷　　　　　651/2326
　〔清〕焦循撰
　清嘉慶五年（1800）江都焦氏半九書
塾刻本
　二册

授受源流之屬

禮樂合編三十卷　　　　　T667/4808
　〔明〕黃廣撰
　明崇禎六年（1633）黃氏玉磬齋刻本
　十六册

**經書源流歌訣一卷三禮儀制歌訣一卷歷
代姓系歌訣一卷附榕村字畫辨訛一卷**
　　　　　　　　　　　　　160/4482
　〔清〕李鍾倫撰
　清乾隆十三年（1748）成雲山房刻本
　一册

西漢儒林傳經表二卷　　　T160/7213
　〔清〕周廷寀撰

清乾隆五十六年（1791）周氏營道堂
刻本
　二册

十三經注疏作者姓氏表一卷　140/4123
　〔清〕翁方綱撰
　清乾隆五十二年（1787）吉安使院
刻本
　一册

經解指要二十二卷　　　　154/7247
　〔清〕陶大眉輯
　清嘉慶二十五年（1820）刻本
　十册

文字音義之屬

經典釋文三十卷　　　　　130/7126B
　〔唐〕陸德明撰
　清同治八年（1869）刻本
　十二册

五經同異三卷　　　　　　T154/3891
　清乾隆常熟蔣氏省吾堂刻本
　三册

五經異義纂一卷拾遺一卷
　　　　　　　　　　　TNC141/0498.84
　〔清〕莊述祖撰
　清袁氏貞節堂抄本
　一册

群經字詁七十二卷　　　　130/7401
　〔清〕段諤廷撰　　〔清〕黃本驥編訂
　清道光二十九年（1849）刻本

十六册

又一部，130/7401 c.2，十八册。

經玩二十卷　　　　　　　　　T154/3134

〔清〕沈淑撰

清乾隆刻本

六册

十三經注疏校勘記識語四卷　　188/3104

〔清〕汪文臺撰

清光緒三年（1877）江西書局刻本

二册

經詞衍釋十卷附補遺一卷　5178/2369B

〔清〕吳昌瑩撰

清同治十二年（1873）成都書局校

刻本

一册（四册合訂）

虛字闡義三卷讀書説約合編三卷

5143/0427

〔清〕謝鼎卿撰

清光緒元年（1875）北京善成堂刻本

二册

十三經札記二十二卷　　　　154/2904

〔清〕朱亦棟撰

清光緒四年（1878）武林竹簡齋刻本

六册

又一部，154/2904 c.2，十二册。

五經小學述二卷　　　　　　154/4133

〔清〕莊述祖撰

清光緒九年（1883）刻本

一册

五經集解三十卷附録三卷石經考辨二卷

增訂畊餘瑣録十二卷　　　　110/3243

〔清〕馮世瀛輯

清同治刻本

三十六册

鄂拊堂經解十二卷首一卷稽古軒經解存

稿八卷　　　　　　　　　　5781/6646

〔清〕呂培等撰　　（存稿）〔清〕趙

遶儀撰

清道光十九年（1839）刻本

十册

學詩堂經解二十卷　　　　　435/4439

〔清〕李宗棠編輯

清宣統三年（1911）鉛印本

十一經音訓二十六卷　　　　154/4264

〔清〕楊國楨撰

清光緒三年（1877）湖北崇文書局

刻本

二十六册

又一部，154/4264 c.2，存六册。

小學類

類編之屬

小學彙函十四種　　　　　　5063/9074

〔清〕鍾謙鈞輯

清同治十二年（1873）廣州粵東書局

刻本

三十三册

輶軒使者絶代語釋別國方言十三卷

校正補遺一卷　〔漢〕揚雄撰

〔晋〕郭璞注　〔清〕盧文弨校

釋名八卷　〔漢〕劉熙撰　〔清〕吳
　志忠校

廣雅十卷　〔三國魏〕張楫撰
　〔隋〕曹憲音

匡謬正俗八卷　〔唐〕顔師古撰

急就篇四卷　〔漢〕史游撰　〔唐〕
　顔師古注　〔宋〕王應麟補注

説文解字十五卷　〔漢〕許慎撰
　〔宋〕徐鉉等校定

説文解字繫傳四十卷附校勘記三卷
　〔五代〕徐鍇撰　（校勘記）〔清〕
　祁寯藻撰

説文解字篆韻譜五卷附録一卷
　〔五代〕徐鍇撰

大廣益會玉篇三十卷　〔宋〕陳彭
　年等重修

干禄字書一卷　〔唐〕顔元孫撰

五經文字三卷　〔唐〕張參撰

新加九經字樣一卷　〔唐〕唐玄度撰

大宋重修廣韻五卷　〔宋〕陳彭年
　等重修

廣韻五卷　〔宋〕陳彭年等重修

小學鉤沈二十一種　　5063/2144
　〔清〕任大椿輯
　清末湖北崇文書局刻本
　四册
倉頡二卷　〔漢〕司馬相如撰
三倉二卷　〔漢〕司馬相如撰
三倉考逸補正一卷　〔清〕任兆麟撰
凡將篇一卷　〔漢〕司馬相如撰
通俗文二卷　〔漢〕服虔撰
埤倉二卷　〔三國魏〕張揖撰
古今字詁一卷　〔三國魏〕張揖撰

聲類一卷　〔三國魏〕李登撰

辨釋名一卷　〔三國吳〕韋昭撰

雜字解詁一卷　〔三國魏〕周成撰

纂文一卷　〔南朝宋〕何承天撰

纂要　〔南朝梁〕元帝蕭繹撰

文字集略　〔南朝梁〕阮孝緒撰

字略　〔北魏〕宋世良撰

廣蒼　〔三國魏〕樊工撰

字統　〔北魏〕楊成慶撰

韻略　〔北齊〕陽休之撰

證俗音　〔北齊〕顔之推撰

文字指歸　〔隋〕曹憲撰

切韻　〔隋〕陸法言撰

字畫二卷　〔清〕任大椿撰

澤存堂五種　　5063/3491
　〔清〕張士俊輯
　清光緒十四年（1888）上海蜚英館石
印本
　八册
群經音辨七卷　〔宋〕賈昌朝撰
大宋重修廣韻五卷　〔宋〕陳彭年
　等重修
佩觿三卷　〔宋〕郭忠恕撰
字鑑五卷　〔元〕李文仲撰
大廣益會玉篇三十卷　〔宋〕陳彭
　年等重修

重校臨文便覽六種　　5781/7602b
　清光緒十二年（1886）石印本
　六册
增訂韻辨摘要一卷
重校十三經不貳字一卷
鄉會要訣一卷
磨勘條例摘要一卷

字學舉隅一卷　〔清〕龍啓瑞撰

萃林詩賦一卷　〔清〕張端卿等撰

重校臨文便覽六種　　5781/7602

清光緒二十二年（1896）慎記書莊石印本

六册

增訂韻辨摘要一卷

重校十三經不貳字一卷

鄉會要訣一卷

磨勘條例摘要一卷

字學舉隅一卷　〔清〕龍啓瑞撰

萃林詩賦一卷　〔清〕張端卿等撰

小學類編六種附三種　　5063/9792

〔清〕李祖望輯

清咸豐至光緒間江都李氏半畝園刻本

十册

惠氏讀説文記十五卷　〔清〕惠棟撰

説文校議十五卷　〔清〕姚文田

　嚴可均撰　〔清〕孫星衍商訂

説文答問一卷　〔清〕錢大昕輯

説文經字考一卷　〔清〕陳壽祺撰

六書説一卷　〔清〕江聲撰

説文釋例二卷　〔清〕江沅撰

附説文舊音一卷　〔清〕畢沅輯

　爾雅古注斠三卷　〔清〕葉蕙心撰

　蘭如詩鈔一卷　〔清〕葉蕙心撰

許學叢書十四種　　5092/0474.2

張炳翔輯

清光緒長洲張氏儀鄭廬刻本

二十四册

許君年表考一卷許君年表一卷附錄
　一卷　〔清〕陶方琦撰

唐寫本説文解字木部箋異一卷
　〔清〕莫友芝撰

説文疑疑二卷附錄一卷　〔清〕孔
　廣居撰

諧聲補逸十四卷附札記一卷
　〔清〕宋保撰　（札記）張炳翔撰

轉注古義考一卷　〔清〕曹仁虎撰

説文段注撰要九卷　〔清〕馬壽齡撰

説文辨疑一卷　〔清〕顧廣圻撰

讀説文雜識一卷　〔清〕許槤撰

説文字原韻表二卷　〔清〕胡重撰

説文部首歌一卷　〔清〕馮桂芬撰

説文答問疏證六卷　〔清〕薛傳均撰

説文新附考六卷續考一卷附札記一
　卷　〔清〕鈕樹玉撰　（札記）張
　炳翔撰

段氏説文注訂八卷附札記一卷　〔清〕
　鈕樹玉撰　（札記）張炳翔撰

説文聲訂二卷附札記一卷　〔清〕
　苗夔撰　（札記）張炳翔撰

許學叢刻九種　　5092/0482

〔清〕許頌鼎　許淮祥輯

清光緒十三年（1887）海寧許氏古均
閣刻本

四册

第一集

　説文説一卷　〔清〕孫濟世撰

　轉注古義考一卷　〔清〕曹仁虎撰

　説文訂訂一卷　〔清〕嚴可均撰

　説文辯疑一卷　〔清〕顧廣圻撰

　説文舉例一卷　〔清〕陳瑑撰

第二集

　説文蟲箋一卷　〔清〕潘奕雋撰

　王氏讀説文記一卷　〔清〕王念孫撰

讀説文證疑一卷　〔清〕陳詩庭撰

説文新附考校正一卷　〔清〕王筠撰

同文考證四種附一種　　　5063/8742

〔清〕管受之輯

清道光二十二年（1842）陽湖莊氏刻本

二冊

干祿字書一卷　〔唐〕顔元孫撰

金壺字考一卷　〔宋〕釋適之撰

俗書證誤一卷　〔宋〕顔愍楚撰

字書誤讀一卷　〔宋〕王雱撰

附字體辨正一卷　〔清〕陸費墀撰

簡字譜録五種　　　5165/9213.1

〔清〕勞乃宣撰

清光緒三十二至三十三年（1906—1907）刻本

五冊

增訂合聲簡字譜一卷　清光緒三十二（1906）年刻

重訂合聲簡字譜一卷　清光緒三十二年（1906）刻

簡字叢録一卷　清光緒三十二年（1906）刻

京音簡字述略一卷　清光緒三十三年（1907）刻

簡字全譜一卷　清光緒三十三年（1907）刻

文字之屬

説文解字十五卷　　　T5093/0498d

〔漢〕許慎撰　〔宋〕徐鉉等校注

清初毛氏汲古閣刻本

八冊

説文解字十五卷　　　5093/0498e

〔漢〕許慎記　〔宋〕徐鉉等校定

清同治十三年（1874）東吳浦氏重刻本

三冊

説文解字注三十二卷　　　5098/7414A

〔漢〕許慎撰　〔清〕段玉裁注

清同治六年（1867）蘇州保息局補刻本

十六冊

説文解字校録十五卷附説文刊誤一卷説文玉篇校録一卷　　　5098/8141

〔漢〕許慎撰　〔清〕鈕樹玉校録

清光緒十一年（1885）江蘇書局刻本

十四冊

説文解字通釋四十卷附校勘記三卷　　　5094/2986d

〔漢〕許慎撰　〔五代〕徐鍇傳釋　〔五代〕朱翱反切　〔清〕祁寯藻校勘

清道光十九年（1839）祁氏刻本

八冊

説文繫傳校録三十卷附文字蒙求四卷　　　5098/1182.2

〔漢〕許慎撰　〔清〕王筠校録　〔清〕劉燡椿參訂

清咸豐七年（1857）王彦侗刻本

五冊

說文解字韻譜十卷　　　　5102/2986b
　〔五代〕徐鍇撰
　清同治六年（1867）影宋刻本
　二册

說文解字篆韻譜五卷　　　　5102/2986
　〔五代〕徐鍇撰
　清乾隆四十六年（1781）李調元刻函
海本
　一册（二册合訂）

重刊許氏説文解字五音韻譜十二卷
　　　　　　　　T5120.2/0498.10a
　〔宋〕李燾撰
　明萬曆二十六年（1598）陳大科刻本
　六册

重刊許氏説文解字五音韻譜十二卷
　　　　　　　　T5120.2/0498.10b
　〔宋〕李燾撰
　明天啓七年（1627）世裕堂刻雲林五
雲堂重修補印本
　十一册（缺册一）
　又一部，T5120.2/0498.10b c.2，六册

重刊許氏説文解字五音韻譜十二卷
　　　　　　　　TNC5120.2/0498.10
　〔宋〕李燾撰
　明刻本
　十二册

**説文長箋一百卷首二卷解題一卷六書長
箋七卷**　　　　　　T5097/4839
　〔明〕趙宦光撰
　明崇禎四年（1631）趙均小宛堂刻本

四十八册

説文字通十四卷説文經典異字釋一卷
　　　　　　　　　　5098/0280
　〔清〕高翔麟撰
　清道光十八年（1838）刻本
　六册

説文經典異字釋一卷　　　5103/0280
　〔清〕高翔麟撰
　清光緒九年（1883）吳縣萬卷樓刻本
　一册

説文提要一卷　　　　　5098/7912b
　〔清〕陳建侯撰
　清同治十二年（1873）湖北崇文書局
刻本
　一册

説文引經考證七卷互異説一卷
　　　　　　　　　　5103/7913
　〔清〕陳瑑撰
　清同治十三年（1874）湖北崇文書局
刻本
　二册

説文引經考證七卷附説文引經互異説一卷
　　　　　　　　　　5103/7913b
　〔清〕陳瑑撰
　清光緒十年（1884）三益盧刻三益
盧叢書本
　四册

説文廣義十二卷　　　　T5098/2123
　〔清〕程德洽輯

清康熙程自莘成裕堂刻本
十六册

説文辨疑一卷　　　5100/3804
〔清〕顧廣圻撰
清光緒三年（1877）湖北崇文書局刻本
一册

説文解字義證五十卷　　　5098/4124
〔清〕桂馥撰
清同治九年（1870）湖北崇文書局
刻本
三十二册
又一部，5098/4124 c.2，存八册。

説文管見三卷　　　5100/4222
〔清〕胡秉虔撰
清同治十二年（1873）續谿胡氏世澤
樓刻本
一册

説文部目一卷　　　5108/4234
〔清〕胡澍寫
清刻本
一册

説文解字部目一卷　　　5108/4234b
〔清〕胡澍寫
清同治抄本
一册

説文字原韻表二卷　　　5102/4221
〔清〕胡重編　〔清〕金孝柏訂
清嘉慶十六年（1811）秀水金氏月香
書屋刻本

一册

説文字原集注十六卷附説文字原表一卷
説文字原表説一卷　　　T5098/4426
〔清〕蔣和撰
清乾隆自刻本
八册

説文辨字正俗八卷　　　5104/4431
〔清〕李富孫撰
清嘉慶二十三年（1818）刻本（校經
亭藏板）
二册

説文引經考異十六卷　　　5103/4293
〔清〕柳榮宗撰
清咸豐二至五年（1852—1855）刻本
四册

説文新附考六卷續考一卷段氏説文注訂
八卷　　　5107/8141
〔清〕鈕樹玉撰
清同治七年（1868）吳縣金氏碧螺山
館補刻本
四册

説文新附考六卷續考一卷　　　5107/8141b
〔清〕鈕樹玉撰
清同治十三年（1874）湖北崇文書局
刻本
二册

段氏説文注訂八卷　　　5098/7414.8
〔清〕鈕樹玉撰
清同治十三年（1874）湖北崇文書局

刻本

　　二册

仿唐寫本説文解字木部箋異一卷

5109/4344

　　〔清〕莫友芝撰

　　清同治二年（1863）曾氏刻本

　　一册

説文徐氏新補新附考證一卷　5107/8546

　　〔清〕錢大昭撰

　　清光緒刻本

　　一册

説文統釋自序一卷　　　　5098/854

　　〔清〕錢大昭撰注

　　清乾隆五十五年（1790）刻本

　　一册

説文解字斠詮十四卷　　5098/8546c

　　〔清〕錢坫撰

　　清嘉慶十二年（1807）吉金樂石齋

刻本

　　八册

説文解字斠詮十四卷　　　5098/8546

　　〔清〕錢坫撰

　　清光緒九年（1883）淮南書局刻本

　　六册

説文二徐箋異十四卷　　5099/6029

　　〔清〕田吴炤撰

　　清宣統元年（1909）石印本

　　二册

　　又一部，5099/6029 c.2，二册。

説文釋例二十卷附補正二十卷

5098/1182f

　　〔清〕王筠撰

　　清同治四年（1865）安邱王氏刻本

　　十册

　　又一部，5098/1182f c.2，十册。

説文釋例二十卷　　　　5098/1182

　　〔清〕王筠撰

　　清光緒九年（1883）成都御風樓刻本

　　十册

　　又一部，5098/1182 c.2，十二册。

説文韻譜校五卷　　　　5102/1182

　　〔清〕王筠撰

　　清光緒十六年（1890）濰縣劉氏素

心琴室刻本

　　五册

説文解字句讀三十卷　　5098/1182.1

　　〔清〕王筠撰

　　清上海涵芬樓影印同治四年（1865）

王氏家刻本

　　十四册

説文五翼八卷　　　　　5098/1163

　　〔清〕王煦撰

　　清光緒八年（1882）上虞觀海樓刻本

　　二册

説文正字二卷　　　　　5109/1112

　　〔清〕王瑜　孫馮翼輯

　　清嘉慶六年（1801）承德孫氏刻本

　　二册

説文拈字七卷附補遺一卷　　5100/1114
　〔清〕王玉樹撰
　清嘉慶八年（1803）芳椶堂刻本
　四册

説文古籀補十四卷　　5105/2343
　〔清〕吳大澂撰
　清光緒二十四年（1898）刻本
　一册（二册合訂）

説文偏旁考二卷　　T5108/2363
　〔清〕吳照輯
　清乾隆五十一年（1786）南城吳氏聽
雨齋刻本
　二册

説文字原考略六卷　　T5098/2363
　〔清〕吳照輯
　清乾隆五十七年（1792）吳氏南昌寓
館刻本
　四册

席氏讀説文記十五卷　　5098/0246
　〔清〕席世昌撰
　清半畝園抄本
　一册

説文分韻易知録十卷　　5102/0472
　〔清〕許巽行編纂　　〔清〕許嘉德
校刊
　清光緒五年（1879）刻本
　十册

説文答問疏證六卷　　5103/4424
　〔清〕薛傳均撰

清道光十八年（1838）刻本
　一册

説文廣義校訂三卷末一卷
　　　　　　　　T5098/1153.2
　〔清〕王夫之撰　　〔清〕吳善述校訂
　清同治十三年（1874）衢城張文錦齋
刻本
　四册

苗氏説文四種　　5092/4683
　〔清〕苗夔撰
　清道光二十一年（1841）漢磚亭刻本
　八册
　説文聲訂二十八卷
　説文聲讀表七卷
　説文建首字讀一卷
　毛詩吲訂十卷

六書故三十三卷六書通釋一卷
　　　　　　　　T5114/4522
　〔宋〕戴侗撰
　清乾隆四十九年（1784）李鼎元師竹
齋刻本
　十六册

六書正訛五卷説文字原一卷
　　　　　　　　T5115/7221c
　〔元〕周伯琦撰
　明崇禎四年（1631）宋晉刻本
　六册

六書正訛五卷　　T5115/7221b
　〔元〕周伯琦撰
　明崇禎七年（1634）胡正言十竹齋刻

清印本

　五册

六書正訛五卷　　　　　　　T5115/7221

　〔元〕周伯琦撰

　明刻本

　五册

六書通十卷　　　　　　　　T5117/7402

　〔明〕閔齊伋撰　〔清〕畢弘述篆訂

　清康熙刻乾隆印本

　十册

六書通十卷　　　　　　　　T5117/7402b

　〔明〕閔齊伋撰　〔清〕畢弘述篆訂

　清乾隆刻本

　十六册

六書通摭遺二卷　　　　　　5117/6563

　〔清〕畢星海輯

　清嘉慶六年（1801）海鹽基聞堂刻本

　二册

六書總要五卷綱領一卷附正小篆之訛一卷諧聲指南一卷　　T5116/2313

　〔明〕吳元滿撰

　明萬曆十二年（1584）刻本

　五册

　又一部，T5116/2313 c.2，五册。

六書本義十二卷圖一卷　　　T5101/4803

　〔明〕趙撝謙撰

　明正德十五年（1520）胡東皋刻本

　二册

六書準不分卷　　　　　　　T5117/3220

　〔清〕馮鼎調撰

　清康熙刻本

　二册

六書分類十二卷首一卷　　T6129.8/2444

　〔清〕傅世垚輯

　清康熙四十四年（1705）聽松閣刻後印本

　十四册

六書分類十二卷首一卷　　T6129.8/2444b

　〔清〕傅世垚輯

　清乾隆五十四年（1789）聽松閣刻嘉慶元年（1796）印本

　十三册

六書類纂九卷　　　　　　　5101/2380

　〔清〕吳錦章撰

　清光緒二十三年（1897）崇雅精舍刻本

　五册

六書辨一卷　　　　　　　　5101/2924

　〔清〕徐紹楨撰

　清光緒三十三年（1907）南海梁氏刻本

　一册

説文經斠十三卷附補遺一卷説文正俗一卷　　5103/4211

　〔清〕楊廷瑞撰

　清光緒十七年（1891）善化澂園刻澂園叢書本

　四册

説文校議十五卷　　　　5098/4106
　　〔清〕姚文田　嚴可均撰
　　清同治十三年（1874）歸安姚氏刻本
　　五册

説文聲系十四卷　　　　5102/4106
　　〔清〕姚文田撰
　　清嘉慶九年（1804）粤東督學使者署
刻本
　　二册

説文解字五百四十部目　　6168/8623
　　〔清〕曾紀澤書
　　清光緒十三年（1887）慈谿童氏大鄭
山館刻本
　　一册

説文發疑六卷　　　　　5100/1322
　　〔清〕張行孚撰
　　清光緒九年（1883）邙上寓廬刻本
　　四册

説文審音十六卷附校記一卷　5102/1322
　　〔清〕張行孚撰
　　清光緒二十四年（1898）刻本
　　四册

説文通訓定聲十八卷　　5102/2974
　　〔清〕朱駿聲撰
　　清同治九年（1870）臨嘯閣刻本
　　二十四册

説文古籀疏證六卷　　　5105/4133
　　〔清〕莊述祖撰
　　清光緒二十年（1894）津郡明文堂

刻本
　　六册

六書例解一卷六書雜説一卷八分書説一卷六書辨通五卷辨通補一卷辨通續補一卷　　T5117/4284
　　〔清〕楊錫觀撰
　　清雍正至乾隆間楊氏蘭秘齋刻乾隆
五十一年（1786）馮浩補板印本
　　六册
　　又一部，T5117/4284 c.2，六册。

字書大廣益會玉篇三十卷玉篇廣韻指南一卷　　T5112/3861
　　〔南朝梁〕顧野王撰　　〔唐〕孫强增
字　〔宋〕陳彭年等重修
　　明刻本
　　十六册

大廣益會玉篇三十卷　　5112/3861c
　　〔南朝梁〕顧野王撰　　〔唐〕孫强增
字　〔宋〕陳彭年等重修
　　清康熙四十三年（1704）吳郡張氏澤
存堂刻本
　　三册
　　又一部，5112/3861c c.2，三册。

類篇四十五卷　　　　　5114/1279a
　　〔宋〕司馬光撰
　　清光緒二年（1876）刻本
　　十四册

新修龍龕手鑑四卷　　　T5114/2242
　　〔遼〕釋行均集
　　清影宋抄本

三冊

龍龕手鑑四卷　　　　　5114/2242a
〔遼〕釋行均集
清張丹鳴虛竹齋刻本
十二冊

龍龕手鑑四卷　　　　　T5114/2246f
〔遼〕釋行均集
清寶仁堂刻本
六冊

汗簡七卷　　　　　　　T5114/0254
〔宋〕郭忠恕撰
清康熙四十二年（1703）汪立名一隅
草堂刻本
二冊
又一部，T5114/0254 c.2，三冊。

汗簡箋正七卷　　　　　5114/0254b
〔宋〕郭忠恕撰　〔清〕鄭珍箋正
清光緒十五年（1889）廣雅書局刻本
四冊

漢隸字源五卷碑目一卷附字一卷
　　　　　　　　　　　　T5114/5445.3
〔宋〕婁機撰
明末毛氏汲古閣刻本
六冊

隸韻十卷附碑目考證一卷　5114/7213b
〔宋〕劉球撰　（附）〔清〕翁方綱撰
清嘉慶十四年（1809）江都秦恩復
刻本
十二冊

隸韻十卷附隸韻考證二卷碑目考證一卷
　　　　　　　　　　　　5114/7213
〔宋〕劉球撰　·（附）〔清〕翁方綱撰
清嘉慶刻本
六冊

**增訂金壺字考十九卷金壺字考二集二十一
卷補錄一卷補注一卷**　　T5085/3333.6
〔宋〕釋適之撰　〔清〕田朝恒增訂
清乾隆刻本
四冊

集新堂三字經集注一卷　TA5161/1000
〔宋〕王應麟撰
清末刻本
一冊

復古編二卷校正一卷附錄一卷
　　　　　　　　　　　　5095/1342
〔宋〕張有撰　〔清〕葛鳴陽校正
清光緒十八年（1892）香山劉氏小蘇
齋刻本
四冊

續復古編四卷　　　　　5095/1342.5
〔元〕曹本撰
清光緒十二年（1886）歸安姚氏咫
進齋刻本
四冊

摭古遺文二卷再增摭古遺文一卷
　　　　　　　　　　　　T6129.1/4411
〔明〕李登撰　（再增）〔明〕姚履
旋增補
明萬曆二十二年（1594）姚履旋等刻本

二册

摭古遺文二卷再增摭古遺文一卷
　　　　　　　　　　　　T5116/4411
　　〔明〕李登撰　　（再增）〔明〕姚履
旋增補
　　清乾隆浮玉洲人抄本
　　一册

**字彙十二卷首一卷末一卷附韻法直圖一
卷韻法橫圖一卷**　　　T5172/4502
　　〔明〕梅膺祚編
　　明萬曆四十三年（1615）梅士倩、梅
士杰刻本
　　七册

字彙十二卷首一卷末一卷　　5172/4502
　　〔明〕梅膺祚編
　　清康熙二十四年（1685）蘇州掃葉山
房刻本
　　四册

字彙十二卷首一卷末一卷　　5172/4502b
　　〔明〕梅膺祚編
　　清光緒善成堂刻本
　　十四册

**懸金字彙十二卷首一卷末一卷補遺一卷
韻法直圖一卷韻法橫圖一卷**
　　　　　　　　　　　　5172/4502c
　　〔明〕梅膺祚編　　〔清〕汪份增補
　　清末刻本
　　十五册

簡文編五卷　　　　　T5161/2144
　　〔明〕伍袁萃輯
　　明萬曆三十五年（1607）伍毓耆、伍
毓睿貽安堂刻本
　　一册

**翰林重考字義韻律大板海篇心鏡二十卷
首一卷**　　　　　　　T9305/4234
　　〔明〕劉孔當撰
　　明萬曆二十四年（1596）書林葉天熹
刻本
　　八册
　　卷十至十二據京都龍谷大學藏本複印。

正字通十二卷首一卷　　　T5172/1321
　　〔明〕張自烈撰　　〔清〕廖文英輯
　　清康熙二十四年（1685）吳源起清畏
堂刻本
　　三十八册

重刊詳校篇海五卷　　T5125.9/4536.2
　　〔明〕李登撰
　　明萬曆三十六年（1608）刻本
　　五册

重刊詳校篇海五卷　　T5125.9/4536.2b
　　〔明〕李登撰
　　清順治十八年（1661）刻本
　　十册

金石韻府五卷　　　　T5116/2913
　　〔明〕李根撰
　　明崇禎十三年（1640）林樹聲刻朱墨
套印本
　　五册

廣金石韻府五卷　　　　　T5116/2913a

〔明〕林尚葵　李根撰

明崇禎九年（1636）蓮庵刻朱墨套印本

六册

廣金石韻府五卷纂集玉篇偏旁形似釋疑

文字一卷考古書傳一卷　　T5116/2913b

〔明〕林尚葵　李根撰

清康熙刻本

十册

廣金石韻府五卷　　　　　5116/2913.4

〔明〕林尚葵　李根撰

清咸豐七年（1857）巴郡張氏刻本

八册

篆文六經四書六十三卷　　T110/8002

〔清〕李光地等編

清康熙内府刻本

二十八册

字學正本五卷　　　　　　T5117/4409

〔清〕李京撰

清康熙八年（1669）高夢説刻本

五册

重文二卷　　　　　　　　T5179/1284

〔清〕丁午編

清光緒八年（1882）錢塘丁氏刻朱印田園雜著本

一册

韻府約編二十四卷　　　　5134/1291

〔清〕鄧愷輯

清嘉慶二十二年（1817）懋德堂刻本

二十四册

文學初階六卷　　　　　　5162/4112

杜亞泉編

清光緒三十二年（1906）鉛印本

一册（六册合訂）

三合便覽不分卷附清文指要

　　　　　　　　　TMO5805.01/3624

〔清〕敬齋輯　〔清〕富俊增補

清乾隆五十七年（1792）北京名貴堂刻本

十二册

三合便覽不分卷附清文指要

　　　　　　　　　TMO5805.01/3624b

〔清〕敬齋輯　〔清〕富俊增補

清乾隆五十七年（1792）富俊刻本

十二册

三合便覽不分卷　　TMO5805.01/3624c

〔清〕敬齋輯　〔清〕富俊增補

清乾隆四十五年（1780）北京刻本

十二册

又一部，TMA5806.05/3022，六册。

〔三合便覽〕　　　　TMA5806.05/3023

〔清〕敬齋輯

清乾隆至嘉慶間抄本

四册

〔三合便覽〕　　　　TMA5806.05/3021

〔清〕敬齋輯

清抄本

四册

漢隸異同十二卷　　　　6129.6/4754

〔清〕甘揚聲輯　〔清〕錢侍宸録

清道光十一年（1831）勤約堂刻本

二册

隸辨八卷　　　　T5118/3844

〔清〕顧藹吉撰

清乾隆八年（1743）黃晟刻本

八册

繆篆分韻五卷　　　　6129.8/4124

〔清〕桂馥編

清光緒歸安姚覲元咫進齋刻本

二册

又一部，6129.8/4124 c.2，二册。

韻字同異考辨五卷　　　　5128/0280

〔清〕郭鑑庚輯

清道光二十四年（1844）刻本

二册

千文六書統要二卷附篆法偏旁正訛歌一卷

　　　　T5161/7276.47

〔清〕胡正言撰　（附）〔明〕李登

撰　〔清〕胡正言補篆

清康熙十竹齋刻本

四册

字學舉隅增補一卷　　　　5117/4820 v.1

〔清〕黃虎癡輯

清光緒二年（1876）刻本

一册

與《續字學舉隅》合函。

續字學舉隅一卷　　　　5117/4820 v.2

〔清〕汪叙疇輯

清光緒十五年（1889）掃葉山房刻本

一册

與《字學舉隅增補》合函。

識字續編四種　　　　5130/4821

清道光十六年（1836）竹柏山房刻本

四册

雙聲類母一卷　〔清〕黃生編

疊韻舉略一卷　〔清〕黃生編

今韻補遺一卷　〔清〕鑑唐居士編

宜略識字二卷　〔清〕鑑唐居士編

德字初桄二卷　　　　5197/4463

〔清〕蔣煕撰　〔清〕施彌德校音

清光緒二十七年（1901）上海石印本

一册

官話講義不分卷　　　　5154/1121

〔清〕孔贊廷編

清宣統二年（1910）序七十二行商報

鉛印本

二册

京音簡字述略一卷　　　　5165/9213

勞乃宣撰

清光緒三十三年（1907）金陵刻本

一册

**康熙字典十二集三十六卷總目一卷檢字
一卷辨似一卷等韻一卷補遺一卷備考一
卷**　　　　T5173/0735

〔清〕張玉書等編

清康熙五十五年（1716）内府刻本

四十册

又一部，T5173/0735 c.2，三十四册。

康熙字典十二集　　5173/0735k

〔清〕張玉書等編

清道光七年（1827）刻本

三十二册

康熙字典十二集　　5173/0735d

〔清〕張玉書等編

清光緒十六年（1890）上海鴻寶齋石印本

六册

康熙字典十二集　　5173/0735h

〔清〕張玉書等編

清光緒三十年（1904）上海宏文閣書莊刻本

六册

康熙字典十二集　　5173/0735m

〔清〕張玉書等編

清光緒三十四年（1908）上海集成圖書公司石印本

六册

康熙字典十二集　　5173/0735e

〔清〕張玉書等編

清光緒上海鴻寶書局石印本

六册

康熙字典十二集　　5173/0735g

〔清〕張玉書等編

清宣統元年（1909）上海集成圖書公司石印本

二册

康熙字典十二集　　5173/0735c

〔清〕張玉書等編

清末上海商務印書館石印本

七册

集字避複一卷　　1682/7181

〔清〕劉鑑撰

清光緒二十九年（1903）星沙忠襄公祠刻本

一册

古今文字通釋十四卷　　5117/6641

〔清〕吕世宜撰

清光緒五年（1879）林氏刻本

八册

小學鉤沈續編八卷　　5063/2144.1

〔清〕顧震福輯　　〔清〕陳寶森參校

清光緒十八年（1892）刻函雅故齋叢書本

四册

四書字識法四卷　　5161/5043

〔清〕戚楠江撰

清末刻本

一册

新輯中東字典不分卷　　5187/5535

〔清〕東文學社編輯

清光緒三十三年（1907）石印本

一册

漢英字典不分卷　　　　　TA5196/3435
　　清末抄本
　　二册

書契原怡十四卷　　　　　5069/7918
　　〔清〕陳致煥撰
　　清咸豐五年（1855）刻本
　　四册

古文審八卷　　　　　　　2105.6/7233
　　〔清〕劉心源撰
　　清光緒十七年（1891）刻本
　　四册

漢學諧聲二十四卷附説文補考一卷又考
一卷　　　　　　　　　　5102/5074
　　〔清〕戚學標撰
　　清嘉慶九年（1804）刻本
　　八册

祁大夫字説一卷　　　　　2262/3223
　　〔清〕祁寯藻編輯
　　清道光二十七年（1847）壽陽祁氏饅
飢亭刻本
　　一册

經字辨體八卷首一卷　　　5117/7239
　　〔清〕邱家煒撰
　　清道光二十三年（1843）北京寶文齋
刻本
　　四册

經字辨體八卷首一卷　　　5117/7239b
　　〔清〕邱家煒撰
　　清光緒七年（1881）北京二酉齋刻本

四册

萬言肄雅一卷　　　　　　T5161/7781b
　　〔清〕屈曾發撰
　　清乾隆三十七年（1772）刻本
　　一册

萬言肄雅一卷　　　　　　5161/7781
　　〔清〕屈曾發撰
　　清同治九年（1870）刻本
　　六册

字林考逸八卷　　　　　　5111/2244
　　〔清〕任大椿撰
　　清乾隆四十七年（1782）刻本
　　三册

字林考逸八卷補一卷　　　5117/2144
　　〔清〕任大椿撰
　　清光緒十六年（1890）江蘇書局刻本
　　四册

檢字一貫三十二集附卷末一卷
　　　　　　　　　　　　5109/1347
　　〔清〕三家村學究編
　　清光緒石印巾箱本
　　三册

藝文備覽一百二十卷補詳字義十四卷
　　　　　　　　　　　　5117/3249
　　〔清〕沙木撰
　　清刻本
　　四十一册

名原二卷　　　　　　　　　5088/1900b
　〔清〕孫詒讓撰
　清光緒三十一年（1905）瑞安孫氏
刻本
　一册

名原二卷　　　　　　　　　5088/1900
　〔清〕孫詒讓撰
　清光緒三十一年（1905）上海千頃堂
書局石印本
　一册

字林古今正俗異同通考四卷附六書辨異
二卷補遺一卷　　　　　　　5117/3239
　〔清〕湯容焵輯
　清道光五年（1825）四明滋德堂刻本
　四册

英語集全六卷　　　　　　　T5196/0614
　〔清〕唐廷樞編
　清同治元年（1862）廣東刻本
　六册

篆字彙十二卷　　　　　　　T5117/2341
　〔清〕佟世男編
　清康熙多山堂刻本
　十二册

（滿漢合璧）清文虛字指南編二卷
　　　　　　　　　TMA5806.07/4236b
　〔清〕萬福撰
　清光緒十一年（1885）刻本
　二册
　　又一部，TMA5806.07/4236b c.2，
二册。又一部，TMA5806.07/4236b c.3，

二册。又一部，TMA5806.07/4236b c.4，
二册。

（滿漢合璧）清文虛字指南編二卷
　　　　　　　　　TMA5806.07/4236
　〔清〕萬福撰
　清光緒二十年（1894）京都聚珍堂書
坊刻本
　二册
　　又一部，TMA5806.07/4236 c.2，二
册。又一部，TMA5806.07/4236 c.3，二
册。又一部，TMA5806.07/4236 c.4，二
册。又一部，TMA5806.07/4236 c.5，二
册合訂。

鐘鼎字源五卷　　　　　　　5104/3102
　〔清〕汪立名撰
　清光緒二年（1876）洞庭秦氏麟慶
堂刻本
　三册
　　又一部，5104/3102 c.2，二册。

京音字彙不分卷　　　　　　5154/1143
　〔清〕王璞撰　王慶祥　魏丕治校
　清宣統三年（1911）石印本
　一册

鐘鼎籀篆大觀不分卷　　　　2082/1424
　〔清〕吳大澂輯
　清光緒上海碧梧山莊影印本
　十册

字說一卷　　　　　　　　　5117/2343
　〔清〕吳大澂撰
　清光緒十九年（1893）思賢講舍刻本

一册

官話指南四卷　　　　　　5154/2334
　〔清〕吴啓太　鄭永邦編
　清光緒二十六年（1900）上海美華書館鉛印本
　一册

字學三書十四卷　　　　　5063/3715
　〔清〕楊霈校
　清道光二十一年（1841）綦江十芝堂刻本
　六册
　佩觿二卷　〔宋〕郭忠恕記
　群經音辨七卷　〔宋〕賈昌朝撰
　字鑑五卷　〔元〕李文仲編

文字偏旁舉略一卷　　　　5068/4106
　〔清〕姚文田輯
　清光緒十八年（1892）問經精舍刻本
　一册

偏旁舉略一卷　　　　　　5117/4106
　〔清〕姚文田輯
　清刻本
　一册

習見搜四卷　　　　　　　9155/6259
　〔清〕易本烺輯
　清同治三年（1864）京山易氏刻本
　一册

字辨證篆十五卷　　　　6129.8/6259
　〔清〕易本烺纂　〔清〕易崇垚等校
　清同治八年（1869）京山易氏刻本

六册

字典考證三十六卷　　5173 0735.02b
　〔清〕奕繪　王引之等撰
　清道光十一年（1831）愛日堂活字印本
　四册

隸篇十五卷續十五卷再續十五卷
　　　　　　　　　　　　2096.6/1112
　〔清〕翟云升編
　清道光十七至十八年（1837—1838）掖縣翟氏五經歲編齋刻本
　十册
　又一部，2096.6/1112 c.2，十册。

籀典四卷　　　　　　　　5178/2432
　〔清〕章啓勳撰
　清光緒五年（1879）如過客齋刻本
　四册

石鼓文纂釋不分卷　　　　2098/4810
　〔清〕趙烈文撰
　清光緒十一年（1885）靜園刻本
　一册

漢隸分韻七卷　　　　　6129.6/8136
　〔清〕鍾浩輯
　清乾隆四十六年（1781）序刻本（衍慶堂藏板）
　四册

新校經史海篇直音五卷　　T5116/2538
　明刻本
　五册

急就篇四卷　　　　　　　T5161/5434
　　〔漢〕史游撰　　〔唐〕顔師古注
〔宋〕王應麟音釋
　　明崇禎毛氏汲古閣刻津逮秘書本
　　二册

千字文注一卷附清書千字文一卷
　　　　　　　　　　T5161/7276.3
　　〔南朝梁〕周興嗣撰　　〔清〕汪嘯尹
纂輯釋義　　〔清〕孫謙益參注　　（附）
〔清〕尤珍書
　　清康熙二十四年（1685）刻本
　　二册

千字文釋句一卷　　　　5161/7276.2
　　〔南朝梁〕周興嗣撰
　　清咸豐八年（1858）香港皇家義學
刻本
　　一册

千字文句釋附增廣賢文　　5161/7276.1
　　〔南朝梁〕周興嗣撰　　〔清〕翟敦化
編訂
　　清刻本
　　一册

千字文釋義一卷　　　　　5161/7276
　　〔南朝梁〕周興嗣撰　　〔清〕汪嘯尹
輯　　〔清〕孫謙益注
　　清大文堂刻本
　　一册

千字文同音字略不分卷　　T5161/7276.6
　　〔南朝梁〕周興嗣撰　　〔清〕胡啓
文録

清抄本
四册

三續千字文注一卷　　　5161/7276.47
　　〔宋〕葛剛正撰
　　清末刻海源閣叢書本
　　一册

三字經　　　　　　　　TA1980.5/54b
　　〔清〕歐適子撰
　　清芥子園刻本
　　一册

增補三字經訓蒙析解一卷　5161/1100.3
　　〔清〕安頖撰
　　清楊情怡刻本
　　一册

三字經注解備要二卷　　　5161/1100c
　　〔宋〕王應麟撰　　〔清〕賀興思注解
　　清光緒六年（1880）芸居樓刻本
　　二册

新增三字鑑一卷　　　　　5161/4258b
　　〔清〕萬青銓編注
　　清光緒二十二年（1896）刻本
　　一册

增訂三字鑑注釋一卷附紀年一卷
　　　　　　　　　　　5161/4258
　　〔清〕萬青銓注釋
　　清道光二十九年（1849）刻本
　　一册

六藝綱目二卷附錄字原六藝發原
　　　　　　　　　　　　　151/8217
　　〔元〕舒天民撰　　〔元〕舒恭注
〔明〕趙宜中附注
　　清道光二十八年（1848）東武劉嘉海
校刻本
　　二册

同文千字文二卷　　　　T6129/3125
　　〔明〕汪以成輯
　　明萬曆十年（1582）刻本
　　四册

龍文鞭影初集二卷二集二卷　5161/4234
　　〔明〕蕭良有纂　　〔清〕楊臣諍增訂
　　清大文堂刻本
　　一册（二册合訂）

課兒草一卷續刻一卷　　　5161/8534
　　〔清〕錢福蓀改編
　　清光緒十五至十六年（1889—1890）
陽湖寄園主人錢福蓀刻本
　　四册

增注三千字文一卷　　　　5161/3574
　　〔清〕補拙居士編輯　　〔清〕姜岳
注釋
　　清光緒二十一年（1895）梅江廬主人
石印本
　　一册

字課圖説四卷　　　　　　5161/3037
　　〔清〕澄衷蒙學堂編　　〔清〕吳子城
繪圖
　　清光緒二十七年（1901）上海鴻寶書

局印本
　　八册

字學蒙求四卷　　　　　5117/1182a
　　〔清〕王筠撰
　　清道光十八年（1838）王氏刻本
　　四册

文字蒙求廣義四卷　　　　5117/1182
　　〔清〕王筠撰　　〔清〕蒯光典補注
　　清光緒二十七年（1901）江楚書局刻本
　　五册

幼學詩句釋一卷　　　5161/2270.09b
　　清醉經堂石印本
　　一册

蒙古文晰義四卷　　TMO5805.07/3892
　　〔清〕賽尚阿纂
　　清道光二十八年（1848）刻本
　　四册
　　又一部，TMO5805.07/3892 c.2，三册。

粵英要語一卷　　　　　　5157/0252
　　郭中生編
　　清宣統元年（1909）鉛印本
　　一册

校正張補五千字文圖注一卷　5161/1336
　　〔清〕張騫編輯
　　清光緒三十二年（1906）信都官書局
刻本
　　一册

新學三字經音注圖解初編一卷

5161/0713

〔清〕俞樾鑒定

清光緒二十八年（1902）序上海自强學齋石印本

一册

華英通語不分卷　　　T5196/1442

〔清〕子卿編撰　　〔清〕子芳重訂

清咸豐十年（1860）刻本

二册

訓蒙歌訣一卷　　　5162/4922

林紓撰

清光緒二十四年（1898）廣州時務書局刻本

一册

清漢對音字式一卷　　　5806/3233

〔清〕高宗弘曆敕編

清宣統元年（1909）北京鏡古堂刻本

一册

倉頡篇校證三卷補遺一卷　　　5090/3908

〔清〕梁章鉅撰

清光緒五年（1879）刻本

二册

增訂釋義經書便用通考雜字二卷重訂增補釋義經書四民便用雜字通考全書外卷一卷　　　5164/3403

〔清〕徐三省編輯　　〔清〕戴啓達增訂　〔清〕戴啓達訂補

清李光明莊刻本

二册

康熙字典撮要　　　TA5173/0735.2

〔美〕湛約翰撰　　〔清〕王楊安述釋

清光緒四年（1878）廣東刻本（倫敦教會藏板）

一册

四書虛字講義一卷　　　860.5/1234

〔清〕丁守存撰録

清同治十年（1871）刻本

一册

音韻之屬

廣韻五卷　　　T5125/794b

明初刻本

一册

廣韻五卷　　　T5125/794c

明刻本

五册

重編廣韻五卷　　　T5087/2934

〔宋〕陳彭年等撰　　〔明〕朱祐檳重編

明嘉靖二十八年（1549）益藩刻本

十五册

大宋重修廣韻五卷　　　5125/7948d

〔宋〕陳彭年等重修

清康熙四十三年（1704）吳郡張士俊澤存堂刻本

二册

集韻十卷　　　5125/1204.2A

〔宋〕丁度撰

清嘉慶十九年（1814）刻本

十冊

改併五音集韻十五卷　　　T5125.9/4536

〔金〕韓道昭撰

明萬曆三至十七年（1575—1589）刻本

十一冊

韻補五卷　　　T5125/2345

〔宋〕吳棫撰

明刻本

五冊

大明萬曆乙亥重刊改併五音類聚四聲篇十五卷萬曆己丑重刊改併五音集韻十五卷　　　T5125.9/4536.1

〔金〕韓道昭撰

明萬曆三至十七年（1575—1589）刻本

二十四冊

張天如先生校正文公小學音注句解十卷附孝經集注詳解一卷忠經集注詳解一卷　　　T1665/2943.13

〔宋〕朱熹撰　　〔明〕張溥訂

明崇禎九年（1636）書林吳耀珠刻本

二冊

洪武正韻十六卷　　　T5127/2907b

〔明〕樂韶鳳　宋濂等撰

明隆慶元年（1567）衡藩刻本

五冊

洪武正韻十六卷　　　T5127/2907

〔明〕樂韶鳳　宋濂等撰

明劉以節刻本

十冊

洪武正韻彙編四卷　　　T5127/7234

〔明〕周家棟輯

明萬曆刻本

四冊

洪武正韻高唐王篆書五卷　T5127/2907.2

〔明〕樂韶鳳　宋濂等撰　〔明〕朱厚煐篆書

明萬曆十二年（1584）沈大忠時習軒刻本

五冊

陳明卿太史考古詳訂遵韻海篇朝宗十二卷

　　　T5116/7928

〔明〕陳仁錫撰　　〔明〕譚元春訂

明崇禎奇字齋刻本

十冊

古今韻會舉要小補三十卷　　　T5127/0262

〔明〕方日升撰

明萬曆三十四年（1606）周士顯刻重修本

二十二冊

鐫玉堂釐正龍頭字林備考韻海全書十六卷首一卷　　　T5116/4414

〔明〕李廷機輯

明萬曆二十三年（1595）書林劉雙松安正堂刻本

八冊

韻法直圖一卷韻法橫圖一卷
T5133/4503
　　〔明〕梅鼎祚撰　　（韻法橫圖）
〔明〕李世澤撰
　　明萬曆四十二年（1614）刻本
　　一冊

詩韻輯略五卷　　T5134/3663
　　〔明〕潘恩撰
　　明隆慶刻本
　　五冊

經史通用古今直音四卷　　T5116/1221
　　〔明〕邵真人撰
　　明嘉靖十六年（1537）劉氏安正書堂
刻本
　　二冊

音韻正訛四卷　　5127/1991
　　〔明〕孫耀輯　　〔明〕吳思本訂
　　清乾隆五十四年（1789）金閶書業堂
刻本
　　二冊

奇字韻五卷　　T5130/4293
　　〔明〕董難撰
　　明嘉靖刻本
　　一冊

三台館仰止子考古詳訂遵韻海篇正宗
二十卷　　T5127/8923
　　〔明〕余象斗纂　　〔明〕李廷機校
　　明萬曆二十六年（1598）建陽書林余
氏雙峰堂刻本
　　四冊

新編併音連聲韻學集成十三卷直音篇七卷
TNC5134/0432b
　　〔明〕章黼撰
　　明成化十七年（1481）刻嘉靖二十四
年（1545）張重萬曆九年（1581）高薦遞
修本
　　十九冊

重刊併音連聲韻學集成十三卷直音篇七卷
T5134/0432
　　〔明〕章黼撰
　　明萬曆六年（1578）揚州知府虞德燁
維揚資政左室刻公文紙印本
　　二十冊

毛詩古音考四卷附屈宋古音義三卷
5127/7982
　　〔明〕陳第撰
　　清光緒六年（1880）武昌張廉卿刻本
　　六冊

韻徵十六卷　　5128/3446
　　〔清〕安吉纂輯
　　清道光十七年（1837）親仁堂刻本
　　四冊

韻徵十六卷　　5128/3446b
　　〔清〕安吉纂輯
　　清道光十八年（1838）無錫華氏刻本
　　八冊

柴氏古韻通八卷附正音切韻復古編一卷
5121/2929
　　〔清〕柴紹炳撰
　　清末刻本（姚江朱氏藏板）

八冊

詩韻瑤林八卷　　　　　　　T5134/2126
　〔清〕程伊園撰
　　清乾隆五十二年（1787）刻本
　　四冊

五方元音二卷　　　　　　　5132/4377
　〔清〕樊騰鳳撰　〔清〕年希堯增補
　　清光緒十年（1884）刻本（文興堂
藏板）
　　四冊

韻詁不分卷　　　　　　　　5128/0237
　〔清〕方濬頤撰
　　清光緒四年（1878）淮南書局刻本
　　六冊

古音類表九卷　　　　　　　5121/2447
　〔清〕傅壽彤撰　〔清〕薛成榮篆文
　　清光緒二年（1876）大梁臬署刻本
　　六冊

韻典析疑六卷　　　　　　　5209/0220
　〔清〕高從龍撰
　　清乾隆三十二年（1767）鎮江鶴鳴書
屋刻本
　　六冊

韻字彙錦五卷　　　　　　　6129/3852
　〔清〕顧掄輯
　　清道光二年（1822）刻本（玉山草堂
藏板）
　　五冊

詩韻類錦十一卷附錄一卷　　5134/0221
　〔清〕郭化霖編
　　清同治四年（1865）緯文堂刻本
　　八冊

分類韻錦十二卷附錄一卷　　5134/0221b
　〔清〕郭化霖編
　　清道光二十三年（1843）喜雨山房
刻本
　　十冊

古今中外音韻通例不分卷　　5014/4741
　〔清〕胡垣撰
　　清光緒十四年（1888）浦口胡氏刻本
　　四冊

韻籟四卷　　　　　　　　　5129/4575
　〔清〕華長忠撰
　　清光緒十五年（1889）松竹齋刻本
　　二冊

韻歧五卷　　　　　　　　　T5128/3161
　〔清〕江昱輯
　　清乾隆湘東署齋刻本
　　二冊

**字音糾謬一卷糾繆補一卷芋香書館日記
一卷**　　　　　　　　　　　　5128/4404
　〔清〕李庚乾輯　　（日記）〔清〕修
梅山人撰
　　清光緒二十年（1894）刻本
　　一冊

音韻闡微十八卷　　　　　　5128/4494
　〔清〕李光地等編

清光緒七年（1881）淮南書局刻本
　　五册

問奇一覽二卷　　　　　　　　T5117/4451
　　〔清〕李書雲輯
　　清乾隆刻本
　　二册

佩文廣韻匯編五卷　　　　　　5128/4413
　　〔清〕李元祺撰
　　清半墖草堂刻本
　　四册

六書系韻二十四卷首一卷檢字二卷
　　　　　　　　　　　　　　　5128/4428
　　〔清〕李貞編輯
　　清光緒十六年（1890）湘陰李氏刻本
　　二十六册

四聲韻譜十六卷首表一卷切韻求蒙一卷
　　　　　　　　　　　　　　　5132/3921
　　〔清〕梁生撰
　　清光緒十六年（1890）梁氏家塾刻本
　　四册

中國音標字書一卷　　　　　　5137/7115
　　〔清〕劉孟揚撰
　　清光緒三十四年（1908）鉛印本
　　十四面

詩韻含英十八卷詩韻異同辨十八卷
　　　　　　　　　　　　　　　5134/7104
　　〔清〕劉文蔚輯　　（詩韻異同辨）
　　〔清〕彭元瑞撰　　〔清〕任以治　蔡應
襄輯

清道光十四年（1834）江寧吳氏寶丹
山房刻本
　　八册

韻府萃音十二卷　　　　　　　5175/0146
　　〔清〕龍柏撰
　　清嘉慶十五年（1810）廣州心簡齋刻本
　　二十四册

古韻通説二十卷　　　　　　　5128/0131
　　〔清〕龍啓瑞撰
　　清光緒九年（1883）四川尊經書局刻本
　　三册

康熙甲子史館新刊古今通韻十二卷
　　　　　　　　　　　　　　　T5128/2142
　　〔清〕毛奇齡撰
　　清康熙二十三年（1684）史館刻本
　　六册

古今通韻十二卷首一卷　　　T5128/2142b
　　〔清〕毛奇齡撰
　　清學者堂刻本
　　六册

重訂馬氏等音内集一卷外集一卷
　　　　　　　　　　　　　　　T5127/4514
　　〔清〕槃什馬氏撰　　〔清〕梅建重訂
　　清康熙四十七年（1708）梅建刻本
　　二册

**佩文詩韻提綱二卷新編佩文詩韻提綱四
聲譜廣注二卷**　　　　　　　　T5134/2116
　　〔清〕倪璐撰
　　清乾隆四十三年（1778）克復堂刻本

四册

類音八卷　　　　　　　T5128/3659
〔清〕潘耒編
清康熙吴江潘氏遂初堂刻本
四册

經韻集字析解二卷附拾遺補注一卷
　　　　　　　　　　130/4239
〔清〕彭良敞集注　〔清〕熊守謙參訂
清道光二年（1822）刻本
二册
卷一缺首四葉。

古今韻略五卷　　　　　T5128/1274
〔清〕邵長蘅撰
清康熙三十五年（1696）宋犖刻本
五册

諧聲補逸十四卷　　　　5128/3929
〔清〕宋保撰
清嘉慶八年（1803）刻本
四册

詩韻合璧五卷附虛字韻藪一卷
　　　　　　　　　　5134/3203b
〔清〕湯文潞編　（附）〔清〕潘維城輯
清光緒四年（1878）上海淞隱閣鉛印本
五册

入聲便記一卷　　　　　5132/1132
〔清〕王家督撰
清光緒九年（1883）二酉齋刻本
一册

韻雅六卷附古蹟詩鈔一卷　　5088/2329
〔清〕吴采撰
清嘉慶二十四年（1819）居業廬刻本
八册

述均十卷　　　　　　　5128/1404
〔清〕夏燮撰
清咸豐五年（1855）刻本
四册

韻考略五卷　　　　　　5120/0604
〔清〕謝庭蘭撰
清光緒九年（1883）刻本
二册

韻字探驪五卷　　　　　5175/2982
〔清〕徐錫齡輯
清嘉慶二十三年（1818）吉金書屋刻本
五册

漢字母音釋二卷　　　　5161/4207
〔清〕楊敦頤纂　〔清〕李培鍔釋
〔清〕江蘇學務處鑒定
清光緒三十年（1904）序鎮江刻本
二册

經書字音辨要九卷　　　130/4227
〔清〕楊名颺編輯
清道光二十七年（1847）令德堂刻本
二册

古音諧八卷首一卷　　　5121/4106
〔清〕姚文田撰
清刻本
六册

詩韻珠璣五卷　　　　　　　5134/8963.2
　　〔清〕余照輯
　　清嘉慶五年（1800）刻本
　　五册

諧聲品字箋不分卷　　　　　T5175/2322
　　〔清〕虞德升撰
　　清康熙十二年（1673）刻二十三年
（1684）印本
　　三十二册

音韻逢源四卷　　　　　TMA5128/3663
　　〔清〕裕恩撰定　　〔清〕禧恩校閲
　　清道光二十年（1840）序刻本
　　四册
　　又一部，TMA5128/3663 c.2，四册。

欽定同文韻統六卷　　　　　T5128/2137
　　〔清〕允禄等纂
　　清乾隆十五年（1750）内府刻本
　　四册

欽定同文韻統六卷　　　　5975.03/2133
　　〔清〕允禄等纂
　　清宣統二年（1910）理藩部刻朱墨套
印本
　　五册
　　又一部，5975.03/2133 c.2，五册。

翻切簡可編二卷　　　　　　5133/1391
　　〔清〕張燮承纂述
　　清同治十一年（1872）蘇州刻本
　　一册

音別四卷　　　　　　　　　T5517/2941
　　〔清〕朱仕玠撰
　　清刻本
　　二册

朱飲山三韻易知十卷　　　　5120/2994
　　〔清〕朱燮撰　　〔清〕楊廷兹重編
　　清乾隆三十七年（1772）刻本
　　二册

剔弊廣增分韻五方元音二卷
　　　　　　　　　　　　　5132/4377.4
　　〔清〕趙培梓編
　　清末刻本
　　一册

韻字略二卷　　　　　　　　5128/0836
　　〔清〕毛謨撰
　　清嘉慶二十一年（1816）刻本
　　二册

古韻發明不分卷切字肆考不分卷
　　　　　　　　　　　　　5121/1365
　　〔清〕張畊撰
　　清道光刻本
　　八册

古韻溯原八卷　　　　　　　5121/3483
　　〔清〕安念祖　華湛恩撰
　　清道光十九年（1839）刻本
　　四册

聲説二卷　　　　　　　　　5128/6404
　　〔清〕時庸勱撰
　　清光緒十九年（1893）刻聽古廬聲

學十書本
　一册

經傳字音考正四卷　　　　　5128/3232
　〔清〕馮肩輯
　清光緒二年（1876）刻本
　四册

叶韻考正十六卷　　　　　5128/6011
　〔清〕朱履中輯
　清嘉慶九年（1804）序刻本
　四册

聲韻易知四卷首一卷　　　　　5130/4117
　〔清〕莊瑶編輯
　清道光二十三年（1843）刻本
　四册

四聲易知錄四卷　　　　　5132/4106
　〔清〕姚文田輯
　清嘉慶十七年（1812）刻本
　二册

四聲易知錄四卷　　　　　5132/4106a
　〔清〕姚文田輯
　清光緒八年（1882）刻本
　四册

四音釋義十二卷　　　　　5132/8270
　〔清〕鄭長庚輯
　清嘉慶二十五年（1820）刻本
　十二册

音學五書三十八卷　　　　　T5128/3891
　〔清〕顧炎武撰

清康熙張弨刻本
　二十册
　音論三卷
　詩本音十卷
　易音三卷
　唐韻正二十卷
　古音表二卷

庚癸原音四種　　　　　6730/2278
　〔清〕繆闐撰
　清同治五年（1866）蕪湖繆氏刻本
　四册
　律呂通今圖説一卷
　律易一卷
　音調定程原音一卷
　絃徽宣秘原音一卷

姚刻三種（姚氏叢刻）　　　　　5123/4312
　〔清〕姚覲元編
　清光緒二年（1876）川東官舍刻本
　三十册
　集韻十卷　　〔宋〕丁度等撰
　類編十五卷　　〔宋〕司馬光等撰
　禮部韻略五卷　　〔宋〕丁度撰

<h2 align="center">訓詁之屬</h2>

爾雅四卷　　　　　5073/4375
　〔晋〕郭璞注
　清嘉慶六年（1801）藝學軒影宋刻本
　三册
　又一部，5073/4375 c.2，三册。

爾雅注疏十一卷　　　　　T5075/1262b
　〔晋〕郭璞注　　〔宋〕邢昺疏

明刻遞修本
十册

爾雅新義二十卷附叙録一卷
　　　　　　　　　　　5075/7122
〔宋〕陸佃撰　（附）〔清〕宋大樽輯
清嘉慶十三年（1808）序三間草堂刻本
八册

爾雅翼三十二卷　　　　5075/6178
〔宋〕羅願撰
清嘉慶十年（1805）刻本
十册

五雅四十一卷　　　　T5070/1785
〔明〕郎奎金編
明天啓六年（1626）郎氏堂策檻刻本
十二册
爾雅二卷附音釋　〔晋〕郭璞注
小爾雅一卷　〔漢〕孔鮒纂　〔宋〕
　宋咸注
逸雅八卷　〔漢〕劉熙撰
廣雅十卷　〔三國魏〕張揖撰
　〔隋〕曾憲音釋
埤雅二十卷　〔宋〕陸佃撰

爾雅郭注補正三卷　　　5073/4591
〔清〕戴鋆撰
清光緒十一年（1885）海陽韓氏經
香閣刻本
六册

爾雅蒙求二卷　　　　T5078/4454
〔清〕李拔式編
清嘉慶三年（1798）自刻本

四册

爾雅匡名二十卷　　　　5078/6416
〔清〕嚴元照撰
清光緒十六年（1890）廣雅書局刻本
四册

讀雅筆記三卷　　　　T5078/4412
〔清〕李雱撰
清末抄本
一册

説雅一卷　　　　　　T5088/2974
〔清〕朱駿聲撰
清同治至光緒間傳抄本
四册

支雅二卷　　　　　　5088/7299
〔清〕劉燦編　〔清〕王塈訂
清道光六年（1826）陸鑑重刻本
一册

**釋名疏證補八卷續釋名一卷釋名補疑一
卷疏證補附一卷**　　　5082/1120b
〔漢〕劉熙撰　〔清〕畢沅疏證　王
先謙補
清光緒二十二年（1896）刻本
四册

博雅十卷　　　　　　T5084/1354
〔三國魏〕張揖輯　〔隋〕曹憲音釋
清刻本
二册

埤雅二十卷　　　　　　　　T5085/7126
　　〔宋〕陸佃撰
　　清康熙至乾隆間刻本
　　四册

續方言疏證三卷　　　　　　5151/4513.23
　　〔清〕戴震撰　〔清〕沈齡疏證
　　清光緒十年（1884）抄本
　　一册

爾雅正郭三卷　　　　　　　5073/3624
　　〔清〕潘衍桐撰
　　清光緒十七年（1891）刻本
　　一册

方言箋疏十三卷　　　　　　5151/8524
　　〔清〕錢繹撰集
　　清光緒十六年（1890）紅蝠山房刻本
　　六册

經籍纂詁一百六卷首一卷附補遺
　　　　　　　　　　　　　5175/7111d
　　〔清〕阮元撰　〔清〕方起謙等纂校
　　清光緒六年（1880）淮南書局刻本
　　四十八册

爾雅正義二十卷　　　　　　T5078/1213
　　〔清〕邵晋涵撰
　　清乾隆五十三年（1788）邵氏面水層
軒刻本
　　九册

新爾雅不分卷　　　　　　　5088/3193
　　汪榮寶　葉瀾編纂
　　清光緒二十九年（1903）上海國學社

鉛印本
　　一册

廣雅疏證十卷　　　　　　　5083/118
　　〔清〕王念孫撰
　　清光緒五年（1879）淮南書局刻本
　　八册

駢雅訓纂十六卷首一卷序目一卷駢雅七卷
　　　　　　　　　　　　　5088/2144
　　〔清〕魏茂林撰
　　清道光二十五年（1845）刻本
　　八册

駢雅訓纂十六卷　　　　　　5087/2144
　　〔清〕魏茂林撰
　　清光緒十二年（1886）成都瀹雅齋刻本
　　八册

別雅五卷　　　　　　　　　5088/2315
　　〔清〕吳玉搢輯
　　清道光二十九年（1849）小蓬萊山館
刻本
　　四册

別雅類五卷　　　　　　　　5088/2315.1
　　〔清〕吳玉搢撰　〔清〕何其傑重編
　　清光緒十一年（1885）刻本
　　一册

拾雅二十卷　　　　　　　　5088/1469b
　　〔清〕夏味堂撰
　　清嘉慶二十四年（1819）遂園刻本
　　十册

拾雅注二十卷　　　　　5088/1469
　　〔清〕夏味堂撰　　〔清〕夏紀堂注
　　清道光二年（1822）高郵夏氏遂園
刻本
　　　八冊

粤音指南四卷　　　　　5157/2054
　　清光緒二十九年（1903）香港聚珍書
樓刻本
　　　二冊

小演雅一卷續錄一卷別錄一卷附錄一卷
　　　　　　　　　　　　5088/4234
　　〔清〕楊浚撰
　　清光緒五年（1879）木活字印本
　　　一冊

選雅二十卷　　　　　5236.03/4.21
　　〔清〕程先甲撰
　　清光緒二十八年（1902）江寧程氏
千一齋刻本
　　　八冊

釋親廣義二十五卷　　　T5078.3/2322
　　〔清〕吳卓信撰
　　清末抄本
　　　十冊

吳下方言考十二卷　　　T5155/4204b
　　〔清〕胡文英輯
　　清抄本
　　　六冊

三字經訓詁一卷　　　　5161/1100.2
　　〔清〕王相注

清康熙五年（1666）歙西徐士業刻本
一冊

讖緯類

易緯八種　　　　　　　290/6225
　　〔漢〕鄭玄注
　　清刻本
　　　二冊
　　易緯乾坤鑿度二卷
　　周易乾鑿度二卷
　　易緯稽覽圖二卷
　　易緯辨終備一卷
　　易緯通卦驗二卷
　　易緯乾元序制記一卷
　　易緯是類謀一卷
　　易緯坤靈圖一卷

緯攟十二種　　　　　　118/2248
　　〔清〕喬松年輯
　　清光緒三年（1877）塗水喬氏强恕堂
刻本
　　　八冊
　　易緯一卷
　　尚書緯二卷
　　詩緯一卷
　　春秋緯二卷
　　禮緯一卷
　　樂緯一卷
　　孝經緯一卷
　　論語緯一卷
　　河圖緯一卷
　　雒書緯一卷
　　古微書訂誤一卷
　　古微書存考一卷

史部

叢編

十七史附弘簡錄二百五十四卷續弘簡錄
四十二卷　　　　　　　　　　T2455/17
　〔明〕毛晋編　　（弘簡錄）〔明〕邵
經邦撰　　（續弘簡錄）〔清〕邵遠平撰
　明崇禎元年至十七年（1628—1644）
毛氏汲古閣刻清順治補輯印本
　四百册
　史記一百三十卷　　〔漢〕司馬遷撰
　　〔南朝宋〕裴駰集解　　〔唐〕司馬
　　貞索隱　　〔唐〕張守節正義
　漢書一百卷　　〔漢〕班固撰　　〔唐〕
　　顔師古注
　後漢書九十卷志三十卷　　〔南
　　朝宋〕范曄撰　　〔唐〕李賢注
　　（志）〔晋〕司馬彪撰　　〔南朝
　　梁〕劉昭注
　三國志六十五卷　　〔晋〕陳壽撰
　　〔南朝宋〕裴松之注
　晋書一百三十卷　　〔唐〕房玄齡等撰
　宋書一百卷　　〔南朝梁〕沈約撰
　南齊書五十九卷　　〔南朝梁〕蕭子
　　顯撰
　梁書五十六卷　　〔唐〕姚思廉撰
　陳書三十六卷　　〔唐〕姚思廉撰
　魏書一百十四卷　　〔北齊〕魏收撰
　北齊書五十卷　　〔唐〕李百藥撰
　周書五十卷　　〔唐〕令狐德棻撰
　隋書八十五卷　　〔唐〕魏徵等撰
　南史八十卷　　〔唐〕李延壽撰
　北史一百卷　　〔唐〕李延壽撰
　唐書二百二十五卷　　〔宋〕歐陽修
　　宋祁撰
　五代史七十四卷　　〔宋〕歐陽修撰

　〔宋〕徐無黨注

二十一史　　　　　　　　　　T2455/21
　明萬曆二十三至三十四年（1595—
1606）北京國子監刻本
　六百一册
　史記一百三十卷　　〔漢〕司馬遷撰
　　〔南朝宋〕裴駰集解　　〔唐〕司馬
　　貞索隱　　〔唐〕張守節正義
　前漢書一百卷　　〔漢〕班固撰　〔唐〕
　　顔師古注
　後漢書九十卷續漢志三十卷　　〔南
　　朝宋〕范曄撰　　〔唐〕李賢注
　　（續漢志）〔晋〕司馬彪撰　　〔南
　　朝梁〕劉昭注
　三國志六十五卷　　〔晋〕陳壽撰
　　〔南朝宋〕裴松之注
　晋書一百三十卷音義三卷　　〔唐〕房
　　玄齡等撰　　（音義）〔唐〕何超撰
　宋書一百卷　　〔南朝梁〕沈約撰
　南齊書五十九卷　　〔南朝梁〕蕭子
　　顯撰
　梁書五十六卷　　〔唐〕姚思廉撰
　陳書三十六卷　　〔唐〕姚思廉撰
　魏書一百十四卷　　〔北齊〕魏收撰
　北齊書五十卷　　〔唐〕李百藥撰
　周書五十卷　　〔唐〕令狐德棻撰
　南史八十卷　　〔唐〕李延壽撰
　北史一百卷　　〔唐〕李延壽撰
　隋書八十五卷　　〔唐〕魏徵等撰
　唐書二百二十五卷釋音二十五卷
　　〔宋〕歐陽修　宋祁等撰　　（釋
　　音）〔宋〕董衝撰
　五代史記七十四卷　　〔宋〕歐陽修
　　撰　〔宋〕徐無黨注

宋史四百九十六卷　〔元〕脱脱
　　等撰

遼史一百十六卷　〔元〕脱脱等撰

金史一百三十五卷　〔元〕脱脱
　　等撰

元史二百十卷　〔明〕宋濂等撰

二十四史　　　　　　　2455/24

清同治至光緒間五省官書局刻本

五百二十四册

史記一百三十卷　〔漢〕司馬遷撰
　　〔南朝宋〕裴駰集解　〔唐〕司馬
　　貞索隱　〔唐〕張守節正義　清
　　光緒四年（1878）金陵書局刻本

漢書一百卷　〔漢〕班固撰　〔唐〕
　　顏師古注　清同治八年（1869）金
　　陵書局刻本

後漢書九十卷續漢志三十卷　〔南
　　朝宋〕范曄撰　〔唐〕李賢注
　　（續漢志）〔晋〕司馬彪撰　〔南
　　朝梁〕劉昭注　清同治八年
　　（1869）金陵書局刻本

三國志六十五卷　〔晋〕陳壽撰
　　〔南朝宋〕裴松之注　清同治九年
　　（1870）金陵書局刻本

晋書一百三十卷音義三卷　〔唐〕房
　　玄齡等撰　（音義）〔唐〕何超撰
　　清同治十年（1871）金陵書局刻本

宋書一百卷　〔南朝梁〕沈約撰
　　清同治十一年（1872）金陵書局
　　刻本

南齊書五十九卷　〔南朝梁〕蕭子
　　顯撰　清同治十三年（1874）金陵
　　書局刻本

梁書五十六卷　〔唐〕姚思廉撰

清同治十三年（1874）金陵書局
　　刻本

陳書三十六卷　〔唐〕姚思廉撰
　　清同治十一年（1872）金陵書局
　　刻本

魏書一百十四卷　〔北齊〕魏收撰
　　清同治十一年（1872）金陵書局
　　刻本

北齊書五十卷　〔唐〕李百藥撰
　　清同治十三年（1874）金陵書局
　　刻本

周書五十卷　〔唐〕令狐德棻撰
　　清同治十三年（1874）金陵書局
　　刻本

隋書八十五卷附考異　〔唐〕魏徵
　　（考異）〔唐〕薛濤等撰　清同治
　　十年（1871）淮南書局刻本

南史八十卷　〔唐〕李延壽撰　清
　　同治十一年（1872）金陵書局刻本

北史一百卷　〔唐〕李延壽撰　清
　　同治十一年（1872）金陵書局刻本

舊唐書二百卷　〔後晋〕劉昫等撰
　　清同治十一年（1872）浙江書局
　　刻本

唐書二百二十五卷　〔宋〕歐陽修
　　宋祁等撰　清同治十二年（1873）
　　浙江書局刻本

舊五代史一百五十卷附考證　〔宋〕
　　薛居正等撰　清同治十一年
　　（1872）湖北崇文書局刻本

五代史七十四卷　〔宋〕歐陽修撰
　　〔宋〕徐無黨注　清同治十一年
　　（1872）湖北崇文書局刻本

宋史四百九十六卷　〔元〕脱脱等撰
　　清光緒元年（1875）浙江書局刻本

遼史一百十六卷附考證　〔元〕脱
　　脱等撰　清同治十二年（1873）江
　　蘇書局刻本
金史一百三十五卷附考證　〔元〕
　　脱脱等撰　清同治十三年（1874）
　　江蘇書局刻本
元史二百十卷附考證　〔明〕宋濂
　　等撰　清同治十三年（1874）江蘇
　　書局刻本
明史三百三十二卷　〔清〕張廷玉
　　等撰　清光緒三年（1877）湖北崇
　　文書局刻本

二十四史附考證　　　　2455/24b
　　清光緒二十年（1894）上海同文書局
影印本
　　七百十一册
　　史記一百三十卷　〔漢〕司馬遷撰
　　　〔南朝宋〕裴駰集解　〔唐〕司馬
　　　貞索隱　〔唐〕張守節正義
　　前漢書一百卷　〔漢〕班固撰
　　　〔唐〕顏師古注
　　後漢書九十卷續漢志三十卷　〔南
　　　朝宋〕范曄撰　〔唐〕李賢注
　　　（續漢志）〔晋〕司馬彪撰　〔南
　　　朝梁〕劉昭注
　　三國志六十五卷　〔晋〕陳壽撰
　　　〔南朝宋〕裴松之注
　　晋書一百三十卷附音義三卷　〔唐〕
　　　房玄齡等撰　（音義）〔唐〕何超撰
　　宋書一百卷　〔南朝梁〕沈約撰
　　南齊書五十九卷　〔南朝梁〕蕭子
　　　顯撰
　　梁書五十六卷　〔唐〕姚思廉撰
　　陳書三十六卷　〔唐〕姚思廉撰

魏書一百十四卷　〔北齊〕魏收撰
北齊書五十卷　〔唐〕李百藥撰
周書五十卷　〔唐〕令狐德棻等撰
隋書八十五卷　〔唐〕魏徵等撰
南史八十卷　〔唐〕李延壽撰
北史一百卷　〔唐〕李延壽撰
舊唐書二百卷　〔後晋〕劉昫等撰
唐書二百二十五卷附釋音二十五卷
　　〔宋〕歐陽修　宋祁等撰　（釋
　　音）〔宋〕董衝撰
舊五代史一百五十卷　〔宋〕薛居
　　正等撰
五代史七十四卷　〔宋〕歐陽修撰
　　〔宋〕徐無黨注
宋史四百九十六卷　〔元〕脱脱等撰
遼史一百十六卷　〔元〕脱脱等撰
金史一百三十五卷　〔元〕脱脱等撰
元史二百十卷　〔明〕宋濂等撰
明史三百三十二卷　〔清〕張廷玉
　　等撰

周氏四史校注四種　　　　2455/7246
　　〔清〕周壽昌撰
　　清光緒十年（1884）長沙周氏小對
竹軒刻本
　　二十一册
　　漢書注校補五十六卷
　　後漢書注補正八卷
　　三國志注證遺四卷
　　五代史記纂誤補續一卷

紀傳類

正史之屬

史記一百三十卷　　　　　T2511/1273b
　　〔漢〕司馬遷撰　　〔南朝宋〕裴駰集解　〔唐〕司馬貞索隱　〔唐〕張守節正義
　　　明嘉靖十三年（1534）秦藩朱惟焯刻二十九年（1550）重修本
　　　　六十册

史記一百三十卷　　　　　T2511/1273
　　〔漢〕司馬遷撰　〔南朝宋〕裴駰集解　〔唐〕司馬貞索隱
　　　明天順游明刻本
　　　　三十册
　　　　缺卷一至四。

史記一百三十卷　　　　　2511/1273A
　　〔漢〕司馬遷撰　〔南朝宋〕裴駰集解　〔唐〕司馬貞索隱
　　　清光緒四年（1878）金陵書局刻本（五省官書局合刻二十四史之一）
　　　　十六册

史記一百三十卷　　　　　2511/1273p
　　〔漢〕司馬遷撰　〔南朝宋〕裴駰集解　〔唐〕司馬貞索隱　〔唐〕張守節正義
　　　清光緒十年（1884）上海同文書局石印本
　　　　二十六册

史記一百三十卷附考證　　　　2511/1273
　　〔漢〕司馬遷撰　〔南朝宋〕裴駰集解　〔唐〕司馬貞索隱　〔唐〕張守節正義
　　　清光緒十四年（1888）上海圖書集成印書局鉛印本
　　　　十六册
　　　又一部，2511/1273 c.2，十六册。

史記題評一百三十卷補史記一卷
　　　　　　　　　　　T2511/1273.41
　　〔明〕楊慎　李元陽輯
　　　明嘉靖十六年（1537）福州胡有恒、胡瑞刻本
　　　　三十册

史記評林一百三十卷　　　T2511/1273.34
　　〔明〕凌稚隆輯
　　　明萬曆二至四年（1574—1576）吳興凌氏自刻本
　　　　四十二册

史記評林一百三十卷補史記一卷
　　　　　　　　　　　2511/1273.34
　　〔明〕凌稚隆輯
　　　清同治十三年（1874）長沙魏氏養翮書屋刻本
　　　　二十八册

校刊史記集解索隱正義札記五卷
　　　　　　　　　　　2511/1273.44
　　〔清〕張文虎撰
　　　清同治十一年（1872）金陵書局刻本
　　　　二册

前漢書一百卷　　　　　　　　T2550/1166

　　〔漢〕班固撰　　〔唐〕顏師古注

　　明刻嘉靖十六年（1537）廣東崇正書

院重修本

　　四十册

前漢書一百卷　　　　　　　　T2550/1166c

　　〔漢〕班固撰　　〔唐〕顏師古注

　　明崇禎十五年（1642）毛氏汲古閣

刻本

　　十九册

前漢書一百卷　　　　　　　　T2550/1166m

　　〔漢〕班固撰　　〔唐〕顏師古注

〔明〕陳仁錫評

　　明崇禎刻本

　　三十一册

漢書一百卷　　　　　　　　　T2550/1166y

　　〔漢〕班固撰　　〔唐〕顏師古注

　　宋嘉定建安蔡琪一經堂刻本

　　一册

　　存卷五十三。

漢書一百二十卷附考證　　　　2550/1166

　　〔漢〕班固撰　　〔唐〕顏師古注

　　清光緒十四年（1888）上海圖書集成

印書局鉛印本

　　二十册

漢書評林一百卷　　　　　　　T2550/3427

　　〔明〕凌稚隆輯

　　明萬曆九年（1581）吳興凌氏自刻本

　　三十册

漢書評林一百卷　　　　　　　2550/1166.49

　　〔明〕凌稚隆輯

　　清同治十三年（1874）長沙魏氏養翿

書屋刻本

　　三十二册

漢書纂不分卷　　　　　　　　T2550/3427.2

　　〔明〕凌稚隆輯

　　明末還讀齋刻本

　　八册

漢書疏證三十六卷　　　　　　2550/1166.318

　　〔清〕沈欽韓撰

　　清光緒二十六年（1900）浙江官書局

刻本

　　二十四册

漢書補注一百卷首一卷　　　　2550/1166d

　　王先謙撰

　　清光緒二十六年（1900）長沙王氏刻本

　　三十二册

班馬異同三十五卷　　　　　　T2515/2163

　　〔宋〕倪思撰　　〔宋〕劉辰翁評

　　明刻本

　　八册

史漢方駕三十五卷　　　　　　T2511.15/0447

　　〔明〕許相卿撰

　　明萬曆十三年（1585）徐禾刻本

　　六册

後漢書九十卷續漢志三十卷

　　　　　　　　　　　　　　T2555/4165.72

　　〔南朝宋〕范曄撰　　〔唐〕李賢注

〔明〕陳仁錫評　　（續漢志）〔晋〕司馬彪撰　　〔南朝梁〕劉昭注　　〔明〕陳仁錫評

　　明天啓七年（1627）雲林積秀堂刻本

　　三十册

范氏後漢書批評一百卷　　T2555/4165.3

　　〔明〕顧起元撰

　　明萬曆四十七年（1619）刻本

　　二十一册

後漢書疏證三十卷　　2555/4165.318

　　〔清〕沈欽韓撰

　　清光緒二十六年（1900）浙江官書局刻本

　　十六册

兩漢刊誤補遺十卷　　2555/2322

　　〔宋〕吳仁傑撰

　　清光緒刻本

　　四册

三國志六十五卷　　T2560/7954

　　〔晋〕陳壽撰　　〔南朝宋〕裴松之注

　　明萬曆二十四年（1596）南京國子監刻本

　　十二册

三國志六十五卷附考證　　T2560/7954b

　　〔晋〕陳壽撰　　〔南朝宋〕裴松之注

　　清乾隆四年（1739）武英殿刻二十四史本

　　十四册

三國志六十五卷附考證　　2560/7954

　　〔晋〕陳壽撰　　〔南朝宋〕裴松之注

　　清光緒十四年（1888）上海圖書集成印書局鉛印本

　　八册

三國志旁證三十卷　　2560/7954.30

　　〔清〕梁章鉅撰

　　清光緒十五年（1889）廣雅書局刻本

　　六册

三國志證聞三卷　　2560/8524

　　〔清〕錢儀吉撰

　　清光緒十一年（1885）江蘇書局刻本

　　二册

季漢書六十卷正論一卷答問一卷

　　　　　　　　　　T2560/0471

　　〔明〕謝陛撰

　　明末鍾人傑刻本

　　十二册

晋書一百三十卷音義三卷　　T2571/3202c

　　〔唐〕房玄齡等撰　　〔唐〕何超音義

　　宋刻元明遞修本

　　七十册

　　缺卷一至十四。

晋書一百三十卷音義三卷　　T2571/3202d

　　〔唐〕房玄齡等撰　　〔唐〕何超音義

　　明萬曆六年（1578）周若年、丁孟嘉刻本

　　八十册

晋書一百三十卷附考證音義三卷

　　　　　　　　　　　　T2571/3202e
　　〔唐〕房玄齡等撰　　〔唐〕何超音義
　　清乾隆四年（1739）武英殿刻二十四
史本
　　三十册

晋書一百三十卷音義三卷　　2571/3202B
　　〔唐〕房玄齡等撰　　〔唐〕何超音義
　　清同治十年（1871）金陵書局刻本
　　二十册

晋書校文五卷　　　　　　　2571/1268
　　〔清〕丁國鈞撰
　　清光緒二十年（1894）錫山文苑閣刻本
　　二册

宋書一百卷附考證　　　　　2582/3122
　　〔南朝梁〕沈約撰
　　清光緒十四年（1888）上海圖書集成
印書局鉛印本
　　十二册

南齊書五十九卷附考證　　　2584/4216
　　〔南朝梁〕蕭子顯撰
　　清光緒十四年（1888）上海圖書集成
印書局鉛印本
　　六册

梁書五十六卷　　　　　　　2586/4160b
　　〔唐〕姚思廉撰
　　清同治十三年（1874）金陵書局刻本
　　六册

梁書五十六卷附考證　　　　2586/4160
　　〔唐〕姚思廉撰
　　清光緒十四年（1888）上海圖書集成
印書局鉛印本
　　四册

陳書三十六卷　　　　　　　2588/4160
　　〔唐〕姚思廉撰
　　清同治十二年（1873）金陵書局刻本
　　四册

魏書一百十四卷附考證　　　2591/2124
　　〔北齊〕魏收撰
　　清光緒十四年（1888）上海圖書集成
印書局鉛印本
　　十六册

北齊書五十卷　　　　　　　2597/4414B
　　〔唐〕李百藥撰
　　清同治十三年（1874）金陵書局刻本
　　四册

北齊書五十卷附考證　　　　2597/4414
　　〔唐〕李百藥撰
　　清光緒十四年（1888）上海圖書集成
印書局鉛印本
　　六册

周書五十卷　　　　　　　　2599/8424
　　〔唐〕令狐德棻等撰
　　清同治十三年（1874）金陵書局刻本
　　四册

周書五十卷附考證　　　　　2597/4414
　　〔唐〕令狐德棻等撰

清光緒十四年（1888）上海圖書集成
印書局鉛印本

四册

周書斠補四卷　　　　2524/1161.19
〔清〕孫詒讓撰
清光緒二十六年（1900）瑞安孫氏
刻本

二册

隋書八十五卷　　　　T2605/2124c
〔唐〕魏徵等撰
元大德饒州路儒學刻本

一册
存卷三十一。

隋書八十五卷附考證　　　　T2605/2124
〔唐〕魏徵等撰
清乾隆四年（1739）武英殿刻二十四
史本

二十四册

隋書八十五卷附考證　　　　2605/2124
〔唐〕魏徵等撰
清光緒十四年（1888）上海圖書集成
印書局鉛印本

十二册

**隋書地理志考證九卷附漢書地理志補校
二卷**　　　　2605/4234
楊守敬撰
清光緒二十七年（1901）刻本

六册

南史八十卷附考證　　　　2580/441
〔唐〕李延壽撰
清光緒十四年（1888）上海圖書集成
印書局鉛印本

十二册

北史一百卷　　　　T2590/4414
〔唐〕李延壽撰
清内府抄本

一册
存卷七十三、七十四（列傳卷六十
一、六十二）。

南北史補志十四卷　　　　2580/3148
〔清〕汪士鐸撰
清光緒四年（1878）淮南書局刻本

六册

建康實録二十卷　　　　2581/0422
〔唐〕許嵩撰
清光緒二十八年（1902）江寧甘氏校
刻本

六册

舊唐書二百卷附考證　　　　2620/7262
〔後晋〕劉昫等撰
清光緒十四年（1888）上海圖書集成
印書局鉛印本

三十册

舊唐書校勘記六十六卷逸文十二卷
2620/7262.61
〔清〕羅士琳　劉文琪訂　（逸文）
〔清〕岑建功輯
清同治十一年（1872）定遠方氏補刻本

二十四册

唐書二百二十五卷附考證附釋音二十五卷
2620/7872
〔宋〕歐陽修　宋祁等撰　（釋音）
〔宋〕董衝撰
　　清光緒十四年（1888）上海圖書集成
印書局鉛印本
　　三十二册

舊五代史一百五十卷附考證　2640/4471
〔宋〕薛居正等撰
　　清光緒十四年（1888）上海圖書集成
印書局鉛印本
　　十二册

五代史七十四卷　T2640/7872.42
〔宋〕歐陽修撰　〔宋〕徐無黨注
〔明〕楊慎評
　　明刻本
　　十册

五代史七十四卷附考證　2640/7872c
〔宋〕歐陽修撰　〔宋〕徐無黨注
　　清光緒十四年（1888）上海圖書集成
印書局鉛印本
　　六册

五代史記七十四卷　2640/7872A
〔宋〕歐陽修撰　〔宋〕徐無黨注
〔清〕彭元瑞補注
　　清嘉慶二十年（1815）刻本
　　四十册

五代史記七十四卷　2640/7872E
〔宋〕歐陽修撰　〔宋〕徐無黨注
　　清宣統三年（1911）貴池劉氏玉海堂
刻玉海堂影宋元本叢書本
　　十二册

五代史記纂誤補四卷　2640/7872.2
〔清〕吳蘭庭撰
　　清刻本
　　一册

南唐書十八卷音釋一卷　T2659/7134
〔宋〕陸游撰　（音釋）〔元〕戚光撰
　　明崇禎常熟毛氏汲古閣刻陸放翁全
集本
　　六册

宋史四百九十六卷附考證　2665/7171
〔元〕脱脱等撰
　　清光緒十四年（1888）上海圖書集成
印書局鉛印本
　　六十册

宋史新編二百卷　T2665/4227
〔明〕柯維騏撰
　　明嘉靖刻本
　　六十四册

南宋書六十八卷　2676/8542
〔明〕錢士升撰
　　清嘉慶二年（1797）掃葉山房刻四朝
別史本
　　十二册

遼史一百十六卷附考證　　　2685/7171B
　　〔元〕脱脱等撰
　　清光緒十四年（1888）上海圖書集成
印書局鉛印本
　　八冊

金史一百三十五卷附考證　　2690/7171B
　　〔元〕脱脱等撰
　　清光緒十四年（1888）上海圖書集成
印書局鉛印本
　　十六冊

金史詳校十卷附史論五答一卷
　　　　　　　　　　　　2690/7171.01
　　〔清〕施國祁撰
　　清光緒六年（1880）會稽章氏刻本
　　十冊

金源劄記二卷　　　　2690/7171.01a
　　〔清〕施國祁撰
　　清嘉慶十七年（1812）刻本
　　一冊

欽定遼金元史語解四十六卷　2662/3815
　　〔清〕高宗弘曆敕撰
　　清光緒四年（1878）江蘇書局刻本
　　十冊
　　又一部，2662/3815 c.2，八冊，缺卷
六、七。

元史二百十卷目録二卷　　T2700/3933
　　〔明〕宋濂等撰
　　明洪武三年（1370）內府刻嘉靖、萬
曆、天啓南京國子監遞修本
　　三十六冊

元史二百十卷附考證　　　2700/3933c
　　〔明〕宋濂等撰
　　清同治八年（1869）嶺南葄古堂仿刻
武英殿本
　　五十七冊

元史二百十卷附考證　　　　2700/3933
　　〔明〕宋濂等撰
　　清光緒十四年（1888）上海圖書集成
印書局鉛印本
　　二十四冊

元史譯文證補三十卷　　　　2700/3882
　　〔清〕洪鈞撰
　　清光緒二十三年（1897）元和陸氏
刻本
　　四冊

明史三百三十二卷目録四卷　T2720/1311
　　〔清〕張廷玉等撰
　　清乾隆四年（1739）武英殿刻本
　　一百十二冊

明史三百三十二卷　　　　　2720/1311
　　〔清〕張廷玉等撰
　　清光緒十四年（1888）上海圖書集成
印書局鉛印本
　　四十冊

別史之屬

古史六十卷　　　　　　　　T2511/4954
　　〔宋〕蘇轍撰
　　明萬曆衛承芳江西刻本
　　十冊

重訂古史全本六十卷史拾載補不分卷遺
聞四卷廣覽七卷衆斷五卷　T2511/4954a
　　〔宋〕蘇轍撰　　（史拾載補、遺聞、
廣覽、衆斷）〔明〕吳弘基輯
　　明武林化玉齋、金閶擁萬堂刻本
　　十九册
　　又一部，T2511/4954b，十四册。

古史六十卷　　　　　　　　2511/4954
　　〔宋〕蘇轍撰
　　清嘉慶元年（1796）常熟席氏掃葉山
房刻本（卷一抄配）
　　六册

尚史七十卷世系圖一卷序傳一卷
　　　　　　　　　　　　T2520/4486B
　　〔清〕李鍇撰
　　清乾隆三十八年（1773）陶易刻本
　　二十八册

尚史七十卷　　　　　　　　2520/4486
　　〔清〕李鍇撰
　　清嘉慶十九年（1814）刻本
　　二十四册

函史上編八十一卷下編二十一卷
　　　　　　　　　　　　T2511/1218
　　〔明〕鄧元錫撰
　　明崇禎刻清順治、康熙補修本
　　六十八册

藏書六十八卷　　　　　　T2511/4448
　　〔明〕李贄撰
　　明萬曆二十七年（1599）焦竑金陵刻本
　　十六册

續藏書二十七卷　　　　　T2720/4448
　　〔明〕李贄撰　　〔明〕陳仁錫評正
　　明天啓三年（1623）刻本
　　十六册

廿二史紀事提要八卷　　　　T2516/2324
　　〔清〕吳綏撰
　　清乾隆十一年（1746）無錫吳培源
刻本
　　六册
　　又一部，T2516/2324 c.2，十二册。

七家後漢書七種附一種　　　2555/3104
　　〔清〕汪文臺輯
　　清光緒八年（1882）太平崔國榜等
刻本
　　六册
　　謝承後漢書八卷　　〔三國吳〕謝承撰
　　薛瑩後漢書一卷　　〔晋〕薛瑩撰
　　司馬彪續漢書五卷　　〔晋〕司馬彪撰
　　華嶠後漢書二卷　　〔晋〕華嶠撰
　　謝沈後漢書一卷　　〔晋〕謝沈撰
　　袁山松後漢書一卷　　〔晋〕袁山松撰
　　張璠漢記一卷　　〔晋〕張璠撰
　　附失氏名後漢書一卷

晋記六十八卷　　　　　　　2571/0222
　　〔清〕郭倫撰　　〔清〕陶廷珍等校
　　清光緒二十二年（1896）山陰王氏刻本
　　二十四册

東都事略一百三十卷　　　　2670/1124
　　〔宋〕王偁撰
　　清光緒九年（1883）淮南書局刻本
　　八册

宋史翼四十卷　　　　　　　2665/7133
　〔清〕陸心源輯
　清光緒三十二年（1906）歸安陸氏十
萬卷樓刻本
　十册

元史類編四十二卷　　　　T2700/1231
　〔清〕邵遠平撰
　清乾隆六十年（1795）蘇州席氏掃葉
山房刻宋遼金元別史五種本
　二十册

元史新編九十五卷　　　　2700/2139
　〔清〕魏源撰
　清光緒三十一年（1905）邵陽魏氏
慎微堂刻本
　三十二册

元書一百二卷　　　　　　2700/8603
　〔清〕曾廉撰
　清宣統三年（1911）曾氏層漪堂刻本
　二十册
　又一部，2700/8603 c.2，二十册。

名山藏一百九卷　　　　　T2720/2223
　〔明〕何喬遠撰
　明崇禎沈猶龍等福建刻本
　三十八册

明史稿三百十卷目録三卷　T2720/1132
　〔清〕王鴻緒撰
　清雍正元年（1723）敬慎堂刻本
　八十册

南疆逸史二十八卷　　　　T2738/3127
　〔清〕温睿臨撰
　清抄本
　五册

南疆繹史勘本三十卷首二卷附繹史恤諡
考八卷繹史摭遺十八卷　　2738/3127.4
　〔清〕温睿臨撰　〔清〕李瑶勘補
　清道光十年（1830）木活字印本
　二十四册

南天痕二十六卷　　　　　2738/3417
　〔清〕凌雪撰
　清宣統二年（1910）復古社鉛印本
　六册

編年類

通代之屬

竹書紀年統箋十二卷　　　2521/3122c
　〔南朝梁〕沈約注　〔清〕徐文靖
統箋
　清光緒三年（1877）浙江書局刻本
　四册

竹書紀年集證五十卷首一卷
　　　　　　　　　　　　T2521/3122d
　〔清〕陳逢衡撰
　清嘉慶十八年（1813）刻本
　八册

通鑑釋文辯誤十二卷　　T2512/1279.47
　〔元〕胡三省撰
　明萬曆二十年（1592）吳勉學刻本

六册

通鑑釋文辯誤十二卷　　T2512/1279.47B

〔元〕胡三省撰

明天啓五年（1625）長洲陳仁錫刻本
四册

資治通鑑地理今釋十六卷

2512/1279.23

〔清〕吳熙載撰

清光緒八年（1882）江蘇書局刻本
三册

資治通鑑地理今釋十六卷

2512/1279.23b

〔清〕吳熙載撰

光緒二十六年（1900）古潔齋刻本
三册

資治通鑑補二百九十四卷　2512/1279.62

〔明〕嚴衍撰

清光緒二年（1876）盛氏思補樓刻本
八十册

稽古録二十卷　　2512/1279.9c

〔宋〕司馬光撰

清同治十一年（1872）湖北崇文書局
刻本
四册

綱鑑擇語十卷　　2512/1279.128b

〔清〕司徒修輯

清同治六年（1867）品蓮書屋刻本
六册

**少微家塾點校附音通鑑節要五十卷新編
纂注資治通鑑外紀增義五卷讀通鑑法一
卷資治通鑑總要通論一卷釋例一卷**

T2512/1279.314

〔宋〕江贄撰　　（增義）〔宋〕劉恕撰

明宣德三年（1428）劉文壽刻本
二十四册

**重刻翰林校正少微通鑑大全二十卷首二
卷總論一卷**　　T2512/1279.314b

〔宋〕江贄撰　　〔明〕唐順之删訂

明崇禎三年（1630）楊碧卿清白堂
刻本
八册

**新刊翰林考正綱目點音少微通鑑節要會
成二十卷外紀二卷**　　T2512/1279.314c

〔宋〕江贄撰　　〔明〕唐順之删訂

明隆慶三年（1569）余氏敬賢書堂
刻本
七册

資治通鑑綱目五十九卷首一卷

T2512/2543b

〔宋〕朱熹撰

明嘉靖十三年（1534）江西按察司刻
嘉靖十四年（1535）張鯤補刻本
六十册

**資治通鑑綱目前編二十五卷正編五十九
卷續編二十七卷**　　2512/2543

〔宋〕朱熹撰　　〔明〕商輅續
〔明〕陳仁錫評閲

清嘉慶九年（1804）姑蘇聚文堂刻本
一百二十册

資治通鑒綱目正編五十九卷續編二十七卷

2512/2543b

〔宋〕朱熹撰　　〔明〕商輅續

〔明〕陳仁錫評閱

清末刻本

五十冊

資治通鑑綱目發明五十九卷

T2512/2543.14

〔宋〕尹起莘撰

清順治八年（1651）鍾天錫等刻雍正

十一年（1733）補刻本

六冊

資治通鑑綱目集説五十九卷前編二卷

T2512/2543.5

〔明〕扶安輯　　〔明〕晏宏校補

明嘉靖晏宏刻本

六十冊

資治通鑑綱目前編二十五卷

T2512/4254

〔明〕南軒編

明陳仁錫刻本

十冊

通鑑綱目分注補遺四卷附書法存疑一卷

2512/4279

〔清〕芮長恤撰

清光緒十六年（1890）溧陽繆氏小

岯山館刻本

四冊

御批資治通鑑綱目全書一百九卷

T2512/2543a

〔清〕宋犖等編　　〔清〕聖祖玄燁批

清康熙四十七年（1708）内府刻本

五十冊

通鑑綱目釋地糾謬六卷補注六卷

T2512/2943.1

〔清〕張庚撰　　〔清〕杭世駿等參訂

清乾隆刻本

四冊

皇王大紀八十卷　　T2512/4233

〔宋〕胡宏撰

明萬曆三十九年（1611）陳邦瞻刻本

三十冊

大事記十二卷解題十二卷通釋三卷

2512/6630

〔宋〕吕祖謙撰

清乾隆五十一年（1786）武英殿活字

印本

十六冊

新刊憲臺考正宋元通鑑全編二十一卷

T2662/3138

明嘉靖三十五年（1556）吉澄刻本

十二冊

新刊憲臺考正綱目點音資治通鑑節要會

成二十卷　　T2662/3138.06

〔明〕唐順之删定　　〔明〕張謙鼇正

明隆慶三年（1569）敬賢書堂刻本

七冊

新刊翰林考正綱目點音資治通鑑節要會成二十卷　　　　　　　T2662/3138.7
　〔明〕陳仁錫彙編　　〔明〕鍾惺訂正〔明〕張溥標題
　　明萬曆至崇禎間書林張裔軒刻本
　　七册

宋元通鑑一百五十七卷　　T2662/4400
　〔明〕薛應旂撰　　〔明〕陳仁錫評
　　明天啓六年（1626）陳仁錫刻本
　　三十册

宋元資治通鑑六十四卷　　T2662/1133
　〔明〕王宗沐撰　　〔明〕路進校輯
　　明末刻本
　　三十册

歷代通鑑纂要九十二卷　　2512/4457
　〔明〕李東陽等編
　　清光緒二十三年（1897）廣雅書局刻本
　　四十八册

新鋟通鑑集要十卷附潘氏總論一卷　　　　　　　T2512/0698
　〔明〕諸燮輯
　　明崇禎金閶葉繼照刻本
　　十册

鋟紫溪蘇先生會纂歷朝紀要旨南綱鑑二十卷首一卷　　T2512/4936
　〔明〕蘇濬輯
　　明萬曆四十年（1612）熊沖宇種德堂刻本
　　十册

綱鑑合纂三十五卷首一卷御撰資治通鑑綱目三編六卷　　　2512/1142.17
　〔明〕王世貞撰　〔清〕張廷玉等編
　　清光緒三十一年（1905）敦本堂石印本
　　十二册

綱鑑會纂三十九卷首一卷附歷代建都考　　　　　　　2512/1142.17b
　〔明〕王世貞編　　（附）〔清〕陳弘謀輯
　　清乾隆聚秀堂刻本
　　四十二册
　　卷三十九自六十八葉以後缺。

通鑑直解二十八卷　　T2512/1279.13
　〔明〕張居正撰　　〔明〕高兆麟重訂
　　明崇禎陳長卿刻本
　　十二册

通鑑全史彙編歷朝傳統錄八卷　　　　　　　T2516/7249
　〔明〕劉縈撰
　　明崇禎十五年（1642）程維培刻本
　　八册
　　又一部，T2516/7249 c.2，四册。

世史正綱三十二卷　　T2512/7136
　〔明〕丘濬撰
　　明嘉靖四十二年（1563）孫應鰲刻本
　　十六册

重刻詳訂世史類編六十一卷首一卷　　　　　　　T2512/1142
　〔明〕李純卿草創　　〔明〕謝遷補遺〔明〕王世貞彙纂　　〔明〕李槃增修

明崇禎刻清初重修本
　　三十六册

諸史會編大全一百十二卷　　T2512/8193
　　〔明〕金燫撰
　　明嘉靖四年（1525）金壇縣刻本
　　一百册

鼎鍥葉太史彙纂玉堂鑑綱七十二卷
　　　　　　　　　　　　T2512/4920
　　〔明〕葉向高撰
　　明萬曆三十年（1602）書林熊體忠刻本
　　五十四册

新刻九我李太史校正古本歷史大方通鑑
二十一卷　　　　　T2662.2/7540
　　〔明〕李廷機輯
　　明萬曆三十二年（1604）閩建邑書林
余氏刻本
　　八册

鼎鍥趙田了凡袁先生編纂古本歷史大方
綱鑑補三十九卷首一卷　　T2512/4348
　　〔明〕袁黄撰
　　明萬曆三十八年（1610）余氏雙峰堂
刻本
　　二十册
　　又一部，T2512/4348 c.2，十四册。

綱鑑正史約三十六卷　　2512/3886
　　〔明〕顧錫疇編　　〔清〕陳弘謀增訂
　　清同治八年（1869）浙江書局刻本
　　二十册

增補鑑略妥注五卷　　　2512/4414
　　〔明〕李廷機撰　　〔明〕張瑞圖校正
〔清〕鄒聖脈重校
　　清光緒二十八年（1902）佛鎮翰文堂
刻本
　　二册

皇王史訂四卷　　　T2512/1279.54
　　〔清〕李學孔撰
　　清順治刻本
　　四册

綱鑑易知録九十二卷明鑑易知録十五卷
　　　　　　　　　　　　　2512/2324
　　〔清〕吳乘權　周之炯　周之燦輯
　　清康熙五十年（1711）尺木堂刻本
　　四十册

綱鑑易知録九十二卷明鑑易知録十五卷
　　　　　　　　　　　　　2512/2324d
　　〔清〕吳乘權　周之炯　周之燦輯
　　清光緒二十六年（1900）上海圖書集
成印書局鉛印本
　　十六册

龍門綱鑑要箋四卷正編二十卷
　　　　　　　　　　　　T2512/4420
　　〔清〕蔣先庚纂輯　　〔清〕蔣台梅等
校訂
　　清康熙四年（1665）古吳致和堂刻蔣
氏玉芝園本
　　二十四册

通鑑纂要前編二卷附錄一卷正編十九卷
續編八卷明史纂要八卷　　2512/2543.41
　　〔清〕姚培謙　張景星輯　〔清〕陸
奎勳等參閱
　　清乾隆二十六年（1761）飛鴻堂刻本
　　二十冊
　　　又一部，2512/2543.41 c.2，二十四冊。

續資治通鑑二百二十卷　　　2512/6531
　　〔清〕畢沅編
　　清同治八年（1869）江蘇書局補刻鎮
洋畢氏本
　　六十冊

綱鑑會編九十八卷歷代統系表略三卷歷
代官制考略二卷歷代郡國考略三卷
　　　　　　　　　　T2512/4933
　　〔清〕葉澐撰
　　清康熙間刻本
　　二十四冊

歷代郡國考略三卷歷代官制考略二卷
　　　　　　　　　　3020/4933
　　〔清〕葉澐編
　　清康熙間刻本
　　五冊

斷代之屬

考信編七卷　　　　　　T2520/4163
　　〔明〕杜思撰
　　明萬曆七年（1579）刻本
　　六冊

周季編略九卷　　　　　　2527/4841
　　〔清〕黃式三纂
　　清同治十二年（1873）浙江書局刻儆
居遺書本
　　四冊

後漢紀三十卷　　　　　T2555/4333
　　〔晉〕袁宏撰
　　明嘉靖二十七年（1548）黃姬水刻本
　　十六冊

兩漢記六十卷兩漢紀字句異同考一卷
　　　　　　　　　　T2545/1181
　　〔清〕蔣國祚　蔣國祥編　（字句
異同考）〔清〕蔣國祚撰
　　清康熙三十五年（1696）刻本
　　十二冊

大唐創業起居注三卷　　T2621/3147
　　〔唐〕溫大雅撰
　　明萬曆沈士龍、胡震亨刻秘册彙函本
　　一冊

續資治通鑑長編五百二十卷　2665/4444
　　〔宋〕李燾撰
　　清光緒七年（1881）浙江書局刻本
　　一百二十冊

三朝北盟會編二百五十卷附校勘記三卷
　　　　　　　　　　2675/2944
　　〔宋〕徐夢莘撰
　　清光緒四年（1878）鉛印本
　　四十冊

宋季三朝政要六卷　　　　　　2682/3214

　　清嘉慶八年（1803）序海虞張氏照曠
閣刻本

　　　四册

昭代典則二十八卷　　　　　T4686/4896

　　〔明〕黄光昇撰

　　明萬曆二十八年（1600）周曰校萬卷
樓刻本

　　　三十五册

　　　缺卷一。

憲章録四十六卷　　　　　　T2720/4400

　　〔明〕薛應旂撰

　　明刻本

　　　十四册

皇明大政纂要六十三卷　　　2720/0446

　　〔明〕譚希思撰

　　清光緒二十一年（1895）湖南思賢書
局刻本

　　　二十八册

重刻校正增補皇明資治通紀十卷

　　　　　　　　　　　　　　T2720/7914

　　〔明〕陳建撰

　　明刻本

　　　十册

皇明資治通紀三十卷　　　T2720/7914b

　　〔明〕陳建撰　　〔明〕岳元聲訂

　　明刻本

　　　三十册

皇明資治通紀十四卷皇明續紀三卷

　　　　　　　　　　　　　　T2720/7914c

　　〔明〕陳建撰　　（續紀）〔明〕卜大
有撰

　　明萬曆刻本

　　　二十册

新鍥李卓吾先生增補批點皇明正續合併
通紀統宗十二卷首一卷附録一卷

　　　　　　　　　　　　　　T2720/7914.4

　　〔明〕陳建撰　　〔明〕袁黄　卜大有
補　　〔明〕李贄評點

　　明末刻本

　　　六册

皇明通紀集要六十卷　　　T2720/7914d

　　〔明〕陳建撰　　〔明〕江旭奇補訂

　　明崇禎間刻本

　　　二十四册

新鐫通紀集略五卷　　　　T2720.2/8191

　　〔明〕鍾惺纂定

　　清抄本

　　　三册

通紀直解十四卷續二卷　　　T2720/1342

　　〔明〕張嘉和撰

　　明崇禎豹變齋刻清初增刻本

　　　十册

皇明從信録四十卷　　　　　T2720/7910

　　〔明〕陳建撰　　〔明〕沈國元訂補

　　明末刻本

　　　二十册

　　又一部，T2720/7910 c.2，十四册。

皇明史竊一百五卷　　　　2720/1532

〔明〕尹守衡撰

清光緒十二年（1886）刻本

十八冊

大明英宗睿皇帝實錄三百六十一卷

T2726.2/1923

〔明〕孫繼宗等纂

明藍格抄本

十一冊

皇明法傳錄嘉隆紀六卷續紀三朝法傳全

錄十六卷　　　　　　　T2732/0234

〔明〕高汝栻輯

明崇禎刻本（續紀三朝法傳全錄卷

十四至十六配清抄本）

十八冊

皇明嘉隆兩朝聞見紀十二卷

T2732/3148

〔明〕沈越撰

明萬曆二十七年（1599）沈朝陽刻本

十二冊

世穆兩朝編年信史六卷　　T2732/4442

〔明〕支大綸撰

明萬曆二十四年（1596）刻本

十二冊

兩朝從信錄三十五卷　　　T2735/3161

〔明〕沈國元撰

明崇禎沈氏大來堂刻本

三十二冊

皇明大政記三十六卷　　　T2720/2961

〔明〕朱國禎撰

明崇禎刻本

十八冊

皇明大事記五十卷　　　　T2720/2963

〔明〕朱國禎輯

明崇禎刻本

四十冊

明紀六十卷　　　　　　　2720/7942B

〔清〕陳鶴撰　　〔清〕陳克家參訂

清同治十年（1871）江蘇書局刻本

二十冊

明紀全載十六卷　　　T2720.2/2915.2

〔清〕朱璘撰

清康熙五十六年（1717）裘厚齋刻本

八冊

欽定明鑑二十四卷首一卷　2720.2/8368

〔清〕胡敬等纂

清嘉慶二十三年（1818）刻本

十二冊

東華錄三十二卷　　　　　2742/4437C

〔清〕蔣良騏撰

清乾隆三十年（1765）菊花書室刻本

三十二冊

東華錄（天命朝至同治朝）五百九十四卷

2742/1120B

王先謙編撰

清光緒十三年（1887）京都欽文書局

刻本

二百五十二册

東華録（天命朝至同治朝）五百九十四卷

2742/1120

王先謙編撰

清宣統三年（1911）上海存古齋鉛印本

一百二十四册

東華續録（光緒朝）二百二十卷

2742/1120.2

〔清〕朱壽朋撰

清宣統元年（1909）上海圖書集成印書局鉛印本

六十四册

東華録詳節二十四卷　　2742/1120.9

〔清〕鄔樹庭編

清光緒二十六年（1900）上海東文學堂石印本

十六册

皇清開國方略三十二卷首一卷

T2750/3203

〔清〕阿桂等撰

清乾隆五十一年（1786）内府刻本

十六册

皇清開國方略三十二卷首一卷

2750/3203B

〔清〕阿桂等撰

清光緒十五年（1889）上海廣百宋齋鉛印本

六册

紀事本末類

通代之屬

歷朝通鑑紀事本末五編一百四十八卷

2513/1425

〔清〕蔣先庚校訂

清咸豐至同治間鬱岡山房刻本

八十册

前編（通鑑紀事本末前編）十二卷

　〔明〕沈朝陽撰　　〔明〕焦竑校正

　〔明〕張溥鑒定

正編（通鑑紀事本末正編）四十二卷

　〔宋〕袁樞撰　　〔明〕張溥鑒定

宋編（宋史紀事本末）十卷　　〔明〕

　馮琦撰　　〔明〕陳邦瞻纂輯

元編（元史紀事本末）四卷　　〔明〕

　陳邦瞻撰　　〔明〕臧懋循補

明編（明史紀事本末）八十卷　　〔清〕

　谷應泰撰

九朝紀事本末六百五十八卷　　2513/4425

清光緒二十八年（1902）上海書局石印本

五十五册

左傳紀事本末五十三卷　　〔清〕高

　士奇撰

通鑑紀事本末二百三十九卷　　〔宋〕

　袁樞撰

宋史紀事本末一百九卷　　〔明〕陳

　邦瞻撰

遼史紀事本末四十卷　　〔清〕李有

　棠撰

金史紀事本末五十二卷　　〔清〕李

　有棠撰

西夏紀事本末三十六卷　　〔清〕張
鑑撰

元史紀事本末二十七卷　　〔明〕陳
邦瞻撰

明史紀事本末八十卷　　〔清〕谷應
泰撰

三藩紀事本末二十二卷　　〔清〕楊
陸榮撰

通鑑紀事本末四十二卷　　T2513/4341d
〔宋〕袁樞撰
明萬曆二年（1574）豐城李杙刻本
四十二冊

通鑑紀事本末四十二卷　　2513/4341
〔宋〕袁樞撰
清光緒十三年（1887）廣雅書局刻本
八十冊

續通鑑紀事本末一百十卷　　2513/4341.4
〔清〕李銘漢編輯　　〔清〕李于鍇
續輯
清光緒三十二年（1906）武威李氏刻本
三十二冊

通鑑本末紀要八十一卷首三卷
　　T2513/4341.49
〔清〕蔡毓榮輯　　〔清〕林子卿注
清康熙二十四年（1685）刻本（卷首
上抄配）
四十四冊

繹史一百六十卷　　2520/7272
〔清〕馬驌撰
清光緒十五年（1889）金匱浦氏重修

刻本
三十二冊

斷代之屬

通鑑長編紀事本末一百五十卷
　　2665/4223
〔宋〕楊仲良撰
清光緒十九年（1893）廣雅書局刻初
印本
十六冊
缺卷六至七、一百十四至一百十九，
卷五、八缺半。

宋史紀事本末一百九卷　　2513/4425.4
〔明〕馮琦撰　　〔明〕陳邦瞻增訂
〔明〕張溥論正
清光緒十三年（1887）廣雅書局刻紀
事本末彙刻本
十六冊

**遼史紀事本末四十卷金史紀事本末
五十二卷**　　2662/4449
〔清〕李有棠撰
清光緒二十九年（1903）李杼鄂樓刻本
二十冊

西夏紀事本末三十六卷　　2695/1385
〔清〕張鑑撰
清光緒十年（1884）江蘇書局刻本
四冊

前蒙古紀事本末二卷　　2700/4582
〔清〕韓善徵撰
清光緒三十一年（1905）上海春記石

印本

　　二冊

後蒙古紀事本末二卷　　　　2700/4582

　　〔清〕韓善徵撰

　　清光緒三十一年（1905）上海春記石
印本

　　二冊

元史紀事本末二十七卷　　　2513/4425.7

　　〔明〕陳邦瞻撰　　〔明〕張溥論正

　　清光緒二十四年（1898）湖南思賢書
局刻本

　　四冊

皇明鴻獻録十六卷　　　　T2720/0227

　　〔明〕高岱撰

　　明萬曆八年（1580）張守朴刻本

　　八冊

前令鄭壺陽靖海紀略一卷　　T3070/3571

　　〔明〕鄭茂撰

　　明刻鹽邑志林本

　　一冊

明史紀事本末八十卷　　　2513/4425.8

　　〔清〕谷應泰撰

　　清光緒十三年（1887）廣雅書局刻本

　　十六冊

明末紀事補遺十卷　　　　2720/4318

　　〔清〕南沙三余氏撰

　　清同治至光緒間刻本

　　六冊

綏寇紀略十二卷附補遺三卷

　　　　　　　　　　　　　　2737/1322

　　〔清〕吳偉業撰

　　清嘉慶九年（1804）照曠閣刻本

　　八冊

　　又一部, 2737/1322 c.2, 八冊。

交山平寇本末三卷　　　T3059/1476

　　〔清〕夏駰撰　　〔清〕陸慶臻評

　　清康熙十一年（1672）刻本

　　一冊（三冊合訂）

平定三逆方略六十卷　　　2783/4223

　　〔清〕勒德洪等撰

　　清乾隆四十八年（1783）朱絲欄抄本

　　三十二冊

靖海記二卷　　　　　3072.8/0113c

　　〔清〕施琅撰　　〔清〕施世綸編
〔清〕施奕學删訂

　　清嘉慶二年（1797）刻本

　　二冊

聖駕親征噶爾旦方略一卷　T2785/5438

　　〔清〕聖祖玄燁撰　　〔清〕敖福合譯

　　清內府寫本

　　一冊

聖駕親征葛爾丹方略一卷　2785/5438

　　〔清〕聖祖玄燁撰　　〔清〕敖福合譯

　　清末紅格抄本

　　一冊

欽定平定臺灣紀略六十五卷首五卷
　　　　　　　　　　　T2816/3203
　　〔清〕高宗弘曆敕撰
　　清乾隆五十三年（1788）武英殿刻本
　　三十六册

平臺紀略不分卷　　　　　2784/4121
　　〔清〕藍鼎元撰　　〔清〕王者輔評點
　　清羊城緯文堂刻本
　　一册

東征集六卷　　　　　　　9155/4121
　　〔清〕藍鼎元撰
　　清光緒四年（1878）鉛印申報館叢
書本
　　二册

平定兩金川方略一百三十六卷首八卷紀
略一卷藝文八卷　　　　　T2814/1318
　　〔清〕阿桂等撰
　　清嘉慶武英殿刻本
　　六十四册

欽定廓爾喀紀略五十四卷首四卷
　　　　　　　　　　　T2820/0162
　　〔清〕高宗弘曆敕編
　　清乾隆六十年（1795）武英殿刻本
　　三十二册

征西紀略四卷　　　　　　2888/8681
　　〔清〕曾毓瑜撰
　　清光緒二十年（1894）京師官書局
刻本
　　一册

戡定新疆記八卷　　3079.1/2194（1—4）
　　〔清〕魏光燾撰
　　清光緒二十五年（1899）西安公署鉛
印本
　　四册

粵氛紀事十三卷　　　　　2875/1494
　　〔清〕夏燮輯
　　清同治八年（1869）刻本
　　八册

平苗紀略一卷　　　　　　2220/0268
　　〔清〕方顯撰
　　清同治十二年（1873）巴陵方氏武昌
郡廨刻本
　　一册

欽定剿平三省邪匪方略正編三百五十二
卷續編三十六卷附編十二卷首九卷表文
一卷　　　　　　　　　　2846/0463
　　〔清〕慶桂等撰
　　清嘉慶十五年（1810）刻本
　　二百五册

欽定平定教匪紀略四十二卷
　　　　　　　　　　　　2844/1434
　　〔清〕托津等撰
　　清嘉慶二十一年（1816）刻本
　　四十三册

戡靖教匪述編十二卷　　　2843/1247
　　〔清〕石香村居士編輯
　　清道光六年（1826）刻本
　　六册
　　又一部，2843/1247 c.2，六册

欽定平定回疆剿捦逆裔方略八十卷首六卷
2854/5658

　　〔清〕曹振鏞等撰

　　清道光十年（1830）内府刻本

　　八十七册

三藩紀事本末四卷　　　　T2763/4279

　　〔清〕楊陸榮撰

　　清康熙五十六年（1717）刻本

　　四册

聖武記十四卷　　　　　　2819/2139

　　〔清〕魏源撰

　　清道光二十六年（1846）刻本

　　十二册

軍興本末紀略四卷　　　　2875/0442

　　〔清〕謝蘭生撰

　　清末木活字印本

　　二册

欽定平定七省方略一千一百五十卷
2870/4906

　　〔清〕奕訢等編

　　清光緒刻本

　　一千一百五十四册

　　欽定剿平粵匪方略四百二十卷

　　　　〔清〕朱學勤等纂

　　欽定剿平捻匪方略三百二十卷

　　　　〔清〕朱學勤等纂

　　欽定平定雲南回匪方略五十卷

　　　　〔清〕陳邦瑞等纂

　　欽定平定貴州苗匪方略四十卷

　　　　〔清〕陳邦瑞等纂

　　欽定平定陝甘新疆回匪方略三百二

十卷　　〔清〕陳邦瑞等纂

庚子國變記一卷　　　　　2895/4441

　　〔清〕李希聖撰

　　清光緒刻本

　　一册

公車上書記一卷　　　4662.88/0343.8

　　康有爲撰

　　清光緒二十一年（1895）上海石印書

局石印萬木草堂叢書本

　　一册

雜史類

類編之屬

明季稗史彙編十六種　　　2738/2231D

　　〔清〕留雲居士輯

　　清都城琉璃廠刻本

　　十二册

　　烈皇小識八卷　　〔明〕文秉撰

　　聖安皇帝本紀二卷　　〔清〕顧炎武撰

　　行在陽秋二卷　　〔明〕劉湘客撰

　　嘉定屠城紀略一卷　　〔清〕朱子素撰

　　幸存錄二卷　　〔明〕夏允彝撰

　　續幸存錄一卷　　〔明〕夏完淳撰

　　求野錄一卷　　〔明〕鄧凱撰

　　也是錄一卷　　〔明〕鄧凱撰

　　江南聞見錄一卷

　　粵游見聞一卷　　〔明〕瞿共美撰

　　賜姓始末一卷　　〔清〕黄宗羲撰

　　兩廣紀略一卷　　〔明〕華復蠡撰

　　東明聞見錄一卷　　〔明〕瞿共美撰

　　青燐屑二卷　　〔明〕應廷吉撰

吳耿尚孔四王合傳一卷
揚州十日記一卷　〔清〕王秀楚撰

荊駝逸史五十種　　2738/7334
〔清〕陳湖逸士輯
清刻本
二十四册
三朝野紀七卷（原缺卷五至六）
　〔明〕李遜之撰
東林事略三卷
啓禎兩朝剝復録三卷　〔明〕吳應
　箕撰
熹朝忠節死臣列傳一卷　〔明〕吳
　應箕撰
甲申紀變實録一卷　〔明〕錢邦芑
　輯録
甲申忠佞紀事一卷　〔明〕錢邦芑記
甲申紀事一卷　〔清〕程正揆記
北使紀略一卷　〔明〕陳洪範撰
汴圍濕襟録一卷　〔明〕白愚撰
所知録三卷　〔清〕錢澄之撰
聖安本紀六卷　〔清〕顧炎武撰
江陰城守紀二卷　〔清〕韓菼撰
荊溪盧司馬殉忠實録一卷　〔明〕
　許德士撰
袁督師計斬毛文龍始末一卷　〔清〕
　李清撰
粵中偶記一卷　〔明〕華復蠡撰
入長沙記一卷　〔清〕丁大任撰
航澥遺聞一卷　〔明〕汪光復撰
平蜀紀事一卷　〔清〕錢謙益撰
李仲達被逮紀略一卷　〔明〕蔡士
　順撰
念陽徐公定蜀紀一卷　〔明〕文震
　孟撰

攻渝紀事一卷　〔明〕徐如珂撰
遇變紀略一卷　〔明〕徐應芬撰
四王合傳一卷
江變紀略二卷　〔清〕徐世溥撰
東塘日劄二卷　〔清〕朱子素撰
滄洲紀事一卷　〔清〕程正揆撰
仿指南録一卷　〔明〕康範生撰
兩粵夢游記一卷　〔明〕馬光撰
恩恤諸公志略二卷　〔明〕孫慎行撰
孫高陽前後督師略跋一卷　〔明〕
　蔡鼎撰
東陽兵變一卷
閩游月記二卷　〔明〕華廷獻撰
風倒梧桐記二卷　〔明〕何是非撰
揚州十日記一卷　〔清〕王秀楚撰
庚寅十一月初五日始安事略一卷
　〔清〕瞿元錫撰
平回記略一卷
開國平吳事略一卷　〔清〕南園嘯
　客輯
人變述略一卷　〔明〕黃煜撰
全吳紀略一卷　〔明〕楊廷樞撰
歷年城守記一卷　〔清〕王度撰
明亡述略二卷　〔清〕鎖緑山人撰
劉公旦先生死義記一卷　〔明〕吳
　下逸民撰
僞官據城記一卷　〔清〕王度撰
懿安事略一卷　〔清〕賀宿撰
江陵紀事一卷
孫愷陽先生殉城論一卷　〔明〕蔡
　鼎撰
永歷紀事一卷　〔清〕丁大任撰
平定耿逆記一卷　〔清〕李之芳撰
錢氏家變録一卷　〔清〕錢孫愛撰
平臺紀略一卷　〔清〕藍鼎元撰

勝朝遺事初編六卷二編八卷

　　　　　　　　　　　　　　　2720/7435

　〔清〕吳彌光輯　　〔清〕宋澤元重訂

　清光緒九年（1883）山陰宋氏懺華

盦刻本

　十八册

　初編

　　洪武聖政記　〔明〕宋濂撰

　　明初禮賢録

　　天潢玉牒　〔明〕解縉撰

　　龍興慈記　〔明〕王元禄撰

　　翦勝野聞　〔明〕徐禎卿撰

　　平漢録　〔明〕童承叙撰

　　平吳録　〔明〕吳寬撰

　　北平録

　　平夏録　〔明〕黄標撰

　　平胡録　〔明〕陸深撰

　　靖難功臣録　〔明〕朱當㴉撰

　　備遺録　〔明〕張芹撰

　　平定交南録　〔明〕丘濬撰

　　北征録　〔明〕金幼孜撰

　　北征後録　〔明〕金幼孜撰

　　北征記　〔明〕楊榮撰

　　宣爐注　〔明〕冒襄撰

　　否泰録　〔明〕劉定之撰

　　正統北狩事蹟　〔明〕楊銘撰

　　北使録　〔明〕李實撰

　　天順日録　〔明〕李賢撰

　　聖駕臨雍録　〔明〕周洪謨撰

　　武宗外紀　〔清〕毛奇齡撰

　　辨定嘉靖大禮議　〔清〕毛奇齡撰

　　諭對録　〔明〕張孚敬撰

　　倭變事略　〔明〕采九德撰

　　靖海紀略　〔明〕鄭茂撰

　　病榻遺言　〔明〕高拱撰

　　星變志　〔明〕抱甕外史撰

　　鈐山堂書畫記　〔明〕文嘉撰

　　碧血録　〔明〕黄煜輯

　　甲申傳信録　〔明〕錢𪩘撰

　二編

　　三朝聖諭録　〔明〕楊士奇撰

　　瀛涯勝覽　〔明〕馬歡撰

　　彭文憲公筆記　〔明〕彭時撰

　　閒中今古録　〔明〕黄溥撰

　　病逸漫記　〔明〕陸釴撰

　　瑯琊漫抄　〔明〕文林撰

　　水東日記　〔明〕葉盛撰

　　近峰紀略　〔明〕皇甫庸撰

　　留青日札　〔明〕田藝蘅撰

　　今言類編二卷　〔明〕鄭曉撰

　　錦衣志　〔明〕王世貞撰

　　觚不觚録　〔明〕王世貞撰

　　鳳洲筆記　〔明〕王世貞撰

　　奇聞類紀　〔明〕施顯卿撰

　　幸存録　〔明〕夏允彝撰

　　復社紀事　〔清〕吳偉業撰

　　彤史拾遺記　〔清〕毛奇齡撰

　　後鑒録一卷　〔清〕毛奇齡撰

通代之屬

**重訂路史全本前紀九卷後紀十四卷國名
紀八卷發揮六卷餘論十卷**　　2520/6133

　〔宋〕羅泌撰　〔明〕吳弘基訂

　清嘉慶六年（1801）酉山堂刻本

　二十册

重訂路史全本前紀九卷後紀十四卷國名紀八卷發揮六卷餘論十卷

2520/6133.2

〔宋〕羅泌撰　〔明〕喬可傳校

清同治四年（1865）刻本

十二冊

路史節讀十卷　　　　　2520/6133.6

〔宋〕羅泌撰　〔清〕廖文錦節訂

清光緒二十七年（1901）刻本

四冊

古史紀年十四卷　　　　2521/4953

〔清〕林春溥撰

清道光十七年（1837）竹柏山房刻本

五冊

逸周書補注二十二卷首一卷末一卷

T2524/1161d

〔晋〕孔晁注　〔清〕陳逢衡補注

清道光五年（1825）江都陳氏修梅山館刻本

八冊

王會篇箋釋三卷　　　　2524/1161.22

〔清〕何秋濤撰

清光緒十七年（1891）江蘇書局刻本

三冊

又一部，2524/1161.22 c.2，三冊。

國語九卷　　　　　　　T2526/7202

〔明〕閔齊伋裁注

明萬曆四十七年（1619）烏程閔氏刻朱墨套印本

五冊

國語二十一卷札記一卷　　2526/4566g

〔周〕左丘明作　〔三國吳〕韋昭解〔清〕黃丕烈札記

清嘉慶五年（1800）吳門黃氏讀未見齋刻本

二冊

又一部，2526/4566h，六冊。

國語三君注輯存四卷發正二十一卷考異四卷

2526/3131

〔清〕汪遠孫撰

清道光二十六年（1846）汪氏振綺堂刻本

五冊

又一部，2526/3131 c.2，五冊。

列國史補十八卷　　　　T2528/2166

〔明〕魏顯國撰

明萬曆刻本

八冊

戰國策十卷　　　　　　T2527/0202b

〔宋〕鮑彪校注　〔元〕吳師道重校

明萬曆九年（1581）巴郡張一鯤刻本

八冊

戰國策十二卷　　　　　T2527/7402

〔明〕閔齊伋裁注

明萬曆四十七年（1619）烏程閔氏刻三色套印本

八冊

戰國策十八卷　　　　　T2527/0202.1

〔清〕張星徽評點

清雍正塞翁亭刻本

<table>
<tr><td>

八册

戰國策十八卷　　　　　T2527/0202.1b
　　〔清〕張星徽評點
　　清雍正七年（1729）序漁古山房刻本
　　六册

戰國策譚㮣十卷附録一卷
　　　　　　　　　　T2527/0202.13
　　〔宋〕鮑彪校注　　〔元〕吳師道重校
〔明〕張文爟校輯　　（附録）〔明〕張文爟輯
　　明萬曆刻本
　　十册

新刻李太史選釋國策三注旁訓評林四卷
　　　　　　　　　　T2527/3115
　　〔明〕沈一貫輯　　〔明〕李廷機釋
〔明〕葉向高評林
　　明天啓至崇禎間書林詹霖宇刻本
　　二册
　　又一部，T2527/3115 c.2，二册。

戰國策選不分卷　　　　T2527/0202.2
　　〔清〕儲欣評選
　　清乾隆十年（1745）受祉堂刻本
　　四册

戰國策去毒二卷　　　　T2527/0202.77
　　〔清〕陸隴其選評
　　清康熙刻本
　　二册

</td><td>

斷代之屬

世本輯補十卷　　　　　2521/4940
　　〔清〕秦嘉謨輯補
　　清嘉慶二十三年（1818）琳琅仙館刻本
　　四册

貞觀政要十卷　　　　　T4683/2301
　　〔唐〕吳競撰　　〔元〕戈直集論
　　明成化元年（1465）內府刻本
　　六册

貞觀政要十卷　　　　　T4683/2301b
　　〔唐〕吳競撰　　〔元〕戈直集論
　　清康熙大易閣刻本
　　六册

奉天録四卷　　　　　　2630/4811
　　〔唐〕趙元一撰　　〔清〕顧千里校
　　清末秦恩復刻本
　　二册

續唐書七十卷　　　　　2644/7921
　　〔清〕陳鱣撰
　　清道光四年（1824）士鄉堂刻本
　　十册

隆平集二十卷　　　　　T2665/8615
　　〔宋〕曾鞏撰
　　明萬曆曾宜等刻本
　　八册

隆平集二十卷　　　　　T2665/8615b
　　〔宋〕曾鞏撰
　　清康熙四十年（1701）南豐彭氏七業

</td></tr>
</table>

堂刻本

　　六册

靖康傳信録三卷建炎進退志四卷建炎時政記三卷　2675/4422b

　　〔宋〕李綱撰

　　清光緒十年（1884）邵武徐氏刻本

　　六册

辛巳泣蘄録一卷附録一卷

　　　　　　　　　　TNC2681/4873

　　〔宋〕趙與褒撰

　　舊抄本

　　一册

錢塘遺事十卷　2684/7213

　　〔元〕劉一清撰

　　清光緒十三年（1887）丁氏八千卷樓刻本

　　三册

西夏書事四十二卷　2695/2305b

　　〔清〕吳廣成撰

　　清道光五年（1825）刻本

　　八册

契丹國志二十七卷　2687/4973

　　〔宋〕葉隆禮撰

　　清嘉慶二年（1797）蘇州席氏掃葉山房刻四朝別史本

　　四册

大金國志四十卷　2690/3046

　　〔宋〕宇文懋昭撰

　　清嘉慶二年（1797）蘇州席氏掃葉山

元朝秘史十卷續集二卷　2700/1425

　　清光緒三十四年（1908）長沙葉氏觀古堂刻本

　　六册

元朝秘史注十五卷　2700/4406

　　〔清〕李文田撰

　　清光緒二十二年（1896）通隱堂刻本

　　四册

元秘史李注補正十五卷　2700/4406.03

　　〔清〕高寶銓撰

　　清光緒二十八年（1902）刻本

　　二册

校正元親征録一卷　2701/1028.2

　　〔清〕何秋濤校正

　　清光緒二十年（1894）刻漸西村舍彙刻本

　　一册

　　又一部，2701/1028.2 c.2，一册。

欽定蒙古源流八卷　3078/4433

　　〔清〕小徹辰薩囊台吉撰

　　清乾隆五十五年（1790）刻本

　　四册

皇明典故紀聞十八卷　T2720/8921

　　〔明〕余繼登輯

　　明萬曆刻本

　　六册

二申野錄八卷　　　　　　2720.7/1937
　〔清〕孫之騄撰
　清道光二十一年（1841）刻本
　八册

皇朝武功紀盛四卷　　　　T2743/4318
　〔清〕趙翼撰
　清乾隆五十七年（1792）刻本
　二册
　又一部，T2743/4318 c.2，二册。

明朝小史十八卷　　　　　T2720.7/6623
　〔清〕呂邲撰
　清初刻本
　六册

皇祖四大法十二卷　　　　T2721.7/2244
　〔明〕何棟如輯
　明萬曆四十二年（1614）何氏刻本
　十四册

建文書法儗前編一卷正編二卷附編二卷
　　　　　　　　　　　　T2722/2962
　〔明〕朱鷺撰
　明萬曆刻本
　四册

建文朝野彙編二十卷　　　T2722/7624
　〔明〕屠叔方撰
　明萬曆刻本
　六册

世廟識餘錄二十六卷　　　T2732/2970
　〔明〕徐學謨輯
　明萬曆三十六年（1608）徐元嘏刻本

八册

郢事紀略一卷附錄一卷
　　　　　　　　　　T2732.7/1151（3）
　〔明〕王禹聲撰　　（附）〔明〕萬振
孫輯
　明萬曆刻本
　一册
　與《震澤紀聞》《震澤長語》合訂。

三朝要典二十四卷原始一卷
　　　　　　　　　　　　T4686/3820
　〔明〕顧秉謙等纂修
　明天啓刻本
　十二册

三朝要典二十三卷　　　　TNC4686/3820
　〔明〕顧秉謙等纂修
　明紅格稿紙抄本
　十册

先撥志始四卷　　　　　　TNC2734/0429
　〔明〕文秉撰
　清康熙抄本
　二册

三朝野紀七卷　　　　　　2735/4433
　〔清〕李遜之輯
　清道光四年（1824）刻本
　六册

兩朝剥復錄六卷　　　　　2736/2308
　〔明〕吳應箕撰　〔清〕夏燮校證
　清同治二年（1863）江西刻本
　四册

頌天臚筆二十四卷　　　　T2737.7/8162
　　〔明〕金日升輯
　　明崇禎刻本
　　二十二册

明季北略二十四卷　　　　T2737/0404
　　〔清〕計六奇輯
　　清道光間北京琉璃廠半松居士木活
字印本
　　八册

明季南略十八卷北略二十四卷
　　　　　　　　　　　　2738/0404
　　〔清〕計六奇輯
　　清道光間北京琉璃廠半松居士木活
字印本
　　二十四册

甲申日記十卷　　　　　TNC2738/4432
　　〔清〕李清撰
　　清抄本
　　十册

蜀碧四卷　　　　　　　3064/4233.83
　　〔清〕彭遵泗撰
　　清光緒間上海申報館鉛印本
　　二册

行在陽秋二卷附嘉定屠城紀略一卷
　　　　　　　　　　　　2739.3/7223
　　〔明〕劉湘客撰　　（附）〔清〕朱子
素撰
　　清光緒二十二年（1896）都城琉璃廠
刻本
　　二册

明季續聞一卷　　　　　　2738/3192
　　〔清〕汪光復撰
　　清宣統三年（1911）上海商務印書館
鉛印本
　　一册

所知錄六卷　　　　　　　2739.5/8533
　　〔清〕錢澄之撰
　　清宣統三年（1911）鉛印本
　　二册

小腆紀年附考二十卷　　　2738/2942
　　〔清〕徐鼒撰
　　清咸豐十一年（1861）刻本
　　十六册

小腆紀傳六十五卷附補遺五卷
　　　　　　　　　　　　2738/2942.9
　　〔清〕徐鼒撰　　（附）〔清〕徐承禮撰
　　清光緒十三年（1887）金陵刻本
　　十六册

豫變紀略八卷首一卷　　　T2737/8203
　　〔清〕鄭廉撰
　　清乾隆八年（1743）彭家屏刻本
　　八册

明末五小史八卷　　　　　2738/6251
　　〔清〕南沙三余氏撰
　　清京都琉璃廠異史氏刻本
　　十册

修史試筆二卷　　　　　　2258/4121
　　〔清〕藍鼎元撰
　　清光緒五年（1879）刻鹿洲全集本

四册

皇朝事略一卷　　　　2744/1182
〔清〕王金綬編　〔清〕直隸學校司
編譯處輯
清光緒二十九年（1903）保定直隸學
校司排印局石印本
一册

國朝事略六卷　　　　2746/3420
〔清〕金陵江楚編譯官書局編輯
清光緒三十二年（1906）石印本
一册

平閩記十三卷　　　　T2783/4258
〔清〕楊捷撰
清康熙二十二年（1683）自刻道光十
年（1830）重印本
十六册

豫軍紀略十二卷　　　　2845/1551
〔清〕尹耕雲等纂
清同治十三年（1874）福州刻本
八册

靖逆記六卷　　　　2846/4825b
〔清〕蘭簃外史撰
清刻本
二册

靖逆記六卷　　　　2846/4825
〔清〕蘭簃外史撰
清嘉慶二十五年（1820）正道堂刻本
二册

湘軍記二十卷　　　　2875/1133
〔清〕王定安撰
清光緒十五年（1889）江南書局刻本
十二册

金陵省難紀略一卷　　　　2875/1334
〔清〕張汝南撰
清光緒十六年（1890）鉛印本
一册

福寧紀事二卷　　　　2875/2195
〔清〕程榮春撰
清同治五年（1866）吟雨樓刻本
二册

蕩平髮逆圖記二十二卷　　　　2875/2128
〔清〕白雲山人繪
清光緒十四年（1888）上海漱六山莊
石印本
四册

平定粵匪紀略十八卷附記四卷
　　　　2875/4103c
〔清〕杜文瀾撰
清同治十年（1871）京都聚珍齋活字
印本
八册

平定粵寇紀略十八卷附記四卷
　　　　2875/4103
〔清〕杜文瀾撰
清光緒元年（1875）詒穀堂刻本
四册

武昌紀事二卷附錄一卷陳炯齋遺詩一卷
　　　　　　　　　　　　2875/7920
　　〔清〕陳徽言撰
　　清咸豐七年（1857）章門刻同治四年
（1865）檇李吳昌言補修本
　　一册

霆軍紀略十六卷　　　2875/7966
　　〔清〕陳昌撰
　　清光緒八年（1882）上海申報館鉛印本
　　六册

守蒙紀略一卷　　　2877/4824
　　〔清〕賀緒蕃撰
　　清同治三年（1864）刻本
　　一册

淮軍平捻記十二卷　　　2877/7243
　　〔清〕周世澄撰
　　清光緒三年（1877）上海機器印書局
鉛印本
　　二册

淮軍平捻記十二卷　　　2877/7243b
　　〔清〕周世澄撰
　　清光緒間刻本
　　四册

援黔録十二卷　　　2517/5468
　　〔清〕唐炯撰
　　清同治刻本
　　四册

平回志八卷　　　2888/4282
　　〔清〕楊毓秀編纂　　〔清〕王志沂等校

清光緒十五年（1889）劍南王氏刻本
四册

金鷄談薈十四卷　　　2889/7726
　　〔清〕歐陽利見撰
　　清光緒十五年（1889）四明節署鉛印本
　　八册

庚子北京事變紀略一卷　　　2895/0131
　　〔清〕鹿完天撰
　　清光緒二十七年（1901）刻本
　　一册

京津拳匪紀略八卷前編二卷後編二卷
　　　　　　　　　　　　2895/2242b
　　〔清〕僑析生輯
　　清光緒二十七年（1901）香港書局石印本
　　六册
　　又一部，2895/2242b c.2，六册。

拳匪紀略八卷前編二卷後編二卷
　　　　　　　　　　　　2895/2242
　　〔清〕僑析生輯
　　清光緒二十九年（1903）上洋書局石
印本
　　六册
　　又一部，2895/2242 c.2，三册。

光緒政要三十四卷　　　2887/3142
　　〔清〕沈桐生輯
　　清宣統元年（1909）上海崇義堂石
印本
　　三十册
　　又一部，2887/3142 c.2，三十册。

海龍戰守事蹟六卷　　　　2895/2337
　〔清〕依凌阿撰
　清宣統二年（1910）奉天鉛印本
　二冊

白話痛史四卷　　　　　　2895/4192
　〔清〕杭愼修撰
　清宣統二年（1910）浙江白話新報館
鉛印本
　一冊

拳禍記　　　　　　　　　T2895/4448
　〔清〕李杕編
　清光緒三十一年（1905）至宣統元年
（1909）刻本
　二冊

拳禍記　　　　　　　　　TA2913/4448
　〔清〕李杕編
　清宣統元年（1909）鉛印本
　一冊
　存下編。

西巡回鑾始末記六卷　　　2895/4634
　〔日本〕吉田良太郎譯　〔清〕八咏
樓主人録
　清光緒三十二年（1906）石印本
　六冊

拳匪聞見録一卷　　　　　2895/8742
　〔清〕管鶴撰
　清宣統三年（1911）鉛印振綺堂叢
書本
　一冊

庚子教會受難記二卷　　　TA1982.5554
　〔英國〕季理斐輯譯　　〔清〕仁廷旭
筆述
　清光緒二十九年（1903）上海廣學會
鉛印本
　一冊（二冊合訂）

觸藩始末三卷　　　　　　2496/4512
　〔清〕華廷傑撰
　清光緒十一年（1885）崇仁華氏刻本
　一冊

東牟守城紀略一卷東牟守城詩一卷
　　　　　　　　　　　　3057/4591
　〔清〕戴燮元撰
　清同治八年（1869）廣州刻本
　一冊

張公襄理軍務紀略六卷　　4662.8/1322
　〔清〕丁運樞等編
　清宣統二年（1910）石印本
　六冊

張文襄幕府紀聞二卷　　　9159/443
　辜鴻銘撰
　清宣統二年（1910）刻本
　二冊

皇朝掌故彙編六十卷外編四十卷首一卷
　　　　　　　　　　　　4687/3933
　〔清〕宋澄之等編
　清光緒二十八年（1902）上海求實書
社鉛印本
　六十冊

甕牖餘談八卷　　　　　　　5521/1147.6
　　〔清〕王韜撰
　　清光緒元年（1875）上海申報館鉛印本
　　四册

中興論略八卷　　　　　　　2515/7811
　　興元撰
　　清宣統三年（1911）刻本
　　二册

外紀之屬

庭聞錄六卷附平定緬甸一卷
　　　　　　　　　　　　　2783/7224B
　　〔清〕劉健撰
　　清刻本
　　五册

鴉片流毒中國史一卷　　　　4231/4273
　　〔清〕有虞氏之遺民撰
　　清光緒三十三年（1907）匡時編譯社
鉛印本
　　一册

中西紀事二十四卷　　　　　2488.6/3123
　　〔清〕夏燮撰
　　清同治四年（1865）刻本
　　八册

東方兵事紀略五卷　　　　　2493/4189
　　〔清〕姚錫光撰
　　清光緒二十三年（1897）武昌刻本
　　二册

哥薩克東方侵略史不分卷　　2495/2100
　　〔清〕作新社譯
　　清光緒二十八年（1902）上海作新社
鉛印本
　　一册

東夷考略一卷附圖　　TNC2720.7/4212
　　〔明〕茅瑞徵撰
　　明天啓唐風樓綠格稿本
　　一册

新出南昌大教案紀略初集二卷
　　　　　　　　　　　　　2883/6448
　　〔日本〕町村格藤編錄　〔清〕效董
生校訂
　　清光緒三十二年（1906）石印本
　　一册

中日戰輯六卷　　　　　　　2891/1199
　　〔清〕王炳耀輯
　　清光緒二十二年（1896）上海青簡閣
石印本
　　四册

東瀛識略八卷　　　　　　　3072.8/1222
　　〔清〕丁紹儀纂
　　清同治十二年（1873）福州吳玉田
刻本
　　四册

日本外史二十二卷　　　　　3320/50.1
　　〔日本〕賴襄撰
　　清光緒十五年（1889）上海讀史堂
刻本
　　十二册

朝鮮史略六卷　　　　　　　3480/4256

　　清嘉慶十七年（1812）任邱金閡十九年（1814）大興翁樹崐校抄本

　　六册

朝鮮三種　　　　　　　　3480.3/7233

　　〔清〕周家禄撰

　　清光緒二十五年（1899）刻本

　　一册

　　朝鮮世表

　　朝鮮載記備編二卷

　　朝鮮樂府

東游考察政治叢談不分卷　　4771/5934

　　〔清〕陳善同等編輯　　〔清〕馬振憲核定

　　清光緒間鉛印本

　　一册

十九世紀外交史不分卷　　　4820/1462

　　〔日本〕平田久撰　　〔清〕張相譯

　　清光緒二十八年（1902）杭州史學齋刻本

　　四册

日本明治教育史不分卷　　　4914/6685

　　〔日本〕野田義夫撰　　林萬里譯

　　清光緒三十四年（1908）上海中國圖書公司鉛印本

　　一册

日本明治學制沿革史不分卷　　4914/6643

　　〔日本〕黑田茂次郎　　土館長言編輯

　　清光緒三十四年（1908）上海商務印書館鉛印本

　　一册

載記類

越絶書十五卷　　　　　　2528/4303e

　　〔漢〕袁康撰

　　清咸豐至同治間刻本

　　一册

吳越備史四卷　　　　　　2654/4142b

　　〔宋〕錢儼撰　　〔清〕席世臣訂

　　清道光九年（1829）掃葉山房刻本

　　四册

十國春秋一百十四卷附拾遺一卷備考一卷

　　　　　　　　　　　　T2650/2627

　　〔清〕吳任臣撰　　（附）〔清〕周昂撰

　　清乾隆五十八年（1793）周昂刻本

　　十六册

南唐書合刻二種　　　　　2659/7280

　　〔清〕蔣國祥　　蔣國祚校輯

　　清同治十三年（1874）盯南三餘書屋補刻本

　　八册

　　南唐書三十卷　　〔宋〕馬令編

　　南唐書十八卷　　〔宋〕陸游撰

史表類

通代之屬

經世學引初編一卷附圖表　　2358/7911

　　〔清〕陳聯元編輯　　〔清〕金永森參訂

　　清光緒二十四年（1898）經世文社刻望龍閣啓蒙本

　　二册

歷代帝王年號録一卷年號檢字表一卷

2458/2387

〔清〕徐匯公學編纂

清宣統二年（1910）上海土山灣慈母堂鉛印本

一册

歷代帝王年表十四卷　　2458/0214

〔清〕齊召南撰　〔清〕阮福續編

清道光四年（1824）儀徵阮氏小琅嬛僊館刻本

四册

歷代帝王年表十四卷　　2458/0214b

〔清〕齊召南撰　〔清〕阮福續編

清同治二年（1863）武林葉氏敦怡堂刻本

四册

御定歷代紀事年表一百卷三元甲子編年一卷　　T2458/3213

〔清〕龔士炯撰　〔清〕王之樞等續修

清康熙五十一年（1712）内府刻本

六十四册

史鑑年表彙編十四卷　　2458/4218

〔清〕蕭承笏編

清光緒十年（1884）刻本

八册

歷代帝王年表一卷附紀元同異考略一卷

2458/4844

〔清〕黃大華撰

清光緒二十六年（1900）夢紅豆村刻本

一册

紀元通考十二卷　　2458/4920

〔清〕葉維庚撰

清道光八年（1828）鍾秀山房刻本

四册

列代建元表十卷　　2458/8559

〔清〕錢東垣撰

清道光七年（1827）嘉定錢氏刻本

四册

廿一史四譜五十四卷　　2459/3191

〔清〕沈炳震撰

清同治十年（1871）武林吳氏清來堂刻本

十六册

東三省沿革表六卷　　3052/231

〔清〕吳廷燮撰

清宣統元年（1909）固安賈廷琳覆校刻本

六册

歷代政要表二卷　　4670/4213

〔清〕胡子清編

清光緒二十九年（1903）長沙刻本

二册

斷代之屬

三國郡縣表附考證八卷　　2560/7954.2

〔清〕吳增僅撰

清光緒二十二年（1896）木活字印本

四册

補元史氏族表三卷藝文志四卷
　　　　　　　　　　　　　　2700/8546
　　〔清〕錢大昕撰
　　清末江蘇書局刻本
　　三册

四裔編年表四卷　　　　　　TA2316/03
　　〔美國〕林樂知　　〔清〕嚴良勳譯
〔清〕李鳳苞編
　　清光緒間刻本
　　四册

史抄類

古今紀要十九卷　　　　　　2517/4813B
　　〔宋〕黃震撰
　　清光緒間耕餘樓刻本
　　八册

諸史提要十五卷　　　　　　T2516/1343
　　〔宋〕錢端禮撰　　〔清〕張英補纂
　　清康熙五十二年（1713）內府刻本
　　五册

天運紹統不分卷附皇明帝后紀略二卷
　　　　　　　　　　　　　TNC2458/2941
　　〔明〕朱權　戚元佐編
　　明抄本
　　五册

諸史品節四十卷後集八卷　　T2516/7939
　　〔明〕陳深輯
　　明萬曆刻本
　　十册

史觿十七卷　　　　　　　　T2516/0433
　　〔明〕謝肇淛撰
　　明崇禎三年（1630）建安黃氏景晉齋
刻本
　　八册

讀史四集四卷　　　　　　　T2460/4222
　　〔明〕楊以任撰
　　清乾隆四十二年（1777）木活字印本
　　八册

雪廬讀史快編六十卷　　　　T2516/4823
　　〔明〕趙維寰編節
　　明天啓四年（1624）當湖趙氏刻本
　　二十四册

二十一史論贊輯要三十六卷
　　　　　　　　　　　　　T2516/4226a
　　〔明〕彭以明輯
　　明萬曆三十七年（1609）彭惟成、彭
惟直刻本
　　二十四册

二十一史論贊輯要三十六卷
　　　　　　　　　　　　　T2516/4226B
　　〔明〕彭以明輯
　　明萬曆周起元、袁文紹刻本
　　十六册

史緯三百三十卷首一卷　　　T2516/7928
　　〔清〕陳允錫撰
　　清康熙三十三年（1694）刻雍正四年
（1726）增刻印本
　　一百六十册

廿一史約編八卷首一卷後編一卷
2516/8212
〔清〕鄭元慶編述　〔清〕陳爕鑒定
清康熙三十六年（1697）善成堂刻本
十册

二十二史纂略六卷　　2516/0209
〔清〕郭衷恒纂輯
清嘉慶十二年（1807）敦詩堂活字印本
二册

廿二史言行略四十二卷　　2516/3316
〔清〕過元旼輯
清嘉慶四年（1799）刻本
二十册

二十二史感應錄二卷　　1938.3/4243
〔清〕彭希涑輯
清宣統元年（1909）成都榮恒江寧刻本
二册

二十二史綜編八卷　　2514/7243
〔清〕陶有容撰
清咸豐三年（1853）刻本
六册

二十四史論贊七十八卷　　2515/7972
〔清〕陳闈輯
清光緒二十年（1894）南海陳氏長生書室刻本
二十册

讀史紀略四卷　　2516/4236
〔清〕蕭濬纂輯

清道光二十年（1840）靈石楊氏澹静齋重校刻本
二册

史略八十七卷　　2258/2901
〔清〕朱埜輯
清光緒二十五年（1899）萬本書局刻本
十六册

歷代史略六卷　　2516/7256
清同治至光緒間江楚書局刻本
八册

史要七卷　　2512/2133
〔清〕任啓運輯　〔清〕吳兆慶纂注
清嘉慶二十二年（1817）刻本
四册

史筌五卷　　2516/4284
〔清〕楊銘柱撰
清道光二十六年（1846）滇南楊氏寄雲書屋刻本
二册

歷代史要三卷　　2516/4444
〔清〕蔣蔭椿編
清末山東官印書局石印本
三册

讀史鏡古編三十二卷　　2258/3646
〔清〕潘世恩撰
清同治十三年（1874）冶城飛霞閣刻本
六册

史鑿不分卷附改元考一卷　　T2458/0449
　　〔清〕施何牧撰
　　清乾隆刻本
　　四册

漢事會最人物志三卷　　TNC2259.2/5349
　　〔清〕惠棟撰
　　清抄本
　　一册

通鑑類纂四十卷　　2512/1279.72
　　〔清〕松椿纂
　　清光緒二十四年（1898）長白馬佳氏
袁江督漕節署刻本
　　四十册

鑑撮四卷　　2516/6885
　　〔清〕曠敏本編
　　清光緒二十八年（1902）石印本
　　一册

史記鈔二十卷　　T2516/3124
　　〔明〕沈科編選
　　明嘉靖三十六年（1557）沈氏自刻本
　　十六册

史記鈔九十一卷　　T2516/4245
　　〔明〕茅坤編選
　　明泰昌元年（1620）吳興閔氏刻朱墨
套印本
　　二十二册
　　缺第十四、十八册。

史記菁華録六卷　　2511/1273.43A
　　〔清〕姚祖恩選注

清道光四年（1824）吳興姚氏扶荔山
房校刻朱墨套印本
　　六册
　　又一部，2511/1273.43A c.2，六册。

同菴史彙十卷　　2511/1273.42
　　〔清〕蔣善編次并選評
　　清康熙三十一年（1692）思永堂刻本
　　八册

四史鴻裁四十卷　　T2524.1/2207
　　〔明〕穆文熙批輯
　　明萬曆十八年（1590）東郡朱朝聘山
西刻本
　　二十册

漢雋十卷　　T2550/4985
　　〔宋〕林鉞輯
　　明萬曆十二年（1584）會稽呂氏刻本
　　六册

兩漢雋言十六卷　　T2545/4985
　　〔宋〕林鉞輯　　〔明〕凌迪知續輯
　　明萬曆四年（1576）凌氏桂芝館刻文
林綺繡本
　　八册

鹿門先生批點漢書九十三卷
　　　　　　　　　　T2550/1166.4
　　〔明〕茅坤批點
　　明崇禎八年（1635）茅琛徵刻本
　　三十二册

三國志纂八卷　　T2560/1382
　　〔明〕張毓睿撰

明崇禎刻本
八冊

鄧太史評選三國策十二卷

　　　　　　　　　　　T2560.7/7232

〔明〕劉宣化撰
明萬曆二十二年（1594）金陵唐龍泉
刻本
　　七冊

魏書文鈔十八卷　　　T2591/2124.4

〔北齊〕魏收撰　〔明〕戴羲輯
明天啓刻二十一史文鈔本
　　四冊

唐書合鈔二百六十卷附唐書宰相世系表訂訛十二卷唐書合抄補正六卷

　　　　　　　　　　　2620/3191

〔清〕沈炳震撰
清嘉慶十八年（1813）海昌查氏刻本
　　八十冊

歐陽文忠公五代史抄二十卷

　　　　　　　　　　　T2640/7872.4

〔明〕茅坤輯評
明末刻本
十冊

史評類

史論之屬

千秋金鑑錄五卷　　　2514/1342

〔唐〕張九齡撰
清光緒十八年（1892）刻本

一冊

史通通釋二十卷附錄一卷　T2460/7282j

〔唐〕劉知幾撰　〔清〕浦起龍釋
〔清〕蔡焯等編
清乾隆十七年（1752）梁溪浦氏求放
心齋刻本
　　十冊
　　又一部，T2460/7282j c.2，八冊。

史通削繁四卷　　　2460/7282.26

〔唐〕劉知幾撰　〔清〕浦起龍釋
〔清〕紀昀節削
清道光十三年（1833）涿州盧坤兩廣
節署刻本
　　四冊

史通削繁四卷　　　2460/7282.26b

〔唐〕劉知幾撰　〔清〕浦起龍釋
〔清〕紀昀節削
清光緒元年（1875）凱江李氏家塾
刻本
　　四冊

史通訓故補二十卷　T2460/7282.48

〔清〕黃叔琳撰
清乾隆十二年（1747）養素堂刻本
四冊

欽定元承華事略補圖六卷

　　　　　　　　2514/1195 FOLIO

〔元〕王惲撰
清光緒二十二年（1896）内府刻本
一冊

史案二十卷　　　　　　　　2514/2332
〔清〕吳裕垂撰
清道光六年（1826）涇縣吳氏家刻本
四冊

歷朝史案二十卷　　　　　　2514/3823
〔清〕洪亮吉　吳裕垂編
清刻本
六冊

史案日抄八卷　　　　　　　T2516/7127
〔□〕鑒山氏輯注
清稿本
八冊

荊石王相國段注百家評林班馬英鋒選
十卷　　　　　　　　　　　T2511/1182
〔明〕王錫爵選
明萬曆二十九年（1601）金陵周時泰
博古堂刻本
三冊

歸方評點史記合筆六卷附錄二卷
　　　　　　　　　　　　　2511/1273.1
〔清〕王拯纂
清光緒元年（1875）成都望三益齋刻本
四冊

史記綜芬評林三卷　　　　　T2511/1273.203
〔明〕焦竑輯　　〔明〕李廷機釋
明萬曆建興書軒魏畏所刻本
三冊

史記論文一百三十卷　　　　2511/1273.26
〔明〕英見思評點　　〔清〕吳興祚參訂

清康熙二十五年（1686）尺木堂刻本
二十四冊

史記測議一百三十卷　　　　2511/1273.28b
〔明〕徐孚遠　陳子龍測議
清末瑞成堂刻本
三十冊

史記測議一百三十卷　　　　2511/1273.28
〔明〕徐孚遠　陳子龍測議
清光緒間文淵堂刻本
三十六冊

看鑑偶評五卷附補評　　　　T2512/4122
〔清〕尤侗撰
清康熙刻本
二冊

評鑑闡要十二卷　　　　　　2512/7222
〔清〕劉統勳等編
清光緒十年（1884）皖省聚文書坊刻本
六冊

讀史管見三十卷目錄二卷　　T2514/4238
〔宋〕胡寅撰
明崇禎八年（1635）太倉張氏刻本
十一冊

讀史管見三十卷目錄二卷　　T2514/4238b
〔宋〕胡寅撰
清康熙五十三年（1714）刻本
十六冊

史學提要箋釋五卷　　　　　T2516/4828.4
〔宋〕黃繼善撰　　〔清〕楊錫祐箋釋

清康熙五十五年（1716）刻本
六册

唐宋名賢歷代確論一百卷　　T2514/0327
明弘治十七年（1504）錫山錢孟濬
刻本
三十二册

唐宋名賢歷代確論一百卷　　2514/0327b
〔明〕錢福輯
清光緒二十八年（1902）邃學齋主人
校刻本
八册

宋史筆斷十二卷　　T2665.4/1100
〔明〕正誼齋編集
明刻本
六册

留餘堂史取十二卷　　T2514/4805
〔明〕賀詳撰
明末刻本
十二册

**鐫重訂補注歷朝捷録史鑑提衡四卷首一
卷靖難紀略一卷**　　T2516/3801.4
〔明〕顧充撰　　〔明〕李廷機重訂
明萬曆建邑書林熊沖宇刻本
二册

新鐫歷朝捷録增定全編大成四卷
　　T2516/3801.7
〔明〕顧充編撰　　〔明〕鍾惺增定
明崇禎吳門王公元刻本
十二册

**歷朝捷録四卷元朝捷録一卷皇明捷録二
卷**　　T2516/3801.8
〔明〕顧充撰　　（元朝捷録）〔明〕
張四知撰　　（皇明捷録）〔明〕李良翰
鍾惺撰
明崇禎刻本
二册

歷朝捷録全文十二卷首一卷末一卷
　　T2516/3801.72
〔明〕顧充撰　　〔明〕周昌年等補
〔清〕徐士俊鑒釋　　〔清〕汪淇直解
清康熙刻本
二册

歷朝捷録删　　2516/3801.2
〔明〕顧充撰
舊抄本
四册

讀史漫録十四卷　　T2514/1492
〔明〕于慎行撰
明萬曆四十二年（1614）于緯刻本
十二册

趙忠毅公儕鶴先生史韻補注四卷
　　2516/4846
〔明〕趙南星撰　　〔清〕陳鍾祥補注
清同治元年（1862）貴筑陳氏刻本
二册

顧氏詩史十五卷　　T2514/3810
〔明〕顧正誼撰
明萬曆二十八年（1600）華亭顧氏永
春堂刻本

十册

千百年眼十二卷　　　　　T9153/1393
　〔明〕張燧纂
　明萬曆刻本
　四册

千百年眼十二卷　　　　　9153/1393
　〔明〕張燧纂
　清光緒三十一年（1905）上海史學社
石印本
　六册

史拾不分卷　　　　　T2516/2314
　〔明〕吳宏基撰
　明末刻本
　二十册

檇李曹太史評鐫古今全史一覽六卷
　　　　　　　　　T2516/8210
　〔明〕舒弘諤輯
　明崇禎十四年（1641）檇李曹氏刻本
　四册

青萊續史十八卷　　　　　T2514/2961
　〔清〕朱里撰
　清順治十二年（1655）魯人龍刻本
　二十册

讀書論世十六卷　　　　　T2514/2358
　〔清〕吳肅公撰
　清康熙三十七年（1698）揚州詒清堂
刻本
　八册

古今治統二十卷　　　　　T2516/2947
　〔明〕徐奮鵬撰
　清乾隆十二年（1747）槐柳齋刻本
　八册

讀史辨道四卷　　　　　T2516/1342
　〔清〕張大復撰
　清乾隆四十九年（1784）張氏近古堂
刻本
　四册

寰宇分合志八卷增輯一卷　　2517/2941
　〔明〕徐樞編　　（增輯）〔清〕鄭元
慶　楊超沿編
　清光緒二十八年（1902）湘潭楊氏刻本
　八册

**歷代史論十二卷宋史論三卷元史論一卷
附明史論四卷左傳史論二卷**　2514/1334
　〔明〕張溥撰　　（明史論）〔清〕谷
應泰撰　　（左傳史論）〔清〕高士奇撰
　清光緒八年（1882）西江裴氏校刻本
　八册

**歷代史論十二卷宋史論三卷元史論一卷
附明史論四卷左傳史論二卷**
　　　　　　　　　2514/1334b
　〔明〕張溥撰　　（明史論）〔清〕谷
應泰撰　　（左傳史論）〔清〕高士奇撰
　清光緒十一年（1885）粵東文陞閣
刻朱墨套印本
　八册

讀史提要十五卷　　　　　T2516/1343
　〔清〕張英補纂

清康熙五十二年（1713）武英殿刻本
五冊

四史勦説十六卷　　　　　　T2514/5014
〔清〕史珌撰
清乾隆二十九年（1764）清風堂刻本
八冊

加批鑑史提綱四卷　　　　　2514/4106.1
〔清〕盧文錦補注
清嘉慶十三年（1808）麟書閣刻本
一冊
鋼鑑總論　〔元〕潘榮撰
讀史論略　〔清〕杜詔撰
自古帝王世次源流考　〔清〕蔣先
　　庚撰

宜古宜今一卷　　　　　　　2517/3438
〔清〕靈臺居士抄
清嘉慶十七年（1812）抄本
一冊

讀史任子自鏡錄二十二卷首一卷
　　　　　　　　　　　　　　2258/4229
〔清〕胡季堂撰
清道光二年（1822）胡氏刻本
十六冊

史餘二十卷　　　　　　　　2517/7944
〔清〕陳堯松撰
清同治三年（1864）竹平安齋刻本
六冊

澂景堂史測十四卷　　　　　2514/0132
〔清〕施鴻撰

清光緒二十三年（1897）邵武徐氏刻本
二冊

**史事論甲編十卷乙編六卷丙編四卷丁編
四卷**　　　　　　　　　　　2514/1616
〔清〕雷瑨編輯
清光緒二十九年（1903）硯耕山莊石
印本
十六冊

歷代史論正鵠十卷　　　　　2514/2074
〔清〕維新居士編輯　〔清〕葉兆慶
重訂
清光緒二十八年（1902）上海點石齋
石印本
八冊

浙江四大家史論合編四卷　　2514/4147
〔清〕杭世駿等撰
清光緒二十八年（1902）刻本
二冊

王安石新法論一卷　　　　4616/1131.04
〔日〕高橋作衛撰　〔清〕陳超譯
清光緒二十八年（1902）上海廣智書
局鉛印本
一冊

東社讀史隨筆二卷　　　　　2514/4108
〔清〕獨醒主人撰
清光緒三十一年（1905）刻本
二冊

高太史論鈔四卷　　　　　　5531/0274
〔清〕高熙喆撰

清宣統元年（1909）刻本

四册

考訂之屬

十七史商榷一百卷　　　　2515/1165

〔清〕王鳴盛撰

清廣雅書局刻本

七册（十四册改訂）

二十二史劄記三十六卷　　　2518/4818

〔清〕趙翼撰

清光緒二十年（1894）廣雅書局刻本

十六册

重刻讀書鏡十卷重刻昨非庵日纂十八卷

　　　　　　　　　　　　T9153/8180

〔明〕陳繼儒撰　　（昨非庵日纂）

〔明〕鄭瑄撰

清康熙十二年（1673）黃蔚半息軒

刻本

六册

咏史之屬

詩史十二卷　　　　　　T2516/4213

〔清〕葛震撰

清康熙四十二年（1703）鍾國璽刻本

四册

讀史碎金六卷注八十卷　　2517/4209

〔清〕胡文炳輯

清光緒元年至二年（1875—1876）蘭

石齋刻本

八十七册

榆图讀史草二卷　　　　　5526/4454

〔清〕李壽蓉撰　　〔清〕周益注

清光緒十年（1884）鉛印本

二册

史鑑節要便讀六卷末一卷　2516/2156b

〔清〕鮑東里撰

清光緒二十八年（1902）廣州麟書閣

校刻本

二册

庚子都門紀事詩六卷首一卷　2895/1432

〔清〕延清撰

清光緒二十八年（1902）京江刻本

四册

又一部，5526/1432.3，二册。

庚子都門紀事詩補一卷　　2895/1432.2

〔清〕延清撰

清宣統三年（1911）鉛印本

一册

讀史偶吟二卷　　　　　T2514/1916

〔清〕孫玉甲撰　　〔清〕吳如珩注

清乾隆五年（1740）刻本

二册

傳記類

總傳之屬

帝鑑圖説不分卷　　　　　1685/1371

〔明〕張居正　呂調陽撰

清純忠堂刻本

六册

臣鑒録二十卷　　　　　　　1685.5/4425
　〔清〕蔣伊撰
　清康熙間常熟蔣氏雲南刻本
　二十册

聖賢象贊三卷　　　　　　　1789/6618
　〔明〕呂元善撰輯
　清光緒四年（1878）曲阜會文堂刻本
　四册

兩浙防護録不分卷　　　　　1798/1237
　〔清〕阮元輯
　清光緒會稽董氏取斯家塾刻本
　六册

兩浙防護録不分卷　　　　　1798/1237b
　〔清〕阮元輯
　清光緒十五年（1889）浙江書局刻本
　二册

古先君臣圖鑑不分卷附小傳古贊
　　　　　　　　　　　　　T2258/4217
　明刻本
　三册

英雄記鈔一卷　　　　　　　2259.2/1129
　〔漢〕王粲撰　〔明〕何允中輯
　清嘉慶刻廣漢魏叢書本
　二册

宋十賢傳二卷　　　　　　　T2259.5/7942
　〔清〕陳世倌撰
　清乾隆八年（1743）刻本
　四册

古今人物論三十六卷　　　　T2514/8278
　〔明〕鄭賢輯
　明萬曆潭陽余彰德刻本
　二十四册
　又一部，T2514/8278 c.2，十四册。

歷代象賢録二十卷　　　　　T2261/0234
　〔明〕郭良翰輯
　明萬曆刻本
　四册

鹽梅志二十卷　　　　　　　T2261.4/4445
　〔明〕李茂春撰
　明萬曆三十七年（1609）刻本
　八册

濟美録四卷　　　　　　　　T2266/8234
　〔明〕鄭燭編
　明嘉靖十四年（1535）鄭氏家塾刻本
　一册

中西人物通考一百卷　　　　2257.7/4936
　〔清〕葉逢時編輯
　清光緒二十九年（1903）杭州史學齋
石印本
　二十册

歷代名人年譜十卷附一卷　　2257/2399
　〔清〕吳榮光撰
　清咸豐二年（1852）刻本
　十册

古今長者録八卷附筆疇一卷讀書簡要一
卷　　　　　　　　　　　　T2258/1232
　〔明〕黃文炤撰　〔明〕彭士望評

（筆疇）〔明〕王達撰　（簡要）〔清〕蔣永撰

　　清乾隆八年（1743）寧都曾氏西園校刻本

　　　　二册

鏡古録八卷　　　　　　　T2258/2101

　　〔明〕毛調元撰

　　明萬曆四十四年（1616）紫陽書院刻本

　　　　四册

　　　　又一部，T2258/2101b，八册。

人壽金鑑二十二卷　　　　2258/2122

　　〔清〕程得齡撰

　　清嘉慶二十五年（1820）刻本

　　　　十册

歷代壽考名臣録不分卷附一卷

　　　　　　　　　　　　　　2258/3846

　　〔清〕洪梧等輯

　　清嘉慶二十一年（1816）序蘇州文學山房木活字印本

　　　　四册

歷代名賢齒譜九卷　　　　T2258/6233

　　〔清〕易宗涒纂輯

　　清乾隆刻本

　　　　十册

　　　　存卷一至五。

年華録四卷　　　　　　　2258/8130

　　〔清〕全祖望輯

　　清嘉慶二十年（1815）刻本

　　　　一册

鶴徵録八卷後録十二卷　　2259.8/4429

　　〔清〕李集輯　〔清〕李富孫續輯

　　清嘉慶十六年（1811）漾葭老屋刻同治十一年（1872）補刻本

　　　　六册

碑傳集一百六十卷首二卷　2259.8/8524

　　〔清〕錢儀吉纂録

　　清光緒十九年（1893）江蘇書局刻本

　　　　六十册

　　　　又一部，2259.8/8525，六十册。

續碑傳集八十六卷首二卷

　　　　　　　　　　　　　　2259.8/8524.1

　　繆荃孫纂録

　　清宣統二年（1910）江楚編譯書局刻本

　　　　二十四册

　　　　又一部，2259.8/8525.2，二十四册。

文獻徵存録十卷　　　　　2259.8/8549

　　〔清〕錢林輯　〔清〕王藻校

　　清咸豐八年（1858）有嘉樹軒刻本

　　　　十二册

宣城李氏述德録不分卷　　2268/4438

　　〔清〕李榠編輯

　　清光緒九年（1883）刻本

　　　　一册

元功垂范二卷續一卷附三種

　　　　　　　　　　　　　　T2763/1033

　　〔清〕尹源進撰　〔清〕張允格續

　　清乾隆三十年（1765）刻本

　　　　五册

尚氏名諱録　清乾隆五十四（1789）
　刻本
尚氏家則　〔清〕尚崇璧編　清乾
　隆二十八年（1763）刻本
〔尚氏修譜函稿〕　〔清〕尚宗一等
　編　清光緒二年（1876）抄本

康濟譜二十五卷　　　　　4699.2/3630
〔明〕潘游龍輯
清道光七年（1827）北平琉璃廠刻本
十二册

世德録不分卷　　　　　　5781/1185
〔清〕王鉞編輯　〔清〕王柯等續輯
清乾隆二十五年（1760）重修諸城世
德堂刻本
四册

新鐫旁批詳注總斷廣名將譜二十卷
　　　　　　　　　　　T8907/7914.4
〔明〕陳元素撰　〔明〕黄道周評注
明末刻本
四册
存卷一至十。

新鐫繡像旁批詳注總斷廣百將傳二十卷
　　　　　　　　　　　T8907/7919.01
〔明〕陳元素撰　〔明〕黄道周評注
〔明〕周亮輔增補
清刻本
十册

注釋評點古今名將傳十七卷附録一卷
　　　　　　　　　　　T8907/7919
〔明〕陳元素編并點評

明天啓三年（1623）刻本
十册

二俠傳二十卷　　　　　T2258/2908
〔明〕徐廣輯
明萬曆刻本
八册
又一部，T2258/2908 c.2，五册。

皇明十六種小傳四卷　　T2259.7/3112
〔明〕江盈科輯
明萬曆二十九年（1601）江氏雪濤閣
刻本
四册

明狀元圖考五卷　　　　T2259.7/3830
〔明〕顧鼎臣　顧祖訓撰
明萬曆三十五年（1607）吳承恩、黄
文德刻崇禎增修本
四册
存卷一至三。

明狀元圖考三卷附三元喜讌詩二卷
　　　　　　　　　　　2259.7/3830b
〔明〕顧祖訓彙編　〔明〕吳承恩等
增補　〔明〕黄應澄繪圖
清咸豐六年（1856）福元書室刻本
四册

擬明代人物志十卷　　　T2259.7/7254
〔清〕劉青芝撰
清乾隆刻本
四册

遜國神會錄二卷　　　　　　　T2722/4843
　　〔明〕黃士良撰　　〔清〕楊思本評
　　清康熙刻本
　　四册

明鼎甲徵信錄四卷清鼎甲徵信錄四卷
　　　　　　　　　　　　　　2261.4/7734
　　〔清〕閻湘蕙編輯　　〔清〕張椿齡增訂
　　清同治三年（1864）刻本
　　四册

世祖章皇帝位下第二子和碩裕憲親王之
後裔不分卷　　　　　　　　T2252.8/5302
　　〔清〕宗人府玉蝶館纂修
　　清內府寫本
　　一册

國朝文廟崇祀錄十七卷首一卷補遺二卷
　　　　　　　　　　　　　　1768.1/2331
　　〔清〕熊汝弼輯
　　清道光二十四至二十五年（1844—
1845）調元書屋刻本
　　八册

八旗滿洲氏族通譜八十卷目錄二卷
　　　　　　　　　　　TMA2252.8/6095
　　〔清〕鄂爾泰等撰
　　清乾隆九年（1744）內府刻本
　　二十六册

八旗滿洲氏族通譜八十卷目錄二卷
　　　　　　　　　　　　T2252.8/6095
　　〔清〕鄂爾泰等撰
　　清乾隆九年（1744）內府刻本
　　二十四册

國朝先正事略六十卷　　　　2259.8/4410
　　〔清〕李元度撰
　　清同治五年（1866）循陔草堂刻本
　　三十二册

國朝耆獻類徵初編七百二十卷附賢媛類
徵初編十二卷　　　　　　　2259.8/4441
　　〔清〕李桓輯錄
　　清光緒十至十六年（1884—1890）
湘陰李氏刻本
　　三百册

敏求軒述記十六卷　　　　　2259.8/8443
　　〔清〕陳世箴輯
　　清道光二十八年（1848）刻本
　　八册

中興將帥別傳□□卷　　　T2259.86/3727
　　〔清〕朱孔彰撰
　　清末藍格稿本
　　一册
　　存一卷。

史外八卷附錄一卷　　　　　2261.1/3145
　　〔清〕汪有典纂
　　清光緒三年（1877）刻本
　　八册

三立祠傳四卷　　　　　　　T1798/1103c
　　〔明〕袁繼咸撰　　〔清〕劉梅訂
〔清〕和其衷編
　　清乾隆三十年（1765）太原劉贊刻嘉
慶至道光間增修本
　　四册

三立祠名賢傳四卷附録二卷　　1798/1103
　　〔明〕袁繼咸撰　　〔清〕劉梅訂
〔清〕劉贊重編
　　清嘉慶二十三年（1818）補刻本（山
西晉陽書院藏板）
　　四册

西湖三祠名賢考略三卷　　　1798/1631
　　〔清〕戴啓之編
　　清光緒三十年（1904）刻本
　　二册

婺源沱川余氏族譜不分卷
　　　　　　　　　T2252.8/1389
　　〔明〕余懋學撰　　〔清〕余光詔輯
　　清初抄本
　　一册

中州人物考八卷　　　　　　2258/1943
　　〔清〕孫奇逢輯
　　清道光二十四年（1844）刻本
　　八册

海岱史略一百四十卷　　　2260.15/1174
　　〔清〕王馭超編
　　清光緒二十三年（1897）安邱王氏刻本
　　二十四册

南陽人物志八卷　　　　　2260.17/7253
　　〔清〕劉拱宸撰
　　清同治九年（1870）南陽府衙刻本
　　十二册

武威耆舊傳四卷　　　　　2260.19/3654
　　〔清〕潘挹奎撰

清刻本
一册

楚寶四十卷外篇五卷附考異、增輯
　　　　　　　　　2260.24/7214
　　〔明〕周聖楷輯纂　　（附）〔清〕鄧
顯鶴撰
　　清道光九年（1829）寧鄉學署重校
刻本
　　二十六册

桐城耆舊傳十二卷附列女傳一卷
　　　　　　　　　2260.27/724
　　〔清〕馬其昶撰
　　清宣統三年（1911）刻本
　　六册

雲間邦彥畫像不分卷　　　2260.28/1750
　　〔清〕沈壽康摹像　　〔清〕閔萃祥
記略
　　清末刻本
　　一册

吳郡名賢圖傳贊二十卷　　2260.28/2312
　　〔清〕顧沅輯　　〔清〕孔繼堯繪像
　　清道光九年（1829）長洲顧氏刻本
　　八册

金陵通傳四十五卷補遺四卷姓名韻編一
卷續傳一卷補傳一卷附金陵通紀十卷續
四卷　　　　　　　2260.28/4209
　　〔清〕陳作霖纂述
　　清光緒三十至三十三年（1904—
1907）瑞華館刻本
　　十六册

晋陵先賢小傳不分卷　　　2260.28/7757
　　〔明〕歐陽東鳳撰
　　清末陽湖錢寶樹等木活字印本
　　二册

於越先賢像傳贊二卷　　　2260.29/1123
　　〔清〕王齡撰　　〔清〕任熊繪
　　清咸豐六年（1856）刻光緒三年
（1877）印本
　　二册

婺書八卷　　　2260.29/2336
　　〔明〕吳之器撰
　　清光緒二十年（1894）凝德祠木活字
印本
　　四册

四明忠孝節義傳圖不分卷
　　　2260.29/7142
　　〔清〕劉慈孚編　　〔清〕虞琴繪圖
　　清光緒十二年（1886）石印本
　　四册

金華徵獻略二十卷　　　T2260.29/8145.1
　　〔清〕王崇炳撰
　　清雍正十年（1732）金律刻本
　　十八册

練川名人畫像六卷續編三卷
　　　2260/2130
　　〔清〕程祖慶輯
　　清光緒四年（1878）刻本
　　二册

湖南襃忠録初稿五十七卷　　　2875/0225
　　〔清〕郭嵩燾等編
　　清同治十二年（1873）刻本
　　二十二册

當湖外志八卷續志八卷附忠義紀略一卷
　　　3070/1437
　　〔清〕馬承昭纂輯
　　清光緒元年（1875）刻本
　　四册

孔庭學裔五卷　　　1010.7/2447
　　〔清〕傅壽彤撰
　　清同治二年（1863）貴筑傅氏汴省刻
澹勤室著述本
　　二册
　　又一部，9118/2447（2—3），二册。

（河北保定）定興鹿氏二續譜十五卷
　　　2252.8/3701
　　〔清〕鹿傳霖纂修
　　清光緒二十三年（1897）刻本
　　十册

（安徽休寧）休寧蓀浯二溪程氏宗譜四卷
　　　T2252.7/2321
　　〔明〕程典等纂修
　　明嘉靖休寧程氏刻本
　　四册

（安徽休寧）梯山汪氏家譜十五卷
　　　T2252.8/4230
　　〔清〕汪國蔚纂修
　　清乾隆十二年（1747）抄本
　　四册

（安徽休寧）休寧厚田吳氏宗譜六卷
T2252.8/2323
〔清〕吳騫纂修
清乾隆五十二年（1787）休寧吳氏家刻本
六册

（安徽歙縣）昌溪太湖支吳氏族譜不分卷
T2252.8/6324
〔清〕吳錫純纂修
清光緒二十五年（1899）昌溪吳氏叙倫堂木活字印本
二册
又一部，2252.8/6324，二册。

（安徽黟縣）濟陽江氏宗譜七卷首一卷
T2252.8/3731
〔清〕江光裕等纂修
清道光十八年（1838）木活字印本
四册

（安徽桐城）皖桐璩氏族譜二十六卷首一卷末一卷
T2252.8/2413
〔清〕璩光燦等纂修
清同治四年（1865）璩氏世德堂、遺經堂刻本
二十八册

（安徽桐城）皖桐壽墳湯氏宗譜三十四卷
2252.8/4432
〔清〕湯敦善等纂修
清光緒二年（1876）桐城湯氏敦厚堂木活字印本
二十八册

（安徽桐城）楊鍾氏宗譜十二卷
T2252.8/4281
〔清〕鍾俊秀等纂修
清同治八年（1869）桐城鍾氏世清堂木活字印本
十二册

（安徽桐城）桐陂趙氏宗譜二十八卷首一卷
2252.8/4748
〔清〕趙立方等纂修
清光緒九年（1883）桐城趙氏明宗堂木活字印本
二十册

（安徽涇縣）張香都朱氏支譜三十二卷首一卷末一卷
T2252.8/1242
〔清〕朱珨纂修
清道光五年（1825）涇縣朱氏刻本
八册

（安徽涇縣）張香都朱氏續修支譜三十六卷首一卷末一卷
T2252.8/1229
〔清〕朱彝纂修
清光緒三十三年（1907）刻本
十册

（上海嘉定）嘉定顧氏宗譜不分卷
T2252.8/4338
〔清〕顧鴻烈纂修
清稿本
一册

（上海崇明）黄氏家乘二十二卷
T2252.8/4732
〔清〕黄漢榮纂修

清同治九年（1870）崇明黄氏務本堂
刻本

二十二册

（上海）周氏家世述不分卷

T2252.8/7734

〔清〕周琢新　周宗璜纂修

清嘉慶二十二年（1817）抄本

四册

（上海）淞溪李氏族譜四卷

T2252.8/3344

〔清〕李氏族裔修

清稿本

六册

（江蘇武進）湯氏家乘十六卷首一卷末
一卷　　　　T2252.8/1332

〔清〕湯貽汾纂

清道光二十九年（1849）木活字印本

十册

（江蘇武進）毗陵十里牌周氏宗譜八卷

2252.8/6772

〔清〕周邦儉等纂修

清光緒三十年（1904）毗陵周氏集
義堂木活字印本

八册

（江蘇武進）毗陵鄒氏宗譜十一卷

2252.8/6722

〔清〕鄒浚川等纂修

清光緒元年（1875）毗陵鄒氏仁厚
堂木活字印本

十二册

（江蘇常熟）海虞翁氏族譜不分卷

T2252.8/3282

〔清〕翁心存　翁同龢纂修

清同治十三年（1874）刻本

一册

（江蘇常熟）海虞曾氏家譜不分卷

2252.8/3286

〔清〕曾達文纂修

清光緒二十年（1894）常熟曾氏義莊
木活字印本

一册

又一部，

2252.8/3286 c.2，一册，存卷首。

（江蘇常熟）牧齋晚年家乘文一卷錢牧
翁先生年譜一卷　　　2252.8/3385

〔清〕錢謙益撰　　（年譜）〔清〕彭
城退士撰

清宣統三年（1911）上海國學扶輪社
鉛印本

一册

（江蘇吳縣）洞庭秦氏宗譜五卷首三卷
末一卷　　　　T2252.8/3059

〔清〕秦錦等纂修

清同治十二年（1873）咏烈堂刻本

十六册

（江蘇常州）常州觀莊趙氏支譜十六卷
首一卷尾一卷　　　2252.8/9340

〔清〕趙烈文等纂修

清光緒二年（1876）常州趙氏木活字
印本

十六册

（江蘇蘇州）碧鳳顧氏支譜不分卷

T2252.8/1738

〔清〕顧楏纂修

清光緒抄本

六册

（江蘇蘇州）太原王氏皋橋支譜不分卷

2252.8/4711

〔清〕王朝俊　王堡纂修

清光緒二十四年（1898）刻本

二册

（江蘇蘇州）吳郡程氏支譜六卷

2252.8/2121

〔清〕程嚨纂修

清光緒三十一年（1905）吳郡程氏成

訓義莊木活字印本

六册

（江蘇無錫）鄧氏宗譜二十卷

T2252.8/1730

〔清〕鄧源昌等纂修

清同治十三年（1874）報本堂木活字

印本

五十四册

（江蘇丹徒）京江郭氏家乘八卷留餘録一

卷立齋遺詩六卷附録一卷舫樓拾遺彙鈔

一卷種蕉館詩集六卷補遺一卷附録一卷

2252.8/0302

〔清〕郭開淯等纂修　　（遺詩）

〔清〕郭家駒撰　（詩集）〔清〕郭堃撰

清宣統三年（1911）續古堂木活字

印本　（詩集）清光緒二十一年（1895）

刻本

十册

（江蘇吳江）吳江金氏家譜六卷

T2252.8/2381

〔清〕金學詩纂修

清嘉慶刻本

一册

（江蘇如皋）如皋西鄉李氏族譜十二卷

2252.8/4644

〔清〕李松樓等纂修

清光緒三十年（1904）如皋李氏隴西

堂木活字印本

十二册

（江蘇如皋）皋東劉氏宗譜二十卷

2252.8/727

〔清〕劉錚等纂修

清光緒二十二年（1896）如皋劉氏明

經堂木活字印本

二十册

（江蘇鎮江）韓氏宗譜二卷

T2252.8/3345

〔清〕譚錦珩纂　〔清〕韓有和修

清同治七年（1868）韓氏廣德堂木活

字印本

二册

（江蘇蘇州）吳趨汪氏支譜二十卷首一卷

2252.8/2431

〔清〕汪體椿等纂修　〔清〕汪彤宣

補修

清宣統二年（1910）汪氏耕蔭莊木活

字印本

十册

（江蘇崑山）楊氏婁城支譜不分卷
　　　　　　　　2252.8/5442
　　〔清〕楊泰瑛等纂修
　　清宣統元年（1909）石印本
　　一册

（山東淄博）淄川畢氏世譜不分卷
　　　　　　　　T2252.8/3265
　　〔清〕畢岱煃纂修
　　清嘉慶十二年（1807）淄川畢氏刻本
　　二册

（山東淄博）淄川畢氏世譜不分卷
　　　　　　　　3141/226/.88
　　〔清〕仲貽熙纂　　〔清〕仲統嵐修
　　清光緒二年（1876）刻本
　　五册

（山東海豐）吳氏世德録四卷
　　　　　　　　2252.8/3223
　　〔清〕吳重憙輯
　　清光緒九年（1883）刻本
　　四册

（浙江杭州）平陽汪氏第九十二世小宗譜六卷
　　　　　　　　2252.8/1731
　　〔清〕汪曾立纂修
　　清光緒六年（1880）刻本
　　二册

（浙江杭州）武林黃氏宗譜不分卷
　　　　　　　　T2252.8/1448
　　〔清〕黃氏族裔修

清末黃氏禮耕堂鈔本
一册

（浙江蕭山）蕭山史村曹氏宗譜二十五卷補遺一卷
　　　　　　　　2252.8/4256
　　〔清〕曹瀚等輯修
　　清光緒六年（1880）蕭山曹氏惇叙堂木活字印本
　　二十二册

（浙江蕭山）蕭山馬湖傅氏宗譜不分卷
　　　　　　　　T2252.8/4272
　　〔清〕傅致雲等纂修
　　清同治十三年（1874）蕭山傅氏敦裕堂木活字印本
　　五册

（浙江蕭山）蕭山郎氏宗譜四卷首一卷
　　　　　　　　T2252.8/4232
　　〔清〕郎師夔纂輯　　〔清〕郎天錦等續修
　　清道光九年（1829）補蕭山郎氏詒穀堂木活字印本
　　十六册

（浙江蕭山）蕭山石板衖李氏宗譜不分卷
　　　　　　　　T2252.8/4244
　　〔清〕李元英等纂修
　　清道光八年（1828）蕭山李氏致和堂木活字印本
　　六册

（浙江蕭山）蕭山任氏家乘二十卷
　　　　　　　　T2252.8/4221
　　〔清〕任瓣雲等纂修

清同治十三年（1874）蕭山任氏永思
堂木活字印本

　　五十册

**（浙江蕭山）蕭山長巷沈氏續修宗譜
四十卷首一卷**　　　　2252.8/4231

　　〔清〕沈荇等纂修

　　清光緒十九年（1893）蕭山沈氏承裕
堂木活字印本

　　三十二册

（浙江蕭山）蕭山史氏宗譜二十四卷
　　　　　　　　　　2252.8/4250

　　〔清〕史晋纂修

　　清光緒十八年（1892）史氏八行堂木
活字印本

　　十六册

（浙江蕭山）蕭山孫氏宗譜十卷
　　　　　　　　　　2252.8/4219

　　〔清〕孫增鑫等纂修　　〔清〕孫樹森
等續修

　　清光緒三十年（1904）蕭山孫氏守正
堂木活字印本

　　十册

**（浙江蕭山）蕭山塘灣井亭徐氏宗譜十
卷附宗祠祭簿**　　　2252.8/4229

　　〔清〕徐品生等纂修

　　清宣統三年（1911）蕭山塘灣井亭徐
氏南州草堂木活字印本

　　十一册

（浙江蕭山）蕭邑苧蘿張氏宗譜四卷
　　　　　　　　　　2252.8/4613

　　〔清〕張成高等纂修

　　清光緒十五年（1889）蕭邑苧蘿張氏
百忍堂木活字印本

　　四册

（浙江蕭山）錢清鍾氏宗譜六卷
　　　　　　　　　　T2252.8/8381

　　〔清〕鍾廷燦纂修

　　清咸豐七年（1857）承啓堂木活字
印本

　　八册

（浙江湖州）竹溪沈氏家乘二十卷首一卷
　　　　　　　　　　2252.8/8331

　　〔清〕沈秉成纂修

　　清光緒十年（1884）竹溪沈氏補修
刻本

　　二十八册

（浙江湖州）南潯周氏家譜八卷首一卷
　　　　　　　　　　2252.8/4372

　　〔清〕周慶雲纂修

　　清宣統三年（1911）鉛印本

　　二册

（浙江湖州）荻溪章氏支譜不分卷
　　　　　　　　　　T2252.8/4303

　　〔清〕章耀曾纂修

　　清稿本

　　四册

（浙江紹興）越城江橋陳氏宗譜四卷
　　　　　　　　　　2252.8/4479
　　〔清〕陳錫朋等纂修
　　清光緒九年（1883）越城江橋陳氏
德星堂木活字印本
　　四册

（浙江紹興）鄭氏宗譜五卷
　　　　　　　　　　2252.8/8730
　　〔清〕鄭玉炎纂修
　　清光緒十二年（1886）會稽鄭氏書帶
草堂木活字印本
　　六册

（浙江紹興）稽剡鄭氏總五房宗譜六卷
　　　　　　　　　　2252.8/2982
　　〔清〕鄭疇文等纂修
　　清宣統元年（1909）鄭氏貽清堂木
活字印本
　　七册

（浙江紹興）會稽秦氏宗譜不分卷
　　　　　　　　　　2252.8/8259
　　〔清〕秦基輯
　　清宣統三年（1911）石印本
　　二册

（浙江嘉興）檇李梅溪雙桂張氏宗譜不
分卷　　　　　　　T2252.8/4413
　　〔清〕張琴等纂修
　　清乾隆三十三年（1768）梅溪張氏
刻本
　　二册

（浙江紹興）芝湖陳氏家譜八卷
　　　　　　　　　　2252.8/4379
　　〔清〕陳開源等纂修
　　清光緒五年（1879）芝湖陳氏聚德堂
木活字印本
　　八册

（浙江紹興）山陰梅溪王氏宗譜八卷
　　　　　　　　　　T2252.8/2711
　　〔清〕王汝槐等纂修
　　清咸豐三年（1853）三槐堂木活字
印本
　　八册

（浙江紹興）山陰白洋朱氏宗譜三十二卷
首一卷　　　　　　2252.8/2729
　　〔清〕朱增等纂修
　　清光緒二十一年（1895）山陰朱氏玉
泉堂木活字印本
　　二十八册

（浙江紹興）重修登榮張氏族譜二十四
卷首一卷　　　　　T2252.8/1913
　　〔清〕張景燾纂修
　　清道光二十一年（1841）木活字印本
　　四册

（浙江紹興）遺風龐氏宗譜不分卷
　　　　　　　　　　T2252.8/2771
　　〔清〕龐啓鯨等纂修
　　清稿本
　　四册

（浙江浦江）浦江鄭氏旌義編二卷

T2260.29/8234

〔明〕鄭濤編

明萬曆三十一年（1603）鄭元善刻本

二册

（浙江鄞州）鄞邑小皎厲氏宗譜二卷

2252.8/4672

〔清〕厲家法等纂修

清光緒二十八年（1902）鄞邑厲氏廣

譽堂木活字印本

六册

（浙江桐鄉）青溪嚴氏家譜十卷

2252.8/5364

〔清〕嚴辰纂修

清光緒十八年（1892）刻本

四册

（浙江餘姚）餘姚朱氏宗譜十六卷首一卷

T2252.8/8429

〔清〕朱蘭等纂修

清同治十二年（1873）一本堂木活字

印本

十六册

（浙江餘姚）施氏宗譜十五卷貽編二卷

2252.8/0173

〔清〕施學曾編　〔清〕施氏親親堂

續編

清光緒四年（1878）餘姚施氏木活

字印本

十二册

（浙江寧波）慈溪東街錢氏世系譜不分卷

T2252.8/8713

〔清〕錢雷等纂修

清抄本

三册

（江西南昌）東關甘氏支譜二卷首一卷末一卷

T2252.8/5747

〔清〕甘懷和等纂修

清道光二十六年（1846）永思堂木活

字印本

六册

（江西南昌）桃溪黃氏宗譜四卷

T2252.8/4348

〔清〕蕭匯瀾等纂修

清光緒八年（1882）桃溪黃氏崇仁

堂木活字印本

八册

（江西南昌）豫章羅氏族譜不分卷

2252.8/1067

〔清〕羅氏族裔修

清抄本

十八册

（湖南寧鄉）灰湯蔣氏族譜不分卷

T2252.8/7344

〔清〕蔣民奉等纂修

清乾隆五十五年（1789）寧鄉蔣氏刻本

二册

（湖南湘陰）郭氏家譜十卷首一卷末一卷

T2252.8/3702

〔清〕郭嵩燾纂修

清咸豐七年（1857）湘陰郭氏儲芳堂刻本

一册

存卷首、七至九。

（湖南湘潭）胡氏世典十二卷附録一卷
　　　　　　　2252.8/4212

〔清〕胡元儀纂修

清光緒十四年（1888）刻本

一册

（福建晋江）靈水吳氏家譜二十七卷
　　　　　　　2252.8/1323

〔清〕吕紹華纂　〔清〕吳梓材等修

清宣統元年（1909）刻本

九册

（福建龍海）海澄梧貫吳氏家譜五卷
　　　　　　　2252.8/3323

〔清〕吕紹華纂　〔清〕吳梓材等修

清宣統元年（1909）刻本

三册

（廣東連平）連平顔氏宗譜不分卷
　　　　　　　T2252.8/3108

〔清〕顔伯燾等纂修

清稿本

四册

（廣東中山）北山楊氏族譜十卷首一卷
　　　　　　　T2252.86/1242

〔清〕楊紹榮等纂修

清咸豐七年（1857）紹經堂刻本

十册

（廣東南海）南海九江朱氏家譜十二卷首四卷
　　　　　　　T2252.8/4329

〔清〕朱宗琦等纂修

清同治八年（1869）南海九江朱氏刻本

十二册

又一部，T2252.8/4329 c.2，十一册，缺卷一至二。

（廣東南海）廖氏族譜不分卷
　　　　　　　T2252.9/4302

〔清〕廖偉和纂修

清光緒三十三年（1907）抄本

一册

（廣東）蘇氏族譜十卷附武功書院世譜三卷
　　　　　　　2252.8/4970

〔清〕蘇廷鑑纂修

清光緒二十六年（1900）刻本

八册

（廣西西林）西林岑氏族譜十卷首一卷
　　　　　　　2252.8/1422

〔清〕岑毓英纂修

清光緒十四年（1888）滇黔節署刻本

十册

（貴州遵義）遵義沙灘黎氏家譜一卷
　　　　　　　2252.8/3823

〔清〕黎庶昌纂修

清光緒二年（1876）刻本

一册

世管佐領崔姓襲職家譜不分卷附駐防比丁册不分卷
　　　　　　　T2252.8/2401

〔清〕瑪津太等纂修

清末稿本

三十七册

鑲黄旗滿洲鈕祜禄氏弘毅公家譜不分卷

　　　　T2252.8/8133

〔清〕鈕祜禄氏族裔修

清嘉慶三年（1798）稿本

十五册

正紅旗滿洲哈達瓜爾佳氏家譜不分卷

　　　　T2252.8/6323

〔清〕恩齡纂

清道光二十九年（1849）刻本

八册

百家姓考略一卷　　　　2251/1112

〔清〕王相考略

清道光大文堂刻本

一册

奇姓通十四卷　　　　T2251/1444

〔明〕夏樹芳撰

明天啓四年（1624）江陰夏氏宛委堂

刻本

八册

姓氏辯誤三十卷　　　　2251/1334

〔清〕張澍纂

清道光刻本

八册

新纂氏族箋釋八卷　　　2252.1/2323b

〔清〕熊峻運撰　〔清〕楊煌義編

清光緒七年（1881）文奎堂刻本

四册

氏族箋釋八卷　　　　2252.1/2323

〔清〕熊峻運撰

清裕元堂刻本

四册

聖門名字纂詁二卷補遺一卷

　　　　2261.1/3863

〔清〕洪恩波編

清光緒二十三年（1897）金陵官書局

刻二十五年（1899）重校補正本

二册

史姓韻編六十四卷　　　2518/3193

〔清〕汪輝祖編

清光緒十年（1884）慈谿耕餘樓書

局聚珍鉛印本

十六册

二十四史姓氏韻編六十四卷

　　　　2519/3193b

〔清〕汪輝祖輯

光緒十年（1884）上海中西書局石印本

四册

疑年録四卷　　　　2257/8543

〔清〕錢大昕撰

清嘉慶十八年（1813）刻本

一册

與《續疑年録》合函。

續疑年録四卷　　　　2257/8543

〔清〕吳修編

清嘉慶十七年（1812）刻本

一册

與《疑年録》合函。

三續疑年録十卷　　　　　2257/8543.3
　〔清〕陸心源編
　清光緒五年（1879）刻存齋雜纂本
　三册

補疑年録四卷　　　　　2257/8543.2
　〔清〕錢椒撰
　清道光十八年（1838）刻本
　一册

欽定續纂外藩蒙古回部王公表十二卷
　　　　　　　　　　2744/2334
　清道光二十九年（1849）武英殿刻本
　十二册

歷代名吏録四卷　　　　T2258/1362
　〔清〕張星徽撰
　清雍正十一年（1733）湖山草堂刻本
　四册

安危注四卷　　　　　T2258/2321
　〔明〕吳甡撰
　清康熙吳元復刻本
　八册

歷代名臣言行録二十四卷　2258/2945
　〔清〕朱桓編輯　〔清〕許時庚校
　清光緒十二年（1886）上海文瑞樓石
印本
　十六册

歷代名臣言行録二十四卷　2258/2945a
　〔清〕朱桓編輯　〔清〕潘永季校定
　清嘉慶二年（1797）刻後印本
　三十六册

歷代名臣傳三十五卷　　　2258/2954
　〔清〕朱軾　蔡世遠撰
　清同治三年（1864）刻本
　十六册

歷代循吏傳八卷歷代名儒傳八卷
　　　　　　　　　　2258/2954.2
　〔清〕朱軾　蔡世遠撰
　清同治三年（1864）刻本
　四册

碧血録五卷　　　　　2258/4120
　〔清〕莊仲方輯　〔清〕夏鸞翔繪圖
　清咸豐六年（1856）錢塘項氏禮和
堂刻本
　五册

歷代相臣傳一百六十八卷
　　　　　　　　　　T2259.4/2166
　〔明〕魏顯國撰
　明萬曆三十四年（1606）鄧以誥等刻本
　十二册
　存《唐相臣傳》（卷一至四十二）、
《五季梁唐相臣傳》（殘存卷一）

名臣事狀六卷　　　　2259.8/4222
　〔清〕彭紹升撰
　清傳抄本
　六册
　缺册一。

宋名臣言行録前集十卷後集十四卷續集
八卷別集二十六卷外集十七卷附一卷
　　　　　　　　　　T2259.5/2943b
　〔宋〕朱熹纂集　　（續集、別集、外

集）〔宋〕李幼武輯

　　清順治十八年（1661）閩縣林雲銘徽
州府刻本

　　二十册

宋名臣言行録前集十卷後集十四卷續集八卷別集二十六卷外集十七卷

2259.5/2943c

　　〔宋〕朱熹纂集　　（續集、別集、外集）〔宋〕李幼武輯

　　清道光元年（1821）歙縣洪氏績學堂刻本

　　十二册

宋朱晦菴先生名臣言行録前集十卷後集十四卷續集八卷別集十三卷外集十七卷

2259.5/2943d

　　〔宋〕朱熹纂輯　　（續集、別集、外集）〔宋〕李幼武補纂〔明〕張采評閲〔明〕馬嘉植參正

　　清聚錦堂刻本

　　二十四册

新刊名臣碑傳琬琰之集上集二十七卷中集五十五卷下集二十五卷　T2259.5/4141

　　〔宋〕杜大珪編

　　明刻本

　　三十册

　　缺《上集》卷一至五。

元朝名臣事略十五卷　　2259.6/4912

　　〔元〕蘇天爵撰

　　清光緒二十年（1894）刻本

　　四册

殿閣詞林記二十二卷　　T2259.7/0234

　　〔明〕廖道南撰

　　明嘉靖間刻本

　　八册

　　存卷三至四、六至十二。

皇明輔世編六卷　　T2259.7/0642

　　〔明〕唐鶴徵撰

　　明崇禎十五年（1642）晉陵陳氏刻本

　　十二册

皇明名臣言行録十四卷　T2259.7/2950

　　〔明〕徐咸撰

　　明嘉靖三十二年（1553）臨海王氏刻本

　　五册

明名臣言行録九十五卷　　T2259.7/2972

　　〔清〕徐開任編

　　清康熙刻本

　　二十册

皇明名臣言行録新編三十四卷

T2259.7/3102

　　〔明〕沈應魁編

　　明嘉靖三十二年（1553）自刻本

　　八册

新刊皇明名臣言行録四卷

T2259.7/4203

　　〔明〕楊廉輯　　〔明〕徐咸續輯

　　明嘉靖二十年（1541）魏有本刻本

　　八册

皇明開國臣傳十三卷　　　　　T2259.7/2964

　〔明〕朱國禎撰

　明崇禎刻本

　十二册

皇明遜國臣傳五卷首一卷

　　　　　　　　　T2259.7/2964.2

　〔明〕朱國禎輯

　明崇禎刻本

　二册

國朝列卿紀一百六十五卷

　　　　　　　　　T2259.7/1631

　〔明〕雷禮輯

　明萬曆間豐城徐氏刻本

　六十册

國朝名臣言行錄十六卷　　　　2259.8/1199

　〔清〕王炳燮纂輯

　清光緒十一年（1885）津河廣仁堂

刻本

　六册

從政觀法錄三十卷　　　　　　2259.8/2904

　〔清〕朱方增輯

　清道光十年（1830）刻本

　六册

欽定宗室王公功績表傳十二卷首一卷

　　　　　　　　　2259.8/8333

　〔清〕高宗弘曆敕撰

　清道光間北京琉璃廠榮錦書屋檢字

刻巾箱本

　六册

滿漢名臣傳九十卷　　　　　　2259.8/3327

　〔清〕國史館編

　清道光間菊花書室刻本

　一百八十册

欽定國史大臣列傳□□卷　T2259.8/8365

　〔清〕國史館撰

　清同治至宣統間國史館紅格寫本

　一册

　存卷五十八。

咸豐以來功臣別傳三十卷　　2259.86/2311

　〔清〕朱孔彰撰

　清光緒二十四年（1898）漸學廬石印

漸學廬叢書本

　六册

國史四傳　　　　　　　　　　2259.8/7111

　〔清〕阮元撰

　清刻本

　四册

　國史儒林傳二卷

　國史文苑傳二卷

　國史賢良祠王大臣小傳二卷

　國史循吏傳一卷

崇祀錄一卷　　　　　　　　　2268/293

　〔清〕朱之榛編

　清光緒三年（1877）刻本

　一册

崇祀名宦錄不分卷附錄一卷

　　　　　　　　　T2268/7201

　〔清〕周在浚編

　清康熙刻本

四册

理學宗傳二十六卷　　　　　1020/1943
〔清〕孫奇逢撰　〔清〕魏一鰲　孫立雅編
清光緒六年（1880）杭州浙江書局刻本
十二册

雒閩源流錄十八卷　　　　　T1025/1314
〔清〕張夏撰
清康熙二十一年（1682）黃昌衢彝叙堂刻二十四年（1685）補刻本
十二册

學案小識十五卷首一卷　　　　1027/0681
〔清〕唐鑑撰
清光緒十年（1884）刻本
十二册

聖學宗傳十八卷　　　　　T1035/7231
〔明〕周汝登撰
明萬曆三十四年（1606）東越王氏刻本（有抄補）
八册

儒林宗派十六卷　　　　　160/4247
〔清〕萬斯同撰
清宣統三年（1911）浙江圖書館刻本
二册

大成通志十八卷首二卷　　　T1786/4204
〔清〕楊慶輯
清康熙八年（1669）楊氏理齋刻康熙至雍正間補刻後印本

二十册
又一部，T1786/4204 c.2，二十一册。

文廟彙考十卷　　　　　1786.2/4412
〔清〕蔣乙經　龔繩正編輯
清道光七年（1827）刻本
四册

聖門志六卷　　　　　T1786.2/6618
〔明〕呂元善撰
明天啓刻本
八册

聖門志六卷附錄一卷　　　T1786.2/6618b
〔明〕呂元善撰
明崇禎刻本
八册

文廟祀位考略六卷　　　　　1787/7289
〔清〕劉粲　楊鳳朝輯　〔清〕曹馴增補
清同治六年（1867）桂林楊鴻文堂刻本
四册

東林列傳二十四卷末二卷　　T2258/5949
〔清〕陳鼎撰
清康熙五十年（1711）刻本
八册

元祐黨人傳十卷　　　　　2259.5/7133
〔清〕陸心源纂
清光緒十五年（1889）序刻本
四册

復社姓氏傳略十卷首一卷附復社姓氏錄
一卷　　　　　　　　　　　　2259.7/2324
　　〔清〕吳山嘉纂輯　　（附）〔清〕吳
翻輯
　　清道光十一年（1831）吳氏南陔堂
刻本
　　四册

皖學編十三卷　　　　　　　2260.27/2933
　　〔清〕徐定文撰
　　清宣統元年（1909）徐氏家刻本
　　六册

聖門人物志十二卷　　　　　T2261.1/0210
　　〔明〕郭子章撰
　　明萬曆福建刻本
　　四册

聖門通考十二卷年譜二卷
　　　　　　　　　　　　　　T2261.1/2149
　　〔明〕包大爟撰
　　明萬曆十五年（1587）書林清心堂
刻本
　　六册

皇朝聖師考七卷　　　　　　　2261.1/8264
　　〔清〕鄭曉如撰
　　清同治六年（1867）廣州華文堂刻本
　　四册

北學編四卷　　　　　　　　　2261.2/2115
　　〔清〕魏一鰲輯　〔清〕尹會一　戈
濤續輯
　　清同治七年（1868）刻翰墨林藏本
　　二册

北學編四卷　　　　　　　　　2261.2/2115b
　　〔清〕魏一鰲輯　〔清〕尹會一　戈
濤續輯
　　清光緒二十四年（1898）刻本（成都
尊經書院藏板）
　　二册

純德彙編八卷　　　　　　　　2262/4166
　　〔清〕董華鈞編
　　清嘉慶二十三年（1818）春暉堂刻本
　　四册

雷塘庵主弟子記七卷　　　　　2268/7111
　　〔清〕張鑑撰　〔清〕阮常生等續編
　　清道光二十一年（1841）琅嬛僊館刻本
　　四册

雷塘庵主弟子記八卷　　　　　2268/7111b
　　〔清〕張鑑撰　〔清〕阮常生等續編
　　清琅嬛僊館刻本
　　二册

求闕齋弟子記三十二卷　　　　2268/8664.1
　　〔清〕王定安撰
　　清光緒二年（1876）都門龍文齋刻本
　　十六册

中州仕學編十二卷　　　　　　T5508/4243
　　〔清〕楊世達撰
　　清乾隆十九年（1754）刻本
　　四册

蘇米志林三卷　　　　　　　　T9150/2116
　　〔明〕毛晋輯
　　明崇禎間虞山毛氏綠君亭刻本

三册

東越文苑六卷　　　　　　2260/7963
〔明〕陳鳴鶴撰
清道光十九年（1839）刻本
四册

船山師友記十八卷　　　　2261.2/6118
〔清〕羅正鈞纂
清光緒三十三年（1907）刻本
四册

國朝名家詩鈔小傳　　　　5218/8742
〔清〕鄭方坤撰
清嘉慶六年（1801）杞菊軒刻本
一册

詞科掌録十七卷餘話七卷
　　　　　　　　　　　5236.8/4147
〔清〕杭世駿輯
清乾隆間道古堂刻本
八册

漁洋感舊集小傳四卷附補遺一卷
　　　　　　　　　　　2259.8/2178
〔清〕盧見曾編撰
清光緒四年（1878）鉛印本
四册

闕里文獻考一百卷首一卷末一卷
　　　　　　　　　　　1786/1123
〔清〕孔繼汾撰
清乾隆二十七年（1762）刻本
十二册

疇人傳四十六卷續傳六卷　　7028/7111
〔清〕阮元撰
清嘉慶四年（1799）揚州阮氏刻本
十二册

疇人傳四十六卷　　　　　7028/7111b
〔清〕阮元撰
清光緒八年（1882）海鹽張氏刻本
二册

疇人傳續六卷　　　　　7028/7111b（3）
〔清〕羅士琳撰
清光緒八年（1882）海鹽張氏刻本
一册

歷朝忠義彙編二十二卷　　T2261.3/0234
〔明〕郭良翰編輯
明萬曆三十九年（1611）刻本
十二册

昭忠録五卷附録一卷　　　1798.4/3633
〔明〕周璟輯
清光緒二十二年（1896）錢塘丁氏刻
武林掌故叢編本
二册

**立節録二卷續録一卷昭義録二卷續録一
卷**　　　　　　　　　　　2258/7114
〔清〕劉瓊輯　　〔清〕鄭任鑰等鑒訂
清雍正九年（1731）刻本
二册

古今孝子所見録十二卷　　　1682/4446
〔清〕李燕昌輯
清道光十四年（1834）刻本

四册

百孝圖二卷　　　　　　　2258/1333
〔清〕張之洞編輯　　〔清〕葉爾寬增輯
清末廣州拾芥園刻本
二册

古品節録六卷　　　　　　2258/4382b
〔清〕松筠輯
清嘉慶四年（1799）刻本
六册

古品節録六卷　　　　　　2258/4382
〔清〕松筠輯
清道光二年（1822）刻本
六册

皇明表忠記十卷附録一卷
　　　　　　　　　　　T2259.7/8542
〔明〕錢士升撰
明崇禎刻本
四册

續表忠記八卷　　　　　T2259.7/4844
〔清〕趙吉士　盧宜撰
清康熙刻本
四册

前明忠義別傳三十二卷　　2261.3/3145
〔清〕汪有典撰
清道光二十五年（1845）墨花齋木活字印本
八册

殘明表忠録十六卷　　　　T2738/1637
〔清〕西泠氏撰
清道光十五年（1835）江適泉抄本
十六册

皇朝貞孝節烈文編六卷　　2261.5/3111
〔清〕汪正輯
清光緒間香溪節烈祠刻本
六册

欽定勝朝殉節諸臣録十二卷首一卷
　　　　　　　　　　　2259.7/7241
〔清〕紀昀撰
清嘉慶二年（1797）浙江布政司刻本
十二册

勝朝殉揚録三卷　　　　　2760/7234
〔清〕劉寶楠撰
清同治十年（1871）淮南書局刻本
二册

秋浦雙忠録四十卷　　　　9110/5831.2
劉世珩輯
清光緒二十六年（1900）貴池劉氏唐石簃刻貴池先哲遺書本
六册

坊表録十六卷　　　　　　9155/4932
〔清〕蘇宗經輯
清光緒十六年（1890）鬱林蘇氏刻本
四册

湘潭縣節孝志十卷　　　　2260.25/0662
〔清〕唐昭檢編輯
清同治十三年（1874）湘潭節孝總祠

刻本

　四册

廣西昭忠録八卷附平桂紀略四卷股匪總録二卷堂匪總録十二卷廣西道里表一卷
　　　　　　　　　　　2260.33/4970

　〔清〕蘇鳳文撰

　清光緒十五年（1889）刻本

　八册

江表忠略二十卷　　　　　2260/7932

　〔清〕陳澹然撰

　清光緒二十八年（1902）長沙刻本

　六册

浙江忠義録十卷續編二卷表八卷續表
　　　　　　　　　　　2261.29/1363

　〔清〕張景祁等撰

　清光緒元年（1875）浙江采訪忠義總局刻本

　三十二册

忠烈備考不分卷　　　2261.3/0225

　〔清〕高德泰輯

　清光緒三年（1877）刻本

　八册

甘肅忠義録傳十七卷表二十六卷
　　　　　　　　　　　2261.3/1369

　〔清〕張國常纂　　〔清〕胡孚駿等續纂

　清光緒十六年（1890）刻本

　十二册

忠孝録一卷　　　　　2268/1162.1

　〔清〕王庭楨撰

　清同治七年（1868）刻本

　一册

孤忠録二卷　　　　　2268/2310b

　〔清〕袁祖志編輯

　清光緒十二年（1886）上海還讀樓刻本

　二册

孤忠録二卷　　　　　2268/2310

　〔清〕袁祖志編輯

　清光緒間鉛印本

　二册

高士傳三卷　　　　　2258/2150.1

　〔晋〕皇甫謐撰　　〔清〕任熊繪像

　清咸豐八年（1858）蕭山王氏養和堂校刻光緒三年（1877）張牧九增補印本

　二册

逸民史二十二卷　　　　T2258/7922

　〔明〕陳繼儒撰

　明萬曆刻本

　二十册

遯世編十四卷　　　　T2261.6/8515

　〔明〕錢一本撰

　明萬曆刻本

　八册

新鐫增補全像評林古今列女傳八卷
　　　　　　　　　　　T2261.5/7222

　〔漢〕劉向撰　　〔明〕茅坤補　　〔明〕

彭烊評
　　明萬曆十九年（1591）余氏三台館刻本
　　三册

列女傳十六卷　　　　　2261.5/7272.3
　　〔明〕汪氏增輯　　〔明〕仇英繪圖
　　清乾隆四十四年（1779）知不足齋
刻本
　　十六册

繡像古今賢女傳九卷首一卷　2261.5/2363
　　〔清〕魏息園撰
　　清光緒三十四年（1908）石印本
　　八册

廣列女傳二十卷　　　　　2261.5/7272.7
　　〔清〕劉開纂
　　清光緒十年（1884）皖城刻本
　　六册

歷代名賢列女氏姓譜一百五十七卷
　　　　　　　　　　　　　　2261.5/4283
　　〔清〕蕭智漢撰　　〔清〕蕭秉信校
　　清乾隆五十七年（1792）至嘉慶二年
（1797）聽濤山房刻嘉慶二十年（1815）
印本
　　一百二十册

宮閨小名録五卷後録一卷
　　　　　　　　　　　　　　T2261.5/4122
　　〔清〕尤侗撰　　（後録）〔清〕余懷輯
　　清乾隆四十九年（1784）長洲尤氏
刻本
　　四册

蘭閨寶録六卷　　　　　　2261.5/9519
　　〔清〕惲珠輯
　　清道光十一年（1831）武進紅香館
刻本
　　四册

宮閨聯名譜二十二卷　　　9155/4910
　　〔清〕董恂撰　　〔清〕陸纘補輯
〔清〕蔡爾康參定
　　清光緒二年（1876）上海申報館鉛印本
　　十册

杭女表微録十七卷　　　　2258/194
　　〔清〕孫樹禮撰
　　清光緒三十二年（1906）杭州刻本
　　八册

外國列女傳八卷　　　　　2290/7954
　　〔清〕陳壽彭譯　　〔清〕薛紹徽編
　　清光緒三十二年（1906）金陵江楚編
譯官書總局石印本
　　四册

方外別傳三卷　　　　　　1747/6302
　　〔清〕釋煦齊輯
　　清嘉慶八年（1803）滿洲扎隆阿刻本
　　六册

比丘尼傳四卷　　　　　　1898.3/3866
　　〔南朝梁〕釋寶唱撰
　　清光緒十一年（1885）金陵刻經處
刻本
　　一册

高僧傳十五卷　　　　　　　　1898/0244
　〔南朝梁〕釋慧皎撰
　清光緒十五年（1889）金陵刻經處
刻本
　四冊

大明高僧傳六卷　　　　　　　1898/0247
　〔明〕釋如惺撰
　清光緒十八年（1892）江北刻經處
刻本
　二冊

高僧傳四集六卷　　　　　　　1898/0247b
　　〔明〕釋如惺撰
　清光緒十八年（1892）江北刻經處
刻本
　二冊

居士傳五十六卷　　　　　　　1898/4273
　〔清〕彭際清撰
　清乾隆四十年（1775）刻本
　六冊

歷代仙史八卷　　　　　　　　1933/1110B
　〔清〕王建章撰　　〔清〕真吾清嵐氏
增訂
　清光緒七年（1881）常熟抱芳閣刻本
　四冊

呂祖全傳一卷　　　　　　　　T5762.9/6624
　〔清〕汪象旭撰
　清康熙汪氏蜩寄刻本
　二冊

敕封大王將軍紀略一卷畫像一卷
　　　　　　　　　　　　　1731/5441
　〔清〕朱壽鏞編　　〔清〕許瀗如繪
　清光緒十五年（1889）上海點石齋石
印本
　二冊

敕封天后志二卷　　　　　　　T3042/174
　〔清〕林清標輯
　清乾隆刻道光增補印本
　一冊（二冊合訂）

別傳之屬

孔子世家考二卷　　　　　　　1075.52/1733.8
　〔漢〕司馬遷撰　　〔清〕鄭環輯
　清嘉慶八年（1803）武進鄭氏刻本
　四冊

聖蹟圖一卷　　　　　　　　　T1786.2/1346
　〔明〕張楷修　　〔明〕邵以仁增修
　明萬曆刻本
　一冊

聖蹟圖一卷　　　　　　　　　T1786.2/1346b
　〔明〕張楷修
　明末刻本
　一冊

聖蹟全圖不分卷　　　　　　　T1786.2/1346d
　〔明〕張楷修　　〔明〕邵以仁增修
　清刻本
　二冊

新刊聖蹟圖記不分卷　　　　1786.2/1346b

　　〔清〕孔憲蘭編

　　清同治十三年（1874）刻本

　　二册

　　又一部，1786.2/1346c，一册。

宗聖志二十卷　　　　　　　1789.2/8613

　　〔明〕曾承業撰　　〔明〕呂兆祥續

〔清〕王定安重編

　　清光緒十六年（1890）金陵書局刻本

　　六册

　　又一部，1789.2/8613 c.2，八册。

三遷志五卷　　　　　　　T1789.3/3649

　　〔明〕呂元善撰　　〔明〕呂兆祥　呂

逢時續修

　　明刻清印本

　　六册

重纂三遷志十卷首一卷　　　1789.3/1104

　　〔清〕孟廣均纂　　〔清〕陳錦　孫葆

田重纂

　　清光緒十三年（1887）山東書局刻本

　　六册

孟子時事考徵四卷　　　　　999/7932

　　〔清〕陳寶泉編

　　清嘉慶八年（1803）粹經堂刻本

　　一册

義勇武安王集四卷　　　T1795/4212.8

　　〔元〕胡琦編　　〔明〕呂柟輯

　　明萬曆三十八年（1610）新安吳氏刻本

　　二册

關帝志四卷　　　　　　　　1795/1388

　　〔清〕張鎮編輯　　〔清〕喬壽愷參訂

　　清乾隆二十一年（1756）刻本

　　四册

關聖帝君聖蹟圖志全集五卷

　　　　　　　　　　　　　T1795/2131

　　〔清〕盧湛彙輯

　　清乾隆三十三至三十四年（1768—

1769）王輅、高應爵刻本

　　五册

關帝事蹟徵信編三十卷首一卷末一卷

　　　　　　　　　　　　　1795/2104

　　〔清〕谷應榴　周廣業纂輯

　　清道光四年（1824）刻本

　　六册

關帝覺世真經本證訓案闡化編十六卷首

一卷　　　　　　　　　　　1938/7074

　　〔清〕徐謙纂輯

　　清道光二十五年（1845）北京會文齋

刻字鋪刻本

　　八册

　　又一部，1938/7074 c.2，八册。

漢關侯事蹟彙編八卷附録四卷

　　　　　　　　　　　　　1795/4234

　　〔清〕萬之蕆　吳寶彝等輯

　　清光緒二十五年（1899）刻本

　　八册

忠武志八卷卧龍崗志二卷

　　　　　　　　　　　　T1798.3/0640

　　〔清〕張鵬翮輯　　（卧龍崗志）

〔清〕羅景輯

清康熙刻本

十册

濂溪志七卷附濂溪遺芳集一卷

1798.5/7206

〔清〕周誥輯

清道光十九年（1839）愛蓮堂刻本

四册

又一部，1798.5/7206 c.2，四册。

大慈恩寺三藏法師傳十卷　1899.4/0323

〔唐〕釋慧立撰　〔唐〕釋彦悰箋

清宣統元年（1909）常州天寧寺刻本

三册

魏文貞公故事拾遺三卷魏文貞公年譜一卷

2264/2124

〔清〕王先恭輯

清光緒九年（1883）長沙王氏刻本

四册

楊貴妃三卷　5765/3284

〔日本〕宮崎繁吉撰　〔清〕詹憲慈譯

清光緒三十年（1904）石印巾箱本

二册

蔡福州外紀十卷附録一卷　2265/2992

〔明〕徐[火勃]編次　〔清〕陳甫伸訂補

清咸豐五年（1855）木活字印本

二册

宋忠定趙周王別録八卷　2681/4929

葉德輝編輯

清光緒三十四年（1908）長沙葉氏刻本

四册

成吉思汗　2701/7463

〔日本〕太田三郎撰　〔清〕屠寬編譯

清光緒二十九年（1903）上海作新社圖書局鉛印本

一册

蘇長公外紀十二卷　T2265/4954

〔明〕王世貞編　〔明〕璩之璞補訂

明萬曆二十二年（1594）豫章璩氏燕石齋刻二十三年（1595）重修本

六册

鄂國金佗稡編二十八卷續編三十卷

2265/7211.72

〔宋〕岳珂編

清光緒九年（1883）刻本

十二册

銀瓶徵一卷　2265/882

〔清〕俞樾編

清光緒九年（1883）上海掃葉山房刻本

一册

與《西湖游記》合訂。

文文忠公事略四卷　2268/0438

〔清〕熙治輯

清光緒八年（1882）刻本

四册

先儒趙子言行録二卷　2274/4324

〔清〕陳廷鈞輯

清同治九年（1870）湖北崇文書局刻本

二册

又一部，2274/4324 c.2，二册。

于少保萃忠全傳十卷　2267/1403

〔明〕孫高亮撰

清寶翰樓刻本

十册

河東君傳不分卷　2267/4246.01

〔清〕顧苓撰

清光緒三十三年（1907）上虞羅氏石印本

一册

鄭成功傳不分卷　2267/8251.82

〔清〕鄭亦鄒撰

清康熙四十一年（1702）序刻本

一册

遺像題詞六卷　2268/3133

〔清〕王揆等撰

清康熙五十九年（1720）刻本

二册

衍慶録十卷　T2268/3834

〔清〕愛必達纂

清乾隆刻本

二册

林則徐　2268/4962.7

〔清〕陳穎侶撰　〔清〕梁紀佩輯

清宣統元年（1909）香港悟群著書社鉛印本

一册

又一部，2268/4962.7 c.2，一册。

孟慈府君行述一卷　2278/3144

〔清〕汪保和等述

清刻本

一册

曾文正公事略四卷　2268 8664.10

〔清〕王安定撰

清光緒元年（1875）刻本

二册

曾文正公大事記四卷附曾文正公家訓二卷曾文正公榮哀録一卷　2268/8664.101

〔清〕王安定撰

清光緒三十一至三十二年（1905—1906）上海商務印書館鉛印本

一册

曾太傅毅勇侯傳略一卷　2268/8664.23

〔清〕黎庶昌撰

清光緒間刻本

一册

曾忠襄公榮哀録二卷　2278/8664

〔清〕蕭榮爵編

清光緒二十九年（1903）長沙刻本

二册

與《曾忠襄公年譜》合訂。

曾忠襄公榮哀録一卷曾文正公楹聯一卷　2278/8664.1

清光緒十六年（1890）抄本

一册

合肥相國七十賜壽圖附壽言不分卷
　　　　　　　　　　　　2268/4430.1
　　〔清〕李鴻藻等撰
　　清光緒十八年（1892）石印本
　　六册

李鴻章（中國四十年來大事記）一卷
　　　　　　　　　　　　2268/4430.3B
　　梁啓超撰
　　清光緒二十七年（1901）鉛印本
　　一册
　　又一部，2268/4430.3，一册。

鹿文端公榮哀錄八卷　　　　2268/0121
　　清宣統三年（1911）鉛印本
　　一册
　　存卷一至二。

張文襄公事略一卷　　　2268/1333.13
　　〔清〕聽雨樓主人撰
　　清宣統元年（1909）蔣春記書莊鉛印本
　　一册

潛齋尚書賜壽圖一卷附序一卷詩一卷楹
牓一卷　　　　　　　　　5786/4421
　　〔清〕李伯至編輯
　　清光緒三十三年（1907）京師官書局
鉛印本
　　　一册

康南海傳一卷　　　　　　2268/0343.3
　　梁啓超撰
　　清光緒三十四年（1908）上海廣智書
局鉛印萬木草堂叢書本
　　一册

似昇長生册不分卷　　　　　2268/4871
　　周嵩堯撰
　　清宣統三年（1911）刻本
　　四册

從戎紀略一卷　　　　　　　2268/2930
　　〔清〕朱洪章撰
　　清光緒十九年（1893）紫陽堂刻本
　　一册

李蘋香不分卷附天韻閣詩選一卷尺牘選
一卷　　　　　　　　　　　2268/4442
　　章士釗撰　　（附）李蘋香撰
　　清光緒三十年（1904）鉛印本
　　一册

梁主善堂壽言不分卷　　　　2268/3389
　　〔清〕馮爾昌等撰
　　清光緒七年（1881）尚文齋刻本
　　一册

沈文節公事實不分卷　　　　2268/3194
　　〔清〕沈守廉輯
　　清光緒八年（1882）刻本
　　一册

素行錄不分卷　　　　　　　2268/3844
　　〔清〕顧雲曙編
　　清顧氏明發堂刻本
　　一册

先朝議府君行述一卷附知府銜江蘇候補
直隸州知州孫君墓志銘　　　2268/1919
　　〔清〕孫點編　　（附）〔清〕黎庶昌撰
　　清光緒十六年（1890）刻本

一册

吳貞女女貞集三卷　　　2268/2324

〔清〕梅文明輯

清光緒十七年（1891）刻本

一册

敖公紀述二卷　　　2268/5417.7

〔清〕陳翼亮纂輯

清光緒二十年（1894）凱軍防次刻本

二册

丁女貞孝録不分卷　　　2269/7745

〔清〕丁承衍輯

清光緒二十七年（1901）毗陵木活字印本

一册

景陸粹編八卷　　　2268/7174.08

〔清〕許仁沐纂録

清光緒十五年（1889）海寧許氏刻本

六册

李庚僊先生行狀一卷　　　2268/4449

〔清〕李錫瑋撰

清光緒三十三年（1907）李氏石印本

一册

建德尚書七十賜壽圖附壽言不分卷

2268/7224.1

〔清〕劉文鳳等輯

清光緒三十三年（1907）石印本

二册

錢中丞公崇祀録一卷　　　2268/8537

清光緒三十四年（1908）刻本

一册

皇清太子太傅肅毅伯文華殿大學士直隸總督贈太傅一等侯李文忠公神道碑一卷

2100.7/2332

〔清〕吳汝綸撰

清末拓本

一册

丁虎門先生墓表一卷　　　2268/1244

〔清〕王伯恭撰并書

清末民國石印本

一册

豫章先賢十五家年譜十五種　2270/4247

〔清〕楊希閔撰

清光緒四年（1878）刻本

十六册

徐徵士年譜一卷

陶徵士年譜一卷

曾文定公年譜一卷

歐陽文忠公年譜一卷

王文公年譜四卷附存二卷

黃文節公年譜一卷附詩派圖

陸文安公年譜一卷附補一卷

吳聘君年譜一卷

胡文敬公年譜一卷

諸葛忠武侯年譜一卷

李鄴侯年譜一卷

陸宣公年譜一卷

韓忠獻公年譜一卷

李忠定公年譜一卷

王文成公年譜二卷

合刻延平四先生年譜四卷　　T2270/2189

〔清〕毛念恃輯

清乾隆十年（1745）滏陽張坦刻本

四冊

又一部，2259.5/2189b，二冊。

宋儒龜山楊先生（時）年譜一卷

豫章羅先生（從彥）年譜一卷

延平李先生（侗）年譜一卷

紫陽朱先生（熹）年譜一卷

四洪年譜四卷　　2270/3834

〔清〕洪汝奎編輯

清宣統元年（1909）漢陽洪氏晦木齋刻本

四冊

洪忠宣公年譜一卷

洪文惠公年譜一卷　〔清〕錢大昕撰　〔清〕洪汝奎增訂

洪文安公年譜一卷

洪文敏公年譜一卷　〔清〕錢大昕撰　〔清〕洪汝奎增訂

歸顧朱三先生年譜合刻　　2259.8 8123

〔清〕金吳瀾輯

清光緒五年（1879）蘇州文學山房刻本

六冊

歸震川先生年譜一卷　〔清〕孫岱撰

顧亭林先生年譜一卷　〔清〕吳映奎撰

毋欺録三卷附觀復堂稿一卷

〔清〕朱用純撰　〔清〕金吳瀾編

先聖生卒年月日考二卷　　1075.58 1102

〔清〕孔廣牧撰

清光緒四年（1878）旌陽湯明林寫刻本

二冊

又一部，1075.58 1102 c.2，二冊

孔子編年四卷　　2261.1/4814（1）

〔清〕狄子奇編

清光緒十三年（1887）浙江書局刻本

一冊

孟子年譜二卷　　2261.1/1152

〔清〕曹之升編

清嘉慶十年（1805）仁壽堂刻本

一冊

孟子編年四卷　　2261.1/4814（2）

〔清〕狄子奇編

清光緒十三年（1887）浙江書局刻本

一冊

王右軍年譜一卷　　2273/1183

〔清〕魯一同編

清咸豐五年（1855）刻本

一冊

韓柳二先生年譜八卷　　T2270/7261

〔清〕馬曰琯輯

清雍正七年（1729）馬氏小玲瓏山館刻本

四冊

唐澤波將軍年譜一卷　　2278/0645

〔清〕唐鴻學編

清光緒三十四年（1908）刻本

一冊

重訂李義山年譜一卷附詩詁一卷
2274/4407.2

〔清〕程夢星編

清乾隆間刻本

二册

蘇潁濱年表一卷　2275/4950

〔宋〕孫汝聽編

清宣統刻本

一册

王深寧先生年譜一卷　2275/1100

〔清〕張大昌編

清光緒十六年（1890）刻本

一册

朱子年譜四卷　2275/2943

〔清〕王懋竑編

清乾隆十六年（1751）湖北書局刻本

四册

朱子年譜四卷考異四卷附録二卷
2275/2943B

〔清〕王懋竑編

清同治九年（1870）永康應氏刻本

四册

又一部，2275/2943B c.2，八册。

朱子年譜綱目十二卷首一卷末一卷
2275/2943.4

〔清〕李元禄編

清嘉慶二年（1797）刻本（蓮溪書屋
藏板）

八册

建文年譜四卷辨疑一卷提綱一卷問答一
卷後事一卷　2722/4844

〔清〕趙士喆編

清道光二十九年（1849）味塵軒木活
字印本

四册

明郝太僕褒忠録六卷附蕭氏旌孝録一卷
2267/4265

〔清〕郝明龍輯

清道光十八年（1838）揚州刻本

二册

關中三李先生年譜八卷　2270/2393

〔清〕吳懷清撰

清同治七年（1868）京師默存齋刻本

四册

海忠介公年譜一卷　2277/3512

〔清〕王國憲編

清光緒三十二年（1906）瓊山崝經書
院刻本

一册

黄忠端公年譜二卷　2277/4885

〔清〕黄炳垕編

清光緒元年（1875）留書種閣刻本

一册

吳梅村先生年譜四卷世系一卷
2278/2323.3

〔清〕顧師軾編

清光緒三年（1877）太倉吳氏刻光緒
二十三年（1897）印本

一册

張楊園先生年譜一卷附録一卷　2278/1373

〔清〕蘇惇元編

清同治三年（1864）錢塘丁氏刻本

二册

顧亭林先生年譜一卷　2278/3891

〔清〕張穆編

清道光二十四年（1844）刻本

一册

與《閻潛丘先生年譜》合訂。

王船山年譜二卷　2278/1153

〔清〕劉毓崧編

清光緒十二年（1886）江南書局刻本

二册

陸清獻公年譜一卷　2278/7174

〔清〕吳光酉編　〔清〕陸宸徵　李鋐輯

清同治七年（1868）武林薇署刻本

一册

閻潛丘先生年譜一卷　2278/3891

〔清〕張穆編

清道光二十四年（1844）饅飢亭刻本

一册

與《顧亭林先生年譜》合訂。

閻潛丘先生年譜不分卷　2278/7241

〔清〕張穆編

清道光二十七年（1847）壽陽祁氏刻本

四册

汪氏學行記六卷　2260.28/3141

〔清〕汪喜孫編

清道光三年（1823）刻本

二册

李恕谷先生年譜五卷　2278/4413

〔清〕馮辰編　〔清〕孫鍇修訂

清道光十六年（1836）蠹吾李氏刻本

四册

周漁潢先生年譜一卷　2278/7243

〔清〕陳田編

清光緒間貴陽陳氏聽詩齋刻本

一册

汪雙池先生年譜四卷　2278/3124

〔清〕余龍光撰

清光緒二十二年（1896）刻本

二册

舜山是仲明先生年譜一卷　2278/6881

〔清〕張敬立編　〔清〕金吳瀾注并補

清光緒十三年（1887）嘉興金氏木活字印本

一册

德壯果公年譜三十二卷　2278/2345

〔清〕花沙納編

清咸豐六年（1856）致遠堂刻本

十六册

凌次仲先生年譜四卷　2278/3414

〔清〕張其錦編

清道光六年（1826）宣城張氏曲肱亭刻本

一册

長文襄公自定年譜四卷　　2278/7223

〔清〕長齡編

清道光二十一年（1841）桂叢堂刻本

四册

露桐先生年譜前編四卷續編二卷

2278/4474

〔清〕錢景星編　〔清〕李轍通續

清嘉慶八年（1803）刻本

六册

昇勤直公年譜二卷　　2278/6438

〔清〕寶琳　寶珣編

清道光十五年（1835）刻本

二册

黄蕘圃先生年譜二卷　　2278/4811

〔清〕江標輯

清光緒二十三年（1897）長沙刻本

二册

阿文成公年譜三十四卷　　2278/7241.7

〔清〕那彥成纂　〔清〕王昶等勘定

清嘉慶十八年（1813）刻本

三十册

恩福堂年譜一卷　　2278/4329

〔清〕英和編

清刻本

一册

徐恭勤公年譜四卷　　2278/2931

〔清〕徐彬　徐桐輯

清咸豐八年（1858）刻本

四册

楊中議公自訂年譜八卷附吹蘆小草一卷

2278/4290

〔清〕楊炳堃編

清光緒十一年（1885）刻本

八册

繩枻齋年譜二卷　　2278/4428

〔清〕蔣攸銛編　〔清〕蔣霨遠注

清道光十五年（1835）滿城蔣氏家刻本

二册

皇清誥授光禄大夫太子太傅兵部尚書都察院右都御史陝甘總督管巡撫事予謚莊毅顯考東巖府君年譜一卷　　2278/3653

〔清〕長啓等編

清同治九年（1870）廣州刻本

二册

丹魁堂自訂年譜一卷附感遇録一卷

2278/2446

〔清〕季芝昌編

清同治三年（1864）江陰季氏刻本

一册

彭文敬公自訂年譜一卷　　2278/4240

〔清〕彭蘊章編

清同治二年（1863）刻本

一册

駱文忠公自訂年譜二卷　　2278/7620

〔清〕駱秉章編

清光緒二十一年（1895）思賢書局刻本

二册

吴竹如先生年譜一卷　　　2278/2314
　〔清〕方宗誠編
　清光緒四年（1878）畿輔志局刻本
　一册

趙文恪公自訂年譜一卷附遺集二卷
　　　　　　　　2278/4891
　〔清〕趙光編
　清光緒十六年（1890）刻本
　六册

繩其武齋自纂年譜一卷　T2278.6/4823
　〔清〕黃贊湯編　〔清〕黃祖絡續
　清稿本
　一册

侯官謝希安先生年譜一卷　2278.7/0443
　〔清〕鄭慶驄等編
　清光緒二十八年（1902）刻本
　一册

左文襄公年譜十卷　　　2278/4139
　〔清〕羅正鈞編
　清光緒二十三年（1897）湘陰左氏校
刻本
　十册

惕盦自訂年譜一卷　　　2278/2938
　〔清〕崇實編
　清光緒三年（1877）刻本
　一册

曾忠襄公年譜四卷　　　2278/8664
　〔清〕王定安編　〔清〕蕭榮爵增訂
　清光緒二十九年（1903）長沙刻本
　二册
　與《曾忠襄公榮哀録》合訂。

潘文勤公年譜一卷　　　2278/3634
　〔清〕潘祖年編
　清光緒間刻本
　一册

日記之屬

使粤日記二卷使蜀日記五卷　3073/1142
　〔清〕孟超然編
　清嘉慶二十年（1815）陳壽祺校刻木
活字印本
　三册

觀妙居日記不分卷　　　T5784/4481
　〔清〕李鋭編
　清嘉慶十四年（1809）稿本
　一册

蜀輶日記四卷　　　　3064/7234
　〔清〕陶澍編
　清光緒七年（1881）江州官舍刻本
　二册
　又一部，3064/7234b，二册。

清宗室敬徵日記不分卷　TNC2268/4424
　〔清〕敬徵撰
　清稿本
　十二册

竹汀先生日記鈔二卷　　　　9578 8546
　〔清〕錢大昕撰
　清嘉慶十年（1805）何元錫校刻本
　一冊

李乾命日記不分卷　　　　T2268/6001
　〔清〕李乾命撰
　清光緒三十二年（1906）至宣統二年
（1910）飛霞室紅格稿本
　十六冊
　缺第十二冊，清宣統元年（1909）三
月至七月。

曾文正公手書日記不分卷　2268/8664.8
　〔清〕曾國藩撰
　清宣統元年（1909）上海中國圖書公
司影印本
　四十冊

出使美日祕日記十六卷　　2488.8/2166
　〔清〕崔國因撰
　清光緒二十年（1894）鉛印本
　十二冊

傅相游歷各國日記二卷　　2488.8/4237
　〔清〕桃谿漁隱　惺新盦主輯
　清光緒二十三年（1897）上海石印本
　二冊

鴻爪前游日記六卷　　　　3050/1107
　〔清〕孔廣陶撰
　清光緒十八年（1892）羊城三十有三
萬卷堂刻本
　六冊

道西齋日記二卷　　　　　2488.8/1101
　〔清〕王咏霓撰
　清光緒十八年（1892）上海鴻寶齋石
印本
　一冊

三洲日記八卷　　　　　　2488.8/1344
　〔清〕張蔭桓撰
　清光緒二十二年（1896）北京刻本
　八冊

出使日記六卷　　　　　2488.8/4435.2
　〔清〕薛福成撰
　清光緒十七年（1891）刻本
　六冊

出使英法義比四國日記六卷
　　　　　　　　　2488.8/4435.2B
　〔清〕薛福成撰
　清光緒十八年（1892）醉六堂石印本
　三冊

請纓日記十卷　　　　　　2904/0662
　〔清〕唐景崧撰
　清光緒十九年（1893）臺灣布政使署
刻本
　四冊

出使九國日記十二卷　　　2488.8/4538
　〔清〕戴鴻慈撰
　清光緒三十二年（1906）北京第一書
局鉛印本
　一冊

考察政治日記一卷　　　　　2488/4534
　　〔清〕載澤編
　　清光緒三十四年（1908）鉛印本
　　一冊

再送越南貢使日記一卷　　2492.54/7221
　　〔清〕馬先登撰
　　清同治十一年（1872）敦倫堂刻本
　　一冊

三島雪鴻（東鄰觀政日記摘錄稿）一卷
附文牘一斑一卷　　　　　　3409.9/7424
　　〔清〕段獻增撰
　　清光緒三十四年（1908）鉛印本
　　一冊

北洋海軍來遠兵船管駕日記不分卷
　　　　　　　　　　　　　　T5784/1333
　　〔清〕邱寶仁等撰
　　清光緒二十年（1894）稿本
　　一冊

奉使朝鮮日記一卷　　　　　5784/2931
　　〔清〕崇禮撰
　　清光緒活字印本
　　一冊

雜傳之屬

各地人物考不分卷附地名考不分卷
　　　　　　　　　　　　　　2258/2482
　　清末抄本
　　十冊

翁氏家事略記一卷　　　　T2278/8202
　　〔清〕翁方綱撰　　〔清〕英和校訂
　　清道光間英和刻本
　　一冊

花甲閒談十六卷　　　　　　9155/1327
　　〔清〕張維屏撰　　〔清〕葉夢草繪圖
　　清道光十九年（1839）廣州富文齋刻本
　　四冊
　　又一部，9155/1327 c.2，四冊。又一
　　部，9155/1327 c.3，四冊。

雅安書屋贈言錄一卷　　　　2268/319
　　〔清〕程葆輯
　　清道光二十四年（1844）刻本
　　一冊

鴻雪因緣圖記三集六卷　　3050/0504e
　　〔清〕麟慶撰　　〔清〕汪英福繪
　　清道光二十七年（1847）揚州刻本
　　十二冊
　　又一部，3050/0504c，六冊。又一
　　部，3050/0504d，六冊。

鴻雪因緣圖記三集六卷　　　3050/0504
　　〔清〕麟慶撰
　　清光緒五年（1879）上海點石齋石印本
　　六冊
　　又一部，3050/0504 c.2，六冊。

官蒲被參紀略二卷　　　4754.34/0233
　　〔清〕廖潤鴻撰
　　清光緒九年（1883）刻本
　　二冊

東軒吟社畫像一卷　　　　2260.29/5874
　　〔清〕費丹旭繪圖
　　清光緒二年（1876）刻本
　　一册

宦游隨筆四卷　　　　　　4742/8231
　　〔清〕翁祖烈撰
　　清光緒六年（1880）家刻本
　　四册

江夏陳氏義莊條規一卷附名宦鄉賢録一
卷　　　　　　　　　　　4210/7921
　　〔清〕陳鑾編撰
　　清光緒十四年（1888）江夏陳氏刻本
　　二册

雙仙小志一卷　　　　　　2268/0654
　　〔清〕謝祖芳撰
　　清光緒二十八年（1902）毗陵謝氏
刻本
　　一册

宦游紀略二卷　　　　　　4617/0211
　　〔清〕高廷瑤撰
　　清光緒三十四年（1908）河南官紙刷
印所石印本
　　二册

科舉録之屬

國朝歷科館選録二卷　　　4695.8/3114
　　〔清〕沈廷芳輯
　　清乾隆十一年（1746）北京翰林院
刻本
　　二册

吳興科第表不分卷　　　　4668.929/4516
　　〔清〕戴璐編
　　清同治十一年（1872）清遠堂刻本
　　二册

吳興科第表（國朝湖州府科第表）不分卷
　　　　　　　　　　　　4668.929/8559
　　〔清〕錢振常纂
　　清同治十一年（1872）至宣統三年
（1911）北京湖州會館刻本
　　二册

國朝蘇州府長元吳三邑科第譜四卷
　　　　　　　　　　　　4668/7142
　　〔清〕陸懋修輯　陸潤庠補編
　　清光緒三十二年（1906）刻本
　　二册

廣東校士録十卷　　　　　5781/2930
　　朱祖謀定
　　清光緒三十年（1904）上海大成書局
鉛印本
　　一册

毗陵鄉貢考五卷（洪武十七年甲子科至
光緒十七年辛卯科）　　4667.28/4945
　　〔清〕林梅等輯　〔清〕莊毓鋐等增
輯　〔清〕陸鼎翰續補
　　清光緒十七年（1891）刻本
　　一册

國朝歷科題名碑録初集不分卷（順治三
年至同治十三年）附明題名碑録不分卷
（洪武四年至崇禎十六年）　4667/6472b
　　〔清〕李周望等輯

清康熙五十九年（1720）刻雍正、乾
隆、嘉慶、道光、同治遞刻本

　　十四册

國朝兩浙科名録不分卷（順治三年至咸豐五年）　　4668.929/4832

　　〔清〕黄安綏編

　　清咸豐七年（1857）京都仁錢會館刻本

　　　二册

國朝兩浙科名録不分卷（順治三年至光緒八年）　　4668.929/4832B

　　〔清〕黄安綏編

　　清咸豐七年（1857）刻光緒八年（1882）續刻本

　　　二册

毗陵科第考八卷　　4667.28/4873

　　〔明〕趙熙鴻輯　　〔清〕莊毓鋐等增輯　　〔清〕陸鼎翰續補

　　清光緒十八年（1892）刻本

　　　二册

國朝虞陽科名録四卷首一卷　　4668.928/1118

　　〔清〕王元鍾輯

　　清道光三十年（1850）古虞王氏清暉書屋刻光緒三十年（1904）增補刻本

　　　四册

乾隆己酉科各省選拔同年齒録一卷　　T4668.9/1789

　　清乾隆五十四年（1789）京都琉璃廠刻本

　　四册

己未詞科録十二卷首一卷　　4668.8/1679

　　〔清〕秦瀛輯

　　清嘉慶十二年（1807）世恩堂刻本

　　四册

　　缺卷九至十二。

舉貢考職同年齒録（光緒三十三年丁未科）　　4668.8/1907

　　清光緒三十三年（1907）京都文奎齋刻本

　　　四册

舉貢會考同年齒録（宣統二年庚戌科）　　4668.8/1910

　　清宣統二年（1910）京都文奎齋刻本

　　　四册

辛巳各省同年全録（道光元年）　　4668.9/1821

　　〔清〕史致蕃編

　　清道光十年（1830）序刻本

　　　四册

直省同年録（道光八年戊子科）　　4668.9/1828

　　〔清〕徐有壬編

　　清道光十六年（1836）宛平徐氏刻本

　　　五册

直省同年全録（道光二十三年癸卯科）　　4668.9/1843

　　清咸豐六年（1856）京都翰茂齋刻本

　　　六册

直省同年全録（道光二十三年癸卯科）
　　　　　　　　　4668.9/1843B
　　清同治七年（1868）重輯刻本
　　六册

直省同年録（道光二十四年甲辰恩科）
　　　　　　　　　4668.9/1844
　　清光緒三年（1877）京都會文齋刻本
　　四册

直省鄉貢同年録（道光二十九年己酉科）
　　　　　　　　　4668.9/1849.2
　　〔清〕蔣彬蔚等輯
　　清同治十二年（1873）京都刻本
　　四册

明經通譜（道光五年乙酉科）
　　　　　　　　　4668.9/1825.6
　　清道光六年（1826）京都龍雲齋刻本
　　四册

明經通譜（道光十七年丁酉科）
　　　　　　　　　4668.9/1837
　　清道光十八年（1838）京都榮林齋刻本
　　四册

明經通譜（道光二十九年己酉科）
　　　　　　　　　4668.9/1849
　　清道光二十九年（1849）京都榮林齋
刻本
　　四册

明經通譜（同治十二年癸酉科）
　　　　　　　　　4668.9/1873
　　清同治十三年（1874）京都文錦齋

刻本
　　四册

明經通譜（光緒十一年乙酉科）
　　　　　　　　　4668.9/1885
　　清光緒十一年（1885）京都奎光齋
刻本
　　四册

明經通譜（光緒二十三年丁酉科）附優貢
同年全録　　　　　　4668.9/1897
　　清光緒二十三年（1897）京都文奎齋
刻本
　　四册

簡明明經通譜（宣統元年己酉科）附優貢
同年全録　　　　　　4668.9/1909
　　清宣統二年（1910）京都龍雲齋刻本
　　五册

太學進士題名碑録（順治三年至乾隆二
年附洪武四年至崇禎十六年）
　　　　　　　　　T4667/6472
　　〔清〕李周望輯　　〔清〕德沛再輯
　　清康熙五十九年（1720）刻雍正十年
（1732）續刻乾隆初再續刻本
　　八册

陝西歷科進士録（順治三年丙戌科至光
緒十八年壬辰科）　4668.918/1011
　　〔清〕王承烈等輯
　　清康熙五十二年（1713）至光緒十八
年（1892）遞刻本
　　四册

會試同年齒録（道光九年己丑科）
4668.8/1829
〔清〕蘇孟暘等編
清道光十六年（1836）南豐劉氏等京
都刻本
二册

會試同年齒録（道光十三年癸巳科）
4668.8/1833
清道光二十八年（1848）校刻本
二册

會試同年齒録（道光十五年乙未科）
4668.8/1835
清道光十五年（1835）京都刻本
四册

會試同年齒録（道光二十四年甲辰科）
4668.8/1844
清道光二十四年（1844）京都梓文齋
刻本
四册

會試同年齒録（同治四年乙丑科）
4668.8/1865
清同治四年（1865）京都會文齋刻本
四册

會試同年齒録（同治四年乙丑科）
4668.8/1865.2
〔清〕劉恩溥輯
清光緒二十二年（1896）京都聚魁齋
刻本
四册

會試同年齒録（同治七年戊辰科）
4668.8/1868
清同治七年（1868）京都文德齋刻本
四册

會試同年齒録（同治十年辛未科）
4668.8/1871
清同治十年（1871）京都龍文齋刻本
四册

會試同年齒録（光緒九年癸未科）
4668.8/1883
清光緒九年（1883）京都龍雲齋刻本
四册

會試同年齒録（光緒十五年己丑科）
4668.8/1889
清光緒十五年（1889）京都文采齋刻本
四册

會試同年齒録（光緒十六年庚寅恩科）
4668.8/1890
清光緒十六年（1890）京都龍文齋
刻本
四册

會試同年齒録（光緒二十一年乙未科）
4668.8/1895
清光緒二十一年（1895）京都宏文齋
刻本
四册

各省鄉試題名齒録（嘉慶十三年戊辰科）
4668.9/1808
清京都坊刻本

四册

各省鄉試同年齒録（道光五年乙酉科）
　　　　　　4668.9/1825
　　清道光五年（1825）京都奎光齋刻本
　　四册

十八省鄉試同年録（咸豐五年乙卯科）
　　　　　　4668.9/1855.4
　　清咸豐五年（1855）刻本
　　一册

十八省鄉試同年録（光緒二年丙子科）
　　　　　　4668.9/1876
　　清光緒二年（1876）刻本
　　一册

十八省鄉試同年録（光緒八年壬午科）
　　　　　　4668.9/1882
　　清光緒八年（1882）鉛印本
　　一册

十八省鄉試同年全録（光緒二十三年丁酉科）
　　　　　　4668.9/1897.4
　　清光緒二十三年（1897）京都坊刻本
　　二册

順天鄉試同年齒録（道光八年戊子科）
　　　　　　4668.914/1828
　　清刻本
　　四册

順天鄉試同年齒録（咸豐五年乙卯科）
　　　　　　4668.914/1855
　　清咸豐五年（1855）京都文采齋刻本

四册

順天鄉試同年齒録（光緒元年乙亥恩科）
　　　　　　4668.914/1875
　　清光緒元年（1875）京都文錦齋刻本
　　四册

順天鄉試同年齒録（光緒二年丙子科）
　　　　　　4668.914/1876
　　清光緒二年（1876）京都精華齋刻本
　　四册

順天鄉試同年齒録（光緒十四年戊子科）
　　　　　　4668.914/1888
　　清光緒十四年（1888）京都會文齋刻本
　　四册

順天鄉試同年齒録（光緒十七年辛卯科）
　　　　　　4668.914/1891
　　清光緒十七年（1891）京都聚元齋刻本
　　四册

順天鄉試同年齒録（光緒十九年癸巳恩科）
　　　　　　4668.914/1893
　　清光緒十九年（1893）京都會文齋刻本
　　四册

順天鄉試同年齒録（光緒二十年甲午科）
　　　　　　4668.914/1894
　　清光緒二十年（1894）京都會文齋刻本
　　四册

各省鄉試同年全録（光緒二十六至二十七年恩正併科）　4668.9/1901
　　清光緒二十七至二十八年（1901—1902）京都刻本
　　二册

直省鄉試同年齒録（嘉慶十五年庚午科）　4668.9/1810
　　清道光間京都刻本
　　四册

直省鄉試同年全録（道光十二年壬辰科）　4668.9/1832
　　〔清〕陳雋纂
　　清道光二十六年（1846）刻三十年（1850）增補刻本
　　六册

直省鄉試同年全録（道光十五年乙未恩科）　4668.9/1835
　　清道光二十四年（1844）京都文奎齋刻本
　　六册

直省鄉試同年齒録（道光二十年庚子恩科）　4668.9/1840
　　〔清〕勝保等編
　　清道光二十四年（1844）滿洲勝保刻同治四年（1865）補刻本
　　四册

直省鄉試同年齒録（咸豐五年乙卯科）　4668.9/1855
　　〔清〕彭祖賢等輯
　　清同治八年（1869）刻本

　　四册

直省鄉試同年齒録（同治九年庚午科）　4668.9/1870
　　〔清〕吳蔭培編
　　清光緒三十年（1904）至宣統元年（1909）京師刻本
　　八册

直省鄉試同年全録（光緒五年己卯科）　4668.9/1879
　　清光緒間京都龍雲齋刻本
　　六册

山東鄉試同年齒録（同治九年庚午科）　4668.915/1870
　　清同治至光緒間刻本
　　四册

山東鄉試題名録（光緒二十八年補行庚子辛丑恩正併科）　4668.915/1900
　　清光緒二十八年（1902）刻本
　　一册

浙江鄉試録（光緒二十九年癸卯恩科）　4668.929/1903
　　清光緒二十九年（1903）刻本
　　一册

湖南鄉試録（道光二十九年己酉科）　4668.925/1849
　　清道光二十九年（1849）刻本
　　一册

福建鄉試録（乾隆十七年壬申恩科）
4668.931/1752
清乾隆十七年（1752）刻本
一册

廣東鄉試同年齒録（光緒十七年辛卯科）
4668.932/0520
清光緒十七年（1891）刻本
一册

鄉試同年譜（嘉慶二十四年己卯科）
4668.9/1819
〔清〕鄂恒編
清道光十六年（1836）吉林鄂恒刻本
四册

貢舉考略四卷　　　　　　　4667/4824
〔清〕黄崇蘭輯
清嘉慶九年（1804）涇縣學署刻本
二册
明貢舉考略二卷
國朝貢舉考略二卷

國朝貢舉考略三卷附明貢舉考略二卷
4667/4824.4
〔清〕黄崇蘭輯　〔清〕趙學曾續編
清道光元年（1821）姑蘇經義堂刻本
四册

增補貢舉考略五卷　　　4667/4824.4b
〔清〕黄崇蘭輯　〔清〕趙學曾續編
清道光二十四年（1844）涇邑雙桂齋
刻本
四册
明貢舉考略二卷

國朝貢舉考略三卷

宗室貢舉備考不分卷　　　　4668/1214
〔清〕瑞聯編
清光緒十三年（1887）刻本
二册

各省優貢同年齒録（光緒三十二年丙午科）
4668.9/1906
清光緒三十二年（1906）京都文德齋
刻本
五册

各省優貢同年全録（光緒三十二年丙午科）
4668.9/1906.2
清光緒三十二年（1906）京都刻本
一册

拔貢授職官職録（宣統二年庚戌科）
4668.8/1910.4
清宣統二年（1910）京都宏文齋刻本
四册

順天拔貢同年齒録（道光二十九年己酉科）
4668.914/1849
清道光二十九年（1849）京都刻本
二册

直省拔貢優貢同年録（道光二十九年己
酉科）　　　　　　　　4668.9/1849.4
清同治間刻本
四册

拔貢同年録（嘉慶十八年癸酉科）
　　　　　　　　　4668.9/1813
　　清嘉慶間重訂刻本
　　二册

乾隆壬申萬壽恩科雲南武鄉試題名録一
卷　　　　　　　T4668.934/1752
　　清乾隆十七年（1752）緑格寫本
　　一册

職官録之屬

唐尚書省郎官石柱題名考二十六卷附録
一卷　　　　　　　4697.4/4385
　　〔清〕勞格　趙鉞撰　〔清〕丁寶
書編
　　清光緒十二年（1886）月河精舍刻月
河精舍叢鈔本
　　十二册

滿漢爵秩全書不分卷
　　　　　　T4726.9/4352（1764）
　　清乾隆二十九年（1764）京都榮錦堂
刻本
　　四册

熙朝宰輔録二卷　　　　2259.8/3646
　　〔清〕潘世恩輯
　　清咸豐七年（1857）增訂刻本
　　二册

宗室王公章京世襲爵秩册四卷
　　　　　　　　　T2252.8/3318
　　〔清〕宗人府編
　　清光緒内府朱墨寫本

四册

宗室王公世職章京爵秩襲次全表十卷
　　　　　　　　　2745/2543
　　〔清〕牟其汶編
　　清光緒三十三年（1907）石印本
　　十册

國朝御史題名不分卷附滿洲蒙古御史題
名録（順治元年至光緒十年）不分卷
　　　　　　　　　4728/6142
　　〔清〕黃叔璥等編　（附）〔清〕蘇
芳阿編
　　清光緒間京畿道刻本
　　三册

國朝御史題名（雍正元年至光緒十三年）
　　　　　　　　　4728/4821
　　〔清〕黃叔璥等編　〔清〕蘇樹蕃等續
　　清光緒十三年（1887）刻本
　　五册

國朝詞垣考鏡五卷　　　T4731.8/2321
　　〔清〕吳鼎雯撰
　　清乾隆五十八年（1793）序刻本
　　六册

國朝詞垣考鏡五卷　　　4731.8/2321b
　　〔清〕吳鼎雯撰
　　清咸豐刻本
　　四册

六部題名録不分卷　　　4660.7/0062
　　清抄本
　　一册

［京員知府同知通判大挑知縣州同州判
等官册］（清道光至同治間）
　　　　　　　　　　　　　T4726.9/0680
　　清咸豐至同治間抄本
　　二册

内閣漢票簽中書舍人題名　　　4695/4432
　　〔清〕李憲彝撰
　　清咸豐十一年（1861）刻本
　　二册

標營武職官册不分卷　　　T4726.9/4911
　　清道光至同治間抄本
　　二册

文職候補官册不分卷　　　T4726.9/0123
　　清咸豐同治間抄本
　　二册

黄河營記名外委册不分卷
　　　　　　　　　　　　　T4726.9/4390
　　清道光至咸豐間抄本
　　三册

恩賜廩生同官齒録三種　　　4726.9/1875
　　清光緒間京都文德齋刻本
　　四册
　　光緒元年乙亥恩賜廩生同官齒録
　　光緒十五年己丑光緒大婚恩賜廩生
　　　同官齒録
　　光緒二十年甲午皇太后萬壽恩賜廩
　　　生同官齒録

大清最新百官録（宣統元年己酉春季）
不分卷　　　　　T4726.9/4352（1909a）
　　〔清〕彭汝疇編
　　清宣統元年（1909）京都槐蔭山房
刻本
　　四册

大清百官録（宣統元年己酉冬季）
　　　　　　　　　　T4726.9/4352（1909）
　　〔清〕彭汝疇編
　　清宣統元年（1909）京都槐蔭山房刻本
　　四册

職官録（宣統三年冬季）不分卷
　　　　　　　　　　4726.9/4352（1911D）
　　清宣統三年（1911）北京内閣印鑄局
鉛印本
　　八册

運河文職官册（道光至同治間）
　　　　　　　　　　　　　T4726.9/3301
　　〔清〕運河道輯
　　清道光至同治間紅格抄本
　　一册

畿輔同官録不分卷　　　4699.914/1904
　　〔清〕北洋官報局編
　　清光緒三十年（1904）至宣統三年
（1911）北洋官報局鉛印本
　　十册

山東同官録（咸豐九年）　4726.915/1859
　　〔清〕明新等編
　　清咸豐間刻本
　　四册

中州同官録（宣統元年己酉）四卷

4726.916/1909

〔清〕陳星編

清宣統元年（1909）刻本

四册

江寧同官録（光緒七年）　4726.920/1881

〔清〕劉坤一編

清光緒七年（1881）江寧刻本

六册

八旗奉直宦浙同鄉録（畿輔宦浙同鄉録）

4726.929/1881

〔清〕德馨輯

清光緒七年（1881）刻本

一册

兩浙鹽務同官鑑不分卷　4726.929/1886

清光緒十二年（1886）杭州刻本

二册

内務府爵秩全覽（光緒七年辛卯夏季）

T4726.9/4352（1881B）

清光緒七年（1881）京都刻本

一册

内務府爵秩全覽（光緒二十二年丙申秋季）

4726.9/4352（1896C2）

清光緒二十二年（1896）京都刻本

一册

内務府爵秩全覽（光緒二十九年癸卯秋季）

4726.9/4352（1903C2）

清光緒二十九年（1903）京都刻本

一册

爵秩全覽（道光二十年庚子秋季）

T4726.9/4352（1840C）

清道光二十年（1840）京都刻本

四册

爵秩全書（道光二十六年丙午冬季）

T4726.9/4352（1846D）

清道光二十六年（1846）京都刻本

四册

爵秩全覽（道光二十九年己酉夏季）

T4726.9/4352（1849B）

清道光二十九年（1849）京都刻本

四册

爵秩全覽（咸豐元年辛亥夏季）

T4726.9/4352（1851B）

清咸豐元年（1851）京都刻本

四册

爵秩全覽（同治七年戊辰秋季）

T4726.9/4352（1868C）

清同治七年（1868）京都刻本

四册

爵秩全覽（同治七年戊辰冬季）

T4726.9/4352（1868D）

清同治七年（1868）京都刻本

四册

爵秩全覽（同治十年辛未秋季）

T4726.9/4352（1871D）

清同治十年（1871）京都刻本

四册

爵秩全覽（同治十三年甲戌夏季）
　　　　　　T4726.9/4352（1874B）
　　清同治十三年（1874）京都刻本
　　四册

新增爵秩全覽（光緒二十一年乙未春季）
　　　　　　4726.9/4352（1895A）
　　清光緒二十一年（1895）京都刻本
　　五册

爵秩全覽（光緒二十二年丙申冬季）
　　　　　　4726.9/4352（1896D2）
　　清光緒二十二年（1896）京都刻本
　　四册

爵秩全覽（光緒二十六年庚子秋季）
　　　　　　4726.9/4352（1900C）
　　清光緒二十六年（1900）京都刻本
　　四册

新增爵秩全覽（光緒三十年甲辰秋季）
　　　　　　T4726.9/4352（1904C2）
　　清光緒三十年（1904）京都刻本
　　二册

新增爵秩全覽（光緒三十一年乙巳春、
夏、秋、冬季）　T4726.9/4352（1905E）
　　清光緒三十一年（1905）京都刻本
　　八册

大清搢紳全書（乾隆五十七年壬子春季）
　　　　　　T4726.9/4352（1792A）
　　清乾隆五十七年（1792）京都濂溪閣
刻本
　　四册

大清搢紳全書（乾隆五十八年癸丑春季）
附大清中樞備覽
　　　　　　T4726.9/4352（1793A）
　　清乾隆五十八年（1793）京都榮錦堂
刻本
　　六册

大清搢紳全書（嘉慶元年丙辰秋季）
　　　　　　T4726.9/4352（1796C）
　　清嘉慶元年（1796）京都實名堂刻本
　　四册

大清搢紳全書（嘉慶六年辛酉冬季）
　　　　　　T4726.9/4352（1801D）
　　清嘉慶六年（1801）京都榮慶堂刻本
　　四册

大清搢紳全書（嘉慶九年甲子冬季）
　　　　　　T4726.9/4352（1804D）
　　清嘉慶九年（1804）京都崇名堂刻本
　　四册

大清搢紳全書（嘉慶十年乙丑冬季）附
大清中樞備覽　T4726.9/4352（1805C）
　　清嘉慶十年（1805）京都崇名堂刻本
　　六册

大清搢紳全書（道光十三年癸巳冬季）
　　　　　　T4726.9/4352（1833D）
　　清道光十三年（1833）京都榮覲堂刻本
　　四册

大清搢紳全書（道光十四年甲午冬季）
　　　　　　T4726.9/4352（1834D）
　　清道光十四年（1834）京都榮禄堂

刻本

　　四册

**大清搢紳全書（道光十五年乙未春季）附
大清中樞備覽**　　T4726.9/4352（1835A）

　　清道光十五年（1835）京都西二酉堂
刻本

　　　六册

大清搢紳全書（道光十八年戊戌春季）

　　　　　T4726.9/4352（1838A）

　　清道光十八年（1838）京都刻本

　　四册

**大清搢紳全書（道光二十二年壬寅秋季）
附大清中樞備覽**

　　　　　T4726.9/4352（1842C）

　　清道光二十二年（1842）京都榮禄堂
刻本

　　　六册

**大清搢紳全書（道光二十六年丙午春季）
附大清中樞備覽**

　　　　　T4726.9/4352（1846A）

　　清道光二十六年（1846）京都榮録
堂刻本

　　　四册

大清搢紳全書（道光二十七年丁未夏季）

　　　　　T4726.9/4352（1847B）

　　清道光二十七年（1847）京都貴文堂
刻本

　　　四册

大清縉紳全書（道光二十七年丁未秋季）

　　　　　T4726.9/4352（1847C）

　　清道光二十七年（1847）京都榮禄堂
刻本

　　四册

**大清搢紳全書（道光二十八年戊申冬季）
附大清中樞備覽**

　　　　　T4726.9/4352（1848D）

　　清道光二十八年（1848）京都榮禄堂
刻本

　　四册

大清縉紳全書（道光二十九年己酉夏季）

　　　　　T4726.9/4352（1849B1）

　　清道光二十九年（1849）京都文琳堂
刻本

　　　四册

**大清搢紳全書（道光二十九年己酉秋季）
附大清中樞備覽**

　　　　　T4726.9/4352（1849C）

　　清道光二十九年（1849）京都榮華堂
刻本

　　　六册

大清搢紳全書（道光二十九年己酉冬季）

　　　　　T4726.9/4352（1849D）

　　清道光二十九年（1849）京都文鬱堂
刻本

　　　一册

　　存湖北、湖南、河南、山東、山西、
甘肅。

大清搢紳全書（道光三十年庚戌秋季）
　　　　　T4726.9/4352（1850C）
　　清道光三十年（1850）京都榮禄堂刻本
　　四册

大清縉紳全書（咸豐二年壬子秋季）
　　　　　T4726.9/4352（1852C）
　　清咸豐二年（1852）京都榮禄堂刻本
　　四册

大清縉紳全書（咸豐二年壬子冬季）
　　　　　T4726.9/4352（1852D）
　　清咸豐二年（1852）京都榮禄堂刻本
　　四册

大清搢紳全書（咸豐四年甲寅冬季）
　　　　　T4726.9/4352（1854D）
　　清咸豐四年（1854）京都榮禄堂刻本
　　四册

大清搢紳全書（咸豐五年乙卯春季）附
大清中樞備覽　　T4726.9/4352（1855A）
　　清咸豐五年（1855）京都榮録堂刻本
　　六册

大清搢紳全書（咸豐五年乙卯秋季）
　　　　　T4726.9/4352（1855C）
　　清咸豐五年（1855）京都榮録堂刻本
　　四册

大清搢紳全書（咸豐六年丙辰夏季）
　　　　　T4726.9/4352（1856B）
　　清咸豐六年（1856）京都榮觀堂刻本
　　四册

大清搢紳全書（咸豐七年丁巳春季）
　　　　　T4726.9/4352（1857A）
　　清咸豐七年（1857）京都貴文堂刻本
　　四册

大清搢紳全書（咸豐九年己未冬季）
　　　　　T4726.9/4352（1859D）
　　清咸豐九年（1859）京都榮録堂刻本
　　四册

大清搢紳全書（咸豐十一年辛酉）
　　　　　T4726.9/4352（1861）
　　清咸豐十一年（1861）京都榮録堂刻本
　　四册

大清搢紳全書（同治三年甲子夏季）
　　　　　T4726.9/4352（1864B）
　　清同治三年（1864）京都榮晋齋刻本
　　四册

大清搢紳全書（同治三年甲子秋季）
　　　　　T4726.9/4352（1864C）
　　清同治三年（1864）京都榮禄堂刻本
　　四册

大清搢紳全書（同治三年甲子冬季）
　　　　　T4726.9/4352（1864D）
　　清同志三年（1864）京都榮禄堂刻本
　　一册

大清搢紳全書（同治五年丙寅夏季）
　　　　　T4726.9/4352（1866B）
　　清同治五年（1866）京都榮晋齋刻本
　　四册

大清搢紳全書（同治六年丁卯夏季）
　　　　　T4726.9/4352（1867B）
　　清同治六年（1867）京都榮録堂刻本
　　四册

大清搢紳全書（同治九年庚午夏季）
　　　　　T4726.9/4352（1870B）
　　清同治九年（1870）京都榮録堂刻本
　　四册

大清搢紳全書（同治十年辛未春季）
　　　　　T4726.9/4352（1871A）
　　清同治十年（1871）京都榮録堂刻本
　　一册
　　存四川、廣東、廣西、雲南、貴州五省。

大清縉紳全書（同治十年辛未夏季）
　　　　　T4726.9/4352（1871B）
　　清同治十年（1871）京都斌陞堂刻本
　　四册

大清搢紳全書（同治十年辛未秋季）
　　　　　T4726.9/4352（1871C）
　　清同治十年（1871）京都榮録堂刻本
　　四册

大清搢紳全書（同治十一年壬申春季）
　　　　　T4726.9/4352（1872A）
　　清同治十一年（1872）京都榮録堂
　　刻本
　　四册

大清搢紳全書（同治十一年壬申夏季）附
大清中樞備覽　T4726.9/4352（1872B）
　　清同治十一年（1872）京都榮録堂

刻本
　　六册

大清搢紳全書（同治十一年壬申秋季）附
大清中樞備覽　T4726.9/4352（1872C）
　　清同治十一年（1872）京都榮禄堂
　　刻本
　　六册

大清搢紳全書（同治十一年壬申冬季）
　　　　　T4726.9/4352（1872D）
　　清同治十一年（1872）京都斌陞堂
　　刻本
　　四册

大清搢紳全書（同治十二年癸酉秋季）
　　　　　T4726.9/4352（1873C）
　　清同治十二年（1873）京都斌陞堂刻本
　　四册

大清搢紳全書（同治十二年癸酉冬季）
　　　　　T4726.9/4352（1873D）
　　清同治十二年（1873）京都榮晋齋刻本
　　四册

大清搢紳全書（光緒二年丙子夏季）
　　　　　T4726.9/4352（1876B）
　　清光緒二年（1876）京都榮録堂刻本
　　四册

大清搢紳全書（光緒三年丁丑秋季）
　　　　　T4726.9/4352（1877C）
　　清光緒三年（1877）京都榮録堂刻本
　　四册

大清搢紳全書（光緒三年丁丑冬季）
　　　　　T4726.9/4352（1877D）
　　清光緒三年（1877）京都榮録堂刻本
　　四册

大清搢紳全書（光緒四年戊寅夏季）
　　　　　T4726.9/4352（1878B）
　　清光緒四年（1878）京都榮録堂刻本
　　四册

大清搢紳全書（光緒五年己卯秋季）
　　　　　T4726.9/4352（1879C）
　　清光緒五年（1879）京都榮華堂刻本
　　四册

大清搢紳全書（光緒十年甲申秋季）
　　　　　T4726.9/4352（1884C）
　　清光緒十年（1884）京都榮禄堂刻本
　　四册

大清搢紳全書（光緒十一年乙酉夏季）附
大清中樞備覽　T4726.9/4352（1885B）
　　清光緒十一年（1885）京都榮録堂
刻本
　　六册

大清搢紳全書（光緒十二年丙戌春季）
　　　　　T4726.9/4352（1886A）
　　清光緒十二年（1886）京都榮録堂
刻本
　　四册

大清搢紳全書（光緒十二年丙戌夏季）
　　　　　T4726.9/4352（1886B）
　　清光緒十二年（1886）京都榮録堂

刻本
　　四册

大清搢紳全書（光緒十二年丙戌秋季）附
大清中樞備覽　T4726.9/4352（1886C）
　　清光緒十二年（1886）京都榮録堂
刻本
　　六册

大清搢紳全書（光緒十二年丙戌冬季）附
大清中樞備覽　T4726.9/4352（1886D）
　　清光緒十二年（1886）京都榮録堂
刻本
　　六册

大清搢紳全書（光緒十四年戊子夏季）
　　　　　T4726.9/4352（1888B）
　　清光緒十四年（1888）京都刻本
　　四册

大清搢紳全書（光緒十四年戊子秋季）附
大清中樞備覽　T4726.9/4352（1888C）
　　清光緒十四年（1888）京都來鹿堂
刻本
　　六册

大清搢紳全書（光緒十五年己丑春季）
　　　　　T4726.9/4352（1889A）
　　清光緒十五年（1889）京都榮録堂刻本
　　四册

大清搢紳全書（光緒十五年己丑秋季）
　　　　　T4726.9/4352（1889C）
　　清光緒十五年（1889）京都刻本
　　四册

大清搢紳全書（光緒十六年庚寅春季）
　　　　　T4726.9/4352（1890A）
　　清光緒十六年（1890）京都榮録堂
刻本
　　四册

大清搢紳全書（光緒十六年庚寅春季）附
大清中樞備覽
　　　　　T4726.9/4352（1890A2）
　　　清光緒十六年（1890）京都榮録堂
刻本
　　六册

大清搢紳全書（光緒十六年庚寅夏季）
　　　　　T4726.9/4352（1890B）
　　　清光緒十六年（1890）京都榮録堂
刻本
　　四册

大清搢紳全書（光緒十六年庚寅秋季）附
大清中樞備覽
　　　　　T4726.9/4352（1890C）
　　　清光緒十六年（1890）京都榮録堂
刻本
　　六册

大清搢紳全書（光緒十六年庚寅冬季）
　　　　　T4726.9/4352（1890D）
　　　清光緒十六年（1890）京都榮録堂
刻本
　　四册

大清搢紳全書（光緒十七年辛卯春季）
　　　　　T4726.9/4352（1891A）
　　清光緒十七年（1891）京都來鹿堂

刻本
　　四册

大清搢紳全書（光緒十七年辛卯夏季）
　　　　　T4726.9/4352（1891B）
　　清光緒十七年（1891）京都榮録堂
刻本
　　四册

大清搢紳全書（光緒十七年辛卯秋季）
　　　　　T4726.9/4352（1891C）
　　清光緒十七年（1891）京都來鹿堂
刻本
　　四册

大清搢紳全書（光緒十八年壬辰春季）附
大清中樞備覽　　T4726.9/4352（1892A）
　　清光緒十八年（1892）京都刻本
　　六册

大清搢紳全書（光緒十八年壬辰夏季）
　　　　　T4726.9/4352（1892B）
　　清光緒十八年（1892）京都榮録堂
刻本
　　四册

大清搢紳全書（光緒十八年壬辰秋季）附
大清中樞備覽　　T4726.9/4352（1892C）
　　清光緒十八年（1892）京都來鹿堂刻本
　　六册

大清搢紳全書（光緒十八年壬辰冬季）附
大清中樞備覽　　T4726.9/4352（1892D）
　　清光緒十八年（1892）京都榮録堂
刻本

六册

大清搢紳全書（光緒十九年癸巳春季）
　　　　　T4726.9/4352（1893A）
　　清光緒十九年（1893）京都榮録堂刻本
　　四册

大清搢紳全書（光緒十九年癸巳夏季）附
大清中樞備覽　T4726.9/4352（1893B）
　　清光緒十九年（1893）京都松竹齋
刻本
　　　　六册

大清搢紳全書（光緒十九年癸巳秋季）
　　　　　T4726.9/4352（1893C）
　　清光緒十九年（1893）京都松竹齋刻本
　　四册
　　　　又一部，T4726.9/4352（1893C）c.2，
四册。

大清搢紳全書（光緒二十年甲午夏季）附
大清中樞備覽　T4726.9/4352（1894B）
　　清光緒二十年（1894）京都松竹齋
刻本
　　　　六册

大清搢紳全書（光緒二十年甲午秋季）
　　　　　T4726.9/4352（1894C）
　　清光緒二十年（1894）京都榮録堂刻本
　　四册

大清搢紳全書（光緒二十年甲午冬季）
　　　　　4726.9/4352（1894D）
　　清光緒二十年（1894）京都榮録堂
刻本

四册

大清縉紳全書（光緒二十一年乙未夏季）
附大清中樞備覽　4726.9/4352（1895B）
　　清光緒二十一年（1895）京都榮録堂
刻本
　　　　六册

大清縉紳全書（光緒二十一年乙未秋季）
附大清中樞備覽　4726.9/4352（1895C）
　　清光緒二十一年（1895）京都松竹
齋刻本
　　　　六册

大清縉紳全書（光緒二十二年丙申春季）
　　　　　4726.9/4352（1896A）
　　清光緒二十二年（1896）京都松竹齋
刻本
　　　　四册

大清縉紳全書（光緒二十二年丙申夏季）
　　　　　4726.9/4352（1896B）
　　清光緒二十二年（1896）京都榮録堂
刻本
　　　　四册

大清縉紳全書（光緒二十二年丙申秋季）
　　　　　4726.9/4352（1896C）
　　清光緒二十二年（1896）京都榮録堂
刻本
　　　　四册

大清搢紳全書（光緒二十二年丙申冬季）
　　　　　4726.9/4352（1896D）
　　清光緒二十二年（1896）京都榮録堂

刻本

　　四册

大清搢紳全書（光緒二十三年丁酉春季）
附新增搢紳　　　　4726.9/4352（1897A）

　　清光緒二十三年（1897）京都松竹齋
刻本

　　六册

大清搢紳全書（光緒二十三年丁酉秋季）
附大清中樞備覽　　4726.9/4352（1897C）

　　清光緒二十三年（1897）京都榮録堂
刻本

　　六册

大清搢紳全書（光緒二三年丁酉冬季）
附大清中樞備覽、新增搢紳

　　　　　　4726.9/4352（1897D）

　　清光緒二十三年（1897）京都松竹齋
刻本

　　八册

大清搢紳全書（光緒二十三年丁酉冬季）

　　　　　　T4726.9/4352（1897E）

　　清光緒二十三年（1897）京都榮禄堂
刻本

　　六册

大清縉紳全書（光緒二十四年戊戌春季）

　　　　　　4726.9/4352（1898A）

　　清光緒二十四年（1898）京都榮録堂
刻本

　　四册

大清搢紳全書（光緒二十四年戊戌夏季）

　　　　　　4726.9/4352（1898B）

　　清光緒二十四年（1898）京都榮録堂
刻本

　　八册

大清搢紳全書（光緒二十四年戊戌秋季）
附大清中樞備覽、新增搢紳

　　　　　　4726.9/4352（1898C）

　　清光緒二十四年（1898）京都榮寶齋
刻本

　　八册

大清搢紳全書（光緒二十四年戊戌冬
季）附大清中樞備覽、新增搢紳

　　　　　　4726.9/4352（1898D）

　　清光緒二十四年（1898）京都榮寶齋
刻本

　　八册

大清搢紳全書（光緒二十五年己亥春季）

　　　　　　4726.9/4352（1899A）

　　清光緒二十五年（1899）京都榮録堂
刻本

　　四册

大清搢紳全書（光緒二十五年己亥春季）
附新增搢紳　　　　4726.9/4352（1899A2）

　　清光緒二十五年（1899）京都榮寶齋
刻本

　　六册

大清搢紳全書（光緒二十五年己亥夏季）

　　　　　　4726.9/4352（1899B）

　　清光緒二十五年（1899）京都榮録堂

刻本
　　四册

大清搢紳全書（光緒二十五年己亥秋季）
附新增爵秩全覽
　　　　　　T4726.9/4352（1899C）
　　清光緒二十五年（1899）京都榮寶齋
刻本
　　六册

大清搢紳全書（光緒二十五年己亥冬季）
　　　　　　4726.9/4352（1899D）
　　清光緒二十五年（1899）京都榮録堂
刻本
　　四册

大清搢紳全書（光緒二十六年庚子春季）
　　　　　　4726.9/4352（1900A）
　　清光緒二十六年（1900）京都榮録堂
刻本
　　四册

大清搢紳全書（光緒二十六年庚子春季）
　　　　　　4726.9/4352（1900A2）
　　清光緒二十六年（1900）京都榮録堂
刻本
　　六册

大清搢紳全書（光緒二十六年庚子夏季）
附大清中樞備覽　4726.9/4352（1900B）
　　清光緒二十六年（1900）京都榮録堂
刻本
　　六册

大清搢紳全書（光緒二十七年辛丑冬季）
　　　　　　4726.9/4352（1901D）
　　清光緒二十七年（1901）京都榮録堂
刻本
　　四册

大清搢紳全書（光緒二十八年壬寅春季）
　　　　　　4726.9/4352（1902A）
　　清光緒二十八年（1902）京都榮録堂
刻本
　　四册

大清搢紳全書（光緒二十八年壬寅夏季）
附大清中樞備覽　4726.9/4352（1902B）
　　清光緒二十八年（1902）京都榮録堂
刻本
　　六册

大清搢紳全書（光緒二十八年壬寅夏季）
　　　　　　4726.9/4352（1902B2）
　　清光緒二十八年（1902）京都榮録堂
刻本
　　四册

大清搢紳全書（光緒二十八年壬寅秋季）
　　　　　　4726.9/4352（1902C）
　　清光緒二十八年（1902）京都榮録堂
刻本
　　四册

大清搢紳全書（光緒二十八年壬寅冬季）
附新增搢紳　　4726.9/4352（1902D）
　　清光緒二十八年（1902）京都榮寶齋
刻本
　　六册

大清搢紳全書（光緒二十九年癸卯春季）
4726.9/4352（1903A）
清光緒二十九年（1903）京都榮録堂刻本
四册

大清搢紳全書（光緒二十九年癸卯夏季）附大清中樞備覽　4726.9/4352（1903B）
清光緒二十九年（1903）京都榮寶齋刻本
六册

大清搢紳全書（光緒二十九年癸卯秋季）
4726.9/4352（1903C2）
清光緒二十九年（1904）京都刻本
四册

大清搢紳全書（光緒二十九年癸卯秋季）
T4726.9/4352（1903C）
清光緒二十九年（1903）京都榮寶齋刻本
四册

大清搢紳全書（光緒二十九年癸卯冬季）附大清中樞備覽　4726.9/4352（1903D）
清光緒二十九年（1903）京都榮録堂刻本
六册

大清搢紳全書（光緒三十年甲辰春季）附大清中樞備覽　4726.9/4352（1904A）
清光緒三十年（1904）京都榮録堂刻本
六册

大清搢紳全書（光緒三十年甲辰夏季）
4726.9/4352（1904B）
清光緒三十年（1904）京都榮録堂刻本
四册

大清搢紳全書（光緒三十年甲辰夏季）
T4726.9/4352（1904B2）
清光緒三十年（1904）京都榮録堂刻本
二册

大清搢紳全書（光緒三十年甲辰秋季）
4726.9/4352（1904C）
清光緒三十年（1904）京都榮録堂刻本
四册

大清搢紳全書（光緒三十年甲辰冬季）
T4726.9/4352（1904D）
清光緒三十年（1904）京都榮録堂刻本
四册

大清搢紳全書（光緒三十一年乙巳春季）附大清中樞備覽
T4726.9/4352（1905A）
清光緒三十一年（1905）京都榮録堂刻本
六册

大清搢紳全書（光緒三十一年乙巳夏季）附大清中樞備覽
T4726.9/4352（1905B）
清光緒三十一年（1905）京都榮録堂

刻本

　　六册

大清搢紳全書（光緒三十一年乙巳夏季）

　　　　　　T4726.9/4352（1905B2）

　　清光緒三十一年（1905）京都榮録堂
刻本

　　四册

大清搢紳全書（光緒三十一年乙巳秋季）
附大清中樞備覽

　　　　　　T4726.9/4352（1905C）

　　清光緒三十一年（1905）京都榮録堂
刻本

　　六册

大清搢紳全書（光緒三十一年乙巳冬季）

　　　　　　T4726.9/4352（1905D）

　　清光緒三十一年（1905）京都榮録堂
刻本

　　四册

大清搢紳全書（光緒三十二年丙午春季）

　　　　　　T4726.9/4352（1906A）

　　清光緒三十二年（1906）京都榮録堂
刻本

　　四册

大清搢紳全書（光緒三十二年丙午夏季）
附大清中樞備覽

　　　　　　T4726.9/4352（1906B）

　　清光緒三十二年（1906）京都榮禄堂
刻本

　　六册

大清搢紳全書（光緒三十二年丙午秋季）

　　　　　　T4726.9/4352（1906C）

　　清光緒三十二年（1906）京都榮録堂
刻本

　　四册

大清搢紳全書（光緒三十二年丙午冬季）

　　　　　　T4726.9/4352（1906D）

　　清光緒三十二年（1906）京都榮録堂
刻本

　　四册

大清搢紳全書（光緒三十三年丁未春季）

　　　　　　T4726.9/4352（1907A）

　　清光緒三十三年（1907）京都榮録堂
刻本

　　四册

大清搢紳全書（光緒三十三年丁未夏季）

　　　　　　T4726.9/4352（1907B）

　　清光緒三十三年（1907）京都榮寶齋
刻本

　　四册

大清搢紳全書（光緒三十三年丁未秋季）
附大清中樞備覽二卷

　　　　　　T4726.9/4352（1907C）

　　清光緒三十三年（1907）京都榮録堂
刻本

　　六册

大清搢紳全書（光緒三十三年丁未冬季）
附大清中樞備覽

　　　　　　T4726.9/4352（1907D）

　　清光緒三十三年（1907）京都榮録堂

刻本

　　六册

　　又一部，4726.9/4352（1907D2），
四册。

大清搢紳全書（光緒三十三年丁未冬季）
　　　　　　T4726.9/4352（1907D2）
　　清光緒三十三年（1907）京都榮禄堂
刻本
　　四册

大清搢紳全書（光緒三十三年丁未冬季）
　　　　　　T4726.9/4352（1907D3）
　　清光緒三十三年（1907）京都榮寶齋
刻本
　　二册

大清搢紳全書（光緒三十四年戊申春季）
　　　　　　T4726.9/4352（1908A）
　　清光緒三十四年（1908）京都榮録堂
刻本
　　四册

大清搢紳全書（光緒三十四年戊申夏季）
　　　　　　T4726.9/4352（1908B）
　　清光緒三十四年（1908）京都榮録堂
刻本
　　四册

大清搢紳全書（光緒三十四年戊申秋季）
　　　　　　T4726.9/4352（1908C）
　　清光緒三十四年（1908）京都榮録堂
刻本
　　四册

**大清搢紳全書（光緒三十四年戊申冬季）
附大清中樞備覽**
　　　　　　T4726.9/4352（1908D）
　　清光緒三十四年（1908）京都榮録堂
刻本
　　六册

大清搢紳全書（宣統元年己酉春季）
　　　　　　T4726.9/4352（1909A）
　　清宣統元年（1909）京都榮寶齋刻本
　　四册

大清搢紳全書（宣統元年己酉夏季）
　　　　　　T4726.9/4352（1909B）
　　清宣統元年（1909）京都榮録堂刻本
　　四册

**大清搢紳全書（宣統元年己酉秋季）附直
省候補同官録**　　T4726.9/4352（1909C）
　　清宣統元年（1909）京都榮寶齋刻本
　　五册

大清搢紳全書（宣統元年己酉冬季）
　　　　　　T4726.9/4352（1909D）
　　清宣統元年（1909）京都榮録堂刻本
　　四册

**大清搢紳全書（宣統二年庚戌春季）附直
省候補同官録**　　T4726.9/4352（1910A）
　　清宣統二年（1910）京都榮寶齋刻本
　　五册

**大清搢紳全書（宣統二年庚戌夏季）附
大清中樞備覽**　　T4726.9/4352（1910B）
　　清宣統二年（1910）京都榮録堂刻本

六册

大清搢紳全書（宣統二年庚戌秋季）
　　　　　　　T4726.9/4352（1910C）
　清宣統二年（1910）京都榮録堂刻本
四册

大清搢紳全書（宣統二年庚戌冬季）
　　　　　　　T4726.9/4352（1910D）
　清宣統二年（1910）京都榮録堂刻本
五册

**大清搢紳全書（宣統二年庚戌冬季）附
大清中樞備覽**　T4726.9/4352（1910D2）
　清宣統二年（1910）京都榮録堂刻本
七册

大清搢紳全書（宣統三年辛亥春季）
　　　　　　　T4726.9/4352（1911A）
　清宣統三年（1911）京都榮録堂刻本
四册

大清搢紳全書（宣統三年辛亥夏季）
　　　　　　　T4726.9/4352（1911B）
　清宣統三年（1911）京都榮録堂刻本
五册

**大清搢紳全書（宣統三年辛亥秋季）附
大清中樞備覽**　T4726.9/4352（1911C）
　清宣統三年（1911）京都榮録堂刻本
七册

大清搢紳全書附增補（宣統三年辛亥秋季）
　　　　　　　T4726.9/4352（1911C2）
　清宣統三年（1911）京都榮寶齋刻本

六册

大清中樞備覽（乾隆三十七年壬辰冬季）
　　　　　　　T4726.9/4352（1772D）
　清乾隆三十七年（1772）京都榮錦堂
刻本
　二册

大清中樞備覽（道光二十五年乙巳春季）
　　　　　　　4726.9/4352（1845A）
　清道光二十五年（1845）京都榮録堂
刻本
　一册

大清中樞備覽（同治九年庚午秋季）
　　　　　　　T4726.9/4352（1870C）
　清同治九年（1870）京都榮録堂刻本
二册

大清中樞備覽（光緒五年己卯秋季）
　　　　　　　T4726.9/4352（1879C2）
　清光緒五年（1879）京都榮録堂刻本
二册

大清中樞備覽二卷
　　　　　　　T4726.9/4352（1907D3）
　清光緒三十三年（1907）榮寶齋刻本
二册

政書類

通制之屬

通典二百卷　　　　　　　9290/4133
　〔唐〕杜佑撰

清光緒二十二年（1896）浙江書局刻本

五十册

通典二百卷　　9290/4133B

〔唐〕杜佑撰

清光緒二十七年（1901）上海圖書集成局鉛印本

十六册

新刊增入諸儒議論杜氏通典詳節四十二卷圖譜一卷　　T4681/4126.1

明刻本

十六册

通志二百卷　　T2511/8243

〔宋〕鄭樵撰

元大德三山郡庠刻元明遞修本

三百十二册

缺卷一百二十六至一百二十九。又一部，T2511/8243 c.2，三册，存卷七、七十三、一百三十二。

通志二百卷考證三卷　　9290/4133.5

〔宋〕鄭樵撰

清光緒二十二年（1896）浙江書局刻本

二百册

通志二百卷　　9290/4133.5B

〔宋〕鄭樵撰

清光緒二十七年（1901）上海圖書集成局鉛印本

六十册

續通志六百四十卷　　9290/4133.7

〔清〕嵆璜　劉鏞等編

清光緒十二年（1886）浙江書局刻本

二百册

續通志六百四十卷　　9290/4133.7B

〔清〕嵆璜　劉墉等纂

清光緒二十七年（1901）上海圖書集成局石印本

六十册

皇朝通志一百二十六卷　　9290/4133.8

〔清〕嵆璜　劉鏞等纂

清光緒八年（1882）浙江書局刻本

四十册

皇朝通志一百二十六卷　　9290/4133.8B

〔清〕嵆璜　劉鏞等纂

清光緒二十七年（1901）上海圖書集成局石印本

十二册

皇朝通典一百卷　　9290/4133.3

〔清〕嵆璜等撰

清光緒八年（1882）浙江書局刻本

四十册

皇朝通典一百卷　　9290/4133.3B

〔清〕嵆璜等撰

清光緒二十七年（1901）上海圖書集成局鉛印本

十二册

續通典一百五十卷　　9290/4133.2

〔清〕嵆璜等撰

清光緒十二年（1886）浙江書局刻本

四十册

續通典一百五十卷　　9290/4133.2B

〔清〕嵇璜等撰

清光緒二十七年（1901）上海圖書集成局鉛印本

十二册

文獻通考三百四十八卷　　T4681/7207

〔元〕馬端臨撰

明嘉靖三年（1524）司禮監刻本

一百册

文獻通考三百四十八卷首一卷

T4681/7207b

〔元〕馬端臨撰

明嘉靖間蘄陽馮天馭刻本

二十册（八十册改訂）

文獻通考三百四十八卷考證三卷

9290/4133.90

〔元〕馬端臨撰

清光緒二十二年（1896）浙江書局刻本

一百五十册

文獻通考三百四十八卷　　9290/4133.90B

〔元〕馬端臨撰

清光緒二十七年（1901）上海圖書集成局鉛印本

四十四册

文獻通考纂二十四卷　　T4681/7207.4

〔元〕馬端臨撰　　〔明〕胡震亨節纂

明萬曆駱駸曾刻本

十册

續文獻通考二百五十四卷

T4681/7207.1

〔明〕王圻撰

明萬曆三十一年（1603）松江曹時聘等刻本

八十册

續文獻通考纂二十二卷　　T4681/7207.5

〔明〕王圻撰

明末心遠堂刻本

六册

正續文獻通考識大編二十四卷

9290/4133.901

〔元〕馬端臨撰　　〔明〕王圻續　　〔清〕方若珽編

清康熙二十四年（1685）衷聖樓刻本

二十八册

文獻通考正續合編三十二卷

4681/7207.2

〔清〕盧宣旬編　　〔清〕馬廷鑾等訂

清嘉慶十五年（1810）武寧盧氏略識字齋刻本

十六册

續文獻通考二百五十卷　　9290/4133.91

〔清〕嵇璜等撰

清光緒十三年（1887）浙江書局刻本

一百二十册

續文獻通考二百五十卷　　9290/4133.91B

〔清〕嵇璜等撰

清光緒二十七年（1901）上海圖書集成局鉛印本

三十六册

皇朝文獻通考三百卷　　9290/4133.92

〔清〕嵇璜等撰

清光緒八年（1882）浙江書局刻本

一百五十九册

皇朝文獻通考三百卷　　9290/4133.92B

〔清〕嵇璜等撰

清光緒二十七年（1901）上海圖書集

成局鉛印本

四十册

皇朝續文獻通考三百二十卷

9290/4133.93

〔清〕劉錦藻編

清光緒三十一年（1905）堅匏盦鉛印本

八十八册

又一部，9290/4133.93 c.2，八十

八册。

欽定三通考證七卷　　9290/1340

清光緒二十年（1894）浙江書局刻本

四册

三通考輯要七十六卷　　9301/3243

〔清〕湯壽潛編輯

清光緒二十五年（1899）上海圖書集

成局鉛印本

三十册

文獻通考輯要二十四卷

欽定續文獻通考輯要二十六卷

皇朝文獻通考輯要二十六卷

三通考詳節七十六卷　　9301/6829

〔清〕嚴虞惇節録　〔清〕平陽主人

續節録

清光緒二十七年（1901）上海鴻寶齋

書局石印本

二十册

文獻通考詳節二十四卷

續文獻通考詳節二十六卷

皇朝文獻通考詳節二十六卷

六典通考二百卷　　4681/7281

〔清〕閻鎮珩撰

清光緒二十九年（1903）北嶽山房刻本

八十册

六通訂誤六卷　　9290/4133.96

〔清〕席裕福等輯

清光緒二十七年（1901）上海圖書集

成局鉛印本

二册

二十四史九通政典類要合編三百二十卷

4681/4851

〔清〕黃書霖輯

清光緒二十八年（1902）約雅堂石印本

六十册

九通通二百四十八卷首一卷

9290/4133.97

〔清〕劉可毅輯

清光緒二十八年（1902）武進劉氏石

印本

六十册

春秋會要四卷　　　　　　4682/4103

〔清〕姚彥渠輯

清光緒十四年（1888）刻本

二册

西漢會要七十卷　　　　　4682/2910

〔宋〕徐天麟撰

清光緒十年（1884）江蘇書局刻本

十册

東漢會要四十卷　　　　4682/2910.2

〔宋〕徐天麟撰

清光緒十年（1884）江蘇書局刻本

八册

唐會要一百卷　　　　　　4683/1134

〔宋〕王溥撰

清光緒十年（1884）江蘇書局刻本

二十四册

五代會要三十卷　　　　　4683/1134

〔宋〕王溥撰

清光緒十二年（1886）江蘇書局刻本

六册

明會要八十卷　　　　　　4686/0104

〔清〕龍文彬纂

清光緒十三年（1887）永新龍氏永懷

堂刻本

二十册

大元聖政國朝典章前集六十卷附新集

　　　　　　　　　　　　4685/1143

清光緒三十四年（1908）北京修訂法

律館鉛印本

二十四册

大明會典二百二十八卷　　T4686/5062

〔明〕申時行等纂修

明萬曆十五年（1587）内府刻本

六十四册

新刻皇明經世要略五卷　T4664.7/4823

〔明〕黄仁溥輯

明萬曆三十八至四十年（1610—

1612）閩建書林刻本

五册

皇明世法録九十二卷　　　T4686/7928

〔明〕陳仁錫撰

明崇禎間刻本

六十四册

古今治平略三十三卷　　　T4681/2924

〔明〕朱健撰

明崇禎十一年（1638）鍾鈜刻本

三十二册

治平略增定全書三十三卷　T4681/2924b

〔明〕朱健　朱徽撰　〔清〕蔣先庚

增訂

清康熙三年（1664）刻本

二十册

廣治平略四十四卷　　　　T4681/4909

〔清〕蔡方炳撰

清雍正二年（1724）聚奎堂刻本

二十册

廣治平略三十六卷補編八卷

4681/4909b

〔清〕蔡方炳撰

清光緒十三年（1887）石印本

一册

大清會典一百六十二卷　　　　T4687/1

〔清〕伊桑阿等纂修

清康熙二十九年（1690）内府刻本

六十四册

大清會典二百五十卷　　　　T4687/2

〔清〕尹泰等纂修

清雍正十年（1732）内府刻本

一百册

欽定大清會典一百卷　　　　T4687/3

〔清〕允裪等纂修

清乾隆二十九年（1764）武英殿刻本

二十四册

欽定大清會典八十卷　　　　4687/4

〔清〕托津等纂修

清嘉慶二十三年（1818）序刻本

四十册

欽定大清會典一百卷　　　　4687/7263

〔清〕劉恩溥等纂修

清光緒二十五年（1899）石印本

三十六册

大清會典則例一百八十卷　　　T4687/3.1

〔清〕允裪等纂修

清乾隆二十九年（1764）武英殿刻本

九十六册

欽定大清會典圖一百三十二卷目録二卷

T4687/4.1

〔清〕托津等纂修

清嘉慶二十三年（1818）序刻本

四十册

欽定大清會典圖二百七十卷首一卷

4687/7263.3

〔清〕崑岡等纂修

清光緒二十五年（1899）石印本

七十五册

欽定大清會典事例九百二十卷目録八卷

T4687/4.2

〔清〕托津等纂修

清嘉慶十八年（1813）武英殿刻本

三百六十册

欽定大清會典事例一千二百二十卷目録
八卷　　　　4687/7263.2

〔清〕崑岡等纂修

清光緒二十五年（1899）石印本

三百八十四册

會典簡明録一卷　　　　4687/7263.1

〔清〕張祥河訂

清道光六年（1826）刻本

一册

皇朝政典類纂五百卷目録六卷

4687/0233

〔清〕席裕福纂輯

清光緒二十九年（1903）上海圖書集

成局鉛印本

一百二十册

皇朝政典挈要八卷　　　2744/4610

　　〔日本〕增田貢撰　　〔清〕毛淦補編
〔清〕汪厚昌　顧梓田訂正
　　清光緒二十七年（1901）知新書局石
印本
　　四册

康熙政要二十四卷　　　2780/0444

　　章梫撰
　　清宣統二年（1910）鉛印本
　　十二册

吾學録初編二十四卷　　　4681/6399

　　〔清〕吳榮光編
　　清道光十二年（1832）刻本
　　八册

欽定宗人府則例三十一卷　　4691/3806A

　　〔清〕慶錫等纂修
　　清同治間刻本
　　十二册

欽定宗人府則例三十一卷　　4691/3806B

　　〔清〕靈照等纂修
　　清光緒二十四年（1898）刻本
　　十六册

宗室覺羅律例三卷　　　4885/3844

　　〔清〕定壽等纂
　　清宣統間鉛印本
　　四册

欽定宫中現行則例四卷　　4691.8/3512

　　〔清〕內務府編
　　清咸豐間刻本

四册

欽定宫中現行則例四卷　　4691/3512

　　〔清〕內務府編
　　清光緒間鉛印本
　　四册

欽定內務府現行則例四卷續二卷

　　　　　　　　　4691/4101

　　〔清〕內務府編
　　清光緒間刻本
　　六册

總管內務府堂現行則例四卷　4691/2841

　　〔清〕兆慶等輯
　　清同治九年（1870）內務府刻本
　　四册

欽定總管內務府堂現行則例四卷

　　　　　　　　　4691/4101B

　　〔清〕杜春等纂修
　　清光緒十年（1884）刻本
　　四册

欽定王公處分則例四卷　　4691/1828.85

　　清道光間刻本
　　二册

欽定王公處分則例四卷　　4691/1828

　　清咸豐六年（1856）刻本
　　六册

增訂則例圖要便覽四十九卷

　　　　　　　　　T4673/1174

　　〔清〕王又槐增輯　　〔清〕陳敬修參校

清乾隆五十七年（1792）錢塘王氏刻本
八冊

律例便覽八卷處分則例圖要六卷
4898.10/4938
〔清〕蔡逢年編
清内務府刻本
六冊

律例便覽八卷處分則例圖要六卷
4885/4938
〔清〕蔡逢年編
清同治十一年（1872）刻本
六冊

六部處分則例五十二卷　　4898.10/3250
〔清〕吏部編
清光緒十三年（1887）重修刻本
二十四冊

欽定吏部則例八十七卷　　4726/5062
〔清〕恩桂等修　〔清〕薛鳴皋等纂
清道光二十三年（1843）刻本
二十冊

欽定吏部則例六卷　　4726/5074
〔清〕吏部編
清光緒十二年（1886）刻本
四冊

吏部銓選則例二十一卷　　4727.6/5083
〔清〕吏部編
清光緒十二年（1886）刻本
十九冊

欽定吏部處分則例五十二卷
4726/5028B
〔清〕吏部編
清道光八年（1828）刻本
三十六冊

欽定吏部處分則例五十二卷　4726/5028
〔清〕吏部編
清同治間刻本
二十冊
又一部，4726/5028c，四十七卷，
二十冊。

欽定户部則例十五卷　　4703/3062.12
〔清〕松年等纂　〔清〕潘世恩等修
清道光十八年（1838）刻本
六冊

户部則例九十九卷　　4703/3062.13
〔清〕户部編
清咸豐間刻本
七十二冊

欽定户部則例一百卷　　4703/3062.14
〔清〕承啓等纂　〔清〕倭仁等修
清同治四年（1865）刻本
四十八冊

欽定户部則例一百卷　　4703/3062.15
〔清〕惠祥等纂　〔清〕載齡等修
清同治十三年（1874）刻本
六十冊

欽定户部軍需則例九卷續纂一卷欽定兵
部軍需則例五卷欽定工部軍需則例一卷
　　　　　　　　　　　　　8925/3162b
　　〔清〕軍機處纂
　　清乾隆五十三年（1788）北京官刻本
　　四册

欽定户部軍需則例九卷續纂一卷欽定兵
部軍需則例五卷欽定工部軍需則例一卷
　　　　　　　　　　　　　8925/3162
　　〔清〕軍機處纂
　　清咸豐間刻本
　　二册

欽定户部軍需則例九卷欽定兵部軍需則
例五卷欽定工部軍需則例一卷
　　　　　　　　　　　　　8925/8330
　　〔清〕軍機處纂
　　清末抄本
　　二册

優復恩例不分卷　　　　　　1786.1/2262
　　〔清〕孔衍佩等彙集　　〔清〕孔繼善
等彙輯
　　清同治六年（1867）序刻本
　　一册

欽定禮部則例二百二卷
　　　　　　　　　　4701/3062（1844）
　　〔清〕禮部編
　　清道光二十四年（1844）刻本
　　二十四册

欽定科場條例四卷　　　　　　4668/2422
　　〔清〕禮部編

清乾隆六年（1741）北京刻本
四册

欽定科場條例五十四卷　　4668/2422.3
　　〔清〕羅正墀等纂修
　　清乾隆五十五年（1790）北京禮部刻本
　　十四册

欽定科場條例六十卷首一卷
　　　　　　　　　　　　　4668/2422.4
　　〔清〕蔡鑾揚總纂　　〔清〕常德等纂修
　　清末刻本
　　四册

欽定科場條例六十卷首一卷附續增不分
卷　　　　　　　　　　　　4668/2422.8
　　〔清〕詹鴻謨等纂修
　　清光緒二十九年（1903）刻本
　　五十三册

欽定武場條例十六卷　　　　4668.8/1422
　　〔清〕景清等纂
　　清光緒二十一年（1895）刻本
　　十六册

欽定國子監則例四十五卷　　4917/6176
　　〔清〕汪廷珍等纂修
　　清道光四年（1824）重修刻本
　　八册

欽定兵部處分則例三十九卷　4718/7028
　　〔清〕兵部編
　　清道光三年（1823）刻本
　　三十二册

欽定軍器則例三十二卷　　4718/3662

〔清〕趙璠等纂修

清嘉慶十年（1805）刻十三年（1808）印本

八册

欽定軍器則例二十四卷　　4718/3662c

〔清〕兵部編

清嘉慶刻本

十二册

欽定軍器則例二十四卷　　4718/3662B

〔清〕特通保等纂修

清光緒十七年（1891）同文館木活字印本

十二册

欽定軍衛道里表十八卷　　T4718/6215

〔清〕鄂爾泰等編

清乾隆八年（1743）武英殿刻本

六册

欽定五軍道里表十八卷　　4885/1136

〔清〕常泰等纂修

清嘉慶七年（1802）修十四年（1809）刻本

十九册

增訂刑部説帖八卷通行條例二卷

4886/0846

〔清〕龔嘉相等纂

清光緒九年（1883）廣西臬署刻本

十册

刑部奏定新章（道光十八年至光緒二十五年）四卷　　4728.8/1053B

〔清〕刑部編

清光緒二十五年（1899）京都榮録堂刻本

四册

欽定工部則例五十卷

4707/1062（1809）

〔清〕工部編

清嘉慶十四年（1809）刻本

四册

欽定工部則例一百四十二卷

4707/1062（1815）

〔清〕工部編

清嘉慶二十年（1815）刻本

二十册

欽定工部續增則例一百三十六卷

4707/1062（1819）

〔清〕工部編

清嘉慶二十四年（1819）刻本

二十八册

欽定工部則例一百十六卷

4707/1062（1884）

〔清〕工部編

清光緒十年（1884）刻本

四十册

光禄寺則例九十卷喪儀十四卷

4701/9346

〔清〕伊精額等纂修

清道光十九年（1839）刻本

五十三册

又一部, 4701/9346b, 五十三册。

欽定理藩部則例六十四卷　　4716/1406

〔清〕理藩部編

清光緒三十四年（1908）鉛印本

十六册

欽定物料價值則例（雲南省）十卷

4707/310

〔清〕工部纂修

清乾隆三十三年（1768）京師刻本

十册

欽定物料價值則例（直隷省）二十四卷

4707/310.2

〔清〕工部纂修

清乾隆三十三年（1768）京師刻本

二十四册

工程做法則例七十四卷　　4707/1243

〔清〕工部頒修　　〔清〕胤禮等纂

清雍正十二年（1734）刻咸豐四年

（1854）補刻本

二十册

江蘇省例四編　　4758/88

清同治八年（1869）至光緒三十年

（1904）刻本

十三册

江西藩司定例彙編（乾隆三十三年至光緒三十一年）　　4664.89/3141

〔清〕江西布政司輯

清宣統間江西書局刻本

二百四册

江西臬司定例彙編八卷目錄一卷

4863/3116.8

〔清〕江西按察司輯

清宣統間江西臬署刻本

一百三十三册

粵東省例新纂八卷　　4762/0.486

〔清〕黄恩彤等纂輯

清道光二十六年（1846）刻本

八册

欽定回疆則例八卷　　4716.1/6162B

〔清〕理藩院編　　〔清〕托津等原修
〔清〕賽尚阿等改修續纂

清嘉慶二十年（1815）修道光二十二
年（1842）重修木活字印本

九册

回疆則例八卷　　4716.1/6162

〔清〕理藩院編

清光緒三十四年（1908）鉛印本

三册

儀制之屬

大清通禮五十四卷　　T4679/4416b

〔清〕穆克登額等續纂

清道光四年（1824）武英殿刻本

十二册

大清通禮五十四卷　　4679/6998

〔清〕李玉鳴等纂修　　〔清〕穆克登
額續纂

清光緒九年（1883）江蘇書局刻本
十二册

大清通禮品官士庶人喪禮傳二卷
　　　　　　　　　　　　　　4679/7287
〔清〕劉人熙編
清光緒十一年（1885）北京禮部刻本
二册

大唐開元禮一百五十卷　　4676/4222
〔唐〕蕭嵩等撰
清光緒十二年（1886）公善堂校刻本
十六册

皇明典禮志二十卷　　　　T4678/0214
〔明〕郭正域撰
明萬曆四十一年（1613）刻本
四册

明倫大典二十四卷　　　　T4686/4213
〔明〕楊一清等纂修
明嘉靖七年（1528）內府刻本
十二册

大明集禮五十三卷　　　　T4678/2914
〔明〕徐一夔等撰
明嘉靖九年（1530）內府刻本
四十册

幸魯盛典四十卷　　　　　T2789/1184
〔清〕孔毓圻等撰
清康熙二十八年（1689）紅蕚軒刻本
十二册

萬壽盛典初集一百二十卷　T2782/1173
〔清〕王原祁撰并繪
清康熙五十五年（1716）內府刻本
四十册
又一部，T2782/1173 c.2，四十八册。

南巡盛典一百二十卷　　T2828/3142.83
〔清〕高晋等輯
清乾隆三十六年（1771）刻本
四十八册
又一部，T2828/3142.83 c.2，四十
八册。

八旬萬壽盛典一百二十卷首一卷
　　　　　　　　　　　　　　T2829/8024
〔清〕阿桂等纂修
清乾隆五十七年（1792）武英殿活字
印本
二十册

八旬萬壽盛典圖説二卷　T2829/8024.1
〔清〕阿桂等纂修
清乾隆五十七年（1792）武英殿套
印本
二册

皇朝禮器圖式十八卷　　　T4679/2133
〔清〕允禄等纂
清乾隆三十一年（1766）武英殿刻本
十六册

西巡盛典二十四卷首一卷　T2828/4106
〔清〕董誥等纂
清嘉慶十七年（1812）武英殿活字印本
二十四册

孝貞顯皇后大事事宜八卷　　2268/8334
　〔清〕工部編
　清光緒七年（1881）北京工部木刻本
九册

（清同治帝）大婚禮節一卷　　4679/3273
　清同治十一年（1872）刻本
一册

盛京典制備考八卷　　4679/5009
　〔清〕崇厚輯
　清光緒四年（1878）盛京軍督署刻本
六册

慶典章程禮部一卷工部一卷内務府三卷
　　4701/0553b
　清光緒十九年（1893）刻本
五册

慶典成案内務府三卷禮部一卷工部一卷
　　4701/0553c
　清光緒十八年（1892）刻本
五册

慶典成案内務府三卷禮部一卷工部一卷
　　4701/0553
　清光緒十九年（1893）鉛印本
五册

壇廟祀典三卷　　1780.83/0241
　〔清〕方觀承編纂
　清乾隆二十三年（1758）刻本
三册

南工廟祠祀典三卷　　T1780.8/4454
　〔清〕李奉翰纂輯
　清乾隆四十四年（1779）江南河道總
督署刻本
　三册

黌宮敬事録四卷附樂舞久遠章程
　　1786.8/4133
　〔清〕桂良輯
　清道光十五年（1835）刻本
四册

皇朝祭器樂舞録二卷　　1788/2950
　〔清〕徐暢達輯
　清同治十年（1871）湖北崇文書局
刻本
　二册

直省釋奠禮樂記六卷首一卷末一卷
　　1786.5/1135
　〔清〕王之春輯
　清光緒十七年（1891）廣東藩署刻本
四册

文廟舞譜一卷附直隸定州本一卷
　　1786.8/0080
　〔清〕清江禮樂局輯
　清光緒三十三年（1907）清江禮樂局
刻本
　二册

文廟武舞譜一卷　　1786.8/0018
　清末民初刻本
一册

大臣法則八卷　　　　　　　2258/0403
　〔清〕謝文洊輯
　清光緒十八年（1892）刻本
　六册

滿洲四禮集五種　　　　　　4679/4933
　〔清〕索寧安撰輯
　清嘉慶六年（1801）省非堂刻本
　五册
　滿洲祭天祭神儀注一卷
　滿洲婚禮儀注一卷
　滿洲慎終集一卷
　滿洲喪葬追遠論一卷
　滿洲家祠祭祀儀注一卷

聖門禮樂統八卷　　　　　T1786.1/1320
　〔清〕張行言撰
　清康熙四十一年（1702）萬松書院
刻本
　四册

國學禮樂録二十卷　　　　T1786.1/4470
　〔清〕李周望　謝履中編輯
　清康熙五十八年（1719）國子監刻本
　六册

聖廟祀典圖考五卷首一卷　　1788/3831
　〔清〕顧沅輯
　清道光六年（1826）長洲顧氏賜硯
堂刻本
　五册

聖門禮樂志不分卷　　　　　1788/1186
　〔清〕孔令貽輯
　清光緒十三年（1887）刻本

二册

文廟備考八卷　　　　　　　1787/4864
　〔清〕趙映奎撰
　清道光七年（1827）雷風恒刻本
　四册

文廟史典二十一卷　　　　1786.2/4319
　〔清〕莫瑞堂編輯
　清道光九年（1829）刻本
　十册

文廟丁祭譜四卷　　　　　1786.8/0012
　〔清〕藍鍾瑞等撰
　清道光二十五年（1845）醴陵尊經閣
刻本
　八册

文廟上丁禮樂備考四卷　　　1788/2336
　〔清〕吳祖昌等纂修
　清同治九年（1870）江右乙藜齋刻本
　四册

文廟通考六卷首一卷　　　　1787/2544
　〔清〕牛樹梅撰
　清同治十一年（1872）浙江書局刻本
　二册

文廟祀典考五十卷首一卷　　1787/7181
　〔清〕龐鍾璐撰
　清光緒四年（1878）龐氏家刻本
　八册

文廟禮樂摘要不分卷　　　1788.18/4924
　〔清〕葉伯英編

清光緒十一年（1885）刻本
四册

文廟思源録考二卷　　　　1787/0930
〔清〕葉慶禔輯　　〔清〕麻兆慶考訂
清光緒二十年（1894）燕平書院刻本
二册

宧郷要則七卷　　　　5772/1373b
〔清〕張鑒瀛輯
清光緒八年（1882）儒林閣刻本
二册

歷代世譜十卷　　　　T2458/7240
明弘治十六年（1503）巡按山東監
察御史陳璘濟南刻本
四册

人代紀要三十卷考證十卷　　T2512/3803
〔明〕顧應祥撰
明嘉靖三十七年（1558）黄宸刻本
十二册

甲子會紀五卷　　　　T2512/4400
〔明〕薛應旂編　　〔明〕陳仁錫評
明末陳仁錫刻本
四册

紀元本末十六卷　　　　T2513/7215
〔清〕陶及申撰
清乾隆十七年（1752）會稽陶綸刻本
四册

歷代紀元部表二卷　　　　2458/2105
〔清〕江永輯

清乾隆二十年（1755）刻本
二册

甲子紀元集成九卷　　　　2458/2312
〔清〕吳晋德編録
清道光刻本
十册

歷代紀元彙考八卷　　　　2458/4247
〔清〕萬斯同撰
清同治十二年（1873）刻本
二册

歷代紀年二卷　　　　2458/7981
〔清〕陳鍾珂輯
清長山袁氏御風閣刻本
一册

謚法通考十八卷　　　　T4675/1142
〔明〕王圻撰
明萬曆二十四年（1596）趙氏刻本
二十册

**歷代名臣謚法彙考十五卷附漢晋迄明謚
彙考十卷皇朝謚彙考五卷**　　4675/7274
〔清〕劉長華編
清光緒間海寧陳氏慎行堂刻本
五册

皇明臣謚彙考二卷　　　　T4675.7/2105
〔明〕鮑應鰲撰
明萬曆間黄應魁刻本
二册

國朝謚法考六卷　　　　　T4675.8/1143
　〔清〕王士禎編輯
　清康熙刻本
　一册

皇朝謚法表十卷　　　　　4675.8/4242
　〔清〕楊樹等輯
　清光緒二十八年（1902）清苑劉氏刻
三十年（1904）宛平顧氏增補印本
　二册

欽定學政全書八十六卷　　　4903/0118
　〔清〕童璜等撰
　清嘉慶十七年（1812）刻本
　十六册

國朝右文掌録一卷　　　　4668/3933
　〔清〕宗源瀚撰
　清光緒十四年（1888）刻本
　一册

湖南優級師範學堂章程附藏書樓規則
　　　　　　　　　　4997.25/3422
　清光緒二十九年（1903）刻本
　一册

南昌葆靈女書院章程一卷
　　　　　　　　　TA4997.26/4641
　清光緒三十四年（1908）鉛印本
　一册

邦計之屬

晋政輯要八卷　　　　　T4749/8231
　〔清〕海寧修　〔清〕鄭源璹纂

清乾隆五十五年（1790）山西刻本
八册

錢穀備要十卷　　　T4591/1144（6—14）
　〔清〕王又槐撰
　清乾隆五十八年（1793）序刻本
　九册

錢穀必讀一卷　　　　　4582/7243
　〔清〕劉有容撰
　清抄本
　一册

潤經堂自治官書不分卷　　4662.8/4400
　〔清〕李彦章撰
　清道光九年（1829）侯官李氏刻本
　四册

蓮池四種　　　　　　　8038/4362
　清同治至光緒間刻本
　四册
　治蝗書一卷　〔清〕陳崇砥撰　清
　　同治十三年（1874）蓮池書局刻本
　重刊紀慎齋先生祈雨全書二卷
　　〔清〕紀大奎撰　清光緒二年
　　（1876）直隸藩署刻本
　區種五種　〔清〕趙夢齡輯　清光
　　緒四年（1878）蓮花池刻本
　　氾勝之遺書一卷　〔漢〕氾勝之
　　撰　〔清〕宋葆淳輯
　　教稼書一卷　〔清〕孫宅揆撰
　　區田編一卷　〔清〕帥念祖撰
　　加庶編一卷　〔清〕許嘉猷撰
　　豐豫莊本書一卷　〔清〕潘曾沂撰
　　附國脉民天一卷　〔清〕耿蔭樓撰

樹桑養蠶要略一卷樹藝要略一卷
　　清光緒十四年（1888）蓮池書局刻本

東粵藩儲考十二卷　　　　　4582.32/794
　　〔清〕陳坤等編輯
　　清光緒十三年（1887）鉛印本
　　十二册

錢穀視成二卷　　　　　T4591/0468
　　〔清〕謝鳴篁撰
　　清光緒三十三年（1907）諶允修抄本
　　二册

湖南釐務彙纂十八卷　　　4595/2133
　　〔清〕但湘良編
　　清光緒十五年（1889）刻本
　　十八册

地方自治講義　　　　　　4650/3132
　　〔清〕沈澤生等編譯
　　清光緒三十四年（1908）湖北地方自
治研究社鉛印本
　　四册

福惠全書三十二卷　　　　4742/4803
　　〔清〕黃六鴻撰
　　清光緒十九年（1893）北京沙土園書
行文昌會館刻本
　　十二册

天台治略十卷　　　　4760.12/4532
　　〔清〕戴兆佳撰
　　清光緒二十三年（1897）陳聚星敬記
刻本
　　四册

時務通考三卷　　　　　9301/4008
　　〔清〕杞廬主人等編輯
　　清光緒二十三年（1897）上海點石齋
石印本
　　二十四册

蘇藩政要四卷　　　　　T4687/4411
　　清抄本
　　一册

理財考鏡初稿十卷　　　　4590/1928
　　〔清〕孫德全撰
　　清宣統二年（1910）鉛印本
　　四册

東三省政略　　　　　　4745/2946
　　徐世昌撰
　　清宣統三年（1911）序鉛印本
　　四十册

營田輯要内篇二卷外篇一卷　4391/4857
　　〔清〕黃輔辰述
　　清同治三年（1864）成都刻本
　　一册

湖南苗防屯政考十五卷　　2220/2133
　　〔清〕但湘良纂
　　清光緒九年（1883）蒲城但氏刻本
　　十六册

新化學田志十卷　　　　　4996/0221
　　〔清〕王以乾編
　　清光緒二十二年（1896）新化學田公
局刻本
　　六册

蒙墾續供一卷　　　　　　4662.88/6644.2
　　〔清〕鹿傳霖等撰
　　清宣統元年（1909）鉛印本
　　一册

黑龍江墾務要覽四編不分卷　3055/2296
　　何煜撰
　　清宣統二年（1910）鉛印本
　　一册

順天府霸州賦役册不分卷
　　　　　　　　　　　T4582.14/2101
　　〔清〕蕭士一編
　　清康熙三十六年（1697）霸州知州刻本
　　二册

畿輔條鞭賦役全書（光緒九年）不分卷
　　　　　　　　　　　4582.14/1883
　　清光緒間刻本
　　一百三十八册

江蘇省減賦全案八卷　　4582.28/7220
　　〔清〕劉郇膏等纂輯
　　清同治五年（1866）刻本
　　八册

松郡均役成書不分卷　T4582.28/4331
　　〔清〕李復興撰
　　清康熙刻乾隆補刻本
　　十册

淮關統志十四卷　　　　T4548/2527
　　〔清〕伊齡阿　吳霈纂
　　清乾隆四十三年（1778）淮關刻本
　　六册

續纂淮關統志十三卷　　　4594/2527
　　〔清〕元成纂
　　清嘉慶二十一年（1816）刻本
　　五册

河南賦役全書　　　　　　4599/3242
　　〔清〕豫山纂
　　清光緒間刻本
　　一百二十二册

江西賦役經制全書不分卷
　　　　　　　　　　　4582.26/1893
　　清光緒十九年（1893）刻本
　　三十二册

粵海關志三十卷　　　　　4548/3914
　　〔清〕梁廷枏等纂
　　清道光廣州業文堂刻本
　　十四册

款目源流二卷　　　　4582.28/0112
　　〔清〕諶霖生抄録
　　清光緒稿本
　　二册

江蘇海運全案十二卷　　　4510/4872
　　〔清〕賀長齡等輯
　　清道光六年（1826）序刻本
　　十二册

户部漕運全書九十二卷　　4510/3230
　　〔清〕潘世恩纂修
　　清道光二十四年（1844）户部刻本
　　四十六册

楚漕江程十六卷　　　　　　4510/4132.4

　〔清〕董恂撰

　清咸豐四年（1854）刻本

　十六册

江北運程四十卷　　　　　　4510/4132

　〔清〕董恂撰

　清咸豐十年（1860）刻本

　四十一册

浙江海運漕糧全案初編八卷續編四卷新

編八卷　　　　　　　　　　4510/4644

　〔清〕椿壽等纂

　清同治四年（1865）刻本

　十二册

欽定户部漕運全書九十六卷

　　　　　　　　　　　　　4510/3230.3

　〔清〕福趾等纂修

　清光緒二年（1876）刻本

　四十八册

鄂省丁漕指掌十卷　　　　　4599/3211

　〔清〕陳汝蕃　姚震榮編輯

　清光緒元年（1875）藩署刻本

　十册

水運不分卷　　　　　　　　4510/4243

　楊志洵譯述　李湛田校正

　清宣統二年（1910）北京郵傳部圖書

通譯局鉛印本

　一册

鹾政備覽不分卷　　　　　　4704/2112

　〔清〕方濬師等編

清光緒二年（1876）兩廣鹽運使署刻本

二册

新修長蘆鹽法志十六卷　　T4704.14/2633

　〔清〕魯之裕等纂修

　清雍正五年（1727）刻本

　八册

長蘆鹽法志二十卷附編十卷

　　　　　　　　　　　　　4704.74/177

　〔清〕黄掌綸等纂　〔清〕珠隆阿等修

　清嘉慶十年（1805）刻本

　二十四册

敕修河東鹽法志十二卷圖考一卷

　　　　　　　　　　　　　4704.17/2917

　〔清〕朱一鳳等纂修

　清雍正五年（1727）刻本

　八册

河東鹽法備覽十二卷　　　　4704.17/4434

　〔清〕蔣兆奎編輯　〔清〕王鳳翮校

　清乾隆五十五年（1790）刻本

　八册

增修河東鹽法備覽八卷

　　　　　　　　　　　　　4704.17/4434.1

　〔清〕張元鼎等纂修

　清光緒八年（1882）刻本

　十册

續增河東鹽法備覽三卷

　　　　　　　　　　　　　4704.17/4434.4

　〔清〕姚楷纂

　清宣統元年（1909）刻本

三冊

山東鹽法志二十二卷附編十卷
　　　　　　　　　　4704.25/2936
　　〔清〕宋湘等纂　　〔清〕崇福修
　　清嘉慶十四年（1809）刻本
　　二十四冊

山東鹽法續增備考六卷　4704.25/1134
　　〔清〕王定柱編
　　清同治三年（1864）刻本
　　十冊

兩浙鹽法志三十卷　　　4704.132/7111
　　〔清〕阮元等纂修
　　清嘉慶六年（1801）刻本
　　二十四冊

兩浙鹽法續纂備考十二卷
　　　　　　　　　　4704.132/4263
　　〔清〕楊昌濬等纂
　　清同治十三年（1874）刻本
　　十二冊

淮鹾備要十卷　　　　　4704.32/4431
　　〔清〕李澄輯
　　清道光三年（1823）刻本
　　四冊

兩淮鹽法志五十六卷首四卷
　　　　　　　　　　4704.13/6439
　　〔清〕單渠等纂　　〔清〕佶山修
　　清同治九年（1870）揚州書局刻本
　　二十冊

兩淮鹽法志一百六十卷　4704.13/1133
　　〔清〕王定安等纂　　〔清〕曾國荃
等修
　　清光緒三十一年（1905）金陵刻本
　　六十四冊

淮北票鹽續略十二卷　　4704.27/0435
　　〔清〕許寶書纂
　　清同治九年（1870）刻本
　　四冊

淮南鹽法紀略十卷　　　4704.28/7171
　　〔清〕龐際雲纂修
　　清同治十二年（1873）淮南書局刻本
　　十冊
　　又一部，4704.28/7171 c.2，四冊。

淮南中十場志十卷　　　T3206/3142.81
　　〔清〕楊大經纂　　〔清〕汪兆璋修
　　清康熙十二年（1673）刻本
　　四冊

**四川官運鹽案類編二十八卷續編三十八
卷續編十六卷**　　　　4704.23/0692
　　〔清〕唐炯編　　（續編十六卷）〔清〕
李寅續編
　　清光緒七至二十二年（1881—1896）
成都總局刻本
　　二十六冊

四川鹽法志四十卷　　　4704.23/1234
　　〔清〕丁寶楨修
　　清光緒九年（1883）刻本
　　二十冊

福建鹽法志二十二卷　　4704.31/3173
　　清道光十年（1830）刻本
　　八册

兩廣鹽法志五十五卷　　4704.32/1073
　　〔清〕何兆瀛等纂修
　　清光緒十年（1884）刻本
　　二十八册

刑錢必覽十卷　　T4591/1144
　　〔清〕王又槐撰
　　清乾隆五十八年（1793）序刻本
　　十四册

銀經發秘二卷　　2107/3963
　　〔清〕梁思澤撰
　　清道光二十四年（1844）刻本
　　一册
　　存卷一。

銅政便覽八卷　　8621/8127
　　清刻本
　　六册

銀價駁議一卷　　4561/7241C
　　劉世珩撰
　　清光緒三十年（1904）南洋官報局
鉛印本
　　一册

户部井田科奏咨輯要二卷首一卷
　　　　　　　　4664.88/3230
　　〔清〕户部編　〔清〕如松校
　　清光緒十六年（1890）北京鉛印本
　　二册

興安縣地丁款目不分卷　　4582.33/7324
　　清道光二十五年（1845）至咸豐三年
（1853）抄本
　　一册

重刊救荒補遺書二卷　　8085/4192
　　〔宋〕董煟編撰　〔元〕張光大新
增　〔明〕朱熊補遺
　　清同治八年（1869）刻本
　　二册

畿輔義倉圖不分卷　　T8085/0241
　　〔清〕方觀承撰
　　清乾隆十八年（1753）刻本
　　六册

賑紀八卷　　T8085/0241.2
　　〔清〕方觀承編
　　清乾隆十九年（1754）序刻本
　　四册

川楚善後籌備事例不分卷
　　　　　　　　4703/3002.84
　　〔清〕户部編
　　清嘉慶三年（1798）北京刻本
　　四册

奏准工賑事例不分卷　　T4703/3002.841
　　〔清〕户部編
　　清嘉慶六年（1801）刻本
　　一册

籌賑事例不分卷　　4703/3002.85
　　〔清〕户部編
　　清道光二十九年（1849）刻本

二册

增修籌餉事例條款不分卷　　4703/3002
　〔清〕户部編
　清同治五年（1866）增修鉛印本
　四册

欽定康濟録四卷　　4617/7182
　〔清〕陸曾禹撰　　〔清〕倪國璉輯
　清同治八年（1869）湖北崇文書局
刻本
　四册

荒政輯要九卷首一卷　　8085/3142
　〔清〕汪志伊纂
　清同治八年（1869）湖北崇文書局
刻本
　二册

長元吳豐備義倉全案八卷首一卷末一卷
　　　　　　　　　　8085/3633
　〔清〕潘遵祁等編
　清光緒四年（1878）刻本
　八册

籌濟編三十二卷　　4216/4262
　〔清〕楊景仁輯
　清光緒九年（1883）武昌書局刻本
　八册

重建清江豐濟倉圖案不分卷　8085/2133
　〔清〕吳元炳等纂修
　清光緒十一年（1885）刻本
　一册

救荒簡易書四卷　　8085/0217
　〔清〕郭雲陞撰
　清光緒二十二年（1896）序刻本
　四册

荒政叢書十卷附録二卷　　8085/8249
　〔清〕俞森撰
　清宣統三年（1911）上海文盛書局石
印本
　六册

**中西錢幣考略二卷中西度量權衡考略一
卷**　　　　　　　　　4561/3141
　〔清〕沈林一撰
　清光緒鉛印本
　一册

邦交之屬

星軺指掌四卷　　4817/1409
　〔德國〕馬爾頓撰　　〔清〕聯芳　慶
常譯
　清光緒二年（1876）北京同文館鉛
印本
　四册

五千年中外交涉史九十七卷　2480/5008
　〔清〕屯廬主人輯
　清光緒二十九年（1903）上海蜚英書
局鉛印本
　二十册

許竹篔先生出使函稿十四卷
　　　　　　　　　　2488.8/0463
　〔清〕許景澄撰

清光緒間鉛印本
四册

庚子海外紀事四卷　　　2895/6633
〔清〕吕海寰撰
清光緒二十七年（1901）上海辦理商
約行轅鉛印本
四册

奉使金鑑六十卷奉使金鑑續編四十卷
　　　2480/6633a
〔清〕吕海寰編輯
清末刻本
四十二册

奉使金鑑續編四十卷　　　2480/6633.1
〔清〕吕海寰編輯
清宣統元年（1909）刻本
二十册

李傅相歷聘歐美記二卷　　　2488.8/4430
〔清〕蔡爾康輯　　〔美國〕林樂知譯
光緒二十五年（1899）上海圖書集成
局鉛印本
二册

和約彙鈔六卷　　　4812/5480
〔清〕申報館編輯
清光緒四年（1878）上海申報館鉛印本
五册

極東外交慨史不分卷　　　2488.8/1633
〔日本〕武田源次郎撰　　〔清〕覺海
浮漚編譯
清光緒三十年（1904）湖南作民譯社

鉛印本
一册

東三省交涉輯要十卷　　　2488/7211
劉瑞霖編
清宣統二年（1910）鉛印本
六册

撫東政略二卷　　　2495/3993
〔清〕宋小濂　　徐鼐霖編輯
清末鉛印本
二册

［光緒元年致日本開拓判官照會册］
　　　T4822/9218
清光緒元年（1875）直隸津海關道
稿本
一册

**中外交涉類要表一卷附光緒通商綜覈表
一卷**　　　2488/8574
〔清〕錢學嘉撰
清光緒十四年（1888）吳興錢氏刻本
二册

中日議和紀略　停戰條約　　　2493/560
清光緒二十一年（1895）刻本
二册

**中日議和紀略不分卷李鴻章與伊藤陸奥
往來照會一卷**　　　2493/560a
清末刻本
二册

中俄約章會要三卷續編一卷

　　　　　　　　　　　4813.1/7208

　　〔清〕同文館編

　　清光緒八年（1882）鉛印本

　　四冊

中俄界約斠注七卷　　4813.1/8592.2

　　〔清〕錢恂撰

　　清光緒二十年（1894）刻本

　　一冊

使俄草八卷　　　　　　2495/1135

　　〔清〕王之春撰

　　清光緒二十一年（1895）上海石印本

　　六冊

中俄國際約注五卷　　　4813.1/0129

　　〔清〕施紹常編

　　清光緒三十一年（1905）上海商務印

書館鉛印本

　　二冊

中俄合約　　　　　　　4813.1/5222

　　清末鉛印申報館叢書餘集本

　　一冊

中英新增條議一卷　　　4813.2/5404

　　清光緒二年（1876）上海字林洋行

鉛印本

　　一冊

各國通商始末記二十卷　2488/1135.2

　　〔清〕王之春編

　　清光緒二十一年（1895）寶善書局石

印本

六冊

華番和合通書　　　　TA7188/4228

　　清道光刻本

　　一冊

　　奏准天津新議通商條款

　　通商稅則善後條約

　　比國通商條約稅則章程

　　義國條約稅則章程

　　奧斯馬加國條款稅則章程

　　布路斯國暨德意志通商稅務各國和

　　　約章程

　　大清國大日本國條規章程

　　長江通商統共章程

　　美國續增條約

　　荷蘭國通商和約章程

　　丹國通商條約稅則章程

　　日斯巴尼亞國條款和約章程

　　大清國大秘魯國條約章程

　　大瑞典國哪威國條約

天津新議通商條約　　　4812.8/1330

　　〔清〕總理各國事務衙門編輯

　　清咸豐十年（1860）總理衙門刻本

　　十四冊

　　奏准天津新議通商條款

　　通商稅則善後條約不分卷

　　比國通商條約稅則章稅一卷

　　義國條約稅則章程一卷

　　奧斯馬加國條款稅則章程一卷

　　布路斯國暨德意志通商稅務各國和

　　　約章程一卷

　　大清國大日本國條規章程一卷附

　　　稅則

　　長江通商統共章程一卷

美國續增條約一卷

荷蘭國通商和約章程一卷

丹國通商條約稅則章程一卷

日斯巴尼亞國條款和約章程一卷

大清國大秘魯國條規章程一卷

大瑞典國哪威國條約一卷

福星輪船被澳順撞沉案二卷　4855/0614

〔清〕唐廷樞輯

清光緒元年（1875）刻本

二冊

各國約章纂要六卷首一卷附錄一卷

4812.8/9213

勞乃宣輯

清光緒十七年（1891）吳橋官廨刻本

四冊

交涉約案摘要七卷附編一卷　4842/1174

〔清〕王鵬九編

清光緒二十六年（1900）序刻本

四冊

約章分類輯要三十八卷　4812.8/4919

〔清〕蔡乃煌輯

清光緒二十六年（1900）湖南商務

局刻本

三十冊

約章成案匯覽甲篇十卷乙篇四十二卷

4812.8/2053

〔清〕北洋洋務局輯

清光緒三十一年（1905）上海點石齋

石印本

十六冊（四十六冊改訂）

各國立約始末記三十卷首二卷

4812.8/7116

〔清〕陸元鼎編

清光緒三十二年（1906）鉛印本

二十二冊

光緒乙巳年交涉要覽　4812.88/4289

〔清〕北洋洋務局輯　〔清〕楊毓輝

等校

清光緒三十三年（1907）北洋官報局

鉛印本

五冊

光緒丙午年交涉要覽　4812.88/4289.2

〔清〕北洋洋務局輯　〔清〕楊毓輝

等校

清光緒三十四年（1908）北洋官報

局鉛印本

六冊

丁未和會類要四卷　4835/1528

清光緒三十三年（1907）鉛印本

四冊

通商表四卷　4546/4441

〔清〕楊楷初輯　〔清〕錢恂再輯

〔清〕李圭三輯

清光緒二十一年（1895）海昌官廨刻本

四冊

通商各關華洋貿易總冊（光緒四年至
三十四年）　4546/1037

〔清〕海關總稅務司署編

清光緒上海通商海關造冊處鉛印本

三十四冊

兩次批准保和會條約不分卷附紅十字會
新約暨各文件不分卷又附法文本
4811/2282
　　清光緒間鉛印本
　　一冊

通商約章類纂三十五卷　　4812.8/2930
　　〔清〕徐宗亮等輯
　　清光緒十二年（1886）天津官書局刻本
　　二十冊

通商約章類纂三十五卷　　4812.8/2930a
　　〔清〕徐宗亮等編
　　清光緒二十四年（1898）石印本
　　二十冊

通商條約章程成案彙編三十卷
4812.8/8401
　　〔清〕李鴻章輯
　　清光緒十二年（1886）鐵城廣百宋齋
鉛印本
　　十二冊

續通商條約章程成案彙編八卷
4812.8/4444
　　〔清〕李有棻撰
　　清光緒二十五年（1899）秦中書局鉛
印本
　　二冊

辛丑各國和約附件　　4812.88/0126
　　〔清〕外務部訂
　　清光緒二十六年（1900）刻本
　　一冊

通商和約章程　　4812.8/3022
　　〔清〕外務部編
　　清光緒間刻本
　　二冊（十二冊改訂）

各國條約章程　　4812.8/2622
　　〔清〕外務部編
　　清光緒間刻本
　　十六冊

通商各國條約不分卷　　4812.8/3026
　　〔清〕總理各國事務衙門編
　　清光緒間鉛印本
　　十四冊

通商各國條約　　4812.8/3026.1
　　〔清〕外務部輯
　　清光緒間刻本
　　五冊

新纂約章大全七十三卷　　4812.8/2048
　　陸潤庠輯
　　清宣統元年（1909）上海南洋官書
局鉛印本
　　四十八冊

法蘭西商辦鐵路律一卷　　4500/2206
　　〔清〕郵傳部圖書通譯局譯
　　清宣統二年（1910）郵傳部北京鉛印本
　　一冊

軍政之屬

全吳籌患預防錄四卷　　3034/7928
　　〔明〕陳仁錫纂

清道光二十年（1840）刻本
四册

八旗通志初集二百五十卷目録二卷
　　　　　　　　　　　　　　T4718/8008
〔清〕鄂爾泰等纂修
清乾隆四年（1739）武英殿刻本
六十册

欽定中樞政考七十二卷　　4718/5414.1
〔清〕保寧等纂修
清嘉慶十三年（1808）兵部刻本
七十二册

欽定中樞政考四十卷欽定中樞政考續纂四卷　　　　　　　　4718/5414.2
〔清〕兵部編
清道光五至十二年（1825—1832）刻本
四十四册

駐粤八旗志二十四卷　　　8930/7386
〔清〕長善等纂
清光緒五年（1879）刻本
十六册

金吾事例十一卷　　　　　4718/2631
〔清〕多羅定郡王等編
清咸豐元年（1851）序刻本
十二册
又一部，4718/2631 c.2，十二册。

北洋海軍章程　　　　　　8965/2133
〔清〕總理海軍事務衙門輯
清光緒十四年（1888）天津石印書局

石印本
二册

杭州八旗駐防營志略二十五卷
　　　　　　　　　　　　　　8930/1346
〔清〕張大昌輯
清光緒十九年（1893）浙江書局刻本
六册

［清代軍事檔案］不分卷　　T9568/3275
清光緒寫本
八十三件/册

浙江水師費用報告册　　　4719.8/3304
〔清〕浙江調查陸運財政局編
清宣統間石印本
十二册

津門保甲圖説不分卷　　　4742/1335
清道光二十六年（1846）刻本
十二册

保甲書四卷　　　　　　　4742/2949
〔清〕徐棟輯
清光緒二十八年（1902）刻本
三册
與《牧令書》合函。

邊政經國雄略四十八卷　　T8917/8244
〔明〕鄭大郁撰
明隆武潭陽王介爵觀社刻本
三十册

邊城禦虜圖説不分卷　　　T3034/3422
明萬曆間彩繪本

一册

籌海圖編十三卷　　　　　T3034/4233
　〔明〕鄭若曾撰
　明天啓四年（1624）胡維極刻清印本
　八册

國朝柔遠記十八卷附編二卷
　　　　　　　　　　　2488/1135
　〔清〕王之春編
　清光緒二十二年（1896）湖北書局刻本
　六册

柔遠新書四卷　　　　　2480/2944
　〔清〕朱克敬輯　　〔清〕劉韞齋鑒定
　清光緒十年（1884）上海刻本
　四册

邊事彙鈔十二卷續鈔八卷　　2488/2944
　〔清〕朱克敬輯
　清光緒六年（1880）刻本
　十册

**撫苗録不分卷附沿邊營汛路程一卷新撫
苗寨路程一卷紅苗歸化恭紀詩一卷**
　　　　　　　　　　　T4662.8/6235.2
　〔清〕鄂海撰　　（恭紀詩）〔清〕車
鼎晋等撰
　清康熙五十二年（1713）拳石堂刻本
　八册

苗防備覽二十二卷　　　2220/6449
　〔清〕嚴如熤纂
　清道光二十三年（1843）紹義堂刻本
　十册

陝衛治略十卷　　　　　4662.8/6421
　〔清〕嚴作霖撰
　清光緒十九年（1893）刻本
　十册

律令之屬

漢律輯證六卷　　　　　4881/4154
　〔清〕杜貴墀撰
　清光緒間法律館鉛印本
　一册

唐律疏義三十卷　　　　4882/7187
　〔唐〕長孫無忌等撰
　清光緒十年（1884）刻本
　八册

唐律疏義三十卷　　　　4882/7187D
　〔唐〕長孫無忌等撰
　清光緒十六年（1890）京師刻本
　十二册

明律集解附例四百六十卷　　4884/3135
　沈家本輯校
　清光緒三十四年（1908）修訂法律
館刻本
　十册

御製大誥一卷續編一卷三編一卷
　　　　　　　　　　　T4884/6243
　〔明〕太祖朱元璋撰
　明洪武十八至十九年（1385—1386）
内府刻本
　六册

大清律集解附例三十卷首一卷附兵部督
捕則例一卷大清律新例一卷大清律附一
卷　　　　　　　　　　　　　T4885/80
　　〔清〕剛林等纂
　　清康熙三年（1664）刻本
　　十二册

大清律集解附例輯注三十卷首一卷
　　　　　　　　　　　　　T4885/81.31
　　〔清〕沈之奇撰
　　清康熙五十四年（1715）刻本
　　十册

大清律集解附例三十卷首一卷服制一
卷律例總類六卷　　　　　　　T4885/82
　　〔清〕朱軾等纂
　　清雍正武英殿刻本
　　十二册

欽定大清律例四十七卷附五卷附督捕則
例三流道里表洗冤錄　　　　　4885/4322
　　清同治九年（1870）刻本
　　二十六册
　　《大清律例》缺總類七卷。

大清律例按語一百四卷　　　　4885/4332
　　清道光二十七年（1847）潘氏海山仙
館刻本
　　一百二十册

大清律例精義三十四卷首一卷
　　　　　　　　　　　　　　T4885/85
　　清道光刻本
　　十二册

大清律纂修條例十五卷　　　　4885/84
　　〔清〕大清律例館纂修　　〔清〕楊曰
鯤校
　　清嘉慶十二年（1807）北京大清律例
館刻本
　　十二册

大清律例重訂統纂集成四十卷附督捕則
例二卷　　　　　　　　　　　4885/84.06
　　〔清〕唐勳等纂修
　　清嘉慶十九年（1814）刻本
　　二十四册

大清律例重訂統纂集成四十卷附大清律
續纂條例五卷　　　　　　　　4885/84.42
　　〔清〕胡肇楷等纂修
　　清道光二年（1822）刻本
　　二十四册

大清律例增修統纂集成四十卷
　　　　　　　　　　　　　　4885/88.41
　　〔清〕姚雨薌等輯　　〔清〕胡仰山
增修
　　清光緒二十一年（1895）刻本
　　三十二册

大清律例通考四十卷　　　　　4885/83.23
　　〔清〕吳壇纂
　　清光緒十二年（1886）刻本
　　三十册

大清律例精言輯覽一卷大清律例簡明目
錄一卷　　　　　　　　　　　4885/88.99
　　〔清〕沈國樑輯
　　清光緒十四年（1888）京都榮禄堂

刻本
　　三册

大清律例彙輯便覽四十卷附秋審實緩比較彙案一卷督捕則例二卷五軍道里表一卷三流道里表一卷　4885/87.11
　　〔清〕刑部輯
　　清光緒二十九年（1903）北京刻本
　　三十三册

讀例存疑五十四卷　4885/4421
　　〔清〕薛允升撰
　　清光緒三十一年（1905）北京琉璃廠翰茂齋刻本
　　四十册

讀律佩觿八卷附讀律八法一卷　T4894/1162
　　〔清〕王明德輯
　　清康熙十五年（1676）王氏冷然閣刻本
　　十册

古今法制表十五卷　4681/1999
　　〔清〕孫榮編
　　清光緒三十三年（1907）刻本
　　十册

大清法規大全一百五十九卷續編一百四十二卷　4884.89/1473
　　〔清〕政學社輯
　　清宣統間石印本
　　七十册

督捕則例二卷　4885/83.25
　　〔清〕徐本等纂修
　　清乾隆八年（1743）刻本
　　二册

三流道里表不分卷　4894/1133B
　　〔清〕刑部律例館纂修
　　清嘉慶十四年（1809）修十六年（1811）刻本
　　四册

三流道里表不分卷　4894/1133
　　〔清〕唐紹祖輯
　　清同治十一年（1872）湖北讞局刻本
　　一册

蒙古律十二卷　TNC4885/442
　　〔清〕理藩院編
　　清乾隆二十九年（1764）陝甘總督准咨抄本
　　四册

欽定大清刑律不分卷　4894/4312
　　沈家本等修訂
　　清宣統三年（1911）刻本
　　二册

名法指掌四卷　4885/3106
　　〔清〕沈辛田撰
　　清道光四年（1824）增訂粵東刻本
　　四册

名法指掌附新例增訂四卷　4885/3106B
　　〔清〕沈辛田撰
　　清光緒三十三年（1907）二酉齋刻本

四册

重修名法指掌圖四卷　　　4885/3106.29

〔清〕徐灝纂

清同治九年（1870）湖北崇文書局刻本

四册

刑案二編二卷　　　4894.5/1312

清道光二十六年（1846）抄本

二册

刑部奏定新章（道光十八年至光緒二十四年）四卷附四川通飭章程二卷

4724.8/1053

〔清〕鍾慶熙編

清光緒二十七年（1901）四川讞局刻本

六册

刑部通行章程附刑部奏定新章、法部奏定新章六卷　　　4885/1131

〔清〕王汝礪編輯

清宣統元年（1909）北京宏道堂刻本

八册

大清民事訴訟律草案四編　　　4897/3135

沈家本等編

清宣統二年（1910）法律館鉛印本

四册

大清刑事訴訟律草案不分卷

4897/3135.4

沈家本等編

清宣統二年（1910）鉛印本

一册

各部院條例册不分卷　　　4687/2072

清同治十年（1871）刻本

一百十三册

頒發條例（道光元年至同治十三年）

4690.85/8122

清同治十三年（1874）刻本

五十四册

定例彙編（乾隆十八至二十六年）十卷首一卷　　　4687/3322b

〔清〕江西布政司衙門輯

清乾隆二十七年（1762）江西布政司衙門輯刻本（經歷司藏板）

十一册

缺卷九。

定例彙編不分卷　　　4687/3322

清同治元年至十三年（1862—1874）刻本

四十册

奏定出使章程二卷　　　4715/2202

〔清〕總理各國事務衙門輯

清宣統間刻本

二册

律法須知二卷　　　4863/6646

〔清〕吕芝田撰

清光緒十九年（1893）刻本

二册

光緒新法令　　　　4661.88/0175

〔清〕商務印書館編輯所輯

清宣統二年（1910）上海商務印書館鉛印本

二十册

棠陰比事一卷　　　　4883/4149c

〔宋〕桂萬榮撰

清同治六年（1867）木樨山房木活字印本

一册

欽明大獄錄二卷　　　TNC2732/1324

〔明〕張瑢輯

明抄本

二册

續輯明刑圖説一卷　　　4894.4/4233

〔清〕胡鴻澤編

清光緒十二年（1886）石印本

一册

定例成案合鐫三十卷續增不分卷

　　　　　　　　　T4885/3253

〔清〕孫綸輯

清康熙至雍正間吳江樂荊堂刻本

二十册

成案所見集三集十七卷　4894.5/7241.1

〔清〕馬世璘輯

清乾隆五十八年（1793）再思堂刻本

八册

又一部，4894.5/724，三十册。

刑案匯覽六十卷續增十六卷　4885/3103

〔清〕祝慶祺撰

清道光十四年（1834）棠樾慎思堂刻本

八十册

刑案初編四川成案四卷附稟稿

　　　　　　　　　4894.5/1239

清道光抄本

八册

大清律例刑案彙纂集成四十卷督捕則例附纂二卷　　　　4885/86.41

〔清〕姚潤纂輯　〔清〕胡璋增輯

清咸豐九年（1859）刻本

二十四册

清末刑案及公文雜鈔不分卷

　　　　　　　　　4894.5/3513

〔清〕諶霖生輯

清光緒傳抄本

五册

成案備考十卷　　　　T4885/5324

清澹香書屋抄本

五册

駁案成編不分卷　　　T4894.5/7352

〔清〕洪彬輯

清乾隆刻本

六册

駁案新編三十二卷續編七卷　4885/8143

〔清〕全士潮等編

清乾隆至嘉慶間刻本

二十四册

提牢備考四卷　　　　　　　　4270/4384
　〔清〕趙舒翹輯
　清光緒十九年（1893）刻本
　二册

審看擬式四卷首一卷末一卷
　　　　　　　　　　　　4885/84.721
　〔清〕剛毅輯
　清光緒十五年（1889）江蘇書局刻本
　二册

審看擬式四卷首一卷末一卷
　　　　　　　　　　　　4885/84.721b
　〔清〕剛毅輯
　清光緒二十五年（1899）京都榮録堂
刻本
　四册

**［清道光秋審條例及各省案例彙鈔］十
六卷**　　　　　　　　　　4885.85/3392
　清末沈氏叙雪堂藍格抄本
　十六册

秋審實緩比較成案二十四卷
　　　　　　　　　　　　4885/88.43
　〔清〕英祥輯　　〔清〕崇綱續增
　清光緒七年（1881）刻本
　二十四册

秋審比校條款五卷　　　　4885/88.31
　沈家本彙集
　清光緒三十二年（1906）刻本
　四册

直隷省情實人犯招册不分卷
　　　　　　　　　　　　T4894.5/449
　清光緒寫本
　二册

清訟章程不分卷　　　　　4896/3330
　清光緒四年（1878）刻本
　一册

兩淮案牘鈔存五卷　　　4704.13/1332
　程德全輯
　清宣統元年（1909）鉛印本
　三册

奇冤紀聞二卷清册一卷　4898.10/3453
　〔清〕游春澤編
　清光緒三十一年（1905）上海飛鴻閣
石印本
　三册

覆甕集十卷餘集一卷　　　T4662.8/1324
　〔清〕張我觀撰　　〔清〕張諄等編
　清雍正四年（1726）東敬張氏刻本
　七册

秋讞輯要六卷　　　　　　4885/84.72
　〔清〕剛毅輯
　清光緒十五年（1889）江蘇書局刻本
　八册

洗冤録補注全纂六卷　　4899/3382.85
　〔宋〕宋慈撰　　〔清〕李觀瀾補輯
〔清〕阮其新補注
　清道光十五年（1835）刻本
　四册

補注洗冤録集證四卷附刊檢骨圖格一卷
作吏要言一卷　　　　　　　4899/3382.85b
　　〔宋〕宋慈撰　　〔清〕王又槐集證
〔清〕阮其新補注　　〔清〕童濂删
　　清道光二十三年（1843）江都鍾淮校
刻本
　　四册

補注洗冤録集證四卷附刊檢骨圖格一卷
作吏要言一卷　　　　　　　T4899/3382.85b
　　〔宋〕宋慈撰　　〔清〕王又槐集證
〔清〕阮其新補注　　〔清〕童濂删
　　清道光二十三年（1843）江都鍾淮刻
三色套印本
　　二册

重刊補注洗冤録集證五卷
　　　　　　　　　　　　　4899/3382.87
　　〔宋〕宋慈撰　　〔清〕王又槐增輯
〔清〕李觀瀾補輯　　〔清〕阮其新補注
　　清同治四年（1865）粤東省署刻本
　　六册

重刊補注洗冤録集證六卷
　　　　　　　　　　　　　4899/3382.87b
　　〔宋〕宋慈撰　　〔清〕王又槐增輯
〔清〕李觀瀾補輯　　〔清〕阮其新補注
　　清光緒三十年（1904）北直文昌會
刻本
　　六册

洗冤録集證彙纂五卷　　4899/3382.84
　　〔宋〕宋慈撰　　〔清〕王又槐增輯
〔清〕李觀瀾補輯　　〔清〕阮其新補注
　　清嘉慶八年（1803）刻本

四册

洗冤録義證四卷　　　　　　4899/3388
　　〔宋〕宋慈撰　　〔清〕剛毅編輯
　　清光緒十八年（1892）粤東撫署刻本
　　二册

律例館校正洗冤録四卷　　4899/3381
　　〔宋〕宋慈撰
　　清刻本
　　二册

洗冤録集證二卷　　　　　　4899/3384
　　〔清〕郎錦騏纂輯
　　清道光刻本
　　二册

洗冤録詳義四卷　　　　　　4899/3380
　　〔清〕許槤編校
　　清咸豐六年（1856）海寧許氏古均閣
刻本
　　四册

洗冤録詳義四卷附洗冤録撫遺二卷補一
卷　　　　　　　　　　　　4899/3380b
　　〔清〕許槤編校　　（附）〔清〕葛元
煦撰
　　清光緒三年（1877）湖北藩署刻本
　　五册

洗冤録表四卷　　　　　　　4899/3385
　　〔清〕曾恒德編
　　清嘉慶二十五年（1820）刻本
　　二册

寶鑑編補注　　　　　　　　　　4899/2453
　　〔清〕升泰編
　　清光緒六年（1880）刻本
　　二册

考工之屬

新鐫京板工師雕鏤正式魯班木經匠家鏡
二卷秘訣仙機一卷　　　　　8790/8351c
　　〔明〕午榮　章嚴彙編　〔明〕周言
校正
　　清刻本
　　一册

新鐫工師雕斲正式魯班木經匠家鏡四卷
首一卷　　　　　　　　　　8790/8351b
　　〔明〕午榮　章嚴彙編　〔明〕周言
校正
　　清宣統元年（1909）上海掃葉山房石
印本
　　一册

雲南礦廠工器圖略二卷附滇南礦廠興程
圖略一卷　　　　　　　　　8640/2343
　　〔清〕吳其濬纂　〔清〕徐金生繪輯
　　清刻本
　　四册

掌故瑣記之屬

資治新書二集二十卷　　　　T4603/4433
　　〔清〕李漁輯
　　清康熙敬業堂刻本
　　十六册

棠蔭録四卷　　　　　　　　2268/7258
　　〔□〕唐模編
　　清道光二十七年（1847）刻本
　　二册

南省公餘録八卷　　　　　　9155/3908.3
　　〔清〕梁章鉅撰
　　清嘉慶十年（1805）謝振定序刻本
　　二册

蜀僚問答一卷讀律心得三卷　4673/7222
　　〔清〕劉衡撰
　　清刻本
　　一册

頤情館聞過集十二卷　　　　4662.8/3933
　　〔清〕宗源瀚撰
　　清光緒三年（1877）上元宗氏刻本
　　八册

郎潛紀聞十六卷　　　　　　9155/7903
　　〔清〕陳康祺撰
　　清光緒十年（1884）校經山房刻本
　　十二册

郎潛紀聞初筆七卷二筆八卷三筆六卷
　　　　　　　　　　　　　9155/7903b
　　〔清〕陳康祺撰
　　清宣統二年（1910）上海掃葉山房石
印本
　　十册

石渠餘紀六卷　　　　　　　2810/1101
　　〔清〕王慶雲撰
　　清光緒十六年（1890）龍氏刻本

六册

學治偶存八卷　　　　　　　4617/7123
　〔清〕陸維祺撰
　清光緒十九年（1893）刻本
　四册

時事新編六卷　　　　　　　4603/7992
　〔清〕陳耀卿編
　清光緒二十一年（1895）鉛印本
　六册

嶺南實事記二十卷　　　　　4762/2918
　〔清〕徐琪撰
　清光緒二十二年（1896）刻印本
　十二册

求己録三卷　　　　　　　　9155/4334
　〔清〕蘆涇遯士撰
　清光緒二十六年（1900）刻本
　三册

公牘檔册之屬

南城召對一卷　　　　TNC2732/4464
　〔明〕李時撰
　明抄本
　一册

古今議論參五十五卷　　T4603/4920
　〔明〕林德謀輯
　明崇禎刻本
　二十六册

豫東公牘一卷　　　　　T4664.86/1582
　〔清〕黃贊湯撰
　清稿本
　二册

皇朝文典七十四卷　　　5238.88/4433
　〔清〕李兆洛選輯
　清嘉慶二十年（1815）刻本
　十二册

**（咸豐）鹽務奏稿不分卷鹽運各督撫部
堂咨文不分卷**　　　　　T4664.86/3557
　清咸豐抄本
　二册

［清咸豐會銜奏檔］六卷
　　　　　　　　　　　　T4664.86/3558
　〔清〕玉明等撰
　清咸豐抄本
　五册

**岡州公牘不分卷再牘四卷附高凉贈行録
一卷高凉公牘一卷濂江公牘不分卷梅關
公牘不分卷煎茶聞録一卷**　4662.8/1453
　〔清〕聶爾康撰
　清同治六年（1867）粵東高凉官廨刻
光緒五年（1879）續刻本
　二十二册

撫吳公牘五十卷　　　　　4662.87/1266
　〔清〕丁日昌撰　　〔清〕沈幼丹評選
　清光緒三年（1877）林達泉鉛印本
　六册

出使公牘十卷　　　　　　　2488.8/4435

〔清〕薛福成撰

清光緒二十三年（1897）傳經樓刻本

六册

缺卷三至五。

中外策問大觀二十八卷　　　4603/1626

〔清〕雷縉編輯　　陸潤庠鑒定

清光緒二十九年（1903）硯耕山莊石印本

十册

秀山公牘五卷　　　　　　　4662.8/2399

〔清〕吳光耀撰

清光緒二十九年（1903）刻本

四册

局外中立往來公牘彙録三卷

4664.88/5132

〔清〕奉天軍督部編輯

清光緒三十年（1904）鉛印本

三册

昌平遺記一卷　　　　　　　4662.88/7299

〔清〕防榮恒撰

清光緒三十二年（1906）石印本

一册

吏皖存牘三卷　　　　　　　4664.88/4189

〔清〕姚錫光撰

清光緒三十四年（1908）鉛印本

三册

直東勦匪電存四卷首一卷

4664.88/4971

〔清〕林學瑊編

清光緒三十二年（1906）石印本

四册

北洋公牘類纂正編二十五卷　4664/4774

〔清〕甘厚慈輯

清光緒三十三年（1907）鉛印本

四十册

盧史二公書牘　　　　　　　5773/2518

〔明〕盧象昇　史可法撰

清光緒三十四年（1908）上海廣智書局鉛印本

一册

盧忠烈公書牘

史忠正公書牘

于清端公政書八卷外集一卷

T4662.8/1450b

〔清〕于成龍撰　〔清〕蔡方炳　諸匡鼎編

清康熙四十六年（1707）于準刻本

九册

心師竹齋章牘存稿三卷附録一卷

4664.89/2142

〔清〕程枞采撰　〔清〕程鼎芬編

清光緒三年（1877）刻本

二册

開縣李尚書政書八卷首一卷

4662.8/4438

〔清〕李宗羲撰

清光緒十一年（1885）刻本
五册

合肥李勤恪公政書十卷　　4662.8/4430
〔清〕李瀚章撰
清光緒二十六年（1900）合肥李氏
家刻本
十册

**李文忠公外部函稿二十八卷遷移鼉池口
教堂函稿二卷**　　4662.88/4430.24
〔清〕李鴻章撰　〔清〕吳汝綸編
清光緒二十八年（1902）蓮池書社石
印本
十五册

**〔李鴻章劉含芳辦理旅順海防往來電
稿〕一卷**　　T4664.88/4302
清抄本
一册

〔梁誠書啓簿及函電文牘〕不分卷
　　T4662.88/3905
〔清〕梁誠撰
清光緒二十九至三十三年（1903—
1907）抄本
十册

平遠宫保督蜀批札節略不分卷
　　T4662.87/1332
〔清〕丁寶楨撰
清光緒抄本
一册

〔諶氏案牘〕一卷附草花醫鏡一卷
　　4664.88/0112
〔清〕諶霖生抄録
清末抄本
二册

樊山政書二十卷　　4662.89/4343
樊增祥撰
清宣統二年（1910）南京湯明林聚珍
書局鉛印本
十册

慈谿嚴氏壽芝山莊公牘章程彙録一卷
　　4664.88/8267
〔清〕嚴義彬輯
清宣統鉛印本
一册

順天府宣統二年統計表　　4031.4/2100
清宣統二年（1910）石印本
六册

山西諮議局對於交文禁煙事始末報告書
　　4231/2100
〔清〕山西諮議局編
清宣統二年（1910）山西諮議局油
印本
一册

粤商自治會函件初編　　2496/2023
清光緒三十四年（1908）序廣州粤商
自治會重印本
一册

蒙旗全墾收發款目清册　　4398.36/6644
　　〔清〕貽穀編
　　清光緒三十三年（1907）北京京華印書局鉛印本
　　一册

郵傳部第一次統計表（清光緒三十三年）
　　　　　　　　　4482/2220（1—6）
　　〔清〕郵傳部編
　　清光緒三十四年（1908）鉛印本
　　六册

郵傳部第二次統計表（清光緒三十四年）
　　　　　　　　　4482/2220（7—14）
　　〔清〕郵傳部編
　　清宣統元年（1909）鉛印本
　　八册

東盛和債案報告十六卷　　4541/6186
　　〔清〕羅飴輯
　　清宣統元年（1909）營口大清分銀行鉛印本
　　八册

吳縣長洲二邑租米逐年成色總簿（同治五年至光緒二年）　　T4555/2938
　　清末抄本
　　一册

江南製造總局帳簿不分卷　　T4555/3423
　　清光緒寫本
　　一册

光緒三十年及三十一年賓興公所公號副租册　　T4555/3787
　　清光緒賓興公所抄本
　　二册

創辦中國華商銀行草案不分卷
　　　　　　　　　4565/5640
　　清末鉛印本
　　一册

光緒會計録三卷　　4581/4441
　　〔清〕李希聖纂
　　清光緒二十二年（1896）上海時務報館石印本
　　二册

光緒會計表四卷　　4581/7221
　　〔清〕劉嶽雲纂修
　　清光緒二十七年（1901）上海教育世界社石印本
　　四册

河南省司道局收支册　　T4582.16/3413
　　清光緒末年刻本
　　一册

捐務題稿附捐務鹽務告示章程
　　　　　　　　　T4582.26/3315
　　〔清〕黃贊湯輯
　　清末抄本
　　二册

庫儲實存簿（同治六至十二年）
　　　　　　　　　T4582.28/3441
　　清同治寫本

五册

交代款目備考二卷　　　　　　　4582/0246
清光緒抄本
二册

天津電報局支款清册八卷　　T4582/3927
清光緒天津電報總局抄本
一册

［金陵軍需報銷總局報銷册］四卷
T4582/8771
清同治抄本
二册

（吳貽善堂）長邑經號置産傳
T4591.5/4323.4
清光緒九至三十四年（1903—1908）
寫本
一册

（吳貽善堂）長邑副租簿
T4591.5/4323.1（1—3）
清同治十一年（1872）至光緒三年
（1877）寫本
三册

（吳貽善堂）吳邑副租簿
T4591.5/4323.2（1—6）
清同治十一年（1872）至光緒三年
（1877）寫本
六册

（吳貽善堂）吳邑正租簿
T4591.5/4323（5—12）
清同治七至十一年（1868—1872）
寫本
八册

（吳貽善堂）長邑租簿便覽不分卷
T4591.5/4323.1（4）
清同治十三年（1874）寫本
一册

（吳貽善堂）吳邑租籍便覽不分卷
T4591.5/4323.2（7）
清同治十三年（1874）寫本
一册

（吳貽善堂）長邑裝銷　　T4591.5/4323.3
清宣統二年（1910）寫本
一册

（吳貽善堂）長邑無閏銀漕副册
T4591.5/4323.5
清同治十一年（1872）寫本
一册

成本册不分卷　　　　　　　　4592/5057
清刻本
六册

雲南清理財政局説明書初稿　4599/1342
清宣統二年（1910）鉛字本
八册

蓮廳建成案録一卷　　　　4664.86/4015
〔清〕張泉等編

清咸豐木活字印本

一册

纂修歸綏志略檔册　　　T4664.87/1172

清同治十一年（1872）寫本（經摺
裝）

十八件

江南機器製造局公牘不分卷

T4664.88/3446

〔清〕江南機器製造局編

清光緒間九華堂紅格紙抄本

一册

康濟改修魚雷練船并添購器具卷宗不分

卷　　　　　T4664.88/0312

清抄本

一册

行禮部等處咨送坐班册　　T4673/2308

清光緒二十三年（1897）稿本（經摺裝）

一册

大清銀行則例章程　　　4703.9/4382

〔清〕度支部編訂

清光緒三十一年（1905）至宣統元年

（1909）京師京華印書局鉛印本

一册

大清銀行則例

大清銀行現行詳細章程

試辦銀行章程清單

清末戶部執照國子監監照　T4703/3061

清咸豐至光緒間北京戶部及國子監

原本

四十二件

〔**憲照護照執照監照諭札**〕

T4664.87/3047

清道光至光緒間原本

十三件

光緒二十九年國子監監照　T4917/6176.7

清光緒二十九年（1903）北京國子監

原本

一件

農曹案彙卷不分卷　　　4703/3002.31

〔清〕劉嶽雲撰

清光緒間刻本

一册

農工商部統計表第一、二次

4707/5100.2

〔清〕農工商部統計處編

清光緒三十四年（1908）至宣統元年

（1909）鉛印本

四册（十一册改訂）

伊犁文檔匯鈔不分卷　　T4716.1/2227

清抄本

四册

法部第二次統計表　　　4724.8/3081

清光緒三十四年（1908）鉛印本

二册

咨議局章程及選舉章程解釋彙鈔

4741/3124

〔清〕憲政編查館編

清光緒三十四年（1908）至宣統元年
（1909）鉛印本
　　四册

天津南段巡警總局現行章程　4744/1347
　　〔清〕天津南段巡警總局輯
　　清光緒三十三年（1907）鉛印本
　　一册

民政部奏定巡警服章圖表　　4266/7410
　　〔清〕民政部編繪
　　清光緒三十四年（1908）民政部石印本
　　一册

奉天諮議局第一次報告書　　4745/5100
　　〔清〕奉天諮議局編
　　清宣統元年（1909）鉛印本
　　一册

東三省蒙務公牘彙編四卷附錄一卷
　　　　　　　　　　　　4767/5193
　　〔清〕東三省蒙務局輯
　　清宣統元年（1909）鉛印本
　　二册

**光緒三十三年丁未内城巡警總廳第二次
統計書**　　　　　　　　4746.4/1114
　　〔清〕京師内外城巡警總廳編
　　清宣統三年（1911）北京集成圖書公
司鉛印本
　　一册

大清職官遷除全書不分卷
　　　　　　　　T4726.9/4352（1757）
　　清乾隆二十二年（1757）寶明堂刻本

　　三册

西江政要一百三十二卷　　4756/3153
　　〔清〕江西按察司輯
　　清乾隆刻嘉慶至光緒江西按察司衙
門遞修本
　　四十册

**治浙成規（乾隆三十五年道光十七年）八
卷**　　　　　　　　　4760.8/2326
　　清道光間刻本
　　八册

東三省移民開墾意見書一卷　4803/2342
　　〔清〕熊希齡編
　　清宣統間石印本
　　一册

**東省鐵路合同原文一卷東省鐵路驛政表
一卷**　　　　　　　　4813.1/8592
　　〔清〕錢恂輯
　　清光緒三十年（1904）上海國學社鉛
印本
　　一册

説帖類編三十六卷　　　　4885/4501
　　〔清〕戴敦元輯
　　清道光十五年（1835）刻本
　　三十二册

**調查民事習慣問題附調查民事習慣章程
十條**　　　　　　　　4891/2032
　　〔清〕修訂法律館編印
　　清光緒三十四年（1908）修訂法律館
鉛印本

一册

興辦寧波江北岸清道事宜捐啓
　　　　　　　　　　　T4892.1/7033
　　清末鉛印本
　　一册

商標注册試辦章程附細目類書呈照式
　　　　　　　　　　　4893.1/4207
　　〔清〕商部商標注册局擬
　　清光緒二十六年（1900）北京鉛印本
　　一册

參案則例一卷　　　　T4894.3/2362
　　清末抄本
　　一册

奏定學堂章程　　　　　4924/3379
　　〔清〕張百熙等撰
　　清光緒二十九年（1903）湖北學務處
　刻本
　　五册

北洋銀行專修所試辦章程　4997.14/1382
　　清光緒三十二年（1906）刻本
　　一册

大清銀行學堂章程　　　4997.14/4382
　　〔清〕北京大清銀行學堂編
　　清光緒三十四年（1908）同益印書局
　鉛印本
　　一册

直隸實習工場續定章程　　4997.14/4431
　　清光緒三十四年（1908）天津鉛印本

一册

玉器皮貨綢料價目譜　　T6634/1642
　　清光緒間抄本
　　一册

東三省疫事報告書　　　7912/5189
　　〔清〕奉天全省防疫總局編
　　清宣統三年（1911）奉天圖書印刷所
　鉛印本
　　二册

奉天全省農業調查書　　8069.11/7224
　　馬維垣等編
　　清宣統元年（1909）奉天農業試驗
　場鉛印本
　　四册

**康熙拾伍年分奉旨丈量銷圩魚鱗清册不
分卷**　　　　　　　　　T8086/7332
　　清康熙十五年（1676）原本
　　六册

道光崑山縣深字魚鱗册不分卷
　　　　　　　　　　　T8086/2127
　　清寫本
　　八册

滿洲實業案　　　　　　8608/6247
　　〔清〕明志閣編
　　清光緒三十四年（1908）廣智書局鉛
　印本
　　一册（三册合訂）

奏定礦務章程　　　　　　8610/1102
　　清光緒二十九年（1903）鉛印本
　　一册

清湖南省標營領用清册　　T8937/3349
　　清末抄本
　　七册

職官類

官制之屬

漢官七種十一卷　　　　　4676/1962
　　〔清〕孫星衍輯
　　清光緒九年（1883）虞山後知不足齋
刻本
　　　二册

大唐六典三十卷　　　　　4683/4005
　　〔唐〕玄宗李隆基撰　　〔唐〕李林
甫注
　　清光緒二十一年（1895）廣州廣雅書
局刻本
　　　四册

新鍥華夷一統大明官制四卷
　　　　　　　　　　　　T4686/4632
　　明進賢堂詹林所刻本
　　二册

實政録七卷　　　　　　　4686/6645
　　〔明〕吕坤撰
　　清同治七年（1868）湖北崇文書局
刻本
　　　四册

歷代職官表六卷　　　　　4681/2162c
　　〔清〕黄本驥輯注
　　清光緒六年（1880）上海王氏刻本
　　六册

歷代職官表七十二卷　　　4681/2162
　　〔清〕紀昀等撰
　　清光緒二十二年（1896）廣雅書局刻本
　　二十二册

官制議十四卷　　　　　　4687/0343
　　康有爲撰
　　清光緒三十一年（1905）上海廣智書
局鉛印本
　　二册

南宋館閣録十卷續録十卷　　4684/7973
　　〔宋〕陳騤撰
　　清光緒十二年（1886）刻本
　　六册

宋宰輔編年録二十卷　　　T4695.5/2926
　　〔宋〕徐自明撰
　　明萬曆四十六年（1618）吕邦燿刻本
　　三十六册

吏部職掌不分卷　　　　　T4726/5019
　　〔明〕李默等删定
　　明萬曆四十一年（1613）刻清修補
印本
　　十册

詞林典故八卷　　　　　　T4731.8/1311
　　〔清〕張廷玉等撰
　　清乾隆十二年（1747）武英殿刻本

八册

皇朝詞林典故六十四卷　　4695.58/7948
〔清〕張廷玉等撰　〔清〕朱珪等續
清光緒十三年（1887）刻本
三十四册

槐廳載筆二十卷　　9155/3348
〔清〕法式善編
清嘉慶四年（1799）刻本
六册

清秘述聞十六卷　　4668/3348
〔清〕法式善編
清嘉慶四年（1799）刻本
六册

清秘述聞續八卷　　4668/3348.1
〔清〕王家相編
清道光元年（1821）刻本
四册

清秘述聞續十六卷補一卷
　　4668/3348.2
〔清〕王家相原編　〔清〕魏茂林續
編　〔清〕錢維福再續并校補　陸潤庠
參訂
清光緒十四年（1888）刻本
四册

欽定國子監志八十二卷　　4910/4436
〔清〕李宗昉等撰
清道光十四年（1834）續修刻本
三十二册

（滿蒙漢合璧）三合吏治輯要不分卷
　　TMO1685.2/0263
〔清〕高鶚撰　〔清〕通瑞　孟保譯
清咸豐七年（1857）刻本
二册

樞垣紀略二十八卷　　4696/3908
〔清〕梁章鉅撰　〔清〕奕訢續修
清光緒元年（1875）刻本
六册

欽定臺規四十二卷　　4716/1463
〔清〕延煦等撰
清光緒十八年（1892）北京都察院
刻本
二十四册

預備立憲京内官制全案一卷　　4687/4534
〔清〕載澤等編
清光緒二十三年（1897）開智圖書公
司鉛印本
一册

奏定閣部院官制　　4690.8/4534
〔清〕端方等編纂
清光緒鉛印本
一册

官箴之屬

百官箴六卷　　4616/0472
〔宋〕許月卿撰
清同治元年（1862）無錫許氏刻本
一册

重刻仕學大乘十二卷　　T5771/3143
　〔清〕犀照堂主人撰
　清康熙陳調侯刻本
　十册

學治臆説二卷續説一卷　　1745/3193
　〔清〕汪輝祖撰
　清道光十七年（1837）刻本
　一册

重栞張運青先生治鏡録二卷　4673/1371
　〔清〕張鵬翮撰　〔清〕隋人鵬集解
　清道光十三年（1833）序刻本
　二册

牧令書二十三卷　　4742/2949
　〔清〕徐棟輯
　清道光二十八年（1848）刻本
　十八册

牧令書輯要十卷　　4742/2949.2
　〔清〕徐棟編　〔清〕丁日昌評
　清同治七年（1868）江蘇書局刻本
　十册

治臺必告録八卷　　3072.8/1262
　〔清〕丁曰健輯
　清同治六年（1867）知足知止園刻本
　八册

入幕須知五種附贅言十則　1685.2/8428
　〔清〕張廷驤輯
　清光緒十年（1884）張氏刻本
　六册
　幕學舉要一卷　　〔清〕萬維翰撰

佐治藥言一卷續一卷　〔清〕汪輝
　祖撰
學治臆説二卷續説一卷説贅一卷
　〔清〕汪輝祖撰
辦案要略一卷　〔清〕王又槐撰
刑幕要略一卷
附贅言十則一卷　〔清〕張廷驤撰

宦海指南五種　　4699.88/041
　〔清〕許乃普輯
　清光緒十二年（1886）榮録堂刻本
　五册
　欽頒州縣事宜一卷　〔清〕田文鏡
　　李衛撰
　佐治藥言一卷續一卷　〔清〕汪輝
　　祖撰
　學治臆説二卷續説一卷説贅一卷
　　〔清〕汪輝祖撰
　夢痕録節鈔一卷　　〔清〕汪輝祖撰
　　〔清〕何士祁輯
　折獄便覽一卷

增訂宦鄉帖式應酬備要七卷
　　　　　　　　　5772/1373
　〔清〕張鑒瀛撰
　清光緒十四年（1888）文海樓刻本
　二册

平平言四卷　　1685.2/0243
　〔清〕方大湜撰
　清光緒二十二年（1896）廣雅書局刻本
　二册

敬簡堂學治雜録四卷求治管見一卷續增
求治管見一卷讀律心得一卷附刑名八字
義　　　　　　　　　　　　4664.8/4543
　　〔清〕戴杰　戴肇辰撰　　〔清〕劉
衡輯
　　清光緒刻本
　　六册

詔令奏議類

詔令之屬

漢詔疏六卷　　　　　　　　T4661.2/7922
　　〔明〕陳衍選評
　　明天啓刻本
　　三册

董興誥命一卷　　　　　　　T4661.7/4178
　　〔明〕成祖朱棣頒
　　明永樂三年（1405）寫本
　　一軸

皇明詔制十卷　　　　　　　T4661.7/1123
　　〔明〕孔貞運輯
　　明崇禎刻本
　　十册

皇明詔制十卷　　　　　　　T4661.7/1123b
　　〔明〕孔貞運輯
　　明崇禎刻本
　　二十册

皇明大訓記十六卷　　　　　T2720/2962
　　〔明〕朱國禎輯
　　明崇禎間刻本

十二册

三朝聖訓不分卷　　　　　　T1685.6/2133
　　〔清〕盧崧輯
　　清乾隆四十年（1775）江西吉安知府
盧崧刻本
　　一册（二册合訂）

大清八朝聖訓六百五十二卷
　　　　　　　　　　　　4661.80/8410
　　〔清〕内府編印
　　清咸豐六年（1856）北京刻本
　　四百五十七册

十朝聖訓九百二十二卷　　　4661/4041
　　清光緒鉛印本
　　二百八十六册

聖諭廣訓一卷　　　　　　　4661.81/1131
　　〔清〕聖祖玄燁撰
　　清雍正二年（1724）刻本
　　一册（二册合訂）

聖諭廣訓一卷　　　　　　　4661.81/1131d
　　〔清〕聖祖玄燁撰
　　清抄本
　　二册

聖諭廣訓一卷　　　　　　　T4661.81/1131d
　　〔清〕聖祖玄燁撰
　　清同治九年（1870）上海美華書館活
字印本
　　一册

聖諭廣訓直解一卷　　　4661.81/1131c
　〔清〕世宗胤禛敕撰
　清道光三十年（1850）刻本
　二册

聖諭廣訓直解一卷　　　4661.81/1131b
　〔清〕世宗胤禛敕撰　　〔清〕何璟重
參校
　清光緒二年（1876）紹誠刻本
　二册

奉天册命一卷　　　　　T4679/5158
　〔清〕太宗皇太極頒
　清崇德七年（1642）寫本
　一册

大清太祖高皇帝聖訓四卷清太宗文皇帝
聖訓六卷大清世祖章皇帝聖訓六卷
　　　　　　　　　　　T4661.80/3430
　清乾隆四年（1739）武英殿刻本
　四册

聖祖仁皇帝庭訓格言一卷　4661.81/3213
　〔清〕聖祖玄燁撰　　〔清〕郭振墉纂
　清清聞山館刻本
　一册

聖祖仁皇帝庭訓格言一卷
　　　　　　　　　　　4661.81/3213b
　〔清〕聖祖玄燁撰
　清末内府刻本
　一册

聖諭芻言一卷　　　　　4661.81/8267
　〔清〕聖祖玄燁頒聖諭　　〔清〕簡景

熙宣講
　清光緒十九年（1893）禺山黄從善堂
刻本

上諭内閣一百五十九卷　T4661.82/1311
　〔清〕世宗胤禛撰　　〔清〕允禄等輯
〔清〕弘晝等續輯
　清雍正九年（1731）内府刻乾隆六年
（1741）增修本
　三十册
　又一部，T4661.82/1311b，二十四册。

上諭八旗十三卷　　　　T4661.82/2133
　〔清〕世宗胤禛撰　　〔清〕允禄等輯
　清雍正九年（1731）内府刻乾隆六年
（1741）續刻本
　十册

大義覺迷録四卷　　　　T4661.82/3243
　〔清〕世宗胤禛撰
　清雍正内府刻本
　四册

硃批諭旨不分卷　　　　4661.82/4139
　〔清〕世宗胤禛硃批　　〔清〕鄂爾泰
張廷玉編次
　清乾隆三年（1738）内府刻朱墨套
印本
　一百十二册

上諭條例（乾隆十至十一年）
　　　　　　　　　　　4661.83/2022
　清乾隆間江蘇布政使司衙門刻本
　七册

上諭條奏（咸豐十一年至光緒十一年）

4661.86/2025

　　清刻本

　　四十七冊

諭摺彙存不分卷　　4661.88/0524（1901）

　　〔清〕内閣輯

　　清光緒木活字本

　　六冊

諭摺彙存不分卷　　　　4661.88/0524

　　清末北京擷英書局鉛印本

　　九百九十六冊

［曾中堂遺摺何中丞奏稿及上諭選鈔附
金陵勝蹟楹聯］　　　　4664.87/8593

　　清末抄本

　　一冊

奏議之屬

歷代名臣奏議三百五十卷　T4664/4244a

　　〔明〕黃淮等輯

　　明永樂内府刻本

　　三百二十冊

歷代名臣奏議三百五十卷

　　　　　　　　T4664/4244b

　　〔明〕黃淮等輯　〔明〕張溥刪正

　　明崇禎刻清補板印本

　　八十冊

古奏議不分卷　　　　T4664/4830

　　〔明〕黃汝亨評選

　　明萬曆二十九年（1601）吳德聚刻本

八冊

秦漢書疏十八卷　　　T4664.2/5351

　　明嘉靖三十七年（1558）吳國倫刻本

　　十六冊

西漢書疏六卷東漢書疏七卷

　　　　　　　　T4664.2/4417

　　〔明〕李琯輯

　　明萬曆潘京南刻本

　　四冊

兩漢策要十二卷　　　T5238.25/1238

　　〔宋〕陶叔獻輯

　　清乾隆五十三年（1788）張朝樂刻本

　　八冊

會通館校正宋諸臣奏議一百五十卷

　　　　　　　　T4664.5/4836

　　〔宋〕趙汝愚輯

　　明弘治三年（1490）錫山華氏會通館
銅活字印本

　　一百十四冊

　　缺目録、卷一、卷八至十。

皇明名臣經濟録十八卷　T4662.7/7942

　　〔明〕陳九德輯

　　明嘉靖二十八年（1549）羅鴻刻本

　　十冊

皇明名臣經濟録五十三卷

　　　　　　　　T4664.7/4802

　　〔明〕黃訓輯

　　明嘉靖三十年（1551）汪雲程刻本

　　二十四冊

皇明疏鈔七十卷　　　　　T4664.8/1922
　　〔明〕孫旬彙輯
　　明萬曆十二年（1584）刻本
　　三十六册

皇明疏議輯略三十七卷　　T4664.7/1332
　　〔明〕張瀚輯
　　明王汝訓、萬世德刻本
　　十二册

皇明奏疏類鈔六十一卷　　T4664.7/31
　　〔明〕汪少泉輯
　　明萬曆刻本
　　四十册

皇明留臺奏議二十卷　　　T4664.7/2911
　　〔明〕朱吾弼等輯
　　明萬曆三十五年（1607）刻本
　　十册

經遼疏牘十卷　　　　　　4745/2311
　　〔明〕熊廷弼撰
　　明泰昌元年（1620）刻本
　　十册

皇明經濟文輯二十三卷　　T4664.7/7949
　　〔明〕陳其愫輯
　　明天啓七年（1627）自刻本
　　十二册

朝野申捄疏六卷　　　　　T4664.7/7292
　　明刻本
　　六册

皇清奏議六十八卷　　　　4664.8/1227
　　〔清〕琴川居士編輯
　　清嘉慶都城國史館木活字印本
　　六十四册

［清末奏稿雜鈔］不分卷　4664.89/3552
　　清末至民國抄本
　　一册

諭行旗務奏議十三卷　　T4662.82/2133.2
　　〔清〕世宗胤禎撰　　〔清〕允禄等輯
　　清雍正九年（1731）至乾隆六年
　　（1741）内府刻本
　　十三册

先福奏摺底稿不分卷　　　T4664.84/5322
　　〔清〕先福撰
　　清嘉慶紅格稿本
　　五册

稟稿二卷　　　　　　　　4664.85/0922
　　清末抄本
　　二册

防夷奏議（道光二十至二十三年）不分卷
　　　　　　　　　　　　T4664.8/7550
　　清抄本
　　二册

皇朝道咸同光奏議六十四卷
　　　　　　　　　　　　4664.8/1117
　　〔清〕王延熙　王樹敏編輯
　　清光緒二十八年（1902）上海久敬齋
　石印本
　　二十八册

同治中興京外奏議約編八卷

4662.8/7914

〔清〕陳弢輯
清光緒元年（1875）刻本
八冊

青海奏疏不分卷　　　T4664.88/1322
〔清〕豫師撰
清紅格稿本
十二冊

平番奏議四卷　　　3079.5/1233
〔清〕那清安撰
清咸豐三年（1853）蘭垣阿公祠刻本
四冊

題奏全稿不分卷　　　4664.88/6582
〔清〕何桂清　趙炳霖撰
清咸豐九年（1859）、光緒三十三年
（1907）刻本
二冊

西藏邊事農工商實事奏稿不分卷

T4662.88/1435

〔清〕升泰編
清光緒抄本
一冊

綏遠奏議一卷　　　4662.88/6644
〔清〕貽穀撰
清光緒三十年（1904）鉛印本
一冊

蒙墾奏議　　　4662.88/6644.1
〔清〕貽穀撰

清光緒三十三年（1907）北京京華印
書局鉛印本
一冊

廣西善後芻議附芻議之餘　　　4216/4270
〔清〕蕭鳳韶述
清光緒三十三年（1907）桂林四鎮堂
刻本
一冊

郵傳部奏議類編五卷　　　4483/2202
〔清〕郵傳部參議廳編覈科編
清光緒三十四年（1908）鉛印本
四冊

畿輔水利議一卷　　　3039.9/4962
〔清〕林則徐撰
清光緒二年（1876）三山林氏刻本
一冊

户部陝西司奏稿（光緒九至十一年）八卷

4662.88/7707

清光緒十一年（1885）鉛印本
八冊

變法奏議叢鈔不分卷　　　4664.88/2435
清光緒二十七年（1901）上海書局石
印本
二冊

教案奏議彙編八卷　　　2883/2133
〔清〕程宗裕編纂
清光緒二十七年（1901）上海書局石
印本
六冊

漕糧漕運奏稟不分卷　　　T4664.85/3939
　　〔清〕潘鐸撰
　　清抄本
　　六册

道光倉米奏稟不分卷　　　T4664.85/398
　　〔清〕潘鐸撰
　　清抄本
　　四册

錢糧奏摺不分卷　　　　　T4664.85/3989
　　〔清〕潘鐸撰
　　清稿本
　　四册

川匪奏稟不分卷　　　　　T4664.85/275
　　清抄本
　　二册

雜録存查附成案雜抄　　　4664.88/0844
　　〔清〕諶霖生抄録
　　清光緒元年至十一年（1875—1885）
抄本
　　四册

聯豫文稿不分卷附藏事奏摺
　　　　　　　　　　　　T4664.88/1455
　　〔清〕聯豫撰
　　稿本
　　一册

新疆清理財政詳文一卷附辦事細則局員
銜名摺　　　　　　　　　4582.37/0131
　　〔清〕新疆清理財政局編撰
　　清宣統二年（1910）新疆官書局鉛

印本
　　一册

度支部軍餉司奏案彙編第一編（光緒戊
申）四卷　　　　　　　　4664.88/0403
　　清宣統二年（1910）北京順天時報社
鉛印本
　　四册

度支部幣制奏案輯要不分卷
　　　　　　　　　　　　4664.89/0409
　　〔清〕度支部輯
　　清宣統二年（1910）北京益森公司鉛
印本
　　一册

魏鄭公諫録五卷　　　　　4662.4/2124
　　〔唐〕王綝撰
　　清光緒九年（1883）長沙王氏刻本
　　二册

魏鄭公諫續録二卷　　　　4662.4/2124.2
　　〔元〕翟思忠撰
　　清光緒九年（1883）長沙王氏刻本
　　一册

唐陸宣公奏議讀本四卷　　4662.4/7148
　　〔唐〕陸贄撰
　　清道光九年（1829）貽安堂刻本
　　二册

陸宣公奏議十五卷制誥十卷附録一卷
　　　　　　　　　　　　4662.4/7148d
　　〔唐〕陸贄撰　　〔宋〕郎曄注
　　清光緒十二年（1886）淮南書局刻本

四册

包孝肅奏議十卷附録一卷　4662.5/2151b
　〔宋〕包拯撰
　清光緒元年（1875）合肥張氏毓秀
堂刻廬陽三賢集本
　二册

石林奏議十五卷　　　　4662.5/4942
　〔宋〕葉夢得撰
　清光緒十一年（1885）歸安陸氏刻本
　二册

宋李忠定公奏議選十五卷
　　　　　　　　　　T4662.5/4422
　〔宋〕李綱撰　　〔明〕左光先選
　清朝宗書室木活字印本
　六册

趙忠定奏議四卷　　　　4662.5/4836
　〔宋〕趙汝愚撰　葉德輝編輯
　清宣統長沙葉氏觀古堂刻本
　二册

**朱簡齋公奏議二卷年譜一卷附遺蹟集
録一卷行實一卷**　　　T4662.7/2581
　〔明〕朱鑑撰　〔明〕朱得章等編
　清康熙五十二年（1713）温陵朱氏刻
本　（年譜、附）清雍正九年（1731）朱
氏家刻本
　　五册

關中奏議鈔十二卷首一卷附王李諸公書簡
　　　　　　　　　　4662.7/4213
　〔明〕楊一清撰

清嘉慶二十一年（1816）五華書院刻本
十二册

胡端敏公奏議十卷　　　4662.7/4208
　〔明〕胡世寧撰
　清光緒十九年（1893）跋浙江書局刻本
　四册

歷官表奏十六卷　　　　4662.7/6422
　〔明〕嚴嵩撰
　清嘉慶十七年（1812）嚴氏刻本
　六册

桂洲奏議二十卷　　　　T4662.7/1406
　〔明〕夏言撰
　明嘉靖二十年（1541）田汝成刻本
　十册

諫垣奏草四卷　　　　　T4662.7/2133
　〔明〕毛憲撰
　明嘉靖十七年（1538）刻本
　二册

掌銓題稿三十四卷　　　T4662.7/0258
　〔明〕高拱撰
　清康熙二十六年（1687）高有聞刻高
文襄公集乾隆十六年（1751）高玉生補
刻本
　　十二册

明楊繼盛奏疏草稿　　　T4662.7/4225
　　〔明〕楊繼盛撰
　明嘉靖三十一年（1552）楊繼盛稿本
　一册

譚襄敏公奏議十卷　　　　　T4662.7/0422B

〔明〕譚綸撰

明萬曆二十八年（1600）顧所有刻本

八冊

譚襄敏公奏議十卷遺集三卷首一卷末一卷

4662.7/0422

〔明〕譚綸撰　　〔明〕顧所有修

〔明〕鄒用昌等續修

清嘉慶二十四年（1819）木活字印本

十二冊

海防奏疏二卷撫畿奏疏十卷計部奏疏四

卷　　　　　T4662.7/3105

〔明〕汪應蛟撰

明刻清印本

六冊

楊全甫諫草四卷　　　　　T5424/4217

〔明〕楊天民撰

明天啓元年（1621）刻本

四冊

撫津疏草四卷　　　　　T4662.7/6526

〔明〕畢自嚴撰

明天啓刻本

八冊

周忠毅公奏議四卷行實一卷

T4662.7/7231

〔明〕周宗建撰　　（行實）〔明〕周

廷祚撰

明崇禎熊開元刻本

八冊

盧忠肅公奏議十二卷　　　　　4662.7/212

〔明〕盧象昇撰

清光緒三十四年（1908）刻本

十冊

龔端毅公奏疏八卷附錄一卷溆川政譜二卷

4662.7/0824

〔清〕龔鼎孳撰

清光緒九年（1883）聽彝書屋重校

刻本

五冊

《溆川政譜》存卷下。

于山奏牘七卷附詩詞合選一卷

T4662.8/1450

〔清〕于成龍撰　　〔清〕李中素編

清康熙二十二年（1683）三韓劉鼎刻本

四冊

李文襄公奏議二卷奏疏十卷年譜一卷首

一卷別錄六卷　　　　　4662.8/4434

〔清〕李之芳撰　　〔清〕李鍾麟編

清康熙刻本

十二冊

撫黔奏疏八卷　　　　　4662.81/4201

〔清〕楊雍建撰

清道光二十五年（1845）海寧楊文蓀

補刻本

八冊

靳文襄公奏疏八卷　　　　　4662.8/4252

〔清〕靳輔撰　　〔清〕靳治豫編

清雍正間遼陽靳氏刻本

八冊

〔清順治十三年陸月祖澤遠揭帖〕

T2760.7/3133

〔清〕祖澤遠撰

清順治十三年（1656）寫本

一册

秦蜀兼籌二卷附贈言　T4662.81/6235

〔清〕鄂海撰

清康熙寬恕堂刻本

八册

張公奏議二十四卷　4662.8/1371

〔清〕張鵬翮撰

清嘉慶五年（1800）江南河庫道刻本

二十四册

總制宣化録四卷　T4662.8/6408

〔清〕田文鏡撰

清雍正自刻本

十二册

孫文定公奏疏十二卷　T4662.8/1943

〔清〕孫嘉淦撰　〔清〕孫鑄編

清乾隆間孫氏敦和堂刻本

十二册

福康安奏摺　2816.7/3633

〔清〕福康安撰

清紅格抄本

二册

那文毅公奏議八十卷　4662.8/1205

〔清〕那彦成撰

清道光十三年（1833）刻本

四十八册

清乾隆五十三年福建巡撫徐嗣曾奏摺

2816.7/2968

〔清〕徐嗣曾撰

清紅格抄本

一册

韓大中丞奏議十二卷　4662.84/4504

〔清〕韓文綺撰

清道光間刻本

十二册

黎襄勤公奏議六卷　4662.8/2340

〔清〕黎世序撰　〔清〕黎學淳編

清道光七年（1827）羅山黎氏刻本

四册

陶雲汀先生奏疏五十二卷　4662.8/7234

〔清〕陶澍撰

清道光八年（1828）序刻本

二十六册

林文忠公政書三十七卷

4662.86/4963（1）

〔清〕林則徐撰

清咸豐間侯官林氏家刻本

十六册

東河奏稿一卷

江蘇奏稿八卷

湖廣奏稿五卷

使粵奏稿八卷

兩廣奏稿四卷

陝甘奏稿一卷

雲貴奏稿十卷

駱文忠公奏稿十卷　　　4662.88/7620
〔清〕駱秉章撰
清光緒十七年（1891）刻本
十冊

袁端敏公奏稿不分卷　　T4664.85/4361
〔清〕袁甲三撰
清抄本
一冊

張大司馬奏稿四卷　　　4662.86/1304
〔清〕張亮基撰
清光緒十七年（1891）刻本
四冊

唐中丞遺集奏稿二卷　　4662.8/0600
〔清〕唐訓方撰
清光緒十七年（1891）刻本
二冊

毛尚書奏稿十六卷　　　4662.85/2133
〔清〕毛鴻賓撰
清宣統二年（1910）刻本
十六冊

胡文忠公遺集八十六卷　4662.88/4241
〔清〕胡林翼撰　〔清〕官文輯
清光緒元年（1875）湖北崇文書局
刻本
三十二冊

胡文忠公遺集八十六卷　4662.88/4241B
〔清〕胡林翼撰
清光緒十四年（1888）上海著易堂鉛
印本

八冊

劉中丞奏議二十卷　　　4662.88/7246
〔清〕劉蓉撰
清光緒十一年（1885）湖南思賢講舍
刻本
十冊

彭剛直公奏稿八卷詩集八卷　5513/4210
〔清〕彭玉麟撰
清光緒十七年（1891）吳下謝文翰刻本
八冊
又一部，5513/4210 c.2，二冊。

江寧將軍都興阿髮亂陣中奏稿不分卷
　　　　　　　　　　　T4662.88/4277
〔清〕都興阿撰
清紅格抄本
八冊

郭侍郎奏疏十二卷　　　4662.8/0225
〔清〕郭嵩燾撰
清光緒十八年（1892）刻本
十二冊

罪言存略一卷　　　　　4662.8/0225.6
〔清〕郭嵩燾撰
清光緒十四年（1888）鉛印本
一冊

嵩年奏檔不分卷　　　　T4662.8/2220
〔清〕嵩年撰
清抄本
二十六冊

沈文肅公政書七卷首一卷
　　　　　　　　　4662.88/3144
　〔清〕沈葆楨撰　　〔清〕吳元炳輯
　清光緒六年（1880）序吳門節署刻本
　十二册

丁文誠公奏稿二十六卷　　4662.8/1234
　〔清〕丁寶楨撰
　清光緒二十二年（1896）成都刻本
　二十六册

楊勇愨公奏議十六卷首一卷
　　　　　　　　　4662.8/4270
　〔清〕楊岳斌撰
　清光緒二十一年（1895）問竹軒刻本
　十七册

李肅毅伯奏議二十卷　　4662.88/4430.03
　〔清〕李鴻章撰　　〔清〕章鴻鈞　吳
汝綸編
　清光緒二十五年（1899）上海鴻文書
局石印本
　二十册

李文忠公奏議二十卷　　4662.88/4430.04
　〔清〕李鴻章撰　　〔清〕章洪鈞　吳
汝綸編輯
　清光緒末蓮池書社石印本
　二十册

錢敏肅公奏疏七卷　　　　4662.8/8528
　〔清〕錢鼎銘撰
　清光緒六年（1880）存素堂刻本
　四册

曾忠襄公書札二十二卷　　4662.87/8664.2
　〔清〕曾國荃撰　　〔清〕蕭榮爵編輯
　清光緒二十九年（1903）長沙刻本
　二十册

曾忠襄公奏議三十二卷　　4662.88/8665
　〔清〕曾國荃撰　　〔清〕蕭榮爵編輯
　清光緒二十九年（1903）長沙刻本
　三十一册

岑襄勤公奏稿三十卷總目一卷首一卷
　　　　　　　　　4662.88/2284
　〔清〕岑毓英撰
　清光緒二十三年（1897）武昌督糧官
署刻本
　三十二册

劉壯肅公奏議十卷　　　　4662.8/7182
　〔清〕劉銘傳撰
　清光緒三十二年（1906）鉛印本
　六册

籌瞻疏稿三卷　　　　　　4662.88/0121
　〔清〕鹿傳霖撰
　清光緒二十六年（1900）刻本
　二册

江楚會奏變法第一至三摺附片一件
　　　　　　　　　4664.88/7241
　〔清〕劉坤一　張之洞撰
　清光緒二十七年（1901）寫本
　三册

庸盦尚書奏議十六卷　　　4662.8/4437
　〔清〕薛福成撰

清宣統三年（1911）鉛印本

八册

嘉定長白二先生奏議四卷　4662.8/2938

夏振武輯

清宣統二年（1910）京邸鉛印本

二册

嘉定先生奏議二卷　〔清〕徐致祥撰

長白先生奏議二卷　〔清〕寶廷撰

附先考侍郎公年譜一卷　〔清〕壽

富輯

王文敏公奏疏一卷　4662.88/1149

〔清〕王懿榮撰

清宣統三年（1911）南京江寧印刷廠

鉛印本

二册

袁太常三疏稿一卷　4662.88/4333

〔清〕袁昶撰

清光緒二十六年（1900）北京嘉平

徐氏石印本

一册

蔣無爲史館奏牘一卷　4662.8/4825

〔清〕蔣師轍撰

清末鉛印本

一册

金主幣救國議　4561/0343

康有爲撰

清宣統二年（1910）上海廣智書局鉛

印萬木草堂叢書本

一册

戊戌奏稿　4662.88/0343

康有爲撰　麥仲華編

清宣統三年（1911）上海鉛印萬木草

堂叢書本

一册

又一部，4662.88/0343 c.2，一册。

周中丞撫江奏稿四卷　4662.89/7244

〔清〕周樹模撰

清宣統二年（1910）鉛印本

八册

劉式訓奏議函電稿不分卷

T4662.88/7240

〔清〕劉式訓撰

清藍格抄本

二十九册

時令類

月令廣義二十四卷首一卷附録一卷

T4160/3200

〔明〕馮應京纂輯　〔明〕戴任增釋

明萬曆三十年（1602）秣陵陳邦泰

刻本

十二册

日涉篇十二卷　T9153/7941

〔明〕陳楷輯　〔清〕白輝補輯

明萬曆三十九年（1611）應城徐養量

刻清康熙六年（1667）白輝康熙二十七年

（1688）紀元遞修本

十二册

月日紀古十二卷　　　　　　　T9309/4283
　　〔清〕蕭智漢纂輯
　　清乾隆五十九年（1794）龍城蕭氏聽濤山房刻本
　　十二册

月令粹編二十四卷　　　　　　4160/5940
　　〔清〕秦嘉謨編
　　清嘉慶十七年（1812）琳琅仙館刻本
　　八册

執事譜不分卷　　　　　　　　T4150/450
　　清彩繪本
　　一摺

燕京歲時記一卷　　　　　　　4160/0429
　　〔清〕敦崇編
　　清光緒三十二年（1906）刻本
　　一册

地理類

總志之屬

元和郡縣志四十卷補九卷
　　　　　　　　　　　　　　3024/4445
　　〔唐〕李吉甫撰　　〔清〕嚴觀補
　　清光緒八年（1882）金陵書局刻本
　　八册

輿地紀勝二百卷附補闕十卷校勘記五十二卷　　　　　　　　　　3025/1173
　　〔宋〕王象之撰　　（補闕）〔清〕岑建功輯　　（校勘記）〔清〕劉文淇　劉毓崧撰

清道光二十九年（1849）甘泉岑氏懼盈齋刻本
　　五十册
　　缺卷十三至十六、五十一至五十四、一百三十六至一百四十四、一百六十八至一百七十三、一百九十三至二百。

輿地廣記三十八卷附校勘記二卷
　　　　　　　　　　　　　　3025/7870
　　〔宋〕歐陽忞撰
　　清光緒二十一年（1895）會稽孫星華跋刻本
　　七册

分野不分卷　　　　　　　　　T3033/8600
　　明刻本
　　二册

廣輿古今鈔二卷　　　　　　　T3028/2162
　　〔清〕程晴川編
　　清乾隆十二年（1747）錢塘有誠堂刻本
　　四册

方輿類聚十六卷　　　　　　　3012/3650
　　〔清〕福申輯
　　清道光十二年（1832）刻本
　　四册

地理略論一卷　　　　　　　　TA2370/70
　　清咸豐五年（1855）廣州增沙福音堂刻本
　　一册

方輿紀要簡覽三十四卷　　　3020/3832
〔清〕顧祖禹撰　〔清〕潘鐸輯
清咸豐八年（1858）紅杏書屋刻本
十六册

新斠注地理志集釋十六卷　　2550/8546
〔清〕錢坫撰　〔清〕徐松集釋
清同治十三年（1874）會稽章氏刻本
八册

讀史方輿紀要一百三十卷附圖四卷
　　　　　　3028/3891B（61—120）
〔清〕顧祖禹撰
清光緒五年（1879）蜀南桐華書屋薛
氏家塾刻本
六十册

讀史方輿紀要一百三十卷　　3028/3832
〔清〕顧祖禹撰
清光緒二十五年（1899）上海慎記書
莊石印本
三十二册

歷代地理沿革表四十七卷　　3020/7942
〔清〕陳芳績撰
清光緒二十一年（1895）廣雅書局刻本
二十四册

輿地學課程不分卷　　　　　2356/4141
〔清〕姚奎元編
清光緒二十九年（1903）經心書院刻本
九册

古今輿地考一卷續編一卷　　2367/3880
〔清〕顧善慶撰

清光緒三十年（1904）雄雉齋刻本
一册

中國地輿志略六卷　　　　　T3015/1436
〔法國〕夏之時撰　〔清〕孫文楨譯
清光緒三十二年（1906）上海土山灣
印書館鉛印本
一册

王會新編一百四十五卷　　　T3050/4681
〔清〕茹鉉纂輯
清康熙刻本
四十册

漢書地理志校本二卷　　　　2545/3131
〔清〕汪遠孫撰
清道光二十八年（1848）振綺堂刻本
二册

元豐九域志十卷　　　　　　T3025/1144
〔宋〕王存等撰　〔清〕馮集梧校訂
清乾隆四十九年（1784）桐鄉馮集梧
刻本
五册

太平寰宇記二百卷　　　　　3025/2950
〔宋〕樂史撰
清光緒八年（1882）金陵書局刻本
三十六册

大明一統志九十卷　　　　　T3027/4478c
〔明〕李賢等纂修
明天順五年（1461）內府刻本
六十四册

大明一統志九十卷　　　　　T3027/4478b

　〔明〕李賢等纂修

　明弘治十八年（1505）建陽慎獨書齋
刻本

　　四十八册

大明一統志九十卷　　TNC3027/4478d

　〔明〕李賢等纂修

　明嘉靖三十八年（1559）楊氏歸仁齋
刻萬曆十六年（1588）重修本

　　十六册

天下一統志九十卷　　　　　T3027/4478

　〔明〕李賢等纂修

　明萬壽堂刻清初剜板印本

　　三十册

　　缺卷一至二十二

大明一統志輯録二卷　　　T3027/4478.1

　〔明〕張應圖纂集

　明萬曆四年（1576）刻本

　　六册

大明一統名勝志二百八卷　　T3027/5672

　〔明〕曹學佺撰

　明崇禎三年（1630）自刻本

　　一百二十册

一統志案説十六卷　　　　　3028/389.2

　〔清〕顧炎武撰　〔清〕徐乾學纂

　清道光七年（1827）張氏清芬閣刻
木活字印本

　　八册

天下郡國利病書一百二十卷

　　　　　　　3028/3891B（1—60）

　〔清〕顧炎武撰

　清光緒五年（1879）蜀南桐華書屋薛
氏家塾補刻本

　　六十册

天下郡國利病書一百二十卷　　3028/3891

　〔清〕顧炎武撰

　清光緒二十五年（1899）上海慎記書
莊石印本

　　二十四册

大清一統志三百五十六卷　　T3028/4418

　〔清〕蔣廷錫等纂

　清乾隆九年（1744）武英殿刻本

　　一百二十册

大清一統志五百卷

　　　　　　　3028.3/4312（1902）

　〔清〕和珅等纂

　清光緒二十八年（1902）上海寶善齋
石印本

　　六十册

大清一統志輯要五十卷　　　3028.3/3804

　〔清〕洪亮吉撰

　清光緒二十八年（1902）上海山左興
圖局石印本

　　十二册

方志之屬

（雍正）畿輔通志一百二十卷首一卷

　　　　　　　　　　　　T3128/82

　〔清〕唐執玉等纂修

　清雍正十三年（1735）刻本

　四十八册

（同治）畿輔通志三百卷首一卷

　　　　　　　　　　3128/2552.87

　〔清〕黃彭年等纂　〔清〕李鴻章等修

　清光緒十年（1884）刻本

　二百四十册

（康熙）盛京通志三十二卷　T3116/0.81

　〔清〕哲備等纂　〔清〕伊把漢等修

　清康熙二十三年（1684）刻本

　十二册

（乾隆）盛京通志四十八卷　T3116/0.82

　　〔清〕魏樞等纂　〔清〕吕耀曾等修

〔清〕雷以誠補修

　清咸豐二年（1852）補修刻本

　二十册

（乾隆）盛京通志一百三十卷首一卷

　　　　　　　　　　　　T3116/0.83

　〔清〕劉謹之等纂　〔清〕阿桂等修

　清乾隆四十四年（1779）武英殿刻本

　六十四册

（嘉靖）全遼志六卷　　TNC3116/0.74

　〔明〕陳絳等纂　〔明〕李輔修

　清抄本

　十二册

（光緒）吉林通志一百二十二卷圖一卷

　　　　　　　　　　3120/4649.88

　〔清〕李桂林等纂　〔清〕長順修

　清光緒十七年（1891）刻本

　四十九册

（景定）建康志五十卷　　　3202/0.5

　〔宋〕周應合纂　〔宋〕馬光祖修

　清嘉慶六年（1801）刻本

　二十四册

（康熙）江南通志七十六卷

　　　　　　　　　　T3203/3142.81

　〔清〕張九徵等纂　〔清〕王新命等修

　清康熙二十三年（1684）刻本

　四十册

（乾隆）江南通志二百卷序目一卷首四卷

　　　　　　　　　　T3203/3142.83

　〔清〕黃之雋等纂　〔清〕尹繼善

等修

　清乾隆元年（1736）刻本

　一百一册

（正德）姑蘇志六十卷　　T3204/4649.7

　〔明〕王鏊等纂　〔明〕林世遠修

　明正德元年（1506）刻嘉靖間增修本

　二十册

（嘉靖）南畿志六十四卷　T3203/4225.7

　〔明〕陳沂等纂　〔明〕聞人銓修

　明嘉靖間刻本（第一至五册序、卷一

至七抄補）

　二十八册

（道光）安徽通志二百六十卷首六卷
　　　　　　　　　　　　　3198/0.85
　　〔清〕李振庸　韓政纂　〔清〕鄧廷
楨修
　　清道光十年（1830）刻本
　　一百册

（光緒）安徽通志三百五十卷首一卷補
遺十卷　　　　　　3198/3424.88
　　〔清〕何紹基等纂　〔清〕沈葆楨
等修
　　清光緒三年（1877）刻本
　　一百二十册

（道光）皖省志略四卷附錄一卷
　　　　　　　　　　　3198/2918.85
　　〔清〕朱雲錦撰
　　清道光元年（1821）刻本
　　四册

（光緒）皖志便覽三卷　　3198/4401.88
　　〔清〕李應珏纂修
　　清光緒二十四年（1898）安徽鏤雲閣
刻本
　　二册

皖典類編八卷　　　T3199/3404.83
　　〔清〕潘才纂
　　清光緒二十四年（1898）安徽鏤雲閣
刻本
　　四册

（康熙）山西通志三十二卷　　T3148/0.81
　　〔清〕劉梅纂　〔清〕穆爾賽修
　　清康熙二十一年（1682）刻本

三十六册

（雍正）山西通志二百三十卷
　　　　　　　　　　　T3148/0.82
　　〔清〕儲大文纂　〔清〕覺羅石麟修
　　清雍正十二年（1734）刻本
　　一百册

（光緒）山西通志一百八十四卷首一卷
　　　　　　　　　　　3148/2716.88
　　〔清〕王軒等纂　〔清〕曾國荃等修
　　清光緒十八年（1892）刻本
　　九十六册

（乾隆）山西志輯要十卷首一卷附清凉
山志二卷　　　　　T3151/83
　　〔清〕雅德輯
　　清乾隆四十五年（1780）輯刻本
　　十二册

（至元）齊乘六卷附考證、釋音
　　　　　　　　　　　T3138/1488
　　〔元〕于欽撰　〔清〕胡德琳　周嘉
猷考證　〔元〕于潛釋音
　　清乾隆四十六年（1781）序刻本
　　四册

（康熙）山東通志六十四卷　　T3138/0.81
　　〔清〕錢江纂　〔清〕趙祥星修
　　清康熙十七年（1678）刻本
　　二十四册

（雍正）山東通志三十六卷首一卷
　　　　　　　　　　　T3138/2759.82
　　〔清〕杜詔等纂　〔清〕岳濬等修

清乾隆元年（1736）刻道光十七年（1837）補刻印本

　　四十二册

（順治）河南通志五十卷

　　　　　　　T3143/3242.80

　　〔清〕沈荃等纂　〔清〕賈漢復修

　　清順治十七年（1660）刻本

　　三十册

（康熙）河南通志五十卷

　　　　　　　T3143/3242.81

　　〔清〕張沐等纂　〔清〕顧汧等修

　　清康熙三十四年（1695）刻本

　　十六册

（雍正）河南通志八十卷

　　　　　3143/1938.82c（1—40）

　　〔清〕孫灝等纂　　〔清〕田文静等修

　　清光緒二十八年（1902）補刻本

　　四十册

（乾隆）續河南通志八十卷

　　　　　3143/1938.82c（41—60）

　　〔清〕阿思哈纂修

　　清光緒二十八年（1902）補刻本

　　二十册

（雍正）陝西通志一百卷首一卷

　　　　　　　T3153/7316.82

　　〔清〕沈青崖纂　〔清〕劉於義等修

　　清雍正十三年（1735）刻乾隆間補修本

　　一百册

（道光）陝西志輯要六卷首一卷關中漢唐存碑跋一卷秦疆治略一卷漢南游草一卷

　　　　　　　3153/1143

　　〔清〕王志沂輯

　　清道光七年（1827）賜書堂刻本

　　九册

（乾隆）甘肅通志五十卷首一卷

　　　　　　　T3158/4752.83

　　〔清〕李迪等纂　〔清〕許容等修

　　清乾隆元年（1736）刻本

　　四十八册

（光緒）甘肅新通志一百卷首五卷

　　　　　　　3158/4752.89

　　〔清〕安維峻纂　〔清〕升允等修

　　清宣統元年（1909）刻本

　　八十册

（康熙）浙江通志五十卷首一卷

　　　　　　　T3208/3231.81

　　〔清〕張衡等纂　〔清〕王國安等修

　　清康熙二十三年（1684）刻本

　　三十六册

（雍正）浙江通志二百八十卷首三卷

　　　　　　　3208/3231.82

　　〔清〕傅王露等纂　〔清〕李衛等修

　　清光緒二十五年（1899）浙江書局刻本

　　一百二十册

（康熙）西江志二百六卷繪圖一卷

　　　　　　　T3193/0.81

　　〔清〕查慎行纂　〔清〕白潢修

清康熙五十九年（1720）刻本

一百册

（雍正）江西通志一百六十二卷首一卷

T3193/0.82

〔清〕陶成　恽鶴生纂　〔清〕尹繼善修

清雍正十年（1732）刻本

八十册

（光緒）江西通志一百八十卷

3193/0.88b

〔清〕趙之謙等纂　〔清〕劉坤一等修

清光緒七年（1881）刻本

一百二十四册

（嘉慶）湖北通志一百卷首五卷

3183/0.84

〔清〕陳詩等纂　〔清〕吳熊光等修

清嘉慶九年（1804）刻本

六十四册

（康熙）湖廣通志八十卷圖考一卷

T3183/0.81

〔清〕宮夢仁編纂　〔清〕徐國相修

清康熙二十三年（1684）刻本

二十四册

（乾隆）湖南通志一百七十四卷首一卷

T3188/0.83

〔清〕范咸等纂　〔清〕陳弘謀修

清乾隆二十二年（1757）刻本

一百二十册

（嘉慶）湖南通志二百十九卷首三卷末六卷

3188/0.84

〔清〕王煦纂　〔清〕翁元圻修

清嘉慶二十五年（1820）刻本

八十册

（光緒）湖南通志二百八十八卷首八卷末十九卷

3188/3242.88

〔清〕李翰章等纂　〔清〕曾國荃等修

清光緒十一年（1885）刻本

一百六十八册

（雍正）四川通志四十七卷首一卷

T3178/6122.82

〔清〕張晋生等纂　〔清〕黄廷桂等修

清乾隆元年（1736）刻本

四十九册

（嘉慶）四川通志二百四卷

3178/6122.84

〔清〕楊芳燦等纂　〔清〕常明等修

清嘉慶十七至十九年（1812—1814）刻本

一百二十册

（乾隆）福建通志七十八卷首五卷

T3222/0.83.1

〔清〕謝道承等纂　〔清〕郝玉麟等修

清乾隆二年（1737）刻本

六十册

（乾隆）福建續志九十二卷首四卷

T3222/0.83.2

〔清〕沈廷芳等纂　〔清〕定長等修

清乾隆三十四年（1769）刻本

四十册

（道光）福建通志二百七十八卷首七卷附一卷　　3222/0.85
〔清〕陳壽祺等纂　〔清〕孫爾準等修
清同治七至十年（1868—1871）刻本
一百八十册

（乾隆）續修臺灣府志二十六卷首一卷
3226/4132.838
〔清〕黄佾纂　〔清〕余文儀等修
清同治十一年（1872）刻本
十二册

（乾隆）續修臺灣府志二十六卷首一卷
3226/4132.838b
〔清〕黄佾纂　〔清〕余文儀等修
清光緒十六年（1890）刻本
十二册

（雍正）廣東通志六十四卷
T3228/0.82
〔清〕魯曾煜纂　〔清〕郝玉麟修
清雍正九年（1731）刻本
五十册

（道光）廣東通志三百三十四卷首一卷
3228/0859.84
〔清〕江藩等纂　〔清〕阮元修
清同治三年（1864）刻本
一百二十册

（嘉靖）廣西通志六十卷　　T3236/0.7
〔明〕黄佐纂　〔明〕林富修

明嘉靖十四年（1535）刻藍印本
三十册

（嘉慶）廣西通志二百七十九卷首一卷
3236/0816.84
〔清〕謝啓昆等纂修
清光緒十七年（1891）桂垣書局補刻本
八十册

（光緒）廣西通志輯要十七卷附廣西昭忠録八卷平桂紀略四卷股匪總録二卷堂匪總録十二卷廣西道里表一卷
3236/0816.88
〔清〕蘇宗經　羊復禮輯
清光緒十五年（1889）刻本
二十一册

（康熙）雲南府志二十六卷
T3249/1342.81
〔清〕謝儼等纂　〔清〕張毓碧等修
清康熙三十五年（1696）刻民國間重印本
二十册

（乾隆）雲南通志三十卷首一卷
T3248/1342.83
〔清〕靖道謨等纂　〔清〕尹繼善等修
清乾隆元年（1736）刻本
三十二册

（道光）雲南通志稿二百十六卷首三卷
3248/1342.85
〔清〕李誠等纂　〔清〕阮元等修
清道光十五年（1835）刻本
一百十八册

（道光）雲南備徵志二十一卷
　　　　　　　　　3248/1342.851
　〔清〕王崧纂修
　清宣統二年（1910）雲南圖書館刻雲
南叢書本
　十八册

（光緒）雲南通志二百四十二卷首四卷
附忠義録三十二卷忠義備考一卷烈女録
八卷　　　　　3248/1342.88b
　〔清〕陳燦等纂　　〔清〕岑毓英等修
　清光緒二十年（1894）刻本
　二百十九册

（光緒）續雲南通志稿一百九十四卷
首六卷　　　　3248/1342.88c
　〔清〕唐炯等纂　　〔清〕王文韶　魏
光燾修
　清光緒二十七年（1901）四川岳池縣
刻本
　一百册

（康熙）貴州通志三十七卷首一卷
　　　　　　　　　T3243/5832.81
　〔清〕陸祚蕃等纂　　〔清〕衛既齊修
〔清〕閻興邦補修
　清康熙三十六年（1697）補修刻本
　三十册

（乾隆）貴州通志四十六卷首一卷
　　　　　　　　　T3243/0.83
　〔清〕靖道謨等纂　　〔清〕鄂爾泰等修
　清乾隆六年（1741）刻本
　二十七册
　缺卷八至十三、十五。

（道光）欽定新疆識略十二卷首一卷
　　　　　　　　　3275/0.85
　〔清〕黎松等纂　　〔清〕松筠等修
　清道光元年（1821）序武英殿刻本
　十册
　又一部，3275/0.85 c.2，十二册。

（光緒）新疆大記六卷首一卷
　　　　　　　　　3275/0.88
　〔清〕闕鳳樓撰
　清光緒三十三年（1907）鉛印本
　一册

（乾隆）西藏志不分卷附藏程紀略
　　　　　　　　　T3290/0.8323
　〔清〕允禮撰　　（附）〔清〕焦應旂撰
　清乾隆五十七年（1792）刻本（册一
抄配）
　一册（二册合訂）

（嘉慶）衛藏通志十六卷首一卷附校
字記一卷　　　3290/0.8821
　〔清〕和琳撰　　〔清〕袁昶校輯
　清光緒二十二年（1896）桐廬袁氏漸
西村舍刻本
　八册
　又一部，3290/0.8821 c.2，八册。

（宣統）西藏新志三卷　　3290/0.893
　許光世　蔡晉成編
　清宣統三年（1911）上海自治編輯社
鉛印本
　三册

（光緒）順天府志一百三十卷

3129/2813.88

〔清〕張之洞　繆荃孫纂　〔清〕萬青黎　周家楣修

清光緒十一年（1885）刻本

六十四册

（康熙）良鄉縣志八卷　　T3134/3322.81

〔清〕見聖等纂　〔清〕楊嗣奇修

清康熙三十九年（1700）刻本

六册

（光緒）良鄉縣志八卷　　3134/3322.88

〔清〕黄儒荃纂　〔清〕范履福修

清光緒十五年（1889）刻本

六册

（康熙）宛平縣志六卷　　T3134/3110.81

〔清〕李開泰等纂　〔清〕王養濂修

清康熙二十三年（1684）刻挹芬樓補抄本

十册

（康熙）固安縣志八卷首一卷末一卷

T3134/6634.81

〔清〕潘昌纂　〔清〕鄭善述修

清康熙五十三年（1714）刻本

八册

（乾隆）永清縣志二十五卷附文徵五卷

3134/3332.83

〔清〕章學誠纂　〔清〕周震榮修

清乾隆四十四年（1779）刻本

四册

（光緒）續永清縣志十四卷附文徵二卷

3134/3332.88

〔清〕魏邦翰纂　〔清〕吳欽修

清光緒元年（1875）刻本

四册

（康熙）通州志十二卷　　T3134/332.81

〔清〕陸茂騰纂　〔清〕吳存禮修

清康熙三十六年（1697）刻本

八册

（乾隆）通州志十卷首一卷末一卷

T3134/332.83

〔清〕金梅等纂　〔清〕高天鳳修

清乾隆四十八年（1783）刻本

八册

（乾隆）通州志十卷首一卷末一卷

3134/332.83B

〔清〕金梅等纂　〔清〕高天鳳修

清道光十八年（1838）補刻本

八册

（光緒）通州志十卷首一卷末一卷

3134/332.88

〔清〕高建勳纂　〔清〕王維珍修

清光緒五年（1879）刻本

十二册

（乾隆）三河縣志十六卷首一卷

T3134/1132.83

〔清〕王大信等纂　〔清〕陳昶等修

清乾隆二十五年（1760）刻本

四册

（乾隆）寧河縣志十六卷　T3134/323.83
　〔清〕徐以觀等纂　〔清〕關廷牧修
　清乾隆四十四年（1779）刻本
　六册

（光緒）寧河縣志十六卷　　3134/323.88
　〔清〕談松林纂　〔清〕丁符九修
　清光緒六年（1880）刻本
　十二册

（乾隆）武清縣志十二卷首一卷末一卷
　　　　　　　　　　　T3134/1432.83
　〔清〕曹涵纂　〔清〕吳翀修
　清乾隆七年（1742）刻本
　八册

（康熙）大興縣志六卷　　T3134/4370.81
　〔清〕李開泰纂　〔清〕張茂節修
　清康熙二十三年（1684）刻本
　十册

（康熙）昌平州志二十六卷
　　　　　　　　　　　T3134/6614.81
　〔清〕潘問奇等纂　〔清〕吳都梁等修
　清康熙十二年（1673）刻本
　十册

（光緒）昌平外志六卷　　3134/6614.881
　〔清〕麻兆慶纂
　清光緒十八年（1892）刻本
　四册

（乾隆）沙河縣志十卷首一卷末一卷
　　　　　　　　　　　T3134/3232.83
　〔清〕杜灝纂修

清乾隆二十二年（1757）刻二十四年
（1759）補刻本
　四册

（道光）續增沙河縣續志二卷
　　　　　　　　　　　3134/3232.85
　〔清〕魯傑纂修
　清道光二十五年（1845）刻本
　二册

（光緒）密雲縣志六卷　　3134/3713.88
　〔清〕張鼎華等纂　〔清〕黄宗敬等修
　清光緒八年（1882）刻本
　八册

（康熙）香河縣志十一卷
　　　　　　　　　　　T3134/2032.81
　〔清〕劉深纂修
　清康熙十七年（1678）刻本
　八册

（乾隆）涿州志二十二卷首一卷
　　　　　　　　　　　T3134/3369.83
　〔清〕吳山鳳纂修
　清乾隆三十年（1765）刻本
　十二册

（乾隆）涿州志二十二卷首一卷
　　　　　　　　　　　3134/3369.87
　〔清〕吳山鳳纂修
　清乾隆三十年（1765）刻同治十二年
（1873）增刻本
　十二册

（同治）涿州續志十八卷　　3134/3369.87
　　〔清〕盧端衡等纂　　〔清〕石衡等修
　　清同治十二年（1873）刻本
　　十二冊

（康熙）房山縣志十卷續志一卷
　　　　　　　　　　T3134/3227.81
　　〔清〕齊推纂　　〔清〕佟有年修
〔清〕羅在公續修
　　清康熙三年（1664）刻四十六年
（1707）補刻本
　　八冊

（康熙）文安縣志八卷　　T3134/0434.81
　　〔清〕胡浧等纂　　〔清〕楊朝麟修
　　清康熙四十二年（1703）刻本
　　八冊

（康熙）大城縣志八卷　　T3134/4345.81
　　〔清〕馬恂等纂　　〔清〕張象燦修
　　清康熙十二年（1673）刻本
　　四冊

（光緒）大城縣志十二卷首一卷
　　　　　　　　　　3134/4345.88
　　〔清〕劉鍾英纂　　〔清〕趙炳文等修
　　清光緒二十三年（1897）刻本
　　十二冊

（康熙）保定縣志四卷　　T3134/2930.81
　　〔清〕柴經國纂　　〔清〕成其範修
　　清康熙十二年（1673）刻本
　　四冊

（乾隆）寶坻縣志十八卷　　T3134/384.83
　　〔清〕蔡寅斗纂　　〔清〕洪肇楙修
　　清乾隆十年（1745）刻本
　　八冊

（康熙）薊州志八卷　　T3134/4230.81
　　〔清〕鄔棠等纂　　〔清〕張朝琮修
　　清康熙四十三年（1704）刻本
　　四冊

（乾隆）平谷縣志三卷　　T3134/1486.83
　　〔清〕項景倩修　　〔清〕朱克閱續修
　　清乾隆四十三年（1778）刻本
　　三冊

（康熙）保定府志二十九卷
　　　　　　　　　　T3133/2930.81
　　〔清〕郭棻纂　　〔清〕紀宏謨修
　　清康熙十九年（1680）刻本
　　三十二冊

（光緒）保定府志七十九卷首一卷
　　　　　　　　　　3133/2930.88
　　〔清〕張豫墍纂　　〔清〕李培祐編
　　清光緒十二年（1886）刻本
　　三十二冊

（康熙）清苑縣志十二卷首一卷
　　　　　　　　　　T3134/3241.81
　　〔清〕郭棻等纂　　〔清〕時來敏修
　　清康熙十六年（1677）刻本
　　四冊

（同治）清苑縣志十八卷首一卷

3134/3241.87

〔清〕諸崇儉纂　〔清〕李逢源修

清同治十二年（1873）刻本

八册

（乾隆）滿城縣志十二卷

T3134/3245.83

〔清〕張焕等纂修　〔清〕賈永宗增修

清康熙五十二年（1713）刻乾隆十六年（1751）增補二十三年（1758）重增補刻本

六册

（道光）新城縣志十八卷首一卷

3134/0245.85

〔清〕王振鍾纂　〔清〕李廷榮修

清道光十八年（1838）刻本

十二册

（光緒）續修新城縣志十卷

3134/0245.88

〔清〕王鍔等纂　〔清〕張丙嘉修

清光緒二十一年（1895）紫泉書院刻本

四册

（乾隆）安肅縣志十六卷　3134/2913.84

〔清〕史元善等纂　〔清〕張純修

清嘉慶十三年（1808）刻本

八册

（乾隆）定興縣志十二卷

T3134/3878.83

〔清〕王錫璁纂修

清乾隆四十四年（1779）刻本

五册

（光緒）定興縣志二十六卷首一卷

3134/3878.88

〔清〕楊晨纂　〔清〕張主敬修

清光緒十七年（1891）刻本

八册

（康熙）唐縣新志十八卷

T3134/0669.81

〔清〕張斑等纂　〔清〕王政修

清康熙十二年（1673）刻本

四册

（光緒）唐縣志十二卷首一卷

3134/0669.88

〔清〕張惇德纂　〔清〕陳詠修

清光緒四年（1878）刻本

八册

（乾隆）博野縣志八卷　T3134/4462.83

〔清〕朱基等纂　〔清〕吳鰲修

清乾隆三十二年（1767）刻本

六册

（康熙）慶都縣志六卷　T3134/0042.81

〔清〕秦毓琦纂　〔清〕李天機修

清康熙十七年（1678）刻後印本

六册

（乾隆）望都縣志十一卷　3134/0042.88

〔清〕王錫侯等纂　〔清〕陳洪書修〔清〕李兆珍增修

清光緒三十年（1904）增修刻本

十一册

（光緒）望都縣鄉土圖説不分卷
　　　　　　　　　　3134/0042.881
　〔清〕陸保善輯
　清光緒三十一年（1905）鉛印本
　一册

（咸豐）容城縣志八卷　　3134/3645.06
　〔清〕王振綱等纂　　〔清〕詹作周等修
　清咸豐七年（1857）刻本
　六册

（光緒）容城縣志八卷　　3134/3645.88
　〔清〕吴思忠等纂　　〔清〕俞廷獻等修
　清光緒二十二年（1896）刻本
　八册

（光緒）蠡縣志十卷　　　3114/2713.88
　〔清〕張璔纂　　〔清〕韓志超修
　清光緒二年（1876）刻本
　十册

（康熙）蠡縣續志不分卷
　　　　　　　　　　T3134/2713.81
　〔清〕耿文岱纂修
　清康熙十九年（1680）刻本
　一册

（康熙）雄乘三卷　　　　T3134/4169.81
　〔清〕姚文變纂修
　清康熙十年（1671）刻本
　三册

（光緒）雄縣鄉土志一卷　3135/4001.88
　〔清〕劉崇本纂　　〔清〕蔡濟清修
　清光緒三十一年（1905）鉛印本
　一册

（乾隆）祁州志八卷續志四卷
　　　　　　　　　　3134/3230.83
　〔清〕張萬銓等纂　　〔清〕羅以桂修
（續志）〔清〕劉學海等纂　　〔清〕趙秉
恒修
　清光緒元年（1875）續修刻本
　六册

（乾隆）束鹿縣志十二卷
　　　　　　　　　　T3134/5901.83
　〔清〕張鍾秀等纂　　〔清〕李文耀修
　清乾隆二十七年（1762）刻本
　四册

（嘉慶）束鹿縣志十卷　　3134/5901.84
　〔清〕裴顯相等纂　　〔清〕李符清修
　清嘉慶三年（1798）刻本
　四册

（雍正）高陽縣志六卷　T3134/0272.82
　〔清〕李其旋纂　　〔清〕嚴宗嘉修
　清雍正八年（1730）刻本
　四册

（康熙）永平府志二十四卷首一卷
　　　　　　　　　　T3133/3314.81
　〔清〕徐香　胡仁濟纂　　〔清〕張朝
琛修
　清康熙五十年（1711）序刻本
　十二册

（乾隆）永平府志二十四卷首一卷末一卷
　　　　　　　　　　T3133/3314.83
　〔清〕王金英等纂　〔清〕李奉翰等修
　清乾隆三十八年（1773）刻本
　十二册

（光緒）永平府志七十二卷首一卷末一卷
　　　　　　　　　　3133/3314.88
　〔清〕史夢蘭纂　〔清〕游智開修
　清光緒五年（1879）刻本
　三十二册

（乾隆）遷安縣志三十卷
　　　　　　　　　　T3134/3334.83
　〔清〕張傑纂　〔清〕燕臣仁修
　清乾隆二十二年（1757）刻本
　六册

（同治）遷安縣志十八卷首一卷末一卷
　　　　　　　　　　3134/3334.87
　〔清〕史夢蘭纂　〔清〕韓耀光等修
　清光緒十一年（1885）補刻本
　十册

（光緒）撫寧縣志十六卷　3134/5332.88
　〔清〕史夢蘭纂　〔清〕張上龢修
　清光緒三年（1877）刻本
　一册（四册合訂）

（康熙）續灤志補一卷灤志補列傳二卷
續編一卷　　　　　T3134/3969.81
　〔清〕高士麟纂　〔清〕侯紹岐修
〔清〕馬如龍續修
　清康熙八至十九年（1669—1680）
刻本

一册（二册合訂）

（同治）昌黎縣志十卷　　3134/6623.87
　〔清〕馬恂等纂　〔清〕何崧泰修
　清同治五年（1866）刻本
　八册

（嘉慶）灤州志八卷首一卷末一卷
　　　　　　　　　　3133/3932.84
　〔清〕孫學恒纂　〔清〕吳士鴻等修
　清嘉慶十五年（1810）刻本
　八册

（光緒）灤州志十八卷首一卷
　　　　　　　　　　3134/3219.88
　〔清〕王大本等纂　〔清〕楊文鼎修
　清光緒二十四年（1898）刻本
　十四册

（乾隆）樂亭縣志十四卷首一卷
　　　　　　　　　　T3134/2902.83
　〔清〕陳金駿纂修
　清乾隆二十年（1755）刻本
　六册

（光緒）樂亭縣志十五卷首一卷末一卷
　　　　　　　　　　3134/2902.88
　〔清〕史夢蘭纂　〔清〕游智開修
　清光緒三年（1877）刻本
　六册

（乾隆）臨榆縣志十四卷首一卷
　　　　　　　　　　T3134/7642.83
　〔清〕鍾和梅纂修
　清乾隆二十一年（1756）刻本

六册

（光緒）臨榆縣志二十四卷首一卷

3134/7642.88

〔清〕高錫疇等纂　〔清〕趙允祜修

清光緒四年（1878）刻本

十册

（康熙）河間府志二十二卷

T3133/3276.81

〔清〕徐可先等纂修

清康熙十七年（1678）刻本（卷八至十一抄配）

十二册

（乾隆）河間府新志二十卷首一卷

T3133/3276.83

〔清〕胡天游　黃文蓮纂　〔清〕杜甲修

清乾隆二十五年（1760）刻本

十二册

（乾隆）河間縣志六卷　T3134/3272.83

〔清〕黃文蓮　梁志恪纂　〔清〕吳山鳳修

清乾隆二十五年（1860）刻本

六册

（乾隆）獻縣志二十卷表五

T3134/2369.83

〔清〕戈濤纂　〔清〕萬廷蘭修

清乾隆二十六年（1761）刻本

十二册

（雍正）阜城縣志二十二卷首一卷

T3134/2445.82

〔清〕多時珍纂　〔清〕陸福宜修

清雍正十二年（1734）刻嘉慶間增刻本

六册

（乾隆）蕭寧縣志十卷　T3134/5232.83

〔清〕談有典等纂　〔清〕尹侃等修

清乾隆十九年（1754）刻本

五册

（乾隆）任丘縣志十二卷首一卷

T3134/3172.83

〔清〕劉炳等纂　〔清〕劉統修

清乾隆二十七年（1762）刻本

十册

（道光）任丘縣志續編二卷

3134/2172.85

〔清〕翟光緝　邊士圻纂　〔清〕鮑承燾修

清道光十七年（1837）刻本

二册

（光緒）寧津縣志十二卷首一卷

3134/3235.88

〔清〕吳潯源纂　〔清〕祝嘉庸修

清光緒二十六年（1900）刻本

八册

（乾隆）景州志六卷首一卷

T3134/6069.83

〔清〕趙杨等纂　〔清〕屈成霖修

清乾隆十年（1745）刻本

八册

（康熙）東光縣志八卷　　T3134/5991.81
　　〔清〕馮樾等纂　　〔清〕白爲璣修
　　清康熙三十二年（1693）刻本
　　六冊

（光緒）東光縣志十二卷首一卷
　　　　　　　　　　3134/5991.88
　　〔清〕吳潯源纂　　〔清〕周植瀛修
　　清光緒十四年（1888）刻本
　　十冊

（雍正）故城縣志六卷　　T3134/4445.82
　　〔清〕秦永清等纂　　〔清〕蔡維義修
　　清雍正五年（1727）刻本
　　六冊

（光緒）續修故城縣志十二卷首一卷
　　　　　　　　　　3134/4445.88
　　〔清〕王堉德　范翰文纂　　〔清〕張
煥修
　　清光緒十一年（1885）刻本
　　八冊

（乾隆）天津府志四十卷
　　　　　　　　　　T3133/1335.83
　　〔清〕吳廷華等纂　　〔清〕程鳳文修
　　清乾隆四年（1739）刻本
　　十六冊

（光緒）天津府志五十四卷首一卷末一卷
　　　　　　　　　　3133/1335.88
　　〔清〕徐宗亮等纂　　沈家本修
　　清光緒二十四年（1898）刻本
　　二十八冊

（乾隆）天津縣志二十四卷
　　　　　　　　　　T3134/1335.83
　　〔清〕吳廷華等纂　　〔清〕朱奎揚等修
　　清乾隆四年（1739）刻本
　　八冊
　　又一部，T3134/1335.83 c.2，八冊。

（同治）續天津縣志二十卷首一卷
　　　　　　　　　　3134/1335.87
　　〔清〕蔣玉虹等纂　　〔清〕吳惠元修
　　清同治九年（1870）刻本
　　八冊

（同治）靜海縣志八卷　　3134/5535.87
　　〔清〕鄭士蕙纂修
　　清同治十二年（1873）刻本
　　四冊

（嘉慶）青縣志八卷　　3134/5269.84
　　〔清〕倪鑅纂　　〔清〕沈聯芳修
　　清嘉慶八年（1803）刻本
　　四冊

（光緒）重修青縣志十卷　　3134/5269.88
　　〔清〕茹岱林等纂　　〔清〕江貢琛修
　　清光緒八年（1882）刻本
　　四冊

（乾隆）滄州志十六卷　　T3134/3630.83
　　〔清〕胡淦等纂　　〔清〕徐時作修
　　清乾隆八年（1743）刻本
　　六冊

（光緒）南皮縣志十五卷首一卷末一卷

3134/4244.88

〔清〕汪寶樹纂　　〔清〕殷樹森修

清光緒十四年（1888）刻本

八册

（康熙）鹽山縣志十二卷

T3134/7127.81

〔清〕錢國壽等纂　　〔清〕朱鷺鷟修

清康熙九至十年（1670—1671）刻本

八册

（同治）鹽山縣志十六卷首一卷末一卷

3134/7127.87

〔清〕潘震乙纂　　〔清〕江毓秀修

清同治七年（1868）刻本

八册

（嘉慶）慶雲縣志十二卷首一卷末一卷

3134/0413.84

〔清〕崔旭纂　　〔清〕潘國詔修

清嘉慶十四年（1809）刻本

六册

（光緒）吳橋縣志十二卷　　3134/2342.88

〔清〕馮慶楊纂　　〔清〕倪昌燮修

清光緒元年（1875）刻本

八册

（乾隆）正定府志五十卷首一卷

T3133/1138.83

〔清〕鄭大進纂修

清乾隆二十七年（1762）刻本

三十二册

（光緒）正定縣志四十六卷首一卷末一卷

3134/1138.87

〔清〕趙文濂纂　　〔清〕賈孝彰修

清光緒元年（1875）刻本

十四册

（雍正）井陘縣志八卷　　T3134/5571.82

〔清〕吳觀白等纂　　〔清〕鍾文英修

清雍正八年（1730）刻本

四册

（光緒）續修井陘縣志三十六卷

3134/5571.88

〔清〕趙文濂纂　　〔清〕常善修

清光緒元年（1875）刻本

四册

（乾隆）獲鹿縣志十二卷　T3134/4401.83

〔清〕石光瑾纂　　〔清〕韓國瓚修

清乾隆元年（1736）刻本

六册

（光緒）獲鹿縣志十四卷手一卷末一卷

3134/4401.88

〔清〕曹鑠纂　　〔清〕俞錫綱修

清光緒四年（1878）刻本

十册

（光緒）元氏縣志十四卷首一卷末一卷

3134/1174

〔清〕趙文濂等纂　　〔清〕胡岳修

清光緒元年（1875）刻本

八册

（康熙）靈壽縣志十卷附録一卷
　　　　　　　　　　T3134/1144.81
　　〔清〕傅維橒纂　　〔清〕陸隴其修
　　清康熙二十五年（1686）刻本
　　四册

（同治）靈壽縣志十卷末一卷
　　　　　　　　　　3134/1144.87
　　〔清〕劉賡年纂修
　　清同治十二年（1873）刻本
　　九册

（道光）欒城縣志十卷首一卷末一卷
　　　　　　　　　　3134/2945.85
　　〔清〕高繼珩纂　　〔清〕桂超萬修
　　清道光二十六年（1846）刻本
　　四册

（同治）欒城縣志十四卷首一卷末一卷
　　　　　　　　　　3134/2945.87
　　〔清〕張惇德纂　　〔清〕陳咏修
　　清同治十二年（1873）刻本
　　六册

（咸豐）平山縣志八卷　　3134/1427.86
　　〔清〕郭程先纂　　〔清〕王滌心修
　　清咸豐三年（1853）刻本
　　六册

（光緒）平山縣續志八卷　3134/1427.88
　　〔清〕周焕章等纂　　〔清〕熊壽籛等修
　　清光緒刻本
　　二册

（同治）阜平縣志四卷首一卷
　　　　　　　　　　3134/2010.87
　　〔清〕張錫三纂　　〔清〕勞輔芝修
　　清同治十三年（1874）刻本
　　六册

（乾隆）行唐縣新志十六卷
　　　　　　　　　　T3134/2206.83
　　〔清〕吳高增纂修　　〔清〕文有試增補
　　清乾隆二十八年（1763）刻三十七年
（1772）補刻本
　　四册

（乾隆）贊皇縣志十卷首一卷末一卷
　　　　　　　　　　T3134/2821.83
　　〔清〕黃崗竹等纂修
　　清乾隆十六年（1751）刻本
　　四册

（康熙）晉州志十卷　　　3134/1630.81
　　〔清〕關永清纂　　〔清〕郭建章修
〔清〕劉士麟續纂　　〔清〕康如璉續修
　　清咸豐十年（1860）補刻本
　　六册

（乾隆）無極縣志十一卷末一卷
　　　　　　　　　　3134/8341.83
　　〔清〕黃可潤纂修
　　清光緒十九年（1893）補刻本
　　四册

（光緒）重修新樂縣志六卷
　　　　　　　　　　3134/0220.88
　　〔清〕趙文濂纂　　〔清〕雷鶴鳴修
　　清光緒十一年（1885）刻本

六册

（乾隆）邢臺縣志十八卷首一卷

T3134/1241.83

〔清〕李巘纂　〔清〕劉燕雯修

清乾隆六年（1741）刻本

八册

（嘉慶）邢臺縣志十卷首一卷

3134/1241.85

〔清〕寶景燕纂修

清同治十一年（1872）刻本

四册

（光緒）邢臺縣志八卷首一卷

3134/1241.88

〔清〕周祜纂　〔清〕戚朝卿修

清光緒三十一年（1905）刻本

六册

（光緒）南和縣志十二卷首一卷

3134/4226.88

〔清〕李清芝等纂　〔清〕王立勳等修

清光緒十九年（1893）刻北平崇文齋

傳抄本

六册

（同治）平鄉縣志十二卷首一卷

3134/1022.87

〔清〕蘇性修　〔清〕吳沂續修

清光緒十二年（1886）刻本

四册

（光緒）鉅鹿縣志十二卷首一卷

3134/8171.88

〔清〕赫慎修等纂　〔清〕凌燮等修

清光緒十二年（1886）刻本

六册

（同治）廣宗縣志十二卷　3134/0839.87

〔清〕李汝紹等纂　〔清〕羅觀駿修

清同治十三年（1874）刻本

六册

（光緒）唐山縣志十二卷首一卷末一卷

3134/0627.88

〔清〕杜霭纂　〔清〕蘇玉修

清光緒七年（1881）刻本

八册

（道光）内邱縣志四卷　3134/4277.85

〔清〕施彥士纂修

清道光十二年（1832）刻本

四册

（康熙）廣平府志二十卷

T3133/0814.81

〔明〕申涵盼纂　〔清〕沈奕琛重修

清康熙十四至十五年（1675—1676）

刻本

十二册

（乾隆）廣平府志二十四卷

T3133/0814.83

〔清〕吳穀纂修

清乾隆十年（1745）刻本

十册

（光緒）廣平府志六十三卷首一卷

3133/0814.88

〔清〕胡景桂纂　〔清〕吳中彥修

清光緒二十年（1894）刻本

二十四册

（乾隆）永年縣志四十四卷首一卷

T3134/3385.83

〔清〕孔廣棣纂修

清乾隆二十三年（1758）刻本

六册

（光緒）永年縣志四十卷　3134/338.88

〔清〕夏詒鈺等修

清光緒三年（1877）刻本

八册

（乾隆）曲周縣志十九卷

T3134/5072.83

〔清〕王今遠纂　〔清〕勞宗發修

清乾隆十二年（1747）刻本

五册

（同治）曲周縣志二十卷首一卷

3134/5072.87

〔清〕劉自立纂　〔清〕存禄修

清同治八年（1869）刻本

六册

（同治）肥鄉縣志三十六卷補遺一卷

3134/7122.87

〔清〕趙文濂纂　〔清〕李鵬展等修

清同治六年（1867）刻本

八册

（康熙）廣平縣志五卷　T3134/0810.81

〔清〕王俞巽纂　〔清〕夏顯煜修

清康熙十五年（1676）刻本

五册

（乾隆）邯鄲縣志十二卷首一卷

T3134/4262.83

〔清〕王炯纂修

清乾隆二十一年（1756）刻本

六册

（康熙）成安縣志十二卷

T3134/5030.81

〔清〕張橯等纂　〔清〕王公楷修

清康熙十二年（1673）刻本

六册

（康熙）清河縣志十八卷

T3134/3231.81

〔清〕盧仕傑纂修　〔清〕錢啓文
續增

清康熙五十七年（1718）補刻本

六册

（光緒）清河縣志四卷　3134/3231.88

〔清〕黃汝香纂修

清光緒九年（1883）刻本

四册

（康熙）磁州志十八卷　3134/1369.81

〔清〕樂玉聲等纂　〔清〕蔣擢修

清康熙四十二年（1703）刻本

八册

（同治）磁州續志六卷　　3134/1369.87
　　〔清〕程光瀅續修
　　清同治十三年（1874）刻本
　　四册
　　又一部，3134/1369.87 c.2，四册。

（咸豐）大名府志二十二卷首一卷續志
六卷末一卷　　3133/4320.86
　　〔清〕郭程先等纂　　〔清〕武蔚文修
　　清咸豐四年（1854）刻本
　　二十二册

（乾隆）大名縣志四十卷首一卷
　　　　　　　T3134/4326.83
　　〔清〕李棠纂　　〔清〕張維祺修
　　清乾隆五十四年（1789）刻本
　　十二册

（康熙）元城縣志六卷首一卷
　　　　　　　T3134/4326.81
　　〔清〕陳偉纂修
　　清康熙十五年（1676）刻本
　　四册

（同治）續修元城縣志六卷首一卷
　　　　　　　3134/4326.87
　　〔清〕王仲甡纂　　〔清〕吳大鏞修
　　清同治十一年（1872）刻本
　　四册

（康熙）南樂縣志十五卷
　　　　　　　T3134/4229.81
　　〔清〕邱性善等纂　　〔清〕王培宗修
　　清康熙五十年（1711）刻本
　　四册

（光緒）南樂縣志十卷首一卷
　　　　　　　3134/4229.88
　　〔清〕武勳朝纂　　〔清〕施有方修
　　清光緒二十九年（1903）刻本
　　四册

（康熙）清豐縣志十卷首一卷
　　　　　　　T3134/3221.81
　　〔清〕楊燡纂修
　　清康熙十五年（1676）刻本
　　四册

（同治）清豐縣志十卷首一卷
　　　　　　　3134/3221.87
　　〔清〕楊燡纂修　　〔清〕高俊續纂修
　　清同治十年（1871）刻本
　　八册

（乾隆）東明縣志八卷　　T3134/5062.83
　　〔清〕董榮官等纂　　〔清〕儲元升修
　　清乾隆二十一年（1756）刻本
　　十六册

（嘉慶）開州志八卷　　3134/7232.84
　　〔清〕沈樂善纂　　〔清〕李符清修
　　清嘉慶十一年（1806）刻本
　　六册

（光緒）開州志八卷首一卷
　　　　　　　3134/7232.88
　　〔清〕祁德昌纂　　〔清〕陳兆麟修
　　清光緒八年（1882）刻本
　　八册

（嘉慶）長垣縣志十六卷　　3134/7341.84

〔清〕楊元錫等纂　　〔清〕李于垣等修

清嘉慶十五年（1810）刻本

八册

（道光）續修長垣縣志二卷

3134/7341.85

〔清〕蔣庸等纂　　〔清〕葛之鏞等修

清道光二十九年（1849）刻本

二册

（同治）增續長垣縣志二卷

3134/7341.87

〔清〕齊聯芳纂　　〔清〕觀祜修

清同治十二年（1873）刻本

二册

（嘉靖）宣府鎮志四十二卷

T3269/3104.7

〔明〕孫世芳纂　　〔明〕樂尚約修

明嘉靖四十年（1561）刻本

二十四册

（乾隆）宣化府志四十二卷首一卷

T3269/3021.83

〔清〕吳廷華等纂　　〔清〕王者輔等修

清乾隆八年（1743）刻本

十六册

（康熙）宣化縣志三十卷　T3134/3121.81

〔清〕陳坦纂修

清康熙五十年（1711）刻乾隆二年（1737）補刻本

六册

（乾隆）赤城縣志八卷　　T3269/4345.83

〔清〕張曾炳纂　　〔清〕孟思誼修
〔清〕黃紹七續補

清乾隆二十四年（1759）續補刻本

四册

（乾隆）萬全縣志十卷首一卷

T3270/4281.83

〔清〕左承業纂修

清乾隆七年（1742）刻本

四册

（道光）萬全縣志十卷　　3270/4281.85

〔清〕左承業纂修　　〔清〕施彥士等重修

清道光十四年（1834）刻本

六册

（康熙）龍門縣志十六卷

T3270/0172.81

〔清〕章焞等纂修

清康熙五十一年（1712）刻本

五册

（康熙）懷來縣志十八卷

T3270/9349.81

〔清〕許隆遠纂修

清康熙五十一年（1712）刻本

八册

（光緒）懷來縣志十八卷首一卷

3270/9349.88

〔清〕席之瓚纂　　〔清〕朱乃恭修

清光緒八年（1882）刻本

六册

（光緒）蔚州志二十卷首一卷

　　　　　　　　3270/4432.88

　〔清〕楊篤纂　〔清〕慶之金修

　清光緒三年（1877）刻本

　八册

（乾隆）蔚縣志三十一卷

　　　　　　　　T3270/4432.82

　〔清〕柴柏齡等纂　〔清〕王育橒修

　清乾隆四年（1739）刻本

　十二册

（乾隆）蔚州志補十二卷首一卷

　　　　　　　　T3270/4432.83

　〔清〕吳廷華纂　〔清〕楊世昌等修

　清乾隆十年（1745）刻本

　五册

（康熙）西寧縣志八卷首一卷

　　　　　　　　T3270/1632.81

　〔清〕張充國纂輯

　清康熙五十一年（1712）刻本

　四册

（同治）西寧新志十卷首一卷

　　　　　　　　3270/1632.87

　〔清〕楊篤纂　〔清〕寅康等修

　清同治十二年（1873）刻本

　四册

（乾隆）懷安縣志二十四卷

　　　　　　　　T3270/9334.83

　〔清〕錢戢曾纂　〔清〕楊大崑修

清乾隆六年（1741）刻本

八册

（光緒）懷安縣志八卷首一卷末一卷

　　　　　　　　3270/9334.88

　〔清〕程燮奎纂　〔清〕蔭禄修

　清光緒二年（1876）刻本

　四册

（乾隆）延慶州志十卷首一卷

　　　　　　　　T3269/1004.83

　〔清〕穆元肇纂　〔清〕李鍾俾修

　清乾隆七年（1742）刻本

　十册

（光緒）延慶州志十二卷首一卷末一卷

　　　　　　　　3269/1004.88b

　〔清〕張惇德纂　〔清〕榮恩等修

　清光緒六年（1880）刻本

　十册

（康熙）保安州志十二卷

　　　　　　　　T3269/2930.81

　〔清〕張永曙纂　〔清〕梁永祚修

　清康熙五十年（1711）刻本

　八册

（道光）保安州志八卷首一卷

　　　　　　　　3269/2930.85（1—4）

　〔清〕楊桂森纂修

　清道光十五年（1835）刻本

　四册

（光緒）保安州續志四卷

　　　　　　　　3269/2930.85（5）

　　〔清〕張毓生等纂修

　　清光緒三年（1877）刻本

　　一册

（道光）承德府志六十卷首二十六卷

　　　　　　　　3264/1323.85

　　〔清〕海忠等纂修

　　清光緒十三年（1887）廷杰、李世寅

刻本

　　二十四册

（乾隆）直隸遵化州志二十卷

　　　　　　　　T3133/3021.83

　　〔清〕劉墫纂修　　〔清〕傅修續纂修

　　清乾隆五十九年（1794）刻本

　　八册

（光緒）遵化通志六十卷　　3133/3021.88

　　〔清〕史樸纂　　〔清〕何崧泰修

　　清光緒十二年（1886）刻本

　　三十二册

（崇禎）玉田識略八卷　　T3224/4660.7

　　〔明〕楊德周纂輯

　　明崇禎七年（1634）刻本

　　六册

（乾隆）玉田縣志十卷　　T3134/1160.83

　　〔清〕謝客纂修

　　清乾隆二十一年（1756）刻本

　　四册

（光緒）玉田縣志三十卷首一卷

　　　　　　　　3134/1060.88

　　〔清〕李昌時等纂　　〔清〕夏子鎔修

　　清光緒十年（1884）刻本

　　六册

（乾隆）豐潤縣志八卷　　T3134/213.83

　　〔清〕吳慎纂修

　　清乾隆二十年（1755）刻本

　　四册

（乾隆）直隸易州志十八卷首一卷

　　　　　　　　T3134/622.83

　　〔清〕張登高等纂修

　　清乾隆十二年（1747）刻本

　　八册

（乾隆）淶水縣志八卷首一卷末一卷

　　　　　　　　T3134/3913.83

　　〔清〕方立經纂修

　　清乾隆二十七年（1762）刻本

　　三册

（光緒）淶水縣志八卷首一卷末一卷

　　　　　　　　3134/3913.88

　　〔清〕陳傑等纂修

　　清光緒二十一年（1895）敬業堂刻本

　　八册

（光緒）廣昌縣志十四卷首一卷末一卷

　　　　　　　　3134/0866.88

　　〔清〕劉榮等纂修

　　清光緒元年（1875）刻本

　　六册

（乾隆）冀州志二十卷續編一卷

T3134/1869.83

〔清〕范清曠等纂修

清乾隆十二年（1747）刻本

十册

（康熙）增補盧龍縣志六卷首一卷

T3134/2101.81

〔清〕李士模纂修　〔清〕衛立鼎續

補纂修

清康熙十九年（1680）刻本

八册

（康熙）南宮縣志十卷　　T3134/4236.81

〔清〕胡胤銓纂修

清康熙十二年（1673）刻本

六册

（道光）南宮縣志十六卷　　3134/4236.85

〔清〕陳柱纂　〔清〕周栻修

清道光十一年（1831）刻本

八册

（光緒）南宮縣志十八卷　　3134/4236.88

〔清〕戴世文等纂　〔清〕孫常泰等修

清光緒三十年（1904）刻本

八册

（光緒）新河縣志十六卷　　3134/0232.88

〔清〕沈家焕纂　〔清〕趙鴻鈞修

清光緒二年（1876）刻本

四册

（嘉慶）棗强縣志二十卷補正五卷

3134/5913.84

〔清〕楊元錫纂　〔清〕任銜蕙修

〔清〕方宗誠補正

清嘉慶九年（1804）刻本　　（補正）

清光緒二年（1876）刻本

八册

（同治）棗强縣志補正五卷

3134/5913.87

〔清〕方宗誠纂修

清同治十三年（1874）刻本

四册

（同治）武邑縣志十卷首一卷

3134/1461.87

〔清〕龍文彬纂　〔清〕彭美修

清同治十一年（1872）刻本

五册

（乾隆）衡水縣志十四卷

T3134/2213.83

〔清〕陶淑纂修

清乾隆三十二年（1767）刻本

五册

（光緒）直隸趙州志十六卷首一卷末一卷

3133/4832.88

〔清〕王景美纂　〔清〕孫傳栻修

清光緒二十三年（1897）刻本

六册

（光緒）趙州屬邑志八卷　　3134/4832.88

〔清〕孫傳栻纂修

清光緒二十三年（1897）刻本

四册

（乾隆）柏鄉縣志十卷首一卷
　　　　　　　　　　　　T3134/4022.83
　〔清〕鍾賡華纂修
　清乾隆三十一年（1766）刻本
　六册

（嘉慶）高邑縣志十卷首一卷附録
　　　　　　　　　　　　3134/0261.84
　〔清〕江啓澄修　　〔清〕沈雲尊續纂
〔清〕陳元芳續修
　清嘉慶十六年（1811）刻本
　四册

（康熙）寧晉縣志十卷　　T3134/3216.81
　〔清〕張坦等纂　　〔清〕萬任修
　清康熙十八年（1679）刻本
　八册

（康熙）直隸深州志八卷
　　　　　　　　　　　　T3134/3930.82
　〔清〕徐綏纂修
　清雍正十年（1732）刻本
　六册

（乾隆）直隸深州總志二十卷
　　　　　　　　　　　　T3134/3930.83
　〔清〕鄒雲城纂　　〔清〕尹侃修
　清乾隆二十一年（1756）刻本
　十二册

（道光）深州直隸州志十卷首一卷末一卷
　　　　　　　　　　　　3134/3930.85
　〔清〕李廣滋纂　　〔清〕張範東修

清道光七年（1827）刻本
四册

（同治）深州風土記二十五卷附表五卷
　　　　　　　　　　　　3134/3930.88
　〔清〕吴汝綸纂
　清光緒二十六年（1900）刻本
　八册

（道光）武强縣志十二卷　3134/1413.85
　〔清〕翟慎典纂　　〔清〕翟慎行修
　清道光十一年（1831）刻本
　十册

（乾隆）饒陽縣志二卷首一卷末一卷
　　　　　　　　　　　　T3134/8172.83
　〔清〕單作哲纂修
　清乾隆十三年（1748）刻本
　四册

（雍正）直隸定州志十卷
　　　　　　　　　　　　T3133/3832.82
　〔清〕魏權等纂　　〔清〕王大年修
　清乾隆元年（1736）刻本
　十一册

（道光）直隸定州志二十二卷首一卷
　　　　　　　　　　　　3133/3832.85
　〔清〕勞沅恩纂　　〔清〕寶琳等修
　清道光二十九年（1849）刻本
　十三册

（咸豐）直隸定州續志四卷
　　　　　　　　　　　　3133/3832.86
　〔清〕張樸等纂　　〔清〕王榕吉等修

清咸豐十年（1860）刻本
二册

（雍正）深澤縣志十二卷首一卷
T3134/3934.82

〔清〕王植纂　　〔清〕趙憲修
清雍正十三年（1735）刻本
四册

（康熙）曲陽縣新志十一卷
T3134/5672.81

〔清〕劉師峻纂修
清康熙十九年（1680）刻本
四册

（光緒）重修曲陽縣志二十卷
3134/5672.88

〔清〕董濤纂　　〔清〕周斯億修
清光緒三十年（1904）刻本
十三册

（宣統）承德縣志書不分卷
3118/1323.88

〔清〕李巨源纂　　〔清〕都林布修
〔清〕張子瀛等續纂　　〔清〕金正元續修
清宣統二年（1910）石印本
二册

（宣統）懷仁縣志十四卷末一卷
3118/9321.89

〔清〕劉熙春纂　　〔清〕馬俊顯修
清宣統二年（1910）鉛印本
四册

（光緒）遼陽鄉土志一卷　3119/3372.88

〔清〕洪汝沖修　　〔清〕白永貞編
清光緒三十四年（1908）鉛印本
一册

（光緒）海城縣志十卷　3160/3579.88

〔清〕陳廷珍纂　　〔清〕楊金庚修
清光緒三十四年（1908）鉛印本
二册

（咸豐）開原縣志八卷首一卷
3118/7479.86

〔清〕張式金等纂　　〔清〕全禄修
清咸豐七年（1857）刻本
八册

（康熙）鐵嶺縣志二卷　T3118/8528.81

〔清〕董國祥纂輯　　〔清〕賈弘文修
清康熙十六年（1677）刻本
二册

（宣統）撫順縣志略不分卷　3118/5328

〔清〕黎鏡蓉等纂　　〔清〕趙宇航等修
清宣統三年（1911）油印本
二册

（宣統）撫順縣志略二十二卷
3118/5328.89

〔清〕黎鏡蓉等纂　　〔清〕趙宇航等修
清宣統三年（1911）石印本
一册（二册合訂）

（宣統）新民府志一卷　3117/0274.89

〔清〕管鳳龢纂修
清宣統元年（1909）鉛印本

一册

（光緒）奉化縣志十四卷　　3118/5521.88
　　〔清〕陳文焯纂　　〔清〕錢開震修
　　清光緒十一年（1885）刻本
　　四册

（宣統）西安縣志略十一卷
　　　　　　　　　　3118/1634.89
　　〔清〕段盛梓纂　　〔清〕雷飛鵬修
　　清宣統三年（1911）石印本
　　二册

（宣統）輝南直隸廳志二卷
　　　　　　　　　　3118/9542.89
　　〔清〕張見田纂　　〔清〕薛德履修
　　清宣統二年（1910）抄本
　　二册

（宣統）長白彙徵録八卷　　3117/723.9
　　〔清〕張鳳臺撰
　　清宣統二年（1910）鉛印本
　　四册

（康熙）江寧府志三十四卷
　　　　　　　　　　T3204/3132.81
　　〔清〕陳開虞纂修
　　清康熙七年（1668）刻本
　　二十册

（嘉慶）江寧府志五十六卷首一卷
　　　　　　　　　　3204/3132.84
　　〔清〕姚鼐纂　　〔清〕吕燕昭修
　　清光緒六年（1880）刻本
　　十二册

（同治）續纂江寧府志十五卷首一卷
　　　　　　　　　　3204/3232.88
　　〔清〕汪士鐸等纂　　〔清〕蔣啓勛修
　　清光緒六年（1880）刻本
　　十二册

上元江寧兩縣志二十九卷首一卷
　　　　　　　　　　3205/2131.87
　　〔清〕汪士鐸等纂　　〔清〕莫祥芝等修
　　清同治十三年（1874）刻本
　　十二册

（宣統）上元江寧鄉土合志六卷
　　　　　　　　　　3205/2131.89
　　〔清〕陳作霖纂
　　清宣統二年（1910）江楚編譯書局刻本
　　一册（二册合訂）

（乾隆）句容州志十卷首一卷末一卷
　　　　　　　　　　3205/2236.83
　　〔清〕曹襲先纂修
　　清乾隆十五年（1750）刻光緒二十六
年（1900）續刻本
　　八册

（光緒）句容縣續志二十卷首一卷末一卷
　　　　　　　　　　3205/2236.88
　　〔清〕蕭穆等纂　　〔清〕張紹堂修
　　清光緒三十年（1904）刻本
　　十六册

（光緒）溧水縣志二十二卷
　　　　　　　　　　3205/3913.88
　　〔清〕丁維誠纂　　〔清〕傅觀光等修
　　清光緒九年（1883）刻本

十二冊

（光緒）江浦埤乘四十卷首一卷
　　　　　　　　　　3205/3132.88
〔清〕侯宗海　夏錫寶輯
清光緒十七年（1891）刻本
十四冊

（光緒）六合縣志八卷圖説一卷附録一卷
　　　　　　　　　　3205/0886.88
〔清〕賀廷壽等纂　〔清〕謝延賡修
清光緒十年（1884）刻本
十冊

（光緒）高淳縣志二十八卷首一卷
　　　　　　　　　　3205/0236.88
〔清〕陳嘉謀纂　〔清〕楊福鼎修
清光緒七年（1881）刻本
十冊

（乾隆）蘇州府志八十卷首一卷
　　　　　　　　　　T3204/4932
〔清〕習寯等纂　〔清〕雅爾哈善等修
清乾隆十三年（1748）刻本
四十冊

（道光）蘇州府志一百五十卷首十卷
　　　　　　　　　　3204/4932.85
〔清〕石韞玉纂　〔清〕宋如林等修
清道光四年（1824）刻本
四十八冊

（同治）蘇州府志一百五十卷首三卷
　　　　　　　　　　3204/4932.87
〔清〕馮桂芬纂　〔清〕李銘皖修

清光緒九年（1883）江蘇書局刻本
四十冊

（乾隆）元和縣志三十六卷首一卷
　　　　　　　　　　T3205/1129.83
〔清〕許治纂修
清乾隆二十六年（1761）刻本
二十冊

（嘉靖）崑山縣志十六卷
　　　　　　　　　　T3205/2102.7b
〔明〕方鵬纂　〔明〕楊逢春修
清抄本
八冊

（萬曆）崑山縣志八卷　　T3205/2102.7
〔明〕周世昌纂修　〔明〕王體升補
遺　〔明〕陳王道等考訂
明萬曆四年（1576）申恩科刻本
八冊

（道光）崑新兩縣志四十卷首一卷末一卷
　　　　　　　　　　3205/2102.85
〔清〕王學浩等纂　〔清〕馮景泰等修
清道光六年（1826）刻本
十六冊

**（光緒）崑新兩縣續修合志五十二卷首
一卷末一卷**　　　　3205/2102.88
〔清〕汪堃等纂　〔清〕金吳瀾修
清光緒六年（1880）敦善堂刻本
二十四冊

（宣統）信義志稿二十一卷首一卷末一卷
　　　　　　　　　　3206/2685.89
　　〔清〕趙貽翼纂
　　清光緒三十四年（1908）至宣統二年
（1910）輯抄本
　　八冊

（嘉靖）常熟縣志十三卷
　　　　　　　　　　T3205/9203.7a
　　〔明〕鄧黻纂　〔明〕馮汝弼修
　　明嘉靖十八年（1539）刻本（有抄補）
　　八冊

（康熙）常熟縣志二十六卷首一卷末一卷
　　　　　　　　　　T3205/9203.81
　　〔清〕錢陸燦等纂　〔清〕高士龥
楊振藻修
　　清康熙二十六年（1687）刻本
　　十冊
　　缺卷首。

（萬曆）常熟縣私志十四卷
　　　　　　　　　　T3205/9203.7
　　〔明〕姚宗儀撰
　　明崇禎間傳抄本
　　十四冊

（乾隆）常昭合志十二卷首一卷
　　　　　　　　　　T3203/926.83
　　〔清〕言如泗等纂　〔清〕王錦　楊
繼熊等修
　　清乾隆六十年（1795）修刻嘉慶十年
（1805）增訂重印本
　　十四冊

（光緒）常昭合志稿四十八卷首一卷末一
卷　　　　　　　　　3203/926.88
　　〔清〕龐鴻文等纂　〔清〕鄭鍾祥
張瀛修
　　清光緒三十年（1904）鉛印本
　　十六冊

（雍正）昭文縣志十卷首一卷
　　　　　　　　　　T3205/6604.82
　　〔清〕陳祖範纂　〔清〕勞必達修
　　清雍正九年（1731）刻本
　　十冊

（寶祐）重修琴川志十五卷
　　　　　　　　　　T3205/9203.6
　　〔宋〕孫應時纂修　〔宋〕鮑廉續
修　〔元〕盧鎮重修
　　明末海虞毛氏汲古閣刻本
　　四冊

（道光）琴川三志補記十卷續補記八卷
　　　　　　　　　　3205/9203.88
　　〔清〕黃廷鑑撰
　　清光緒二十四年（1898）鉛印本
　　八冊

（嘉靖）吳江縣志二十八卷首一卷
　　　　　　　　　　T3205/2331.7
　　〔明〕徐師曾等纂　〔明〕曹一麟等修
　　明嘉靖三十七至四十年（1558—1561）
刻本
　　二十冊

（乾隆）吳江縣志五十八卷首一卷

T3205/2331.83

〔清〕陳莫纕纂修

清乾隆十二年（1747）刻本

十六册

（光緒）吳江縣續志四十卷首一卷

3205/2331.88

〔清〕熊其英纂　〔清〕金福曾修

清光緒五年（1879）刻本

八册

（乾隆）震澤縣志三十八卷首一卷

T3205/1435.83

〔清〕倪師孟纂　〔清〕陳和志修

清光緒十九年（1893）刻本

八册

（道光）震澤鎮志十四卷首一卷末一卷

3206/1334.85

〔清〕沈眉壽　紀磊纂

清道光二十四年（1844）刻本

十册

（紹熙）雲間志三卷　　3205/4502.5

〔宋〕楊潛撰

清嘉慶十九年（1814）華亭沈氏古倪

園刻本

四册

（康熙）松江府志五十四卷附圖

T3204/4331.81

〔清〕包爾賡等纂　〔清〕郭廷弼修

清康熙二年（1663）刻本

二十册

（嘉慶）松江府志八十四卷序圖一卷首二
卷　　3204/4331.84

〔清〕孫星衍　莫晋纂　〔清〕宋如
林修

清嘉慶二十三年（1818）松江府學明
倫堂刻本

四十册

（光緒）松江府續志四十卷序圖一卷首
一卷　　3204/4331.88

〔清〕姚光發等纂　〔清〕博潤修

清光緒十年（1884）刻本

二十四册

（乾隆）華亭縣志十六卷

T3205/4502.83

〔清〕王顯曾等纂　〔清〕程明愫等修

清乾隆五十六年（1791）刻本

六册

（光緒）華亭縣志二十四卷首一卷末一卷

3205/4502.88

〔清〕姚光發等纂　〔清〕楊開第修

清光緒五年（1879）刻本

十册

（乾隆）婁縣志三十卷首一卷末一卷

T3205/5469.83

〔清〕陸錫熊纂　〔清〕謝庭薰修

清乾隆五十三年（1788）刻本

十四册

（光緒）婁縣續志二十卷　3205/5469.88

〔清〕張雲望等纂　〔清〕程其珏修

清光緒五年（1879）刻本

六册

（光緒）奉賢縣志二十卷首一卷末一卷
　　　　　　　　　　3205/5578.88
　〔清〕張文虎等纂　〔清〕韓佩金修
　清光緒四年（1878）刻本
　六册

（光緒）金山縣志三十卷首一卷
　　　　　　　　　　3205/8127.88
　〔清〕黃厚本等纂　〔清〕龔寶琦等修
　清光緒四年（1878）刻本
　八册

（嘉慶）上海縣志二十卷　3205/2135.84
　〔清〕李林松纂　〔清〕王大同修
　清嘉慶十九年（1814）刻本
　二十四册

（同治）上海縣志三十二卷首一卷末一卷
　　　　　　　　　　3205/2135.87
　〔清〕俞樾纂　〔清〕應寶時修
　清同治十年（1871）刻本
　十六册

（同治）上海縣志札記六卷
　　　　　　　　　　3205/2135.87B
　〔清〕秦榮光輯
　清光緒二十八年（1902）鉛印本
　六册

（乾隆）南匯縣新志十五卷首一卷
　　　　　　　　　　T3205/4271.83
　〔清〕姚左垣等纂　〔清〕胡志熊修
　清乾隆五十八年（1793）刻本

十册

（乾隆）青浦縣志四十卷
　　　　　　　　　　T3205/5232.83
　〔清〕王昶纂　〔清〕孫鳳銘修
　清乾隆五十三年（1788）刻本
　二十册

（光緒）青浦縣志三十卷首一卷末一卷
　　　　　　　　　　3205/5232.88
　〔清〕沈誠壽纂　〔清〕陳其元等修
　清光緒五年（1879）刻本
　二十四册

（光緒）川沙廳志十四卷首一卷末一卷
　　　　　　　　　　3205/2232.88
　〔清〕俞樾等纂　〔清〕陳方瀛修
　清光緒五年（1879）刻本
　六册

（康熙）常州府志三十八卷首一卷
　　　　　　　　　　T3204/9232.81
　〔清〕陳玉璂纂　〔清〕于琨修
　清康熙三十四年（1695）刻本
　十六册

（道光）武進陽湖縣合志三十六卷首一卷
　　　　　　　　　　3205/1433.85
　〔清〕李兆洛等纂　〔清〕孫琬等修
　清道光二十二年（1842）刻本
　三十二册

（光緒）武進陽湖縣合志三十卷首一卷
　　　　　　　　　　3205/1433.88
　〔清〕湯成烈等纂　　〔清〕王其淦

等修
　　清光緒五年（1879）刻本
　　二十册

（乾隆）無錫縣志四十二卷首一卷
　　　　　　　　　　　T3205/8382.83
　　〔清〕華希閔纂　　〔清〕王鎬修
　　清乾隆十六年（1751）刻本
　　十六册

（乾隆）錫金識小録十二卷
　　　　　　　　　　　3205/8281.83
　　〔清〕黃卬輯
　　清光緒二十二年（1896）刻本
　　十册

（嘉慶）無錫金匱縣志四十卷首一卷
　　　　　　　　　　　3205/8382.84
　　〔清〕秦瀛纂　　〔清〕韓履寵　齊彦
槐修
　　清嘉慶十八年（1813）刻本
　　二十册

（光緒）無錫金匱縣志四十卷
　　　　　　　　　　　3205/8382.88
　　〔清〕秦緗業纂　　〔清〕裴大中修
　　清光緒七年（1881）刻本
　　二十册

（道光）無錫金匱續志十卷首一卷
　　　　　　　　　　　3205/8382.85
　　〔清〕楊熙之等纂　　〔清〕李彭齡修
　　清道光二十年（1840）刻本
　　八册

（光緒）泰伯梅里志八卷　3206/5322.88
　　〔清〕安起東等纂　　〔清〕吳熙編輯
　　清光緒二十三年（1897）刻本
　　四册

（崇禎）江陰縣志八卷首一卷
　　　　　　　　　　　TNC3205/3173.7
　　〔明〕馮士仁　張鳳翮纂修
　　明崇禎十三年（1640）刻本
　　十册

（乾隆）江陰縣志二十四卷首一卷
　　　　　　　　　　　T3205/3173.83
　　〔清〕蔡澍等纂修
　　清乾隆九年（1744）刻本
　　二十册

（道光）江陰縣志二十八卷首一卷
　　　　　　　　　　　3205/3173.85
　　〔清〕李兆洛等纂　　〔清〕陳延恩修
　　清道光二十年（1840）刻本
　　十六册

（光緒）江陰縣志三十卷首一卷
　　　　　　　　　　　3205/3173.88
　　〔清〕季念詒等纂　　〔清〕盧思誠等修
　　清光緒四年（1878）刻本
　　二十册

（光緒）楊舍堡城志稿十四卷
　　　　　　　　　　　3206/4286.88
　　〔清〕葉長齡纂　　〔清〕葉鍾敏輯
　　清光緒九年（1883）刻本
　　四册

（嘉慶）增修宜興縣舊志十卷首一卷末一卷　　3205/3178.82
〔清〕寧楷等纂　〔清〕阮升基修
清嘉慶二年（1797）增修刻本
十冊

（嘉慶）重刊宜興縣志四卷首一卷　　3205/3178.84
〔清〕李先榮纂　〔清〕阮升基增修〔清〕寧楷等增纂
清嘉慶二年（1797）刻本
四冊

（光緒）宜興荆溪縣新志十卷首一卷末一卷　　3205/3178.88
〔清〕吳景墻等纂　〔清〕施惠等修
清光緒八年（1882）刻本
八冊

（嘉慶）荆溪縣志四卷首一卷　　3205/4233.84
〔清〕寧楷等纂　〔清〕唐仲冕等修
清光緒八年（1882）刻本
二冊

（康熙）靖江縣志十八卷首一卷　　T3205/0231.81
〔清〕鄭重纂　〔清〕胡必蕃續纂
清康熙二十二年（1683）刻本
十冊

（光緒）靖江縣志十六卷首一卷　　3205/0231.88
〔清〕褚翔等纂　〔清〕葉滋森等修
清光緒五年（1879）刻本

八冊

（至順）鎮江志二十一卷首一卷附録一卷校勘記二卷　　3204/8831.6
〔元〕俞希魯撰　〔清〕陳慶年校勘
清同治二年（1863）刻本
八冊

（乾隆）鎮江府志五十五卷　　T3204/8831.83
〔清〕朱霖等纂修
清乾隆十五年（1750）刻本
三十二冊

（康熙）丹徒縣志十卷首一卷　　T3205/7428.81
〔清〕何洯　程世英纂　〔清〕鮑天鍾修
清康熙二十二年（1683）刻本
三十二冊

（嘉慶）丹徒縣志四十七卷首四卷　　3205/7428.84
〔清〕蔣宗海等纂　〔清〕貴中孚等修
清嘉慶八年（1803）刻本
十六冊

（光緒）丹徒縣志六十卷首四卷　　3205/7428.88
〔清〕吕耀斗等纂　〔清〕何紹章等修
清光緒五年（1879）刻本
三十二冊

（光緒）丹陽縣志三十六卷首一卷
　　　　　　　　　　3205/7472.88
　〔清〕徐錫麟等纂　〔清〕劉誥等修
　清光緒十一年（1885）刻本
　十六冊

（嘉慶）溧陽縣志十六卷　3205/3972.84
　〔清〕史炳等纂　〔清〕李景嶧等修
　清嘉慶十八年（1813）刻本
　十冊

（光緒）溧陽縣續志十六卷
　　　　　　　　　　3205/3972.88
　〔清〕馮煦等纂　〔清〕朱畯等修
　清光緒二十五年（1899）木活字印本
　八冊

（光緒）金壇縣志十六卷首一卷
　　　　　　　　　　3205/8141.88
　〔清〕汪國鳳等纂　〔清〕夏宗彝修
　清光緒十一年（1885）木活字印本
　十二冊

（康熙）淮安府志十三卷首一卷
　　　　　　　　　　T3204/3234.81
　〔清〕劉光業等纂　〔清〕高成美修
　清康熙二十四年（1685）刻本（部分
　抄配）
　　二十四冊

（乾隆）淮安府志三十二卷
　　　　　　　　　　3204/3234.83
　〔清〕葉長揚　顧棟高纂　〔清〕衛
哲治等修
　清咸豐二年（1852）刻本

十六冊

（光緒）淮安府志四十卷首一卷附藝文
志十卷　　　　　　　3204/3234.88
　〔清〕吳昆田等纂　〔清〕孫雲錦修
　清光緒九年（1883）刻本
　十六冊

（乾隆）山陽縣志二十二卷首一卷
　　　　　　　　　　T3205/277.83
　〔清〕張鴻烈纂　〔清〕丁一燾等
續纂
　清乾隆十四年（1749）刻本
　二十四冊

（同治）山陽縣志二十一卷圖一卷
　　　　　　　　　　3205/277.87
　〔清〕何紹基等纂
　清同治十二年（1873）刻本
　八冊

（光緒）阜寧縣志二十四卷首一卷
　　　　　　　　　　3205/2432.88
　〔清〕陳肇劭等纂　〔清〕阮本焱
等修
　清光緒十二年（1886）刻本
　十冊

（光緒）鹽城縣志十七卷首一卷
　　　　　　　　　　3205/7145.88
　〔清〕陳玉樹等纂　〔清〕劉崇照修
　清光緒二十一年（1895）刻本
　八冊

（光緒）清河縣志二十六卷
　　　　　　　　　　3205/3232.88
　　〔清〕吳昆田等纂　〔清〕胡裕燕修
　　清光緒二年（1876）刻本
　　八冊

（同治）清河縣志再續編二卷
　　　　　　　　　　3205/3232.87
　　〔清〕吳昆田纂　〔清〕章秋亭修
　　清同治十一年（1872）刻本
　　一冊

（光緒）安東縣志十五卷首一卷
　　　　　　　　　　3205/3050.88
　　〔清〕吳昆田等纂　〔清〕金元烺修
　　清光緒元年（1875）刻本
　　四冊

（乾隆）桃源縣志十卷首一卷
　　　　　　　　　　T3205/4139.83
　　〔清〕陶裕濟纂　〔清〕眭文煥修
　　清乾隆三年（1738）刻本
　　十冊

（雍正）揚州府志四十卷
　　　　　　　　　　T3204/5232.82
　　〔清〕尹會一等纂修
　　清雍正十一年（1733）刻本
　　十二冊

（嘉慶）揚州府志七十二卷補志二十四卷
　　　　　　　　　　3204/522.87
　　〔清〕張世浣等修　（補志）〔清〕
晏端書等續修
　　清同治十三年（1874）刻本

三十二冊

（同治）揚州府志二十四卷
　　　　　　　　　　3204/5232.87
　　〔清〕錢振倫纂　〔清〕英傑修
　　清同治十三年（1874）刻本
　　八冊

（嘉慶）重修揚州府志七十二卷首一卷
　　　　　　　　　　3204/5232.84
　　〔清〕姚文田等纂　〔清〕張世浣
等修
　　清嘉慶十五年（1810）刻本
　　四十八冊

（同治）續纂揚州府志二十四卷
　　　　　　　　　　3204/5232.87
　　〔清〕晏端書等修
　　清同治十至十三年（1871—1874）修
刻本
　　八冊

（雍正）江都縣志二十卷
　　　　　　　　　　T3205/3142.82
　　〔清〕陸朝璣纂修
　　清雍正六年（1728）刻本
　　十六冊

（乾隆）江都縣志三十二卷
　　　　　　　　　　3205/3142.83
　　〔清〕程夢星等纂　〔清〕五格等修
　　清光緒七年（1881）刻本
　　十二冊

（嘉慶）江都縣志十二卷首一卷

　　　　　　　　3205/3142.84

　〔清〕李保泰纂　〔清〕王逢源修

　清光緒七年（1881）刻本

　四册

（光緒）江都縣志三十卷首一卷

　　　　　　　　3205/3142.88

　〔清〕劉壽曾等纂　〔清〕劉汝賢

等修

　清光緒九年（1883）刻本

　八册

（光緒）增修甘泉縣志二十四卷首一卷

　　　　　　　　3205/4723.88

　〔清〕陳浩恩等纂　〔清〕徐成敫

等修

　清光緒十一年（1885）刻本

　二十一册

（康熙）儀徵縣志二十二卷

　　　　　　　　T3205/2524.81

　〔清〕陸師纂修

　清康熙五十七年（1718）刻本

　十册

（道光）重修儀徵縣志五十卷首一卷

　　　　　　　　3205/2524.85

　〔清〕劉文淇等纂　〔清〕王檢心修

　清光緒十六年（1890）刻本

　二十四册

（嘉慶）儀徵縣續志十卷　3205/2524.84

　〔清〕吕彩等纂　〔清〕顔希源修

　清嘉慶十三年（1808）刻本

四册

（雍正）高郵州志十二卷

　　　　　　　　T3205/0222.82

　〔清〕鄧紹焕等纂　〔清〕張德盛修

　清雍正三年（1725）刻本

　六册

（乾隆）高郵州志十二卷首一卷末一卷

　　　　　　　　T3205/0222.83

　〔清〕夏之蓉等纂　〔清〕楊宜崙修

　清乾隆四十八年（1783）刻本

　十册

（嘉慶）高郵州志十二卷首一卷

　　　　　　　　3205/0222.84

　〔清〕夏之蓉等纂　〔清〕楊宜崙修

〔清〕馮馨增修

　清嘉慶二十年（1815）增修刻本

　十册

（道光）高郵州志六卷　　3205/0222.85

　〔清〕左輝春纂修

　清道光二十三年（1843）刻本

　六册

（光緒）高郵州志八卷首一卷

　　　　　　　　3205/0222.88

　〔清〕夏子鍚纂　〔清〕金元烺等修

　清光緒九年（1883）刻本

　八册

（康熙）興化縣志十四卷

　　　　　　　　T3205/7021.81

　〔清〕張可立纂修

清康熙三十三年（1694）刻本

十二册

（咸豐）重修興化縣志十卷

　　　　　　　　3205/7021.86

〔清〕梁園棣等纂修

清咸豐二年（1852）刻本（尊經閣

藏板）

六册

（道光）寶應圖經六卷首一卷

　　　　　　　　3205/3803.88

〔清〕劉寶楠撰

清光緒九年（1883）淮南書局刻本

四册

（道光）寶應縣志二十八卷首一卷

　　　　　　　　3205/3803.85

〔清〕喬載繇等纂　〔清〕孟毓蘭等修

清道光二十年（1840）湯氏沐華堂

刻本

十册

（雍正）泰州志十卷首一卷

　　　　　　　　T3205/5330.82

〔清〕陳九昌等纂　〔清〕褚世暄修

清雍正六年（1728）刻本

十册

（道光）泰州志三十六卷首一卷附刊謬
二卷　　　　3205/5330.85

〔清〕梁桂等纂　〔清〕王有慶等修

（刊謬）〔清〕任玉等撰

清道光十年（1830）刻本

十一册

（嘉慶）續修泰興縣志八卷　3205/5378

〔清〕張福謙等纂　〔清〕凌垍等修

清嘉慶十八年（1813）刻本

八册

（光緒）泰興縣志二十六卷首一卷末一卷

　　　　　　　　3205/5378.88

〔清〕顧曾烜等纂　〔清〕楊激雲

等修

清光緒十二年（1886）刻本

十册

（嘉慶）東臺縣志四十卷　3205/594.84

〔清〕蔡復午纂　〔清〕周右等修

清嘉慶二十一年（1816）刻本

十册

（乾隆）徐州府志三十卷首一卷

　　　　　　　　T3204/294.83

〔清〕王峻纂　〔清〕石杰修

清乾隆七年（1742）刻本

十二册

（同治）徐州府志二十五卷首一卷

　　　　　　　　3204/294.87

〔清〕劉庠等纂　〔清〕朱忻等修

清同治十三年（1874）刻本

十六册

（道光）銅山縣志二十四卷首一卷

　　　　　　　　3205/8227.85

〔清〕金左泉等纂　〔清〕崔志元修

清道光十年（1830）刻本

十二册

（光緒）徐州府銅山縣鄉土志不分卷
　　　　　　　　　　　3206/8222
　〔清〕楊世楨纂　　〔清〕袁國鈞等修
　清光緒末年刻本
　一册

（嘉慶）蕭縣志十八卷首一卷
　　　　　　　　　　　3205/4269.84
　〔清〕顧翰等纂　　〔清〕潘鎔修
　清嘉慶二十年（1815）刻本
　十册

（同治）蕭縣續志十八卷首一卷
　　　　　　　　　　　3205/4269.88
　〔清〕段廣瀛等纂　　〔清〕顧景濂等修
　清光緒元年（1875）刻本
　六册

（乾隆）碭山縣志十四卷首一卷
　　　　　　　　　　　T3205/1222.83
　〔清〕劉王瓆纂修
　清乾隆三十二年（1767）刻本
　五册

（光緒）豐縣志十六卷首一卷
　　　　　　　　　　　3205/2169.88
　〔清〕姚鴻杰纂修
　清光緒二十年（1894）刻本
　八册

（乾隆）沛縣志十卷首一卷
　　　　　　　　　　　T3205/3269.83
　〔清〕田實發纂　　〔清〕李棠修
　清乾隆五年（1740）刻本
　十册

（嘉慶）邳州志十八卷首一卷
　　　　　　　　　　　T3205/1232.84
　〔清〕陳燮等纂　　〔清〕丁觀堂修
　清嘉慶十七年（1812）刻本
　四册

（咸豐）邳州志二十卷首一卷
　　　　　　　　　　　3205/1232.85
　〔清〕魯一同纂　　〔清〕董用威等修
　清咸豐元年（1851）刻本
　四册

（同治）宿遷縣志十九卷　　3205/363.87
　〔清〕方駿謨纂　　〔清〕李德溥等修
　清同治十三年（1874）刻本
　八册

（光緒）睢寧縣志稿十八卷
　　　　　　　　　　　3205/6134.88
　〔清〕丁顯纂　　〔清〕侯紹瀛修
　清光緒十二年（1886）刻本
　六册

（光緒）武陽志餘十二卷首一卷附團練
紀實一卷　　　　　　　3205/1433.88b
　〔清〕莊毓鋐等纂　　〔清〕桐澤等修
　清光緒十四年（1888）木活字印本
　十六册

（道光）雲臺新志二十卷　　3035/134.85
　〔清〕許喬林纂　　〔清〕謝元淮修
　清道光十七年（1837）郁州書院刻本
　六册

（嘉慶）太倉州志六十五卷
　　　　　　　　　　3204/4386.84
　〔清〕王昶等纂　〔清〕汪廷珆等修
　清嘉慶八年（1803）刻本
　二十四冊

（咸豐）壬癸志稿二十八卷
　　　　　　　　　　3204/4386.88
　〔清〕錢寶琛撰
　清光緒六年（1880）存素堂刻本
　四冊
　又一部，2260.28/8531，四冊。

彙刻太倉舊志五種　　3204/4386.7
　〔清〕繆朝荃等輯
　清宣統元年（1909）太倉繆氏刻本
　八冊
　中吳紀聞六卷附校勘記一卷
　　〔宋〕龔明之撰　　（校勘記）
　　〔清〕繆朝荃撰
　玉峰志三卷附校勘記一卷　〔宋〕
　　凌萬頃　邊實撰　　（校勘記）
　　〔清〕繆朝荃撰
　玉峰續志一卷　〔宋〕邊實撰
　崑山郡志六卷　〔元〕楊譓撰
　太倉州志十卷附校勘記一卷
　　〔清〕繆朝荃撰　　（校勘記）
　　〔明〕桑悅撰

（乾隆）鎮洋縣志十四卷首一卷末一卷
　　　　　　　　　　T3205/4386.83
　〔清〕李麟纂　〔清〕金鴻修
　清乾隆十年（1745）刻本
　八冊

（雍正）崇明縣志二十卷首一卷
　　　　　　　　　　T3205/2962.82
　〔清〕沈龍翔纂　〔清〕張文英修
　清雍正五年（1727）刻本
　十冊

（乾隆）崇明縣志二十卷首一卷
　　　　　　　　　　T3205/2962.83
　〔清〕韓彦曾等纂　〔清〕趙廷健修
　清乾隆二十五年（1760）刻本
　十冊

（光緒）崇明縣志十八卷
　　　　　　　　　　3205/2962.88
　〔清〕李聯琇等纂　〔清〕林達泉等修
　清光緒七年（1881）刻本
　十二冊

（康熙）嘉定縣志二十四卷
　　　　　　　　　　T3205/4638.81
　〔清〕蘇淵等纂　〔清〕趙昕修
　清康熙十二年（1673）刻本
　二十四冊

（光緒）嘉定縣志三十二卷首一卷
　　　　　　　　　　3205/4638.87
　〔清〕楊震福等纂　〔清〕程其珏修
　清光緒八年（1882）刻本
　十六冊

（嘉定）嘉定鎮江志二十二卷首一卷附
錄一卷校勘記二卷　　3204/8831.5
　〔宋〕盧憲纂　〔清〕劉文淇校勘
　清宣統二年（1910）丹徒陳氏刻橫山
草堂叢書本

八册

（嘉慶）南翔鎮志十二卷首一卷
3206/4282.84

〔清〕張承先撰　〔清〕程攸熙訂
清嘉慶十二年（1807）尋樂草堂刻本
四册

（乾隆）寶山縣志十卷首一卷
T3205/3827.83

〔清〕章鏞纂　〔清〕趙西修
清乾隆十一年（1746）刻本
五册

（光緒）寶山縣志十四卷首一卷附輿圖
3205/3827.88

〔清〕朱延射等纂　〔清〕梁蒲貴等修
清光緒八年（1882）學海書院刻本
八册

（光緒）羅店鎮志八卷附羅溪文徵一卷
3206/6106.88

〔清〕潘履祥等纂　〔清〕王樹棻修
清光緒十五年（1889）鉛印本
五册

（嘉慶）海州直隸州志三十二卷首一卷
3204/3532.84

〔清〕汪梅鼎纂　〔清〕唐仲冕修
清嘉慶十六年（1811）刻本
十册

（嘉慶）增修贛榆縣志四卷首一卷
3205/0842.84

〔清〕周萃元纂　〔清〕王城修

清嘉慶元年（1796）刻本
四册

（光緒）贛榆縣志十八卷　3205/0842.88

〔清〕張謇纂　〔清〕王豫熙修
清光緒十四年（1888）刻本
四册

（乾隆）直隸通州志二十二卷
T3205/3332.83

〔清〕夏之蓉等纂　〔清〕王繼祖修
清乾隆二十年（1755）刻本
十六册

（光緒）通州直隸州志十六卷
3204/3332.88

〔清〕季念詒等纂　〔清〕梁悦馨等修
清光緒元年（1875）刻本
十六册

（道光）静海郷志三卷　3206/5535.85
〔清〕丁鹿壽纂
清道光十四年（1834）刻本
三册

（乾隆）如皋縣志三十二卷
T3205/4624.83

〔清〕周植等纂　〔清〕鄭見龍修
清乾隆十五年（1750）刻本
十六册

（嘉慶）如皋縣志二十四卷續志十二卷續志十六卷　3205/4624.84

〔清〕馬汝舟等纂修　〔清〕吳鎧等
續纂修　〔清〕周際霖等再續修

清嘉慶十三年（1808）刻道光十七年
（1837）同治十二年（1873）續刻本
　　十八册

（同治）如皋縣續志十六卷
　　　　　　3205/4624.84（13—18）c.2
　　〔清〕周頊等纂　〔清〕周際霖等修
　　清同治十二年（1873）刻本
　　六册

（光緒）周莊鎮志六卷首一卷附庚申見聞録
　　　　　　3206/724.88
　　〔清〕陶煦撰
　　清光緒八年（1882）刻本
　　六册

（嘉慶）黎里志十六卷首一卷
　　　　　　3206/236.84
　　〔清〕徐達源纂
　　清嘉慶十年（1805）吴江徐氏刻本
　　四册

（光緒）黎里續志十六卷首一卷
　　　　　　3206/2361.88
　　〔清〕蔡丙圻纂修
　　清光緒二十五年（1899）刻本
　　六册

（光緒）蒸里志略十二卷　　3206/4361.89
　　〔清〕葉世熊纂　〔清〕程兼善增補
　　清宣統二年（1910）增補鉛印本
　　二册

（康熙）安慶府志三十二卷
　　　　　　T3199/3404.81
　　〔清〕張楷纂修
　　清康熙六十年（1721）刻本
　　十六册

（康熙）桐城縣志八卷　　T3200/4245.81
　　〔清〕倪傳等纂　〔清〕胡必選修
〔清〕王凝命增修
　　清康熙二十三年（1684）增修刻本
　　十六册

（乾隆）潛山縣志二十四卷
　　　　　　T3200/3627.83
　　〔清〕游端友等纂　〔清〕李載陽修
　　清乾隆四十六年（1781）刻本
　　二十册

（同治）太湖縣志四十六卷首一卷末一卷
　　　　　　3200/4337.87
　　〔清〕趙繼元等纂　〔清〕符兆鵬修
　　清同治十一年（1872）刻本
　　二十四册

（乾隆）望江縣志八卷　　T3200/0731.83
　　〔清〕曹京等纂　〔清〕鄭交泰等修
　　清乾隆三十三年（1768）刻本
　　八册

（淳熙）新安志十卷　　　　3199/0234
　　〔宋〕羅願撰
　　清光緒十四年（1888）黟縣李氏刻本
　　四册

（康熙）徽州府志十八卷圖一卷

　　　　　　　　　　T3199/2432.81

　　〔清〕趙吉士等纂　〔清〕丁廷楗等修

　　清康熙三十八年（1699）刻本

　　十二冊

（道光）徽州府志十六卷首一卷

　　　　　　　　　　3199/2432.85

　　〔清〕夏鑾等纂　〔清〕馬步蟾修

　　清道光七年（1827）刻本

　　三十冊

（乾隆）歙縣志二十卷首一卷

　　　　　　　　　　T3200/8718.83

　　〔清〕劉大櫆纂　〔清〕張佩芳修

　　清乾隆三十六年（1771）刻本

　　八冊

（道光）歙縣志十卷首一卷

　　　　　　　　　　3200/8718.85

　　〔清〕沈伯棠等纂　〔清〕勞逢源修

　　清道光八年（1828）刻本

　　十六冊

（康熙）休寧縣志八卷　T3200/2932.81

　　〔清〕汪晋徵等纂　〔清〕廖騰煃修

　　清康熙三十二年（1693）刻本

　　十六冊

（道光）休寧縣志二十四卷

　　　　　　　　　　3200/2932.84

　　〔清〕方崇鼎等纂　〔清〕何應松修

　　清嘉慶二十年（1815）刻本

　　三十二冊

（康熙）婺源縣志十二卷　3200/1439.81

　　〔清〕蔣燦等纂修

　　清康熙三十三年（1694）刻本

　　二十冊

（乾隆）婺源縣志三十九卷首一卷

　　　　　　　　　　T3200/1439.83

　　〔清〕潘繼善纂　〔清〕俞雲耕修

　　清乾隆二十二年（1757）刻本

　　三十二冊

（光緒）婺源縣志六十四卷首一卷

　　　　　　　　　　3200/1439.88

　　〔清〕汪正元纂　〔清〕吳鶚修

　　清光緒九年（1883）刻本

　　二十四冊

（光緒）婺源鄉土志不分卷

　　　　　　　　　　3200/1439.88b

　　〔清〕董鍾琪等撰　〔清〕王鴻椿

　校正

　　清光緒三十四年（1908）木活字刻本

　　一冊

（同治）祁門縣志三十六卷首一卷

　　　　　　　　　　3200/327.87

　　〔清〕汪韻珊等纂　〔清〕周溶修

　　清同治十二年（1873）刻本

　　十二冊

（嘉慶）黟縣志十六卷首一卷

　　　　　　　　　　3200/6229.84（1—15）

　　〔清〕俞正燮等纂　〔清〕吳甸華

　等修

　　清嘉慶十七年（1812）刻本

十五册

（道光）黟縣續志一卷
　　　　　　　3200/6229.88（16）
　〔清〕詹錫齡纂　　〔清〕吕子珏修
　清道光五年（1825）刻本
　一册

（同治）黟縣三志十六卷首一卷末一卷
　　　　　　　3200/6229.84（17—32）
　〔清〕程鴻詔等纂　　〔清〕謝永泰修
　清同治九年（1870）刻本
　十六册

（乾隆）宣城縣志三十二卷首一卷
　　　　　　　T3200/3145.83
　〔清〕楊廷棟等纂　　〔清〕吴飛九修
　清乾隆四年（1739）刻本
　十八册

（光緒）宣城縣志四十卷首一卷志餘一卷
　　　　　　　3200/3145.88
　〔清〕章綬等纂　　〔清〕李應泰等修
　清光緒十四年（1888）刻本
　二十六册

（光緒）南陵小志四卷首一卷
　　　　　　　3200/4274.88
　〔清〕宗能徵纂修
　清光緒二十五年（1899）刻本
　六册

（乾隆）旌德縣志十卷　　T3200/0123.83
　〔清〕葉長揚纂　　〔清〕李瑾等修
　清乾隆十九年（1754）刻本

八册

（光緒）貴池縣志四十四卷首一卷
　　　　　　　3200/5831.88
　〔清〕桂迓衡等纂　　〔清〕陸延齡修
　清光緒九年（1883）木活字印本
　二十册

（光緒）青陽縣志十二卷　　3200/5272.88
　〔清〕周贇等纂　　〔清〕華椿等修
　清光緒十八年（1892）木活字印本
　十二册

（道光）建德縣志二十卷首一卷
　　　　　　　3200/1423.85
　〔清〕管森等纂　　〔清〕陳葵修
　清道光五年（1825）刻本
　十册

（宣統）建德縣志二十卷首一卷
　　　　　　　3200/1423.89
　〔清〕周學銘纂　　〔清〕張贊巽等修
　清宣統二年（1910）鉛印本
　十册

（嘉慶）東流縣志三十卷　　3200/5931.84
　〔清〕李兆洛纂　　〔清〕吴篪修
　清嘉慶二十三年（1818）刻本
　十二册

（康熙）太平府志四十卷　　3199/4314.81
　〔清〕宋驤等纂　　〔清〕黄桂修
〔清〕曹守謙增纂　　〔清〕李敏迪增修
　清光緒二十九年（1903）木活字印本
　二十册

（乾隆）當塗縣志三十三卷

        T3200/9030.83

  〔清〕萬橚等纂　〔清〕張海等修

清乾隆十五年（1750）刻本

八冊

（嘉慶）廬州府志五十四卷

        3199/0132.84

  〔清〕孫星衍等纂　〔清〕張祥雲修

清嘉慶八年（1803）刻本

十六冊

（光緒）續修廬州府志一百卷首一卷末一卷

        3199/0132.88

  〔清〕汪宗沂等纂　〔清〕黃雲修

清光緒十一年（1885）刻本

四十八冊

（乾隆）歷陽典録三十四卷補編六卷

        T3200/2632.84

  〔清〕陳廷桂纂輯

清同治六年（1867）新化游氏和州官舍刻本

十二冊

又一部，3200/2632.84，十二冊，後印本。

（嘉慶）合肥縣志三十六卷首一卷

        3200/8671.84

  〔清〕左輔纂修

清嘉慶八年（1803）刻本

二十冊

（嘉慶）廬江縣志十五卷首一卷

        3200/0131.84

  〔清〕儲嘉珩等纂　〔清〕魏紹源等修

清嘉慶八年（1803）刻本

八冊

（光緒）廬江縣志十六卷　3200/0131.88

  〔清〕廬鈺等纂　〔清〕錢鑠修

清光緒十一年（1885）刻本

十六冊

（光緒）續修舒城縣志五十卷首一卷末一卷

        3200/8245.88

  〔清〕趙鳳詔等纂　〔清〕呂林鍾等修

清光緒三十三年（1907）木活字印本

十六冊

（光緒）鳳陽府志二十一卷

        3199/7172.88

  〔清〕魏家驊等纂　〔清〕馮煦修

〔清〕張德霂續纂

清光緒三十四年（1908）木活字印本

二十四冊

（乾隆）鳳陽縣志十六卷首一卷

        3200/7172.83

  〔清〕于萬培等纂修

清光緒二年（1876）刻本

十二冊

（道光）亳州志四十三卷首一卷

        3200/0130.85

  〔清〕劉開纂　〔清〕任壽世修

清道光五年（1825）刻本

二十四冊

（光緒）亳州志二十卷附卷首一卷
　　　　　　　　　3200/0130.88
　〔清〕袁登雲纂　〔清〕宗能徵修
　清光緒二十年（1894）刻本
　十四册

（道光）懷寧縣志二十八卷首一卷末一卷
　　　　　　　　　3200/9332.85
　〔清〕江爾維等纂　〔清〕王毓芳
趙梅修
　清道光五年（1825）刻本
　十册

（嘉慶）懷遠縣志二十八卷
　　　　　　　　　3200/9333.84
　〔清〕李兆洛纂　〔清〕孫讓修
　清嘉慶二十四年（1819）刻本
　十二册

（乾隆）壽州志十二卷首一卷末一卷
　　　　　　　　　T3200/4430.83
　〔清〕席芑纂修
　清乾隆三十二年（1767）刻本
　六册

（光緒）壽州志三十六卷首一卷末一卷
　　　　　　　　　3200/4432.88
　〔清〕葛蔭南等纂　〔清〕曾道唯等修
　清光緒十六年（1890）刻本
　十八册

（光緒）鳳臺縣志二十五卷首一卷
　　　　　　　　　3200/7140.88
　〔清〕葛蔭南等纂　〔清〕李師沆等修
　清光緒十九年（1893）木活字印本

十册

（光緒）宿州志三十六卷　3200/3632.88
　〔清〕丁遜之等纂　〔清〕何慶釗修
　清光緒十五年（1889）刻本
　十六册

（乾隆）靈璧縣志略四卷首一卷附河防
録一卷河渠原委三卷　T3200/1171.83
　〔清〕貢震纂修
　清乾隆二十五年（1760）刻本
　六册

（乾隆）潁州府志十卷首一卷
　　　　　　　　　T3199/2832.83
　〔清〕潘遇莘纂　〔清〕王斂福修
　清乾隆十七年（1752）刻本
　十二册

（乾隆）阜陽縣志二十卷首一卷
　　　　　　　　　T3200/2472.83
　〔清〕王麟徵纂　〔清〕潘世仁修
　清乾隆二十年（1755）刻本
　十四册

（道光）阜陽縣志二十四卷首一卷
　　　　　　　　　3200/2472.85
　〔清〕李復慶等纂　〔清〕周天爵等修
　清道光九年（1829）刻本
　十二册

（乾隆）太和縣志八卷　T3200/4326.83
　〔清〕吳中最纂　〔清〕成兆豫修
　清乾隆十七年（1752）刻本
　四册

（乾隆）潁上縣志十二卷首一卷

T3200/2821.83

〔清〕胡其焕等纂　〔清〕許晋修
清乾隆十八年（1753）刻本
十册

（道光）潁上縣志十三卷首一卷

3200/2821.85

〔清〕李同等纂　〔清〕劉耀椿修
清道光六年（1826）刻本
八册

（同治）潁上縣志十二卷首一卷

3200/2821.88

〔清〕李道章等纂　〔清〕都寵錫等修
清光緒四年（1878）補刻本
十二册

（乾隆）廣德州志五十卷首一卷

T3200/0823.83

〔清〕周廣業纂　〔清〕胡文銓修
清乾隆五十九年（1794）刻本
三十册

（光緒）廣德直隸州志六十卷首一卷末
一卷　　3200/0823.88

〔清〕丁寶書等纂　〔清〕胡有誠修
清光緒七年（1881）刻本
二十册

（同治）六安州志六十卷首一卷

3200/0834.87

〔清〕吴康霖等纂　〔清〕李蔚等修
清同治十一年（1872）刻光緒二十一
年（1895）司訓崔應科補板重印本

二十四册

（光緒）霍山縣志十五卷首一卷

3200/1227.88

〔清〕何國佑等纂　〔清〕秦達章修
清光緒三十一年（1905）木活字印本
六册

（光緒）滁州志十卷首一卷末一卷

3200/3930.88

〔清〕熊祖詒纂修
清宣統元年（1909）木活字印本
十册

（光緒）泗虹合志十九卷　3199/3651.88
〔清〕江殿颺等纂　〔清〕方瑞蘭修
清光緒十四年（1888）刻本
八册

（乾隆）盱眙縣志二十四卷首一卷

T3200/6466.83

〔清〕秦懋紳等纂　〔清〕郭起元修
清乾隆十一年（1746）刻本
十二册

（同治）盱眙縣志六卷　3200/6466.87
〔清〕傅紹曾纂　〔清〕崔秀春等修
清同治十二年（1873）刻本
四册

（光緒）盱眙縣志稿十七卷　3200/646.88
〔清〕高延第等纂　〔清〕王錫元修
清光緒二十九年（1903）重校刻本
八册

（康熙）天長縣志四卷　　T3200/1373.81
　　〔清〕張振先等纂　　〔清〕江映鯤修
　　清康熙十二年（1673）刻雍正九年
（1731）補刻本
　　　八册

（嘉慶）五河縣志十二卷首一卷
　　　　　　　　　　　　3200/1132.84
　　〔清〕言尚煒　陳瑜纂　　〔清〕王啓
聰等修
　　　清嘉慶八年（1803）刻本
　　　六册

（光緒）五河縣志二十卷首一卷
　　　　　　　　　　　　3200/1132.88
　　〔清〕俞宗誠等纂　　〔清〕孫玉銘等修
　　　清光緒二十年（1894）金陵刻本
　　　八册

（萬曆）太原府志二十六卷附補四卷
　　　　　　　　　　　　T3149/4379.7
　　〔明〕張慎言纂　　〔明〕關廷訪修
　　　明萬曆四十年（1612）刻清初補刻本
　　　十二册

（康熙）陽曲縣志十四卷首一卷
　　　　　　　　　　　　T3150/7256.81
　　〔清〕李方蓁等纂　　〔清〕戴夢熊修
　　　清康熙二十一年（1682）刻本
　　　八册

（道光）陽曲縣志十六卷　　3150/7256.85
　　〔清〕閻士驤等纂　　〔清〕李培謙
等修
　　　清道光二十三年（1843）刻本

十册

（雍正）太原縣志十六卷　　3150/4379.82
　　〔清〕高若岐等纂　　〔清〕沈繼賢等修
　　　清雍正九年（1731）刻本
　　　八册

（道光）重修太原縣志十八卷附續太原
縣志二卷　　　　　　　3150/4379.85
　　〔清〕員佩蘭　楊國泰纂修　　（附）
〔清〕薛元釗　王效尊修
　　　清道光六年（1826）刻光緒八年（1882）
印本
　　　八册

（乾隆）榆次縣志十四卷
　　　　　　　　　　　　T3150/4238.83
　　〔清〕張天澤纂　　〔清〕錢之青修
　　　清乾隆十三年（1748）刻本
　　　五册

（同治）榆次縣志十六卷首一卷末一卷
　　　　　　　　　　　　3150/4238.87
　　〔清〕王平格等纂　　〔清〕俞世銓等修
　　　清同治二年（1863）刻本
　　　八册

（光緒）榆社縣志十卷首一卷末一卷
　　　　　　　　　　　　3150/4231.88
　　〔清〕田福謙等纂　　〔清〕王家坊等修
　　　清光緒七年（1881）刻本
　　　四册

（光緒）榆次縣續志四卷　　3150/4238.88
　　〔清〕黄汝梅等纂　　〔清〕吳師祁等修

清光緒十一年（1885）刻本
一册（二册合訂）

（乾隆）太谷縣志八卷　　T3150/4386.82
〔清〕王廷贊修　〔清〕王澤沛增修
清雍正七年（1729）刻乾隆四年
（1739）增刻本
四册

（乾隆）太谷縣志八卷　　T3150/4386.83
〔清〕管粤秀纂　〔清〕郭晋修
清乾隆六十年（1795）刻本
八册

（咸豐）太谷縣志八卷首一卷末一卷
3150/4386.86
〔清〕章嗣衡纂　〔清〕汪和修
清咸豐五年（1855）刻本
八册

（光緒）太谷縣志八卷首一卷末一卷
3150/4386.88
〔清〕王效尊等纂　〔清〕恩浚等修
清光緒十二年（1886）刻本
十二册

（乾隆）祁縣志十六卷　　T3150/32.83
〔清〕陳時纂修
清乾隆四十三年（1778）刻本
八册

（光緒）祁縣志十六卷　　3150/32.79
〔清〕李芬等纂　〔清〕劉發岉等修
清光緒八年（1882）刻本
十册

（康熙）徐溝縣志四卷　　3150/293.81
〔清〕王嘉謨纂修
清康熙五十一年（1712）刻本
四册

（光緒）補修徐溝縣志六卷
3150/293.88
〔清〕秦憲纂　〔清〕王勳祥修
清光緒七年（1881）刻本
六册

（光緒）補修徐溝縣志六卷
3150/2934.88
〔清〕秦憲纂　〔清〕王勳祥修
清光緒八年（1882）刻本
六册

（康熙）交城縣志十八卷首一卷
T3150/0445.81
〔清〕洪璟纂修
清康熙四十八年（1709）刻乾隆間剜
修重印本
六册

（光緒）交城縣志十卷首一卷
3150/0445.88
〔清〕許惺南等纂　〔清〕夏肇庸修
清光緒八年（1882）刻本
八册

（康熙）文水縣志十卷　　T3150/0413.81
〔清〕鄭立功等纂　〔清〕傅星修
清康熙十二年（1673）刻乾隆間剜修
重印本
八册

（光緒）文水縣志十二卷首一卷末一卷
　　　　　　　　　　3150/0413.88
　　〔清〕陰步霞纂　　〔清〕范啓塋等修
　　清光緒九年（1883）刻本
　　六册

（光緒）岢嵐州志十二卷　　3150/2221.88
　　〔清〕史文炳纂　　〔清〕吴光熊等修
　　清光緒十年（1884）刻本
　　四册

（乾隆）興縣志十八卷　　　T3150/7869.83
　　〔清〕孫鴻淦等纂　　〔清〕程雲修
〔清〕藍山續修
　　清乾隆二十八年（1763）刻本
　　四册

（順治）清源縣志二卷　　　T3150/3239.80
　　〔清〕王灝儒纂　　〔清〕和羹修
　　清順治十八年（1661）刻康熙十七年
（1678）增刻本
　　二册

（光緒）清源鄉志十八卷首一卷
　　　　　　　　　　3151/323.88
　　〔清〕王效尊纂　　〔清〕王勳祥修
　　清光緒八年（1882）刻本
　　六册

（康熙）平陽府志三十六卷
　　　　　　　　　　T3149/1472.81
　　〔清〕孔尚任等纂　　〔清〕劉棨修
　　清康熙四十七年（1708）刻本
　　四十八册

（雍正）平陽府志三十六卷附憲綱一卷
　　　　　　　　　　T3149/1472.83
　　〔清〕范安治等纂　　〔清〕章廷珪等修
　　清乾隆元年（1736）刻本
　　十九册

（康熙）臨汾縣志八卷　　T3150/7632.81
　　〔清〕宫懋言等纂修
　　清康熙五十七年（1718）刻本
　　八册

（雍正）臨汾縣志八卷　　T3150/7632.82
　　〔清〕陳獻可等纂　　〔清〕徐三俊修
　　清雍正七年（1729）刻本
　　八册

（乾隆）臨汾縣志十卷首一卷末一卷
　　　　　　　　　　T3150/7632.83
　　〔清〕吕淙等纂　　〔清〕高塘等修
　　清乾隆四十四年（1779）刻本
　　七册

（雍正）洪洞縣志九卷　　3150/3832.87
　　〔清〕蔡行仁纂　　〔清〕余世堂修
　　清雍正八年（1730）刻同治十一年
（1872）艾紹濂等補刻本
　　八册

（乾隆）浮山縣志三十七卷
　　　　　　　　　　3150/3427.83
　　〔清〕張華等纂　　〔清〕賈酉等修
　　清乾隆十年（1745）刻本
　　六册

（同治）浮山縣志三十七卷

　　　　　　　　　　　3150/3427.87

　　〔清〕慶鍾等纂修

　　清同治十三年（1874）刻本

　　　八册

（光緒）浮山縣志三十四卷

　　　　　　　　　　　3150/3427.88

　　〔清〕武克明等纂　〔清〕鹿學典等修

　　清光緒六年（1880）刻本

　　　八册

（雍正）岳陽縣志十卷　　T3150/7772.82

　　〔清〕常遜等纂　　〔清〕趙温修

　　清雍正十三年（1735）刻乾隆間剜修

重印本

　　　六册

（康熙）沃史二十五卷　　T3150/5633.81

　　〔清〕張奇勛纂　　〔清〕范印心修

　　清康熙七年（1668）曲沃縣署刻本

（部分抄配）

　　　十二册

（乾隆）新修曲沃縣志四十卷

　　　　　　　　　　　T3150/5633.83

　　〔清〕胡元琢等纂　〔清〕張坊修

　　清乾隆二十四年（1759）刻本

　　　八册

（乾隆）續修曲沃縣志八卷

　　　　　　　　　　　3150/5633.84

　　〔清〕王安恭纂　　〔清〕侯長熺修

　　清嘉慶二年（1797）刻本

　　　八册

（道光）曲沃縣志十二卷　　3150/5633.85

　　〔清〕張兆衡纂修

　　清道光二十二年（1842）刻本

　　　六册

（光緒）曲沃縣志三十二卷

　　　　　　　　　　　3150/5633.88

　　〔清〕韓子泰纂　〔清〕張鴻逵等修

　　清光緒六年（1880）刻本

　　　十册

（乾隆）翼城縣志二十八卷

　　　　　　　　　　　T3150/1845.83

　　〔清〕許崇楷纂修

　　清乾隆三十六年（1771）刻本

　　　八册

（光緒）翼城縣志二十八卷

　　　　　　　　　　　3150/1845.88

　　〔清〕王燿章等修

　　清光緒七年（1881）刻本

　　　十二册

（康熙）翼乘十二卷　　T3150/1829.81

　　〔清〕温旌光等纂　〔清〕陳應富修

　　清康熙十二年（1673）刻本

　　　四册

（雍正）太平縣志八卷　　T3150/4314.81

　　〔清〕張枚等纂　〔清〕張學都等修

　　清雍正三年（1725）刻乾隆間剜修重

印本

　　　四册

（乾隆）太平縣志十卷　　T3150/4314.83
　　〔清〕張鍾秀纂修
　　清乾隆四十年（1775）刻本
　　四册

（道光）太平縣志十六卷首一卷
　　　　　　　　　3150/4314.85
　　〔清〕梁棲鸞纂　〔清〕李炳彦修
　　清道光五年（1825）刻本
　　八册

（光緒）太平縣志十四卷首一卷
　　　　　　　　　3150/4314.88
　　〔清〕婁道南等纂　〔清〕勞文慶等修
　　清光緒八年（1882）刻本
　　十册

（雍正）襄陵縣志二十四卷附圖一幅
　　　　　　　　　T3150/0374.82
　　〔清〕盧秉純等纂　〔清〕趙懋本修
　　清雍正十年（1732）刻乾隆間剜補重
印本
　　四册

（光緒）襄陵縣志二十四卷
　　　　　　　　　3150/0374.88
　　〔清〕郝登雲等纂　〔清〕錢鏞修
　　清光緒七年（1881）刻本
　　八册

（康熙）汾西縣志八卷首一卷
　　　　　　　　　T3150/3216.81
　　〔清〕傅南宮纂　〔清〕蔣鳴龍修
　　清康熙十三年（1674）刻本
　　四册

（光緒）汾西縣志八卷首一卷
　　　　　　　　　3150/3216.88
　　〔清〕賈執鈎等纂　〔清〕曹憲等修
　　清光緒八年（1882）刻本
　　四册

（乾隆）鄉寧縣志十五卷
　　　　　　　　　T3150/2232.83
　　〔清〕楊宏聲纂　〔清〕葛清修
　　清乾隆四十九年（1784）刻本
　　四册

（乾隆）蒲州府志二十四卷圖一卷
　　　　　　　　　T3149/423.83
　　〔清〕周景柱纂修
　　清乾隆二十年（1755）刻本
　　十册

（光緒）永濟縣志二十四卷
　　　　　　　　　3150/3332.88
　　〔清〕李榮和纂修　〔清〕劉鍾麟補修
　　清光緒十二年（1886）刻本
　　十四册

（乾隆）臨晋縣志八卷　　T3150/7616.83
　　〔清〕王正茂纂修
　　清乾隆三十八年（1773）刻本
　　六册

（光緒）續修臨晋縣志二卷
　　　　　　　　　3150/7616.88
　　〔清〕姚東濟等纂　〔清〕艾紹濂等修
　　清光緒六年（1880）刻本
　　二册

（康熙）臨縣志八卷首一卷

　　　　　　　　　3150/7669.81

　〔清〕崔鶴齡等纂　〔清〕楊飛熊修

清康熙五十七年（1718）刻道光二十

年（1840）重印本

　四册

（乾隆）虞鄉縣志十二卷

　　　　　　　　　T3150/2372.83

　〔清〕尚雲章等纂　〔清〕周大儒修

清乾隆五十四年（1789）刻本

　八册

（光緒）虞鄉縣志十二卷首一卷

　　　　　　　　　3150/2322.88

　〔清〕陳鼎隆等纂　〔清〕崔鑄善修

清光緒十二年（1886）刻本

　四册

（乾隆）榮河縣志十四卷

　　　　　　　　　T3150/9932.83

　〔清〕楊令琢等纂修

清乾隆三十四年（1769）刻本

　六册

（光緒）榮河縣志十四卷首一卷

　　　　　　　　　3150/9932.88

　〔清〕尋鑾煒纂　〔清〕王希濂等修

清光緒七年（1881）刻本

　六册

（乾隆）萬泉縣志八卷　　T3150/4223.83

　〔清〕張史筆纂　〔清〕畢宿燾修

清乾隆二十三年（1758）刻本

　四册

（雍正）猗氏縣志八卷

　　　　　　　　　T3150/42.82（1—4）

　〔清〕潘鉞修　〔清〕宋之樹續修

清雍正七年（1729）刻同治六年

（1867）剜修重印本

　四册

（同治）續猗氏縣志四卷

　　　　　　　　　T3150/42.82（5—6）

　〔清〕周之楨修

清同治六年（1867）刻本

　二册

（光緒）續猗氏縣志八卷　　3150/42.88

　〔清〕余汝寅等纂　〔清〕徐浩修

清光緒六年（1880）刻本

　八册

（順治）潞安府志二十卷

　　　　　　　　　T3149/3634.80

　〔清〕周再勳等纂　〔清〕楊晙等修

清順治十七年（1660）刻本

　十六册

（乾隆）潞安府志四十卷首一卷

　　　　　　　　　3150/3630.83

　〔清〕姚學甲等纂　〔清〕姚學瑛等修

清乾隆三十五年（1770）刻本

　二十四册

（乾隆）長治縣志二十八卷首一卷末一卷

　　　　　　　　　T3150/7336.83

　〔清〕蔡履豫纂　〔清〕吳九齡修

清乾隆二八年（1763）刻本

　十册

（光緒）長治縣志八卷首一卷

3150/7336.88

〔清〕楊篤等纂　〔清〕馬鑑等修

清光緒二十年（1894）刻本

十册

（嘉慶）長子縣志二十一卷首一卷

3150/7314.84

〔清〕樊兌纂　〔清〕劉樾修

清嘉慶二十一年（1816）刻本

八册

（光緒）長子縣志十二卷　　3150/731.88

〔清〕楊篤纂　〔清〕豫謙修

清光緒八年（1882）刻本

八册

（光緒）屯留縣志八卷　　3150/5176.88

〔清〕楊篤等纂　〔清〕劉鍾麟等修

清光緒十一年（1885）刻本

八册

（乾隆）襄垣縣志八卷（光緒）襄垣縣續

志二卷　　　　　　T3150/0341.83

〔清〕徐珏等纂　〔清〕李廷芳修

（續志）〔清〕李汝霖纂修

清乾隆四十七年（1782）刻同治二年

（1863）增刻光緒六年（1880）重印本

十册

（萬曆）潞城縣志八卷　　T3150/3645.7

〔明〕馮惟賢纂修　〔明〕王溥增修

明萬曆十九年（1591）刻天啓五年

（1625）增修本（卷四至六抄配）

六册

（康熙）潞城縣志八卷　　3150/3645.81

〔清〕申伯纂　〔清〕張士浩修

清康熙四十五年（1706）刻本

六册

（光緒）潞城縣志四卷首一卷

3150/3645.88

〔清〕楊篤纂　〔清〕崔曉然等修

清光緒十一年（1885）刻本

八册

（乾隆）壺關縣志十八卷　　3150/4177.83

〔清〕馮文止等纂　〔清〕楊宸等修

清乾隆三十五年（1770）刻本

四册

（道光）壺關縣志十卷首一卷

3150/4173.85

〔清〕茹金等纂修

清道光十四年（1834）刻本

八册

（光緒）壺關縣續志二卷　　3150/4173.88

〔清〕楊篤纂　〔清〕胡燕昌修

清光緒七年（1881）刻本

四册

（光緒）黎城縣續志四卷　　3150/2345.88

〔清〕楊恩樹纂　〔清〕鄭灝等修

清光緒九年（1883）刻本

四册

（康熙）平順縣志十卷　　T3150/1428.81

〔清〕路躋垣等纂　〔清〕杜之昂修

清康熙三十二年（1693）刻本

四册

（萬曆）汾州府志十六卷　　T3149/3232.7
〔明〕王景符等纂　〔明〕王道一等修
明萬曆三十七年（1609）刻本
十册

（乾隆）汾州府志三十四卷首一卷
T3149/3232.83
〔清〕戴震纂　〔清〕孫和相修
清乾隆三十六年（1771）刻本
十六册

（康熙）汾陽縣志八卷首一卷
T3150/3272.81
〔清〕邢秉誠纂　〔清〕周超修
清康熙六十一年（1722）刻本
十册

（乾隆）汾陽縣志十四卷首一卷
T3150/3272.83
〔清〕戴震纂　〔清〕李文起修
清乾隆三十七年（1772）刻本
八册

（道光）汾陽縣志十四卷首一卷
3150/3272.86
〔清〕曹樹穀等纂　〔清〕周貽繰等修
清咸豐元年（1851）刻本
八册

（光緒）汾陽縣志十四卷首一卷
3150/3272.88
〔清〕王文員纂　〔清〕慶文等修
清光緒十年（1884）刻本

十册

（乾隆）孝義縣志二十卷
T3150/4485.83
〔清〕鄧常纂　〔清〕鄧必安修
清乾隆三十五年（1770）刻本
八册

（乾隆）孝義縣志二十卷
T3150/4485.83b
〔清〕鄧常纂　〔清〕鄧必安修
清乾隆三十五年（1770）刻光緒六年
（1880）重印本
四册

（光緒）孝義縣續志二卷首一卷末一卷
3150/4485.88
〔清〕何之煌等纂　〔清〕孔廣熙修
清光緒六年（1880）刻本
二册

（康熙）平遙縣志八卷　　T3150/1433.81
〔清〕康乃心纂　〔清〕王綬修
清乾隆間刻本
四册

（光緒）平遙縣志十二卷首一卷
3150/1433.88
〔清〕武達材等纂　〔清〕恩端修
清光緒九年（1883）刻本
八册

（乾隆）介休縣志十四卷
T3150/8229.83
〔清〕王謀文等纂修

清乾隆三十五年（1770）刻本

八册

（嘉慶）介休縣志十四卷　　3150/8229.84

〔清〕熊兆占等纂　　〔清〕徐品山等修

清嘉慶二十四年（1819）刻本

八册

（雍正）石樓縣志八卷　　T3150/1644.82

〔清〕秦爕等纂　　〔清〕袁學謨修

清雍正十年（1732）刻嘉慶二十一年（1816）增刻道光三年（1823）再增刻重印本

八册

（康熙）永寧州志八卷　　T3150/3330.81

〔清〕謝汝霖等纂修

清康熙四十一年（1702）刻乾隆間增刻重印本

八册

（光緒）永寧州志三十二卷

3150/3330.88

〔清〕方淵如等纂　　〔清〕姚啓瑞修

清光緒七年（1881）刻本

六册

（雍正）澤州府志五十二卷

T3150/3432.82

〔清〕田嘉穀等纂　　〔清〕朱樟修

清雍正十三年（1735）刻本

十六册

（乾隆）鳳臺縣志二十卷

T3150/7141.83

〔清〕姚學甲纂　　〔清〕林荔等修

清清隆四十九年（1784）刻本

十册

（光緒）鳳臺縣續志四卷首一卷

3150/7141.88

〔清〕郭維垣等纂　　〔清〕陳繼三等修

清光緒八年（1882）刻本

四册

（乾隆）高平縣志二十二卷首一卷末一卷

T3150/0214.83

〔清〕戴純纂　　〔清〕傅德宜修

清乾隆三十九年（1774）刻本

八册

（同治）高平縣志八卷　　3150/0214.87

〔清〕龍汝霖纂修

清同治六年（1867）刻本

八册

（光緒）高平縣續志十六卷

3150/0214.88

〔清〕李廷一纂　　〔清〕陳學富等修

清光緒六年（1880）刻本

四册

（乾隆）陽城縣志十六卷　　3150/7245.83

〔清〕田懋纂　　〔清〕楊善慶修

清乾隆二十年（1755）刻本

八册

（同治）陽城縣志十八卷　　3150/7245.87
　　〔清〕譚澐等纂　　〔清〕賴昌期修
　　清同治十三年（1874）刻本
　　八冊

（乾隆）陵川縣志二十八卷
　　　　　　　　　　T3150/7422.83a
　　〔清〕景象元等纂　　〔清〕雷正修
　　清乾隆五年（1740）刻本
　　六冊

（乾隆）陵川縣志三十卷首一卷
　　　　　　　　　　T3150/7422.83
　　〔清〕程德炯等纂修
　　清乾隆四十四年（1779）刻本
　　十冊

（光緒）陵川縣志三十卷首一卷
　　　　　　　　　　3150/7422.88
　　〔清〕梁寅纂　　〔清〕徐朷修
　　清光緒八年（1882）刻本
　　十二冊

（光緒）沁水縣志十二卷　　3150/3313.88
　　〔清〕李疇纂　　　〔清〕秦丙煃修
　　清光緒七年（1881）刻本
　　八冊

（乾隆）大同府志三十二卷首一卷
　　　　　　　　　　T3149/4372.83
　　〔清〕王飛藻纂　　〔清〕吳輔宏修
　　清乾隆四十七年（1782）刻本
　　十六冊

（道光）大同縣志二十卷首一卷末一卷
　　　　　　　　　　3150/4372.85
　　〔清〕楊霖等纂　　〔清〕黎中輔修
　　清道光十年（1830）刻本
　　八冊

（順治）雲中郡志十四卷　T3149/1350.80
　　〔清〕胡文燁等纂修
　　清順治九年（1652）刻本
　　十六冊

（光緒）懷仁縣新志十二卷首一卷續刻一卷
　　　　　　　　　　3150/9321.88
　　〔清〕姜利仁纂　　〔清〕李長華修
〔清〕馬蕃等補纂
　　清光緒三十二年（1906）補刻本
　　四冊

（乾隆）渾源州志十卷　　T3149/3539.83
　　〔清〕桂敬順等纂修
　　清乾隆二十八年（1763）刻本
　　五冊

（光緒）渾源州續志十卷
　　　　　　　　　　3150/3539.88
　　〔清〕程繢等纂　　〔清〕賀澍恩修
　　清光緒七年（1881）刻本
　　六冊

（乾隆）應州續志十卷首一卷
　　　　　　　　　　T3150/0332.83
　　〔清〕吳炳纂修
　　清乾隆三十五年（1770）刻本
　　八冊

（崇禎）山陰縣志六卷　　T3150/2773.7
　　〔明〕劉以守等纂修
　　明崇禎二年（1629）刻本
　　二册

（雍正）陽高縣志六卷　　T3150/7202.82
　　〔清〕蘇之芬纂　　〔清〕房裔蘭修
　　清雍正七年（1729）刻本
　　四册

（光緒）天鎮縣志四卷首一卷
　　　　　　　　　　3150/1388.88
　　〔清〕楊篤纂　　〔清〕洪汝霖等修
　　清光緒十六年（1890）刻本
　　四册

（乾隆）廣靈縣志十卷首一卷末一卷
　　　　　　　　　　3150/0810.83
　　〔清〕郭磊等纂修
　　清光緒七年（1881）刻本
　　四册

（康熙）靈邱縣志四卷　　T3150/1172.81
　　〔清〕宋起鳳修　　〔清〕岳宏譽重修
　　清康熙二十三年（1684）刻乾隆間剜
修重印本
　　四册

（乾隆）寧武府志十二卷首一卷
　　　　　　　　　　T3149/3214.83
　　〔清〕周景柱纂修
　　清乾隆十七年（1752）刻本
　　七册

（康熙）靈石縣志四卷　　T3150/1116.81
　　〔清〕侯榮圭纂修
　　清康熙十一年（1672）刻三十一年
（1692）補刻本
　　四册

（嘉慶）靈石縣志十二卷　　3150/1016.84
　　〔清〕黃憲臣纂　　〔清〕王志瀜修
　　清嘉慶二十二年（1817）刻本
　　六册

（雍正）朔平府志十二卷
　　　　　　　　　　T3149/8214.82
　　〔清〕王霨纂　　〔清〕劉士銘修
　　清雍正十一年（1733）刻乾隆間剜補
重印本
　　十册

（光緒）左雲縣志稿初集十卷首一卷
　　　　　　　　　　3150/4113.84
　　〔清〕藺炳章纂　　〔清〕余卜順修
　　清光緒五年（1879）刻本
　　四册

（雍正）朔州志十二卷　　T3150/8232.82
　　〔清〕王霨纂　　〔清〕汪嗣聖修
　　清雍正十三年（1735）刻乾隆間剜修
重印本
　　十册

（乾隆）平定州志十卷　　T3150/1433.83
　　〔清〕龔敬身等纂　　〔清〕陶易等修
　　清乾隆三十六年（1771）刻本
　　十册

（乾隆）平定州志十卷補遺一卷

T3150/1433.83B

〔清〕竇忻纂　〔清〕金明源修

清乾隆五十五年（1790）刻本

十冊

（光緒）平定州志十六卷首一卷

3150/1438.88

〔清〕張彬纂　〔清〕賴昌期　曾國荃等修

清光緒八年（1882）刻本

十三冊

（乾隆）盂縣志十卷首一卷末一卷

T3150/1069.83

〔清〕吳森纂　〔清〕馬廷俊等修

清乾隆四十九年（1784）刻本

八冊

（光緒）盂縣志二十二卷首一卷末一卷

3150/1069.88

〔清〕武纘緒等纂　〔清〕張嵐奇等修

清光緒八年（1882）刻本

十一冊

（乾隆）壽陽縣志十卷首一卷

T3150/4472.83

〔清〕龔導江等纂修

清乾隆三十六年（1771）刻本

四冊

（光緒）壽陽縣志十三卷首一卷

3150/4472.88

〔清〕張嘉言等纂　〔清〕馬家鼎等修

清光緒八年（1882）刻本

八冊

（光緒）壽陽縣志十三卷

3150/4472.88B

〔清〕張嘉言等纂　〔清〕馬家鼎等修　〔清〕陳守中校補

清光緒十六年（1890）受川書院校補刻本

六冊

（乾隆）忻州志六卷　　T3149/9232.83

〔清〕周人龍撰　〔清〕竇容邃增訂

清乾隆十二年（1746）刻本

六冊

（光緒）忻州志四十二卷　　3150/9232.88

〔清〕方淵如纂　〔清〕方戊昌修

清光緒六年（1880）刻本

八冊

（雍正）定襄縣志八卷　　T3150/3803.82

〔清〕張岫雲纂　〔清〕王會隆修

清雍正五年（1727）刻乾隆間剜修重印本

四冊

（光緒）定襄縣補志十三卷附圖一卷

3150/3803.88

〔清〕邢澍田纂　〔清〕鄭繼修等修

清光緒六年（1880）刻本

八冊

（乾隆）代州志六卷　　T3150/2432.83

〔清〕吳重光纂修

清乾隆五十年（1785）刻嘉慶二十二

年（1817）增刻重印本
　　八册

（光緒）代州志十二卷首一卷
　　　　　　　　　　3150/2432.88
　　〔清〕楊篤纂　　〔清〕俞廉三修
　　清光緒八年（1882）刻本
　　六册

（乾隆）五臺縣志八卷首一卷
　　　　　　　　　　T3150/1040.83
　　〔清〕王秉韜等纂修
　　清乾隆四十年（1775）刻本
　　四册

（光緒）五臺新志四卷首一卷
　　　　　　　　　　3150/1040.88
　　〔清〕徐繼畬修　　〔清〕楊篤續纂
〔清〕王步埠續修
　　清光緒九年（1883）刻本
　　四册

（乾隆）崞縣志八卷　　T3150/2074.83
　　〔清〕賈瀛等纂　　〔清〕邵豐鍒修
　　清乾隆二十二年（1757）刻本
　　四册

（光緒）續修崞縣志八卷　　3150/2074.88
　　〔清〕潘肯堂等纂　　〔清〕趙冠卿等修
　　清光緒八年（1882）刻本
　　八册

（道光）繁峙縣志六卷　　3150/8924.85
　　〔清〕吳其均纂修
　　清道光十六年（1836）刻本

六册

（光緒）繁峙縣志四卷首一卷
　　　　　　　　　　3150/8924.88
　　〔清〕楊篤纂　　〔清〕何才價修
　　清光緒七年（1881）刻本
　　四册

（康熙）保德州志十二卷首一卷
　　　　　　　　　　3150/2923.85
　　〔清〕殷夢高纂　　〔清〕王克昌修
〔清〕王秉韜增補
　　清康熙四十九年（1710）刻乾隆五十
年（1785）補刻道光四年（1824）補刻印本
　　十册

（道光）河曲縣志四卷　　3150/3256.85
　　〔清〕曹春曉纂修
　　清道光十年（1830）刻本
　　四册

（同治）河曲縣志八卷　　3150/3256.87
　　〔清〕張兆魁纂　　〔清〕金福增修
　　清同治十一年（1872）刻本
　　十二册

（康熙）鼎修霍州志十卷　　T3149/1132.81
　　〔清〕黄復生纂修
　　清康熙十二年（1673）刻本
　　四册

（道光）霍州直隸州志二十五卷首一卷
　　　　　　　　　　3149/1132.85
　　〔清〕李培謙等纂　　〔清〕崔允昭修
　　清道光六年（１８２６）刻光緒六年

（1880）補刻本
　　十册

（光緒）霍州直隸州續志二卷
　　　　　　　　　　　3149/1132.88
　　〔清〕白天章等纂　　〔清〕楊立旭修
　　清光緒六年（1880）刻本
　　二册

（道光）趙城縣志三十七卷首一卷
　　　　　　　　　　　3150/4845.85
　　〔清〕楊延亮纂修
　　清道光七年（1827）刻本
　　八册

（乾隆）解州安邑縣志十六卷首一卷
　　　　　　　　　　　T3150/3461.83
　　〔清〕吕瀅等纂　　〔清〕言如泗等修
　　乾隆二十九年（1764）解州州衙刻本
　　四册
　　又一部，T3150/3461.83 c.2，二册，
存圖、目録、卷一至五、十二至十六。

（乾隆）解州安邑縣運城志十六卷
　　　　　　　　　　　T3150/2725.83
　　〔清〕吕瀅等纂　　〔清〕言如泗等修
　　乾隆二十九年（1764）解州州衙刻本
　　二册
　　存序、圖、目録、卷一至四、六至
十一。

（乾隆）解州夏縣志十六卷首一卷
　　　　　　　　　　　T3150/1469.83
　　〔清〕李遵唐等纂　　〔清〕言如泗
等修

清乾隆二十九年（1764）刻本
　　四册

（光緒）解州夏縣志十卷首一卷
　　　　　　　　　　　3150/1469.88
　　〔清〕張承熊等纂　　〔清〕黄繒榮等修
　　清光緒六年（1880）刻本
　　六册

（乾隆）解州平陸縣志十六卷首一卷
　　　　　　　　　　　T3150/1071.83
　　〔清〕杜若拙等纂　　〔清〕言如泗等修
　　清乾隆二十九年（1764）刻本
　　四册

（乾隆）解州芮城縣志十六卷首一卷
（光緒）芮城縣續志六卷首一卷
　　　　　　　　　　　3150/4245.83
　　〔清〕王載纂　　〔清〕莫溥修
〔清〕張承熊續纂　　〔清〕萬啓鈞續修
　　清乾隆二十九年（1764）刻光緒六年
（1880）續修刻本
　　四册

（康熙）絳州志四卷　　T3150/2532.81
　　〔清〕陶用曙纂　　〔清〕劉顯第修
　　清康熙九年（1670）刻本
　　四册

（乾隆）直隸絳州志二十卷首一卷
　　　　　　　　　　　T3150/2532.83
　　〔清〕李友洙等纂　　〔清〕張成德修
　　清乾隆三十年（1765）刻本
　　六册

（光緒)直隸絳州志二十卷首一卷

3150/2532.88

〔清〕張于鑄纂　〔清〕李煥揚修

清光緒五年（1879）刻本

十册

（乾隆）垣曲縣志十四卷

T3150/4156.83

〔清〕湯登泗纂修

清乾隆三十一年（1766）刻本

六册

（光緒）垣曲縣志十四卷　3150/415.88

〔清〕張于鑄纂　〔清〕薛元釗修

清光緒六年（1880）刻本

八册

（乾隆）聞喜縣志十二卷首一卷

T3150/7446.83

〔清〕李遵唐纂　〔清〕張成德修

清乾隆三十一年（1766）刻本

六册

（光緒）聞喜縣志補四卷

3150/7446.88a

〔清〕楊深秀纂　〔清〕陳作哲修

清光緒六年（1880）刻本

一册

（光緒）聞喜縣志續四卷

3150/7446.88b

〔清〕楊深秀纂　〔清〕陳作哲修

清光緒六年（1880）刻本

二册

（光緒）聞喜縣志斠三卷首一卷

3150/7446.88c

〔清〕楊深秀纂　〔清〕陳作哲修

清光緒六年（1880）刻本

一册

（乾隆）絳縣志十四卷附圖

T3150/2569.83

〔清〕王本智等纂　〔清〕拉昌阿修

清乾隆三十年（1765）刻本

四册

（光緒）絳縣志十四卷　3150/2569.88

〔清〕張于鑄纂　〔清〕劉斌修

清光緒六年（1880）刻本

六册

（乾隆）稷山縣志十卷　T3150/2427.83

〔清〕韋之瑗等纂修

清乾隆二十八年（1763）刻本

八册

（嘉慶）稷山縣志十卷　3150/2427.84

〔清〕王墀纂　〔清〕張應辰修

清嘉慶二十年（1815）刻本

八册

（同治）稷山縣志十卷　3150/2427.87

〔清〕鄧嘉紳纂　〔清〕沈鳳翔修

清同治四年（1865）刻本

八册

（光緒）稷山縣志二卷　3150/2427.88

〔清〕馬家鼎等纂修

清光緒十一年（1885）刻本

二册

（康熙）河津縣志八卷　　T3150/3230.81
　〔清〕劉梁嵩纂　　〔清〕馬光遠修
　清康熙十一年（1672）刻雍正十三年（1735）增刻重印本
　六册

（乾隆）河津縣志十二卷附圖
　　　　　　　　　　T3150/3230.83
　〔清〕吳端彝等纂　　〔清〕張其昺等修
　清乾隆四十八年（1783）刻本
　八册

（嘉慶）河津縣志十二卷　　3150/3230.84
　〔清〕葉峻嵋等纂　　〔清〕沈千鑑修
　清嘉慶二十年（1815）刻本
　八册

（光緒）河津縣志十四卷首一卷
　　　　　　　　　　3150/3230.88
　〔清〕韓秉鈞等纂　　〔清〕茅丕熙等修
　清光緒六年（1880）刻本
　十册

（光緒）續修隰州志四卷　　3150/7623.88
　〔清〕王嘉會纂　　〔清〕崔澄寰修
　清光緒二十四年（1898）刻本
　四册

（乾隆）蒲縣志十卷首一卷續志不分卷
　　　　　　　　　　3150/4269.88
　〔清〕王居正纂　　〔清〕巫慧修　　〔清〕曹和鈞等續纂　　〔清〕托克托歡續修

清乾隆十八年（1753）刻光緒六年（1880）續刻本
　六册

（乾隆）沁州志十卷圖考一卷續記一卷補遺一卷　　T3150/3310.83b
　〔清〕吳正纂　　〔清〕雷暢修
　清乾隆六年（1741）刻本
　十册

（乾隆）沁州志十卷首一卷
　　　　　　　　　　T3150/3310.83
　〔清〕吳正纂　　〔清〕雷暢修　　〔清〕姚學甲續纂　　〔清〕姚學瑛續修
　清光緒六年（1880）知州吳承恩刻本
　八册

（光緒）沁州復續志四卷　　3150/3310.88
　〔清〕吳承恩纂修
　清光緒六年（1880）刻本
　四册

（雍正）沁源縣志十卷首一卷
　　　　　　　　　　3150/3339.82
　〔清〕韓瑛纂修　　〔清〕王廷掄續編
　清雍正八年（1730）刻本
　四册

（光緒）沁源縣續志四卷　　3150/3339.88
　〔清〕郭維城等纂　　〔清〕董餘三修
　清光緒七年（1881）刻本
　四册

（光緒）武鄉縣續志四卷　　3150/1422.88
　〔清〕鈕增垚纂　　〔清〕吳匡修

清光緒五年（1879）刻本
四册

（雍正）遼州志八卷　　T3150/3430.82
〔清〕劉澐等纂　〔清〕徐三俊修
清雍正十一年（1733）刻乾隆間剜修
重印本
六册

（乾隆）重修和順縣志八卷首一卷
T3150/2628.83
〔清〕賈訒等纂　〔清〕黃玉衡修
清乾隆三十三年（1768）刻本
八册

（光緒）和順縣志十卷首一卷末一卷
3150/2628.88
〔清〕岳宜興等纂　〔清〕陳守中等修
清光緒八年（1882）刻本
十二册

（乾隆）榆社縣志十二卷
T3150/4231.83
〔清〕孟濤等纂　〔清〕費映奎修
清乾隆八年（1743）刻本
四册

（咸豐）和林格爾廳志四卷
3267/2441.86
〔清〕伊長纂　〔清〕托明修
清咸豐二年（1852）序木活字印本
三册

（光緒）土默特旗志十卷　3267/4163.88
〔清〕高賡恩等纂　〔清〕貽穀修

清光緒三十四年（1908）刻本
四册

（光緒）綏遠志十卷首一卷　3266/0.88
〔清〕高賡恩纂　〔清〕貽穀修
清光緒三十四年（1908）刻本
六册

（乾隆）河套志六卷　　T3266/3243.83
〔清〕陳履中等纂修
清乾隆七年（1742）刻本
十册

（光緒）清水河廳志二十卷
3267/3213.88
〔清〕盧夢蘭等纂　〔清〕文秀修
清光緒九年（1883）抄本
八册

（道光）濟南府志七十二卷首一卷
3139/3242.85
〔清〕成瓘等纂　〔清〕王贈芳等修
清道光二十年（1840）刻本
四十册

（崇禎）歷城縣志十六卷　T3140/714.7
〔明〕葉承宗纂　〔明〕宋祖法修
明崇禎十三年（1640）友聲堂刻本
八册

（乾隆）歷城縣志五十卷首一卷
T3140/714.83
〔清〕李文藻等纂　〔清〕胡德琳修
清乾隆三十六年（1771）刻本
十六册

（乾隆）歷城縣志五十卷首一卷

　　　　　　　　　　T3140/714.83B

　　〔清〕李文藻等纂　　〔清〕胡德琳修

　　清節抄乾隆三十六年（1771）刻本

　　五册

　　存卷一至五。

（康熙）章丘縣志十二卷首一卷

　　　　　　　　　　T3140/0471.81

　　〔清〕鍾運泰纂修

　　清康熙三十年（1691）刻本

　　十册

（乾隆）章邱縣志十三卷首一卷

　　　　　　　　　　T3140/0471.83

　　〔清〕張萬青纂修

　　清乾隆二十年（1755）刻本

　　十册

（道光）章邱縣志十六卷首一卷末一卷

　　　　　　　　　　3140/0472.85

　　〔清〕曹楙堅等纂　　〔清〕吳璋修

　　清道光十五年（1835）刻本

　　八册

（光緒）章邱縣鄉土志二卷

　　　　　　　　　　3140/0472.88

　　〔清〕李洪鈺等纂　　〔清〕楊學淵修

　　清光緒三十三年（1907）石印本

　　二册

鄒平縣景物志十六卷　　T3140/2210.81b

　　〔清〕成晉徵纂

　　清康熙三十一年（1692）刻本

　　六册

（康熙）鄒平縣志八卷　　T3140/2210.81

　　〔清〕程之芳等纂　　〔清〕程素期修

　　清康熙三十五年（1696）刻本

　　八册

（道光）鄒平縣志十八卷　　3140/2210.85

　　〔清〕成瓘纂　　〔清〕羅宗瀛修

　　清道光十六年（1836）刻本

　　八册

（乾隆）淄川縣志八卷首一卷

　　　　　　　　　　T3140/3622.83B

　　〔清〕臧岳等纂　　〔清〕王康修

　　清乾隆八年（1743）刻本

　　八册

（乾隆）淄川縣志八卷首一卷

　　　　　　　　　　T3140/3622.83

　　〔清〕張廷寀等纂　　〔清〕張鳴鐸修

　　清乾隆四十一年（1776）刻本

　　八册

（康熙）顏神鎮志五卷　　T3141/0832.81

　　〔清〕馮文顯纂　　〔清〕葉先登輯

　　清康熙九年（1670）刻本

　　四册

（康熙）長山縣志十卷首一卷

　　　　　　　　　　T3140/7327.81

　　〔清〕孫衍纂修

　　清康熙五十六年（1717）刻本

　　八册

（嘉慶）長山縣志十六卷首一卷

　　　　　　　　　　3140/7237.84

　　〔清〕鍾廷瑛等纂　〔清〕倪企望修

　　清嘉慶六年（1801）刻本

　　十册

（康熙）新城縣志十四卷首一卷附續志
二卷　　　　　　　　T3140/0245.81

　　〔清〕崔懋纂修　〔清〕孫元衡等續纂

　　清康熙三十二年（1693）刻本

　　六册

（雍正）齊河縣志十卷首一卷

　　　　　　　　　　T3140/0232.83

　　〔清〕許琰纂　〔清〕上官有儀修

　　清乾隆元年（1736）刻本

　　四册

（康熙）新修齊東縣志八卷續志一卷

　　　　　　　　　　T3140/0259.81

　　〔清〕余爲霖纂修　〔清〕周以勳續修

　　清康熙二十四年（1685）刻嘉慶八年
（1803）增刻本

　　六册

（乾隆）濟陽縣志十四卷首一卷

　　　　　　　　　　T3140/3272.83

　　〔清〕何明禮等纂　〔清〕胡德琳修

　　清乾隆三十年（1765）刻本

　　八册

　　又一部，T3140/3272.83 c.2，八册。

（康熙）禹城縣志八卷　　T3140/2245.81

　　〔清〕任宗英編　〔清〕王表重輯

　　清康熙十二年（1673）刻本

八册

（嘉慶）禹城縣志十二卷　　3140/2245.84

　　〔清〕牟應震纂　〔清〕董鵬翱修

　　清嘉慶十三年（1808）刻本

　　四册

（光緒）禹城縣鄉土志不分卷

　　　　　　　　　　3141/2245.88

　　〔清〕張青蓮纂　〔清〕王汝漢修

　　清光緒三十四年（1908）石印本

　　一册

（道光）臨邑縣志十六卷首一卷末一卷

　　　　　　　　　　3140/7661.85

　　〔清〕李文賁等纂　〔清〕沈淮修

　　清道光十七年（1837）刻本

　　八册

（同治）臨邑志十六卷首一卷末一卷

　　　　　　　　　　3140/7661.87

　　〔清〕翟振慶等纂　〔清〕陳鴻翽修

　　清同治十三年（1874）刻本

　　八册

（道光）長清縣志十六卷首一卷末一卷

　　　　　　　　　　3140/7332.85

　　〔清〕徐德城等纂　〔清〕舒化民
等修

　　清道光十五年（1835）刻本

　　六册

（康熙）陵縣志六卷首一卷

　　　　　　　　　　T3140/7469.81

　　〔清〕康嚴采等纂　〔清〕史颺廷修

清康熙十二年（1673）刻本
一册（四册合訂）

（道光）陵縣志二十二卷　　3140/7469.85
〔清〕李圖纂　〔清〕沈淮修
清道光二十六年（1846）刻本
八册

（康熙）德州志十卷　　T3140/2332.81
〔清〕程先貞纂　〔清〕金祖彭修
清康熙十二年（1673）刻本
四册

（乾隆）德州志十二卷　　T3140/2332.83
〔清〕張慶源纂　〔清〕王道亨等修
清乾隆五十二至五十三年（1787—1788）刻本
八册

（嘉慶）德平縣志十卷首一卷
3140/2310.84
〔清〕鍾大受纂修
清嘉慶元年（1796）刻本
八册

（光緒）德平縣志十二卷首一卷
3140/2310.88
〔清〕李敬熙纂　〔清〕凌錫祺修
清光緒十九年（1893）刻本
六册

（乾隆）平原縣志十卷首一卷
T3140/1479.83
〔清〕黄兆熊等纂　〔清〕黄懷祖修
清乾隆十四年（1749）刻本

四册

（乾隆）兗州府志三十二卷首二卷
T3139/0130.83
〔清〕陳顧溂纂　〔清〕覺羅普爾泰修
清乾隆三十五年（1770）刻本
十六册

（康熙）滋陽縣志四卷　　T3140/337.81
〔清〕仲弘道纂　〔清〕李濚修
清康熙十一年（1672）刻本
五册

（光緒）滋陽縣志十四卷　　3140/337.88
〔清〕黄師閣纂　〔清〕李兆霖修
清光緒十四年（1888）刻本
十册

（乾隆）曲阜縣志一百卷
T3140/5624.83
〔清〕潘相等修
清乾隆三十九年（1774）刻本
十二册

（光緒）寧陽縣志二十四卷
3140/3277.88
〔清〕黄恩彤等纂　〔清〕陳文顯等增補
清光緒十三年（1887）補刻本
十二册

（光緒）寧陽縣鄉土志一卷
3140/327.88
〔清〕曹倜修　〔清〕李椿齡等纂
清光緒三十三年（1907）石印本

一册

（康熙）鄒縣志三卷　　　　T3140/2269.81

〔清〕周翼等纂　〔清〕婁一均修

清康熙五十五年（1716）刻本

四册

（光緒）鄒縣續志十二卷首一卷

3140/2269.81B

〔清〕錢枬等纂　〔清〕吳若灝修

清光緒十八年（1892）刻本

四册

（光緒）鄒縣鄉土志不分卷

3140/2269.88

〔清〕胡煒等纂修

清光緒三十三年（1907）石印本

一册

（順治）泗水縣志十二卷

T3140/3613.81

〔清〕杜燦然纂　〔清〕劉桓修

清康熙元年（1662）刻本

二册

（光緒）泗水縣志十五卷首一卷

3140/3613.88

〔清〕黄承觴纂　〔清〕趙英祚修

清光緒十八年（1892）刻本

八册

（道光）滕縣志十四卷首一卷

3140/7369.85

〔清〕王庸立等纂　〔清〕王政修

清道光二十六年（1846）刻本

八册

（光緒）滕縣鄉土志不分卷

3141/7369.88

〔清〕高熙喆纂修

清光緒三十三年（1907）石印本

二册

（乾隆）嶧縣志十卷首一卷

T3140.2469.83

〔清〕忠璉等纂修

清乾隆二十六年（1761）刻本

六册

（光緒）嶧縣志二十五卷首一卷

3140/2469.88

〔清〕王寶田纂　〔清〕王振録　周鳳鳴修

清光緒三十年（1904）鉛印本

十二册

（萬曆）汶上縣志八卷續修汶上縣志六卷

T3140/3421.7

〔明〕王命新等纂　〔明〕栗可仕修〔清〕聞元炅續修

明萬曆三十六年（1608）刻清康熙五十六年（1717）補修本

四册

（康熙）壽張縣志八卷　　　T3140/4413.81

〔清〕馬衍纂　〔清〕滕永禎修

清康熙五十六年（1717）刻本

四册

（光緒）壽張縣志十卷首一卷
　　　　　　　　　　3140/4413.88
　〔清〕王守謙纂　　〔清〕劉文煒修
　清光緒二十六年（1900）刻本
　六冊

（嘉慶）東昌府志五十卷首三卷
　　　　　　　　　　3139/5060.84
　〔清〕謝香開等纂　　〔清〕嵩山修
　清嘉慶十三年（1808）刻本
　二十四冊

（康熙）聊城縣志四卷　　T3140/1245.81
　〔清〕何一傑纂修
　清康熙二年（1663）刻七年（1668）
補刻本
　四冊

（光緒）聊城縣鄉土志不分卷
　　　　　　　　　　3140/1245.88
　〔清〕向植等纂修
　清光緒三十四年（1908）石印本
　一冊

（宣統）聊城縣志十二卷附耆獻文徵五卷
　　　　　　　　　　3140/1245.89
　〔清〕葉錫麟纂　　〔清〕靳維熙續纂
〔清〕陳慶藩修
　清宣統二年（1910）刻本
　八冊

（康熙）堂邑縣志二十卷　　3140/9061.81
　〔清〕劉淇纂　　〔清〕廬承琰修
　清光緒十八年（1892）刻本
　三冊

（道光）博平縣志六卷　　　3140/4414.85
　〔清〕烏竹芳纂　　〔清〕楊祖憲修
　清道光十一年（1831）刻本
　六冊

（康熙）茌平縣志五卷　　T3140/4110.83
　〔清〕孫克緒纂　　〔清〕王世臣修
　清康熙四十九年（1710）刻本
　五冊

（嘉慶）清平縣志十七卷　　3140/3214.84
　〔清〕周以勳等纂　　〔清〕萬承紹修
　清嘉慶三年（1798）刻本
　五冊

（宣統）清平縣志十六卷首一卷
　　　　　　　　　　3140/3214.89
　〔清〕張敬承等纂　　〔清〕陳鉅前
等修
　清宣統三年（1911）刻本
　八冊

（康熙）莘縣志八卷　　　T3140/4069.81
　〔清〕劉蕭纂修
　清康熙五十六年（1717）刻本
　四冊

（光緒）莘縣志十卷　　　　3140/4069.88
　〔清〕孔廣海等纂　　〔清〕張朝瑋修
　清光緒十三年（1887）刻本
　六冊

（光緒）莘縣鄉土志一卷　　3140/4440.88
　〔清〕孔廣文纂　　〔清〕周鄭表修
　清宣統元年（1909）石印本

一册

（雍正）館陶縣志十二卷　3140/8772.83
〔清〕趙知希纂修　〔清〕張興宗增修
清光緒十九年（1893）刻本
四册

（光緒）館陶縣鄉土志八卷
3140/8772.88
〔清〕宋金鏡等纂　〔清〕孫方墍修
清光緒三十四年（1908）山東官報局
鉛印本
四册

（萬曆）恩縣志六卷
T3140/636.7（1—3）
〔明〕雷金聲纂　〔明〕孫居相修
明萬曆二十六年（1598）刻清雍正元
年（1723）補刻本
三册
又一部，TNC3140/636.7（1—3），
三册。

（宣統）恩縣志十卷首一卷
3140/6369.89
〔清〕劉儒臣等纂　〔清〕汪鴻孫修
清宣統元年（1909）刻本
四册

（雍正）恩縣續志五卷
T3140/636.7（4）
〔清〕韓天篤等纂　〔清〕陳學海修
清雍正元年（1723）刻本
一册
又一部，TNC3140/636.7（4），一册。

（道光）高唐州志八卷　3140/0206.85
〔清〕陳幾等纂　〔清〕徐宗幹修
清道光十五年（1835）傳抄本
六册

（光緒）高唐州志八卷首一卷末一卷
3140/0206.88
〔清〕鞠建章纂　〔清〕周家齊修
清光緒三十三年（1907）刻本
六册

（康熙）青州府志二十二卷
T3139/5230.81
〔清〕王昌學等纂　〔清〕陶錦修
清康熙六十年（1721）刻本（有補配）
八册

（咸豐）青州府志六十四卷
3139/5230.86
〔清〕劉耀椿纂　〔清〕毛永柏修
清咸豐九年（1859）刻本
十六册

（康熙）益都縣志十四卷首一卷
T3140/8142.81
〔清〕鍾諤等纂　〔清〕陳食花修
清康熙十二年（1673）刻本
六册

（光緒）益都縣圖志五十四卷
3140/8142.88
〔清〕法偉堂纂　〔清〕張承燮等修
清光緒三十三年（1907）刻本
十六册

（乾隆）博山縣志十卷首一卷
　　　　　　　　　　　　T3140/4427.83
　〔清〕田士麟纂　　〔清〕富申修
　清乾隆十八年（1753）刻本
　四册

（乾隆）博山志稿八卷　　T3140/4427.8
　〔清〕洪鑾纂修
　清乾隆四十年（1775）刻本
　一册

（康熙）臨淄縣志十六卷
　　　　　　　　　　　　T3140/7636.81
　〔清〕李焕章纂　　〔清〕鄧性修
　清康熙十一年（1672）刻本
　六册

（道光）博興縣志十三卷　　3140/4478.85
　〔清〕李同纂　　〔清〕周壬福修
　清道光二十年（1840）刻本
　四册

（乾隆）高苑縣志十卷　　T3140/0241.83
　〔清〕張耀璧等纂修
　清乾隆二十三年（1758）刻本
　六册

（雍正）樂安縣志二十卷
　　　　　　　　　　　　T3140/2030.82
　〔清〕李方膺纂修
　清雍正十一年（1733）刻本
　四册

（嘉慶）壽光縣志二十卷　　3140/4491.84
　〔清〕劉翰周等纂修

清嘉慶五年（1800）刻本
八册

（嘉慶）昌樂縣志三十二卷首一卷
　　　　　　　　　　　　3140/6020.84
　〔清〕閻學夏等纂　　〔清〕魏禮焯等修
　清嘉慶十四年（1809）刻本
　六册

（康熙）臨朐縣志四卷　　T3140/7672.81
　〔清〕尹所遴纂　　〔清〕屠壽徵修
　清康熙十一年（1672）刻本
　四册

（光緒）臨朐縣志十六卷　　3140/7672.88
　〔清〕鄧嘉緝等纂　　〔清〕姚延福修
　清光緒十年（1884）刻本
　六册
　又一部，3140/7672.88B，六册。

（萬曆）安丘縣志二十八卷
　　　　　　　　　　　　T3140/3070.7
　〔明〕馬文煒纂　　〔明〕熊元修
　明萬曆十七年（1589）刻本
　四册

（康熙）續安邱縣志二十五卷
　　　　　　　　　　　　T3140/3070.80
　〔清〕王訓纂　　〔清〕任周鼎修
　清康熙二年（1663）刻本
　四册

（乾隆）諸城縣志四十六卷
　　　　　　　　　　　　T3140/0645.83
　〔清〕李文藻等纂　　〔清〕宮懋讓

等修

　　清乾隆二十九年（1764）刻本

　　八册

（道光）諸城縣續志二十三卷

　　　　　　　　　　3140/0645.85

　　〔清〕朱學海纂　　〔清〕劉光斗修

　　清道光十四年（1834）刻本

　　四册

（光緒）增修諸城縣續志二十二卷

　　　　　　　　　　3140/0645.88

　　〔清〕丘濬恪等纂　　〔清〕劉嘉樹修

　　清光緒十八年（1892）刻本

　　六册

（光緒）諸城縣鄉土志二卷

　　　　　　　　　　3140/0645.881

　　〔清〕王熙昭等纂　　〔清〕陳觀圻輯

　　清光緒三十二年（1906）鉛印本

　　二册

（順治）登州府志二十二卷（乾隆）續登
州府志十二卷　　　T3139/1132.83

　　〔清〕施閏章等纂修　　（續）〔清〕
永泰纂修

　　清順治十七年（1660）刻乾隆七年
（1742）續刻本

　　十二册

（光緒）登州府志六十九卷首一卷

　　　　　　　　　　3139/1132.88

　　〔清〕周悦讓等纂　　〔清〕賈瑚修

　　清光緒七年（1881）刻本

　　二十四册

（康熙）蓬萊縣志八卷　　T3140/4349.81

　　〔清〕蔡永華纂　　〔清〕高崗修

　　清康熙十二年（1673）刻本

　　四册

（道光）蓬萊縣志十四卷　　3140/434.85

　　〔清〕張本等纂　　〔清〕王文燾修

　　清道光十九年（1839）刻本

　　八册

（光緒）蓬萊縣續志十四卷　　3140/434.88

　　〔清〕王爾植等纂　　〔清〕江瑞采修

　　清光緒八年（1882）刻本

　　四册

（乾隆）黄縣志十二卷　　T3140/486.83

　　〔清〕毛贄纂　　〔清〕袁中立修

　　清乾隆二十一年（1756）刻本

　　四册

（同治）黄縣志十四卷　　3140/486.87

　　〔清〕王棠等纂　　〔清〕尹繼美修

　　清同治十年（1871）刻本

　　四册

（乾隆）福山縣志十二卷　　T3140/362.83

　　〔清〕王積熙纂　　〔清〕何樂善修

　　清乾隆二十八年（1763）刻本

　　八册

（乾隆）棲霞縣志十卷　　T3140/4414.83

　　〔清〕衛萇纂修

　　清乾隆十九年（1754）刻本

　　八册

（光緒）棲霞縣續志十卷首一卷

　　　　　　　　　　3140/4414.88

　〔清〕于如川纂　　〔清〕黄麗中修

　清光緒五年（1879）刻本

　八册

（順治）招遠縣志十二卷

　　　　　　　　　　T3140/5633.80

　〔清〕張鳳羽纂　　〔清〕張作勵修

　清順治刻本

　四册

（道光）招遠縣續志四卷　　3140/5633.85

　　〔清〕李蔭等纂　　〔清〕邊象曾等修

　　清道光二十六年（1846）刻本

　　四册

（康熙）萊陽縣志十卷　　T3140/4972.81

　　〔清〕衛元爵等纂　　〔清〕萬邦維修

　　清康熙十七年（1678）刻本

　　四册

（康熙）寧海州志十卷　　T3140/3235.81

　　〔清〕王樞纂　　〔清〕楊引祚修

　　清康熙十一年（1672）刻本

　　一册（二册合訂）

（同治）寧海州志二十六卷

　　　　　　　　　　3140/3235.87

　　〔清〕王厚階纂　　〔清〕舒孔安修

　　清同治三年（1864）刻本

　　六册

（道光）文登縣志十卷　　3140/0411.85

　　〔清〕林汝謨等纂　　〔清〕歐文修

清道光十九年（1839）刻本

四册

（乾隆）海陽縣志八卷

　　　　　　　T3140/3572.83（1—4）

　〔清〕包桂纂修

　清乾隆七年（1742）刻本

　四册

（光緒）海陽縣續志十卷首一卷

　　　　　　　T3140/3572.83（5—10）

　〔清〕李爾梅纂　　〔清〕王敬勳修

　清光緒五至六年（1879—1880）刻本

　六册

（道光）榮成縣志十卷首一卷

　　　　　　　　　　3140/9050.85

　〔清〕岳賡延纂　　〔清〕李天驚修

　清道光二十年（1840）刻本

　四册

（乾隆）萊州府志十六卷首一卷

　　　　　　　　　　T3139/4030.83

　〔清〕嚴有禧等纂修

　清乾隆五年（1740）刻本

　八册

（乾隆）掖縣志八卷　　T3140/5469.83

　〔清〕于始瞻纂　　〔清〕張思勉修

　清乾隆二十三年（1758）刻嘉慶十二

年（1807）重印本

　八册

（嘉慶）續掖縣志四卷　　3140/5469.84

　〔清〕張謝纂　　〔清〕張彤修

清嘉慶十二年（1807）刻本

四册

（光緒）三續掖縣志四卷首一卷

3140/5469.88

〔清〕王續藩纂　　〔清〕魏起鵬修

清光緒十九年（1893）刻本

四册

（康熙）平度州志十二卷

T3140/1404.81

〔清〕李世昌纂修

清康熙五年（1666）刻本

十册

（道光）平度州志二十七卷

3140/1404.85

〔清〕李圖等纂　　〔清〕保忠等修

清道光二十八年（1848）刻本

八册

（乾隆）濰縣志六卷首一卷末一卷

T3140/3169.83

〔清〕王誦芬纂　　〔清〕張耀璧修

清乾隆二十五年（1760）刻本

六册

（光緒）濰縣鄉土志不分卷

3140/3169.88

〔清〕陳傳弼等纂　　〔清〕宋朝楨等修

清光緒三十三年（1907）石印本

一册

（乾隆）昌邑縣志八卷　　T3140/6661.83

〔清〕周來邰等纂修

清乾隆七年（1742）刻本

四册

（光緒）昌邑縣續志八卷　　3140/6061.88

〔清〕韓天衢等纂　　〔清〕陳嘉楷等修

清光緒三十三年（1907）刻本

六册

（乾隆）膠州志八卷首一卷

T3140/7232.83

〔清〕劉恬纂　　〔清〕周於智修

清乾隆十七年（1752）刻本

八册

（道光）膠州志四十卷　　3140/7232.85

〔清〕李圖等纂　　〔清〕張同聲修

清道光二十五年（1845）刻本

八册

（乾隆）高密縣志十卷首一卷末一卷

T3140/0237.83

〔清〕錢廷熊纂　　〔清〕張乃史修

清乾隆十九年（1754）刻本

四册

（光緒）高密縣志十卷首一卷末一卷

3140/0237.88

〔清〕劉之珍等纂　　〔清〕傅賁予修

清光緒二十二年（1896）刻本

八册

（乾隆）即墨縣志十二卷首一卷

T3140/7261.83

〔清〕李元正纂　　〔清〕尤淑孝修

清乾隆二十九年（1764）刻本

六册

（同治）即墨縣志十二卷首一卷
3140/7261.87
〔清〕周翕鐄纂　〔清〕林溥等修
清同治十二年（1873）刻本
八册

（萬曆）武定州志十五卷　T3139/1433.7
〔明〕邢侗纂　〔明〕桑東陽修
明萬曆十六年（1588）刻本
四册

（乾隆）武定府志三十八卷
T3139/1438.83
〔清〕莊肇奎纂　〔清〕赫達色修
清乾隆二十四年（1759）刻本
二十册

（咸豐）武定府志三十八卷首一卷
3139/1433.86
〔清〕鄒恒纂　〔清〕李熙齡修
清咸豐九年（1859）刻本
十四册

（乾隆）惠民縣志十卷首一卷
T3140/5374.83
〔清〕劉長靈纂　〔清〕倭什布修
清乾隆四十七年（1782）刻本
六册

（光緒）惠民縣志三十卷首一卷末一卷
3140/537.88
〔清〕李晶等纂　〔清〕沈世銓等修
清光緒二十五年（1899）刻本

六册

（乾隆）青城縣志十二卷
T3140/5245.84
〔清〕周珹等纂　〔清〕方鳳修
〔清〕鄒尚志增修
清嘉慶二十三年（1818）增修刻本
四册

（乾隆）陽信縣志八卷首一卷
T3140/7226.83
〔清〕王允深等纂修
清乾隆二十四年（1759）刻本
五册

（康熙）海豐縣志十二卷首一卷
T3140/3521.81
〔清〕張克家等纂　〔清〕胡公著修
清康熙九年（1670）刻本
四册

（乾隆）樂陵縣志八卷首一卷末一卷
T3140/2974.83B
〔清〕鄭成中纂　〔清〕王謙益修
清乾隆二十七年（1762）刻本
八册

（道光）商河縣志八卷首一卷
3140/0032.85
〔清〕龔廷煌纂修
清道光十六年（1836）刻本
八册

（康熙）濱州志八卷首一卷

T3140/38.81

〔清〕杜曤等纂　〔清〕楊容盛修

清康熙四十年（1701）刻本

四册

（咸豐）濱州志十二卷首一卷

3140/3832.86

〔清〕李熙齡纂修

清咸豐十年（1860）刻本

四册

（康熙）利津縣新志十卷

T3140/2931.81（v.1—2）

〔清〕韓文焜等纂修

清乾隆二十三年（1758）刻本

二册

（乾隆）利津縣志續編十卷附補六卷

T3140/2931.81（v.3—4）

〔清〕劉永祚等纂　〔清〕劉文確修

（附補）〔清〕程士範等纂修

清乾隆二十三年（1758）刻本

二册

（光緒）霑化縣志十六卷首一卷

3140/1621.88

〔清〕張會一等纂　〔清〕聯印修

清光緒十七年（1891）刻本

四册

（乾隆）蒲臺縣志四卷首一卷

T3140/424.83

〔清〕任相纂　〔清〕嚴文典修

清乾隆二十八年（1763）刻本

四册

（乾隆）沂州府志三十六卷首一卷

T3139/3230.83

〔清〕潘遇莘等纂　〔清〕李希賢修

清乾隆二十五年（1760）刻本

十二册

（康熙）沂州志八卷　　T3140/323.81

〔清〕王壎等纂　〔清〕邵士修

清康熙十三年（1674）刻本

八册

（嘉慶）郯城縣志十卷附光緒郯城縣賦役全書不分卷　　3140/9245.84

〔清〕陸繼輅纂　〔清〕吳階修

清嘉慶十五年（1810）刻光緒重印本（賦役全書）光緒二十二年（1896）刻本

四册

（康熙）費縣志十卷首一卷

3140/5869.81

〔清〕黃學懃等纂修

清康熙二十八年（1689）刻本

四册

（光緒）費縣志十六卷首一卷

3140/5869.88

〔清〕楊佑廷等纂　〔清〕李敬修等修

清光緒二十一至二十二年（1896—1897）縣學署刻本

十册

（嘉慶）莒州志十六卷首一卷

3140/4632.84

〔清〕許紹錦等纂修

清嘉慶元年（1796）刻本

六册

（道光）沂水縣志十卷　　3140/3213.85

〔清〕劉承謙等纂　〔清〕張鑾修

清道光七年（1827）刻本

四册

（康熙）日照縣志十二卷　T3140/6163.81

〔清〕丁岂纂　〔清〕楊士雄修

清康熙五十四年（1715）成永健增修

刻本

四册

（光緒）日照縣志十二卷首一卷

3140/6163.88

〔清〕張庭詩等纂　〔清〕陳懋修

清光緒十一年（1885）刻本

四册

（乾隆）泰安府志三十卷首一卷末一卷

3139/5334.83

〔清〕成城等纂　〔清〕顔希深等修

清乾隆二十五年（1760）刻本

二十册

（道光）泰安縣志十二卷首一卷末一卷

3140/5334.85

〔清〕蔣大慶等纂　〔清〕徐宗幹修

清道光八年（1828）刻本

十四册

（道光）泰安縣志十二卷首一卷末一卷

3140/5334.87

〔清〕蔣大慶等纂　〔清〕徐宗幹修

清道光八年（1828）刻同治六年

（1867）補刻本

十四册

（康熙）肥城縣志二卷　T3140/7145.81

〔清〕尹足法等纂　〔清〕尹任修

清康熙十一年（1672）刻本

四册

（嘉慶）肥城縣志十九卷首一卷

3140/7145.84

〔清〕李基熙纂　〔清〕曾冠英修

清嘉慶二十年（1815）刻本

六册

（光緒）肥城縣志十卷首一卷

3140/7145.88

〔清〕邵承照等纂　〔清〕凌紱曾修

清光緒十七年（1891）刻本

八册

（光緒）肥城縣鄉土志九卷

3140/7145.88b

〔清〕李傳煦等纂　〔清〕鍾樹森修

清光緒三十四年（1908）石印本

一册

（乾隆）新泰縣志二十卷

T3140/0253.83

〔清〕牛士瞻纂　〔清〕江乾達修

清乾隆五十年（1785）刻本

六册

（乾隆）新泰縣志二十卷首一卷
　　　　　　　　　　　3140/0253.88
　　〔清〕牛士瞻纂　〔清〕江乾達修
　　清乾隆五十年（1785）刻光緒十七年
（1891）增修刻本
　　六册

（光緒）新泰縣鄉土志不分卷
　　　　　　　　　　　3141/0253.88b
　　〔清〕湯宗幹等纂修
　　清光緒三十三年（1907）石印本
　　一册

（康熙）新修萊蕪縣志十卷
　　　　　　　　　　　T3140/4943.81
　　〔清〕葉方恒纂修
　　清康熙十二年（1673）刻本
　　五册

（乾隆）東平州志二十卷首一卷
　　　　　　　　　　　T3140/5914.83
　　〔清〕胡彥升等纂　〔清〕沈維基修
　　清乾隆三十六年（1771）刻本
　　十册

（道光）東平州志三十卷首二卷
　　　　　　　　　　　3140/5914.85
　　〔清〕唐鑑等纂　〔清〕周雲鳳修
　　清道光五年（1825）刻本
　　十六册

（光緒）東平州志二十七卷首編一卷
　　　　　　　　　　　3140/5914.88
　　〔清〕盧崟等纂　〔清〕左宜似等修
　　清光緒七年（1881）刻本

二十册

（道光）東阿縣志二十四卷首一卷
　　　　　　　　　　　3140/5972.85
　　〔清〕吳怡等纂　〔清〕李賢書修
　　清道光九年（1829）刻本
　　十二册

（光緒）東阿縣鄉土志八卷
　　　　　　　　　　　3140/5972.88
　　〔清〕姜漢章等纂　〔清〕孫方墍修
　　清光緒三十三年（1907）鉛印本
　　一册

（順治）平陰縣志八卷首一卷
　　　　　　　　　　　T3140/1473.80
　　〔清〕趙貫台纂　〔清〕陳秉直修
　　清康熙十三年（1674）刻本
　　六册

（嘉慶）平陰縣志四卷　　3140/1473.84
　　〔清〕朱續孜纂　〔清〕喻春林修
　　清嘉慶十三年（1808）刻本
　　四册

（道光）平陰縣志續刻不分卷
　　　　　　　　　　　3140/1473.85
　　〔清〕熊衍學纂　〔清〕張樸修
　　清道光二十八年（1848）刻本
　　二册

（光緒）平陰縣志八卷首一卷
　　　　　　　　　　　3140/1473.88
　　〔清〕李敬修纂修
　　清光緒二十一年（1895）刻本

八册

（康熙）曹州志二十卷　　　T3140/56.81
　　〔清〕蘇毓眉等纂　　〔清〕佟企聖修
　　清康熙十三年（1674）刻本
　　十册

（乾隆）曹州府志二十二卷
　　　　　　　　　T3139/5030.83
　　〔清〕李登明等纂　　〔清〕周尚質修
　　清乾隆二十一年（1756）刻本
　　十二册

（光緒）菏澤縣志十八卷　3140/4234.88
　　〔清〕葉道源纂　　〔清〕凌壽柏修
　　清光緒十年（1884）刻本
　　六册
　　又一部，140/4234.88 c.2，六册。

（光緒）菏澤縣鄉土志不分卷
　　　　　　　　　3140/4234.883
　　〔清〕楊兆焕等纂　　〔清〕汪鴻孫修
　　清光緒三十三年（1907）石印本
　　一册

**（乾隆）單縣志十二卷附菏單防河紀略
一卷**　　　　　　3149/6069.83
　　〔清〕普爾泰等纂修　　（附）〔清〕孫
象坤撰
　　清嘉慶元年（1796）補刻本
　　十三册

（道光）城武縣志十四卷首一卷
　　　　　　　　　3140/4514.85
　　〔清〕劉士瀛纂　　〔清〕袁章華修

清道光十年（1830）刻本
八册

（道光）鉅野縣志二十四卷首一卷
　　　　　　　　　3140/8101.85
　　〔清〕黄維翰等纂修
　　清道光二十六年（1846）刻本
　　十六册

（康熙）鄆城縣志八卷　T3140/7245.81
　　〔清〕趙肅等纂　　〔清〕張盛銘修
　　清康熙五十五年（1716）刻本
　　四册

（光緒）鄆城縣志十六卷首一卷
　　　　　　　　　3140/7245.88
　　〔清〕趙翰鑾等纂　　〔清〕畢炳炎等修
　　清光緒十九年（1893）刻本
　　八册

（康熙）曹縣志十八卷　T3140/5669.81
　　〔清〕藍庚生纂　　〔清〕朱琦修
　　清康熙二十四年（1685）刻本
　　八册

（光緒）曹縣志十八卷首一卷
　　　　　　　　　3140/56.88
　　〔清〕孟廣來等纂　　〔清〕陳嗣良等修
　　清光緒十年（1884）曹縣居敬書院
刻本
　　十二册

（乾隆）定陶縣志十卷附卷首一卷
　　　　　　　　　3140/3372.83
　　〔清〕劉珠等纂　　〔清〕雷宏宇修

清光緒二年（1876）周忠補刻本
四册

（乾隆）濮州志六卷　　T3140/3332.83
〔清〕柴揆纂　〔清〕邵世昌修
清乾隆二十年（1755）刻本
六册

（宣統）濮州志八卷　　3140/3332.88
〔清〕榮相鼎纂　〔清〕高士英修
清宣統元年（1909）刻本
八册

（嘉慶）范縣志四卷　　3140/416.84
〔清〕唐晟等纂修
清嘉慶十四年（1809）刻本
四册

（康熙）濟寧州志十卷　　T3140/3232.81
〔清〕楊通睿等纂　〔清〕廖有恒修
清康熙十二年（1673）刻本
十册

（乾隆）濟寧直隸州志三十四卷首一卷
　　T3139/3232.83
〔清〕盛百二等纂　〔清〕王道亨等修
清乾隆五十年（1785）刻本
二十册

（道光）濟寧直隸州志十卷首一卷末一卷
　　3139/3232.85
〔清〕許瀚等纂　〔清〕徐宗幹等修
清咸豐七年（1857）刻本
二十册

（咸豐）濟寧直隸州續志四卷
　　3139/3232.85
〔清〕盧朝安等纂修
清咸豐九年（1859）刻本
四册

（乾隆）金鄉縣志二十卷
　　T3140/8122.83
〔清〕孫巽纂　〔清〕王天秀修
清乾隆三十三年（1768）刻本
八册

（咸豐）金鄉縣志十二卷首一卷
　　3140/8122.86
〔清〕李疊纂修
清同治元年（1862）刻本
四册

（乾隆）嘉祥縣志四卷首一卷
　　3140/4635.83
〔清〕倭什布纂修
清乾隆四十三年（1778）刻本
四册

（光緒）嘉祥縣志四卷首一卷
　　3140/4635.88
〔清〕官擢午纂　〔清〕章文華修
清光緒三十四年（1908）刻本
四册

（乾隆）魚臺縣志十三卷首一卷末一卷
　　T3140/2341.83
〔清〕馮振鴻等纂修
清乾隆二十九年（1764）刻本
四册

（光緒）魚臺縣志四卷首一卷末一卷

3140/2341.88

〔清〕丁咸亭等纂　〔清〕趙英祚修
清光緒十五年（1889）刻本
四册

（乾隆）臨清直隸州志十一卷首一卷

T3139/7632.83

〔清〕朱鍾纂　〔清〕張度等修
清乾隆五十年（1785）刻本
十一册

（道光）武城縣志續編十四卷首一卷

3140/1445.85

〔清〕厲秀芳纂修
清道光二十一年（1841）刻本
四册

（乾隆）夏津縣志十卷首一卷

T3140/1435.83

〔清〕梁大鯤等纂　〔清〕方學成修
清乾隆六年（1741）刻本
六册

（乾隆）邱縣志八卷　　T3140/7269.83

〔清〕靳淵然等纂　〔清〕黄景曾修
清乾隆四十七年（1782）刻本
四册

（康熙）開封府志四十卷

T3144/7244.81

〔清〕張沐等纂　〔清〕管竭忠等修
清康熙三十四年（1695）刻本
十册

（康熙）開封府志四十卷

3144/7244.81B

〔清〕張沐等纂　〔清〕管竭忠等修
清同治二年（1863）秦堯曦補刻本
十册

（乾隆）祥符縣志二十二卷

T3145/058.83

〔清〕魯曾煜纂　〔清〕張淑載修
清乾隆四年（1739）刻本
十二册

（光緒）祥符縣志二十四卷首一卷

3145/3584.88

〔清〕黄舒昺纂　〔清〕沈傳義修
清光緒二十四年（1898）刻本
二十册

（康熙）杞紀二十二卷　　T3140/4121.81

〔清〕張貞纂述
清康熙五十五年（1716）刻本
六册

（乾隆）杞縣志二十四卷

T3145/4169.83

〔清〕徐嵩等纂　〔清〕周璣修
清乾隆五十三年（1788）序刻本
十二册

（乾隆）通許縣志十卷　　T3145/330.83

〔清〕邵自祐纂　〔清〕阮龍光修
清乾隆三十五年（1770）刻本
六册

（順治）尉氏縣志四卷首一卷
　　　　　　　　　　T3145/7474.80
　〔清〕馬羲則等纂　〔清〕高桂修
　清順治十六年（1659）刻乾隆間剜修
重印本
　六册

（道光）尉氏縣志二十卷首一卷
　　　　　　　　　　3145/4474.85
　〔清〕王觀潮等纂　〔清〕劉厚滋
等修
　清道光十一年（1831）刻本
　六册

（嘉慶）洧川縣志八卷首一卷
　　　　　　　　　　3145/3220.84
　〔清〕何文明等纂修
　清嘉慶二十三年（1818）刻本
　四册

（道光）鄢陵縣志十八卷　3145/1274.85
　〔清〕洪符孫纂　〔清〕何鄂聯修
　清道光十二年（1832）刻本
　八册

（同治）鄢陵文獻志四十卷
　　　　　　　　　　3145/1274.87
　〔清〕蘇源生纂
　清同治二年（1863）刻本
　二十册

（乾隆）中牟縣志十一卷首一卷
　　　　　　　　　　T3145/5025.83
　〔清〕王廷宣纂　〔清〕孫和相修
　清乾隆十九年（1754）刻本

十二册

（同治）中牟縣志十二卷首一卷末一卷
　　　　　　　　　　3145/5025.87
　〔清〕焦子蕃纂　〔清〕吳若烺修
　清同治九年（1870）刻本
　六册

（乾隆）鄭州志十二卷首一卷
　　　　　　　　　　T3145/8232.83
　〔清〕毛如詵等纂　〔清〕張鉞等修
　清乾隆十三年（1748）刻本
　六册

（乾隆）汜水縣志二十二卷
　　　　　　　　　　T3145/3113.83
　〔清〕禹殿鰲纂　〔清〕許勉燉修
　清乾隆九年（1744）刻本
　八册

（康熙）河陰縣志四卷　T3145/3273.81
　〔清〕毛泰徵等纂　〔清〕申奇彩修
　清康熙三十年（1691）刻本
　四册

（乾隆）滎陽縣志十二卷附滎陽縣輿圖、
滎陽縣河圖　　　　　T3145/997.83
　〔清〕李清等纂　〔清〕李煦修
　清乾隆十一年（1746）刻本
　四册

（乾隆）滎澤縣志十四卷首一卷
　　　　　　　　　　T3145/9334.83
　〔清〕王博等纂　〔清〕崔淇修
　清乾隆十一年（1746）刻本

四册

（乾隆）禹州志十四卷　　T3145/2232.83
　　〔清〕孫廣生等纂　〔清〕邵大業等修
　　清乾隆十三年（1748）刻本
　　十二册

（道光）禹州志二十六卷續志二卷
　　　　　　　　　　3145/2232.85
　　〔清〕姚椿等纂　〔清〕朱煒修
（續志）〔清〕楊景純等纂　〔清〕宮國
勳修
　　清道光十五年（1835）刻同治九年
（1870）增刻本
　　十三册

（康熙）密縣志六卷　　T3145/3369.81
　　〔清〕李士珩等纂　〔清〕袁良怡修
　　清康熙三十四年（1695）刻乾隆間剜
修重印本
　　四册

（嘉慶）密縣志十六卷首一卷
　　　　　　　　　　3145/3369.84
　　〔清〕謝增纂　〔清〕景綸修
　　清嘉慶二十二年（1817）刻本
　　四册

（康熙）新鄭縣志四卷　　T3145/0282.81
　　〔清〕劉曰烓等纂　〔清〕朱廷獻修
　　清康熙三十三年（1694）刻本
　　四册

（乾隆）新鄭縣志三十一卷首一卷
　　　　　　　　　　T3145/028.83
　　〔清〕黄本誠纂修
　　清乾隆四十一年（1776）刻本
　　十二册

（道光）淮寧縣志二十七卷
　　　　　　　　　　3145/3172.85
　　〔清〕趙任之纂　〔清〕永銘修
　　清道光六年（1826）刻本
　　十二册

（乾隆）商水縣志十卷首一卷
　　　　　　　　　　T3145/0213.83
　　〔清〕郭熙纂　〔清〕張崇樸等修
　　清乾隆四十八年（1783）增校刻本
　　八册

（乾隆）西華縣志十四卷首一卷
　　　　　　　　　　T3145/1645.83
　　〔清〕于大猷纂　〔清〕宋恂修
　　清乾隆十九年（1754）刻本
　　六册

（乾隆）項城縣志十卷　　T3145/1845.83
　　〔清〕張延福等纂　〔清〕韓儀等修
　　清乾隆十一年（1746）刻本
　　六册

（宣統）項城縣志三十二卷
　　　　　　　　　　3145/1845.89
　　〔清〕施景舜等纂　〔清〕張鎮芳修
　　清宣統三年（1911）石印本
　　十二册

（乾隆）沈邱縣志十二卷首一卷

T3145/3172.83

〔清〕魯之璠纂　〔清〕何源洙修

清乾隆十一年（1746）刻本

四册

（道光）太康縣志八卷　　3145/4303.85

〔清〕江練纂　〔清〕高崧修

清道光八年（1828）刻本

八册

（康熙）商邱縣志二十卷首一卷

T3145/0272.81

〔清〕葉澐纂　〔清〕劉德昌修

清光緒十一年（1885）刻本

六册

（康熙）寧陵縣志十二卷首一卷

T3145/3074.81

〔清〕王肇棟纂　〔清〕王圖寧修

清康熙三十二年（1693）刻乾隆間剜

補重印本

四册

（宣統）寧陵縣志十二卷首一卷末一卷

3145/3274.89

〔清〕呂敬直纂　〔清〕蕭濟南修

清宣統三年（1911）刻本

八册

（乾隆）鹿邑縣志十二卷首一卷

T3145/016.83

〔清〕許葵纂修

清乾隆十八年（1753）刻本

四册

（光緒）鹿邑縣志十六卷首一卷

3145/0161.88

〔清〕蔣師轍纂　〔清〕于滄瀾等修

清光緒二十二年（1896）刻本

六册

（康熙）永城縣志八卷　T3145/3345.81

〔清〕侯良弼纂　〔清〕周正紀修

清康熙三十六年（1697）刻本

十册

（光緒）永城縣志三十八卷首一卷

3145/3345.88

〔清〕胡瓚采等纂　〔清〕岳廷楷修

清光緒二十九年（1903）刻本

八册

（光緒）虞城縣志十卷　　3145/2345.88

〔清〕席慶雲等纂　〔清〕李淇修

清光緒二十一年（1895）增修刻本

六册

睢州志七卷首一卷　　　T3145/6132.80

〔清〕戴斌等纂修

清順治十五年（1658）刻本

八册

（康熙）睢州志七卷　　T3145/6132.81

〔清〕馬世英等纂修

清康熙三十二年（1693）刻本

四册

（光緒）續修睢州志十二卷首一卷

3145/6132.88

〔清〕徐紹廉纂　〔清〕王枚修

清光緒十八年（1892）序刻本
八册

（乾隆）柘城縣志十八卷首一卷
　　　　　　　　　　T3145/4645.83
〔清〕李志魯纂修
清乾隆三十八年（1773）刻本
八册

（光緒）柘城縣志十卷　　3145/4645.88
〔清〕元淮等纂　　〔清〕余嘉穀等修
清光緒二十二年（1896）刻本
十册

（嘉靖）彰德府志八卷　　T3144/0223.7
〔明〕崔銑纂輯
明萬曆刻本
八册

（萬曆）彰德府續志三卷
　　　　　　　　　　T3144/0223.71
〔明〕郭樸纂　　〔明〕常存仁修
明萬曆九年（1581）刻十三年（1585）
補刻本
八册

（乾隆）彰德府志三十二卷首一卷
　　　　　　　　　　3144/042.83
〔清〕江大鍵等纂　　〔清〕盧崧修
清乾隆五十二年（1787）刻本
二十四册

（同治）臨漳縣略備考四卷
　　　　　　　　　　3145/7634.87
〔清〕駱文光撰

清同治十三年（1874）刻本
四册

（光緒）臨漳縣志十八卷首一卷
　　　　　　　　　　3145/7634.88
〔清〕周壽梓纂　　〔清〕周秉彝等修
清光緒三十年（1904）刻本
二十册

（乾隆）湯陰縣志十卷　　T3145/3273.83
〔清〕楊世達纂修
清乾隆三年（1738）刻本
四册

（乾隆）林縣志十卷首一卷末一卷
　　　　　　　　　　T3145/4969.83
〔清〕楊潮觀纂修
清乾隆十七年（1752）刻本
四册

（乾隆）武安縣志二十卷圖一卷
　　　　　　　　　　T3145/1434.83
〔清〕夏兆豐纂　　〔清〕蔣光祖修
清乾隆四年（1739）刻本
八册

（嘉慶）涉縣志八卷　　3145/3112.84
〔清〕戚學標纂修
清嘉慶四年（1799）刻本
四册

（乾隆）内黃縣志十八卷首一卷
　　　　　　　　　　T3145/4248.83
〔清〕黃之溦等纂　　〔清〕李禎等修
清乾隆四年（1739）刻本

六冊

（光緒）内黃縣志十九卷首一卷
　　　　　　　　　　　　3145/4248.88
　〔清〕陳熙春等纂　〔清〕董慶恩等修
　清光緒十八年（1892）刻本
　八冊

（乾隆）衛輝府志五十三卷首一卷末一卷
　　　　　　　　　　　　3144/2295.83
　〔清〕德昌等纂修
　清乾隆五十三年（1788）刻本
　三十冊

（乾隆）汲縣志十四卷首一卷末一卷
　　　　　　　　　　　　T3145/346.83
　〔清〕杜崑纂　〔清〕徐汝瓚修
　清乾隆二十年（1755）刻本
　六冊

（順治）胙城縣志四卷　　T3145/7145.80
　〔清〕郭金鼎纂　〔清〕劉純德修
　清順治十六年（1659）刻本
　四冊

（乾隆）新鄉縣志三十四卷首一卷
　　　　　　　　　　　　T3145/0222.83
　〔清〕暢俊等纂　〔清〕趙開元修
　清乾隆十二年（1747）刻本
　六冊

（乾隆）獲嘉縣志十六卷首一卷
　　　　　　　　　　　　T3145/4446.83
　〔清〕李棟纂　〔清〕吳喬齡修
　清乾隆二十一年（1756）刻本

六冊

（順治）淇縣志十卷圖考一卷
　　　　　　　　　　　　T3145/3869.80
　〔明〕白龍躍等纂　〔清〕王謙吉等修
　清順治十七年（1660）刻本
　二冊

（道光）輝縣志二十卷首一卷末一卷
　　　　　　　　　　　　3145/9569.85
　〔清〕戴銘等纂　〔清〕周際華修
　清光緒二十一年（1895）補刻本
　八冊

（康熙）延津縣志十卷　　T3145/1435.81
　〔清〕余心孺纂修
　清康熙四十一年（1702）刻本
　四冊

（嘉慶）濬縣志二十二卷首一卷附金石
錄二卷　　　　　　　　　3145/3669.84
　〔清〕武穆淳纂　〔清〕熊象階修
　清嘉慶七年（1802）刻本
　六冊

（光緒）濬縣續志八卷　　3145/3669.88
　〔清〕李作霖等纂　〔清〕黃璟修
　清光緒十三年（1887）刻本
　二冊

（乾隆）滑縣志十四卷首一卷
　　　　　　　　　　　　T3145/3269.83
　〔清〕吳喬齡纂修　〔清〕呂文光補修
　清乾隆二十五年（1760）刻本
　八冊

（同治）滑縣志十二卷　　　　　3145/3269.87
　　〔清〕徐光第纂　　　〔清〕姚錕修
　　清同治六年（1867）刻本
　　十四册

（康熙）考城縣志四卷　　T3145/4245.81
　　〔清〕王貫三等纂　　〔清〕陳德敏修
　　清康熙三十七年（1698）刻乾隆間剜
修重印本
　　四册

（康熙）懷慶府志十八卷
　　　　　　　　　　　　T3144/9304.81
　　〔清〕喬騰鳳等纂　　〔清〕劉維世修
　　清康熙三十四年（1695）刻本
　　十八册

（乾隆）新修懷慶府志三十二卷首一卷圖
經一卷　　　　　　　　　T3144/9304.83
　　〔清〕洪亮吉等纂　　〔清〕唐侍陛修
　　清乾隆五十四年（1789）刻本
　　十八册

（乾隆）濟源縣志十六卷首一卷末一卷
　　　　　　　　　　　　T3145/3239.83
　　〔清〕沈梧莊等纂　　〔清〕蕭應植修
　　清乾隆二十六年（1761）刻本
　　六册

（嘉慶）續濟源縣志十二卷
　　　　　　　　　　　　3145/3239.85
　　〔清〕劉大觀纂　　〔清〕何荇芳修
　　清嘉慶十八年（1813）刻本
　　四册

（道光）修武縣志十卷首一卷
　　　　　　　　　　　　3145/2214.85
　　〔清〕金皋等纂　　〔清〕馮繼照修
　　清道光二十年（1840）刻本
　　十册

（道光）武陟縣志三十六卷
　　　　　　　　　　　　3145/1472.85
　　〔清〕方履籛纂　　〔清〕王榮陛修
　　清道光九年（1829）刻本
　　八册

（乾隆）孟縣志十卷　　T3145/1169.82
　　〔清〕馮敏昌等纂　　〔清〕仇汝瑚修
　　清乾隆五十五年（1790）刻本
　　十册

（乾隆）溫縣志十二卷首一卷
　　　　　　　　　　　　T3145/3169.83
　　〔清〕苗于京纂　　〔清〕王其華修
　　清乾隆二十四年（1759）刻本
　　四册

（乾隆）原武縣志十卷　　T3145/7914.83
　　〔清〕何遠等纂　　〔清〕吳文炘修
　　清乾隆十二年（1747）刻本
　　五册

（乾隆）陽武縣志十二卷
　　　　　　　　　　　　T3145/7214.83
　　〔清〕楊仲震纂　　〔清〕談諟曾修
　　清乾隆十年（1745）縣署刻本
　　六册

（乾隆）河南府志一百十六卷首四卷

3144/3242.87

〔清〕童鈺等纂　〔清〕施誠修

清同治六年（1867）補刻本

二十四册

（嘉慶）洛陽縣志六十卷　3145/3672.84

〔清〕陸繼輅纂　〔清〕魏襄修

清嘉慶十八年（1813）刻本（卷二十

八至二十九抄補）

二十四册

（乾隆）偃師縣志三十卷首一卷

T3145/217.83

〔清〕孫星衍纂　〔清〕湯毓倬修

清乾隆五十四年（1789）刻本

十六册

（乾隆）宜陽縣志四卷　T3145/3176.83

〔清〕汪堅纂　〔清〕王道成等修

清乾隆十二年（1747）刻本

四册

（光緒）宜陽縣志十六卷　3145/3176.88

〔清〕陳一經等纂　〔清〕謝應起修

清光緒七年（1881）續修刻本

八册

（康熙）孟津縣志四卷　T3145/1135.81

〔清〕孟常裕纂修　〔清〕徐元燦增補

清順治十七年（1660）刻康熙四十八

年（1709）補刻乾隆間剜修重印本

一册（四册合訂）

（乾隆）永寧縣志八卷首一卷

T3145/3332.83

〔清〕張楷纂修

清乾隆五十五年（1790）刻本

八册

（嘉慶）澠池縣志十六卷　3145/323.84

〔清〕劉文運纂　〔清〕甘揚聲修

清嘉慶十五年（1810）刻本

八册

（康熙）嵩縣志十卷首一卷

T3145/2269.81

〔清〕李滋纂　〔清〕盧志遜修

清康熙三十二年（1693）刻本

四册

（乾隆）嵩縣志三十卷首一卷

T3145/2269.83

〔清〕康基淵纂修

清乾隆三十一年（1766）刻本

六册

（嘉慶）南陽府志六卷圖一卷

3144/4272.84

〔清〕孔傳金纂修

清嘉慶十二年（1807）刻本

十二册

（康熙）南陽縣志六卷首一卷

T3145/4272.81

〔清〕徐永芝等纂　〔清〕張光祖修

清康熙三十二年（1693）刻本

六册

（光緒）南陽縣志十二卷 3145/4272.88
〔清〕張鳳岡纂 〔清〕潘守廉等修
清光緒二十五至二十九年（1899—1903）刻本
八册

（乾隆）南召縣志四卷 T3146/421.83
〔清〕曹鵬翊等纂 〔清〕陳之熉修
清乾隆十一年（1746）刻本
四册

（康熙）唐縣志八卷首一卷 T3145/0669.81
〔清〕李璜等纂 〔清〕平鄗鼎修
清康熙三十五年（1696）刻本
四册

（乾隆）唐縣志十卷 T3145/0669.83
〔清〕吴泰來纂 〔清〕黄文蓮修
清乾隆五十二年（1787）刻本
四册

（康熙）泌陽縣志四卷 T3145/3372.8
〔清〕馬之起等纂 〔清〕程儀千修
清康熙五十三年（1714）刻乾隆間剜修重印本
二册

（道光）泌陽縣志十二卷首一卷 3145/3372.85
〔清〕粟郢纂 〔清〕倪明進修
清道光八年（1828）刻本
六册

（乾隆）桐柏縣志八卷首一卷 T3145/424.83
〔清〕李南暉纂 〔清〕鞏敬緒修
清乾隆十九年（1754）刻本
四册

（光緒）鎮平縣志六卷 3145/8814.88
〔清〕王翊運纂 〔清〕吴聯元修
清光緒二年（1876）縣署刻本
四册
又一部，3145/8814.88b，六册。

（咸豐）淅川廳志四卷 3145/3222.86
〔清〕徐光第纂修
清咸豐十年（1860）刻本
四册

（乾隆）新野縣志九卷首一卷 T3145/0262.83
〔清〕徐金位纂修
清乾隆十九年（1754）刻本
四册

（康熙）内鄉縣志十二卷 T3145/4222.81
〔清〕高佑釲纂 〔清〕寶鼎望修
清康熙三十二年（1693）年刻康熙五十二年（1713）增刻乾隆間剜修重印本
四册

（道光）舞陽縣志十二卷 3145/8572.85
〔清〕王德瑛纂修
清道光十五年（1835）刻本
四册

（同治）葉縣志十卷首一卷

　　　　　　　　　　　3145/492.87

　　〔清〕倉景恬等纂　〔清〕歐陽霖等修

　　清光緒二十二年（1896）刻本

　　八册

（嘉慶）汝寧府志三十卷首一卷

　　　　　　　　　　　3144/3430.84

　　〔清〕王增等纂　〔清〕德昌修

　　清嘉慶元年（1796）刻本

　　十二册

（康熙）汝陽縣志十卷　　T3145/347.81

　　〔清〕李根茂纂　〔清〕邱天英等修

　　清康熙二十九年（1690）刻乾隆間剜

修重印本

　　八册

（嘉慶）正陽縣志一卷　　3145/1172.84

　　〔清〕彭良弼修　〔修〕楊德容等補修

　　清嘉慶元年（1796）正陽縣署刻本

　　四册

（康熙）上蔡縣志十五卷　T3145/214.81

　　〔清〕張沐等纂　〔清〕楊廷望修

　　清康熙二十九年（1690）刻三十三年

（1694）增刻乾隆間剜修重印本

　　八册

（乾隆）新蔡縣志十卷　　T3145/0249.83

　　〔清〕王增纂　〔清〕莫璽章修

　　清乾隆六十年（1795）刻本

　　四册

（康熙）西平縣志十卷　　3145/1614.87

　　〔清〕李植修

　　清同治十年（1871）刻本

　　四册

（乾隆）遂平縣志十六卷首一卷

　　　　　　　　　　　T3145/3314.83

　　〔清〕祝暘等纂　〔清〕金忠濟修

　　清乾隆二十四（1759）刻本

　　四册

（乾隆）確山縣志四卷　　T3145/1127.83

　　〔清〕嚴克嶹纂　〔清〕周之瑚等修

　　清乾隆七至十年（1742—1745）刻本

　　八册

（乾隆）信陽州志十二卷首一卷

　　　　　　　　　　　T3145/267.83

　　〔清〕萬侯纂　〔清〕張鉞等修

　　清乾隆十四年（1749）刻本

　　八册

（乾隆）羅山縣志八卷　　T3145/6127.83

　　〔清〕李之杜等纂　〔清〕葛荃修

　　清乾隆十一年（1746）刻本

　　十册

（道光）許州志十六卷首一卷

　　　　　　　　　　　3145/04.85

　　〔清〕李堯觀等纂　〔清〕蕭元吉修

　　清道光十八年（1838）刻本

　　十二册

（順治）臨潁縣志八卷

T3145/7628.80（1—4）

〔清〕吳中奇等纂　〔清〕李馥先修

清順治十七年（1660）刻康熙至乾隆間遞修本

四册

（乾隆）臨潁縣續志八卷

T3145/7628.80（5—6）

〔清〕魏運嘉纂　〔清〕劉沆修

清乾隆十二年（1747）刻本

二册

（乾隆）襄城縣志十四卷首一卷

T3145/0345.83

〔清〕汪運正纂修

清乾隆十一年（1746）刻本

十册

（乾隆）郾城縣志十八卷首一卷

T3145/7245.83

〔清〕傅豫纂修

清乾隆十九年（1754）刻本

六册

（同治）陝州直隷州志二十卷首一卷附續志二卷　　3144/7330.83

〔清〕龔崧林等纂修　〔清〕周仁壽增修

清同治六年（1867）增補刻本

二十四册

（光緒）陝州直隷州志十五卷首一卷

3145/724.88

〔清〕杜景暹等纂　〔清〕趙希曾等修

清光緒十七年（1891）刻本

十二册

（乾隆）重修靈寶縣志六卷

T3145/1030.83

〔清〕敖啓潛纂　〔清〕周慶增修

清乾隆十三年（1748）刻本

六册

（光緒）靈寶縣志八卷　　3145/1030.88

〔清〕李鏡江等纂　〔清〕周淦等修

清光緒二年（1876）刻本

八册

（光緒）閿鄉縣志十二卷首一卷末一卷

3145/742.88

〔清〕王守恭等纂　〔清〕劉思恕等修

清光緒二十年（1894）刻本

八册

（光緒）重修盧氏縣志十八卷首一卷

3145/2174.88

〔清〕李旭春纂　〔清〕郭光澍修

清光緒十八年（1892）刻本

十册

（順治）息縣志十卷　　T3145/2369.80

〔清〕宣洪猷等纂　〔清〕邵光胤修

清順治十五年（1658）刻康熙二十四年（1685）增刻本

八册

（嘉慶）息縣志八卷首一卷

3145/2369.84

〔清〕任鎮及等纂　〔清〕劉光輝修

清嘉慶四年（1799）刻本
八册

（康熙）息縣續志八卷　　T3145/2369.81
〔清〕何朝宗等纂　　〔清〕鄭振藻修
清康熙三十二年（1693）刻本
四册

（嘉慶）商城縣志十四卷首一卷末一卷
3145/0245.84
〔清〕周之驥等纂　　〔清〕武開吉等修
清嘉慶八年（1803）刻本
十二册

（道光）汝州全志十卷首一卷
3145/343.85
〔清〕趙林成纂　　〔清〕白明義修
清道光二十年（1840）刻本
十册

（嘉慶）魯山縣志二十六卷
T3145/2027.84
〔清〕武億纂　　〔清〕董作棟修
清嘉慶元年（1796）刻本
六册

（康熙）郟縣志四卷
T3145/4269.81（1—4）
〔清〕仝軌纂　　〔清〕金世純修
清康熙三十三年（1694）刻乾隆八年
（1743）印本
四册

（乾隆）郟縣續志一卷
T3145/4269.81（5）
〔清〕張楣纂　　〔清〕劉書修
清乾隆八年（1743）刻本
一册

（咸豐）郟縣志十二卷　　3145/4269.87
〔清〕郭景泰纂　　〔清〕姜簏等修
清同治四年（1865）增刻本
六册

（乾隆）伊陽縣志四卷　　T3145/2572.83
〔清〕李章堉等纂修
清乾隆三十一年（1766）刻本
四册
又一部，3145/2572.83，四册。

（道光）重修伊陽縣志七卷
3145/2572.85
〔清〕馬九功纂　　〔清〕張道超修
清道光十八年（1838）刻本
六册

（乾隆）西安府志八十卷首一卷
T3154/1634.83
〔清〕嚴長明纂　　〔清〕舒其紳修
清乾隆四十四年（1779）刻本
三十七册

（熙寧）長安志二十卷圖三卷
T3154/7334.5
〔宋〕宋敏求撰　　〔元〕李好文繪
〔清〕畢沅校
清乾隆四十九年（1784）畢氏靈巖山
館刻經訓堂叢書本

八册

（康熙）長安縣志八卷　　T3155/7334.81
　〔清〕梁禹甸纂修
　清康熙七年（1668）刻本
　四册

（嘉慶）長安縣志三十六卷
　　　　　　　　　3155/7334.84
　〔清〕董曾臣纂　〔清〕張聰賢修
　清嘉慶二十年（1815）刻本
　六册

（康熙）咸寧縣志八卷　　T3155/503.81
　〔清〕陳大經　楊生芝纂　〔清〕黄家鼎修
　清康熙七年（1668）刻二十一年（1682）補刻本
　四册

（嘉慶）咸寧縣志二十六卷
　　　　　　　　　3155/503.84
　〔清〕陸耀遹　董祐誠纂　〔清〕高廷法　沈琮修
　清嘉慶二十四年（1819）刻本
　八册

（乾隆）咸陽縣志二十二卷首一卷（道光）續志一卷　　T3155/5072.83
　〔清〕臧應桐纂修　〔清〕陳堯書續纂修
　清乾隆十六年（1751）刻道光十六年（1836）刻本　（續志）道光十六年（1836）刻本
　四册

（乾隆）興平縣志二十五卷附士女續志三卷　　　　　　3155/7010.83
　〔清〕張塤纂　〔清〕張炯續纂
　〔清〕顧聲雷修　〔清〕王權續修
　清光緒二年（1876）續修刻本
　六册

（光緒）興平縣鄉土志六卷
　　　　　　　　　3155/7010.88
　〔清〕張元際纂修
　清光緒三十三年（1907）刻本
　三册

（光緒）馬嵬志十六卷首一卷
　　　　　　　　　3060/7224
　〔清〕胡鳳丹纂修
　清光緒三年（1877）永康胡氏退補齋刻本
　六册

（乾隆）臨潼縣志九卷圖一卷
　　　　　　　　　T3155/7631.83
　〔清〕史傳遠纂修
　清乾隆四十一年（1776）刻本
　六册

（光緒）臨潼縣續志二卷　　3155/7631.88
　〔清〕楊彥修纂　〔清〕安守和修
　清光緒十六年（1890）刻本
　四册

（嘉靖）高陵縣志七卷　　3155/027.84
　〔明〕呂柟纂修
　清嘉慶三年（1798）刻本
　四册

（嘉靖）高陵縣志七卷　　　3155/027.88
　　〔明〕呂柟纂修
　　清光緒十年（1884）刻本
　　四册

（乾隆）鄠縣新志六卷　　T3155/1269.83
　　〔清〕孫景烈纂　　〔清〕汪以誠修
　　清乾隆四十二年（1777）刻本
　　四册

（嘉慶）藍田縣志十六卷　　　3155/416.84
　　　〔清〕王開沃纂　　〔清〕高昱修
〔清〕王芾續纂　　〔清〕馬學賜續修
　　清嘉慶元年（1796）刻本
　　四册

（道光）藍田縣志十六卷　　　3155/416.85
　　〔清〕蔣湘南纂　　〔清〕胡元煐修
　　清道光十九年（1839）刻本
　　九册

（光緒）藍田縣志十六卷附輞川志六卷
藍田縣文徵録四卷　　　　3155/416.88
　　〔清〕袁廷俊纂　　〔清〕呂懋勳修
（附）〔清〕胡元煐編
　　清光緒元年（1875）刻本
　　六册

（乾隆）涇陽縣志十卷　　T3155/3172.83
　　〔清〕葛晨纂修
　　清乾隆四十三年（1778）刻本
　　六册

（乾隆）三原縣志十八卷首一卷
　　　　　　　　　　T3155/1179.83
　　〔清〕劉紹攽纂修
　　清乾隆四十八年（1783）刻本
　　十二册

（光緒）三原縣新志八卷　　3155/1179.88
　　〔清〕賀瑞麟纂　　〔清〕焦雲龍修
　　清光緒六年（1880）刻本
　　四册

（乾隆）盩厔縣志十四卷
　　　　　　　　　　T3155/4171.83
　　〔清〕王開沃纂　　〔清〕楊儀修
〔清〕鄧秉□補修
　　清乾隆五十八年（1793）補修刻本
　　六册

（乾隆）渭南志十四卷　　T3155/3242.83
　　〔清〕汪以誠纂修
　　清乾隆四十三年（1778）刻本
　　八册

（道光）渭南縣志十八卷　　3155/3242.85
　　〔清〕姚景衡纂　　〔清〕何耿繩修
　　清道光九年（1829）刻本
　　六册

（光緒）渭南縣志十二卷　　3155/3242.8
　　〔清〕焦聯甲纂　　〔清〕嚴書麐修
　　清光緒十八年（1892）刻本
　　十册

（乾隆）富平縣志八卷　　T3155/3614.83
　　〔清〕胡文銓纂　　〔清〕吳六鰲修

清乾隆四十三年（1778）刻本

六册

（光緒）富平縣志十卷首一卷

3155/3614.88

〔清〕譚麐纂　〔清〕樊增祥等修

清光緒十七年（1891）刻本

十册

（乾隆）醴泉縣志十四卷

T3155/1123.83

〔清〕孫星衍等纂　〔清〕蔣驥昌修

清乾隆四十八年（1783）刻本

四册

（嘉靖）耀州志十一卷

T3155/913.7（1—2）

〔明〕喬世寧纂　〔明〕李廷寶等修

清乾隆二十七年（1762）刻光緒十六

年（1890）重印本

二册

（乾隆）續耀州志十一卷

T3155/913.7（3—4）

〔清〕鍾研齋纂　〔清〕汪灝等修

清乾隆二十七年（1762）刻光緒十六

年（1890）補刻重印本

二册

（光緒）孝義廳志十二卷首一卷

3155/448.88

〔清〕李開甲等纂　〔清〕常毓坤修

清光緒十年（1884）刻本

四册

（道光）寧陝廳志四卷　　3155/327.85

〔清〕焦世官等纂　〔清〕林一銘修

清道光九年（1829）刻本

四册

（康熙）延安府志九卷　T3154/1434.81

〔清〕劉爾欅等纂　〔清〕陳天植修

清康熙十九年（1680）刻乾隆二年

（1737）補刻印本

八册

（嘉慶）延安府志八十卷　3154/1434.84

〔清〕洪蕙纂修

清嘉慶七年（1802）刻光緒十年

（1884）補刻本

十六册

（嘉慶）甘泉縣續志十卷首一卷

3155/4723.84

〔清〕李保泰纂　〔清〕陳觀國修

清嘉慶十五年（1810）刻本

四册

（道光）安定縣志八卷　　3155/3438.85

〔清〕米毓璋纂　〔清〕姚國齡修

清道光二十六年（1846）刻本

四册

（乾隆）宜川縣志八卷首一卷

T3155/3020.83

〔清〕吳炳纂修

清乾隆十八年（1753）刻本

六册

（光緒）靖邊志稿四卷　　3155/0233.88

〔清〕白翰章等纂　〔清〕丁錫奎修

清光緒二十五年（1899）靖邊縣署刻本

四冊

（乾隆）鳳翔府志略三卷

T3154/7282.832

〔清〕劉組曾纂

清乾隆二十七年（1762）刻本

四冊

（乾隆）鳳翔府志十二卷首一卷

T3154/7282.83

〔清〕周方炯纂　〔清〕達靈阿修

清乾隆三十一年（1766）刻本

十二冊

（乾隆）鳳翔縣志八卷首一卷

T3155/718.83

〔清〕周方炯纂　〔清〕羅鰲等修

清乾隆三十二年（1767）刻本

八冊

（順治）岐山縣志四卷　　T3155/2427.80

〔清〕王業隆纂　〔清〕王穀修

清順治十四年（1657）刻本

二冊

（乾隆）岐山縣志八卷　　T3155/2427.83

〔清〕蔣兆甲纂　〔清〕郭履恒等修

清乾隆四十四年（1779）刻本

四冊

（光緒）岐山縣志八卷　　3155/2427.88

〔清〕張殿元纂　〔清〕胡昇猷修

清光緒十年（1884）刻本

四冊

（順治）寶雞縣志三卷　　T3155/3821.81

〔清〕周憕纂修

清康熙二十年（1681）刻本

一冊

（乾隆）寶雞縣志十六卷

T3155/3821.83

〔清〕董詔等纂　〔清〕鄧夢琴修

清乾隆五十年（1785）刻本

四冊

（雍正）扶風縣志四卷　　T3155/5371.82

〔清〕于開泰纂　〔清〕張婁度修

清雍正九年（1731）刻本

四冊

（乾隆）扶風縣志十八卷首一卷

T3155/5371.83

〔清〕張塤纂　〔清〕熊家振修

清乾隆四十六年（1781）刻本

四冊

（嘉慶）扶風縣志十八卷首一卷

3155/5371.84

〔清〕王樹棠等纂　〔清〕宋世犖修

清嘉慶二十四年（1819）刻本

四冊

（雍正）郿縣志十卷　　T3155/7269.82

〔清〕張執中等纂　〔清〕張素修

清雍正十一年（1733）刻本

五冊

（乾隆）郿縣志十八卷首一卷

T3155/726.83

〔清〕張若纂　〔清〕李帶雙修

清乾隆四十四年（1779）刻本

四册

（雍正）增補汧陽志（石門遺事）不分卷

T3155/3472.82

〔清〕王國瑋修　〔清〕吳宸梧補修

〔清〕管斾再增修

清順治九年（1652）刻康熙五十五年

（1716）補修雍正十年（1732）再增修本

二册

（道光）重修汧陽縣志十二卷首一卷

3155/3472.85

〔清〕羅曰璧纂修

清道光二十一年（1841）刻本

五册

（康熙）麟游縣志五卷　　T3155/043.81

〔清〕劉元泰纂　〔清〕吳汝爲修

〔清〕羅魁續纂　〔清〕范光曦續修

清康熙修刻本

二册

（光緒）麟游縣新志草十卷首一卷

3155/053.88

〔清〕彭洵纂修

清光緒九年（1883）刻本

四册

（康熙）隴州志八卷首一卷

T3155/7132.81

〔清〕羅彰彝纂修

清乾隆三十一年（1766）補刻本

四册

（乾隆）隴州續志八卷首一卷末一卷

T3155/7132.83

〔清〕吳炳纂修

清乾隆三十一年（1766）刻本

四册

（嘉慶）漢南續修郡志三十二卷首一卷

3154/3350.84

〔清〕鄭炳然纂　〔清〕嚴如熤修

清嘉慶十九年（1814）刻本

十六册

（乾隆）南鄭縣志十六卷

T3155/4282.83

〔清〕王行儉纂修

清乾隆五十九年（1794）刻本

四册

（康熙）城固縣志十卷　　3155/4566.88

〔清〕王穆纂修

清光緒四年（1878）刻本

四册

（光緒）佛坪廳志二卷首一卷

3155/2244.88

〔清〕劉燨纂修

清光緒九年（1883）刻本

一册

（光緒）洋縣志八卷　　3155/3569.88

〔清〕張鵬翼纂修

清光緒二十四年（1898）刻本

七册

（光緒）鳳縣志十卷首一卷　　3155/71.88
　〔清〕段澍霖纂　　〔清〕朱子春修
　清光緒十八年（1892）刻本
　四册

（光緒）寧羌州志五卷　　3155/3281.88
　〔清〕鄭書香等纂　　〔清〕馬毓華修
　清光緒十四年（1888）刻本
　五册

（光緒）沔縣志四卷　　3155/32.88
　〔清〕彭齡纂　　〔清〕孫銘鐘等修
　清光緒九年（1883）刻本
　四册

（道光）重修略陽縣志四卷
　　　　3155/6672.85
　〔清〕黎成德等纂　　〔清〕譚瑀修
　清光緒三十年（1904）刻本
　四册

（光緒）定遠廳志二十六卷首一卷
　　　　3155/3833.88
　〔清〕余修鳳纂修
　清光緒五年（1879）刻本
　六册

（道光）留壩廳志十卷附足徵録四卷
　　　　3155/764.85
　〔清〕蔣湘南等纂　　〔清〕賀仲瑊修
　清道光二十二年（1842）刻本
　四册

（萬曆）朔方新志四卷
　　　　TNC3271/8202.74
　〔明〕楊壽纂修　　〔明〕黄機等編輯
　明萬曆四十五年（1617）刻本
　四册

（道光）榆林府志五十卷首一卷
　　　　3154/4249.85
　〔清〕李熙齡纂修
　清道光二十一年（1841）刻本
　十二册

（康熙）延綏鎮志六卷　　T3156/1424.81
　〔清〕譚吉璁修
　清康熙十二年（1673）刻乾隆間增刻本
　六册
　又一部，T3156/1424.81 c.2，十二册。

（嘉慶）葭州志二卷　　3154/4430.84
　〔清〕龔玉麟纂　　〔清〕高珣修
　清嘉慶十五年（1810）刻本
　四册

（乾隆）府谷縣志四卷　　T3155/0486.83
　〔清〕麟書等纂修
　清乾隆四十八年（1783）刻本
　四册

（乾隆）興安府志三十卷
　　　　T3154/7834.83
　〔清〕李國麒纂修
　清乾隆五十三年（1788）刻本
　六册

（嘉慶）興安府續志八卷　3154/7834.84
〔清〕岳震川纂　〔清〕葉世倬續修
清嘉慶十七年（1812）刻本
四册

（嘉慶）安康縣志二十卷　3155/3403.84
〔清〕王森文等纂　〔清〕鄭謙修
清嘉慶二十年（1815）刻本
六册

（乾隆）平利縣志四卷　T3155/242.83
〔清〕黄寬纂修
清乾隆二十年（1755）刻本
二册

（光緒）平利縣志十卷　3155/242.88
〔清〕李聯芳纂　〔清〕楊孝寬修
清光緒二十二年（1896）刻本
四册

（乾隆）洵陽縣志十四卷　3155/327.87
〔清〕鄧夢琴纂修
清同治九年（1870）增補刻本
四册

（光緒）洵陽縣志十四卷　3155/327.88
〔清〕郭炎昌等纂　〔清〕劉德全修
清光緒二十九年（1903）刻本
四册

（乾隆）白水縣志四卷首一卷
　　　　　　　　T3155/2613.83
〔清〕梁善長纂修
清乾隆十九年（1754）刻本
四册

（光緒）白河縣志十四卷　3155/2632.88
〔清〕王賢輔等纂　〔清〕顧騄修
清光緒十九年（1893）重修刻本
四册

（道光）紫陽縣志八卷首一卷
　　　　　　　　3155/2972.88
〔清〕楊家坤等纂　〔清〕陳僅等修
清道光二十三年（1843）刻光緒八年
（1882）補刻本
四册

（道光）石泉縣志四卷　3155/162.85
〔清〕舒鈞纂修
清道光二十九年（1849）刻本
二册

（嘉慶）漢陰廳志十卷首一卷
　　　　　　　　3155/3373.44
〔清〕董詔纂　〔清〕錢鶴年修
清嘉慶二十三年（1818）刻本
六册

（乾隆）同州府志二十卷首一卷
　　　　　　　　T3154/722.83a
〔清〕李之蘭等纂　〔清〕張奎祥修
清乾隆六年（1741）刻本
二十册

（乾隆）同州府志六十卷首一卷
　　　　　　　　T3154/722.83
〔清〕吳泰來纂　〔清〕閔鑑修
清乾隆四十六年（1781）刻本
二十二册

（咸豐）同州府志三十四卷首二卷附文
徽録三卷　　　　　　　　3154/722.87
　　〔清〕蔣湘南纂　　〔清〕文廉修
　　清咸豐二年（1852）刻本
　　二十四册

（光緒）同州府續志十六卷首一卷
　　　　　　　　　　　3154/7222.88
　　〔清〕馬先登纂　　〔清〕饒應祺修
　　清光緒七年（1881）刻本
　　六册

（道光）大荔縣志十六卷首一卷附足徵
録四卷　　　　　　　　　155/434.85
　　〔清〕熊兆麟纂修
　　清道光三十年（1850）刻本
　　六册

（光緒）大荔縣續志十二卷首一卷附足
徵録四卷　　　　　　　3155/4342.88
　　〔清〕李志復等纂　　〔清〕周銘旂修
　　清光緒五年（1879）刻本
　　六册

（正德）朝邑縣志二卷　　T3155/4261.7
　　〔明〕韓邦靖纂　　〔明〕王道修
　　清刻本
　　一册

（正德）朝邑縣志二卷　　5414.9/4550
　　〔明〕韓邦靖纂　　〔明〕王道修
　　清道光刻本
　　三册

（乾隆）朝邑志十一卷首一卷
　　　　　　　　　　　T3155/426.83
　　〔清〕錢坫等纂　　〔清〕金嘉琰等修
　　清乾隆四十五年（1780）刻本
　　四册

（咸豐）朝邑縣志三卷附志例一卷後録
一卷　　　　　　　　　3155/426.86
　　〔清〕李元春纂修
　　清咸豐元年（1851）刻本
　　四册

（康熙）朝邑縣後志八卷　T3155/426.81
　　〔清〕王鵬翼纂　　〔清〕王兆鰲修
　　清康熙五十一年（1712）刻本
　　六册

（順治）郃陽縣志七卷　　T3155/827.80
　　〔清〕葉子循纂修
　　清順治十年（1653）刻本
　　二册

（乾隆）郃陽縣全志四卷
　　　　　　　　　　　T3155/8272.83
　　〔清〕孫景烈纂　　〔清〕席奉乾修
　　清乾隆三十四年（1769）刻本
　　四册

（順治）澄城縣志二卷　　T3155/3145.7
　　〔清〕路世美纂　　〔清〕姚欽明修
　　清順治六年（1649）刻本
　　四册

（乾隆）澄城縣志二十卷

T3155/3145.83

〔清〕洪亮吉　孫星衍纂　〔清〕戴治修

清乾隆四十九年（1784）刻本

四冊

（乾隆）韓城縣志十六卷首一卷

3155/4445.83

〔清〕錢坫纂　〔清〕傅應奎修

清乾隆四十九年（1784）刻嘉慶二十三年（1818）重印本

六冊

（嘉慶）韓城縣續志五卷　3155/4445.83

〔清〕陸耀遹纂　〔清〕冀蘭泰修

清嘉慶二十三年（1818）刻本

一冊

（隆慶）華州志二十四卷　3155/45.88

〔明〕張光孝纂　〔明〕李可久修

清光緒八年（1882）刻本

四冊

（康熙）華州續志四卷　3155/45.88

〔清〕劉遇奇纂　〔清〕馮奕昌修

清光緒八年（1882）刻本

二冊

（乾隆）華州再續志十二卷　3155/45.88

〔清〕史蕚纂　〔清〕汪以誠修

清光緒八年（1882）刻本

五冊

（光緒）華州三續志十二卷　3155/45.88

〔清〕劉域纂　〔清〕吳炳南修

清光緒八年（1882）刻本

五冊

（萬曆）華陰縣志九卷　T3155/4573.7

〔明〕張毓翰等纂　〔明〕王九疇修

明萬曆四十二年（1614）刻清增補印本

二冊

又一部，TNC3155/4573.7，四冊。

（康熙）蒲城縣志四卷　T3155/4245.81

〔清〕李馥蒸纂　〔清〕鄧永芳修

清康熙五年（1666）刻本

四冊

（乾隆）蒲城縣志十五卷

T3155/4245.83

〔清〕吳泰來纂　〔清〕張心鏡修

清乾隆四十七年（1775）刻本

六冊

（光緒）蒲城縣新志十三卷首一卷

3155/4245.88

〔清〕王學禮纂　〔清〕李體仁修

清光緒三十一年（1905）刻本

四冊

（康熙）潼關衛志三卷（嘉慶）續潼關廳志三卷　T3155/317.8

〔清〕唐咨伯纂　〔清〕楊端本修

（續志）〔清〕王森文纂　〔清〕向淮修

清康熙二十四年（1685）刻嘉慶二十二年（1817）增刻本

四册

（嘉慶）續潼關廳志三卷　　　3155/317.84

〔清〕王森文纂　　〔清〕向淮修

清嘉慶二十二年（1817）刻本

二册

（乾隆）直隸商州志十四卷首一卷續志十卷

T3154/0232.83

〔清〕王如玖纂修

清乾隆九年（1744）刻本

十册

（乾隆）鎮安縣志十卷首一卷末一卷

T3155/8834.83

〔清〕聶燾纂修

清乾隆二十年（1755）刻本

六册

（光緒）鎮安縣志一卷

TNC3155/8834.881

清光緒間精寫稿本

一册

（光緒）鎮安縣鄉土志二卷

3155/8834.88b

〔清〕李麟圖纂修

清光緒三十四年（1908）鉛印本

一册

（乾隆）雒南縣志十二卷附志一卷

T3155/2142.83

〔清〕范啓源纂修　　〔清〕何樹滋增修

清乾隆十一年（1746）修五十二年

（1787）增刻同治七年（1868）再增刻重

印本

四册

（崇禎）乾州志二卷　　　T3155/4132.7

〔明〕楊殿元纂修

明崇禎六年（1633）刻清康熙十一年

（1672）重印本

四册

（雍正）重修陝西乾州志六卷

T3155/4132.84

〔清〕拜斯呼朗纂修

清雍正四年（1726）刻本

五册

（光緒）乾州志稿十四卷首一卷別錄四卷

3155/4132.88

〔清〕周銘旂纂修

清光緒十年（1884）刻本

七册

（正德）武功縣志三卷　　TNC3155/141.7

〔明〕康海纂修

明正德十四年（1519）刻本

三册

（正德）武功縣志三卷首一卷

T3155/1412.7b

〔明〕康海纂修　　〔清〕孫景烈評注

清乾隆二十六年（1761）刻本

一册

又一部，T3155/1412.7b c.2，二册。

（正德）武功縣志三卷首一卷

3155/1412.7

〔明〕康海纂修　〔清〕孫景烈評注

清同治十二年（1873）湖北崇文書局刻本

一册

（康熙）武功縣重校續志三卷

T3155/1412.81

〔清〕張文熙纂　〔清〕李紹韓修

清雍正十二年（1734）刻本

二册

（雍正）武功縣後志四卷

T3155/1412.82

〔清〕崔昭等纂　〔清〕沈華修

清雍正十一年（1733）刻本

四册

（光緒）武功縣續志二卷　3155/1412.88

〔清〕巨國桂等纂　〔清〕張世英修

清光緒十四年（1888）刻本

四册

（光緒）永壽縣志十卷首一卷

3155/335.88

〔清〕趙奇齡纂　〔清〕鄭德樞修

清光緒十四年（1888）刻本

六册

（乾隆）直隸邠州志二十五卷

T3155/823.83

〔清〕孫星衍纂　〔清〕王朝爵等修

清乾隆四十九年（1784）刻本

四册

（乾隆）三水縣志十一卷

T3155/1113.83

〔清〕孫星衍纂　〔清〕葛德新等修

清乾隆五十年（1785）刻本

四册

（同治）三水縣志十二卷首一卷

3155/1113.87

〔清〕郭四維纂　〔清〕姜桐岡修

清同治十一年（1872）刻本

四册

（乾隆）淳化縣志三十卷　T3155/342.83

〔清〕洪亮吉纂　〔清〕萬廷樹修

清乾隆四十八年（1783）刻本

四册

（乾隆）長武縣志十二卷　T3155/731.83

〔清〕洪亮吉纂　〔清〕樊士鋒修

清乾隆四十八年（1783）刻本

四册

（乾隆）長武縣志十二卷續刻一卷

3155/731.83B

〔清〕洪亮吉纂　〔清〕樊士鋒修

清嘉慶二十四年（1819）增刻本

八册

（宣統）長武縣志十二卷　3155/731.89

〔清〕王錫璋等纂　〔清〕沈錫榮修

清宣統二年（1910）鉛印本

四册

（嘉慶）洛川縣志二十卷首一卷
　　　　　　　　　　3155/3620.84
　　〔清〕劉毓秀纂修
　　清嘉慶十一年（1806）刻本
　　八册

（雍正）宜君縣志不分卷
　　　　　　　　　　T3155/3116.82
　　〔清〕查遜纂修　　〔清〕沈華訂正
　　清雍正十年（1732）刻本
　　一册

（光緒）綏德直隸州志八卷
　　　　　　　　　　3154/2423.88
　　〔清〕高維嶽纂　　〔清〕孔繁樸修
　　清光緒三十一年（1905）刻本
　　十册

（康熙）米脂縣志八卷　　T3155/9976.81
　　〔清〕寧養氣纂修
　　清康熙二十年（1681）刻本
　　二册

（光緒）米脂縣志十二卷　　3155/9976.88
　　〔清〕高照煦纂　　〔清〕潘松修
　　清光緒三十三年（1907）鉛印本
　　三册

（道光）清澗縣志八卷　　3155/3232.85
　　〔清〕陳頌弟纂　　〔清〕鍾章元修
　　清道光八年（1828）刻本
　　四册

（道光）吳堡縣志四卷首一卷
　　　　　　　　　　3155/2321.85
　　〔清〕譚瑀纂修
　　清道光二十七年（1847）抄本
　　八册

（萬曆）固原州志二卷　　T3160/6679.7
　　〔明〕劉敏寬　　董國光纂修
　　明萬曆四十四年（1616）劉汝桂刻乾
隆間剜修重印本
　　四册

（嘉慶）靈州志蹟四卷　　3271/1130.84
　　〔清〕郭楷纂　　〔清〕楊芳燦修
　　清嘉慶三年（1798）抄本
　　八册

（乾隆）中衛縣志十卷　　T3271/5022.83
　　〔清〕黃恩錫纂修
　　清乾隆二十七年（1762）刻本
　　六册

（乾隆）甘州府志十六卷首一卷
　　　　　　　　　　T3159/4730.83
　　〔清〕鍾賡起纂修
　　清乾隆四十四年（1779）刻乾隆
五十五年（1790）增刻嘉慶七年（1802）
再增刻重印本
　　十六册

（乾隆）五涼考治六德集全志五卷
　　　　　　　　　　T3160/1134.83
　　〔清〕張玿美纂　　〔清〕張之浚修
　　清乾隆十五年（1750）刻道光五年
（1825）增刻咸豐五年（1855）再增刻本

五册

直屬統轄考附程途里數駐劄地方憲綱不分卷　　4746/4932

清抄本

一册

（乾隆）西寧府新志四十卷

T3283/1632.83

〔清〕楊應琚纂修

清乾隆十二年（1747）刻二十七年（1762）增補刻本

十二册

又一部，T3283/1632.83 c.2，十二册。

（咸淳）臨安志九十五卷札記三卷

3210/413.5

〔元〕潛説友纂修

清道光十年（1830）錢塘汪氏振綺堂刻本

二十四

（淳祐）臨安志□卷　　3210/7634.5

〔宋〕施諤纂修

清光緒七年（1881）錢塘丁氏校刻本

四册

存卷五至十。

（宣統）臨安縣志八卷首一卷末一卷

3210/7634.89

〔清〕董運昌等纂　　〔清〕彭循堯修

清宣統二年（1910）木活字印本

六册

（乾隆）杭州府志一百一十卷首六卷

T3209/4132.83

〔清〕邵晋涵纂　　〔清〕鄭澐修

清乾隆四十九年（1784）刻本

三十八册

（萬曆）錢塘縣志十卷　　3210/8546.88

〔明〕虞淳熙纂　　〔明〕聶心湯修

清光緒十九年（1893）武林丁氏刻本

六册

（康熙）錢塘縣志三十九卷首一卷

T3210/8546.81

〔清〕裘璉纂　　〔清〕魏峴修

清康熙五十七年（1718）刻本

三十册

（嘉靖）仁和縣志十四卷　　3210/2126.88

〔明〕沈朝宣纂修

清光緒十九年（1893）武林丁氏刻本

十册

（康熙）仁和縣志二十八卷

T3210/2126.81

〔清〕顧豹文等纂　　〔清〕趙世安修

清康熙二十五年（1686）刻本

十册

（嘉靖）海寧縣志九卷　　3210/3530.7

〔明〕董穀纂　　〔明〕蔡完修

清光緒二十四年（1898）刻本

二册

（康熙）海寧縣志十三卷圖一卷

T3210/3530.81

〔清〕許三禮纂修　〔清〕黃承璉等續纂修

清康熙二十二年（1683）刻本

十二册

（乾隆）海寧州志十六卷首一卷

T3210/3530.83

〔清〕高瀛洲纂　〔清〕戰效曾修

清乾隆四十一年（1776）刻本

六册

（道光）海昌備志五十二卷附録二卷

3210/3566.85

〔清〕錢泰吉纂修

清道光二十七年（1847）尊經閣刻本

十四册

（光緒）富陽縣志二十四卷首一卷

3210/3672

〔清〕何鎔等纂　〔清〕汪文炳修

清光緒三十二年（1906）刻本

十六册

（光緒）富陽縣新舊志校記二卷

T3210/3672.2

〔清〕朱壽保撰

清光緒三十三年（1907）抄本

一册（二册合訂）

（光緒）餘杭縣志稿不分卷

3210/894.88

〔清〕褚成博纂修

清光緒三十二年（1906）刻本

四册

（嘉慶）於潛縣志十六卷首一卷末一卷

3210/0336.84

〔清〕張燮纂　〔清〕蔣光弼修

清嘉慶十七年（1812）年刻本

十一册

（至元）嘉禾志三十二卷　T3209/4676.6

〔元〕徐碩纂　〔元〕單慶修

清抄本

十二册

（康熙）嘉興府志十六卷

T3209/4678.81

〔清〕錢以壋等纂　〔清〕吳永芳修

清康熙六十年（1721）刻本

二十册

（道光）嘉興府志六十卷首三卷

3209/4678.85

〔清〕于尚齡等纂修

清道光二十年（1840）刻本

四十册

（光緒）嘉興府志八十八卷首二卷

3209/4678.88

〔清〕吳仰賢等纂　〔清〕許瑶光修

清光緒四年（1878）刻本

四十八册

（光緒）嘉興縣志三十七卷首二卷末一卷

3210/4678.88

〔清〕石中玉等纂　〔清〕趙惟崪等修

清光緒三十二年（1906）刻本
二十四册

（康熙）秀水縣志十卷　　T3210/2213.81
〔清〕范正輅纂　　〔清〕任之鼎修
清康熙二十四年（1685）刻本
十册

（正德）嘉善縣志六卷　　T3210/4686.7
〔明〕沈概纂　　〔明〕倪璣修
清抄本
六册

（嘉慶）嘉善縣志二十卷　　3210/4686.84
〔清〕錢星查等纂　　〔清〕萬相賓修
清嘉慶五年（1800）刻本
十二册

（光緒）嘉善縣志三十六卷首一卷
　　　　　　3210/4686.88
〔清〕顧福仁等纂　　〔清〕江峰青修
清光緒二十年（1894）刻本
十六册

（宣統）楓涇小志十卷首一卷
　　　　　　3206/4131.89
〔清〕程兼善纂　　〔清〕程子美修
清宣統三年（1911）鉛印本
四册

（天啓）海鹽縣圖經十六卷
　　　　　　T3210/357.7
〔明〕胡震亨等纂　　〔明〕樊維城修
清乾隆十二年（1747）刻本
十三册

（乾隆）海鹽縣續圖經七卷
　　　　　　T3210/357.83
〔清〕陳世倕等纂　　〔清〕王如珪修
清乾隆十三年（1748）刻本
十三册

（光緒）海鹽縣志二十二卷首一卷末一卷
　　　　　　3210/357.88
〔清〕徐用儀等纂　　〔清〕王彬修
清光緒二年（1876）刻本
十二册

（嘉慶）硤川續志二十卷　　8211/1322.84
〔清〕王德浩纂　　〔清〕王簡可輯
清嘉慶十七年（1812）刻本
十二册

（康熙）石門縣志十二卷　　3210/1672.81
〔清〕杜森纂　　〔清〕鄺世培續纂
〔清〕徐原增校
清傳抄本
十二册

（光緒）石門縣志十一卷　　3210/1672.88
〔清〕余麗元纂修
清光緒五年（1879）刻本
十二册

（乾隆）平陽縣志二十卷首一卷
　　　　　　T3210/1472.83
〔清〕孫謙等纂　　〔清〕徐恕等修
清乾隆二十五年（1760）刻本
十二册

（乾隆）平湖縣志十卷首一卷末一卷
　　　　　　　　　　　　T3210/1432.83
　〔清〕張誠等纂　　〔清〕王恒修
　清乾隆五十五年（1790）刻本
　二十册

（光緒）平湖縣志二十五卷首一卷末一
卷附殉難録一卷　　　3210/1432.88
　〔清〕葉廉鍔纂　　〔清〕彭潤章修
　清光緒十二年（1886）刻本
　十四册

（康熙）桐鄉縣志五卷　　T3210/4222.81
　〔清〕仲宏道纂　　〔清〕徐秉元修
　清康熙二十二年（1683）刻本
　十册

（嘉慶）桐鄉縣志十二卷　　3210/4222.84
　〔清〕徐志鼎纂　　〔清〕李廷輝修
　清嘉慶四年（1799）刻本
　十六册

（光緒）桐鄉縣志二十四卷首四卷附楊
園淵源録四卷　　　3210/4222.88
　〔清〕嚴辰纂修　　（附）〔清〕沈曰
富輯
　清光緒十三年（1887）刻本
　二十册

（乾隆）湖州府志四十八卷首一卷
　　　　　　　　　　　3209/3232.83
　〔清〕胡承謀纂修　　〔清〕李堂等增纂
　清乾隆二十三年（1758）增補刻本
　二十四册

（同治）湖州府志九十六卷
　　　　　　　　　　　3209/3232.87
　〔清〕陸心源等纂　　〔清〕宗源瀚修
　清光緒九年（1883）重校刻本
　四十册

（乾隆）烏程縣志十六卷　T3210/2221.83
　〔清〕杭世駿纂　　〔清〕羅愫修
　清乾隆十一年（1746）刻本
　十二册

（光緒）烏程縣志三十六卷圖一卷
　　　　　　　　　　　3210/2221.88
　〔清〕周學璿等纂　　〔清〕潘玉璿等修
　清光緒七年（1881）刻本
　十六册

（咸豐）南潯鎮志四十卷首一卷
　　　　　　　　　　　3211/423.86
　〔清〕汪曰楨纂修
　清同治二年（1863）刻本
　二十四册

（光緒）歸安縣志五十二卷首一卷
　　　　　　　　　　　3210/2230.88
　〔清〕陸心源等纂　　〔清〕李昱等修
　清光緒八年（1882）刻本
　十六册

（光緒）唐棲志二十卷　　3211/064.88
　〔清〕王同纂修
　清光緒十六年（1890）刻本
　八册

（光緒）菱湖鎮志四十四卷首一卷

3211/443.88

〔清〕孫志熊纂修

清光緒十九年（1893）刻本

六冊

（同治）長興縣志三卷拾遺二卷

3210/7378.88

〔清〕趙定邦等修

清光緒十八年（1892）補刻本

十六冊

（同治）安吉縣志十八卷首一卷

3210/3446.8

〔清〕張行孚等纂　〔清〕汪榮等修

清同治十三年（1874）刻本

十六冊

（同治）孝豐縣志九卷首一卷末一卷

3210/4421.88

〔清〕潘宅仁纂　〔清〕劉濬修

清光緒五年（1879）刻本

十冊

（嘉靖）寧波府志四十二卷

TNC3209/3234.7

〔明〕張時徹纂修　〔明〕周希哲訂正

明嘉靖三十九年（1560）刻本

十五冊

（雍正）寧波府志三十六卷

T3209/3234.82

〔清〕萬經等纂　〔清〕曹秉仁修

清雍正十一年（1733）刻本

十六冊

（乾隆）鄞縣志三十二卷首一卷

T3210/4269.83

〔清〕錢大昕纂　〔清〕錢維喬修

清乾隆五十三年（1788）刻本

十六冊

（咸豐）鄞縣志三十二卷首一卷

3210/4269.86

〔清〕周道遵纂　〔清〕張銑修

清咸豐六年（1856）刻本

十六冊

（同治）新修鄞縣志七十五卷

3210/4269.88

〔清〕張恕等纂　〔清〕戴枚修

清光緒三年（1877）刻本

三十四冊

（雍正）慈谿縣志十六卷

T3210/8326.82

〔清〕馮鴻模等纂　〔清〕楊正筍等修

清雍正八年（1730）刻本

八冊

（光緒）慈谿縣志五十六卷附編一卷

3210/8326.88

〔清〕馮可鏞纂　〔清〕楊泰亨修

清光緒二十五年（1899）刻本

二十四冊

（乾隆）奉化縣志十四卷首一卷

T3210/5521.83

〔清〕陳琦纂　〔清〕曹膏等修

清乾隆三十八年（1773）刻本

十二冊

（光緒）奉化縣志四十卷　　3210/5521.88
　　〔清〕張美翊等纂　　〔清〕李前泮修
　　清光緒三十四年（1908）鉛印本
　　十二冊

（乾隆）鎮海縣志八卷　　T3210/8835.83
　　〔清〕王夢弼等纂修
　　清乾隆十七年（1752）刻本
　　八冊

（光緒）鎮海縣志四十卷　　3210/8835.88
　　〔清〕俞樾纂　　〔清〕于萬川修
　　清光緒五年（1879）刻本
　　十六冊

（乾隆）象山縣志十二卷
　　　　　　　　　　T3210/2327.83
　　〔清〕姜炳璋等纂　　〔清〕史鳴皋修
　　清乾隆二十四年（1759）刻本
　　十二冊

（道光）象山縣志二十二卷首一卷附象
山文類二卷　　　　3210/2327.85
　　〔清〕馮登府纂　　〔清〕童立成等修
　　清道光十四年（1834）刻本
　　十六冊

（光緒）定海廳志三十卷　　3210/3835
　　〔清〕陳重威等修
　　清光緒十年（1884）浙寧鋤經齋刻本
（御書樓藏板）
　　　　十冊

（康熙）紹興府志六十卷
　　　　　　　　　　T3209/2670.81
　　〔清〕董欽德纂　　〔清〕王之賓修
　　清康熙二十二年（1683）刻本
　　四十冊

（乾隆）紹興府志八十卷首一卷
　　　　　　　　　　T3209/2670.83
　　〔清〕平恕等纂　　〔清〕李亨特修
　　清乾隆五十七年（1792）刻本
　　八十冊

（康熙）山陰縣志三十八卷
　　　　　　　　　　T3210/2773.82
　　〔清〕沈麟趾等纂　　〔清〕高登先修
〔清〕丁弘補修
　　清雍正二年（1724）補修刻本
　　十六冊

（嘉慶）山陰縣志三十卷首一卷
　　　　　　　　　　3210/2773.84
　　〔清〕朱文翰等纂　　〔清〕徐元梅修
　　清嘉慶八年（1803）刻本
　　八冊

（萬曆）會稽縣志十六卷　　T3210/8626.7
　　〔明〕張元忭纂　　〔明〕楊維新修
　　明萬曆三年（1575）刻本（有抄配）
　　十冊

（康熙）會稽縣志二十八卷首一卷
　　　　　　　　　　3210/8626.81
　　〔清〕董欽德纂　　〔清〕王元臣修
　　清康熙二十二年（1683）刻本
　　十冊

（康熙）蕭山縣志二十二卷

T3210/4227.81

〔清〕蔡時敏　蔡含生纂　〔清〕鄒勸修　〔清〕張崇文續纂　〔清〕劉儼續修

清康熙二十二年（1683）續修刻本

四冊

（乾隆）蕭山縣志四十卷

T3210/4227.83

〔清〕黃鈺纂修

清乾隆十六年（1751）刻本

二十四冊

（光緒）諸暨縣志六十一卷首一卷

3210/0671.88

〔清〕蔣鴻藻纂　〔清〕陳遹聲修

清宣統三年（1911）刻本

十八冊

（乾隆）餘姚志四十卷　　T3210/8941.83

〔清〕邵晋涵纂　〔清〕唐若瀛修

清乾隆四十六年（1781）刻本

二十冊

（光緒）餘姚縣志二十七卷首一卷末一卷

3210/8941.88

〔清〕孫德祖纂　〔清〕邵友濂等修

清光緒二十五年（1899）刻本

十六冊

（康熙）上虞縣志二十卷

T3210/2123.81

〔清〕唐徵麟等纂　〔清〕鄭僑等修

清康熙十年（1671）刻本

十六冊

（嘉慶）上虞縣志十四卷首一卷

3210/2123.84

〔清〕李方湛纂　〔清〕崔鳴玉修

清嘉慶十六年（1811）刻本

二十冊

（光緒）上虞縣志四十八卷首一卷末一卷

3210/2123.88

〔清〕朱士黻等纂　〔清〕唐煦春修

清光緒十七年（1891）刻本

二十冊

（光緒）上虞縣志校續五十卷首一卷末一卷

3210/2123.881

〔清〕徐志靖等纂　〔清〕儲家藻修

清光緒二十五年（1899）刻本

二十冊

（道光）嵊縣志十四卷首一卷末一卷

3210/2969.85

〔清〕朱淥等纂　〔清〕李式圃修

清道光八年（1828）刻本

八冊

（同治）嵊縣志二十六卷首一卷末一卷

3210/2969.87

〔清〕蔡以瑺等纂　〔清〕嚴思忠等修

清同治九年（1870）刻本

十二冊

（康熙）新昌縣志十八卷

T3210/0260.81

〔清〕吕曾柟等纂　〔清〕劉作樑修

清康熙十年（1671）刻本

十册

（康熙）台州府志十八卷首一卷

　　　　　　　　　　T3209/2030.81

〔清〕方景濂纂　　〔清〕張聯元修

清康熙六十一年（1722）刻本

十八册

（康熙）臨海縣志十五卷首一卷

　　　　　　　　　　T3210/763.81

〔清〕洪若皋等纂修

清康熙二十二年（1683）刻本

八册

（光緒）黃巖縣志四十卷　　3210/4824.88

〔清〕王咏霓等纂　　〔清〕陳鍾英等修

清光緒三年（1877）刻本

十八册

又一部，3210/4824.88B，三十册。

（康熙）天台縣志十五卷

　　　　　　　　　　T3210/1320.81

〔清〕李德燿等纂修

清康熙二十二年（1683）刻本

十六册

**（光緒）仙居縣志二十四卷首一卷附仙
居集二十四卷**　　　　3210/2776.88

〔清〕王棻等纂　　〔清〕王壽頤等修

清光緒二十年（1894）鉛印本

二十六册

（崇禎）寧志備考十二卷

　　　　　　　　　　T3210/3530.717

〔明〕趙維寰纂修

明崇禎三年（1630）傳抄本

十二册

（康熙）寧海縣志十二卷首一卷

　　　　　　　　　　T3210/3235.81

〔清〕華大琰纂　　〔清〕崔秉鏡修

清康熙十七年（1678）刻本

十册

（乾隆）寧志餘聞八卷　　T3210/3530.833

〔清〕周廣業纂修

清乾隆五十四年（1789）修小清儀閣

寫本

十册

（光緒）寧海縣志二十四卷首一卷

　　　　　　　　　　3210/3235.88

〔清〕張濬纂　　〔清〕王瑞成修

清光緒二十二年（1896）刻本

十二册

（康熙）太平縣志八卷　　T3210/4314.81

〔清〕林槐等纂　　〔清〕曹文埏修

清康熙二十二年（1683）刻本

三册

（嘉慶）太平縣志十八卷　　3210/4314.84

〔清〕戚學標等纂　　〔清〕慶霖修

清嘉慶十六年（1811）刻本

十二册

（光緒）太平縣續志十八卷首一卷
3210/4314.88
〔清〕王棻等纂　〔清〕陳汝霖修
清光緒二十二年（1896）刻本
八册

（康熙）金華府志三十卷　3209/8145.81
〔清〕沈麟趾等纂　〔清〕張藎修
清宣統元年（1909）石印本
十二册

（道光）金華縣志十二卷首一卷
3210/8145.85
〔清〕李林松等纂　〔清〕黃金聲修
清道光三年（1823）刻本
八册

（光緒）蘭谿縣志八卷首一卷附補遺一卷
3210/4226.88
〔清〕唐壬森纂　〔清〕秦簧修
清光緒十五年（1889）刻本
十册

（嘉靖）永康縣志八卷　T3210/3303.7
〔明〕胡楷纂修
傳抄本
八册

（光緒）永康縣志十六卷首一卷
3210/3303.88
〔清〕潘樹棠纂　〔清〕李汝爲修
清光緒十八年（1892）刻本
十二册

（光緒）永嘉縣志三十八卷首一卷
3210/3346.88
〔清〕王棻等纂　〔清〕張寶琳修
清光緒八年（1882）刻本
十八册

（嘉慶）武義縣志十二卷首一卷
3210/1485.89
〔清〕周家駒纂　〔清〕張營墺修
清宣統二年（1910）石印本
十册

（乾隆）湯溪縣志十卷首一卷
T3210/3233.83
〔清〕馮宗城等纂　〔清〕陳鍾昺修
清乾隆四十八年（1783）刻本
十二册

（康熙）衢州府志四十卷首一卷
3209/2232.81
〔清〕楊廷望等纂修
清光緒八年（1882）刻本
十二册

（嘉慶）西安縣志四十八卷首一卷
3210/1634.84
〔清〕范崇楷等纂　〔清〕姚寶煊修
清嘉慶十五年（1810）刻本
十册

（同治）江山縣志十二卷　3210/3217.87
〔清〕朱寶慈纂　〔清〕王彬等修
清同治十二年（1873）文溪書院刻本
八册

（光緒）常山縣志六十八卷首一卷末一卷
　　　　　　　　　3210/9227.68
　　〔清〕朱昌泰等纂　〔清〕李瑞鍾修
　　清光緒十二年（1886）刻本
　　十二册

（光緒）開化縣志十四卷首一卷
　　　　　　　　　3210/7421.88
　　〔清〕潘樹棠纂　〔清〕徐名立等修
　　清光緒二十四年（1898）刻本
　　十册

（乾隆）嚴州府志三十五卷首一卷
　　　　　　　　　T3209/6432.83
　　〔清〕胡書源等纂　〔清〕吳士進修
　　清乾隆二十一年（1756）刻本
　　十六册

（光緒）嚴州府志三十八卷首一卷
　　　　　　　　　3209/6432.88
　　〔清〕吳士進等纂　〔清〕吳世榮等
增修
　　清光緒九年（1883）增刻本
　　二十八册

（光緒）建德縣志二十一卷首一卷
　　　　　　　　　3210/1023.88
　　〔清〕俞觀旭等纂　〔清〕謝仁樹等修
　　清光緒十八年（1892）刻本
　　十册

（光緒）淳安縣志十六卷首一卷
　　　　　　　　　3210/3430.88
　　〔清〕陳中元等纂　〔清〕李詩等修
　　清光緒十年（1884）刻本

　　八册

（乾隆）桐廬縣志十六卷
　　　　　　　　　T3210/4201.83
　　〔清〕金嘉琰等纂　〔清〕嚴正身等修
　　清乾隆二十一年（1756）刻本
　　八册

（光緒）分水縣志十卷首一卷末一卷
　　　　　　　　　3210/8213.88
　　〔清〕臧承宣等纂　〔清〕陳常鏵
等修
　　清光緒三十三年（1907）刻本
　　六册

（乾隆）溫州府志三十卷首一卷
　　　　　　　　　3209/312.87
　　〔清〕齊召南等纂　〔清〕李琬修
　　清乾隆二十七年（1762）刻同治五年
（1866）府學補刻本
　　十六册

（嘉慶）瑞安縣志十卷　3210/1230.84
　　〔清〕黃徵義等纂　〔清〕張德標修
　　清嘉慶十四年（1809）刻本
　　十六册

（雍正）泰順縣志十卷　T3210/5328.82
　　〔清〕朱廷琦纂　〔清〕朱國源修
　　清雍正七年（1729）刻本
　　十册

（同治）泰順分疆錄十二卷首一卷
　　　　　　　　　3210/5328.87
　　〔清〕林鶚纂修　〔清〕林用霖續修

清光緒五年（1879）林氏望山堂刻本
六册

（光緒）處州府志三十卷首一卷末一卷
　　　　　　　　　　　　3209/2432.88
〔清〕周榮椿等纂　〔清〕潘紹詒修
清光緒三年（1877）刻本
二十八册

（同治）麗水縣志十五卷　3210/1113.87
〔清〕彭潤章纂修
清同治十三年（1874）刻本
八册

（光緒）青田縣志十八卷首一卷
　　　　　　　　　　　　3210/5264.88
〔清〕王菜纂　〔清〕雷銑修
清光緒元年（1875）刻本
十六册

（光緒）縉雲縣志十六卷首一卷末一卷
　　　　　　　　　　　　3210/261.88
〔清〕潘樹棠纂　〔清〕何乃容等修
清光緒二年（1876）刻本
十二册

（光緒）松陽縣志十二卷　3210/4372.88
〔清〕樊芝生等纂　〔清〕支恒椿修
清光緒元年（1875）刻本
六册

（道光）遂昌縣志十二卷　3210/3366.85
〔清〕鄭培椿等纂　〔清〕朱煌等修
清道光十五年（1835）刻本
十二册

（光緒）遂昌縣志十二卷首一卷外編四卷
　　　　　　　　　　　　3210/3366.88
〔清〕褚成允纂　〔清〕胡壽海等修
清光緒二十二年（1896）刻本
十二册

（乾隆）龍泉縣志十二卷
　　　　　　　　　　　　T3210/0123.83
〔清〕沈光厚纂　〔清〕蘇遇龍修
清乾隆二十七年（1762）刻本
四册

（光緒）龍泉縣志十二卷首一卷
　　　　　　　　　　　　3210/0123.88
〔清〕張世堉纂　〔清〕顧國詔修
清光緒四年（1878）刻本
六册

（光緒）慶元縣志十二卷首一卷
　　　　　　　　　　　　3210/0412.88
〔清〕史恩緒等纂　〔清〕史恩緯等修
清光緒三年（1877）刻本
十册

（同治）雲和縣志十六卷　3210/1326.87
〔清〕王士鈜纂　〔清〕伍承吉修
清同治三年（1864）刻本
六册

（光緒）宣平縣志二十卷首一卷
　　　　　　　　　　　　3210/3114.88
〔清〕祝鳳梧纂　〔清〕皮樹棠修
清光緒四年（1878）刻本
八册

（同治）景寧縣志十四卷首一卷末一卷
　　　　　　　　　　　　　3210/6932.87
　〔清〕嚴用光等纂　〔清〕周杰等修
　清同治十二年（1873）刻本
　十四册

（光緒）玉環廳志十六卷　3210/1113.88
　〔清〕呂鴻燾等纂　〔清〕杜冠英等修
　清光緒五年（1879）刻本
　八册

（乾隆）南昌府志七十六卷首一卷末一卷
　　　　　　　　　　　　　T3194/4260.83
　〔清〕謝啓昆等纂　〔清〕陳蘭森等修
　清乾隆五十四年（1789）刻本
　三十二册

（同治）南昌府志六十六卷首一卷末一卷
　　　　　　　　　　　　　3194/4260.87
　〔清〕曾作舟等纂　〔清〕許應鑅等修
　清同治十二年（1873）刻本
　四十册

（道光）南昌縣志三十九卷首一卷末一卷
　　　　　　　　　　　　　3195/4266.85
　〔清〕吳啓南等纂　〔清〕慶雲等修
　清道光二十九年（1849）刻本
　三十六册

（同治）南昌縣志三十六卷首一卷末一卷
　　　　　　　　　　　　　3195/4266.87
　〔清〕劉于潯等纂　〔清〕陳紀麟等修
　清同治九年（1870）刻本
　三十八册

（同治）新建縣志九十九卷首一卷末一卷
　　　　　　　　　　　　　3195/0214.87
　〔清〕杜友棠等纂　〔清〕承霈修
　清同治十年（1871）刻本
　四十册

（乾隆）新建縣志十四卷　3195/0214.88
　〔清〕曹秀先纂　〔清〕邸蘭標修
　清光緒石印本
　二册

（道光）豐城縣志二十四卷首一卷
　　　　　　　　　　　　　3195/2045.85
　〔清〕毛輝鳳等纂　〔清〕徐清選等修
　清道光五年（1825）刻本
　十二册

（同治）豐城縣志二十八卷首一卷
　　　　　　　　　　　　　3195/2145.87
　〔清〕周文鳳等纂　〔清〕汪綬之等修
　清同治十二年（1873）刻本
　十六册

（同治）進賢縣志二十五卷首一卷
　　　　　　　　　　　　　3195/3378.87
　〔清〕趙曰釗纂　〔清〕江璧修
　清光緒二十四年（1898）補刻本
　十六册

（同治）奉新縣志十六卷首一卷末一卷
　　　　　　　　　　　　　3195/5502.87
　〔清〕帥方蔚等纂　〔清〕呂懋先修
　清同治十一年（1872）刻本
　十二册

（同治）靖安縣志十六卷首一卷

3195/0234.87

〔清〕舒孔恂纂　〔清〕徐家瀛修

清同治九年（1870）木活字印本

十二冊

（同治）武寧縣志四十四卷

3195/1432.87

〔清〕劉鎮等纂　〔清〕何慶朝修

清同治九年（1870）刻本

二十冊

（同治）義寧州志四十卷首一卷

3195/8532.87

〔清〕涂家杰等纂　〔清〕王維新等修

清同治十二年（1873）刻本

二十六冊

（同治）饒州府志三十二卷首一卷

3194/813.87

〔清〕石景芬纂　〔清〕錫德修

清同治十一年（1872）刻本

十六冊

（道光）鄱陽縣志三十二卷首一卷末一卷

3195/2272.85

〔清〕張瓊英等纂　〔清〕陳驤等修

清道光四年（1824）刻本

三十冊

（同治）鄱陽縣志二十四卷首一卷末一卷

3195/2272.87

〔清〕王庭鑑等纂　〔清〕陳志培修

清同治十年（1871）刻本

五冊

（同治）餘干縣志二十卷首一卷末一卷

3195/8910.87

〔清〕曾福善等纂　〔清〕區作霖等修

清同治十一年（1872）刻本

八冊

（同治）樂平縣志十卷首一卷

3195/2010.87

〔清〕汪元祥等纂　〔清〕梅毓翰等修

清同治九年（1870）刻本

十二冊

（同治）德興縣志十卷首一卷末一卷

3195/2378.87

〔清〕楊重雅纂　〔清〕孟慶雲修

清同治十一年（1872）刻本

十二冊

（同治）安仁縣志三十六卷首一卷末一卷

3195/3421.87

〔清〕徐彥楠等纂　〔清〕朱潼修

清同治十一年（1872）刻本

十一冊

（同治）萬年縣志十二卷首一卷

3195/4285.87

〔清〕劉馥桂等纂　〔清〕項珂修

清同治十年（1871）刻本

十二冊

（乾隆）廣信府志二十六卷首一卷

T3194/0826.83

〔清〕連柱等纂修

清乾隆四十八年（1783）刻本
二十册

（同治）廣信府志十二卷首一卷
　　　　　　　　　3194/0826.87
〔清〕李樹藩等纂　〔清〕蔣繼洙等修
清同治十一年（1872）刻本
三十册

（同治）上饒縣志二十六卷首一卷
　　　　　　　　　3195/2181.87
〔清〕李樹藩等纂　〔清〕王恩溥等修
清同治十一年（1872）刻本
二十册

（光緒）上猶縣志十八卷首一卷
　　　　　　　　　3195/2146.88
〔清〕李臨馴纂　〔清〕葉滋瀾修
清光緒七年（1881）刻十九年（1893）
重校印本
八册

（道光）玉山縣志三十二卷首一卷
　　　　　　　　　3195/1027.85
〔清〕武次韶等纂修
清道光三年（1823）刻本
八册

（同治）玉山縣志十一卷首一卷附續補遺
一卷　　　　　　　3195/1027.87
〔清〕吳華辰等纂　〔清〕黃壽祺修
清同治十二年（1873）刻本
十一册

（同治）弋陽縣志十四卷首一卷
　　　　　　　　　3195/4072.87
〔清〕汪炳熊等纂　〔清〕俞致中修
清同治十年（1871）疊山書院刻本
十四册

（同治）貴溪縣志十卷首一卷
　　　　　　　　　3195/5833.88
〔清〕黃聯珏等纂　〔清〕楊長傑等修
清同治十年（1871）刻本
十四册

（同治）鉛山縣志三十卷　3195/8627.87
〔清〕華祝三等纂　〔清〕張廷珩
等修
清同治十二年（1873）刻本
十六册

（同治）廣豐縣志十卷首一卷
　　　　　　　　　3195/0821.87
〔清〕顧蘭生等纂　〔清〕雙全等修
清光緒元年（1875）刻本
十册

（同治）興安縣志十六卷首一卷
　　　　　　　　　3195/7834.87
〔清〕趙桂林等纂　〔清〕李賓暘修
清同治十年（1871）岑陽書院刻本
六册

（同治）南康府志二十四卷首一卷
　　　　　　　　　3194/4203.87
〔清〕盛元纂修
清同治十一年（1872）刻本
十三册

（同治）南康縣志十四卷　　3195/420.87
　　〔清〕盧鼎峋纂　〔清〕沈恩華修
　　清同治十一年（1872）刻本
　　十册

（同治）星子縣志十四卷首一卷
　　　　　　　　　　3195/611.87
　　〔清〕曹徵甲等纂　〔清〕藍煦等修
　　清同治十年（1871）刻本
　　十二册

（同治）都昌縣志十六卷首一卷
　　　　　　　　　　3195/4260.87
　　〔清〕黃昌蕃等纂　〔清〕狄學耕修
　　清同治十一年（1872）刻本
　　十册

（乾隆）建昌府志六十四卷首一卷
　　　　　　　　　　T3194/1466.83
　　〔清〕黃祐纂　〔清〕孟炤修
　　清乾隆二十四年（1759）刻本
　　十六册

（同治）建昌府志十卷　　3194/1466.87
　　〔清〕魯琪光等纂　〔清〕邵子彝修
　　清同治十一年（1872）刻本
　　二十八册

（同治）安義縣志十六卷首一卷末一卷
　　　　　　　　　　3195/3485.87
　　〔清〕彭斗山纂　〔清〕杜林修
　　清同治十年（1871）木活字印本
　　八册

（同治）九江府志五十四卷首一卷末一卷
　　　　　　　　　　3194/4131.87
　　〔清〕黃鳳樓等纂　〔清〕達春布等修
　　清同治十二年（1873）重修刻本
　　三十二册

（同治）德化縣志五十四卷首一卷
　　　　　　　　　　3195/2321.87
　　〔清〕黃培之等纂　〔清〕陳鼐等修
　　清同治十一年（1872）刻本
　　十六册

（同治）德安縣志十五卷　　3194/2334.87
　　〔清〕程景周等纂　〔清〕沈建勳修
　　清同治十一年（1872）刻本
　　八册

（乾隆）瑞昌縣志二十二卷
　　　　　　　　　　T3195/1266.83
　　〔清〕聶師焕纂　〔清〕蔣有道修
　　清乾隆二十年（1755）刻本
　　八册

（同治）瑞昌縣志十卷首一卷
　　　　　　　　　　3195/1266.87
　　〔清〕馮士傑纂　〔清〕姚暹修
　　清同治十年（1871）瀼溪試院刻本
　　十二册

（嘉慶）湖口縣志十八卷首一卷
　　　　　　　　　　3195/3260.84
　　〔清〕洪宗訓等纂　〔清〕宋庚修
　　清嘉慶二十三年（1818）刻本
　　十册

（同治）湖口縣志十卷首一卷
　　　　　　　　　　3195/3260.87
　〔清〕周誼等纂　〔清〕張興言修
　清同治十三年（1874）刻本
　十册

（乾隆）彭澤縣志十六卷
　　　　　　　　　　T3195/4236.83
　〔清〕何炳奎纂　〔清〕吳會川修
　清乾隆二十一年（1756）刻本
　八册

（同治）彭澤縣志十八卷首一卷
　　　　　　　　　　3195/4236.87
　〔清〕歐陽燾等纂　〔清〕趙宗耀
陳文慶修
　清同治十二年（1873）刻本
　十六册

（同治）南城縣志十卷　　3195/4245.87
　〔清〕梅體萱等纂　〔清〕李人鏡等修
　清同治十二年（1873）刻本
　二十四册

（同治）新城縣志十二卷首一卷末一卷
　　　　　　　　　　3195/0245.87
　〔清〕陳謙恩等纂　〔清〕金時宣修
　清同治十年（1871）刻本
　十六册

（同治）南豐縣志四十六卷附首一卷末一卷
　　　　　　　　　　3195/4220.87
　〔清〕魯琪光等纂　〔清〕柏春修
　清同治十年（1871）刻本
　二十八册

（同治）廣昌縣志十卷首一卷
　　　　　　　　　　3190/0866.87
　〔清〕曾毓璋纂修
　清同治六年（1867）刻本
　十册

（雍正）撫州府志四十五卷
　　　　　　　　　　T3194/5332.82
　〔清〕李茹旻等纂　〔清〕羅復晋修
　清雍正七年（1729）刻本
　二十二册

（光緒）撫州府志八十六卷首一卷
　　　　　　　　　　3194/5332.88
　〔清〕謝煌等纂　〔清〕許應鑅等修
　清光緒二年（1876）刻本
　四十册

（同治）臨川縣志五十四卷首一卷
　　　　　　　　　　3195/7622.87
　〔清〕陳慶齡纂　〔清〕童範儼修
　清同治九年（1870）縣學刻本
　二十四册

（嘉慶）臨川縣續志十二卷
　　　　　　　　　　3195/7622.84
　〔清〕秦沆纂修
　清嘉慶二十一年（1816）刻本
　四册

（道光）金谿縣志二十六卷首一卷
　　　　　　　　　　3195/8126.85
　〔清〕經額布纂修
　清道光六年（1826）刻本
　十册

（同治）金谿縣志三十六卷首一卷
3195/8126.87
〔清〕鄭浴脩等纂　〔清〕程芳修
清同治十年（1871）刻本
十六册

（同治）宜黄縣志五十卷首一卷
3195/314.87
〔清〕謝煌等纂　〔清〕張興言等修
清同治十年（1871）鳳岡書院刻本
十八册

（同治）樂安縣志十卷首一卷附兵難録
二卷　3195/293.87
〔清〕胡杏芳纂　〔清〕朱奎章修
清同治十年（1871）刻本
八册

（同治）東鄉縣志十六卷首一卷末一卷
3195/5922.87
〔清〕胡業恒纂　〔清〕李士菜等修
清同治八年（1869）刻本
十册

（同治）臨江府志三十二卷首一卷
3194/763.87
〔清〕朱孫詒等纂　〔清〕德馨等修
清同治十年（1871）刻本
五册

（同治）清江縣志十卷首一卷
3195/3231.87
〔清〕朱孫詒等纂　〔清〕潘懿等修
清同治九年（1870）刻本
十册

（同治）新淦縣志十卷首一卷
3195/0231.87
〔清〕陳錫麟等纂　〔清〕王肇賜修
清同治十二年（1873）刻本
十六册

（道光）新喻縣志十四卷首一卷附渝水
詩存一卷渝水文存一卷　3195/0262.85
〔清〕陸堯春等纂修
清道光五年（1825）刻本
十二册

（同治）新喻縣志十四卷首一卷
3195/0262.87
〔清〕吳增逵纂　〔清〕祥安等修
清同治十二年（1873）刻本
十二册

（同治）峽江縣志十卷首一卷
3195/2331.87
〔清〕廖其觀等纂　〔清〕暴大儒修
清同治十年（1871）重修刻本
八册

（同治）瑞州府志二十四卷
3194/122.87
〔清〕蕭浚蘭纂　〔清〕黄廷金修
清同治十二年（1873）刻本
八册

（同治）高安縣志二十八卷首一卷
3195/023.87
〔清〕熊松之等纂　〔清〕夏燮等修
清同治十年（1871）刻本
二十册

（同治）重修上高縣志十四卷
　　　　　　　　　3195/2102.87
　　〔清〕陳卿雲等纂　〔清〕馮蘭森修
　　清同治九年（1870）刻本
　　十四册

（同治）新昌縣志三十二卷首一卷末一卷
　　　　　　　　　3195/0260.87
　　〔清〕謝雲龍等纂修
　　清同治十三年（1874）增補木活字
印本
　　二十册

（同治）袁州府志十卷首一卷
　　　　　　　　　3194/432.87
　　〔清〕蕭玉銓等纂　　〔清〕駱敏等修
　　清同治十三年（1874）刻本
　　二十册

（同治）分宜縣志十卷　　3195/8231.87
　　〔清〕嚴升偉等纂　　〔清〕夏琮鼎修
　　清同治十年（1871）刻本
　　二十册

（同治）萍鄉縣志十卷首一卷
　　　　　　　　　3195/4422.87
　　〔清〕錫榮等纂修
　　清同治十一年（1872）刻本
　　八册

（乾隆）吉安府志七十四卷首一卷
　　　　　　　　　T3194/4634.85
　　〔清〕朱承煦纂　　〔清〕盧崧修
　　清道光二十二年（1842）知府李鎔經
補刻本

四十册

（光緒）吉安府志五十三卷首一卷
　　　　　　　　　3194/4634.88
　　〔清〕劉繹等纂　　〔清〕定祥等修
　　清光緒二年（1876）刻本
　　四十册

（道光）廬陵縣志四十八卷首一卷
　　　　　　　　　3195/0174.85
　　〔清〕王錦芳等纂　〔清〕梅大鶴等修
　　清道光五年（1825）刻本
　　二十册

（同治）廬陵縣志五十六卷首一卷
　　　　　　　　　3195/0174.87
　　〔清〕匡汝諧等纂　〔清〕陳汝楨等修
　　清同治十二年（1873）刻本
　　二十四册

（光緒）九江儒林鄉志二十一卷
　　　　　　　　　3231/4131.88
　　〔清〕馮栻宗等纂　〔清〕朱次琦等修
　　清光緒九年（1883）刻本
　　十册

（道光）泰和縣志四十八卷首一卷
　　　　　　　　　3195/5326.85
　　〔清〕楊訒纂修　　〔清〕徐迪惠訂正
　　清道光六年（1826）刻本
　　二十

（同治）泰和縣志三十卷首一卷
　　　　　　　　　3195/5326.88
　　〔清〕彭啓瑞等纂　　〔清〕宋瑛修

〔清〕周之鏞續修
　　清光緒四至五年（1878—1879）刻本
　　十六册

（道光）吉水縣志三十二卷首一卷
　　　　　　　　　　　　　　3195/4613.85
　　〔清〕周樹槐纂修
　　清道光五年（1825）刻本
　　四十册

**（同治）吉水縣志六十六卷首一卷附尚
義録二卷**　　　　　　　　3195/4613.87
　　〔清〕胡宗元纂　　〔清〕彭際盛修
　　清光緒五年（1879）刻本
　　二十二册

（同治）永豐縣志四十卷　3195/3321.87
　　〔清〕劉繹等纂　　〔清〕王建中等修
　　清同治十三年（1874）刻本
　　二十册

（同治）安福縣志十八卷首一卷末一卷
　　　　　　　　　　　　　　3195/3036.87
　　〔清〕周立瀛等纂　　〔清〕姚濬昌修
　　清同治十一年（1872）刻本
　　十二册

（同治）萬安縣志二十卷首一卷末一卷
　　　　　　　　　　　　　　3195/4230.87
　　〔清〕周之鏞纂　　〔清〕歐陽駿修
〔清〕謝觀國等校補
　　清同治十二年（1873）刻光緒三年
（1877）校補刻本
　　十册

（乾隆）永新縣志十卷　　T3195/3302.83
　　〔清〕陳善言等纂　　〔清〕王翰修
　　清乾隆十一年（1746）刻本
　　八册

（乾隆）禾川書二十卷　　3195/3302.87
　　〔清〕譚尚書纂
　　清同治十一年（1872）永新譚氏春草
堂刻本
　　四册

（同治）遂川縣志十八卷首一卷末一卷
　　　　　　　　　　　　　　3195/3022.87
　　〔清〕郭崇煇纂　　〔清〕王肇渭修
　　清同治十二年（1873）刻本
　　十二册

（同治）贛州府志七十八卷首一卷
　　　　　　　　　　　　　　3194/0832.87
　　〔清〕魯琪光等纂　　〔清〕魏瀛修
　　清同治十二年（1873）刻本
　　二十六册

（同治）贛縣志五十四卷首一卷
　　　　　　　　　　　　　　3195/0869.87
　　〔清〕褚景昕等纂　　〔清〕黃德溥等修
　　清同治十一年（1872）刻本
　　二十册

（道光）雩都縣志三十二卷
　　　　　　　　　　　　　　3195/1242.85
　　〔清〕黃濬纂修
　　清道光十年（1830）刻本
　　十册

（同治）雩都縣志十六卷首一卷
　　　　　　　　　3195/1242.87
　〔清〕何戴仁等纂　〔清〕王穎等修
清同治十三年（1874）雩陽書院刻本
十二册

（道光）信豐縣志十六卷
　　　　　　　　　T3195/2621.83
　〔清〕楊廷爲纂　〔清〕謝肇漣續纂
〔清〕游法珠修　〔清〕許爕續修
　清道光四年（1824）刻本
　六册

（道光）興國縣志四十六卷首一卷
　　　　　　　　　3195/7865.85
　〔清〕蕭朗峰纂　〔清〕蔣叙倫等修
清道光四年（1824）刻本
十二册

（同治）興國縣志四十六卷首一卷
　　　　　　　　　3195/7865.87
　〔清〕鍾音鴻等纂　〔清〕崔國榜修
清同治十一年（1872）刻本
十二册

（道光）安遠縣志三十二卷首一卷
　　　　　　　　　3195/3433.85
　〔清〕徐必藻纂　〔清〕黄文爕修
清道光三年（1823）刻本
五册

（順治）安遠縣志十卷首一卷
　　　　　　　　　3195/3433.87
　〔清〕丁佩纂修
清同治十一年（1872）序刻本

十册

（咸豐）長寧縣志四卷末一卷
　　　　　　　　　3195/7332.86
　〔清〕曾撰等纂　〔清〕蘇霈芬纂修
清咸豐六年（1856）刻十一年（18
61）增刻本
七册

（光緒）長寧縣志四卷首一卷末一卷
　　　　　　　　　3195/733.88
　〔清〕劉德姚等纂　〔清〕沈鎔經
等修
清光緒七年（1881）刻本
八册

（道光）龍南縣志八卷首一卷
　　　　　　　　　3195/0142.85
　〔清〕徐思諫等纂　〔清〕王所舉
等修
清道光六年（1826）刻本
十二册

（同治）定南廳志八卷　3195/3842.87
　〔清〕黄正琅等纂　〔清〕楊邦棟等修
清同治十一年（1872）增修刻本
十册

（乾隆）南安府志二十二卷
　　　　　　　　　T3195/4234.83
　〔清〕史珥等纂　〔清〕蔣有道等修
清乾隆三十三年（1768）刻本
十六册

（同治）南安府志三十二卷首一卷
　　　　　　　　　3195/4234.87
　　〔清〕石景芬等纂　　〔清〕黄鳴珂修
　　清同治七年（1868）刻本
　　二十二册

（光緒）南安府志補正十二卷首一卷
　　　　　　　　　3195/4234.87
　　〔清〕楊鐏纂修
　　清光緒元年（1875）刻本
　　六册

（乾隆）大庾縣志二十卷首一卷
　　　　　　　　　T3195/4303.86
　　〔清〕余光璧纂修
　　清咸豐元年（1851）刻本
　　八册

（咸豐）大庾縣續志二卷
　　　　　　　　　T3195/4303.86
　　〔清〕譚習篆等纂　　〔清〕汪報閏等修
　　清咸豐元年（1851）刻本
　　二册

（同治）崇義縣志十二卷　　3195/2985.87
　　〔清〕胡友梅纂　　〔清〕汪寶樹等修
　　清同治六年（1867）刻本
　　五册

（光緒）崇義縣志八卷續增一卷
　　　　　　　　　3195/2985.88
　　〔清〕廖鼎璋等纂修
　　清光緒二十一年（1895）刻本
　　八册

（同治）瑞金縣志十六卷　　3195/1281.87
　　〔清〕陳芳纂　　〔清〕張國英修
　　清光緒元年（1875）刻本
　　十六册

（康熙）武昌府志十二卷
　　　　　　　　　T3184/1460.81
　　〔清〕羅人龍等纂　　〔清〕裴天錫修
　　清康熙二十六年（1687）刻本（有
抄補）
　　十六册

（同治）江夏縣志八卷附文徵不分卷
　　　　　　　　　3185/3114.87
　　〔清〕彭崧毓等纂　　〔清〕王庭楨修
　　清同治八年（1869）刻本
　　十册

（同治）鸚鵡洲小志四卷首一卷
　　　　　　　　　3186/6212.87
　　〔清〕胡鳳丹撰
　　清同治十三年（1874）退補齋刻本
　　二册

（乾隆）武昌縣志十卷首一卷
　　　　　　　　　T3185/146.83
　　〔清〕談有典纂　　〔清〕邵遐齡修
　　清乾隆二十八年（1763）刻本
　　十册

（光緒）武昌縣志二十六卷首一卷末一卷
　　　　　　　　　3185/146.88
　　〔清〕柯逢時纂　　〔清〕鍾桐山修
　　清光緒十一年（1885）刻本
　　十册

（寶祐）壽昌乘一卷　　　　　3185/4466

　　〔清〕文廷式輯

　　清光緒三十三年（1907）刻本

　　一册

（同治）嘉魚縣志十二卷　3185/4623.87

　　〔清〕俞焜等纂　〔清〕鍾傳益修

　　清同治五年（1866）刻本

　　十二册

（同治）蒲圻縣志八卷　　3185/4242.87

　　〔清〕文元音等纂　〔清〕顧際熙等修

　　清同治五年（1866）刻本

　　八册

（同治）崇陽縣志十二卷首一卷

　　　　　　　　　　　　3185/2972.87

　　〔清〕傅燮鼎等纂　〔清〕高佐廷修

　　清同治五年（1866）刻本

　　十二册

（同治）通城縣志二十四卷首一卷

　　　　　　　　　　　　3185/3345.87

　　〔清〕郭亦棠等纂　〔清〕鄭葵修

　　清同治六年（1867）重修刻本

　　十册

（光緒）興國州志三十六卷首一卷

　　　　　　　　　　　　3185/786.88

　　〔清〕陳光亨纂　〔清〕王鳳池　劉

鳳綸續纂

　　清光緒十五年（1889）富川書院刻本

　　十六册

（同治）大冶縣志十八卷首一卷

　　　　　　　　　　　　3185/4336.87

　　〔清〕黄晁杰纂　〔清〕胡復初修

　　清同治六年（1867）刻本

　　八册

（光緒）大冶縣志續編七卷首一卷末一卷

　　　　　　　　　　　　3185/4336.88

　　〔清〕陳鰲纂　〔清〕林佐修

　　清光緒十年（1884）刻本

　　二册

（同治）通山縣志八卷　3185/3327.85

　　〔清〕朱美燮等纂　〔清〕羅登瀛等修

　　清同治六年（1867）木活字印本

　　十六册

（同治）漢陽縣志二十八卷

　　　　　　　　　　　　3185/3372.87

　　〔清〕王柏心等纂　〔清〕黄式度等修

　　清同治七年（1868）刻本

　　二十册

（光緒）漢陽縣識十卷首一卷附同治漢

陽縣志校一卷漢陽縣志沿革表疑一卷

　　　　　　　　　　　　3185/3372.88

　　〔清〕張行簡纂　〔清〕濮文昶修

　　清光緒十年（1884）景賢書塾刻十

五年（1889）補刻重印本

　　六册

（光緒）漢川圖記徵實不分卷

　　　　　　　　　　　　3185/3320.88

　　〔清〕田宗漢纂修

　　清光緒二十一年（1895）漢川對古樓

刻朱印本

　　六册

（同治）漢川縣志二十二卷首一卷

3185/3320.87

　　〔清〕林祥瑗等纂　　〔清〕德廉等修

清同治十二年（1873）刻光緒三十四年（1908）印本

　　十二册

（光緒）孝感縣志二十四卷續補志一卷

3185/4450.88

　　〔清〕沈用增纂　　〔清〕朱希白修

清光緒八年（1882）刻本

　　十二册

（同治）黄陂縣志十六卷　　3185/487.87

　　〔清〕徐瀛等纂　　〔清〕劉昌緒修

清同治十年（1871）刻本

　　十二册

（光緒）沔陽州志十二卷首一卷

3185/3272.88

　　〔清〕楊鉅等纂　　〔清〕葛振元等修

清光緒二十年（1894）刻本

　　十六册

（光緒）黄州府志四十卷首一卷

3184/4832.88

　　〔清〕鄧琛等纂　　〔清〕英啓修

清光緒十年（1884）刻本

　　三十六

（道光）黄岡縣志二十四卷首一卷

3185/4872.85

　　〔清〕謝菼等纂　　〔清〕俞昌烈修

清道光二十八年（1848）刻本

　　二十四册

（光緒）黄岡縣志二十四卷首一卷

3185/4872.88

　　〔清〕劉恭冕等纂　　〔清〕戴昌言修

清光緒八年（1882）刻本

　　二十四册

（道光）黄安縣志十卷首一卷

3185/4834.85

　　〔清〕林緝光纂修

清道光二年（1822）刻本

　　十册

（光緒）黄安縣志十卷首一卷

3185/4834.88

　　〔清〕吴言昌等纂　　〔清〕陳瑞瀾等修

清光緒八年（1882）刻本

　　十六册

（光緒）蘄水縣志二十二卷首一卷末一卷

3185/4213.88

　　〔清〕郭光庭等纂　　〔清〕多祺修

清光緒六年（1880）刻本

　　二十册

（光緒）羅田縣志八卷首一卷

3185/616.88

　　〔清〕陳錦纂　　〔清〕管貽葵修

清光緒二年（1876）義川書院刻本

　　十六册

（光緒）麻城縣志四十卷首一卷末一卷
節孝録五卷　　　　　　　3185/3945.88
　　〔清〕潘頤福等纂　　〔清〕鄭慶華修
〔清〕陸祐勤等重訂
　　清光緒八年（1882）刻本
　　二十三册

（咸豐）蘄州志二十六卷　3185/4256.86
　　〔清〕潘克溥等纂修
　　清同治二年（1863）補刻本
　　十二册

（光緒）蘄州志三十卷　　3185/4256.88
　　〔清〕陳廷揚纂　　〔清〕封蔚礽修
　　清光緒八年（1882）麟山書院刻本
　　十八册

（同治）廣濟縣志十六卷首一卷
　　　　　　　　　　　　3185/0832.87
　　〔清〕劉燡纂　　〔清〕朱榮實等修
　　清同治十一年（1872）鉛印本
　　十二册

（光緒）黄梅縣志四十卷首一卷
　　　　　　　　　　　　3185/4045.88
　　〔清〕宛名昌等纂　　〔清〕覃瀚元
等修
　　光緒元年（1875）刻本
　　十二册

（道光）安陸縣志四十卷首一卷
　　　　　　　　　　　　3185/3071.85
　　〔清〕李延錫等纂　　〔清〕王履謙修
　　清咸豐五年（1855）刻本
　　十二册

（咸豐）安陸縣志補二卷
　　　　　　　　　　　　3185/3071.87
　　〔清〕陳廷鈞輯
　　清同治十一年（1872）刻本
　　二册

（同治）鍾祥縣志二十卷補編二卷
　　　　　　　　　　　　3185/8135.87
　　〔清〕許光曙等纂　　〔清〕覺羅同勳
等修
　　清同治六年（1867）刻本
　　十四册

（光緒）京山縣志二十七卷首一卷
　　　　　　　　　　　　3185/092.87
　　〔清〕曾憲德等纂　　〔清〕沈星標等修
　　清光緒八年（1882）刻本
　　十六册

（康熙）潛江縣志二十卷首一卷
　　　　　　　　　　　　3185/3631.81
　　〔清〕朱載震纂　　〔清〕劉焕修
　　清光緒五年（1879）刻本
　　八册

（光緒）潛江縣志續二十卷首一卷
　　　　　　　　　　　　3185/3631.88
　　〔清〕劉恭冕等纂　　〔清〕史致謨修
　　清光緒五年（1879）傳經書院刻本
　　八册

（光緒）德安府志二十卷首一卷末一卷
　　　　　　　　　　　　3184/2334.88
　　〔清〕劉國光等纂　　〔清〕賡音布
等修

清光緒十五年（1889）刻本

二十册

（道光）雲夢縣志十一卷首一卷末一卷

3185/1342.85

〔清〕程懷璟纂　　〔清〕呂錫麟修

清道光二十年（1840）刻本

六册

（光緒）續雲夢縣志略十卷首一卷末一卷

3185/1342.88

〔清〕程壽昌等纂　　〔清〕吳念椿修

清光緒八年（1882）刻本

四册

（光緒）應城縣志十四卷首一卷

3185/0345.88

〔清〕王承禧等纂　　〔清〕羅緗修

清光緒八年（1882）刻本

八册

（同治）應山縣志三十六卷首一卷末一卷

3185/0327.87

〔清〕吳天錫等纂　　〔清〕劉宗元等修

清同治十年（1871）刻本

十六册

（康熙）隨州志四卷　　T3185/7332.81

〔清〕何藩等纂　　〔清〕劉霦修

清康熙六年（1667）刻本

十二册

（同治）隨州志三十二卷首一卷

3185/7332.87

〔清〕史策先等纂　　〔清〕文齡等修

清同治八年（1869）刻本

十六册

（嘉慶）江陵縣志刊誤六卷

3185/3174.84

〔清〕劉士璋撰

清道光十九年（1839）沙市劉氏家刻本

二册

（光緒）江陵縣志六十五卷首一卷

3185/3174.88

〔清〕劉長謙等纂　　〔清〕蒯正昌等修

清光緒三年（1877）刻本

二十四册

（同治）公安縣志八卷首一卷

3185/8334.87

〔清〕王慰等纂　　〔清〕周承弼等修

清同治十三年（1874）年刻本

十册

（同治）石首縣志八卷　　3185/1686.87

〔清〕傅如筠纂　　〔清〕朱榮實修

清同治五年（1866）刻本

十二册

（同治）監利縣志十二卷首一卷

3185/7122.87

〔清〕王柏心等纂　　〔清〕林瑞枝修

清同治十一年（1872）刻本

十册

（同治）松滋縣志十二卷首一卷

3185/4333.87

〔清〕羅有文　朱美燮纂　　〔清〕呂

縉雲　李晁修
　　清同治七年（1868）刻本
　　十册

（同治）枝江縣志二十卷首一卷
　　　　　　　　　　3185/4431.87
　　〔清〕熊文瀾纂　〔清〕查子庚修
　　清同治五年（1866）刻本
　　八册

（康熙）宜都縣志十二卷首一卷末一卷
　　　　　　　　　　T3185/314.81
　　〔清〕劉顯功纂修
　　清康熙三十六年（1697）刻本（卷三至七抄配）
　　八册

（同治）宜都縣志四卷首一卷末一卷
　　　　　　　　　　3185/314.87
　　〔清〕龔紹仁纂　〔清〕崔培元　朱甘霖修
　　清同治五年（1866）刻本
　　四册

（乾隆）襄陽府志四十卷首一卷
　　　　　　　　　　T3184/0372.83
　　〔清〕陳鍔纂修
　　清乾隆二十五年（1760）刻本
　　二十六册

（光緒）襄陽府志二十六卷附志餘一卷襄郡忠義録一卷　　3184/0372.88
　　〔清〕王萬芳等纂　〔清〕恩聯等修
　　清光緒十二年（1886）刻本
　　十五册

（同治）襄陽縣志七卷首一卷
　　　　　　　　　　3185/0372.87
　　〔清〕崔淦等纂　〔清〕楊宗時等修〔清〕李士彬續纂
　　清同治十三年（1874）刻本
　　八册

（同治）宜城縣志十卷　　3185/3145.87
　　〔清〕張炳鐘等纂　〔清〕程啓安修
　　清同治五年（1866）重修刻本
　　八册

（光緒）宜城縣續志二卷　　3185/3145.88
　　〔清〕姚德華纂　〔清〕李連騎修
　　清光緒九年（1883）刻本
　　二册

（光緒）宜城縣鄉土志不分卷
　　　　　　　　　　3168/3145.88
　　〔清〕望炳麟等纂　〔清〕楊文勳修
　　清光緒三十二年（1906）刻本
　　二册

（同治）南漳縣志集鈔二十六卷首一卷
　　　　　　　　　　3185/423.87
　　〔清〕胡正楷原本　〔清〕胡心悦增纂
　　清同治四年（1865）增刻本
　　十册

（咸豐）襄陽縣志十五卷首一卷
　　　　　　　　　　3185/5972.86
　　〔清〕王樹滋等纂　〔清〕陳子飭等修
　　清咸豐四年（1854）刻本
　　八册

（同治）棗陽縣志三十卷首一卷末一卷

　　　　　　　　　3185/5972.87

　〔清〕史策先纂　〔清〕張聲正修

　清同治四年（1865）刻本

　八册

（同治）穀城縣志八卷　　3185/444.87

　〔清〕黃定鏞等纂　〔清〕承印修

　清同治六年（1867）刻本

　四册

（光緒）光化縣志八卷首一卷

　　　　　　　　　3185/9121.87

　　〔清〕段映斗等纂　〔清〕鍾桐山等修

　　清光緒十年（1884）刻本

　　八册

（光緒）續輯均州志十六卷首一卷

　　　　　　　　　3185/4232.88

　　〔清〕賈洪詔等纂　〔清〕馬雲龍等修

　　清光緒十年（1884）刻本

　　八册

（嘉慶）鄖陽志十卷　　3184/6272.84

　　〔清〕謝攀雲等纂　〔清〕王正常修

　　清嘉慶二年（1797）刻本

　　六册

（同治）鄖陽府志八卷首一卷

　　　　　　　　　3184/6272.87

　　〔清〕王嚴恭等纂　〔清〕吳葆儀等修

　　清同治九年（1870）刻本

　　十二册

（同治）鄖縣志十卷首一卷

　　　　　　　　　3185/6269.87

　　〔清〕余潊廷等纂　〔清〕艾浚美

等修

　　清同治五年（1866）刻本

　　八册

（同治）房縣志十二卷首一卷附文武廟

祀典志一卷　　　3185/3022.87

　　〔清〕郁方董等纂　〔清〕楊延烈修

　　清同治五年（1866）刻本

　　六册

（乾隆）竹山縣志二十七卷

　　　　　　　　　T3185/8222.83

　　〔清〕鄧光仁等纂　〔清〕常丹葵修

　　清乾隆五十年（1785）刻本

　　四册

（嘉慶）竹山縣志十卷首一卷

　　　　　　　　　3185/8222.84

　　〔清〕張士旦纂　〔清〕范繼昌修

　　清嘉慶十二年（1807）刻本

　　四册

（同治）竹山縣志二十九卷首一卷

　　　　　　　　　3185/8222.87

　　〔清〕黃子遂等纂　〔清〕周士楨修

　　清同治四年（1865）刻本

　　六册

（同治）竹谿縣志十六卷首一卷

　　　　　　　　　3185/8226.87

　　〔清〕楊兆熊等纂　〔清〕陶壽嵩

等修

清同治六年（1867）刻本

八册

（同治）保康縣志七卷首一卷末一卷

3185/2903.87

〔清〕楊世霖纂　〔清〕林讓昆修

清同治五年（1866）刻同治十年（1871）補修刻本

四册

（乾隆）鄖西縣志二十卷

T3185/6216.83

〔清〕張道南纂修

清乾隆四十二年（1777）刻本

八册

（同治）鄖西縣志二十卷首一卷

3185/6216.87

〔清〕葉年菜纂　〔清〕程光第修

清同治五年（1866）刻本

十二册

（嘉慶）鄖西縣續志四卷首一卷

3185/6216.84

〔清〕孔繼檊纂修

清嘉慶十年（1805）刻本

四册

（乾隆）湖北下荆南道志二十八卷

3183/0.83

〔清〕靖道謨纂　〔清〕魯之裕修

清乾隆五年（1740）刻嘉慶二十一年（1816）補刻本

十六册

（同治）宜昌府志十六卷首一卷

3184/316.87

〔清〕王柏心等纂　〔清〕聶光鑾修

清同治五年（1866）刻本

十八册

（同治）續修東湖縣志三十卷首一卷續補藝文一卷

3185/5932.87

〔清〕王柏心纂　〔清〕金大鏞修

清同治三年（1864）刻本

十册

（嘉慶）歸州志十卷　3185/2232.87

〔清〕陸仲達纂　〔清〕李炘修

清同治五年（1866）刻本

四册

（光緒）歸州志十卷首一卷

3185/2232.88A

〔清〕劉玉森纂　〔清〕沈雲駿修

清光緒八年（1882）刻本

六册

（光緒）歸州志十七卷　3185/2232.88

〔清〕黃世崇纂修

清光緒二十六年（1900）刻本

四册

（同治）長陽縣志七卷首一卷

3185/7372.87

〔清〕譚大勳等纂　〔清〕陳惟模修

清同治五年（1866）刻本

六册

（同治）興山縣志十卷首一卷

3185/7827.87

〔清〕范昌棣等纂　〔清〕伍繼勛修

清同治三年（1864）刻本

六册

（光緒）興山縣志二十二卷

3185/7827.88

〔清〕黄世崇纂修

清光緒十一年（1885）刻本

四册

（同治）巴東縣志十六卷首一卷

3185/7150.87

〔清〕蕭佩聲纂　〔清〕廖恩樹修

清光緒六年（1880）刻本

六册

（同治）長樂縣志十六卷首一卷末一卷

3185/7329.87

〔清〕賴榮光纂　〔清〕李焕春修

〔清〕龍兆霖補修

清同治九年（1870）增補刻本

八册

（道光）鶴峰州志十四卷首一卷

3185/4220.85

〔清〕洪先燾纂　〔清〕吉鍾穎修

清同治六年（1867）刻本

四册

（同治）鶴峰州續志九卷首一卷

3185/4220.87

〔清〕雷春沼纂　〔清〕徐澍楷修

清同治六年（1867）刻本

四册

（光緒）鶴峰州志續修十四卷附卷首一卷

3185/4220.88

〔清〕陳鴻漸纂　〔清〕長庚等修

清光緒十一年（1885）刻本

一册

（同治）施南府志三十卷首一卷

3184/0142.87

〔清〕何遠鑒等纂　〔清〕松林修

清同治十年（1871）刻本

十六册

（光緒）施南府志續編十卷

3184/0142.88

〔清〕尹壽衡等纂　〔清〕王庭楨等修

清光緒十一年（1885）刻本

四册

（同治）恩施縣志十二卷首一卷

3185/6301.87

〔清〕羅凌漢纂　〔清〕多壽修

清同治七年（1868）刻本

六册

（同治）宣恩縣志二十卷首一卷

3185/3163.87

〔清〕張金圻等纂　〔清〕張金瀾修

清同治二年（1863）刻本

六册

（同治）來鳳縣志三十二卷首一卷末一卷

3185/5971.87

〔清〕何遠鑒等纂　〔清〕李昷修

清同治五年（1866）刻本
八册

（同治）咸豐縣志二十卷首一卷
　　　　　　　　　　3185/5221.87
　　〔清〕張光杰纂　　〔清〕張梓修
　　清同治四年（1865）刻本
　　四册

（光緒）利川縣志十四卷首一卷
　　　　　　　　　　3185/2222.88
　　〔清〕黄世崇纂修
　　清光緒二十年（1894）刻本
　　四册

（道光）建始縣志四卷首一卷
　　　　　　　　　　3185/1446.85
　　〔清〕袁景暉纂修
　　清道光二十二年（1842）刻本
　　四册

（同治）建始縣志八卷首一卷
　　　　　　　　　　3185/1446.87
　　〔清〕熊啓咏纂修
　　清同治五年（1866）刻本
　　四册

（乾隆）荆門州志三十六卷首一卷
　　　　　　　　　　T3184/4272.83
　　〔清〕李法孟等纂　　〔清〕舒成龍修
　　清乾隆十九年（1754）刻本
　　八册

（同治）荆門直隸志十二卷首一卷
　　　　　　　　　　3184/4272.87
　　〔清〕張圻纂　　〔清〕恩榮修
　　清同治七年（1868）刻本
　　十二册

（乾隆）荆州府志五十八卷首一卷
　　　　　　　　　　T3184/4232.83
　　〔清〕施廷樞等纂　　〔清〕葉仰高
等修
　　清乾隆二十二年（1757）刻本
　　二十册

（光緒）荆州府志八十卷首一卷
　　　　　　　　　　3184/4232.88
　　〔清〕顧嘉蘅等纂　　〔清〕倪文蔚等修
　　清光緒六年（1880）刻本
　　三十二册

（同治）當陽縣志十八卷首一卷末一卷
　　　　　　　　　　3185/9672.87
　　〔清〕王柏心等纂　　〔清〕阮恩光修
　　清同治五年（1866）刻本
　　十四册

（光緒）當陽縣補續志四卷
　　　　　　　　　　3185/9672.88
　　〔清〕李葆貞纂　　〔清〕李元才修
　　清光緒十五年（1889）刻本
　　四册

（同治）遠安縣志八卷首一卷
　　　　　　　　　　3185/3334.87
　　〔清〕周葆恩等纂　　〔清〕鄭燡林修
　　清同治五年（1866）刻本

八册

（乾隆）長沙府志五十卷首一卷

T3189/7332.82

〔清〕張雄圖纂　〔清〕呂肅高修

清乾隆十四年（1749）刻本

二十四册

（嘉慶）長沙縣志二十八卷首一卷

3190/7332.84

〔清〕趙文在等修　〔清〕陳光詔續修　〔清〕易文基等纂

清嘉慶十五年（1810）刻二十二年（1817）增刻本

二十八册

（同治）長沙縣志三十六卷首一卷

3190/7332.87

〔清〕張延珂等纂　〔清〕劉采邦等修

清同治十年（1871）刻本

二十册

（光緒）善化縣志三十四卷首一卷

3190/8621.88

〔清〕張先掄等纂　〔清〕吳兆熙等修

清光緒三年（1877）刻本

二十册

（乾隆）湘潭縣志二十五卷首一卷

T3190/363.83

〔清〕歐陽正煥纂　〔清〕呂正音修

清乾隆二十一年（1756）刻本

十二册

（嘉慶）湘潭縣志四十卷　3190/363.84

〔清〕周系英纂　〔清〕張雲璈等修

清嘉慶二十三年（1818）刻本

二十册

（光緒）湘潭縣志十二卷　3190/363.88

王闓運纂　〔清〕陳嘉榆修

清光緒十五年（1889）刻本

十二册

（光緒）湘陰縣圖志三十四卷首一卷末一卷　3190/3673.88

〔清〕郭嵩燾纂修

清光緒六年（1880）刻本

十四册

（同治）寧鄉縣志四十四卷首一卷

3190/3222.87

〔清〕童秀春等纂　〔清〕郭慶颺修

清同治六年（1867）刻本

十八册

（同治）醴陵縣志十四卷首一卷末一卷

3190/1174.87

〔清〕江普光纂　〔清〕徐淦修

清同治九年（1870）刻本

六册

（嘉慶）瀏陽縣志四十卷　3190/327.84

〔清〕王顯文纂　〔清〕謝希閔修

清嘉慶二十三年（1818）刻本

十册

（同治）瀏陽縣志二十四卷

3190/327.87

〔清〕鄒焌杰纂　〔清〕王汝惺修

清同治十二年（1873）刻本

十三册

（同治）益陽縣志二十五卷首一卷

3190/8172.87

〔清〕趙裴哲纂　〔清〕姚念楊等修

清同治十三年（1874）刻本

十六册

（同治）湘鄉縣志二十三卷首一卷末一卷

3190/3622.87

〔清〕黃楷盛纂　〔清〕齊德五等修

清同治十三年（1874）刻本

二十四册

（同治）攸縣志五十五卷首一卷

3190/2469.87

〔清〕陳之麟纂　〔清〕趙勷等修

〔清〕嚴鳴琦續纂　〔清〕王元凱續修

清同治十年（1871）刻本

二十册

（康熙）茶陵州志二十二卷首一卷

T3190/4074.81

〔清〕彭康纂　〔清〕趙國宣修

清康熙三十四年（1695）刻本

八册

（乾隆）岳州府志三十卷首一卷

T3189/7732.83

〔清〕謝仲坑纂　〔清〕黃凝道修

清乾隆十一年（1746）刻本

二十四册

（同治）巴陵縣志三十卷首一卷

3190/717.87

〔清〕吳敏樹等纂　〔清〕嚴鳴琦等修

清同治十二年（1873）刻本

十册

（光緒）巴陵縣志六十三卷

3190/717.88

〔清〕杜貴墀纂　〔清〕姚詩德等修

清光緒十八年（1892）刻本

十六册

（同治）臨湘縣志十三卷首一卷末一卷

3190/7636.87

〔清〕歐陽恩霖等纂　〔清〕恩榮等修

清同治十一年（1872）刻本

八册

（光緒）華容縣志十五卷首一卷

3190/4536.88

〔清〕熊紹庚等纂　〔清〕孫炳煜等修

清光緒八年（1882）刻本

八册

（同治）平江縣志五十五卷首二卷末一卷

3190/1431.87

〔清〕李元度等纂　〔清〕張培仁等修

清同治十三年（1874）刻本

十六册

（道光）寶慶府志一百四十三卷首編六卷
末編三卷　　　　　　　　3189/3004.85
　　〔清〕鄧顯鶴等纂　　〔清〕張鎮南等修
　　清道光二十五年（1845）刻本
　　六十冊

（光緒）邵陽縣志十卷　　　3190/1272.88
　　〔清〕黃文琛等纂　　〔清〕諸垣修
　　清光緒三年（1877）刻本
　　六冊

（光緒）邵陽縣鄉土志四卷
　　　　　　　　　　3190/1272.88B
　　〔清〕姚炳奎等纂　　〔清〕陳吳萃等修
　　清光緒三十三年（1907）刻本
　　四冊

（同治）新化縣志三十五卷首一卷末一卷
　　　　　　　　　　3190/0221.87
　　〔清〕劉洪澤等纂　　〔清〕關培鈞
等修
　　清同治十年（1871）刻本
　　十六冊

（同治）城步縣志十卷　　3190/4523.87
　　〔清〕戴聯璧等纂　　〔清〕盛鎰源修
　　清同治七年（1868）刻本
　　十冊

（乾隆）衡州府志三十三卷首一卷
　　　　　　　　　　3189/223.83
　　〔清〕曠敏本纂　　〔清〕饒佺等修
　　清光緒元年（1875）補刻本
　　二十冊

（嘉慶）衡陽縣志四十卷首一卷
　　　　　　　　　　3190/2272.84
　　〔清〕馬倚元等纂　　〔清〕閭肇烺等修
　　清道光二年（1822）刻本
　　十六冊

（同治）衡陽縣圖志十二卷
　　　　　　　　　　3190/227.87
　　〔清〕彭玉麟等纂　　〔清〕羅慶薌修
　　清同治十一年（1872）修十三年
（1874）刻本
　　五冊

（同治）清泉縣志十卷首一卷末一卷
　　　　　　　　　　3190/3223.87
　　〔清〕張修府等纂　　〔清〕王開運等修
　　清同治八年（1869）零陵艾秀峰刻本
　　二冊

（嘉慶）衡山縣志五十五卷首一卷
　　　　　　　　　　3190/2227.84
　　〔清〕龔玨等纂　　〔清〕張富業等修
　　清道光三年（1823）刻本
　　二十冊

（光緒）耒陽縣志八卷首一卷
　　　　　　　　　　3190/5912.88
　　〔清〕宋世煦纂　　〔清〕于學琴等修
　　清光緒十一年（1885）耒陽縣志局
刻十二年（1886）印本
　　十冊

（嘉慶）常寧縣志三十二卷
　　　　　　　　　　3190/9230.84
　　〔清〕王紳等纂　　〔清〕楊純道修

清嘉慶四年（1799）刻本

二十六册

（同治）常寧縣志十六卷首一卷

3190/9230.87

〔清〕李孝經等纂　〔清〕玉山修

清同治九年（1870）刻本

四册

（同治）酃縣志二十卷首一卷

3190/1269.87

〔清〕周作翰等纂　〔清〕郭樹馨等修

清同治十二年（1873）刻本

八册

（嘉慶）常德府志四十八卷首一卷附文徵九卷叢談三卷

3189/922.84

〔清〕陳楷禮纂　〔清〕應先烈修

清嘉慶十八年（1813）刻本

二十二册

（同治）武陵縣志四十八卷

3190/1474.87A

〔清〕陳啓邁等纂　〔清〕孫翹澤修

清同治二年（1863）刻本

十二册

（同治）武陵縣志三十二卷首一卷

3190/1474.87

〔清〕楊丕復纂　〔清〕歐陽烈修

〔清〕楊彝珍續纂

清同治七年（1868）刻本

十册

（道光）桃源縣志二十卷首一卷

3190/4139.85

〔清〕方堃等纂　〔清〕譚震修

清道光四年（1824）刻本

二十八册

（光緒）桃源縣志十七卷首一卷末一卷

3190/4139.88

〔清〕劉鳳苞等纂　〔清〕余良棟修

清光緒十八年（1892）續修刻本

十六册

（嘉慶）沅江縣志三十卷　3190/3131.84

〔清〕駱孔僎　陶澍纂　〔清〕唐古特修

清嘉慶十三年（1808）刻二十二年（1817）增刻本

八册

辰州府義田總記二卷　3068/7332

〔清〕雷成樸撰

清道光二十八年（1848）序刻本

二册

（同治）沅陵縣志五十卷首一卷

3190/3174.87

〔清〕許光曙等纂　〔清〕守忠修

清光緒二十八年（1902）補版重印本

十二册

（嘉慶）辰谿縣志四十卷首一卷末一卷

3190/7326.84

〔清〕劉家傳纂　〔清〕徐會雲修

清道光三年（1823）刻本

十册

（乾隆）漵浦縣志二十卷首一卷末一卷

　　　　　　　　　　T3190/3432.83

　　〔清〕楊鴻觀纂　　〔清〕陶金諧修

　　清乾隆二十七年（1762）刻本

　　六冊

（同治）漵浦縣志二十四卷首一卷

　　　　　　　　　　3190/3432.87

　　〔清〕舒其錦纂　　〔清〕齊德五修

　　清同治十二年（1873）刻本

　　八冊

（同治）沅州府志四十卷首一卷

　　　　　　　　　　3189/3132.87

　　〔清〕吳嗣仲等纂修

　　清同治十二年（1873）刻本

　　二十冊

（同治）芷江縣志六十四卷首一卷

　　　　　　　　　　3190/4131.87

　　〔清〕盛一林纂　　〔清〕盛慶紱等修

　　清同治九年（1870）刻本

　　十六冊

（乾隆）黔陽縣志四十二卷

　　　　　　　　　　T3190/6272.83

　　〔清〕危元福纂　　〔清〕姚文起修

　　清乾隆五十四年（1789）刻本

　　十冊

（同治）黔陽縣志六十卷首一卷

　　　　　　　　　　3190/6272.87

　　〔清〕易燮堯等纂　　〔清〕陳鴻作修

　　清同治十三年（1874）刻本

　　十二冊

（康熙）麻陽縣志十卷附續志二卷

　　　　　　　　　　T3190/0972.81

　　〔清〕田長盛等纂　　〔清〕陳輝璧修
〔清〕秦周續纂修

　　清康熙三十三年（1694）修乾隆十二
年（1747）續修刻本

　　六冊

（同治）麻陽縣志十四卷首一卷

　　　　　　　　　　3190/0972.87

　　〔清〕劉士先等纂　　〔清〕姜鍾琇等修

　　清同治十三年（1874）刻本

　　十冊

（道光）永州府志十八卷首一卷

　　　　　　　　　　3189/3330.85

　　〔清〕宗績辰纂　　〔清〕李宗傳等修

　　清同治六年（1867）重校刻本

　　二十八冊

（嘉慶）零陵縣志十六卷補二卷

　　　　　　　　　　3190/137.84

　　〔清〕劉方璿等纂　　〔清〕武占熊修

　　清嘉慶二十二年（1817）刻本

　　十二冊

（光緒）零陵縣志十五卷　　3190/137.88

　　〔清〕劉沛纂　　〔清〕嵇有慶等修

　　清光緒二年（1876）刻本

　　八冊

（嘉慶）祁陽縣志二十四卷首一卷

　　　　　　　　　　3190/3272.84

　　〔清〕甘慶增等纂　　〔清〕萬在衡修

　　清嘉慶十七年（1812）刻本

十六册

（同治）祁陽縣志二十四卷首一卷

　　　　　　　　　　3190/3272.87

　　〔清〕劉希關等纂　　〔清〕張正紀等修

　　清同治九年（1870）刻本

　　十五册

（乾隆）浯溪新志十四卷首　T3190/3936

　　〔清〕宋溶纂修

　　清乾隆三十五年（1770）刻本

　　四册

（光緒）東安縣志八卷　　3190/5934.88

　　〔清〕胡元士等纂　　〔清〕黃心菊修

　　清光緒二年（1876）刻本

　　四册

（嘉慶）道州志十二卷　　3190/333.84

　　〔清〕黃如轂纂　　〔清〕張元惠等修

　　清嘉慶二十五年（1820）刻本

　　四册

（光緒）道州志十二卷首一卷

　　　　　　　　　　3190/3332.88

　　〔清〕許清源等纂　　〔清〕盛庚等修

　　清光緒四年（1878）刻本

　　八册

（嘉慶）寧遠縣志十卷首一卷

　　　　　　　　　　3190/3233.84

　　〔清〕曾鈺纂修

　　清嘉慶十六年（1811）刻本

　　六册

（光緒）寧遠縣志八卷　　3190/3233.88

　　〔清〕歐陽澤闓纂　　〔清〕張大煦修

　　清光緒二年（1876）刻本

　　四册

（同治）江華縣志十二卷首一卷

　　　　　　　　　　3190/3145.87

　　〔清〕唐爲煌纂　　〔清〕劉華邦修

　　清同治九年（1870）刻本

　　六册

（嘉慶）新田縣志十卷　　3190/0260.86

　　〔清〕黃應培等纂修

　　清嘉慶十七年（1812）刻咸豐七年

（1857）增刻本

　　四册

（乾隆）永順府志十二卷

　　　　　　　　　　T3189/3328.83

　　〔清〕張天如纂輯

　　清乾隆二十八年（1763）刻本

　　六册

（乾隆）永順縣志四卷　　T3190/3328.83

　　〔清〕關天申纂　　〔清〕黃德基修

　　清乾隆五十八年（1793）刻本

　　五册

（光緒）古丈坪廳志十六卷

　　　　　　　　　　3190/4654.88

　　〔清〕董鴻勳纂修

　　清光緒三十三年（1907）鉛印本

　　十册

（嘉慶）龍山縣志十六卷首一卷
3190/0127.84
〔清〕洪際清纂　〔清〕繳繼祖修
清嘉慶二十三年（1818）刻本
五册

（光緒）龍山縣志十六卷首一卷
3190/0127.88
〔清〕劉沛纂　〔清〕符爲霖修
清光緒四年（1878）刻本
六册

（同治）桑植縣志八卷首一卷
3190/7941.87
〔清〕陳錦等纂　〔清〕周來賀修
清同治十二年（1873）刻本
四册

（乾隆）澧志舉要三卷　　T3189/3130.83
〔清〕潘相修　〔清〕潘承煒續纂
清嘉慶二年（1797）安鄉潘氏經腴堂
刻本
二册

（同治）澧州志二十六卷首一卷
3189/3130.87
〔清〕魏式曾纂　〔清〕何玉棻修
清同治十三年（1874）增修刻本
十八册

（嘉慶）石門縣志五十五卷
3190/1672.84
〔清〕梅峄等纂　〔清〕蘇益馨等修
清嘉慶二十三年（1818）刻本
六册

（同治）石門縣志十四卷首一卷
3190/1672.87
〔清〕袁祖綏等纂　〔清〕林葆元等修
清同治七年（1868）刻十三年（18
74）校補刻本
十四册

（乾隆）安鄉縣志八卷　　T3190/3422.83
〔清〕曾之亨纂　〔清〕張綽修
清乾隆十三年（1748）刻本
十册

（同治）慈利縣志十四卷　　3190/8322.87
〔清〕魏湘纂　〔清〕嵇有慶修
清同治八年（1869）刻本
十四册

（光緒）慈利縣志十卷首一卷
3190/8322.88
〔清〕吳恭亨纂修
清光緒二十二年（1896）刻本
二册

（同治）桂陽直隸州志二十七卷
3190/4172.87
王闓運等纂　〔清〕汪敦灝修
清同治七年（1868）刻本
十二册

（同治）藍山縣志十六卷末一卷
3190/4127.87
〔清〕鍾範纂　〔清〕胡鶚薦等修
清同治六年（1867）刻本
十册

（道光）直隸靖州志十二卷附靖州學宫
志四卷　　　　　　　　3189/0232.85
　　〔清〕尹鴻纂　　〔清〕隆恩修
　　清道光十七年（1837）刻本
　　十八册

（光緒）靖州直隸州志十二卷
　　　　　　　　　　　3189/0232.88
　　〔清〕唐際虞等纂　　〔清〕吳起鳳等修
　　清光緒五年（1879）刻本
　　十册

（光緒）靖州鄉土志四卷　　3190/024.88
　　〔清〕金蓉鏡撰
　　清光緒三十四年（1908）刻本
　　二册

（嘉慶）會同縣志十卷　　　3190/8672.84
　　〔清〕陳述芹等纂修
　　清嘉慶二十五年（1820）刻本
　　四册

（光緒）重修會同縣志十四卷首一卷
　　　　　　　　　　　3190/8672.88
　　〔清〕黃世昌等纂　　〔清〕孫炳煜等修
　　清光緒二年（1876）刻本
　　八册

（同治）興寧縣志十八卷首一卷末一卷
　　　　　　　　　　　3190/7832.88
　　〔清〕黃榜元纂　　〔清〕郭樹馨修
　　清光緒元年（1875）刻本
　　十二册

（同治）桂東縣志二十卷首一卷
　　　　　　　　　　　3190/4159.87
　　〔清〕郭岐勳纂　　〔清〕劉華邦修
　　清同治五年（1866）刻本
　　八册

（道光）鳳凰廳志二十卷首一卷
　　　　　　　　　　　3190/7171.85
　　〔清〕孫均銓纂　　〔清〕黃應培修
　　清道光四年（1824）刻本
　　十二册

（同治）永綏直隸廳志六卷
　　　　　　　　　　　3190/3324.87
　　〔清〕楊瑞珍等纂　　〔清〕周玉衡修
　　清同治七年（1868）刻本
　　六册

（嘉慶）成都縣志六卷首一卷
　　　　　　　　　　　3180/5042.84
　　〔清〕衷以壎纂　　〔清〕王泰雲修
　　清嘉慶二十年（1815）刻本
　　八册

（同治）成都縣志十六卷首一卷
　　　　　　　　　　　3180/5042.87
　　〔清〕衷興鑑纂　　〔清〕李玉宣等修
　　清同治十二年（1873）刻本
　　十六册

（宣統）成都通覽不分卷　　3064/5242.2b
　　〔清〕傅崇榘纂
　　清宣統元年（1909）成都通俗報社
石印本
　　二册

（嘉慶）華陽縣志四十四卷首一卷
　　　　　　　　　　　　3180/4572.84
　　〔清〕潘時彤纂　　〔清〕董淳修
　　清嘉慶二十一年（1816）刻本
　　十二冊

（嘉慶）雙流縣志四卷　　3180/2031.84
　　〔清〕汪士侃纂修
　　清嘉慶十九年（1814）刻本
　　四冊

（光緒）雙流縣志四卷　　3180/2031.88
　　〔清〕彭琬纂修　　〔清〕李國才續修
　　清光緒二十年（1894）增補刻本
　　四冊

（嘉慶）温江縣志三十六卷首一卷
　　　　　　　　　　　　3180/3131.84
　　〔清〕徐文貢等纂　　〔清〕李紹祖
等修
　　清嘉慶二十年（1815）刻本
　　六冊

（光緒）温江縣鄉土志十二卷
　　　　　　　　　　　　3180/3131.88
　　〔清〕曾學傳纂修
　　清宣統元年（1909）刻本
　　四冊

（同治）新繁縣志十六卷首一卷
　　　　　　　　　　　　3180/0289.87
　　〔清〕楊益豫等纂　　〔清〕張文珍等修
　　清同治十二年（1873）刻本
　　八冊

（光緒）新繁縣鄉土志十卷
　　　　　　　　　　　　3180/0289.88
　　〔清〕陳彦升等纂修
　　清光緒三十三年（1907）鉛印本
　　二冊

（嘉慶）金堂縣志九卷首一卷末一卷
　　　　　　　　　　　　3180/8090.84
　　〔清〕黄烈纂　　〔清〕謝維傑修
　　清嘉慶十六年（1811）刻本
　　八冊

（同治）續金堂縣志八卷首一卷末一卷
　　　　　　　　　　　　3180/8090.87
　　〔清〕米繪裳纂　　〔清〕王樹桐修
　　清同治六年（1867）續修刻本
　　二冊

（道光）新都縣志十八卷首一卷
　　　　　　　　　　　　3180/0242.85
　　〔清〕張懷洵纂　　〔清〕張奉書修
　　清道光二十四年（1844）刻本
　　十二冊

（嘉慶）郫縣志四十四卷首一卷
　　　　　　　　　　　　3180/2742.84
　　〔清〕盛大器等纂　　〔清〕朱鼎臣等修
　　清嘉慶十八年（1813）刻本
　　八冊

（同治）郫縣志四十四卷　　3180/2742.87
　　〔清〕高升之等纂　　〔清〕陳慶熙修
　　清同治九年（1870）刻本
　　八冊

（乾隆）灌縣志十二卷首一卷

　　　　　　　　　T3180/3169.83

　　〔清〕孫天寧纂修

　　清乾隆五十一年（1786）刻本

　　四册

（光緒）灌縣志十四卷首一卷

　　　　　　　　　3180/3169.88

　　〔清〕鄭珶山纂　　〔清〕莊裕筠修

　　清光緒十二年（1886）增修刻本

　　十册

（光緒）灌記初稿四卷　　3180/3169.88B

　　〔清〕彭洵編輯

　　清光緒二十年（1894）彭氏種書堂自

刻本

　　四册

（光緒）灌縣鄉土志二卷

　　　　　　　　　3180/3169.883

　　〔清〕徐昱纂　　〔清〕鍾文虎修

　　清光緒三十三年（1907）刻本

　　二册

（嘉慶）彭縣志四十二卷　　3180/4269.84

　　〔清〕王鍾鈁纂修

　　清嘉慶十九年（1814）刻本

　　六册

（光緒）彭縣志十三卷首一卷末一卷補遺

一卷　　　　　　3180/4229.88

　　〔清〕吕調陽纂　　〔清〕張龍甲等修

　　清光緒四年（1878）刻本

　　十册

（光緒）崇寧縣志四卷　　3180/2932.84

　　〔清〕劉壇等纂修

　　清嘉慶十七年（1812）修十八年（18

13）刻本

　　四册

（咸豐）簡州志十四卷

　　　　　　　　　3180/8232.86（1—10）

　　〔清〕黄樸纂　　〔清〕濮瑗修

　　清咸豐二年（1852）刻本

　　十册

（光緒）簡州續志十四卷

　　　　　　　　　3180/8232.86（11—12）

　　〔清〕傅爲霖等纂　　〔清〕易家霖修

　　清光緒二十二年（1896）刻本

　　二册

（嘉慶）崇慶州志十卷首一卷

　　　　　　　　　3180/2904.84

　　〔清〕衛道凝等纂　　〔清〕丁榮表等修

　　清嘉慶十八年（1813）刻本

　　六册

（光緒）崇慶州志十二卷首一卷

　　　　　　　　　3180/2004.88

　　〔清〕胡麟等纂　　〔清〕沈恩培等修

　　清光緒三年（1877）刻十年（1884）

重印本

　　十册

（嘉慶）漢州志四十卷首一卷末一卷

　　　　　　　　　3180/3330.84

　　〔清〕侯肇元等纂　　〔清〕劉長庚修

　　清嘉慶十七年（1812）刻本

十二冊

（同治）漢州續志二十四卷首一卷補一卷
3180/3330.87
〔清〕曾履中等纂　〔清〕張超等修
清同治八年（1869）刻本
八冊

（嘉慶）什邡縣志五十四卷
3180/2402.84
〔清〕王道和　林時春纂　〔清〕紀
大奎修
清嘉慶十八年（1813）刻本
十冊

（道光）重慶府志九卷　3179/2004.85
〔清〕寇宗等纂　〔清〕王夢庚修
清道光二十三年（1843）刻本
十二冊

（乾隆）巴縣志十七卷首一卷
T3180/7169.83
〔清〕王世沿纂　〔清〕王爾鑑修
清乾隆二十六年（1761）刻本
十二冊

（同治）巴縣志四卷　3180/7169.87
〔清〕熊家彦等纂　〔清〕霍爲棻修
清同治六年（1867）刻本
十冊

（光緒）江津縣志十二卷附志存一卷
3180/3135.88
〔清〕袁方城纂　〔清〕王煌修
清光緒元年（1875）刻本

八冊

（光緒）長壽縣志十卷　3140/7344.88
〔清〕周澤溥等纂　〔清〕張永熙修
清光緒元年（1875）刻本
四冊

（光緒）永川縣志十卷首一卷
3180/3320.88
〔清〕馬慎修等纂　〔清〕許曾蔭等修
清光緒二十年（1894）刻本
十冊

（同治）榮昌縣志二十二卷
3180/9966.87
〔清〕廖朝翼纂　〔清〕文康修
清同治四年（1865）刻本
八冊

（光緒）榮昌縣志二十二卷
3180/9966.88
〔清〕敖册賢纂　〔清〕施學煌修
清光緒十年（1884）刻本
十冊

（同治）綦江縣志十二卷首一卷
3180/4031.87
〔清〕任濬祥等纂　〔清〕楊銘修
清同治十二年（1873）刻本
十二冊

**（同治）涪州志十六卷首一卷附涪州義
勇彙編一卷**　3180/3632.87
〔清〕王應元等纂　〔清〕吕紹衣等修
清同治九年（1870）刻本

八册

（光緒）銅梁縣志十六卷首一卷
　　　　　　　　　3180/8239.88
　〔清〕陳昌纂　〔清〕韓清桂修
　清光緒元年（1875）刻本
　十二册

（光緒）大足縣志八卷　3180/4368.88
　〔清〕高雲從等纂　〔清〕王德嘉修
　清光緒三年（1877）刻本
　六册

（同治）璧山縣志十卷首一卷末一卷
　　　　　　　　　3180/7027.87
　〔清〕陳錦堂等纂　〔清〕寇用平修
　清同治四年（1865）刻本
　六册

（光緒）定遠縣志六卷　3180/3033.88
　〔清〕王鏞等纂　〔清〕姜由範修
　清光緒元年（1875）刻本
　六册

（道光）保寧府志六十二卷圖考一卷補
遺一卷　　　　　　3179/2932.85
　〔清〕史觀等纂　〔清〕徐雙桂等修
　清道光元年（1821）刻本
　十六册

（咸豐）閬中縣志八卷　3180/7350.86
　〔清〕李惺等纂　〔清〕徐繼鏞修
　清咸豐元年（1851）刻本
　四册

（道光）南部縣志三十卷首一卷
　　　　　　　　　3180/4202.85
　〔清〕徐暢達等纂　〔清〕王瑞慶
等修
　清道光二十九年（1849）刻本
　十册

（乾隆）廣元縣志十三卷首一卷
　　　　　　　　　T3180/0811.83
　〔清〕張賡謨纂修
　清乾隆二十二年（1757）刻本
　四册

（道光）昭化縣志四十八卷
　　　　　　　　　3180/6621.85
　〔清〕張紹齡纂修　〔清〕曾寅光重修
　清同治三年（1864）重修刻本
　六册

（道光）巴州志十卷首一卷
　　　　　　　　　3180/7132.85
　〔清〕陳一津纂　〔清〕朱錫穀修
　清道光十三年（1833）刻本
　四册

（同治）劍州志十卷　3180/8232.87
　〔清〕李榕纂　〔清〕李溶等修
　清同治十二年（1873）刻本
　四册

（康熙）順慶府志十卷增續一卷
　　　　　　　　　3179/2804.81
　〔清〕羅承順等纂　〔清〕李成林修
〔清〕袁定遠補修
　清嘉慶十二年（1807）刻本

十冊

（嘉慶）南充縣志八卷附圖考
　　　　　　　　　　3180/4201.86
〔清〕陳榕等纂　　〔清〕袁鳳孫修
清嘉慶十八年（1813）刻咸豐七年
（1857）補刻光緒三年（1877）增補印本
六冊

（光緒）西充縣志十四卷　3180/1601.88
〔清〕劉藻纂　　〔清〕高培穀修
清光緒元年（1875）刻本
六冊

（同治）營山縣志三十卷　3180/9627.87
〔清〕熊毓藩等纂　　〔清〕翁道均修
清同治九年（1870）刻本
八冊

（同治）儀隴縣志六卷　3180/2571.87
〔清〕胡輯瑞纂　　〔清〕胡晉熙修
清光緒三十三年（1907）刻本
六冊

（咸豐）廣安州志八卷　　3180/0834.86
〔清〕廖朝翼等纂　　〔清〕王兆僖修
清咸豐十年（1860）刻本
八冊

（道光）鄰水縣志六卷首一卷
　　　　　　　　　　3180/9213.85
〔清〕孟春森編　　〔清〕曾燦奎纂修
清道光十四年（1834）增修刻本
六冊

（光绪）慶符縣志五十五卷
　　　　　　　　　　3180/0494.88
〔清〕胡錫祜纂　　〔清〕孫定揚修
清光緒二年（1876）刻本
八冊

（乾隆）富順縣志五卷　　3180/3628.83
〔清〕李芝纂　　〔清〕段玉裁等修
清光緒八年（1882）刻本（卷三有抄補）
五冊

（道光）富順縣志三十八卷
　　　　　　　　　　3180/3628.85
〔清〕黄靖圖等纂　　〔清〕宋廷楨等修
清道光七年（1827）刻九年（1829）
補印本
十二冊

（同治）富順縣志三十七卷
　　　　　　　　　　3180/3028.87
〔清〕吕上珍纂　　〔清〕羅廷權等修
清同治十一年（1872）刻本
八冊

（嘉慶）南溪縣志十卷　　3180/4233.84
〔清〕包字纂　　〔清〕胡之富修
清嘉慶十七年（1812）刻本
八冊

（同治）南溪縣志八卷　　3180/4233.87
〔清〕胡元翔等纂　　〔清〕福倫修
清同治十三年（1874）刻本
八冊

（同治）高縣志五十四卷　　3180/0269.87
　　〔清〕曾毓佐纂　　〔清〕敖立榜修
　　清同治五年（1866）刻本
　　八册

（同治）筠連縣志十六卷　　3180/8233.87
　　〔清〕文爾炘纂　　〔清〕程熙春修
　　清同治十二年（1873）刻本
　　二册

（同治）珙縣志十五卷　　3180/1869.88
　　〔清〕鄧香樹纂　　〔清〕姚廷章修
　　清光緒九年（1883）刻本
　　八册

（光緒）興文縣志六卷　　3180/7804.88
　　〔清〕黃相堯纂　　〔清〕江亦顯等修
　　清光緒十三年（1887）刻本
　　六册

（道光）隆昌縣志四十一卷首一卷
　　　　　　　　3180/7166.85
　　〔清〕耿履端等纂　　〔清〕張聘三修
　　清道光三年（1823）刻本
　　六册

（咸豐）隆昌縣志四十二卷首一卷末一卷
　　　　　　　　3180/7166.86
　　〔清〕耿光祜纂　　〔清〕花映均修
　　清同治元年（1862）刻本
　　十二册

（乾隆）屏山縣志八卷首一卷續編一卷
　　　　　　　　3180/7427.84
　　〔清〕陳琦纂　　〔清〕張曾敏修

〔清〕敬大科增續
　　清乾隆四十三年（1778）刻嘉慶五年
（1800）增刻本
　　四册

（光緒）屏山縣續志二卷首一卷
　　　　　　　　3180/7427.88
　　〔清〕陳藩垣等纂　　〔清〕張九章修
　　清光緒二十四年（1898）刻本
　　四册

（嘉慶）馬邊廳志略六卷首一卷
　　　　　　　　3180/7233.84
　　〔清〕周斯才編　　〔清〕淡士灝鑒定
　　清嘉慶十二年（1807）刻本
　　十册

（光緒）雷波廳志三十六卷首一卷
　　　　　　　　3180/1634.88
　　〔清〕萬科進纂　　〔清〕秦雲龍修
　　清光緒十九年（1893）刻本
　　六册

（道光）夔州府志三十六卷首一卷
　　　　　　　　3179/842.85
　　〔清〕劉德銓纂　　〔清〕恩成修
　　清道光七年（1827）刻光緒十七年
（1891）補刻本
　　二十二册

（光緒）奉節縣志三十六卷首一卷
　　　　　　　　3180/5082.88
　　〔清〕楊德坤等纂　　〔清〕曾秀翹修
　　清光緒十九年（1893）刻本
　　八册

（光緒）巫山縣志三十二卷

3180/1127.88

〔清〕李友梁等纂　〔清〕連山修

清光緒十九年（1893）刻本

八册

（咸豐）雲陽縣志十二卷　3180/1372.86

〔清〕陳崐纂　〔清〕江錫麒修

清咸豐四年（1854）刻本

十二册

（同治）萬縣志三十六卷首一卷

3180/4229.87

〔清〕范泰衡等纂　〔清〕張琴等修

清同治五年（1866）刻本

八册

（咸豐）開縣志二十七卷首一卷

3180/7744.85

〔清〕陳崐等纂　〔清〕李肇奎修

清咸豐三年（1853）刻本

六册

（光緒）大寧縣志八卷首一卷

3180/4330.88

〔清〕魏遠猷等纂　〔清〕高維嶽修

清光緒十一年（1885）刻本

八册

（道光）龍安府志十卷　3179/0134.85

〔清〕鄧存咏等纂修

清道光二十一年（1841）刻本

八册

（道光）江油縣志四卷首一卷

3180/3136.85

〔清〕桂星纂修

清道光二十年（1840）刻本

四册

（光緒）江油縣志二十四卷

3180/3136.88

〔清〕歐培槐纂　〔清〕武丕文修

清光緒二十九年（1903）刻本

六册

（咸豐）冕寧縣志十二卷首一卷末一卷

8180/6134.88

〔清〕李昭纂　〔清〕李英燦修

〔清〕林茂光續纂　〔清〕林駿元續修

清咸豐七年（1857）刻光緒十七年

（1891）增刻本

六册

（光緒）鹽源縣志十二卷　3180/7139.88

〔清〕曹永賢纂　〔清〕韋培源修

清光緒十九年（1893）刻本

十二册

（乾隆）會理州志十二卷　3180/8611.88

〔清〕吳鍾崙纂　〔清〕鄧仁垣修

清同治九年（1870）刻本

十六册

（光緒）會理州續志二卷　3180/8611.88

〔清〕徐昱纂　〔清〕蔣金生修

清光緒三十一年（1905）刻本

二册

（光緒）越嶲廳全志十二卷

　　　　　　　　　　　　3180/4322.88

　　〔清〕馬湘等纂　　〔清〕馬忠良修

　　清光緒三十二年（1906）鉛印本

　　六册

（乾隆）雅州府志十六卷　　3179/7130.83

　　〔清〕曹掄翰等纂　　〔清〕曹掄彬修

　　清光緒十三年（1887）刻本

　　十二册

（光緒）名山縣志十五卷　　3180/2627.88

　　〔清〕趙怡纂　　〔清〕趙懿修

　　清光緒十八年（1892）刻本

　　八册

（乾隆）榮經縣志九卷末一卷

　　　　　　　　　　　　T3180/9321.83

　　〔清〕勞世沅纂修

　　清乾隆十年（1745）刻本

　　六册

（嘉慶）樂山縣志十六卷首一卷

　　　　　　　　　　　　3180/2927.84

　　〔清〕龔傳黻纂修

　　清嘉慶十七年（1812）刻本

　　八册

（嘉慶）峨眉縣志十卷首一卷

　　　　　　　　　　　　3180/2576.84

　　〔清〕張希縉等纂　　〔清〕王燮修

　　清嘉慶十八年（1813）刻本

　　四册

（光緒）洪雅縣志十二卷首一卷

　　　　　　　　　　　　3180/3811.88

　　〔清〕鄧敏修纂　　〔清〕郭世棻修

　　清光緒十年（1884）刻本

　　五册

（嘉慶）夾江縣志十二卷　　3180/4831.84

　　〔清〕王佐纂修

　　清嘉慶十八年（1813）刻本

　　四册

（嘉慶）犍爲縣志十卷首一卷

　　　　　　　　　　　　3180/2432.84

　　〔清〕張希翊等纂　　〔清〕王夢庚修

　　清嘉慶十九年（1814）修二十一年

（1816）刻本

　　四册

（道光）榮縣志三十八卷首一卷

　　　　　　　　　　　　3180/9929.85

　　〔清〕王培荀等纂修

　　清光緒三年（1877）刻本

　　八册

（乾隆）威遠縣志八卷首一卷

　　　　　　　　　　　　T3180/7533.83

　　〔清〕張翼儒纂　　〔清〕李南暉修

　　清乾隆四十年（1775）刻本

　　八册

（嘉慶）威遠縣志六卷　　3180/5233.84

　　〔清〕陳汝秋纂修

　　清嘉慶十八年（1813）刻本

　　六册

（乾隆）潼川府志十二卷

T3179/3122.83

〔清〕李芳穀等纂　〔清〕張松孫修

清乾隆五十一年（1786）刻本

十二册

（光緒）潼川府志三十卷　3179/3122.88

〔清〕王龍勳纂　〔清〕阿麟修

清光緒二十三年（1897）刻本

十六册

（嘉慶）三臺縣志八卷　3180/1166.84

〔清〕沈昭興纂修

清嘉慶二十年（1815）刻本

八册

（嘉慶）射洪縣志十八卷　3180/2438.84

〔清〕聶厚盟等纂　〔清〕陳廷鈺

等修

清嘉慶二十五年（1820）刻本

八册

（乾隆）鹽亭縣志八卷首一卷

T3180/7102.83

〔清〕雷懋德　胡光琦纂　〔清〕張

松孫等修

清乾隆五十一年（1786）刻本

八册

（光緒）鹽亭縣志續編四卷首一卷

3180/7102.88

〔清〕趙宗藩纂　〔清〕邢錫晉修

清光緒八年（1882）刻本

四册

（道光）中江縣新志八卷首一卷續編二卷

3180/5031.85

〔清〕范泰衡等纂　〔清〕楊霈修

清道光十九年（1839）刻本　（續

編）清同治五年（1866）刻本

六册

（乾隆）遂寧縣志十二卷首一卷

T3180/3332.83

〔清〕寇賚言纂　〔清〕張松孫等修

清乾隆五十二年（1787）刻本

十二册

（光緒）遂寧縣志六卷　3180/3332.88

〔清〕李星根等纂　〔清〕孫海等修

清光緒四年（1878）刻本

六册

（道光）蓬溪縣志十六卷首一卷

3180/4033.85

〔清〕顧士英等纂　〔清〕吳章祁等修

清道光二十五年（1845）刻本

八册

（道光）安岳縣志十六卷首一卷

3180/3477.85

〔清〕周國頤纂　〔清〕濮瑗修

清道光二十一年（1841）刻本

八册

（光緒）安岳縣續志四卷　3180/3477.88

〔清〕鄒宗垣纂　〔清〕陳其寬修

清光緒二十三年（1897）刻本

四册

（道光）樂至縣志十六卷首一卷
　　　　　　　　　3180/2911.85
　〔清〕劉孟興纂　〔清〕裴顯忠修
　清道光二十年（1840）刻本
　四册

（光緒）續增樂至縣志四卷首一卷
　　　　　　　　　3180/2911.88
　〔清〕李星根纂　〔清〕胡書雲修
　清光緒九年（1883）刻本
　一册

（嘉慶）達縣志五十二卷　3180/3369.84
　〔清〕王廷偉等纂　〔清〕魯鳳輝等修
　清嘉慶二十年（1815）刻本
　十二册

（同治）新寧縣志八卷　　3180/0220.87
　〔清〕周紹鑾等纂　〔清〕復成修
　清同治八年（1869）刻本
　八册

（嘉慶）渠縣志五十二卷　3180/3969.84
　〔清〕譚承恩等纂　〔清〕王來遴等修
　清嘉慶十七年（1812）刻本
　八册

（同治）渠縣志五十二卷首一卷
　　　　　　　　　3180/3969.87
　〔清〕賈振麟等纂　〔清〕何慶恩修
　清同治三年（1864）刻本
　十二册

（道光）大竹縣志四十卷　3180/4382.85
　〔清〕劉漢昭纂　〔清〕蔡以修修

清道光二年（1822）刻本
六册

（嘉慶）眉州屬志十九卷　3180/7630.84
　〔清〕王昌年等纂　〔清〕涂長發修
　清嘉慶五年（1800）刻本
　十册

（光緒）丹稜縣志十卷首一卷
　　　　　　　　　3180/7424.88
　〔清〕朱文瀚纂　〔清〕顧汝萼等修
　清光緒十八年（1892）翼崖書院刻本
　八册

（嘉慶）彭山縣志六卷　　3180/4227.84
　〔清〕史欽義纂　〔清〕趙來震修
　清嘉慶十九年（1814）刻本
　六册

（光緒）青神縣志五十四卷
　　　　　　　　　3180/5235.88
　〔清〕文筆超纂　〔清〕郭世棻修
　清光緒三年（1877）刻本
　六册

（嘉慶）邛州直隸州志四十六卷首一卷
　　　　　　　　　3179/1232.84
　〔清〕王來遴等纂　〔清〕吳鞏修
　清嘉慶二十三年（1818）刻本
　十二册

（同治）大邑縣志二十卷　3180/4361.87
　〔清〕王漵等纂　〔清〕趙霦修
〔清〕王煦增纂　〔清〕余上富增修
　清同治七年（1868）刻光緒二年

（1876）增刻本
　　八册

（乾隆）蒲江縣志四卷　　T3180/4230.83
　　〔清〕紀曾蔭纂修
　　清乾隆四十九年（1784）刻本
　　八册

（光緒）蒲江縣志五卷　　3180/4230.88
　　〔清〕解璜等纂　　〔清〕孫清士修
　　清光緒四年（1878）刻本
　　六册

（光緒）直隸瀘州志十二卷
　　　　　　　　　　　　3179/3132.88
　　〔清〕華國清等纂　　〔清〕田秀栗修
　　清光緒八年（1882）刻本
　　十二册

（同治）合江縣志五十四卷
　　　　　　　　　　　　3180/8631.87
　　〔清〕羅增垣纂　　〔清〕瞿樹蔭修
　　清同治十年（1871）增修刻本
　　十二册

（嘉慶）江安縣志六卷　　3180/3134.84
　　〔清〕鄭存仁等纂　　〔清〕趙樸修
　　清嘉慶十七年（1812）刻本
　　六册

（道光）江安縣志二卷　　3180/3134.85
　　〔清〕高學濂等纂修
　　清道光九年（1829）刻本
　　二册

（嘉慶）資州直隸州志三十卷首四卷
　　　　　　　　　　　　3179/3832.84
　　〔清〕譚光祜等纂　　〔清〕劉炯修
　　清嘉慶二十年（1815）刻本
　　二十册

（咸豐）資陽縣志四十八卷首二卷
　　　　　　　　　　　　3180/3072.86
　　〔清〕何華元等纂　　〔清〕范淶清修
　　清咸豐十年（1860）資陽文昌宮刻本
　　十册

（同治）内江縣志十五卷首一卷
　　　　　　　　　　　　3180/4231.87
　　〔清〕黄覺等纂　　〔清〕張兆蘭等修
　　清同治十年（1871）刻本
　　十册

（光緒）續修内江縣志十五卷首一卷
　　　　　　　　　　　　3180/4231.88
　　〔清〕熊玉華纂　　〔清〕陸爲棻修
　　清光緒九年（1883）鉛印本
　　十册

（嘉慶）仁壽縣志六卷　　3180/2144.84
　　〔清〕姚令儀等纂　　〔清〕李元修
　　清嘉慶八年（1803）刻本
　　八册

（同治）仁壽縣志十五卷首一卷
　　　　　　　　　　　　3180/2144.87
　　〔清〕馬凡若纂　　〔清〕羅廷權等修
　　清同治五年（1866）刻本
　　十四册

（光緒）仁壽縣志六卷末一卷
　　　　　　　　　　　3180/2144.88
　〔清〕楊作霖纂修　〔清〕陳韶湘補纂
　清光緒七年（1881）刻本
　七册

（道光）仁壽縣新志八卷　　　3180/2144
　〔清〕魏崧等纂　〔清〕馬百齡修
　清道光十七年（1837）縣衙刻本
　八册

（嘉慶）井研縣志十卷（光緒）續修井研
縣志二卷　　　　　　　　3180/5014.84
　〔清〕陳獻瑞等纂　〔清〕張寧陽等
修　〔清〕廖錫藩續纂　〔清〕王琅然等
續修
　清嘉慶元年（1796）刻光緒八年
（1882）續修刻本
　六册

（光緒）光緒井研志四十二卷
　　　　　　　　　　　3180/5014.88
　〔清〕吳嘉謨等纂　〔清〕高承瀛修
　清光緒二十六年（1900）刻本
　十二册

（同治）綿州直隸州志五十五卷
　　　　　　　　　　　3179/2232.87
　〔清〕伍肇齡等纂　〔清〕文棨等修
　清同治十二年（1873）刻本
　二十册

（道光）德陽縣新志十二卷首一卷末一卷
　　　　　　　　　　　3180/2372.85
　〔清〕劉碩輔纂　〔清〕裴顯忠修

清道光十七年（1837）刻本
五册

（同治）德陽縣志四十四卷首一卷
　　　　　　　　　　　3180/2372.87
　〔清〕劉宸楓等纂　〔清〕何慶恩修
　清同治十三年（1874）刻本
　十六册

（光緒）德陽縣志續編十卷末一卷
　　　　　　　　　　　3180/2372.88
　〔清〕李炳靈等纂　〔清〕鈕傳善修
　清光緒三十一年（1905）刻本
　三册

（嘉慶）羅江縣志十卷　　3180/6131.84
　〔清〕李調元纂修
　清嘉慶十七年（1812）刻本
　四册

（嘉慶）羅江縣志三十六卷
　　　　　　　　　　　3180/6131.84B
　〔清〕李桂林纂　〔清〕曾昌曙修
　清同治四年（1865）刻本
　八册

（同治）羅江縣志二十四卷
　　　　　　　　　　　3180/6131.87
　〔清〕劉正慧等纂　〔清〕馬傳業修
　清同治三年（1864）續修刻本
　四册

（嘉慶）安縣志三十卷首一卷
　　　　　　　　　　　3180/3469.84
　〔清〕楊英燦纂修

清嘉慶十八年（1813）刻本

四册

（嘉慶）綿竹縣志四十四卷

　　　　　　　　　　3180/2282.84

　　〔清〕沈瓖纂修

　　清嘉慶十八年（1813）刻本

　　六册

（道光）綿竹縣志四十六卷

　　　　　　　　　　3180/2282.85

　　〔清〕沈心如纂　　〔清〕劉慶遠修

　　清道光二十九年（1849）刻本

　　十册

（光緒）綿竹縣鄉土志不分卷

　　　　　　　　　　3180/2282.88

　　〔清〕黄尚毅纂修

　　清光緒三十四年（1908）刻本

　　一册

（咸豐）梓潼縣志六卷　　3180/4431.86

　　〔清〕楊曦纂　　〔清〕張香海修

　　清咸豐八年（1858）刻本

　　六册

（道光）茂州志四卷首一卷

　　　　　　　　　　3180/4532.85

　　〔清〕劉輔廷纂　　〔清〕楊迦懌修

　　清道光十一年（1831）刻本

　　四册

（嘉慶）汶志紀略四卷　　3180/3422.88

　　〔清〕李錫書纂修

　　清嘉慶十年（1805）刻光緒二十二年

（1896）增補刻本

　　四册

（道光）忠州直隸州志八卷

　　　　　　　　　　3179/5332.85

　　〔清〕熊履青纂　　〔清〕吳友篪修

　　清道光六年（1826）刻本

　　八册

（同治）忠州直隸州志十二卷首一卷

　　　　　　　　　　3179/5332.87

　　〔清〕柳福培纂　　〔清〕侯若源等修

　　清同治十二年（1873）刻本

　　九册

（光緒）酆都縣志四卷首一卷

　　　　　　　　　　3180/2242.88

　　〔清〕徐昌緒纂　　〔清〕田秀栗等修

〔清〕蔣履泰續纂

　　清光緒十九年（1893）刻本

　　六册

（光緒）墊江縣志十卷　　3180/4131.88

　　〔清〕李炳靈等纂　　〔清〕謝必鏗等修

　　清光緒二十六年（1900）刻本

　　八册

（嘉慶）梁山縣志十八卷首一卷

　　　　　　　　　　3180/3927.84

　　〔清〕符永培等纂修

　　清嘉慶十三年（1808）刻本

　　十二册

（光緒）梁山縣志十卷首一卷
　　　　　　　　　　　3180/3922
　　〔清〕朱言詩等纂修
　　清光緒二十年（1894）刻本
　　十二册

（光緒）秀山縣志十四卷首一卷
　　　　　　　　　　　3180/2227.88
　　〔清〕李稽勳纂　　〔清〕王壽松修
　　清光緒十七年（1891）刻本
　　四册

（咸豐）黔江縣志四卷續志一卷
　　　　　　　　　　　3180/6231.86
　　〔清〕張紹齡纂　　〔清〕張鋭堂續纂
　　清咸豐元年（1851）刻本　　（續志）
清同治三年（1864）抄本
　　五册

（光緒）黔江縣志五卷首一卷
　　　　　　　　　　　3180/6231.88
　　〔清〕陳蕃垣等纂　　張九章等修
　　清光緒二十年（1894）刻本
　　五册

（光緒）彭水縣志四卷首一卷
　　　　　　　　　　　3180/4213.88
　　〔清〕董本等纂　　〔清〕莊定域修
　　清光緒元年（1875）刻本
　　八册

（光緒）敘州府志四十三卷首一卷末一卷
　　　　　　　　　　　3179/8432.88
　　〔清〕邱晋成纂　　〔清〕王麟祥修
　　清光緒二十一年（1895）刻本

二十八册

（光緒）續修叙永永寧廳縣合志五十四
卷首一卷　　　　　　3180/8433.88
　　〔清〕萬慎等纂　　〔清〕鄧元鏸修
　　清光緒三十四年（1908）鉛印本
　　十二册

（道光）石砫廳新志十二卷
　　　　　　　　　　　3180/1641.85
　　〔清〕王槐齡纂修
　　清道光二十三年（1843）刻本
　　四册

（同治）直隸理番廳志六卷首一卷
　　　　　　　　　　　3180/1126.87
　　〔清〕周祚嶧纂　　〔清〕吳羹梅修
　　清同治五年（1866）刻本
　　六册

（道光）城口廳志二十卷　　3180/4560.85
　　〔清〕洪錫疇纂　　〔清〕劉紹文修
　　清道光二十四年（1844）刻本
　　十四册

（光緒）太平縣志十卷首一卷
　　　　　　　　　　　3180/4314.88
　　〔清〕鍾元建等纂　　〔清〕楊汝偕修
　　清光緒十九年（1893）刻本
　　四册

（光緒）閩縣鄉土志不分卷
　　　　　　　　　　　3224/7223.88
　　〔清〕鄭祖庚纂　　〔清〕朱景星等修
　　清光緒三十二年（1906）鉛印本

四册

（光緒）侯官縣鄉土志八卷
　　　　　　　　　　3224/2337.88
　〔清〕鄭祖庚纂　〔清〕胡之楨修
　清光緒三十二年（1906）修鉛印本
　四册

（嘉慶）連江縣志十卷首一卷
　　　　　　　　　　3224/3331.84
　〔清〕章朝栻纂　〔清〕李菶等修
　清嘉慶十年（1805）刻本
　十册

（康熙）羅源縣志十卷　　T3224/6139.8
　〔清〕林喬蕃等纂　〔清〕王楠修
　清康熙六十一年（1722）刻本
　八册

（道光）羅源縣志三十卷首一卷附補遺
　　　　　　　　　　3224/6139.85
　〔清〕林春溥纂　〔清〕盧鳳棽修
　清道光十一年（1831）刻本
　十册

（乾隆）閩清縣志十卷首一卷
　　　　　　　　　　T3224/7331.83
　〔清〕姚循義纂修
　清抄本
　三册

（乾隆）永福縣志十卷　　T3224/3336.83
　〔清〕俞荔等纂　〔清〕陳焱等修
　清乾隆十八年（1753）刻本
　四册

（弘治）興化府志五十四卷
　　　　　　　　　　3223/7821.7
　〔明〕周瑛等纂　〔明〕陳效修
　清同治十年（1871）刻本
　十二册

（乾隆）莆田縣志三十六卷首一卷
　　　　　　　　　　3224/4264.83
　〔清〕廖必琦纂　〔清〕汪大經修
　清乾隆二十三年（1758）刻光緒五年
（1879）補刻本
　　二十册

（乾隆）僊游縣志五十三卷首一卷
　　　　　　　　　　3224/2133.83
　〔清〕葉和侃等纂　〔清〕胡啓植
等修
　　清同治十二年（1873）刻本
　　十六册

（乾隆）泉州府志七十六卷首一卷
　　　　　　　　　　3223/2332.83
　〔清〕黃任等纂　〔清〕懷蔭布修
　清同治九年（1870）刻本
　四十八册

（嘉慶）同安縣志三十卷首一卷
　　　　　　　　　　3224/7234.84
　〔清〕劉光鼎纂　〔清〕吳堂修
　清嘉慶三年（1798）刻本
　十六册

（道光）廈門志十六卷　　3224/747.85
　〔清〕周凱等纂修
　清道光十二年（1832）刻本

十二册

（乾隆）馬巷廳志十八卷首一卷
　　　　　　　　3224/7241.83
　　〔清〕萬友正纂修
　　清乾隆四十一年（1776）刻光緒九年
（1883）補刻本
　　十册

（乾隆）漳州府志四十六卷首一卷
　　　　　　　　3223/342.83
　　〔清〕官獻瑤等纂　　〔清〕李維鈺等修
　　清乾隆四十二年（1777）刻嘉慶十一
年（1806）補刻本
　　二十四册

（光緒）漳州府志五十卷首一卷
　　　　　　　　3223/3432.89
　　〔清〕吳聯薰纂　　〔清〕沈定均修
　　清光緒三年（1877）刻本
　　三十二册

（乾隆）龍溪縣志二十四卷
　　　　　　　　T3224/0133.83
　　〔清〕黃惠　李疇纂　　〔清〕吳宜燮修
　　清乾隆二十七年（1762）刻本
　　十二册

**（乾隆）龍溪縣志二十四卷首一卷增補
一卷**　　　　　　3224/0133.88
　　〔清〕黃惠等纂　　〔清〕吳宜燮修
　　清光緒五年（1879）刻本
　　十一册

（康熙）漳浦縣志二十卷
　　　　　　　　T3224/3432.81
　　〔清〕林登虎等纂　　〔清〕陳汝咸修
　　清康熙三十九年（1700）刻本
　　八册

（光緒）漳浦縣志二卷　　3224/3432.88
　　〔清〕林善亭等纂　　〔清〕施錫衛修
　　清光緒十一年（1885）刻本
　　八册

（乾隆）海澄縣志二十四卷首一卷
　　　　　　　　T3224/3531.83
　　〔清〕葉廷推等纂　　〔清〕陳鍈等修
　　清乾隆二十七年（1762）刻本
　　八册

（乾隆）延平府志四十六卷首一卷
　　　　　　　　3223/141.83
　　〔清〕陶元藻等纂　　〔清〕傅爾泰等修
　　清乾隆三十年（1765）刻同治十二年
（1873）補刻本
　　二十四册

（嘉慶）南平縣志三十八卷首三卷末一卷
　　　　　　　　3224/4214.84
　　〔清〕應丹詔等纂　　〔清〕楊桂森修
　　清嘉慶十五年（1810）刻同治十一年
（1872）補刻本
　　二十四册

（道光）順昌縣志十卷　　3224/2866.85
　　〔清〕游全通等纂　　〔清〕賈懋功
陸嗣淵修
　　清光緒九年（1883）吳縣吳恩慶刻本

六册

（道光）沙縣志二十卷　　3224/3269.85
〔清〕徐逢盛纂　〔清〕孫大焜修
清道光十四年（1834）刻同治十年
（1871）補板重印本
十四册

（康熙）建寧府志四十八卷
　　　　　　　　T3223/1432.81
〔清〕鄒山等纂　〔清〕張琦修
清康熙三十二年（1693）刻本
二十六册

（康熙）建安縣志十卷　　T3224/1741.81
〔清〕陸登選等纂　〔清〕崔銑修
清康熙五十二年（1713）刻本
六册

（康熙）甌寧縣志十三卷
　　　　　　　　T3224/1471.81b
〔清〕鄧其文纂修
清康熙三十三年（1694）刻本
八册

（光緒）浦城縣志四十二卷首一卷
　　　　　　　　3224/3245.88
〔清〕翁昭泰纂　〔清〕翁天祐修
清光緒二十六年（1900）刻本
二十册

（康熙）松溪縣志十卷首一卷末一卷
　　　　　　　　T3224/4333.81
〔清〕潘拱辰纂修　〔清〕黃鑑等補遺
清康熙三十九年（1700）刻本

八册

（康熙）邵武府續志十卷
　　　　　　　　T3223/1214.81
〔清〕王侯聘等纂　〔清〕汪麗日修
清康熙九年（1670）刻本
四册

（光緒）邵武府志三十卷首一卷
　　　　　　　　3223/1214.88
〔清〕張景祁纂　〔清〕王琛修
清光緒二十四年（1898）刻本
二十册

（咸豐）邵武縣志十九卷首一卷
　　　　　　　　3224/1214.86
〔清〕張葆森纂　〔清〕李正芳修
清咸豐五年（1855）刻本（有抄配）
十一册
卷十五缺《壽婦》。

（乾隆）汀州府志四十五卷首一卷
　　　　　　　　3223/322.83
〔清〕李紱等纂　〔清〕曾日瑛等修
清同治六年（1867）刻本
二十册

（康熙）寧化縣志七卷　　3224/3221.81
〔清〕李世熊纂　〔清〕祝文郁修
清同治八年（1869）刻本
六册
存卷一至五。

（道光）清流縣志十卷首一卷
　　　　　　　　　　3224/3231.85
　　〔清〕雷可升纂　　〔清〕喬有豫修
　　清鈔本
　　二册

（乾隆）上杭縣志十二卷首一卷末一卷
　　　　　　　　　　3224/2141.87
　　〔清〕沈成國纂　　〔清〕顧人驥等修
〔清〕郭應階增補
　　清同治三年（1864）增補刻本
　　八册

（康熙）武平縣志十卷　　T3224/1414.81
　　〔清〕趙良生纂　　〔清〕劉旷修
　　清抄本
　　四册

（康熙）壽寧縣志八卷　　T3224/5432.81
　　〔清〕柳上芝纂　　〔清〕趙廷璣修
　　清康熙二十五年（1686）刻本
　　三册
　　又一部，T3224/5432.81 c.2，一册。

（光緒）澎湖廳志十四卷
　　　　　　　　　　3227.1/3232.88
　　〔清〕林豪等纂　　〔清〕潘文鳳等修
　　清光緒二十年（1894）刻本
　　十册

（道光）彰化縣志十二卷
　　　　　　　　　　3227.1/0221.85
　　〔清〕周璽纂　　〔清〕李廷璧修
　　清道光十四年（1834）刻本（卷十二
抄補）

十二册

（同治）淡水廳志十六卷
　　　　　　　　　　3227.1/3813.87
　　〔清〕陳培桂纂修
　　清同治十年（1871）刻本
　　八册

（咸豐）噶瑪蘭廳志八卷
　　　　　　　　　　3227.1/6214.86
　　〔清〕陳淑均纂　　〔清〕董正官修
〔清〕李祺生續纂
　　清咸豐二年（1852）仰山書院刻本
　　八册

（乾隆）永春州志十六卷首一卷
　　　　　　　　　　T3224/3350.83
　　〔清〕顏璹等纂　　〔清〕鄭一崧修
　　清乾隆五十二年（1787）刻本
　　十二册

（道光）龍巖州志二十卷首一卷
　　　　　　　　　　3224/0124.85
　　〔清〕陳文衡等纂　　〔清〕彭衍堂修
　　清道光十五年（1835）刻光緒十六年
（1890）補刻本
　　十二册

（光緒）寧洋縣志十二卷　　3224/3235.88
　　〔清〕陳天樞等纂　　〔清〕董鍾驥修
　　清光緒元年（1875）刻本
　　八册

（乾隆）廣州府志六十卷首一卷

T3229/0832.83

〔清〕沈廷芳纂　〔清〕張嗣衍修

清乾隆二十三年（1758）刻本

三十二册

（光緒）廣州府志一百六十三卷

3229/0832.88

〔清〕史澄等纂　〔清〕戴肇辰等修

清光緒五年（1879）粵秀書院刻本

六十册

（道光）南海縣志四十四卷首一卷末一卷

3230/4235

〔清〕鄧士憲等纂　〔清〕潘尚楫修

清同治八年（1869）刻本

二十册

（同治）南海縣志二十六卷首一卷

3230/4235.87

〔清〕梁紹獻等纂　〔清〕鄭夢玉等修

清同治十一年（1872）刻本

十二册

（宣統）南海縣志二十六卷末一卷

3230/4235.89c

〔清〕桂坫等纂　〔清〕張鳳喈修

清宣統二年（1910）刻本

十六册

（同治）番禺縣志五十四卷附録一卷

3230/2662.87

〔清〕史澄等纂　〔清〕李福泰修

清同治十年（1871）刻本

十六册

（宣統）番禺縣續志四十四卷

3230/2662.89

〔清〕丁仁長纂　〔清〕梁鼎芬修

清宣統三年（1911）刻本

十六册

（咸豐）順德縣志三十二卷

3230/2823.86

〔清〕馮奉初纂　〔清〕郭汝誠修

清咸豐三年（1853）刻本

十六册

（嘉慶）東莞縣志四十六卷

3230/5941.84

〔清〕黃時沛等纂　〔清〕范文安等修

清嘉慶三年（1798）刻本

八册

原缺卷十五。

（咸豐）龍門縣志十六卷　3230/0177.87

〔清〕張維屏等纂　〔清〕毓雯　張經贊修

清咸豐元年（1851）刻本

八册

（嘉慶）增城縣志二十卷首一卷

3230/4645.84

〔清〕李寶中等纂　〔清〕熊學源等修

清嘉慶二十五年（1820）刻本

八册

（道光）新會縣志十四卷首一卷

3230/0286.85

〔清〕黃培芳　曾釗纂　〔清〕林星章修

清道光二十年（1840）刻本
十二册

（光緒）新會鄉土志十五卷
　　　　　　　　　　　3230/0286.88
〔清〕譚鑣等纂修
清光緒至宣統間鉛印本
一册

（道光）香山縣志八卷附録一卷
　　　　　　　　　　　3230/2627.85
〔清〕黄培芳纂　　〔清〕祝淮修
清道光七年（1827）刻本
九册

（光緒）香山縣志二十二卷
　　　　　　　　　　　3230/2627.88
〔清〕陳澧等纂　　〔清〕田明曜等修
清光緒五年（1879）刻本
十二册

（光緒）新寧縣志二十六卷首一卷
　　　　　　　　　　　3230/0232.88
〔清〕劉坤一纂　　〔清〕張葆連修
清光緒十九年（1893）刻本
六册

（光緒）清遠縣志十六卷首一卷
　　　　　　　　　　　3230/3233.88
〔清〕朱潤芳等纂　　〔清〕李文烜等修
清光緒六年（1880）刻本
八册

（康熙）花縣志四卷　　3230/4169.81
〔清〕黄士龍纂　　〔清〕王永名修

清同治五年（1866）刻本
四册

（康熙）韶州府志十八卷
　　　　　　　　　　　T3229/0632.81
〔清〕秦嗣美纂　　〔清〕唐宗堯修
清康熙二十六年（1687）刻本
十八册

（同治）韶州府志四十卷首一卷
　　　　　　　　　　　3229/0632.87
〔清〕單興詩等纂　　〔清〕額哲克等修
清同治十三年（1874）刻本
二十四册

（康熙）曲江縣志四卷　　T3230/5631.81
〔清〕陳金闓等纂　　〔清〕秦熙祚修
清康熙二十六年（1687）刻本
八册

（光緒）曲江縣志十六卷　　3230/5631.87
〔清〕歐樾華纂　　〔清〕張希京修
清光緒元年（1875）刻本
八册

（同治）樂昌縣志十二卷首一卷
　　　　　　　　　　　3230/2966.87
〔清〕李穟　陳其藻纂　　〔清〕徐寶
符　段綎傳修
清同治十年（1871）刻本
六册

（同治）仁化縣志八卷首一卷
　　　　　　　　　　　3230/2122.88
〔清〕劉鳳輝纂　　〔清〕陳鴻修

清光緒八年（1882）增修刻本
二十册

（嘉慶）翁源縣新志十二卷首一卷末二卷
　　　　　　　3230/8239.84
〔清〕顔爾樞等纂　〔清〕謝崇俊等修
清嘉慶二十五年（1820）刻本
六册

（道光）英德縣志十六卷首一卷
　　　　　　　3230/4323.85
〔清〕陸殿邦等纂　〔清〕黄培爍等修
清道光二十三年（1843）刻本
十册

（光緒）惠州府志四十五卷首一卷
　　　　　　　3229/5332.88
〔清〕鄧掄斌等纂　〔清〕劉溎年等修
清光緒七年（1881）刻本
二十册

（乾隆）歸善縣志十八卷首一卷附事紀二卷　　　　T3230/2286.83
〔清〕陸飛纂　〔清〕章壽彭修
清乾隆四十八年（1783）刻本
八册

（乾隆）博羅縣志十四卷
　　　　　　　T3230/4461.83
〔清〕陳裔虞等纂修
清乾隆二十八年（1763）刻本
八册

（道光）永安縣三志五卷首一卷末一卷
　　　　　　　3230/3334.84
〔清〕賴朝侶等纂　〔清〕葉廷芳等修
清道光二年（1822）刻本
八册

（乾隆）海豐縣志十卷末一卷
　　　　　　　3230/3521.83
〔清〕史本纂　〔清〕于卜熊修
清乾隆十五年（1750）刻本
四册

（乾隆）陸豐縣志十二卷
　　　　　　　T3230/7120.83
〔清〕沈展才等纂　〔清〕王之正修
清乾隆十年（1745）刻本
四册

（乾隆）潮州府志四十二卷首一卷
　　　　　　　3229/3232.83
〔清〕周碩勳纂修
清光緒十九年（1893）刻本
二十五册

（光緒）海陽縣志四十六卷首一卷
　　　　　　　3230/3572.88
〔清〕李芳蘭等纂　〔清〕盧蔚猷修
清光緒二十六年（1900）刻本
十二册

（光緒）潮陽縣志二十二卷首一卷
　　　　　　　3230/3272.88
〔清〕張其翻纂　〔清〕周恒重修
清光緒十年（1884）刻本
十册

（乾隆）揭陽縣志八卷首一卷

　　　　　　　　　T3230/5272.83

　　〔清〕凌魚等纂　　〔清〕劉業勤修

　　清乾隆四十四年（1779）刻本

　　八册

（光緒）揭陽縣續志四卷首一卷

　　　　　　　　　3230/5272.88

　　〔清〕李星輝等纂　　〔清〕王崧等修

　　清光緒十六年（1890）刻本

　　三册

（康熙）饒平縣志二十四卷

　　　　　　　　　T3230/8114.81

　　〔清〕劉抃纂修

　　清康熙二十六年（1687）刻本

　　八册

（雍正）惠來縣志十八卷　　3230/5349.82

　　　〔清〕謝元選纂　　〔清〕張玿美修

　　清雍正十年（1732）刻同治五年（1866）

重印本

　　　八册

（乾隆）南澳志十二卷附一卷

　　　　　　　　　3230/4233.83

　　〔清〕齊翀纂修

　　清道光二十一年（1841）補刻本

　　十二册

（嘉慶）澄海縣志二十六卷首一卷

　　　　　　　　　3230/3135.84

　　〔清〕蔡繼紳等纂　　〔清〕李書吉等修

　　清嘉慶十九年（1814）刻本

　　八册

（光緒）豐順縣志八卷首一卷

　　　　　　　　　3230/2128.83

　　〔清〕葛曙纂修　　〔清〕查侃增補

〔清〕吳鵬續纂　　〔清〕許普濟續修

　　清光緒十四年（1888）刻本

　　六册

（道光）肇慶府志二十二卷

　　　　　　　　　3229/340.85

　　〔清〕江藩等纂　　〔清〕屠英等修

　　清道光十三年（1833）刻本

　　二十二册

（道光）肇慶府志二十二卷首一卷

　　　　　　　　　3229/3504.84

　　〔清〕江藩等纂　　〔清〕屠英等修

　　清光緒二年（1876）刻本

　　二十二册

（道光）高要縣志二十二卷首一卷

　　　　　　　　　3230/0214.85

　　〔清〕何元纂　　〔清〕韓際飛修

　　清道光六年（1826）刻本

　　六册

（光緒）四會縣志十卷首四卷末一卷

　　　　　　　　　3230/6186.88

　　〔清〕吳大猷纂　　〔清〕陳志喆修

　　清光緒二十二年（1896）刻本

　　十二册

（光緒）四會縣志十編首一卷末一卷

　　　　　　　　　3229/6186.88

　　〔清〕吳大猷纂　　〔清〕陳志喆修

　　清光緒二十二年（1896）刻本

十二册

（道光）陽春縣志十四卷首一卷
　　　　　　　　　　3230/7250.85
　　〔清〕劉彬華纂　　〔清〕陸向榮等修
　　清道光元年（1821）刻本
　　六册

（乾隆）陽江縣志八卷　　T3230/7231.83
　　〔清〕林聞譽纂　　〔清〕莊大中修
　　清乾隆十一年（1746）刻本
　　八册

（光緒）陽江縣志八卷　　3230/7231.85
　　〔清〕區啓科纂　　〔清〕李澐修
〔清〕徐光裕續纂　　〔清〕胡椿續修
　　清道光二年（1822）刻本
　　六册

（乾隆）恩平縣志十卷　　T3230/6314.83
　　〔清〕周書等纂　　〔清〕曾萼修
　　清乾隆三十一年（1766）刻本
　　十二册

（道光）恩平縣志十八卷首一卷末一卷
　　　　　　　　　　3230/6314.85
　　〔清〕楊秀拔等纂　　〔清〕楊學顔等修
　　清道光五年（1825）刻本
　　六册

（道光）廣寧縣志十七卷首一卷
　　　　　　　　　　3230/0832.85
　　〔清〕歐陽振時等纂　　〔清〕黃思藻修
　　清道光四年（1824）刻本
　　十册

（道光）開平縣志十卷　　3230/7214.85
　　〔清〕李科等纂　　〔清〕王文驤修
　　清道光三年（1823）刻本
　　六册

（乾隆）德慶州志十八卷
　　　　　　　　　　T3230/2304.83
　　〔清〕宋錦　李麟洲纂修
　　清乾隆十九年（1754）刻本
　　六册

（光緒）德慶州志十五卷首一卷末一卷
　　　　　　　　　　3230/2304.88
　　〔清〕朱一新　黎佩蘭纂　〔清〕楊
文駿修
　　清光緒二十五年（1899）刻本
　　十八册

（道光）高州府志十六卷首一卷
　　　　　　　　　　3229/0232.85
　　〔清〕潘眉纂　〔清〕黃安濤修
　　清道光七年（1827）刻本
　　十六册

（光緒）茂名縣志八卷首一卷
　　　　　　　　　　3230/4526.88
　　〔清〕許汝韶纂　〔清〕鄭業崇修
　　清光緒十四年（1888）刻本
　　七册

（道光）電白縣志二十卷　　3230/1126.85
　　〔清〕邵咏等纂　〔清〕章鴻修
　　清道光五年（1825）刻本
　　五册

（光緒）信宜縣志八卷拾餘一卷
　　　　　　　　　　　　3230/2631.88
　　〔清〕梁安甸等纂　〔清〕敖式楣修
　　清光緒十七年（1891）刻本
　　八册

（光緒）化州志十二卷　　3230/3132.88
　　〔清〕彭步瀛纂　〔清〕彭貽蓀修
　　清光緒十六年（1890）刻本
　　八册

（道光）吳川縣志十卷　　3230/2320.85
　　〔清〕林泰雯纂　〔清〕李高魁修
　　清道光五年（1825）刻本
　　十二册

（光緒）吳川縣志十卷首一卷
　　　　　　　　　　　　3230/2320.88
　　〔清〕陳蘭彬纂　〔清〕毛昌善修
　　清光緒十八年（1892）刻本
　　十册

（嘉慶）石城縣志六卷首一卷
　　　　　　　　　　　　3230/1643.84
　　〔清〕王公墀等纂　〔清〕張大凱等修
　　清嘉慶二十四年（1819）刻本
　　十四册

（光緒）石城縣志九卷首一卷末一卷
　　　　　　　　　　　　3230/1645.88
　　〔清〕陳蘭彬等纂　〔清〕蔣廷桂修
　　清光緒十八年（1892）刻本
　　八册

（道光）廉州府志二十六卷首一卷
　　　　　　　　　　　　3229/0330.85
　　〔清〕陳治昌纂　〔清〕張堉春修
　　清道光十三年（1833）刻本
　　二十七册

（道光）欽州志十二卷首一卷附地圖
　　　　　　　　　　　　3230/8830.85
　　〔清〕杜以寬等纂　〔清〕朱椿年修
　　清道光十四年（1834）刻本
　　八册

（嘉慶）雷州府志二十卷首一卷
　　　　　　　　　　　　3229/1632.84
　　〔清〕陳昌齊等纂　〔清〕雷學海修
　　清嘉慶十六年（1811）刻本
　　十册

（嘉慶）海康縣志八卷　　3230/3503.84
　　〔清〕陳昌齊纂　〔清〕劉邦柄等修
　　清嘉慶十六年（1811）刻本
　　七册

（道光）瓊州府志四十四卷首一卷
　　　　　　　　　　　　3229/1432.85
　　〔清〕張岳崧等纂　〔清〕明誼修
　　清道光二十一年（1841）刻光緒十六
年（1890）補刻本
　　二十八册

（咸豐）瓊山縣志三十卷首一卷
　　　　　　　　　　　　3230/1427.86
　　〔清〕鄭文彩等纂　〔清〕李文烜修
　　清咸豐七年（1857）刻本
　　十六册

（嘉慶）澄邁縣志十卷　　3230/3133.84

〔清〕李光先纂　　〔清〕謝齊韶修

清嘉慶二十五年（1820）刻本

十册

（光緒）安定縣志十卷首一卷

3230/3834.88

〔清〕王映斗纂　　〔清〕吳應廉等修

清光緒四年（1878）刻本

二十册

（康熙）樂會縣志四卷　　T3230.2986.81

〔清〕程秉慥等修

清崇文齋傳抄本

四册

（光緒）臨高縣志二十四卷

3230/7602.88

〔清〕桂文熾等纂　　〔清〕聶緝慶等修

清光緒十八年（1892）刻本

十册

（光緒）昌化縣志十一卷首一卷

3210/6621.88

〔清〕李有益纂修

清光緒二十三年（1897）刻本

四册

（道光）萬州志十卷　　3230/4442.85

〔清〕楊士錦等纂　　〔清〕胡端書修

清道光八年（1828）刻本

十册

（嘉慶）直隸南雄州志三十四卷首一卷

3229/4241.85

〔清〕余保純等纂修　　〔清〕戴錫倫

等續纂修

清道光四年（1824）刻本

十六册

（同治）連州志十二卷　　3230/3030.87

〔清〕單興詩等纂　　〔清〕袁泳錫等修

清同治十年（1871）刻本

八册

（道光）陽山縣志十五卷首一卷

3230/7227.85

〔清〕劉彬華纂　　〔清〕陸向榮修

清道光三年（1823）刻本

十二册

（光緒）嘉應州志三十二卷

3230/4603.88

〔清〕温仲和等纂　　〔清〕吳宗焯等修

清光緒二十四年（1898）刻本

十四册

（道光）佛岡直隸軍民廳志四卷

3230/2272.85

〔清〕龔耿光纂修

清咸豐元年（1851）刻本

四册

（道光）佛山忠義鄉志十四卷

3231/2227.85

〔清〕吳榮光纂

清道光十年（1830）刻本

七册

（道光）連山綏猺廳志不分卷　　　　　3230/3327.85
　　〔清〕姚柬之纂
　　清道光十七年（1837）刻本
　　二册

（嘉慶）臨桂縣志三十二卷　　　　　　3238/7641.84
　　〔清〕胡虔等纂　　〔清〕蔡呈韶等修
　　清光緒十八年（1892）補刻本
　　三十册

（道光）西延軼志十卷首一卷末一卷　　3238/1614.85
　　〔清〕蔣崧等纂　　〔清〕程慶齡修
　　清光緒二十六年（1900）西延理苗州
署刻本
　　六册

（乾隆）象州志四卷　　T3238/2332.83
　　〔清〕蔣日萊纂　　〔清〕李宏滑修
　　清乾隆二十九年（1764）刻本
　　四册

（同治）象州志二卷　　　3238/2332.87
　　〔清〕鄭獻甫纂　　〔清〕李世椿修
　　清同治十年（1871）刻本
　　四册

（道光）慶遠府志二十卷首一卷
　　　　　　　　　　　　　　　3237/0433.85
　　〔清〕唐仁纂　　〔清〕英秀修
　　清道光九年（1829）刻本（卷首、卷
一至二、十七至十八抄配）
　　　　十二册

（光緒）遷江縣志四卷　　3238/3331.88
　　〔清〕黄飛鯤纂　　〔清〕顏嗣徽修
　　清光緒十七年（1891）刻本
　　四册

（光緒）上林縣志十卷首一卷末一卷
　　　　　　　　　　　　　　3238/2149.88
　　〔清〕周世德纂　　〔清〕徐衡紳修
　　清光緒二年（1876）刻本
　　七册

（光緒）百色廳志八卷首一卷
　　　　　　　　　　　　　　3238/1621.88
　　〔清〕華本松纂　　〔清〕陳如金修
　　清光緒十七年（1891）刻本
　　四册

（嘉慶）平樂府志四十卷首一卷
　　　　　　　　　　　　　　3237/1429.84
　　〔清〕王人作纂　　〔清〕清柱修
　　清光緒三年（1877）刻本
　　十二册

（光緒）平樂縣志十卷　　3230/1020.88
　　〔清〕伍嘉猷纂　　〔清〕全文炳修
　　清光緒十年（1884）刻本
　　六册

（光緒）恭城縣志四卷　　3238/4345.88
　　〔清〕陸履中等纂　　〔清〕陶墫修
　　清光緒十五年（1889）刻本
　　四册

（光緒）富川縣志十二卷　　3238/3622.88
　　〔清〕劉樹賢纂　　〔清〕顧國誥等修

清光緒十六年（1890）刻本
六冊

（光緒）賀縣志八卷　　3238/4680.88
〔清〕蘇煜坡纂　〔清〕全文炳修
清光緒十六年（1890）刻本
六冊

（乾隆）昭平縣志八卷　3238/6614.83
〔清〕陸焞纂修
清同治八年（1869）刻光緒十七年
（1891）補刻本
八冊

（乾隆）梧州府志二十四卷首一卷
　　　　　　　　　　T3237/4632.83
〔清〕史鳴皋纂　〔清〕吳九齡修
清乾隆三十五年（1770）刻本
十六冊

（同治）蒼梧縣志十八卷首一卷
　　　　　　　　　　3238/4646.87
〔清〕王棟纂　〔清〕王鍆紳修
清同治十三年（1874）刻本
十二冊

（道光）潯州府志七十六卷首一卷
　　　　　　　　　　3237/3432.85
〔清〕光昭等纂　〔清〕孫世昌修
清道光六年（1826）刻本
十六冊

（同治）潯州府志三十八卷首一卷
　　　　　　　　　　3237/3432.87
〔清〕王俊臣纂　〔清〕魏篤等修

清同治十三年（1874）刻本
二十冊

（道光）平南縣志二十二卷首一卷
　　　　　　　　　　3238/1442.85
〔清〕黎士華纂　〔清〕張顯相修
清道光十五年（1835）刻本
六冊

（光緒）貴縣志八卷　3238/5080.88
〔清〕梁吉祥等纂　〔清〕王仁鍾等修
清光緒二十年（1894）刻本
五冊

（乾隆）南寧府志五十六卷
　　　　　　　　　　T3237/4232.83
〔清〕蘇士俊等纂修
清乾隆七年（1742）刻本
十六冊

（光緒）新寧州志六卷首一卷
　　　　　　　　　　3238/0232.88
〔清〕張燦奎等纂　〔清〕戴煥南修
清光緒五年（1879）刻本
十二冊

（乾隆）橫州志十二卷　T3238/4832.88
〔清〕朱秀纂　〔清〕謝鍾齡修
清光緒二十五年（1899）刻本
八冊

（光緒）鎮安府志二十五卷首一卷
　　　　　　　　　　3237/8834.88
〔清〕羊復禮纂修
清光緒十八年（1892）刻本

十二册

（光緒）歸順直隸州志六卷
　　　　　　　　　3237/2228.88
　〔清〕顧嗣徽等纂修
　清光緒二十五年（1899）刻本
　十册

（乾隆）鬱林州志十卷　　T3237/4249.83
　〔清〕劉玉麟纂　　〔清〕邱桂山修
　清乾隆五十七年（1792）刻本
　四册

（光緒）鬱林州志二十卷首一卷
　　　　　　　　　3237/4249.88
　〔清〕文德馨等纂　〔清〕馮德材等修
　清光緒二十年（1894）刻本
　十六册

（道光）博白縣志十六卷　　3238/4426.85
　〔清〕朱德華等纂　〔清〕任士謙等修
　清道光十二年（1832）刻本
　五册

（乾隆）北流縣志十卷　　T3238/1131.83
　〔清〕張允觀纂修
　清乾隆十三年（1748）刻本
　八册

（光緒）北流縣志二十四卷
　　　　　　　　　3237/1131.88
　〔清〕李士琨纂　　〔清〕徐作梅修
　清光緒六年（1880）刻本
　十二册

（道光）昆明縣志十卷　　3250/6162.88
　〔清〕戴絅孫纂修
　清光緒二十七年（1901）刻本
　六册

（康熙）富民縣志不分卷
　　　　　　　　　T3250/3674.81
　〔清〕楊撝秀纂　　〔清〕彭兆逵修
　清傳抄本
　二册

（光緒）呈貢縣志八卷　　3250/6010.88
　〔清〕李蔚文纂　　〔清〕李明墊等修
　清光緒十一年（1885）刻本
　八册

（光緒）雲南縣志十二卷　　3250/1342.88
　〔清〕吳際唐等纂　　〔清〕項聯晋修
　清光緒十六年（1890）刻本
　五册

（咸豐）鄧川州志十六卷手一卷末一卷
　　　　　　　　　3250/1222.86
　〔清〕侯允欽等纂　　〔清〕沈承恩
鈕方圖修
　清咸豐元年（1851）刻本
　十二册

（康熙）雲龍州志十二卷首一卷
　　　　　　　　　T3250/1301.81
　〔清〕王渮等纂修
　清康熙五十五年（1716）刻本
　四册

（嘉慶）臨安府志二十卷　3249/7634.84
　〔清〕羅會恩等纂　〔清〕江濬源修
　清嘉慶四年（1799）刻本
　十六册

（乾隆）石屏州志八卷　T3249/1674.83
　〔清〕管學宣等纂修
　清乾隆二十四年（1759）刻本
　八册

（乾隆）蒙自縣志六卷　3250/4326.83
　〔清〕李焜纂修　〔清〕袁筠校
　清傳抄本
　八册

（光緒）鎮南州志十一卷　3250/8842.88
　〔清〕甘孟賢等纂　〔清〕李毓蘭修
　清光緒十八年（1892）刻本
　十册

（康熙）南安州志六卷　3250/4234.81
　〔清〕張倫至纂修
　清傳抄本
　一册（三册合訂）

（道光）大姚縣志十六卷首一卷續編一卷
　　　　　　　　　　3250/4341.85
　〔清〕劉榮黼纂　〔清〕黎恂修
　清道光二十五年（1845）刻本
　八册

（乾隆）琅鹽井志四卷　T3250/1371.83
　〔清〕趙淳纂　〔清〕孫元相修
　清乾隆二十一年（1756）刻本（卷
一、二抄配）

八册

（光緒）白鹽井志十一卷首一卷
　　　　　　　　　　3250/7151.88
　〔清〕羅其澤等纂　〔清〕李訓鋐
文源修
　清光緒三十三年（1907）刻本
　十二册

（康熙）澂江府志十六卷
　　　　　　　　　　T3249/3431.81
　〔清〕李應綬等纂　〔清〕柳正芳修
　清康熙五十八年（1719）刻本
　十二册

（乾隆）東川府志二十卷
　　　　　　　　　　T3249/5922.83
　〔清〕胡蔚纂　〔清〕方桂修
　清乾隆二十六年（1761）刻本
　八册

（光緒）鎮雄州志六卷　3250/8841.88
　〔清〕宋成基纂　〔清〕吳光漢修
　清光緒十三年（1887）刻本
　十二册

（道光）新平縣志八卷　3250/0214.85
　〔清〕李誠纂修
　清道光七年（1827）刻本
　八册

（康熙）蒙化府志六卷首一卷
　　　　　　　　　　T3249/4321.81
　〔清〕陳金珏纂　〔清〕蔣旭修
　清康熙三十七年（1698）刻本

八冊

（乾隆）騰越州志十三卷　　3249/7243.83
　　〔清〕屠述濂等纂修
　　清光緒二十三年（1897）刻本
　　六冊

（光緒）騰越州志二十卷首一卷
　　　　　　　　　　3249/7243.88
　　〔清〕陳端禮等纂　　〔清〕陳宗海修
　　清光緒十三年（1887）刻本
　　十四冊

（道光）貴陽府志八十八卷餘編二十卷
　　　　　　　　　　3244/5072.85
　　〔清〕蕭琯等纂　　〔清〕周作楫修
　　清道光三十年（1850）刻本
　　四十冊

（道光）廣順州志十二卷首一卷末一卷
　　　　　　　　　　3244/0828.85
　　〔清〕但明倫等纂　　〔清〕金臺等修
　　清道光二十七年（1847）刻本
　　八冊

（道光）永寧州志十二卷首一卷
　　　　　　　　　　3245/3332.85
　　〔清〕黃培杰纂修
　　清道光十七年（1837）刻本
　　十二冊

（道光）安平縣志十卷　　3245/3414.85
　　〔清〕何思貴等纂　　〔清〕劉祖憲修
　　清道光七年（1827）抄本
　　十二冊

（道光）印江縣志二卷　　3245/7231.85
　　〔清〕鄭士範纂修
　　清道光十七年（1837）刻本
　　二冊

（光緒）黎平府志八卷首一卷
　　　　　　　　　　3244/2310.88
　　〔清〕陳渝纂　　〔清〕俞渭修
　　清光緒十八年（1892）刻本
　　十四冊

（道光）平遠州志二十卷　　3245/1030.85
　　〔清〕諶厚光纂　　〔清〕徐豐玉等修
　　清道光二十八年（1848）刻本
　　六冊

（光緒）平遠州續志八卷首一卷
　　　　　　　　　　3245/1030.88
　　〔清〕申雲根等纂　　〔清〕黃紹先修
　　清光緒十六年（1890）刻本
　　八冊

（嘉慶）黔西州志八卷　　3245/6216.84
　　〔清〕徐文璧等纂　　〔清〕劉永安等修
　　清嘉慶八年（1803）刻本
　　八冊

（光緒）黔西州續志六卷　　3245/6216.88
　　〔清〕諶煥模纂　　〔清〕白建鋆修
　　清光緒十年（1884）刻本
　　四冊

（光緒）普安直隸廳志二十二卷
　　　　　　　　　　3245/8634.88
　　〔清〕覃夢榕纂　　〔清〕曹昌祺修

清光緒十五年（1889）刻本
八册

（道光）遵義府志四十八卷首一卷
　　　　　　　　　　3244/3485.85
　　〔清〕鄭珍等纂　　〔清〕平翰等修
　　清道光二十一年（1841）刻本
　　二十册

（光緒）湄潭縣志八卷　　3245/3634.88
　　〔清〕歐陽曙等纂　　〔清〕吳宗周修
　　清光緒二十五年（1899）刻本
　　六册

（康熙）清浪衛志略不分卷
　　　　　　　　　　3245/3233.81
　　〔清〕朱黼纂修
　　清抄本
　　一册

（光緒）鑪霍屯志不分卷　3175/8111.88
　　〔清〕李之珂纂修
　　清光緒三十二年（1906）刻本
　　二册

專志之屬

百城煙水九卷　　　　T3069/2923
　　〔清〕徐崧　張大純撰
　　清康熙刻本
　　四册

平山堂圖志十卷首一卷
　　　　　　　　　　T3048/1427.83a
　　〔清〕趙之璧編

清乾隆刻本
四册

平山堂圖志十卷　　　3048/1427.83
　　〔清〕趙之璧撰
　　清光緒九年（1883）刻本
　　四册

山東省保存古跡表　　3057/2592
　　〔清〕山東省調查局編輯
　　清宣統二年（1910）山東省調查局石
印本
　　一册

闕里志二十四卷　　　T1786/7582.12
　　〔明〕陳鎬撰　　〔明〕孔胤植重纂
　　明崇禎刻清雍正增修印本
　　十册

闕里廣志二十卷　　　1786/3907
　　〔清〕宋慶長　宋際撰
　　清同治九年（1870）刻本
　　十二册

闕里述聞十四卷　　　1786/8264
　　〔清〕鄭曉如撰
　　清同治七年（1868）廣州華文堂刻本
　　八册

宋東京考二十卷　　　T2134/7442.7
　　〔清〕周城輯
　　清乾隆三年（1738）六有堂刻本
　　三册

關中勝蹟圖志三十卷圖一卷

　　　　　　　　　　T3060/6031b

　　〔清〕畢沅撰

　　清乾隆畢氏經訓堂刻本

　　二十册

褒谷古蹟輯略一卷　　　　2136/2918

　　〔清〕徐廷鈺輯

　　清同治十三年（1874）寫刻本

　　一册

褒谷古蹟輯略一卷　　　　T3060/0345

　　〔清〕萬方田　羅秀書　李涵霖輯注

　　清抄本

　　一册

吳山城隍廟志八卷　　　　1783/29.88

　　〔清〕盧崧監修

　　清光緒四年（1878）錢塘丁氏刻本

　　四册

吳山伍公廟志六卷附溧陽縣志十五則

　　　　　　　　　　1798.1/2111

　　〔清〕金志章等纂

　　清光緒元年（1875）王景澄刻本

　　一册

江城名蹟記二卷末一卷　　T3067/7912

　　〔清〕陳弘緒撰　　〔清〕陳新德補

　　清乾隆二十三年（1758）陳準保刻本

　　四册

桃源洞天志不分卷　　　　T3049/4141.83

　　〔清〕釋一休輯

　　清乾隆十九年（1754）刻補板印本

一册

桃花源志略十三卷附桃花源五排三百韻

　　　　　　　　　　3049/4141.85

　　〔清〕唐開韶撰　　〔清〕胡焯删編

　　清道光二十六年（1846）劉覺香刻本

　　四册

桃花源志二十四卷　　　　3049/4141.88

　　〔清〕胡鳳丹撰

　　清光緒三年（1877）胡氏退補齋刻本

　　十册

金井志四卷首一卷　　　　3035.29/8437

　　〔清〕姜宸熙編纂

　　清道光三年（1823）吳興郡署刻本

　　一册

三輔黃圖新校正一卷　　　3045/1546.4

　　〔清〕莊逵吉校正

　　清乾隆五十年（1785）刻初印本

　　一册

敕建弘慈廣濟寺新志三卷　　T3042/083

　　〔清〕釋湛祐纂輯　　〔清〕釋然叢編

　　清康熙四十三年（1704）廣濟寺刻本

　　三册

敕建弘慈廣濟寺新志三卷　　T1909/0834

　　〔清〕釋湛祐纂輯　　〔清〕釋然叢編

〔清〕余賓碩校訂

　　清康熙刻本

　　一册

潭柘山岫雲寺志二卷　　　　　3042/2613
　　〔清〕神穆德修　　〔清〕釋義菴續
　　清光緒九年（1883）刻本
　　二册

逍遥山萬壽宮通志二十二卷
　　　　　　　　　　　3042/3324.88
　　〔清〕金桂馨　漆蓬源纂
　　清光緒四年（1878）刻本
　　十册

靈谷禪林志十五卷　　　　　3042/1186
　　〔清〕釋德鎧撰　　〔清〕謝元福校補
　　清光緒十二年（1886）刻本
　　六册

律門祖庭彙志不分卷　　　　1875/5224
　　釋輔仁輯
　　清宣統三年（1911）鉛印本
　　一册

净慈寺志二十八卷　　　　　3042/3583
　　〔清〕釋際祥纂
　　清光緒十四年（1888）刻本
　　十一册

辯利院志三卷　　　　　1909.29/0270
　　〔清〕翟灝編輯　　〔清〕吳樹虛增訂
　　清道光十年（1830）刻本
　　一册

武林靈隱寺志八卷　　　T3042/117.81
　　〔清〕孫治撰　　〔清〕徐增重修
　　清康熙十一年（1672）杭州靈隱寺刻本
　　四册

又一部，T3042/117.81 c.2，四册。

靈隱寺志八卷　　　　　3042/117.81b
　　〔清〕孫治撰　　〔清〕徐增重修
　　清光緒十四年（1888）錢塘丁氏嘉
寬堂刻本
　　四册

增修雲林寺志八卷　　　　3042/1344
　　〔清〕厲鶚撰
　　清光緒十四年（1888）丁氏嘉惠堂
刻本
　　三册

鶴林寺志一卷　　　　　3042/4249
　　〔明〕釋明賢撰　　〔明〕賀烺訂正
　　清宣統元年（1909）京口鶴林寺釋
福登刻本
　　一册

洛陽伽藍記五卷　　　　T3042/4223
　　〔北魏〕楊衒之撰
　　明崇禎毛氏汲古閣刻津逮秘書本
　　一册
　　存卷一至四。

洛陽伽藍記五卷附集證一卷
　　　　　　　　　　　3042/4223.26
　　〔北魏〕楊衒之撰　　〔清〕吳若準集證
　　清光緒二十九年（1903）説劍齋刻本
　　四册

伽藍記五卷　　　　　T3042/4223d
　　〔北魏〕楊衒之撰　　〔明〕徐仁毓閲
　　清初刻本

二册

湯陰精忠廟志十卷　　　　　T1796/1301

〔明〕張應登　鄭懋洵編撰

清雍正十三年（1735）至乾隆間刻乾

隆十五年（1750）後補印本

六册

岳廟志略十卷　　　　　　　1796/7211c

〔清〕馮培編輯

清光緒五年（1879）浙江書局刻本

一册（四册合訂）

嵩嶽廟史十卷　　　　　　　T3042/5200

〔清〕景日昣纂

清康熙三十五年（1696）太壹園刻本

四册

少林寺志不分卷　　　　　　T3042/924

〔清〕葉封　焦欽寵輯　〔清〕施奕

簪　焦如蘅修

清乾隆十三年（1748）登封焦氏刻本

四册

大觀亭志二卷　　　　　　　3046/434

〔清〕李丙榮輯

清宣統三年（1911）鉛印本

一册

洛陽龍門志一卷　　　　　　3145/3672.88

〔清〕路朝霖編

清光緒十三年（1887）萬縣刻本

二册

象邑夏王廟志二卷附録二卷西城雜録二卷

3042/1410

〔清〕倪勵輯

清道光九年（1829）刻本

二册

天童寺志十卷首一卷　　　T3042/130.81

〔清〕釋德介　聞性道纂

清康熙刻補板印本

四册

玉泉寺志六卷　　　　　　　3042/1123

〔清〕李元才纂修

清光緒十一年（1885）刻本

四册

靈巖志五卷　　　　　　　　T3035.15/112

〔清〕靈巖寺僧撰

清康熙三十五年（1696）靈巖寺刻本

四册

石虎山武陵侯志十八卷首一卷

3043/1720

〔清〕黃楚珩纂修　〔清〕黃名彦等

續修

清光緒元年（1875）刻本

五册

郭山廟志八卷　　　　　　　3042/0220

〔清〕戴鳳儀纂

清光緒二十三年（1897）詩山書院刻本

四册

曹江孝女廟志八卷首一卷末一卷

　　　　　　　　　　　1798.2/5645

　　〔清〕金廷棟輯

　　清光緒八年（1882）五社公所刻本

　　三册

鼎湖山慶雲寺志八卷首一卷

　　　　　　　　　T3035.32/223.81

　　〔清〕釋成鷲撰

　　清康熙刻乾隆印本

　　四册

　　又一部，T3035.32/223.81 c.2，四册。

篁墩程朱闕里祠志八卷　　　T3043/8422

　　〔清〕徐光文　程世錫編輯

　　清乾隆三十六年（1771）愛餘書屋

刻本

　　八册

堯陵考二卷　　　　　　　　T3044/7444

　　〔清〕李文藻撰　　〔清〕段松苓續補

　　清高氏辨蟬居抄本

　　一册

賈太傅祠志四卷　　　　　　1798.2/1801

　　〔清〕夏獻雲輯

　　清光緒刻本

　　二册

忠武祠墓志八卷　　　　　　1798.3/0641

　　〔清〕李復心輯

　　清道光元年（1821）刻本

　　四册

忠武祠墓志八卷　　　　　1798.3/0641c

　　〔清〕李復心輯

　　清同治五年（1866）刻本

　　四册

炎陵志十卷首一卷　　　　　3044/1171

　　〔清〕王開琸撰

　　清道光十八年（1838）刻本

　　四册

三山葉氏祠録四卷　　　　　2252.8/1249

　　〔清〕葉大湜修

　　清光緒十六年（1890）刻本

　　四册

滄浪小志二卷　　　　　　　T3046/363

　　〔清〕宋犖輯

　　清康熙刻本

　　一册

蘇亭小志十卷　　　　　　　3043/4902

　　〔清〕李彥章輯

　　清道光十七年（1837）長洲顧氏刻本

　　四册

約園志不分卷　　　　　　3048/2263.88

　　〔清〕徐樹銘輯

　　清光緒二十三年（1897）刻本

　　六册

文瀾閣志二卷附録一卷　　　9718/0432

　　清光緒二十四年（1898）刻本

　　三册

東林書院志二十二卷　　　　　　4994/5949
　　〔清〕高崶等增輯　　〔清〕刁承祖鑒定
　　清光緒七年（1881）刻本
　　　八册

江寧府重建普育堂志八卷　　4220/3933
　　〔清〕涂宗瀛撰
　　清同治十年（1871）刻本
　　　二册

江寧府重修普育四堂志六卷
　　　　　　　　　　　　　4220/3933.2
　　〔清〕涂宗瀛原輯　　〔清〕孫雲錦重纂
　　清光緒十二年（1886）刻本
　　　六册

寶晋書院志十一卷　　　　　　4996/3816
　　〔清〕貴中孚輯　　〔清〕周樽修
　　〔清〕汪志伊重修　　〔清〕趙佑宸續修
　　清光緒六年（1880）刻本
　　　一册（二册合訂）

重續歙縣會館録二卷　　　　　4182/8869
　　〔清〕徐世寧　楊熷編　　〔清〕徐光
文　徐上鏞續
　　清道光十四年（1834）刻本
　　　二册

白鹿書院志十九卷首一卷　　T4911/2121
　　〔清〕毛德琦撰　　〔清〕周兆蘭重修
　　清康熙五十九年（1720）刻乾隆六十
年（1795）同治十年（1871）補刻印本
　　　八册

問津院志七卷　　　　　　　　4911/7637
　　〔清〕王掄士編　　〔清〕曹翰續
〔清〕王會釐再續
　　清光緒三十一年（1905）刻本
　　　五册

嶽麓志八卷　　　　　T3035.25/234.81
　　〔清〕趙寧撰
　　清康熙二十六年（1687）鏡水堂刻本
　　　八册

長沙嶽麓書院續志四卷　　　4911.8/2457
　　〔清〕丁善慶纂輯
　　清同治六年（1867）半學齋刻本
　　　二册

長沙縣學宮志六卷首一卷　　　4996/7367
　　〔清〕余正煥輯　　〔清〕周玉麒續輯
　　清同治七年（1868）刻本
　　　六册

（同治）南溪書院志四卷　　4911.8/4282
　　〔清〕楊毓健纂修
　　清同治九年（1870）刻本
　　　四册

詩山書院志十卷　　　　　　　4996/0257
　　〔清〕戴鳳儀纂
　　清光緒三十一年（1905）南安詩山書
院刻本
　　　五册

雙桂書院志略四卷　　　　　　4996/2457
　　清光緒九年（1883）忠孝堂刻本
　　　一册

存卷一。

連山書院志六卷　　　　　4912/4440

　〔清〕李來章撰

　清康熙四十八年（1709）刻本

　一册

雜志之屬

蘇垣安徽會館録二卷　　　4182/3424

　〔清〕闞鳳樓編

　清光緒七年（1881）刻本

　二册

京師地名對二卷　　　　　3056/7164

　〔清〕杏芬輯

　清光緒二十八年（1902）刻本

　二册

漢口山陝西會館志二卷　　4182/2718

　〔清〕侯培峻　冀麟書編

　清光緒二十二年（1896）漢口山陝西

會館刻本

　二册

帝京景物略八卷　　　　　T3056/1114.7

　〔明〕劉侗　于奕正撰

　明崇禎刻本

　八册

欽定日下舊聞考一百六十卷

　　　　　　　　　　　　　T3056/6147.83

　〔清〕于敏中等纂修

　清乾隆四十三年（1778）内府刻本

　四十册

宸垣識略十六卷　　　　　T3056/1109.23

　〔清〕吳長元撰

　清乾隆五十三年（1788）池北草堂刻

巾箱本

　八册

宸垣識略十六卷　　　　　3056/1109.23

　〔清〕吳長元撰

　清咸豐二年（1852）藻思堂刻本

　八册

京口八旗志二卷　　　　　4718/5611

　〔清〕春元纂　〔清〕鍾瑞等修

　清光緒五年（1879）刻本

　二册

都門紀略七卷　　　　　　3056/1109.45

　〔清〕楊静亭編

　清光緒三十三年（1907）京都榮録堂

刻本

　七册

增補都門紀略　　　　　　3056/1109.45b

　〔清〕楊静亭編

　清光緒五年（1879）京都二酉齋刻本

　十册

　都門彙纂　〔清〕楊静亭輯　〔清〕

　　李静山增補

　菊部群英二卷

　國朝鼎甲録　〔清〕陳鍾輯

新增都門紀略七卷　　　　3056/1109.45a

　〔清〕楊静亭原編　〔清〕徐永年等

增補

　清宣統元年（1909）北京榮録堂刻本

七册

春明夢餘録七十卷　　　　3056/1913
　〔清〕孫承澤撰
　清光緒九年（1883）廣州惜分陰館古香齋刻巾箱本
　二十四册

朝市叢載七卷附鞠臺集秀録
　　　　　　　　　　　　3056/1109.4
　〔清〕李虹若編
　清光緒十二年（1886）京都松竹齋刻巾箱本
　八册

天咫偶聞十卷　　　　　3056/1382
　〔清〕唐宴撰
　清光緒三十三年（1907）甘棠轉舍刻本
　八册

京華百二竹枝詞一卷　3056/1109.14
　〔清〕憂患生撰
　清宣統二年（1910）鉛印遇園雜著本
　一册

河北采風録不分卷　　　3039/1172
　〔清〕王鳳生撰
　清道光六年（1826）刻本
　四册

津門雜記二卷　　　　　3056/1343
　〔清〕張燾撰
　清光緒十年（1884）刻本
　二册

天津指南八卷　　　　　3056/1335
　〔清〕石小川編
　清宣統三年（1911）天津文明書局鉛印本
　一册

京奉鐵路旅行指南不分卷　3050/0955.9
　〔清〕京奉鐵路管理局編
　清宣統二年（1910）鉛印本
　一册

滿洲源流考二十卷　　　3052/0546
　〔清〕麟喜等撰
　清光緒十九年（1893）杭州便益書局石印本
　四册

金遼備考不分卷　　　　3052/4926
　〔清〕林佶撰
　清抄本
　二册

啓東録六卷　　　　　　3052/4956
　〔清〕林壽圖撰
　清光緒五年（1879）黃鵠山人歐齋刻本
　二册

吉林紀事詩二卷　　　　3054/3114
　〔清〕沈兆禔撰
　清宣統三年（1911）金陵湯明林鉛印本
　一册

吉林外記十卷　　　　　3054/4143
　〔清〕薩英額撰

清光緒二十一年（1895）漸西村舍刻本
四册

六朝事迹編類十四卷附識一卷
　　　　　　　　　　3069/4209.1

〔宋〕張敦頤編
清道光二十年（1840）金陵張氏刻本
四册

六朝事迹編類十四卷　　3069/4209.1b

〔宋〕張敦頤編　　〔宋〕韓仲通校勘
清光緒十三年（1887）寶章閣刻本
二册

中吴紀聞六卷　　　　　3069/492.5

〔宋〕龔明之撰
清嘉慶十七年（1812）木活字印本
六册

錫山景物略十卷　　　　3069/838.7

〔明〕王永積撰
清光緒二十四年（1898）刻本
十册

采風類記十卷　　　　　3069/4932.14

〔清〕張大純編
清康熙四十九年（1710）長洲張氏家
刻乾隆二十年（1755）重印本
八册

揚州畫舫録十八卷　　　3069/523.83

〔清〕李斗撰
清乾隆六十年（1795）自然盦刻本
六册

崇川咫聞録十二卷　　　3069/4233.2

〔清〕徐繒輯
清道光十年（1830）徐氏芸暉閣刻本
十二册

廣陵通典十卷　　　　　3069/0874.87

〔清〕汪中撰
清同治八年（1869）揚州書局刻本
二册

瀛壖雜志六卷　　　　　3069/2132.11

〔清〕王韜撰
清光緒元年（1875）刻本
二册

江寧府七縣地形考略一卷附圖
　　　　　　　　　　3069/4209.4

〔清〕黄起鳳等校
清末江楚書局刻本
一册

嘉府典故纂要八卷　　　3070/1194

〔清〕王惟梅輯
清光緒元年（1875）麟石書屋刻本
二册

吴興合璧四卷　　　　　T3070/2378

〔清〕陳文煜纂輯　　〔清〕楊知新
潘燾參訂
清光緒四年（1878）聚珍齋木活字印本
一册

西泠閨咏十六卷　　　　5503/7903.5

〔清〕陳文述撰
清光緒十八年（1892）刻本

六册

北隅綴録二卷續録二卷　　　3070/1212
　〔清〕丁丙撰
　清光緒二十五年（1899）刻本
　四册

繪圖上海雜記八卷　　　3069/2135.427
　〔清〕黎牀臥讀生輯
　清光緒三十一年（1905）上海文寶書
局石印本
　四册

晋乘蒐略三十二卷　　　3059/0.034
　〔清〕康基田纂述
　清嘉慶十六年（1811）霞蔭堂刻本
　三十五册

晋陽明備録不分卷　　　1798.8/2605
　〔清〕紹諴編
　清光緒八年（1882）晋陽刻本
　二册

陋巷志八卷　　　T1798.1/0860
　〔明〕顏胤祚撰
　明萬曆二十九年（1601）刻天啓二年
（1622）增修印本
　六册

陋巷志八卷　　　T1798.1/0860a
　〔明〕顏胤祚撰　〔明〕吕兆祥重修
　明萬曆二十九年（1601）刻清康熙增
修印本
　四册

東野志二卷　　　T3057/6662
　〔明〕吕兆祥撰
　清康熙刻本
　四册

新輯山東地理問答不分卷　　　3057/7242
　〔清〕劉樹德撰
　清光緒三十三年（1907）上海美華書
館鉛印本
　一册

鄒署雜鈔十二卷首一卷末一卷
　　　　　　　　　　　　T3058/1274.3
　〔清〕汪爲熹輯
　清康熙五十八年（1719）綸蝦堂刻本
　四册

雍大記三十六卷　　　T3153/7316.7
　〔明〕何景明撰
　明嘉靖元年（1522）刻本
　十六册
　又一部，TNC3153/7316.7，十二册。

豫乘識小録二卷　　　3058/2918
　〔清〕朱雲錦撰
　清同治十二年（1873）刻本
　二册
　又一部，3143/87，二册

寶顏堂後集武林舊事五卷　　　T3070/7237
　〔宋〕周密輯　〔□〕王體國等校
　明萬曆三十四至四十三年（1606—
1615）繡水沈氏尚白齋、亦政堂刻寶顏堂
祕笈本
　一册

會稽三賦四卷　　　　　　　　T3070/43
　　〔宋〕王十朋撰　　〔明〕南逢吉注
〔明〕尹壇補注
　　明刻本
　　四冊

會稽三賦四卷　　　　　　　3070/1140.5
　　〔宋〕王十朋撰　　〔明〕南逢吉注
〔明〕尹壇補注
　　清同治十二年（1873）會稽章氏刻本
　　二冊

香嚴略紀二卷　　　　　　　T3042/2664
　　〔清〕釋超古編集
　　清初刻本
　　一冊

吳越游覽圖咏一卷西江游覽圖咏一卷
　　　　　　　　　　　　　　T3041/2344
　　〔清〕吳楚奇繪撰
　　清康熙三十至三十三年（1691—
1694）書林萃雅堂刻本
　　二冊

二樓小志四卷二樓紀略四卷
　　　　　　　　　　　　　　T3046/1144
　　〔清〕程元愈輯　　〔清〕汪越　沈廷
璐補輯　　（紀略）〔清〕佟賦偉撰
　　清康熙五十九年（1720）佟賦偉刻本
　　十二冊

東湖弄珠樓志六卷附紅蘭閣詞三卷
　　　　　　　　　　　　　　T3046/1414
　　〔清〕張雲錦輯撰
　　清乾隆三年（1738）當湖鮑詢、王瑛

刻本
　　一冊

四明談助四十六卷　　　　　3035/2936
　　〔清〕徐兆昺撰
　　清道光八年（1828）浣江斅學半齋
刻本
　　二十冊

圖開勝蹟六卷紀恩慕義一卷附戰功紀略
一卷　　　　　　　　　　　　T3060/7174
　　〔清〕劉厚基撰　　〔清〕吳大澂等輯
　　清光緒二年（1876）刻本
　　八冊

西泠仙咏三卷　　　　　　　1933/7903
　　〔清〕陳文述撰
　　清光緒八年（1882）西泠丁氏翠螺仙
館刻本
　　三冊

重建文昌橋志八卷附一卷續修文昌橋志
略四卷附一卷三修文昌橋志略二卷
　　　　　　　　　　　　　　3067/5332
　　〔清〕秦沆等纂修　　〔清〕何元熙續修
　　清嘉慶十九年（1814）修道光二十四
年（1844）續修光緒八年（1882）補修臨
川刻本
　　六冊

石柱記箋釋五卷　　　　　　T3070/3232.4
　　〔清〕鄭元慶撰
　　清康熙刻本
　　二冊

漢口叢談六卷　　　　　　　　3065/336.85

　　〔清〕范鍇撰

　　清道光二年（1822）刻本

　　三册

湖南全省掌故備考三十五卷　　3066/3489

　　王先謙撰

　　清光緒十四年（1888）長沙刻本

　　十二册

湖南疆域驛傳總纂十卷　　　　3066/3414

　　〔清〕慳碪山館編輯

　　清光緒十四年（1888）序刻本

　　十一册

蜀景彙考十九卷　　　　　　　3064/8116

　　〔清〕鍾登甲輯

　　清光緒樂道齋刻本

　　四册

蜀典十二卷　　　　　　　　　3064/1334

　　〔清〕張澍撰

　　清光緒二年（1876）尊經書院刻本

　　八册

蜀故二十七卷　　　　　　　　3064/4233

　　〔清〕彭遵泗撰

　　清光緒二年（1876）讀書堂刻本

　　六册

閩都記三十三卷　　　　　　　3222/1102

　　〔明〕王應山撰

　　清道光十一年（1831）求放心齋刻本

　　六册

海東札記四卷　　　　　　　　T3072.8/2964

　　〔清〕朱景英撰

　　清乾隆刻本

　　四册

臺海使槎錄八卷　　　　　　　T3072.8/4821

　　〔清〕黃叔璥撰

　　清乾隆元年（1736）刻本

　　四册

東槎紀略五卷　　　　　　　　3072.8/4191

　　〔清〕姚瑩撰

　　清道光九年（1829）刻本

　　二册

東槎紀略五卷　　　　　　　　3072.8/4191b

　　〔清〕姚瑩撰

　　清道光十二年（1832）刻本

　　四册

臺灣外紀三十卷　　　　　　　T3072.8/3166

　　〔清〕江日昇撰

　　清道光十三年（1833）求無不獲齋木

活字刻本

　　八册

　　又一部，T3072.8/3166 c.2，十册。

台州外書二十卷　　　　　　　3070/2632

　　〔清〕戚學標輯

　　清嘉慶四年（1799）南墅刻本

　　八册

瓊臺紀事録一卷　　　　　　　3073/3542.43

　　〔清〕戴肇辰等撰

　　清同治八年（1869）瓊山縣刻本

一册

龍井見聞録十卷　　　　3070/3118
〔清〕汪孟鋗撰
清光緒十年（1884）錢塘丁氏嘉惠堂刻本
四册

永嘉聞見録二卷　　　　3070/3347
〔清〕孫同元撰
清光緒十四年（1888）刻本
二册

庚辛泣杭録十六卷　　　3070/4132.11
〔清〕丁丙輯
清光緒二十一年（1895）錢塘丁氏刻本
六册

東城記餘二卷　　　　　3070/4204
〔清〕楊文杰撰
清光緒二十五年（1899）刻本
二册

明州繫年録七卷　　　　3070/4269
〔清〕董沛撰
清光緒四年（1878）刻本
三册

赤雅三卷附嶠雅二卷　　2219.4/0216
〔明〕鄺露撰
清道光五年（1825）海南鄺瑞恬淡山堂刻海雪堂本
三册

連陽八排風土記八卷　　T2219.4/4440
〔清〕李來章撰
清康熙連山書院刻本
三册

海録二卷　　　　　　　2436/7929
〔清〕謝清高口授　〔清〕楊炳南筆録
清嘉慶間刻本
一册
與《海國聞見録》合訂。

海録二卷　　　　　　　2375/0430
〔清〕謝清高口授　〔清〕楊炳南筆録
清同治九年（1870）友蟬精舍刻本
二册

臺灣生熟番紀事一卷　　2224.18/4833
〔清〕黄逢昶撰
清光緒十一年（1885）刻本
一册

江西要覽二十卷　　　　3067/7996
〔清〕陳炳星纂輯　〔清〕陳增玉校
清光緒二十六年（1900）肇命書屋刻本
四册

粤滇紀略八卷附堵胤錫始末一卷
　　　　　　　　　　　　　T2743/0404
〔清〕計六奇撰
清抄本
十二册

偵探記二卷　　　　　　3034/1324
〔清〕張德罄　張成瑜撰

清光緒十七年（1891）刻本
一册

滇繋十二卷　　　3248/1342.84
〔清〕師範纂
清光緒十三年（1887）雲南通志局刻本
四十册

滇粹不分卷　　　3075/6642
〔清〕吕志伊　李根源輯
清宣統元年（1909）鉛印本
一册

滇苗圖説一卷　　　T6178/3860
〔清〕顧見龍繪
清彩繪本
二册

苗蠻圖説一卷　　　T6178/4260
清彩繪本
一册

苗蠻圖説一卷　　　T6178/4260a
清彩繪本
一册

苗蠻圖説一卷　　　T6178/4260b
清彩繪本
一册

苗蠻圖説一卷　　　T6178/4260c
〔清〕錫少鶴繪
清光緒十七年（1891）繪本
一册

夷人圖説一卷　　　T6178/5860
清彩繪本
二册

黔苗圖説一卷　　　T6178/6460
〔清〕木孔恭繪
清彩繪本
一册

黔苗圖説一卷　　　T6178/6460a
清彩繪本
一册

譚黔不分卷　　　3076/7963
〔清〕陳明遠撰
清光緒鉛印本
一册

牂柯客談七卷　　　3076/0.8603
〔清〕曾廉撰
清光緒三十二年（1906）刻本
八册

黔南識略三十二卷　　　3076/2433
〔清〕愛必達撰
清道光二十七年（1847）刻本
四册

黔南職方紀略九卷　　　3076/6125
〔清〕羅繞典輯
清道光二十七年（1847）刻本
六册

滿蒙新藏述略一卷　　　3050/8180
〔清〕金鍾麟編

清宣統元年（1909）中州石印館石印本

一冊

藏語不分卷　　　　　　3079.5/2248

〔清〕何藻翔撰

清宣統二年（1910）上海廣智書局鉛印本

一冊

康輶紀行十六卷　　　　　3079.7/4191

〔清〕姚瑩撰

清道光二十八年（1848）刻本

六冊

定鄉小識十六卷

9110/1494（61—63）　c.2

〔清〕張道撰

清光緒八年（1882）錢唐丁氏刻本

三冊

番郡璅録四卷　　　　　　3194/813.84

〔清〕王朝榘編

清嘉慶七年（1802）刻本

四冊

松陵見聞録十卷首一卷　　3205/2331.85

〔清〕王鯤輯

清道光九年（1829）話雨樓刻本

十二冊

小海場新志十卷　　　　　T3206/9035

〔清〕林正青編輯

清末抄本

三冊

海表奇觀八卷附安政三略

T3229/1432.81

〔清〕吏隱主人輯　　（附）〔清〕牛天宿輯

清康熙十一年（1672）刻本

五冊

蒙古地志不分卷　　　　　3261/1428

〔日本〕下村修介　關口長之編輯

〔清〕王宗炎譯

清光緒二十九年（1903）南京啓新書局鉛印本

一冊

西被考略六卷　　　　　　3603/8134

〔清〕金永森撰

清光緒二十九年（1903）武昌刻本

五冊

遐域瑣談四卷　　　　　TNC3079/4141.1

〔清〕七十一撰

清乾隆四十二年（1777）抄本

四冊

天中足民録不分卷　　　　T4389/1356

〔清〕王士俊輯

清雍正十二年（1734）刻本

八冊

前後守寶録二十卷　　　　4755/3804

〔清〕王治模撰　〔清〕魁聯輯

清咸豐三年（1853）寶慶府署刻本

六冊

萬邑公會紀略六卷　　　　　4132.3/4279
　〔清〕陳光熙編
　清同治十一年（1872）至光緒九年（1883）刻本
　　六册

西石城風俗志不分卷　　　　4150/7901
　〔清〕陳慶年撰
　清光緒三十四年（1908）鉛印本
　　一册

岳州救生局志二卷　　　　　4214/7224
　〔清〕岳州救生局編
　清光緒十四年（1888）岳州救生局刻本
　　一册

兩龍瑣志八卷　　　　　　　4673/2261
　〔清〕何品玉撰
　清光緒二十六年（1900）刻本
　　五册

覆瓿叢談二卷　　　　　　　5521/2384
　〔清〕吳曾英撰　　〔清〕繆朝荃校輯
　清光緒十二年（1886）太倉繆氏刻東倉書庫叢刻本
　　一册

錦里新編十六卷　　　　　2260.23/1352
　〔清〕張邦伸纂輯
　清嘉慶五年（1800）敦彝堂刻本
　　六册

水利之屬

水經注四十卷　　　　　　T3037/7988.46
　〔北魏〕酈道元注　　〔明〕朱謀㙔箋
　清乾隆古閩晏湖張氏勵志書屋刻本
　　十册

水經注四十卷附補遺一卷附錄二卷
　　　　　　　　　　　　T3037/7988.81
　〔北魏〕酈道元撰　　〔清〕全祖望校
　清光緒十四年（1888）無錫薛氏刻本
　　十六册

水經注匯校四十卷首一卷水经注釋附錄二卷　　　　　　　　　3037/7988.44
　〔北魏〕酈道元撰　　〔清〕楊希閔校
　（附錄）〔清〕趙一清著
　清光緒七年（1881）福州江西新城楊氏刻本
　　十二册

水經注釋四十卷首一卷附錄二卷水經注箋刊誤十二卷　　　　T3037/7988.41a
　〔清〕趙一清撰
　清乾隆五十九年（1794）仁和趙氏小山堂刻本
　　三十二册

水經注釋四十卷附錄二卷刊誤十二卷
　　　　　　　　　　　　　3037/7988.41
　〔清〕趙一清撰
　清光緒六年（1880）蛟川張氏花雨樓刻本
　　三十二册

水經釋地八卷　　　　　　T3037/7988.12
　　〔清〕孔繼涵撰
　　清乾隆孔氏芳杜軒謄稿本
　　一册

合校水經注四十卷首一卷附録二卷
　　　　　　　　　　　3037/7988.11
　　〔北魏〕酈道元撰　　王先謙校
　　清光緒十八年（1892）思賢講舍刻本
　　十六册

水經注圖一卷附録一卷　　3037/7988.3
　　〔清〕汪士鐸撰
　　清咸豐十一年（1861）武昌益陽胡林
翼刻本

水經注疏要删四十卷附補遺四十卷
　　　　　　　　　　　3037/4313.4
　　楊守敬撰
　　清光緒二十一年（1895）楊氏觀海堂
刻本
　　六册

水經注圖四十卷補一卷　　3037/7988.42
　　楊守敬　　熊會貞撰
　　清光緒三十一年（1905）宜都楊氏
觀海堂刻本
　　八册

河防一覽榷十二卷　　　　T3039/3627.2
　　〔明〕潘季馴　　潘大復撰
　　明刻本
　　六册

河防一覽十四卷　　　　　T3039/3627
　　〔明〕潘季馴撰
　　清乾隆十三年（1748）刻本
　　十册

河防志十二卷　　　　　　T3039/1371.81
　　〔清〕張希良纂輯
　　清雍正三年（1725）刻本
　　十二册

河防紀略四卷　　　　　　3039/1927
　　〔清〕孫鼎臣撰
　　清咸豐九年（1859）刻本
　　二册

行水金鑑一百七十五卷首一卷
　　　　　　　　　　　T3037/2433
　　〔清〕傅澤洪撰
　　清雍正淮揚道署刻本
　　三十六册

濬河紀略一卷　　　　　　3039.828/4435
　　〔清〕李永書編
　　清乾隆十七年（1752）瀛海李氏刻本
　　四册

三江水利紀略四卷　　　　T3039.9/1312
　　〔清〕莊有恭撰
　　清乾隆二十七年（1762）吳門穆大展
局刻本
　　四册

南河成案五十四卷　　　　4510/4232
　　清乾隆間刻本
　　三十二册

南河成案續編一百六卷　　4510/4232.2

　　清嘉慶間刻本

　　六十四冊

禹貢水道考異南條五卷北條五卷首一卷

　　　　　　　　　345/0201

　　〔清〕方堃撰

　　清道光四年（1824）紫霞仙館刻本

　　四冊

合河紀聞十卷附方言二卷　　3059/7869

　　〔清〕康基田撰

　　清嘉慶二年（1797）刻本

　　十冊

迴瀾紀要二卷安瀾紀要二卷

　　　　　　　　　3039.9/2909

　　〔清〕徐端撰

　　清道光九年（1829）刻本

　　四冊

今水經一卷　　3039/3838

　　〔清〕黃宗羲撰

　　清光緒三年（1877）湖北崇文書局刻本

　　二冊

淡災蠡述一卷　　3039.9/4168

　　〔清〕范鳴龢撰

　　清光緒五年（1879）范氏刻本

　　一冊

水利論三卷末一卷　　3039.828/2333

　　〔清〕張崇儁撰　　〔清〕高善源等參

訂校刊

　　清光緒七年（1881）刻本

一册

河工簡要四卷　　3039.9/7223

　　〔清〕邱步洲撰

　　清光緒十三年（1887）刻本

　　二冊

防河要覽四卷　　3039/1108

　　〔清〕硯北主人纂輯

　　清光緒十四年（1888）刻本

　　四冊

歷代黃河變遷圖四卷　　3039.2/7262

　　〔清〕劉鶚撰

　　清光緒十九年（1893）袖海山房石印本

　　四冊

河海崑崙錄四卷　　3079.1/1171

　　〔清〕裴景福撰

　　清光緒三十二年（1906）上海文明書

局鉛印本

　　四冊

治河方略十卷首一卷　　8731/4252

　　〔清〕靳輔撰

　　清抄本

　　十二冊

水道提綱二十八卷天度刊誤一卷

　　　　　　　　　3037/0214

　　〔清〕齊召南撰

　　清光緒二十四年（1898）新化三味書

室刻本

　　六冊

築圩圖説一卷　　　　　　　3039.9/1924
　〔清〕孫峻撰
　清刻本
　一册

九州水道源流一卷　　　　　3039/4313
　傳抄本
　一册

渠務書不分卷　　　　　　　8738/1046
　〔清〕王全臣　楊應琚撰
　清刻本
　一册

重訂河渠紀略一卷　　　　　3039.9/1142
　〔清〕王世仕撰　〔清〕梁宗瑋重訂
　清光緒二十二年（1896）成都鳴鹿書
院刻本
　一册

河工器具圖説四卷　　　　　3037.9/0504b
　〔清〕麟慶纂輯
　清道光十六年（1836）淮安南河節署
刻本
　四册

畿輔安瀾志五十六卷　　　3039.815/1175
　〔清〕王履泰纂
　清嘉慶十三年（1808）聚珍版鉛印本
　三十二册

畿輔水利四案四卷附録一卷　3038/3686
　〔清〕潘錫恩輯
　清道光三年（1823）刻本
　四册

永定河上源興辦水利全卷四卷
　　　　　　　　　　　　　3039/3333
　清光緒八年（1882）刻本
　四册

直隸五道成規五卷　　　　　4746/4422
　〔清〕高斌輯
　清乾隆八年（1743）直隸總督衙門刻本
　五册

棗强縣古漳河官隄志十卷　3039.7/5164
　〔清〕扈維藩輯
　清光緒三十二年（1906）棗强縣署刻本
　十册

吳江水考增輯五卷附編二卷
　　　　　　　　　　　　　3039.828/2331
　〔明〕沈□撰　〔清〕黄象曦輯注
　清光緒二十年（1894）吳江黄氏刻本
　四册

陽邑芙蓉湖修堤録八卷　　　3040/4346b
　〔清〕張之杲輯
　清光緒十五年（1889）木活字印本
　六册

陽邑芙蓉湖修堤録五卷　　　3040/4346
　清光緒三十四年（1908）木活字印本
　四册

淮陽水利圖説不分卷　　　　3039/3230
　〔清〕馮道立撰
　清道光二十年（1840）刻本
　一册

郡城文渠志二卷　　　　　3039.828/3134
　　〔清〕何慶芬等輯
　　清光緒十一年（1885）淮郡何氏刻本
　　一册

山東運河備覽十二卷　　　T3039.4/7191
　　〔清〕陸耀纂
　　清乾隆四十一年（1776）刻本
　　六册

全修海塘録十卷續修海塘録二卷
　　　　　　　　　　　　T3038/3546.7
　　〔明〕仇俊卿編　　（續修）〔明〕喬
拱璧修
　　明刻清修補印本
　　二册

敕修兩浙海塘通志二十卷首一卷
　　　　　　　　　　　　T3038/3546.8
　　〔清〕查祥等纂　　〔清〕方觀承等修
　　清乾隆十六年（1751）刻本
　　六册

海塘新志六卷　　　　　　T3038/3546.83
　　〔清〕琅玕輯
　　清乾隆刻本
　　四册

海塘新志六卷續志四卷　　3038/3546.83B
　　〔清〕琅玕等輯　　〔清〕烏爾恭額等
續輯
　　清道光十九年（1839）刻本
　　八册

海塘籌要十二卷首一卷　　3040/4289
　　〔清〕楊鑅輯
　　清嘉慶十四年（1809）合州楊氏刻本
　　十二册

浙西水利備考不分卷　　　3037/2413
　　〔清〕帥承瀛撰
　　清光緒四年（1878）浙江書局刻本
　　四册

荆州萬城隄志十二卷　　　3039.9/2104
　　〔清〕倪文蔚撰
　　清光緒二年（1876）刻本
　　六册

荆州萬城隄續志十二卷　　3039.9/2104.8
　　〔清〕舒惠撰
　　清光緒二十年（1894）刻本
　　四册

莆田水利志八卷　　　　　3039.9/7933
　　〔清〕陳池養編
　　清光緒元年（1875）刻本
　　八册

桑園圍志十四卷　　　　　3231/7966
　　〔清〕明之綱等纂
　　清同治九年（1870）刻本
　　十二册

山川之屬

山水二經合刻　　　　　　T3037/7988d
　　〔北魏〕酈道元注
　　清乾隆十八年（1753）黃晟槐蔭草堂

刻本

　　十册

天下山河兩戒考十四卷圖一卷

　　　　　　　　　　T3024/2900

　　〔清〕徐文靖撰

　　清雍正元年（1723）當塗徐氏刻本

　　四册

元秘史山川地名考十二卷　　2700/0144

　　〔清〕施世杰輯

　　清光緒二十三年（1897）鄮鄭學廬刻本

　　二册

荆南高山大川圖考不分卷　　3062/9982

　　榮錫勳撰

　　清光緒三十四年（1908）刻本

　　一册

京口山水志十八卷　　　　3069/096

　　〔清〕楊棨撰

　　清宣統三年（1911）鉛印本

　　四册

南通州五山全志二十卷

　　　　　　　　　　T3035.28/112.83

　　〔清〕劉名芳撰

　　清乾隆十四年（1749）通州徐嶺刻本

　　五册

上方山志五卷首一卷末一卷

　　　　　　　　　　T3035.15/210.83

　　〔清〕釋自如撰　　〔清〕吳仁敵校訂

　　清乾隆二十九年（1764）陳光國刻本

　　四册

長白山靈蹟全影不分卷　　3035/7326.89

　　〔清〕吳元瑞等編

　　清宣統三年（1911）刻本

　　一册

金剛山志二卷　　　　　　3498.7/8234

　　〔朝鮮〕鄭海吉撰

　　清刻本

　　二册

盤山志十卷盤山志補遺四卷

　　　　　　　　　　T3035.14/212.81

　　〔清〕釋智朴撰

　　清康熙三十年（1691）刻同治十一年

　（1872）增刻本

　　四册

盤山志十六卷首五卷　　T3035.14/212.83

　　〔清〕蔣溥等撰

　　清乾隆二十年（1755）武英殿刻本

　　六册

北固山志十二卷首一卷　　3035.28/216.85

　　〔清〕釋了璞輯　　〔清〕夏槙等校

　　清道光十六年（1836）刻本

　　四册

虎丘山志十卷首一卷　　T3035.28/217.81

　　〔清〕顧湄撰　　〔清〕張覃等重訂

　　清康熙四十一年（1702）吳門張覃懷

　嵩堂刻重訂本

　　二册

寶華山志十五卷首一卷

　　　　　　　　　T3035.28/384.83

　　〔清〕劉名芳撰
　　清乾隆刻本
　　四册

茅山志十四卷　　　　　3035/4227.81
　　〔清〕笪蟾光撰
　　清光緒二十四年（1898）刻本
　　六册

攝山志八卷首一卷　　T3035.28/542.83
　　〔清〕陳毅撰
　　清乾隆五十五年（1790）蘇州府署刻本
　　四册

清凉山志十卷　　　　T3035.17/323.83
　　〔明〕釋鎮澄撰　　〔清〕釋阿王老藏
重修
　　清乾隆二十年（1755）釋聚用淮陰刻本
　　四册

清凉山志十卷　　　　3035/3239.83c
　　〔明〕釋鎮澄撰　　〔清〕釋阿王老藏
重修
　　清光緒十三年（1887）五台山刻本
　　四册

清凉山志輯要二卷　　T3035.17/323.83b
　　〔清〕汪本直輯
　　清乾隆四十五年（1780）刻本
　　二册
　　又一部，3035.17/323.83b，二册。

九華紀勝二十一卷首一卷　3035.27/414.8
　　〔清〕陳蔚撰
　　清道光元年（1821）梅緣書屋刻本
　　六册

九華山志十卷首一卷　　3035.27/414.88
　　〔清〕謝維喈　周贇修
　　清光緒二十六年（1900）刻本
　　八册

黃山志七卷首一卷　　T3035.27/482.81
　　〔清〕閔麟嗣撰
　　清康熙十八年（1679）刻本
　　六册

黃山導四卷　　　　　T3035.27/482.8
　　〔清〕汪璂輯
　　清乾隆二十七年（1762）刻本
　　四册

齊雲山志五卷　　　　T3035.27/021.7
　　〔明〕魯點編
　　明萬曆刻本
　　四册

恒山志五卷　　T3035/9127.88（1—5）
　　〔清〕桂敬順纂修　　〔清〕孫大山增修
　　清乾隆二十八年（1763）山西渾源州
署刻嘉慶光緒增刻本
　　五册

恒山續志一卷　　　T3035/9127.88（6）
　　〔清〕賀澍恩纂修
　　清光緒五年（1879）刻本
　　一册

五蓮山志五卷　　　　T3035.15/113.81

〔清〕釋海霆輯

清康熙萬松禪林刻乾隆二十二年（1757）增刻本

二冊

岱史十八卷　　　　T3035.15/532.81

〔明〕查志隆撰　　〔清〕張緝彥删補

清順治十一年（1654）傅應星刻康熙三十八年（1699）補刻本

七冊

岱覽三十二卷首編七卷附錄一卷

3035.15/532.83

〔清〕唐仲冕輯修

清嘉慶九年（1804）果克山房刻本

十二冊

泰山志二十卷　　　　3035/5327.84

〔清〕金棨撰

清嘉慶十五年（1810）刻本

十冊

齊山巖洞志二十六卷　　3035.27/022.84

〔清〕陳蔚撰

清嘉慶十年（1805）刻本

八冊

齊山巖洞志二十六卷首一卷

3035.27/022.88

〔清〕陳蔚撰

清光緒二十七年（1901）唐石簃刻本

七冊

説嵩三十二卷　　　　T3035.16/222.81

〔清〕景日昣撰

清康熙嶽生堂刻本

十冊

卧龍崗志二卷　　　　T1798.3/0640.6

〔清〕羅景輯　　〔清〕羅鍋校

清康熙五十一年（1712）刻本

二冊

大别山志十卷　　　　3035/4362.87

〔清〕胡鳳丹撰

清同治十三年（1874）退補齋刻本

四冊

華嶽志八卷首一卷　　　3035.18/452.88

〔清〕李榕撰

清道光十一年（1831）清白别墅刻光緒九年（1883）補刻本

四冊

崆峒山志二卷　　　3035.19/212.84b

〔清〕張伯魁纂修

清同治十一年（1872）臨洮崆峒山太和宮刻本

二冊

羑山圖志二卷　　　　3035.23/257.88

〔清〕黃綬芙撰　　〔清〕譚鍾嶽圖

〔清〕黃錫壽删訂

清光緒十七年（1891）成都會文堂刻本

二冊

重修馬蹟山志八卷首　　　　3035.28/726.88

　　〔清〕許棫纂述

　　清光緒五年（1879）刻本

　　四冊

金山志略四卷首一卷　　T3035.28/812.81

　　〔清〕釋行海撰

　　清康熙二十年（1681）刻本

　　六冊

金山志二十卷　　　　　　　3035/8127.8

　　〔清〕周伯義編

　　清光緒三十年（1904）刻本

　　十冊

金山志十卷續志二卷　　　　3035/8127.88

　　〔清〕盧見曾撰　　〔清〕釋秋崖續撰

　　清光緒二十七年（1901）雅雨堂刻本

　　六冊

普陀山志六卷　　　TNC3035.29/867.7

　　〔明〕周應賓撰

　　明萬曆太監張隨刻本

　　六冊

南海普陀山志十五卷首一卷

　　　　　　　　　　　　T3042/867.82

　　〔清〕陳璿　朱謹　裘璉輯

　　清康熙四十三年（1704）普濟寺刻本

　　十冊

普陀山志二十卷　　　　　　3035/867.85

　　〔清〕秦耀曾撰

　　清道光十二年（1832）刻本

　　四冊

天台山全志十八卷　　T3035.29/132.81

　　〔清〕張聯元輯

　　清康熙五十六年（1717）浙江楚郢張

氏刻本

　　八冊

孤嶼志八卷首一卷　　　3035.29/132.84

　　〔清〕陳舜咨訂修

　　清嘉慶十三年（1808）永嘉刻本

　　四冊

天台山方外志三十卷　　3035.29/1326.7

　　〔明〕釋傳燈撰

　　清光緒二十年（1894）佛隴真覺寺

刻本

　　八冊

天台山方外志要十卷圖一卷

　　　　　　　　　　　T3035.29/1326.83

　　〔清〕齊召南輯

　　清乾隆三十二年（1767）刻本

　　四冊

慧山記四卷續編三卷首一卷

　　　　　　　　　　　　　3035/5727.7

　　〔明〕邵寶訂　　〔明〕釋圓顯輯

〔清〕邵涵初輯

　　清同治七年（1868）無錫邵文燾刻本

　　六冊

　　缺《續編》卷三。

西天目祖山志八卷首一卷末一卷

　　　　　　　　　　　3035.29/136.84

　　〔明〕釋廣賓纂輯　　〔清〕釋際界增訂

　　清光緒二年（1876）錢塘陸檀潛禪源

寺刻本

　四册

明州阿育王山志十卷續六卷

　　　　　　　　　T3035.29/7012

　〔明〕郭子章撰　　（續）〔清〕釋畹
荃撰

　　明萬曆刻清乾隆補印本

　　六册

雁山圖志不分卷　　　T3035.29/714.82

　　〔清〕釋實行撰

　　清乾隆十九年（1754）宋鰲刻道光
二十八年（1848）重印本

　　四册

廣雁蕩山志二十八卷首一卷末一卷

　　　　　　　　　T3035.29/714.83

　　〔清〕曾唯撰

　　清乾隆五十五年（1790）刻本

　　十册

　　又一部，T3035.29/714.83b，八册。

廣雁蕩山志二十八卷首一卷末一卷

　　　　　　　　　T3035.29/714.83a

　　〔清〕曾唯撰

　　清乾隆五十五年（1790）刻嘉慶十三
年（1808）增刻同治八年（1869）補刻本

　　八册

金蓋山志四卷首一卷　　3035.29/842.88

　　〔清〕李宗蓮輯

　　清光緒二十二年（1896）刻本

　　一册（二册合訂）

爛柯山志十三卷　　　3035.29/9242.88

　　〔清〕鄭永禧輯

　　清光緒三十二年（1906）不其山館刻本

　　四册

廬山志十五卷　　　T3035.26/012.83

　　〔清〕毛德琦纂

　　清康熙五十八年（1719）刻乾隆五十
八年（1793）順德堂補刻本

　　十六册

廬山志十五卷　　　T3035.26/012.87

　　〔清〕毛德琦纂

　　清同治十年（1871）補刻本

　　八册

　　存卷一至七。

廬山小志二十四卷首一卷

　　　　　　　　　3035.26/012.84

　　〔清〕蔡瀛纂

　　清道光四年（1824）德化蔡氏瑯嬛
別館刻本

　　六册

龍虎山志十六卷　　　T3035.26/0122.83

　　〔清〕婁近垣撰

　　清乾隆五年（1740）棲碧堂太上清宮
刻本

　　六册

石鐘山志十六卷首一卷

　　　　　　　　　3035.26/1681.88

　　〔清〕李成謀　丁義方輯　〔清〕方
宗誠　胡傳釗校訂

　　清光緒九年（1883）聽濤眺雨軒刻本

八册

青原志略十三卷末一卷
　　　　　　　　T3035.26/572.82
　　〔清〕釋大然撰　〔清〕施閏章　方以智補輯
　　清康熙八年（1669）于藻刻本
　　四册

大嶽太和山紀略八卷　T3035.24/432.83
　　〔清〕王槩撰
　　清乾隆九年（1740）下荆南道署刻本
　　四册

黄鵠山志十二卷　　　　3035/4822.87
　　〔清〕胡鳳丹撰
　　清同治十三年（1874）湖北退補齋刻本
　　六册

九疑山志九卷　　　　　T3035.25/4127
　　〔明〕蔣鐩　俞向葵輯
　　明崇禎刻本
　　六册

九疑山志四卷　　　　　3035.25/412.84
　　〔清〕樊在廷纂　〔清〕吳繩祖修
　　清嘉慶元年（1796）退思齋刻光緒九年（1883）增刻本
　　　二册

南嶽志八卷　　　　　　T3035.25/422.83
　　〔清〕曠敏本撰
　　清乾隆十八年（1753）開雲樓刻本
　　八册
　　又一部，3035.25/422.83，六册。

南嶽志二十六卷　　　　3035/4223.88
　　〔清〕李元度撰
　　清光緒六年（1880）刻本
　　十六册

南嶽總勝集三卷　　　　3035/4223.5
　　〔宋〕陳田夫撰
　　清光緒三十二年（1906）長沙葉德輝影宋刻本
　　三册

龍潭山志七卷首一卷末一卷　3042/0132
　　〔清〕康阜編
　　清光緒五年（1879）刻本
　　八册

武夷志略四卷　　　　　T3035.31/145.75
　　〔明〕徐表然撰
　　明萬曆四十七年（1619）崇安孫世昌刻本
　　　八册
　　　又一部，TNC3035.31/145.75，四册。

武夷山志十九卷　　　　T3035.31/145.7
　　〔明〕衷仲孺編
　　明崇禎十六年（1643）季振堂刻本
　　十册
　　　又一部，TNC3035.31/145.7，六册。

武夷山志二十四卷首一卷
　　　　　　　　T3035.31/145.83
　　〔清〕董天工撰
　　清乾隆二十五年（1760）覲光樓刻本
　　十册

武夷山志二十四卷　　　　3035/1458.85
　〔清〕董天工撰
　清道光二十六年（1846）五夫尺木軒
羅氏刻本
　八冊

烏石山志九卷首一卷　　3035.31/221.85
　〔清〕郭柏蒼　劉永松纂輯
　清道光二十二年（1842）閩侯于麓古
天開圖書樓刻光緒九年（1883）續刻本
　六冊

道山紀略不分卷　　　　T3035.31/332.81
　〔清〕蕭震撰
　清康熙十一年（1672）刻本
　一冊

九峰志四卷　　　　　　3035.31/412.87
　〔清〕陳祚康鑒定　　〔清〕魏杰參訂
　清刻本
　一冊

鼓山志十四卷首一卷　　T3035.31/442.83
　〔清〕黃任撰
　清乾隆刻光緒二年（1876）補刻本
　六冊

鷄足山志十卷首一卷　　T3035.34/216.81
　〔清〕范承勳撰
　清康熙三十一年（1692）刻本
　七冊

麻姑山志十二卷　　　　　3035/0942
　〔清〕黃家駒撰
　清同治五年（1866）黃氏刻本

六冊

天竺山志十二卷　　　　　3035/128.88
　〔清〕管庭芬撰　　〔清〕曹籀删訂
　清光緒元年（1875）法喜寺白雲堂
刻本
　六冊

委羽山志六卷續志六卷　　3035/241.87
　〔明〕胡昌賢撰　　（續志）〔清〕王
維翰撰
　清同治九年（1870）雙硯齋刻本
　三冊

盉山志八卷　　　　　　3035/4127.88
　〔清〕顧雲撰
　清光緒九年（1883）刻本
　三冊

萬山綱目二十一卷　　　　3035/4405
　〔清〕李誠撰
　清光緒二十六年（1900）長沙刻本
　八冊

羅浮山志會編二十二卷首一卷圖贊一卷
　　　　　　　　　　　　T3035/6134
　〔清〕宋廣業撰
　清康熙五十五年（1716）宋志益刻本
　十冊

禺峽山志四卷　　　　　　3035/622.81
　〔清〕孫繩祖撰
　清同治元年（1862）刻本
　四冊

焦山志二十六卷首一卷續志八卷
　　　　　　　　　　　3035/2329.88
　〔清〕吳雲輯　〔清〕陳任暘續輯
　清同治十三年（1874）刻光緒三十一
年（1905）增刻本
　　八册

西樵白雲洞志五卷　　　　3049/1421
　〔清〕黃亨纂輯
　清道光十八年（1838）廣州黃宣貴、
黃瓚刻本
　　一册

西樵白雲洞志五卷　　　　3049/1421b
　〔清〕黃亨纂輯
　清光緒十三年（1887）廣州翼化堂刻本
　　一册

永定河志三十二卷　　　　3039/3338.84
　〔清〕李逢亨撰
　清嘉慶二十一年（1816）刻本
　　十六册

永定河續志十六卷　　　　3039/3338.88
　〔清〕朱其詔修
　清光緒八年（1882）重校刻本
　　十二册

揚州水道記四卷　　　　　3038/7203
　〔清〕劉文淇撰
　清同治十一年（1872）淮南書局刻本
　　二册

莫愁湖志四卷　　　　　　3040/4323.84
　〔清〕馬士圖撰

清光緒八年（1882）刻本
　二册

具區志十六卷　　　　　　T3206/7871.81
　〔清〕翁澍撰
　清康熙二十八年（1689）刻本
　　八册

太湖志略四卷　　　　　　3040/4332.8
　〔清〕陳思樂撰
　清嘉慶四年（1799）對山堂刻本
　　一册（二册合訂）

太湖備考十六卷首一卷　　T3040/4332.83
　〔清〕金友理撰　〔清〕華鵬繪圖
　清乾隆藝蘭圃刻本
　　八册

太湖備考續編四卷　　　　3040/4332.88
　〔清〕鄭言紹纂
　清光緒二十九年（1903）刻本
　　四册

分湖小識六卷　　　　　　3206/8232
　〔清〕柳樹芳輯録
　清道光二十七年（1847）刻本
　　四册

練湖志十卷　　　　　　　3040/2932
　〔清〕黎世序撰
　清嘉慶十五年（1810）鎮江府衙刻本
　　四册

山東全河備考四卷　　　　T3039.815/4909
　〔清〕葉方恒纂

清康熙十九年（1680）刻本
四册

西湖志摘粹補遺奚囊便覽十二卷
　　　　　　　　　　　T3040/1632.02
〔明〕高應科撰
明萬曆二十九年（1601）刻本
四册

西湖志四十八卷　　　T3040/1632.82b
〔清〕傅王露纂　　〔清〕李衛修
清雍正十二年（1734）刻本
二十册

西湖志四十八卷　　　3040/1632.82
〔清〕傅王露纂　　〔清〕李衛修
清光緒四年（1878）浙江書局刻本
二十册

西湖志纂十五卷首一卷　T3040/1632.83
〔清〕梁詩正等撰
清乾隆二十年（1755）刻二十七年
（1762）增修本
六册

洞庭湖志十四卷　　　3040/3204.65
〔清〕沈筠堂撰　　〔清〕夏大觀補輯
清道光五年（1825）刻本
十册

杜白二湖全書不分卷　　3040/4213
〔清〕王相能輯
清嘉慶十年（1805）王相能刻本
二册

**南湖考一卷南湖志考一卷節録餘杭縣南
湖事略一卷**　　　　　　3040/4232
〔明〕陳善撰　　〔清〕梅啓照增修
〔清〕梁恭辰校
清光緒五年（1879）浙江書局刻本
一册

蜀水考四卷　　　　3039.823/7910
〔清〕陳登龍撰　　〔清〕朱錫穀補注
〔清〕陳一津分疏
清光緒五年（1879）綿竹楊氏清泉精
舍刻本
二册

江程蜀道現勢書不分卷　3064/2428
〔清〕傅崇榘撰
清光緒三十年（1904）成都刻本
一册

平灘紀略六卷附蜀江指掌　3039.1/4455
〔清〕李本忠輯
清道光二十年（1840）刻本
六册

**峽江救生船志二卷川行必要一卷峽江圖
考一卷**　　　　　　　　3039/2331
〔清〕羅縉紳輯
清光緒三年（1877）水師新副中營刻本
四册

游記之屬

新鐫海内奇觀十卷　　　T3041/4218
〔明〕楊爾曾撰
明萬曆三十七年（1609）楊爾曾夷白

堂刻本
　　六册

湖山便覽十二卷　　　　　　3040/1632.88
　　〔清〕翟灝　翟瀚輯　〔清〕王維翰
重訂
　　清光緒元年（1875）槐蔭堂王氏刻本
　　六册

古今游名山記十七卷總録三卷
　　　　　　　　　　　　T3041/2281

　　〔明〕何鏜編輯
　　明嘉靖四十四年（1565）刻本
　　二十四册

游名山一覽記十六卷　　　T3041/2223
　　〔明〕慎蒙輯
　　明萬曆四年（1576）吳興慎氏刻本
　　二十四册
　　又一部，T3041/2223 c.2，十四册。

名山勝槩記四十六卷名山圖一卷
　　　　　　　　　　　　T3041/2274
　　〔明〕何鏜纂　〔明〕慎蒙續
〔明〕張繼彥補
　　明崇禎刻本
　　三十一册
　　缺卷三、四及《名山圖》。

王季重歷游記不分卷　　T5429/1062
　　〔明〕王思任撰
　　明崇禎刻本
　　一册

西湖佳景一卷　　　　　　T3040/1632.3
　　〔清〕湖上扶搖子輯
　　清乾隆刻套印本
　　一册

西湖游記一卷　　　　　　2265/882
　　〔清〕查人漢撰
　　清光緒九年（1883）上海掃葉山房刻本
　　一册
　　與《銀瓶徵》合訂。

西泠懷古集十卷　　　　2260.29/7903
　　〔清〕陳文述撰　〔清〕王嘉禄等編
　　清光緒九年（1883）刻本
　　六册

西泠游記一卷　　　　　　3040/1632.72
　　〔明〕王紹傳撰
　　清光緒二十一年（1895）錢塘丁氏刻本
　　一册

湖壖小志四卷　　　　　　3070/3261
　　〔清〕高鵬年撰
　　清光緒二十二年（1896）石印本
　　四册

申江勝景圖不分卷　　　　3041/5376
　　〔清〕李閒菴録
　　清光緒抄本
　　二册

徑山游草一卷洞霄游草一卷龍門游草一卷
　　　　　　　　　　　　T5429/2924
　　〔明〕徐胤翮　徐胤翀　徐胤翹撰
　　明萬曆刻本

一册

謁岱記一卷　　　　3035.15/532.88
〔清〕輔廷撰
清光緒八年（1882）金衢嚴道署刻本
一册

四川名勝記四卷　　　　3064/2257
〔清〕何振卿撰
清光緒十六年（1890）繁江龍藏寺
潛西精舍釋雪堂刻本
二册

峨眉紀游一卷　　　　3035.23/257.89
〔清〕樓藜然撰
清宣統元年（1909）成都昌福公司鉛
印本

粤東蓴勝記八卷首二卷　　　　3073/2918
〔清〕徐琪撰
清光緒二十五年（1899）瀋陽金氏刻本
五册

四國游記十三卷　　　　TNC2375/7134
〔清〕鳳凌撰
清光緒二十三年（1897）紅格紙抄本
十三册

乘查筆記一卷　　　　2488.7/0446
〔清〕斌椿撰
清同治七年（1868）序刻本
一册

初使泰西記四卷　　　　2488.7/4372
〔清〕志剛撰

清光緒三年（1877）刻本
四册

環游地球新録四卷　　　　2375/4441
〔清〕李圭撰
清光緒三年（1877）上海鉛印本
一册

使西紀程二卷　　　　2488.8/0224
〔清〕郭嵩燾撰
清光緒間刻本
一册

八述奇二十卷　　　　2496/1322
〔清〕張德彝撰
清光緒三十四年（1908）石印本
二十册

隨軺筆記四卷　　　　2488.8/2333
〔清〕吴宗濂撰
清光緒二十八年（1902）上海著易堂
鉛印本
四册

南越筆記十六卷　　　　3073/4401
〔清〕李調元撰
清乾隆四十二年（1777）序刻本
四册

閩行日志一卷　　　　3050/7142
〔清〕劉埥撰
清雍正六年（1728）刻本
一册

粤游小志八卷　　　　　3073/1335
　〔清〕張心泰撰
　清光緒十年（1884）鉛印本
　二冊

度隴記四卷　　　　　　3061/4114
　〔清〕董醇撰
　清道光二十九年（1849）序刻隨軺載
筆本
　四冊

鳳臺祗謁筆記一卷　　　9155/4192
　〔清〕董恂撰
　清同治九年（1870）刻本
　一冊

鳳臺祗謁筆記一卷永寧祗謁筆記一卷
　　　　　　　　　　　9155/4192a
　〔清〕董恂撰
　清同治刻本
　二冊

辛卯侍行記六卷　　　　3051/7220B
　〔清〕陶保廉撰
　清光緒二十三年（1897）養樹山房刻本
　六冊

滬游雜記四卷　　　　　3069.23/4216
　〔清〕葛元煦撰
　清光緒二年（1876）葛氏嘯園刻本
　四冊

重修滬游雜記四卷　　　3069.23/4216.4
　〔清〕葛元煦撰　〔清〕袁祖志續撰
　清光緒十四年（1888）鉛印本

二冊

西行日記不分卷　　　　3059/7912
　〔清〕陳斐然撰
　清宣統三年（1911）序石印本
　二冊

行川必要一卷　　　　　3039.823/6122
　〔清〕羅縉紳撰
　清光緒四年（1878）刻本
　一冊

南游記一卷　　　　　　3050/1943
　〔清〕孫嘉淦撰
　清嘉慶十年（1805）守意龕刻本
　一冊

紅亭日記二卷　　　　　3050/2942
　〔清〕徐志鼎撰
　清乾隆六十年（1795）刻本
　二冊

粤中見聞三十五卷附紀一卷
　　　　　　　　　　　T3073/4106
　〔清〕范端昂撰
　清乾隆四十二年（1777）刻本
　十冊

蒙古游牧記十六卷　　　3078/1322
　〔清〕張穆撰
　清同治六年（1867）壽陽祁氏刻本
　四冊

冰嶺紀程一卷附度嶺吟一卷　　　　　TNC3079.1/6903

〔清〕景廉撰

清同治二年（1863）稿本

二册

冰嶺紀程一卷附度嶺吟一卷　　　　　3079.1/6903

〔清〕景廉撰

清光緒五年（1879）刻本

一册

西招圖略不分卷　　　　　3079.7/4382

〔清〕松筠撰

清嘉慶三年（1798）刻本

二册

西招圖略一卷附録二卷圖説一卷　　　　　3079.7/4382c

〔清〕松筠撰

清道光二十七年（1847）序王師道刻本

二册

西招圖略二卷　　　　　3079.7/4382B

〔清〕松筠撰

清光緒二十九年（1903）上海文瑞樓影印本

一册

西征紀程四卷　　　　　3601/2228

〔清〕鄒代鈞撰

清光緒二十三年（1897）新學書局刻本

一册

滇軺紀程一卷荷戈紀程一卷林文忠公政書蒐遺一卷　　　　　5506/4962.3

〔清〕林則徐撰

清光緒三至五年（1877—1879）刻本

一册

東游記一卷　　　　　3409.9/4262

〔清〕釋芳圃撰

清光緒三十一年（1905）刻本

一册

東游日記不分卷（光緒二十五年六月初二日至十一月十一日）　　　　　3414/3103

〔清〕沈翊清撰

清光緒二十六年（1900）福州刻本

一册

使琉球記六卷　　　　　3468/4421

〔清〕李鼎元撰

清嘉慶七年（1802）序師竹齋刊本

四册

東游彙録附前藏至西寧路程、自成都府至後藏路程、乍了圖説　　　　　4913.7/2147

〔清〕朱路

清光緒三十三年（1907）序南洋官報局鉛印本

一册

東游叢録四卷　　　　　4933/2332

〔清〕吴汝綸撰

清光緒二十八年（1902）上海文明書局鉛印本

四册

東游紀略二卷　　　　　　　5531/1374
　　〔清〕張體乾撰
　　清乾隆二十六年（1761）刻本
　　二册

防務之屬

防海備覽十卷　　　　　　　3034/4423
　　〔清〕薛傳源撰
　　清嘉慶十六年（1811）望山堂刻本
　　六册

防海輯要十八卷　　　　　　3034/8268
　　〔清〕俞昌會撰
　　清道光二十二年（1842）百甓山房刻本
　　十册

防海紀略二卷　　　　　　　2861/4207
　　〔清〕王之春撰
　　清光緒二十一年（1895）上海同文館
鉛印本
　　二册

洋防輯要二十四卷　　　　　3034/6449
　　〔清〕嚴如熤撰
　　清道光刻本
　　八册

籌海初集四卷　　　　　　　3034/7214
　　〔清〕關天培輯
　　清道光十六年（1836）刻本
　　四册

籌海初集四卷　　　　　　　3034/7214b
　　〔清〕關天培輯

清光緒上海申報館鉛印申報館叢書本
四册

沿海險要圖説十六卷長江險要圖説五卷
　　　　　　　　　　　　　3034/8933
　　〔清〕余宏淦撰
　　清光緒二十九年（1903）上海鴻文書
局石印本
　　五册

海洋要覽不分卷附閩浙概説　3038/3317
　　清抄本
　　四册

廣東海防彙覽四十二卷　　　3034/0859
　　〔清〕盧坤等纂修
　　清咸豐同治間刻本
　　十四册

浙東籌防録四卷　　　　　　3034/4437
　　〔清〕薛福成輯
　　清光緒十三年（1887）刻本
　　四册

東陲紀行一卷　　　　　　　3055/7207
　　〔清〕劉文鳳撰
　　清光緒間刻陸庵藏書本
　　一册

三省邊防備覽十四卷　　　　3064/6449
　　〔清〕嚴如熤輯
　　清道光二年（1822）刻本
　　八册

雲南勘界籌邊記二卷　　　3075/4104
　　姚文棟編
　　清光緒十八年（1892）刻本
　　二册

雲南初勘緬界記一卷　　　3075/4104.2
　　姚文棟撰
　　清光緒十八年（1892）刻本
　　一册

朔方備乘六十八卷首十二卷　3077/2228
　　〔清〕何秋濤撰
　　清光緒七年（1881）刻本
　　二十四册

皇朝藩部要略二十卷　　　3077/4204
　　〔清〕祁韻士撰
　　清光緒十年（1884）浙江書局刻本
　　八册

籌藏芻議不分卷　　　　　3079.7/4189
　　〔清〕姚錫光撰
　　清光緒三十四年（1908）鉛印本
　　一册

秦疆治略不分卷　　　　　3153/2145
　　〔清〕盧坤編
　　清道光刻本
　　四册

西陲要略四卷　　　　　　3275/3204B
　　〔清〕祁韻士撰
　　清道光十七年（1837）壽陽祁氏筠淥
山房刻本
　　一册

西陲要略四卷　　　　　　3275/3204
　　〔清〕祁韻士撰
　　清嘉慶十七年（1812）鉛印本
　　四册

伊犁總統事略十二卷附西陲竹枝詞
　　　　　　　　　　　　T3275/0.84
　　〔清〕松筠等纂輯　（附）〔清〕祁
韻士撰
　　清嘉慶十四年（1809）程振甲校刻本
　　四册

清人文鈔（記新疆邊防二則）一卷
　　　　　　　　　　　　5238.88/4833
　　〔清〕紀昀等撰　〔清〕黃祖絡書
　　清末松華齋綠格抄本
　　一册

外紀之屬

東西洋考十二卷　　T2432/1398
　　〔明〕張燮撰
　　明萬曆四十六年（1618）金陵王起宗
刻本
　　六册

八紘譯史四卷譯史紀餘四卷　2432/7131
　　〔清〕陸次雲撰
　　清康熙二十二年（1683）蓉江懷古堂
刻本
　　二册

外國傳八卷　　　　　　　2492/4122
　　〔清〕尤侗撰
　　清康熙刻本

四册

海國聞見録二卷　　　　　　　2436/7929
〔清〕陳倫炯撰
清雍正八年（1730）刻本
一册
與《海録》合訂。

皇清職貢圖九卷　　　　　　　T2488/3203
〔清〕董誥等撰　〔清〕門慶安等繪圖
清乾隆武英殿刻本
十册

海外番夷録不分卷　　　　　　2354/1143
〔清〕王朝宗輯刊
清道光二十四年（1844）京都漱六
軒刻本
二册

瀛寰志略十卷　　　　　　　　2370/2928
〔清〕徐继畬撰
清道光二十八年（1848）刻本
六册

瀛環志略十卷　　　　　　　　2370/2928B
〔清〕徐繼畬撰
清同治十二年（1873）掞雲樓刻本
四册

瀛寰志略十卷續集四卷　　　　2370/2928.1
〔清〕徐继畬撰　（續集）〔英國〕
慕維廉纂輯
清光緒二十四年（1898）上海掃葉山
房石印本
八册

薄海番域録十二卷　　　　　　3077/1242b
〔清〕邵大緯撰
清道光京都書業堂刻木活字印本
六册

海國圖志一百卷　　　　　　　2370/2139
〔清〕魏源撰
清咸豐二年（1852）邵陽魏氏古微堂
刻本
四十八册

海國圖志一百卷　　　　　　　2370/2139B
〔清〕魏源撰
清光緒二年（1876）平慶涇固道署刻本
二十四册

海國圖志徵實一百卷首一卷
　　　　　　　　　　　　　　　2370/2139.1
〔清〕孫灝撰
清光緒二十八年（1902）上海敦記石
印本
二十册

指南要言四卷　　　　　　　　1988/7231.1
〔清〕馬注撰
清同治三年（1864）刻本
四册

瀛寰瑣記二十八卷　　　　　　5793/3310
〔清〕申報館編印
清同治十三年（1874）鉛印本
八册

采風記四卷附紀程感事詩一卷時務論一卷　2488/3902
　　宋育仁撰
　　清光緒二十一年（1895）袖海山房石印本
　　二册

五洲圖考不分卷　2370/0829
　　〔清〕龔柴　許彬譯
　　清光緒二十四年（1898）上海徐家匯印書館鉛印本
　　四册

地球韻言四卷　2370/1343
　　〔清〕張士瀛撰
　　清光緒二十五年（1899）江陵刻本
　　二册

五洲述略四卷　2370/4204
　　〔清〕蕭應椿撰
　　清光緒二十八年（1902）紫藤館刻本
　　六册

海國輿地釋名十卷　2368/7944
　　〔清〕陳士芑纂
　　清光緒二十八年（1902）湘鄉陳氏連道清芬堂刻本
　　八册

游歷圖記不分卷　2375/4470
　　〔清〕李丹麟撰
　　清光緒三十一年（1905）廣州石經堂石印本
　　二册

亞細亞洲志一卷附新志一卷　2432/5670
　　〔清〕學部編譯圖書局編
　　清光緒三十四年（1908）京師學部圖書局鉛印本
　　一册

開浦殖民地志一卷附新志一卷　3940/5670
　　〔清〕學部編譯圖書局編
　　清光緒三十四年（1908）北京學部圖書局鉛印本
　　一册

海客日譚六卷　2375/1143
　　〔清〕王芝撰
　　清末刻本
　　二册

中山傳信録六卷　T3468/2949
　　〔清〕徐葆光纂
　　清康熙六十年（1721）刻本
　　三册
　　存卷一至三。

琉球入學見聞録四卷　T3468/3646
　　〔清〕潘相輯
　　清乾隆四十五年（1780）刻本
　　四册

琉球國志十六卷首一卷　T3460/7291
　　〔清〕周煌撰
　　清刻本
　　六册

續琉球國志五卷　　　　　　T3460/7291.2

　　〔清〕齊鯤　費錫章輯

　　清嘉慶十三年（1808）木活字印本

　　六册

琉球小志一卷補遺一卷説略一卷

　　　　　　　　　　　　3468/1194

　　姚文棟譯

　　清光緒九年（1883）精刻本

　　一册

談瀛録四卷　　　　　　　　3409.9/1135

　　〔清〕王之春撰

　　清光緒六年（1880）刻本

　　四册

策鰲雜摭八卷　　　　　　　3409.9/4907

　　〔清〕葉慶頤輯　　〔清〕袁祖志校

　　清光緒十五年（1889）上海刻本

　　四册

日本源流考二十二卷　　　　3315/1120

　　王先謙撰

　　清光緒二十八年（1902）長沙思賢書

局刻本

　　十册

東藩紀要十二卷　　　　　　3490/4444

　　〔清〕薛培榕撰

　　清光緒八年（1882）鉛印本

　　四册

海島逸志六卷　　　　　　　3509/1143

　　〔清〕王大海撰

　　清嘉慶十一年（1806）漳園刻本

四册

海國公餘輯録六卷　　　　　3530/1394

　　〔清〕張煜南撰

　　清光緒二十四年（1898）刻本

　　六册

阿達曼群島志一卷附新志一卷婆羅島志

一卷　　　　　　　　　　　3520/5670

　　〔清〕學部編譯圖書局編

　　清光緒三十四年（1908）北京學部圖

書局鉛印本

　　一册

蘇門答拉志一卷附新志一卷爪哇志一卷

附新志一卷　　　　　　　　3521/5670

　　〔清〕學部編譯圖書局編

　　清光緒三十三年（1907）北京學部圖

書局鉛印本

　　一册

南洋通志一卷　　　　　　　3509/2144

　　任壽華撰

　　清末石印本

　　一册

暹羅國志一卷　　　　　　　3540/5670

　　〔清〕學部編譯圖書局編

　　清光緒三十三年（1907）北京學部圖

書局鉛印本

　　一册

　　與《緬甸國志》《英領緬甸志》《緬

甸新志》《布哈爾志》合訂。

布哈爾志一卷　　　　　　3540/5670

　〔清〕學部編譯圖書局編

　清光緒三十三年（1907）北京學部圖書局鉛印本

　一册

　與《暹羅國志》《緬甸國志》《英領緬甸志》《緬甸新志》合訂。

越南輯略不分卷　　　　　3545/2914

　〔清〕徐延旭撰

　清光緒三年（1877）梧州郡署刻本

　一册

越南地興圖説五卷　　　　3546/5002

　〔清〕盛慶紱撰

　清光緒九年（1883）刻本

　二册

安南志略十九卷　　　　　3544/2322B

　〔元〕黎崱撰

　清光緒十年（1884）上海樂善堂鉛印本

　四册

越事備考十三卷　　　　　2889/7127

　〔清〕劉名譽編輯

　清光緒二十一年（1895）慕盦桂林刻本

　四册

　存十二卷。

越南游歷記不分卷　　　　4805/6413

　〔清〕嚴璩　恩慶編

　清光緒三十一年（1905）鉛印本

　一册

太平省通志一卷　　　　　T3544/4193

　清抄本

　一册

柬埔治以北探路記六卷　　3545/6144

　〔法國〕晃西士加尼撰

　清光緒十年（1884）鉛印本

　六册

緬甸國志一卷附英領緬甸志一卷緬甸新志一卷　　　　　　　3540/5670

　〔清〕學部編譯圖書局編

　清光緒三十三年（1907）北京學部圖書局鉛印本

　一册

　與《暹羅國志》《布哈爾志》合訂。

印度志一卷附新志一卷　　3551/5670

　〔清〕學部編譯圖書局編

　清光緒三十三年（1907）北京學部圖書局鉛印本

　二册

大唐西域記十二卷　　　　T3079/0402

　〔唐〕釋玄奘譯　　〔唐〕釋辯機撰

　清順治嘉興楞嚴寺刻本（卷九至十二據日本承應二年中野五郎左衛門刻本補抄）

　五册

大唐西域記十二卷　　　　3079/0402c

　〔唐〕釋玄奘譯　　〔唐〕釋辯機撰

　清宣統元年（1909）常州天寧寺刻本

　四册

新疆外藩紀略七種　　　　3079/4141.3
　〔清〕七十一撰
　清乾隆刻本
　四册
　西域輿圖
　外藩紀略
　新疆紀略
　新疆道里表
　回疆風土記
　叛亡紀略
　投誠紀略

西域考古録十八卷　　　　3260/8236
　〔清〕俞浩撰
　清道光二十七年（1847）刻海月堂雜
著本
　六册

西域紀要八卷　　　　3079/4141.2c
　〔清〕七十一撰
　清道光六年（1826）希西山房刻本
　四册

西域記八卷　　　　3079/4141
　〔清〕七十一撰
　清嘉慶十九年（1814）刻本
　一册

西域記八卷　　　　3079/4141.2b
　〔清〕七十一撰　　〔清〕金長春參訂
〔清〕宋傳心校
　清嘉慶十九年（1814）當塗金氏刻本
　二册

西域記八卷　　　　3079/4141.2
　〔清〕七十一撰
　清光緒十一年（1885）刻本
　三册

西域總志四卷　　　　3079/4141.1
　〔清〕七十一撰
　清嘉慶二十三年（1818）强志堂刻本
　四册

阿富汗土耳其斯坦志一卷附新志一卷
　　　　　　　　　　3561/5670
　〔清〕學部編譯圖書局編
　清光緒三十三年（1907）北京學部圖
書局鉛印本
　一册

帕米爾圖叙例一卷　　　　3079.7/4691
　〔清〕許景澄撰
　清光緒十五年（1889）石印本
　一册

**俾路芝志一卷馬留土股志一卷紐吉尼亞
島志一卷西里伯島志一卷附新志一卷**
　　　　　　　　　　3563/5670
　〔清〕學部編譯圖書局編
　清光緒三十三年（1907）北京學部圖
書局鉛印本
　一册

波斯志不分卷　　　　3570/5670
　〔清〕學部編譯圖書局編
　清光緒三十三年（1907）北京學部圖
書局鉛印本
　一册

亞拉伯志一卷附新志一卷

　　　　　　　　　　　　　3580/5670

　　〔清〕學部編譯圖書局編

　　清光緒三十三年（1907）北京學部圖

書局鉛印本

　　一册

小亞細亞志一卷　　　　　3596/5670

　　〔清〕學部編譯圖書局編

　　清光緒三十三年（1907）北京學部圖

書局鉛印本

　　一册

歐洲十一國游記不分卷　　3601/0343

　　康有爲撰述

　　清光緒三十一年（1905）上海廣智書

局鉛印本

　　一册

歐游隨筆二卷　　　　　　3603/8524

　　〔清〕錢德培撰

　　清光緒木活字印本

　　二册

俄屬游記二卷　　　　　　3640/4242

　　〔英國〕蘭士德撰　　〔清〕莫鎮藩譯

　　清光緒二十年（1894）鉛印本

　　二册

俄羅斯國鑑略不分卷　　TA3500/2646

　　〔清〕聖約翰書院譯

　　清光緒七年（1881）上海美華書館鉛

印本

俄游日記四卷　　　　　　2495/2231

　　〔清〕繆祐孫撰

　　清光緒十三年（1887）鉛印本

　　四册

俄游彙編十二卷　　　　　3640/2231

　　〔清〕繆祐孫撰

　　清光緒十五年（1889）上海秀文書屋

石印本

　　四册

英軺日記十二卷　　　　　2496/1553

　　〔清〕載振撰

　　清光緒二十九年（1903）上海文明書

局鉛印本

　　四册

重訂法國志略二十四卷　　3740/1147

　　〔清〕王韜撰

　　清光緒十六年（1890）淞隱廬鉛印本

　　十册

西比里亞志一卷附新志一卷　3501/5670

　　〔清〕學部編譯圖書局編

　　清光緒三十四年（1908）北京學部圖

書局鉛印本

　　一册

亞斐利加洲志一卷附新志一卷

　　　　　　　　　　　　　3901/5670

　　〔清〕學部編譯圖書局編

　　清宣統元年（1909）北京學部圖書

局鉛印本

　　一册

輿圖之屬

刻一握坤輿十三卷　　　　T3020/1240
〔明〕鄧景南輯
明天啓七年（1627）刻本
一册
存卷六至十三。

地理全志首編五卷下編十卷
　　　　　　　　　　TA2370/57
〔英國〕慕威廉輯譯
清咸豐三至四年（1853—1854）上海
墨海書館鉛印本
一册

地球説略不分卷　　　　TA2370/92
〔美國〕禕理哲撰
清咸豐六年（1856）寧波華花聖經書
房印本
一册

坤輿全圖二卷　　　　　　T2380/9027
〔比利時〕南懷仁編製
清咸豐十年（1860）北京刻本
二幅
又一部，T2380/9027 c.2，六幅。

廣輿圖二卷　　　　　　T3080.7/6132
〔元〕朱思本撰　〔明〕羅洪先　胡
松增補
明嘉靖四十五年（1566）韓君恩、杜
思刻本
四册

今古輿地圖三卷　　　　T3020/2365
〔明〕沈定之等輯
明崇禎刻朱墨套印本
四册

皇輿考十卷　　　　　　T3027/1311
〔明〕張天復撰
明嘉靖三十六年（1557）刻本
四册

廣皇輿考二十卷　　　　T3027/1312
〔明〕張天復撰　〔明〕張元忭增廣
明天啓六年（1626）張汝懋刻巾箱本
二十册

皇明職方地圖不分卷　　T3027/7922a
〔明〕陳組綬撰
清彩繪本
二册

廣輿記二十四卷　　　　T3028/7107b
〔明〕陸應陽輯
明萬曆刻本
十二册

廣輿記二十四卷　　　　T3028/7107
〔明〕陸應陽輯　〔清〕蔡方炳增輯
清康熙四十六年（1707）刻本
七册

地圖綜要三卷　　　　T3080.7/2925
〔明〕吳學儼等撰
明崇禎刻本
八册

天下九邊萬國人跡路程全圖
　　　　　　　　　　　　T3080/4643
　　清康熙二年（1663）姑蘇王君甫刻本
　　一幅

皇輿表十六卷　　　　　　T3028/2070
　　〔清〕喇沙里等纂修　　〔清〕揆叙等
增修
　　清康熙四十三年（1704）内府刻本
　　二十四册

内府分省分府圖不分卷　　T3080/0789
　　清康熙内府刻本
　　八册

周行備覽三集六卷圖一卷　　3050/4674
　　〔清〕妙因居士輯
　　清乾隆三年（1738）刻本
　　六册

乾隆府廳州縣圖志五十卷　　3028/3804
　　〔清〕洪亮吉撰
　　清嘉慶八年（1803）刻本
　　二十册

帝輿合覽二卷　　　　　　3016/2292
　　〔清〕何炳纂述
　　清道光二年（1822）嘉興何氏敬慎
堂刻同治三年（1864）李兆熊重印本
　　三册

皇朝輿地略一卷附皇朝輿地韻編一卷皇
朝各省地輿指掌圖一卷　　3080/0814c
　　〔清〕六承如撰　〔清〕六嚴摹圖
（附）〔清〕李兆洛輯

清道光十一年（1831）辨志書塾刻本
　　二册

皇朝輿地略一卷　　　　　3080/0814
　　〔清〕六承如編纂　　〔清〕馮焌光增補
　　清同治二年（1863）廣州刻本
　　二册

皇朝輿地略一卷附皇朝輿地韻編一卷
　　　　　　　　　　　　3080/0814b
　　〔清〕六承如編纂　　〔清〕馮焌光增補
　　清光緒五年（1879）羊城王氏聽春
雨軒刻本
　　四册

地志便覽二卷地理圖一卷附志一卷
　　　　　　　　　　　　3028.6/2169
　　〔清〕崔暕輯
　　清咸豐十年（1860）刻本
　　四册

輿圖總論注釋一卷　　　　3080/0442
　　〔清〕謝蘭生注
　　清咸豐刻本
　　一册

大清中外一統輿圖三十卷首一卷
　　　　　　　　　　　　3080/6444
　　〔清〕胡林翼編製　　〔清〕嚴樹森補訂
　　清同治二年（1863）湖北撫署景桓樓
刻本
　　三十二册

歷代地理志韻編今釋二十卷皇朝輿地韻編二卷　　3012/4433
　　〔清〕李兆洛編
　　清同治九至十年（1870—1871）合肥李氏刻本
　　八册

皇清地理圖韻編三卷　　3012/4806.88
　　〔清〕趙齊嬰等編
　　清光緒十六年（1890）番禺俞氏刻本
　　三册

歷代地理延革圖一卷　　3020/0864.72
　　〔清〕六嚴撰　　〔清〕馬徵麟增輯
　　清光緒十八年（1892）長沙素書局刻本
　　一册

歷代地理沿革圖一卷　　3020/0864a
　　〔清〕六嚴撰　　〔清〕馬徵麟增輯
　　清光緒十八年（1892）刻朱墨套印本
　　一册

歷代輿地沿革險要圖不分卷　　3080.8/4234
　　楊守敬編製
　　清光緒三十二年（1906）宜都楊氏觀海堂重校刻本
　　三十四册

地圖分編簡明目録不分卷　　3080/2004b
　　〔清〕外務部編
　　清光緒三十二年（1906）外務部鉛印本
　　一册

大清郵政輿圖不分卷　　3080/3037
　　〔清〕上海通商海關造册處編
　　清光緒三十三年（1907）上海通商海關造册處彩印本
　　一册

中國近世輿地圖説二十三卷　　3080.8/6134
　　〔清〕羅汝楠編纂　　〔清〕方新校繪
　　清宣統元年（1909）廣東教忠學堂石印本
　　八册

京師城内首善全圖　　T3086/1109
　　清初刻本
　　一幅

京師全圖　　T3086/1109（1744）
　　清乾隆間刻本
　　一幅

奉天全省地輿圖説圖志　　3083/1142
　　〔清〕王志修編製
　　清光緒二十年（1894）刻本
　　四册

黑龍江全省輿圖　　3085/6030F
　　〔清〕黑龍江調查局製
　　清宣統三年（1911）彩印本
　　一册

黑龍江輿地圖　　3085/7632
　　屠寄編製
　　清光緒二十五年（1899）石印本
　　一册

黑龍江輿圖説一卷　　　　3085/7632.2
　　屠寄撰
　　清光緒間軍用被服廠鉛印本
　　一册

金陵圖咏一卷附金陵古今圖考一卷
　　　　　　　　　　T3069/4209.29
　　〔明〕朱之藩輯　　〔明〕陸壽柏繪圖
（附）〔明〕陳沂撰
　　明天啓四年（1624）金陵朱氏香雪草
堂刻本
　　二册

金陵省城古跡全圖　　　　T3099/4209
　　清初刻本
　　一幅

蘇省輿地圖説不分卷　　　　3099/3181
　　〔清〕沈善登等纂　　〔清〕顧澐等測
繪　　〔清〕丁日昌等修
　　清同治七年（1868）刻本
　　八册

江蘇全省輿圖不分卷　　　　3099/0613
　　〔清〕諸可寶編製
　　清光緒二十一年（1895）刻本
　　三册

海門直隸廳圖志圖不分卷志二十卷
　　　　　　　　　　3205/3572.88
　　〔清〕周家禄等纂　　〔清〕王賓等修
　　清光緒二十六年（1900）刻本
　　四册

實測上海城廂租界圖附上海地名一覽表
　　　　　　　　　　3099/2135.01
　　〔清〕商務印書館編製
　　清宣統二年（1910）上海商務彩色鉛
印本
　　一幅

安徽輿圖表説十卷　　　　3098/3276
　　清光緒二十二年（1896）石印本
　　三册

江南安徽全圖　　　　3098/7284
　　〔清〕劉籌等編製
　　清光緒二十二年（1896）石印本
　　一册

兗州府鄒縣造送城垣山河地輿圖
　　　　　　　　　　3087/2269
　　〔清〕鄒縣府繪印
　　清刻本
　　一幅

南陽府南陽縣圖　　　　T3088/4272
　　清光緒十八至二十年（1892—1894）
刻彩印本
　　一幅

陝西全圖　　　　T3090/7186
　　清同治三年（1864）湖北官書局刻墨
印本
　　一幅

江西全省輿圖十四卷首一卷　3097/7241
　　〔清〕劉坤一等修
　　清同治七年（1868）刻本

十五册

江西全省輿圖十四卷　　　3097/2930
　〔清〕朱兆麟校
　清光緒二十二年（1896）石印本
　十四册

湖南全省圖　　　T3096/3489
　清初彩繪本
　一册

湖北驛站四至輿圖册　　　T3095/1634
　〔清〕石禮嘉編製　〔清〕朱椿校訂
　清乾隆二十九年（1764）刻本
　一册

湖南全省輿地圖表　　　3096/3242
　清光緒二十二年（1896）石印本
　十六册

湖南全省輿圖説六卷　　　3096/4231
　〔清〕彭清瑋　左學吕　黄壽仁編述
　清光緒二十三年（1897）長沙彭氏刻本
　二册

重慶府治全圖　　　3094/2104
　〔清〕張雲軒繪
　清末刻彩色套印本（重慶清河張氏
存板）
　一軸

南部縣輿圖考不分卷　　　3180/4202.88
　〔清〕袁用賓等編
　清光緒二十二年（1896）刻本
　四册

温州府城全圖　　　3100/3132
　〔清〕李夢舟編繪
　清同治九年（1870）刻本
　一幅

浙江全省輿圖并水陸道里記　　3100/3933
　〔清〕宗源瀚等編製
　清光緒二十年（1894）浙江官書局石
印本
　二十册

福建沿海圖説一卷附海島表一卷
　　　　　　　　　3101/2911
　〔清〕朱正元撰
　清光緒二十八年（1902）上海聚珍版
印書局鉛印本
　一册

臺灣輿圖　　　3102.8/1422
　〔清〕夏獻綸撰
　清光緒六年（1880）臺北刻本
　二册

**廣東圖説九十二卷首一卷附廣東圖二十
三卷**　　　3228/87
　〔清〕毛鴻賓等修　〔清〕桂文燦編説
　清同治刻本
　二十一册

廣東海圖説不分卷　　　3039.832/1333
　〔清〕張之洞撰
　清光緒十五年（1889）廣雅書局刻本
　一册（二册合訂）

廣東輿地全圖　　　　　3103/1387
　〔清〕張人駿編製
　清光緒二十三年（1897）廣州石經堂
石印本
　　二册

粤東省城圖　　　　　3103/0832
　清光緒二十六年（1900）羊城澄天
閣點石書局石印本
　　一幅

廣東輿地全圖　　　　　3103/0520
　〔清〕廣東參謀處測繪科製圖股測繪
　清宣統元年（1909）廣東參謀處測
繪科製圖股石印本
　　七册

廣西全省地輿圖説　　　3104/0816
　〔清〕蘇鳳文製　〔清〕張凱嵩修
　清同治六年（1867）刻本
　　二册

廣西輿地全圖　　　　　3104/3817
　〔清〕北洋機器總局圖算學堂編製
　清光緒三十一年（1905）合肥李經義
石印本
　　二册

無緣縣圖經八卷　　　3238/1423.89
　〔清〕黄君鉅撰
　清宣統三年（1911）鉛印本
　　四册

雲南全省輿圖　　　　　3105/1476
　〔清〕雲南防團兵備處繪

　清宣統三年（1911）天津中國地學會
印本
　　一幅

内外蒙古圖　　　　　T3107.1/4234
　清光緒五年（1879）刻墨印本
　　一幅

**嘉峪關外安西青海合圖嘉峪關外鎮迪伊
犁合圖**　　　　　　　T3109/5235
　〔清〕湖北官書局製
　清同治三年（1864）刻墨印本
　　三幅

漢西域圖考七卷　　　　3079/4490
　〔清〕李光廷撰
　清同治九年（1870）刻本
　　四册

欽定皇輿西域圖志四十八卷首四卷
　　　　　　　　　　T3275/8327
　〔清〕傅恒等纂輯　〔清〕英廉等增纂
　清光緒間同文館鉛印本
　　二十四册

新疆全省輿地圖附阿爾泰山圖
　　　　　　　　　　3108/5078
　〔清〕東方學會製
　清宣統元年（1909）東方學會彩印本
　　五十八幅

西藏圖考八卷首一卷　　3290/0.8843
　〔清〕黄沛翹撰
　清光緒十二年（1886）刻本
　　六册

中國江海險要圖志二十二卷補編五卷圖
五卷　　　　　　　　　　3037/7954
　　〔清〕陳壽彭譯
　　清光緒三十三年（1907）廣雅書局石
印本
　　十五冊

〔黃河圖等〕　　　　　　3039.2/7248
　　〔明〕馬歡繪
　　清刻本
　　一冊

黃運河口古今圖說不分卷
　　　　　　　　　　　3039.814/3232
　　〔清〕麟慶撰
　　清道光二十一年（1841）長白完顏氏
雲蔭堂刻本
　　一冊

三省黃河全圖　　　　　　3039.2/1943
　　〔清〕倪文蔚等修
　　清光緒十六年（1890）上海鴻文書局
石印本
　　五冊

長江圖說十二卷　　　　　3038/7220
　　〔清〕馬徵麟編
　　清同治十年（1871）湖北崇文書局刻本
　　五冊

海道圖說十五卷附長江圖說一卷
　　　　　　　　　　　　3038/8124
　　〔英國〕金約翰輯　〔英國〕傅蘭雅
口譯　〔清〕王德均筆述
　　清光緒刻本

十冊

峽江圖考不分卷　　　3039.823/6514
　　〔清〕國璋編繪
　　清光緒二十年（1894）袖海山房書局
石印本
　　二冊

五省溝洫圖說一卷　　　　3039/3144
　　〔清〕沈夢蘭撰
　　清光緒六年（1880）江蘇書局重刻本
　　一冊

江蘇水利圖說不分卷　　　3037/4401
　　〔清〕李慶雲撰
　　清宣統二年（1910）刻本
　　二冊

湖北漢水圖說一卷　　3039.824/3313
　　〔清〕田宗漢繪撰
　　清光緒二十七年（1901）漢川田氏對
古樓刻本
　　一冊

泰山道里記一卷　　　　3035/5327.88
　　〔清〕聶鈫撰
　　清光緒四年（1878）雨山堂刻本
　　二冊

湖北四至程限四卷　　　　3033/3161
　　清嘉慶刻本
　　二冊

鄂省州縣驛傳全圖　　T3095/0.3135
　　〔清〕湖北官書局編製

清光緒間刻墨印本
二册

衛藏圖識四卷附蠻語一卷　　3290/0.729
〔清〕盛繩祖　馬揭撰
清乾隆五十七年（1792）刻本
四册

西北邊界圖地名譯漢考證二卷
3079/4691.1
〔清〕許景澄撰
清光緒二十二年（1896）刻本
三册

中俄界記上編一卷下編一卷　2495/2228
〔清〕鄒代鈞撰　〔清〕曾寅繪圖
清宣統三年（1911）湖北武昌亞新地
學社鉛印本
二册

兩浙勝㮣圖譜　　T3070/1377
清乾隆刻本（經摺裝）
二册

御製避暑山莊詩一卷附圖　T5466/3207
〔清〕聖祖玄燁撰
清乾隆内府刻本
二册

金石類

總志之屬

觀海堂金石叢書十種　　2003/4234
楊守敬輯

清嘉慶至宣統間刻本
七十一册
隸篇十五卷續十五卷再續十五卷金
石目一卷部目一卷字目一卷
〔清〕翟云升撰　清道光十七至
十八年（1837—1838）五經歲徧齋
刻本
楷法溯源十四卷帖目一卷古碑目録
一卷　〔清〕潘存輯　楊守敬編
清光緒三至四年（1877—1878）
刻本
望堂金石文字初集　楊守敬輯
清同治至宣統間宜都楊氏飛青閣
刻本
天乙閣宋拓石鼓文一卷　清光緒
二年（1876）刻本
壇山刻石一卷
瑯邪臺刻石一卷
泰山刻石一卷
西嶽華山廟碑一卷
漢淳于長夏承碑一卷　清光緒二
年（1876）刻本
漢冀州刺史王純碑一卷　清同治
十二年（1873）刻本
漢冀州從事張表碑一卷
陳德殘碑一卷　清同治九年
（1870）刻本
元儒先生婁壽碑一卷　清光緒三
年（1877）刻本
漢熹平石經殘字一卷
漢酸棗令劉熊碑一卷　清同治
十二年（1873）刻本
司徒殘碑一卷
漢戚伯著碑一卷　清同治十年
（1871）刻本

破張郃銘一卷

中牟魯君闕一卷

卜君頌一卷

廣平侯闕一卷

司農公碑額一卷

征西大將軍楊瑾殘碑一卷

魏大司馬曹真碑一卷

吳天璽紀功碑一卷　清光緒二年
　　（1876）刻本

梁上清真人許長史舊館壇碑考一
　　卷　清光緒二年（1876）刻本

隋丁道護啓法寺碑一卷　清光緒
　　二年（1876）刻本

唐虞世南孔子廟堂碑一卷　清同
　　治九年（1870）刻本

唐化度寺邕禪師碑一卷　清同治
　　十一年（1872）刻本

唐虞恭公溫公碑一卷　清光緒元
　　年（1875）刻本

唐九成宮醴泉銘一卷　清同治十
　　一年（1872）刻本

日本題名殘碑一卷

郎官石柱記一卷

麻姑仙壇記一卷

望堂金石文字二集　楊守敬輯　清
同治至宣統間宜都楊氏飛青閣刻本

宋拓韓叔節禮器碑一卷　清宣統
　　二年（1910）刻本

東海廟殘碑一卷　清光緒二十二
　　年（1896）刻本

前秦廣武將軍碑一卷　清宣統二
　　年（1910）刻本

魏鄭文公碑一卷

魏崔敬邕墓志一卷　清光緒二十

三年（1897）刻本

隋丁道護啓法寺碑一卷

隋姚恭公墓志一卷

至德觀主孟法師碑一卷　清光
　　緒十八年（1892）刻本

華陽觀主王先生碑一卷　清宣統
　　元年（1909）刻本

宋拓道因禪師碑一卷　清光緒
　　三十三年（1907）刻本

宋拓懷仁集右軍聖教序一卷　清
　　光緒十六年（1890）刻本

唐雲麾將軍李秀碑一卷　清光緒
　　二十二年（1896）刻本

唐秦望山法華寺碑一卷　清光緒
　　二十二年（1896）刻本

雲麾將軍李思訓碑一卷　清宣統
　　二年（1910）刻

日本古刻佛足跡碑一卷　清光緒
　　二十二年（1896）刻本

日本道澄寺鐘銘一卷　清光緒
　　二十二年（1896）刻本

日本古刻銅燈檯銘一卷　清光緒
　　二十二年（1896）刻本

新羅真鑒禪師銘一卷　清宣統
　　元年（1909）刻本

筠清館金石文字五卷　〔清〕吳榮
　　光撰　清道光二十二年（1842）南
　　海吳榮光筠清館刻本

小蓬萊閣金石文字　〔清〕黃易撰
　　清嘉慶五年（1800）刻本

寰宇貞石圖六卷　楊守敬撰　清宣
　　統元年（1909）宜都楊守敬飛青
　　閣影印剪貼本

高麗好太王碑六卷　楊守敬編　清
　　宣統元年（1909）刻本

匡喆刻經頌十二卷　楊守敬編　清
　光緒三十三年（1907）鄂城刻本
泰山石經峪六卷　楊守敬編　清光
　緒三十三年（1907）鄂城刻本

二百蘭亭齋金石文字七種（存五種）

2082/2313

〔清〕吳雲藏考
清同治五年（1866）至光緒六年
（1880）二百蘭亭齋刻本
　二册
　虢季子白盤銘考
　漢東海廟碑
　化度寺碑
　温虞公碑
　漢建安弩機

金石三例十五卷　　　　2063/8116
〔清〕盧見曾輯　〔清〕王芑孫評
清光緒四年（1878）南海馮氏讀有用
書齋刻朱墨套印本
　四册
　金石例十卷　〔元〕潘昂霄撰
　墓銘舉例四卷　〔明〕王行撰
　金石要例一卷　〔明〕黃宗羲撰

金石全例　　　　　　　2063/8182
〔清〕朱記榮輯
清光緒十八年（1892）吳縣朱氏彙印本
十四册
　金石三例十五卷　〔清〕盧見曾輯
　　〔清〕王芑孫評　清光緒四年
　　（1878）南海馮氏讀有用書齋刻
　　朱墨套印本
　金石例十卷　〔元〕潘昂霄撰

　墓銘舉例四卷　〔明〕王行撰
　金石要例一卷　〔清〕黃宗羲撰
金石三例續編　〔清〕朱記榮輯
　志銘廣例二卷　〔清〕梁玉繩撰
　　清光緒三年（1877）行素草堂
　　刻本
　金石例補二卷　〔清〕郭麐撰
　　清光緒三年（1877）行素草堂
　　刻本
　漢石例六卷　〔清〕劉寶楠撰
　　清四明蔣瑞堂刻本
金石三例再續編　〔清〕朱記榮輯
　漢魏六朝墓銘纂例四卷　〔清〕李
　　富孫撰　清光緒元年（1875）
　　行素草堂刻本
　金石綜例四卷　〔清〕馮登府撰
　　清光緒元年（1875）行素草堂
　　刻本
　金石稱例四卷續一卷　〔清〕梁
　　廷枏撰　清光緒元年（1875）
　　行素草堂刻本
　碑版文廣例十卷　〔清〕王芑孫撰

學古齋金石叢書四集十二種　2003/7408
〔清〕董金南輯
清光緒會稽董氏學古齋刻本
二十四册
第一集
　亭林文集六卷餘集一卷　〔清〕
　　顧炎武撰
　識小編二卷　〔清〕董豐垣撰
　金石續録四卷　〔清〕劉青藜撰
第二集
　庚子銷夏記八卷　〔清〕孫承澤撰
　説文凝錦録一卷　〔清〕萬光泰輯

金石略三卷　　〔宋〕鄭樵輯
第三集
　　元豐金石跋尾一卷　　〔宋〕曾鞏輯
　　古刻叢鈔一卷　　〔明〕陶宗儀編
　　金薤琳琅二十卷　　〔明〕都穆撰
　　金薤琳琅補遺一卷　　〔清〕宋振
　　　譽輯
第四集
　　金石古文十四卷　　〔明〕楊慎撰
　　石墨鐫華六卷附錄二卷　　〔明〕
　　　趙崡撰
　　金石史　　〔明〕郭宗昌撰

行素草堂金石叢書十六種　　2063/2254
　　〔清〕朱記榮輯
　　清光緒吳縣朱氏刻十四年（1888）
彙印本
　　四十冊
　　集古錄跋尾十卷　　〔宋〕歐陽修撰
　　　清光緒十三年（1887）刻
　　集古錄目五卷　　〔宋〕歐陽棐撰
　　　清光緒十三年（1887）刻
　　金石錄三十卷　　〔宋〕趙明誠撰
　　　清光緒十三年（1887）刻
　　廣川書跋十卷　　〔宋〕董逌撰　　清
　　　光緒十三年（1887）刻
　　求古錄一卷　　〔清〕顧炎武撰　　清
　　　光緒十四年（1888）刻
　　金石錄補二十七卷續跋七卷　　〔清〕
　　　葉奕苞撰　清光緒十三年（1887）刻
　　京畿金石考二卷　　〔清〕孫星衍撰
　　　清光緒十二年（1886）刻
　　寰宇訪碑錄十二卷　　〔清〕孫星
　　　衍　邢澍輯　清光緒十一年
　　（1885）刻

平津讀碑記八卷續記一卷　　〔清〕洪
　　頤煊撰　清光緒十二年（1886）刻
金石三例續編　　〔清〕朱記榮輯
　　清光緒十一年（1885）彙印
　　漢石例六卷　　〔清〕劉寶楠撰
　　金石例補二卷　　〔清〕郭麐撰
　　　清光緒三年（1877）刻
　　志銘廣例二卷　　〔清〕梁玉繩撰
　　　清光緒三年（1877）刻
漢魏六朝墓銘纂例四卷　　〔清〕李
　　富孫撰　清光緒十三年（1887）刻
金石綜例四卷　　〔清〕馮登府撰
　　清光緒十三年（1887）刻
金石稱例四卷續一卷　　〔清〕梁廷
　　枏撰　清光緒十三年（1887）刻
石經閣金石跋文一卷　　〔清〕馮登
　　府撰　清光緒十三年（1887）刻
補寰宇訪碑錄五卷失編附刊誤一卷
　　〔清〕趙之謙撰　清光緒十二年
　　（1886）刻
碑版文廣例十卷　　〔清〕王芑孫撰

東巡金石錄八卷　　T5476/2007
　　〔清〕高宗弘曆撰　〔清〕崔應階
梁翯鴻輯
　　清乾隆刻本
　　二冊

竹崦庵金石目錄五卷　　2076/8228
　　〔清〕趙魏撰　〔清〕吳士鑑校
　　清宣統元年（1909）長沙刻本
　　五冊

金石萃編補略二卷　　2082/1133.1
　　〔清〕王言撰

清光緒八年（1882）王言自刻本
二册

益都金石記四卷　　　　　　2133/7444
〔清〕段松苓撰録
清光緒九年（1883）刻本
四册

兩浙金石志十八卷　　　　　2146/7111
〔清〕阮元撰
清光緒十六年（1890）杭州浙江書局
刻本
十二册

金石苑六卷　　　　　　　　2083/7243
〔清〕劉喜海撰
清道光二十六年（1846）影印本
六册

十二硯齋金石過眼録十八卷
　　　　　　　　　　　　　2096.5/3141
〔清〕汪鋆撰
清光緒元年（1875）儀徵汪氏刻本
四册

十二硯齋金石過眼録十八卷續録六卷
　　　　　　　　　　　　　2096.5/3141a
〔清〕汪鋆撰
清光緒元年（1875）刻本
八册

二銘草堂金石聚十六卷　　　2032/1323
〔清〕張德容撰
清同治十一年（1872）衢州張氏二銘
草堂刻本

十六册

金石學録補三卷　　　　　　2069/7133
〔清〕陸心源編
清光緒五年（1879）刻本
二册

藝風堂金石文字目十八卷　　2073/2241
繆荃孫撰
清光緒三十二年（1906）江陰繆氏刻本
八册

考古圖十卷　　　　　　　T2105.7/6647
〔宋〕吕大臨撰　　〔元〕羅更翁考訂
明初刻本
十册

續考古圖五卷附釋文一卷
　　　　　　　　　　　　　2105.7/6647.2
〔宋〕趙九成釋文
清光緒二十八年（1902）蘇州陶升甫
刻本
二册

西清古鑑四十卷　　　　　2105.7/1348
〔清〕梁詩正等撰
清光緒十四年（1888）上海鴻文書局
石印本
二十四册

西清古鑑四十卷附錢録十六卷
　　　　　　　　　　　　　T2105.7/1348
〔清〕梁詩正等撰
清乾隆十四至十六年（1749—1751）
内府刻本

四十二册

西清續鑑甲編二十卷附録一卷
　　　　　　　　　　　　　　2105.7/1348.1
　　〔清〕王杰等編
　　清宣統三年（1911）上海商務印書館
涵芬樓影印本
　　四十二册

重定金石契不分卷　　　　　2080/1346
　　〔清〕張燕昌撰
　　清光緒二十二年（1896）劉氏聚學軒
刻本
　　五册
　　又一部，2080/1346 c.2，四册。

求古精舍金石圖四卷　　　　2083/7921
　　〔清〕陳經撰輯
　　清嘉慶二十一年（1816）説劍樓刻本
　　二册

金石索十二卷　　　　　　　2083/3217
　　〔清〕馮雲鵬　馮雲鵷輯
　　清道光元年（1821）滋陽縣署刻本
　　十二册

金石摘十卷　　　　　　　　2083/7984
　　〔清〕陳善墀撰
　　清同治十二年（1873）瀏陽縣學刻本
　　十册

長安獲古編二卷補一卷　　　2105.7/7243
　　〔清〕劉喜海撰
　　清光緒三十二年（1906）丹徒劉鶚補
刻本

二册

三古圖三種四十二卷　　　　T2063/1460
　　〔清〕黄晟輯
　　清乾隆十七年（1752）亦政堂刻本
　　二十四册
　　又一部，T2063/1460 c.2，六册。又
一部，T2063/1460 c.3，二十四册。
　　　　亦政堂宣和博古圖三十卷　〔宋〕
　　　　王黼撰
　　　　亦政堂重修考古圖十卷　〔宋〕呂
　　　　大臨撰
　　　　亦政堂重考古玉圖二卷　〔元〕朱
　　　　德潤撰

金石圖二卷　　　　　　　　T2083/3624
　　〔清〕褚峻摹拓　〔清〕牛運震集説
　　清乾隆八年（1743）刻本
　　四册
　　又一部，T2083/3624 c.2，四册。

金石圖説二卷　　　　　　　2083/3624a
　　〔清〕牛運震集説　〔清〕褚峻摹圖
劉世珩編補
　　清光緒刻本
　　四册

金石存十五卷　　　　　　　2073/2315
　　〔清〕吳玉搢纂
　　清嘉慶二十四年（1819）山陽李氏聞
松香室刻本
　　四册

金石萃編一百六十卷　　　　2052/1133
　　〔清〕王昶撰

清嘉慶十年（1805）王昶自刻本
六十四冊

山左金石志二十四卷　　　　　2133/6571
〔清〕畢沅　阮元撰
清嘉慶二年（1797）小琅嬛僊館刻本
十二冊

小蓬萊閣金石文字不分卷　　　2076/9347
〔清〕黄易撰
清道光十四年（1834）石墨軒刻本
五冊

金石文鈔八卷續鈔二卷　　　　2082/4823
〔清〕趙紹祖輯
清嘉慶七年（1802）刻本
十六冊

金石文字（張叔未解元所藏金石文字）
不分卷　　　　　　　　　　　2083/6443
〔清〕張廷濟輯　〔清〕嚴荄編
清光緒二十八年（1902）嚴氏鶴緣齋
石印本
二冊

金石續編二十一卷　　　　　2082/1133.2
〔清〕陸耀遹纂　〔清〕陸增祥校訂
清同治十三年（1874）毗陵雙白燕堂
刻本
十冊

括蒼金石志十二卷續志四卷
2146.50/4431
〔清〕李遇孫輯
清同治十三年（1874）浙江處州府署

刻本
八冊

隨軒金石文字九種　　　　　　2083/2932
〔清〕徐渭仁輯
清同治七年（1868）補刻本
四冊

金石屑不分卷　　　　　　　　2083/2167
〔清〕鮑昌熙輯
清光緒三年（1877）嘉興鮑氏自刻本
四冊

激素飛青閣金石文字不分卷
2096.6/4234
楊守敬摹藏
清同治九年（1870）至光緒三年
（1877）激素飛青閣刻本
四冊

金石例十卷附札記一卷　　　　2063/3661
〔元〕潘昂霄撰　〔元〕楊本編輯
（札記）繆荃孫撰
清光緒三十四年（1908）南陵徐乃昌
刻隨庵徐氏叢書本
二冊

觀妙齋藏金石文考略十六卷
T2080/4496
〔清〕李光暎撰
清雍正七年（1729）李光暎觀妙齋
刻道光十七年（1837）盛坰拜石山房後
印本
六冊

兩漢金石記二十二卷　　　　　2078/8202
　　〔清〕翁方綱撰
　　清乾隆五十一年（1786）刻本
　　十二冊

香南精舍金石契不分卷　　　　2080/2963
　　〔清〕崇恩撰
　　清光緒二十六年（1900）影印本
　　二冊

古籀拾遺三卷宋政和禮器考一卷
　　　　　　　　　　　　　　2105/1900
　　〔清〕孫詒讓撰
　　清光緒十四年（1888）瑞安孫氏自刻本
　　二冊

清儀閣題跋四卷　　　　　　2075/3227.2
　　〔清〕張廷濟撰
　　清光緒十七年（1891）錢塘丁氏刻本
　　四冊

退菴金石書畫跋二十卷　　　　6137/3908
　　〔清〕梁章鉅撰
　　清道光二十五年（1845）刻本
　　八冊

退菴題跋二卷　　　　　　　2096.5/3908
　　〔清〕梁章鉅撰
　　清光緒福州梁氏刻本
　　一冊

金之屬

歷代鐘鼎彝器款識法帖二十卷
　　　　　　　　　　　　　　2105/4491c
　　〔宋〕薛尚功撰
　　清嘉慶二年（1797）錢塘博文齋刻本
　　四冊

歷代鐘鼎彝器款識法帖二十卷
　　　　　　　　　　　　　　2105/4491
　　〔宋〕薛尚功撰
　　清光緒三十三年（1907）貴池劉氏刻本
　　四冊

重修宣和博古圖錄三十卷
　　　　　　　　　　　　　　T2105.7/1132b
　　〔宋〕王黼等撰
　　明萬曆二十七年（1599）于承祖刻崇
禎九年（1636）于道南重修本
　　六冊
　　存卷五至三十。又一部，T2105.
7/1132b c.2，十六冊。

泊如齋重修宣和博古圖錄三十卷
　　　　　　　　　　　　　　T2105.7/1132
　　〔宋〕王黼等撰
　　明萬曆三十一年（1603）吳公弘刻本
　　三十冊

宣德鼎彝譜八卷　　　　　　2106.8/6613
　　〔明〕呂震等編
　　清光緒九年（1883）皖江節署聚珍
刻本
　　二冊

積古齋鐘鼎款識稿本四卷附一卷
　　　　　　　　　　　2105.6/2931
　〔清〕朱爲弼稿　　〔清〕朱之榛編次
〔清〕朱景藩校録　　〔清〕阮元編改録
　　清光緒三十二年（1906）影印本
　　三册

積古齋鐘鼎彝器款識十卷　2105.6/7111
　　〔清〕阮元編
　　清光緒九年（1883）常熟鮑氏後知不
足齋刻本
　　四册

兩罍軒彝器圖釋十二卷　　2106.90/6313
　　〔清〕吳雲撰
　　清同治十二年（1873）吳雲自刻本
　　六册

印香鑪式譜不分卷　　　　2113.7/1273
　　〔清〕丁月湖摹
　　清光緒四年（1878）刻本
　　二册

攀古廔彝器款識二卷　　　2169.1/3634
　　〔清〕潘祖蔭編刻
　　清同治十一年（1872）滂喜齋刻本
　　二册

恒軒所見所藏吉金録一卷　2105/2343
　　〔清〕吳大澂撰
　　清光緒十一年（1885）吳縣吳大澂自
刻本
　　二册

敬吾心室彝器款識不分卷　2106/2983
　　〔清〕朱善旂輯
　　清光緒三十四（1908）朱之榛石印本
二册

焦山鼎銘考一卷　　　　　2106.6/8202
　　〔清〕翁方綱撰
　　清咸豐二年（1852）廣東刻本
　　一册

瘞鶴銘考補附山樵書外紀
　　　　　　　　　　　2100.6/0480.8
　　〔清〕翁方綱撰　　（附）〔清〕張開
福撰
　　清光緒三十四年（1908）端方刻本
　　一册

從古堂款識學十六卷　　　2105.6/2974
　　〔清〕徐同柏釋文
　　清光緒十二年（1886）同文書局石印本
　　八册

從古堂款識學十六卷　　　2105.6/2974b
　　〔清〕徐同柏釋文
　　清光緒三十二年（1906）蒙學報館石
印本
　　八册

建昭雁足鐙考二卷　　　　2113/1676.5
　　〔清〕徐渭仁録
　　清道光十七年（1837）上海徐氏春暉
堂刻本
　　一册

擴古録二十卷　　　　　　　　2073/2314
　〔清〕吳式芬撰
　清光緒間海豐吳氏家刻本
　二十册

擴古録金文九卷　　　　　　2105.5/2344
　〔清〕吳式芬撰
　清光緒二十一年（1895）海豐吳氏家
刻本
　　九册

虢季子白盤銘考一卷惠山聽松石牀題字
一卷　　　　　　　　　　　2106.6/2313
　〔清〕吳雲撰
　清同治五年（1866）歸安二百蘭亭齋
刻本
　　一册

盤亭小録一卷　　　　　　　2103.6/4328
　〔清〕劉銘傳撰
　清同治十二年（1873）自刻本
　　一册

奇觚室吉金文述二十卷　　　2105.5/7233
　〔清〕劉心源撰
　清光緒二十八年（1902）石印本
　　十册

錢幣之屬

錢神志七卷　　　　　　　　　4561/4442
　〔清〕李世熊撰
　清光緒六年（1880）楚北劉國光刻本
　　七册

欽定錢録十六卷　　　　　　2107.40/3901
　〔清〕梁詩正等撰
　清光緒五年（1879）茹古室刻本
　　四册

欽定錢録十六卷　　　　　　2107.40/3901a
　〔清〕梁詩正等撰
　清光緒十九年（1893）抄本
　　一册
　存卷一至九。

古金待問録五卷補遺一卷
　　　　　　　　　　T2090.7/2941（3—4）
　〔清〕朱楓編輯
　清乾隆自刻本
　　二册
　與《秦漢瓦圖記》合函。

古金待問録五卷補遺一卷秦漢瓦圖記四
卷補遺一卷　　　　　　　　TNC2107/2941
　〔清〕朱楓輯
　清末抄本
　　一册

古金録四卷附錢幣考　　　　　2107/4299
　〔清〕萬光煒輯
　清乾隆四十九年（1784）刻本
　　一册
　存三卷。

古今錢略三十二卷首一卷末一卷
　　　　　　　　　　　　　　2107/2144
　〔清〕倪模撰
　清光緒三年（1877）望江倪氏兩疆勉
齋刻本

十六册

泉史十六卷　　　　　　　2107/5344
〔清〕盛大士編
清道光十四年（1834）淮安刻本
四册

泉布統志九卷　　　　　　2107.3/1105
〔清〕孟麟撰
清道光五年（1825）會稽孟氏自刻本
三十二册

吉金所見録十六卷首一卷末一卷
　　　　　　　　　　　　2107.6/3292
〔清〕初尚齡輯
清道光七年（1827）古香書舍刻本
四册

錢志新編二十卷　　　　　2107/1324
〔清〕張崇懿撰
清道光十年（1830）酌春堂刻本
二册

續古泉匯首集一卷元集三卷亨集三卷利
集三卷貞集五卷補遺二卷　2107/4427
〔清〕鮑康編
清同治三年（1864）利津李氏石泉書
屋刻本
十六册

嘉蔭簃論泉絕句二卷　　　5640.9/7243
〔清〕劉喜海撰
清咸豐五年（1855）趙鈁校刻本
二册

古泉叢話三卷　　　　　　2107.3/4573b
〔清〕戴熙撰
清同治十一年（1872）滂喜齋刻本
一册

古泉匯六十四卷續泉匯十四卷補遺二卷
　　　　　　　　　　　　2107/2247
〔清〕李佐賢編　（續）〔清〕李佐
賢　鮑康編
清同治三年（1864）利津李氏石泉
書屋刻本　（續）清光緒八年（1882）續
刻本
十六册

泉幣彙考十六卷首一卷附制錢通考四卷
　　　　　　　　　　　　2107/0672b
〔清〕唐與崑纂輯
清咸豐元年至三年（1851—1853）山
陰唐氏紅藥山房刻本
八册

癖泉臆説六卷　　　　　　2107/0290
〔清〕高焕文撰
清宣統三年（1911）嘉興群記書局石
印本
一册

陶齋吉金録八卷　　　　　2105.6/0202
〔清〕端方輯
清光緒三十四年（1908）金陵石印本
八册

陶齋吉金續録二卷附補遺
　　　　　　　　　　　　2105.6/0202.1
〔清〕端方輯

清宣統元年（1909）有正書局石印本
二册

古泉雜咏四卷　　　　　　2107.9/4929
葉德輝撰
清光緒二十七年（1901）長沙葉氏觀
古堂刻本
一册

吉金志存四卷　　　　　　2105/4490
〔清〕李光庭輯
清咸豐九年（1859）李光庭自刻本
四册

千泉尺室錢譜不分卷　　　T2107/2273
稿本
四册

古錢譜一卷　　　　　　　T2169.97/4800
清抄本
二册

璽印之屬

秦漢印範六卷　　　　　　T6416/3614
〔明〕潘雲　陸籠編輯
明萬曆三十三至三十五年（1605—
1607）刻藍印鈐印本
二册

續集漢印分韻二卷　　　　5104/0462
〔清〕謝景卿纂摹
清嘉慶八年（1803）漱藝堂刻本
四册

麋研齋印稿不分卷　　　　T6413/1143.1
〔清〕王禔篆輯
清末鈐印本
四册

匋齋藏印四集　　　　　　6413/0202.2
〔清〕端方藏
清光緒至宣統間石印本
十六册

觀自得齋秦漢官私銅印譜不分卷
　　　　　　　　　　　　　　6410/2949
〔清〕徐士愷藏
清光緒二十四年（1898）石埭徐氏鈐
印本
四册

行素堂集古印存二卷　　　T6413/2909
〔清〕朱記榮輯
清光緒九年（1883）古樵書屋鈐印本
二册

凝清室古官印存二卷　　　6413.9/3833
羅振玉輯
清宣統三年（1911）鉛印本
二册

封泥考略十卷　　　　　　2092/2344
〔清〕吳式芬　陳介祺輯
清光緒三十年（1904）石印本
十册

石之屬

輿地碑記目四卷　　　　2100.40/1123
　〔宋〕王象之撰
　清同治九年（1870）滂喜齋刻本
　四册

石墨鐫華八卷　　　　T2096.5/4827
　〔明〕趙崡撰
　明萬曆四十六年（1618）刻本
　八册

大瓢偶筆八卷總碑目一卷鐵函齋書跋四卷
　　　　　　　　TNC6138/4238
　〔清〕楊賓撰　　〔清〕楊霈編
　清道光二十七年（1847）粤東糧道署
刻本
　六册

石鼓文鈔二卷　　　　T2098/0436
　〔清〕許容摹辨
　清康熙二十七年（1688）刻本
　一册（二册合訂）

補寰宇訪碑録五卷附失編一卷
　　　　　　　　2074/1962.4
　〔清〕趙之謙纂　　〔清〕沈樹鏞勘
　清同治三年（1864）刻本
　二册

再續寰宇訪碑録二卷　　　　2100/6151
　羅振玉撰
　清光緒十九年（1893）面城精舍石印本
　二册

山右石刻叢編四十卷　　　　2096.1/4213
　〔清〕胡聘之撰
　清光緒二十七年（1901）刻本
　二十四册

至聖林廟碑目六卷　　　　2100.2/1164
　〔清〕孔昭薰　孔憲庚編
　清光緒二十二年（1896）積學齋刻本
　一册

古均閣寶刻録不分卷　　　　2083/0443
　〔清〕許槤輯
　清光緒二十年（1894）秀水王寶瑩精
刻本
　一册

匡喆刻經頌十二卷　　　　2100.7/740f
　〔北周〕匡喆撰頌　　〔北周〕釋道安
書　楊守敬校刊
　清光緒三十三年（1907）宜都楊守敬
鄂城刻本
　六册

隸釋二十七卷隸續二十一卷
　　　　　　　　T2096.6/3833D
　〔宋〕洪适撰
　清乾隆四十二至四十三年（1777—
1778）錢塘汪日秀樓松書屋刻本
　十六册
　又一部，T2096.6/3833，八册。

金薤琳琅二十卷補遺一卷　　　　T2003/4222
　〔明〕都穆編　　〔清〕宋振譽補遺
　清乾隆四十三年（1778）汪荻洲刻本
　六册

清愛堂石刻四卷　　　　　　2096.7/7282
　〔清〕劉墉書　　〔清〕劉鐶之摹刻
　清嘉慶十年（1805）刻本
　四册

十二硯齋補瘞鶴銘考二卷
　　　　　　　　　　　2100.6/0480.3
　〔清〕汪鋆編
　清光緒九年（1883）儀徵汪氏十二硯
齋刻本
　一册

石鼓文定本十五卷　　　　　2098/3146
　〔清〕沈梧撰
　清光緒十六年（1890）無錫古華山
館刻本
　四册

石鼓文匯不分卷　　　　　　2098/1544
　〔清〕尹彭壽纂
　清光緒十九年（1893）諸城尹氏來山
園刻本
　三册

常山貞石志二十四卷　　　　2131/3134
　〔清〕沈濤撰
　清光緒二十年（1894）靈溪精舍刻本
　十册

匋齋藏石記四十四卷　　　　2096/0202
　〔清〕端方撰
　清宣統元年（1909）石印本
　十二册

籀鄦手校石刻正文甲乙集不分卷籀鄦金
石跋丙集一卷　　　　TNC2100.7/8824
　〔清〕王仁俊撰
　清光緒間稿本
　四册

江寧棲霞寺古塔釋迦八相石刻不分卷
　　　　　　　　　　　　　TP0025
　清拓本
　八葉

景教碑文紀事考正一卷　　　1982.1/4298
　〔清〕楊榮鋕撰
　清光緒二十七年（1901）思賢書局刻本
　一册

禮塔龕考古偶編一卷　　　　2067/1388
　〔清〕張金鑑輯　　〔清〕張廷驤等校印
　清光緒三年（1877）刻本
　一册

語石十卷　　　　　　　　　2096.9/4969c
　葉昌熾撰
　清宣統元年（1909）蘇州文學山房刻本
　四册

石鼓文正誤四卷　　　　　　T2098/7233
　〔明〕陶滋編
　明嘉靖間絳陽陶氏自刻本
　二册

國山碑考不分卷　　　　　　2100.5/6618
　〔清〕吳騫撰
　清道光十四年（1834）宜興路廷銓
要無咎齋刻本

二册

孔子廟堂碑考一卷　　　2100.7/2344.8
〔唐〕虞世南撰　〔清〕翁方綱考
清嘉慶十二年（1807）北平刻本
一册

新刻古今碑帖考一卷　　　T2100/2963
〔宋〕朱長文撰
明萬曆胡氏文會堂刻格致叢書本
一册

劉熊碑殘字一卷附釋文
　　　　　　　　T2080/4464（2）
〔清〕葉志詵輯
清嘉慶二十一年（1816）葉氏刻本
一册

華山碑考四卷　　　2100.70/7111
〔清〕阮元撰　〔清〕程國仁勘校
清嘉慶十八年（1813）文選樓刻本
一册

墨妙亭碑目考二卷附考一卷　2146/1381
〔清〕張鑑撰
清光緒十年（1884）江蘇書局刻本
二册

校碑隨筆不分卷　　　T2100/0246
〔清〕方若撰
清宣統二年（1910）天津中東石印局
石印本
一册

寶刻類編八卷　　　2100.40/8327
清道光十八年（1838）東武劉氏十七
樹梅花山館刻本
八册

寶刻叢編二十卷　　　2100/7963
〔宋〕陳思撰
清道光末海豐吳式芬刻本
八册

虛舟題跋（竹雲題跋）十四卷
　　　　　　　　6137/1134
〔清〕王澍撰
清乾隆三十二（1767）至三十六年
（1771）刻本
十册

秦篆殘字跋一卷　　　T2080/4464（1）
〔清〕蔣因培輯
清嘉慶二十二年（1817）蔣氏刻本
一册

碑版文廣例十卷　　　2100/1141
〔清〕王芑孫輯
清道光二十一年（1841）江元文寫刻本
六册

奇觚室樂石文述二卷　　　2096.6/7233
〔清〕劉心源摹釋
清光緒二十五年（1899）刻本
二册

碑別字五卷　　　2100.6/6154
〔清〕羅振鋆輯
清光緒二十年（1894）丹徒劉鶚刻本

二册

讀碑小箋一卷　　　　　2100/6151.0
　羅振玉撰
　清光緒十年（1884）唐風樓刻本
　一册

萬縣西南山石刻記二卷附録一卷
　　　　　　　　　2096.6/3172
　〔清〕況周頤撰録
　清光緒二十九年（1903）西巖講院刻
蕙風簃所著書本
　一册

莫高窟石室祕録一卷　　2137/0497.6
　羅振玉述
　清宣統元年（1909）誦芬室鉛印本
　一册

重修百泉祠廟碑一卷　　T2100.7/4342
　袁世凱撰　徐世昌書
　清宣統三年（1911）寫本（經摺裝）
　一册

玉之屬

玉譜類編四卷　　　　　　2101/2944
　〔清〕徐壽基撰
　清光緒十五年（1889）刻本
　四册

宋淳熙敕編古玉圖譜一百卷
　　　　　　　　　T2101/0143
　〔宋〕龍大淵等撰
　清乾隆四十四年（1779）歙縣江春刻本

十六册

古玉圖考不分卷　　　　2101/2343b
　〔清〕吳大澂撰
　清光緒十五年（1889）上海同文書局
石印本
　二册

玉説一卷　　　　　　　　2101/0693
　〔清〕唐榮祚撰
　清光緒十六年（1890）刻本
　一册

甲骨之屬

鐵雲藏龜不分卷　　　　2086/7262B
　〔清〕劉鶚輯
　清光緒二十九年（1903）抱殘守缺齋
石印本
　六册

殷商貞卜文字考一卷　　2086.5/6151.20
　羅振玉撰
　清宣統二年（1910）玉簡齋石印本
　一册

陶之屬

秦漢瓦圖記四卷補遺一卷
　　　　　　　T2090.7/2941（1—2）
　〔清〕朱楓撰
　清乾隆刻本
　二册
　與《古金待問録》合函。

千甓亭古磚圖釋二十卷　　　2091/7133
　〔清〕陸心源輯
　　清光緒十七年（1891）吳興陸氏石印本
　　十册

鐵雲藏陶不分卷　　　2089.6/7262
　〔清〕劉鶚輯
　　清光緒三十年（1904）丹徒劉氏抱
殘守缺齋石印本
　　四册

秦漢瓦當文字二卷續一卷　T2090/2104
　〔清〕程敦撰録
　　清乾隆五十二至五十九年（1787—
1794）橫渠書院墨拓刻本
　　三册

千甓亭磚録六卷　　　2091/7133.1
　〔清〕陸心源纂
　　清光緒七年（1881）吳興陸氏十萬卷
樓刻本
　　二册

郡邑之屬

蜀碑記十卷附辨偽考異一卷　2100/1123
　〔宋〕王象之撰　　（附）〔清〕胡鳳
丹撰
　　清同治八年（1869）金華胡氏退補齋
刻本
　　二册

京畿金石考二卷　　　2131/1962
　〔清〕孫星衍撰
　　清同治至光緒間吳縣潘氏滂喜齋

刻本
　　四册

句容金石記十卷附録一卷　　2144/2236
　〔清〕楊世沅編輯
　　清光緒三十四年（1908）鉛印本
　　十册

淮陰金石僅存録一卷附編一卷補遺一卷
　　　　　　　　　　　　2144/6141.3
　　羅振玉輯
　　清光緒二十一年（1895）河南王氏小
方壺齋鉛印本
　　一册

江寧金石記八卷附待訪目二卷
　　　　　　　　　　　　2145.70/6441
　〔清〕嚴觀纂輯
　　清宣統二年（1910）江楚編譯書局
刻本
　　一册

濟州金石志八卷　　　2133/3232.2
　〔清〕徐宗幹輯
　　清道光二十五年（1845）徐氏刻本
　　八册

續山東考古録二十二卷附山東考古録一卷
　　　　　　　　　　　　3057/4942
　〔清〕葉圭綬撰　　（附）〔清〕顧炎
武撰
　　清光緒八年（1882）山東書局刻本
　　七册

浙江甎録四卷　　　　　　　　2091/3210
　〔清〕馮登府輯　　〔清〕鄭淳校刊
　清道光十六年（1836）刻本
　四册

越中金石記十卷　　　　　　　2146.50/4152
　〔清〕杜春生輯
　清道光十年（1830）詹波館刻本
　十册

吳興金石記十六卷　　　　　　2146/2378.70
　〔清〕陸心源撰
　清光緒十六年（1890）自刻本
　六册

溫州古甓記一卷　　　　　　　2091/1900
　〔清〕孫詒讓撰
　清光緒鉛印本
　一册

江西考古録十卷　　　　　　　3067/1103
　〔清〕王謨撰
　清乾隆三十二年（1767）刻本
　四册

江西考古録十卷　　　　　　　3067/1103B
　〔清〕王謨撰
　清光緒十七年（1891）賦梅書屋刻本
　四册

湖北金石志十四卷　　　　　　2140/1329
　〔清〕張仲炘纂修
　清末民初湖北通志局初刻朱印本
　八册

湖北金石詩一卷　　　　　　　T2140/6441
　〔清〕嚴觀撰
　清抄本
　一册

荆南萃古編一卷　　　　　　　2140/5614
　〔清〕曹廷杰編
　清光緒五年（1879）枝江曹育辛拓本
　一册

荆南萃古編一卷　　　　　　　2140/7272
　〔清〕周懋琦　劉瀚輯
　清光緒二十年（1894）鴻寶署齋刻本
　二册

粤東金石略九卷首一卷附二卷
　　　　　　　　　　　　　　T2148/8202
　〔清〕翁方綱撰
　清乾隆三十六年（1771）石洲草堂
刻本
　　二册

粤西金石略十五卷　　　　　　2148/0436
　〔清〕謝啓昆撰
　清嘉慶六年（1801）銅鼓亭刻本
　四册

關中金石記八卷　　　　　　　T2136/6531
　〔清〕畢沅撰
　清乾隆四十六年（1781）畢氏經訓堂
刻本
　　二册

目録類

通論之屬

既勤著述叙例一卷　　　　9569/8546
　〔清〕錢東垣撰
　清嘉慶嘉定錢氏自怡齋刻本
　一册

古今僞書考一卷　　　　9565/4179
　〔清〕姚際恒撰
　清光緒三年（1877）蘇州文學山房木
活字印本
　一册

藏書紀事詩六卷　　　　9718/4969b
　葉昌熾撰
　清光緒二十三年（1897）長沙學使署
刻朱印本
　六册

藏書紀事詩七卷　　　　Z988.Y4/1891X
　葉昌熾撰
　清刻本
　六册

水流雲在軒圖記一卷　　　　2269/7980
　〔清〕陳夔龍撰
　清光緒鉛印本
　一册

固始詁經精舍章程并書目一卷
　　　　4996/0298
　〔清〕楊溶編
　清光緒二十六年（1900）新鄭蔡萃

文堂本活字印本
　一册

梓潼縣文昌文明書院藏書章程不分卷
　　　　9786/4360
　〔清〕桂梁材編
　清光緒二十五年（1899）潼江官署
刻本
　一册

渠縣渠江書院藏書章程不分卷
　　　　9786/3633
　〔清〕桂梁材編
　清光緒二十七年（1901）渠江官廨刻本
　一册

總録之屬

八史經籍志三十卷　　　　9530/8528
　〔清〕張壽榮校輯
　清光緒八年（1882）蘇州振新書局
刻本
　十六册

補晋書經籍志四卷　　　　9533/2348
　〔清〕吳士鑑輯
　清光緒二十一年（1895）錢塘吳氏刻
含嘉室舊著本
　二册

隋經籍志考證十三卷　　　　9533/0433
　〔清〕章宗源撰
　清光緒元年（1875）湖北崇文書局
刻本
　四册

千頃堂書目三十二卷　　　　　9540/4822
　〔明〕黄虞稷編
　清咸豐三年（1853）烏程張鈞衡刻本
　四册（十六册改訂）

秘書省續編到四庫闕書四卷
　　　　　　　　　TNC9608/2162.75
　〔宋〕秘書省編
　清道光間李兆洛青雲齋抄本
　二册

四庫書目庋藏表　　　　T9608/2162.04
　〔清〕四庫全書館編
　清乾隆四庫全書館朱絲欄稿本
　四册

文津閣四庫全書目録附園内各殿宇陳設
書籍目録　　　　　　　T9608/2162.40
　〔清〕世綱　英麟編
　清末抄本
　二册

浙江解進書目一卷　　　　T9608/2936.1
　〔清〕四庫全書館編
　清光緒三十一年（1905）抄本
　一册

欽定天禄琳瑯書目十卷後編二十卷
　　　　　　　　　　　　9608/4211
　〔清〕于敏中等編　彭元瑞等續編
　清光緒十年（1884）長沙王先謙刻本
　十二册

直隷運售各省官刻書籍總目不分卷
　　　　　　　　　　　　9632/2534
　〔清〕畿輔通志局編
　清光緒七年（1881）畿輔通志局刻本
　二册

古今書刻二卷　　　　　　9420/7213
　〔明〕周弘祖撰
　清光緒三十年（1904）長沙葉氏刻本
　二册

牧齋書目不分卷　　　　　T9628/2140
　〔清〕錢謙益撰
　清初抄本
　四册

季滄葦藏書目一卷　　　　9628/2434
　〔清〕季振宜編藏　〔清〕黄丕烈校録
　清嘉慶十年（1805）黄氏士禮居刻本
　一册

楝亭書目不分卷　　　　　9628/5638
　〔清〕曹寅藏
　清燈崖閣抄本
　三册

天一閣書目四卷附碑目一卷　9627/1170
　〔清〕阮元輯　（碑目）〔清〕范懋
敏輯
　清嘉慶十三年（1808）揚州阮氏文選
樓刻本
　十册

五桂樓書目四卷　　　　　9628/1144
　〔清〕黄澄量編　〔清〕黄承乙重輯

清光緒二十一年（1895）姚江黃氏刻本
二册

恩福堂書目四卷附拾遺録一卷
　　　　　　　　　　　T9628/6339
〔清〕英和編輯
清抄本
二册

稽瑞樓書目不分卷　　　9628/2614
〔清〕陳揆編
清光緒三年（1877）八囍齋刻本
二册

許氏古均閣書目四卷　　T9628/4647
〔清〕許槤撰
清海昌許氏古韻閣抄本
四册

鐵琴銅劍樓藏書目録二十四卷
　　　　　　　　　　　9628.6/82
〔清〕瞿鏞編
清光緒二十三年（1897）武進董氏誦
芬室刻本
十册

鐵琴銅劍樓藏書目録　　9628/8188
〔清〕瞿鏞編
清咸豐七年（1857）常熟瞿氏家刻本
十册

煨芋館藏書目不分卷　　T9628/9480
清末紅格稿本
一册

宋元舊本書經眼録三卷附録二卷
　　　　　　　　　　　9566/4344
〔清〕莫友芝編
清同治十二年（1873）莫繩孫刻影山
草堂六種本
一册（二册合訂）

怡雲仙館藏書目録不分卷
　　　　　　　　　　　T9628/9128.2
〔清〕陳善輯
稿本
二册

共讀樓書目十卷　　　9628/4042C
〔清〕國英編
清光緒十六年（1890）索綽絡氏家
塾刻本
二册

結一廬書目四卷　　9522/4929（18）
〔清〕朱學勤撰
清光緒二十八年（1902）長沙葉氏觀
古堂刻本
一册

持静齋書目五卷藏書紀要二卷
　　　　　　　　　　　9628/5450.2
〔清〕丁日昌編
清同治九年（1870）刻本
六册

長恩閣書目四卷　　　T9628/7367
〔清〕傅以禮輯
清稿本
六册

金山錢氏家刻書目十卷　　　　9590/8315

　　〔清〕錢培蓀彙録

　　清光緒四年（1878）刻本

　　四册

檽梨館過眼録四十卷續十六卷

　　　　　　　　　　　　　　6148/713

　　〔清〕陸心源編

　　清光緒十七年（1891）吳興陸氏家

刻本

　　十六册

古越藏書樓書目二十卷　　　　9608/4445

　　〔清〕徐樹蘭編輯

　　清光緒三十年（1904）崇實書局石印本

　　八册

天一閣見存書目四卷首一卷末一卷

　　　　　　　　　　　　　9627/1170.4

　　〔清〕薛福成編

　　清光緒十五年（1889）無錫薛氏刻本

　　一册

帶經堂書目四卷　　　　　　　9628/1944

　　〔清〕陳樹杓編次

　　清宣統三年（1911）順德鄧氏風雨樓

鉛印風雨樓叢書本

　　三册

廣雅書院藏書目録七卷附廣雅書院督署

發存書籍目録　　　　　　　　9608/0757

　　〔清〕廖廷相等編

　　清光緒二十七年（1901）廣雅書局刻本

　　三册

廣雅書局書目一卷　　　　　　T9639/0757

　　清光緒廣雅書局刻本

　　一册

五萬卷閣書目記四卷　　　　　9628/4442

　　〔清〕李嘉績編

　　清光緒三十年（1904）華清官舍刻本

　　一册

藝風堂藏書記八卷　　　　　　9628/2247.A

　　繆荃孫撰

　　清光緒二十七年（1901）江陰繆氏

刻本

　　一册（二册合訂）

如園架上書鈔目五卷補一卷　9628/4663

　　〔清〕蕭名湖編　　〔清〕蕭士恒增補

　　清光緒二十四年（1898）益陽蕭氏如

園刻本

　　二册

式古堂目録十七卷　　　　　　110/7111.24

　　〔清〕尤瑩編

　　清光緒十九年（1893）石印本

　　一册

涵芬樓藏書目録不分卷　　　　9618/3744

　　張元濟輯

　　清宣統三年（1911）上海商務印書館

鉛印本

　　一册

群碧樓書目初編九卷附書衣雜識一卷

　　　　　　　　9629/1253.1；9628/1516

　　鄧邦述編

清宣統三年（1911）江寧鄧氏鉛印本
四册

皕宋樓藏書源流考一卷　　　9718/2264
〔日本〕島田翰撰
清光緒三十三年（1907）石印本
一册

八千卷樓書目二十卷　　　9628/8294
〔清〕丁仁編
清光緒二十五年（1899）錢塘丁氏聚
珍仿宋印本
十册

三惜齋書目不分卷　　　T9628/1900
清烏絲欄抄本
二册

劉氏來賓閣清查書目不分卷
　　　T9628/4937
清末抄本
二册

萃升書院藏書總目二卷附藏貯官書章程
　　　9608/4257
〔清〕延茂編
清光緒十七年（1891）刻本
一册

海虞藝文志六卷　　　9582.8/9203
〔清〕姚福均輯
清光緒二十三年（1897）常熟姚氏慕
程齋刻本
二册

新安文獻志一百卷先賢事略二卷目録二卷
　　　T5241.27/3234
〔明〕程敏政編
明弘治十年（1497）祁司員等刻本
三十二册

大梁書院藏書總目不分卷　　　9608/4357
〔清〕顧璜編
清光緒二十四年（1898）刻本
二册

**浙江藏書樓甲編書目一卷補遺乙編書目
一卷補遺附日文書目**　　　9614/3231
〔清〕浙江藏書樓編
清光緒三十三年（1907）鉛印本
三册

杭州藝文志十卷　　　9582.9/4132
〔清〕吳慶坻纂
清光緒三十四年（1908）長沙刻本
四册

武林藏書録三卷末一卷　　　9718/1250
〔清〕丁申撰
清末刻本
四册

廣西存書總目不分卷　　　9608/0816
〔清〕桂垣書局編
清光緒十六年（1890）桂垣書局刻本
一册

續溪金紫胡氏所著書目二卷
　　　9590/4762
〔清〕胡培系編輯

清光緒十年（1884）世澤樓刻本
二册

嘉定錢氏藝文志略一卷附先德述聞一卷
9590/8574
〔清〕錢師璟撰
清道光二十三年（1843）刻本
一册

彙刻書目初編十卷附補編一卷
9524/3822C
〔清〕顧修編
清嘉慶二十五年（1820）璜川吴氏刻本
十册

彙刻書目二十卷　9524/3822
〔清〕顧修撰　〔清〕朱學勤補
清光緒十二至十五年（1886—1889）
上海福瀛書局刻本
二十册

續彙刻書目十二卷補遺一卷
9524/3822.2
〔清〕傅雲龍輯　（補遺）〔清〕胡
俊章輯
清光緒二年（1876）北京善成堂刻本
十六册

行素堂目睹書録十編附汲古閣珍藏祕本
書目　9524/2909
〔清〕朱記榮編　（附）〔清〕毛
扆編
清光緒十年（1884）朱氏槐廬刻本
十册

江刻書目三種　9522/3149
〔清〕江標輯
清光緒元和江氏靈鶼閣刻本
四册
鐵琴銅劍樓藏宋元本書目四卷　清
光緒二十三年（1897）刻
豐順丁氏持静壹書目五卷　〔清〕
丁日昌撰　清光緒二十一年
（1895）刻
海源閣藏書目一卷　清光緒十四年
（1888）刻

觀古堂書目叢刻十五種　9522/4929
葉德輝輯
清光緒二十八年（1902）刻本
二十册
宋紹興秘書省續編到四庫書目二卷
葉德輝考證
古今書刻二卷　〔明〕周弘祖撰
明南雍經籍考二卷　〔明〕梅鷟撰
百川書志二十卷　〔明〕高儒撰
萬卷堂書目四卷　〔明〕朱睦㮮撰
絳雲樓書目補遺一卷　〔清〕錢謙
益撰
静惕堂宋元人集書目一卷　〔清〕
曹溶撰
徵刻唐宋祕本書目一卷考證二卷
〔清〕紀映鍾等撰　葉德輝考證
孝慈堂書目四卷　〔清〕王聞遠撰
佳趣堂書目不分卷　〔清〕陸漻撰
竹崦庵傳鈔書目一卷　〔清〕趙魏撰
結一廬書目四卷　〔清〕朱學勤撰
別本結一廬書目一卷　〔清〕朱學
勤撰
求古居宋本書目一卷　〔清〕黄丕

烈撰

潛采堂宋元人集目錄一卷　〔清〕
朱彝尊撰

葉氏存古叢書七種　　　9100/4744
〔清〕葉銘編輯
清宣統二年（1910）西泠印社鉛印本
十冊
金石書目不分卷　〔清〕葉銘編
印譜目不分卷　〔清〕葉銘編
説文書目不分卷附補遺　〔清〕葉
　銘編
傳古別錄不分卷　〔清〕陳介祺撰
印人傳三卷　〔清〕周亮工撰
續印人傳八卷　〔清〕汪啓淑編
再續印人小傳三卷補遺一卷
　〔清〕葉銘輯

浙江採集遺書總錄十集　　9563/3132
〔清〕沈初纂
清乾隆三十九年（1774）刻本
十冊

徵訪明季遺書目一卷　　　9563/7241
劉世瑗編
清宣統二年（1910）鉛印本
一冊

全燬書目一卷抽燬書目一卷

　　　　　　　　　T9564/3542
清乾隆刻本
一冊

全燬書目不分卷附抽燬書目

　　　　　　　　　9564/4995e
清刻本
一冊

書志之屬

郡齋讀書志二十卷附志二卷　9625/1202
〔宋〕晁公武撰　（附）〔宋〕趙希
弁撰
清光緒十年（1884）長沙王氏刻本
十冊

子略四卷目一卷　　　　1035/0221c
〔宋〕高似孫撰
清嘉慶九年（1804）張氏照曠閣刻本
一冊

直齋書錄解題二十二卷　　9625/7951
〔宋〕陳振孫撰
清光緒九年（1883）江蘇書局刻本
六冊

讀書敏求記四卷　　　　T9578/858
〔清〕錢曾撰
清雍正四年（1726）吳興趙氏松雪
齋刻本
四冊

讀書敏求記四卷　　　T9578/858 c.2
〔清〕錢曾撰
清乾隆刻本
四冊

欽定四庫全書總目二百卷首四卷

9608/2162b

〔清〕永瑢等總裁　〔清〕紀昀等總纂

清乾隆四十六年（1781）武英殿刻木活字印本

一百六册

欽定四庫全書總目二百卷首四卷

9608/2162

〔清〕永瑢等總裁　〔清〕紀昀等總纂

清同治七年（1868）廣東書局刻本

一百二十册

欽定四庫全書總目提要四部類叙一卷

9608/2162.9

〔清〕紀昀等撰

清光緒二十二年（1896）刻本

一册

愛日精廬藏書志三十六卷續志四卷

9628/2697

〔清〕張金吾編

清光緒十三年（1887）吳縣靈芬閣徐氏木活字印本

二册（十册合訂）

經籍訪古志六卷補遺一卷　9584/8186

〔日本〕澀江全善　森立之編

清光緒十一年（1885）徐承祖、姚文棟鉛印本

八册

開有益齋讀書志六卷附續志一卷金石文字記一卷　9578/2928

〔清〕朱緒曾撰

清光緒六年（1880）金陵翁氏茹古閣刻本

六册

邵亭知見傳本書目十六卷　9548/4344c

〔清〕莫友芝編

清宣統元年（1909）日本田中慶太郎北京鉛印本

十册

持静齋藏書紀要二卷　9628/5450

〔清〕莫友芝編

清同治九年（1870）蘇州文學山房刻本

一册（二册合訂）

楹書隅錄五卷續編四卷　9628/4222

〔清〕楊紹和輯

清光緒二十年（1894）海源閣刻宣統三年（1911）補刻本

八册

八千卷樓藏書志不分卷　T9566/8294.2

〔清〕丁丙撰

清光緒抄本

十一册

存甲、乙二部。

善本書室藏書志四十卷　9628/8653

〔清〕丁丙編

清光緒二十七年（1901）錢塘丁氏自刻本

四册（十六册改訂）

又一部，9628/8653 c.2，十六册。

愛日吟廬書畫録四卷補録一卷續録八卷
別録四卷　　　　　　　　　6137/4789
　　〔清〕葛金烺編纂　　〔清〕葛嗣浵續纂
　　清宣統二年（1910）至民國二年
（1913）上海當湖葛氏刻本
　　六册

皕宋樓藏書志一百二十卷續志四卷
　　　　　　　　　　　　9628/1639
　　〔清〕陸心源編
　　清光緒八年（1882）歸安陸氏十萬卷
樓刻本
　　三十二册

日本訪書志十六卷續一卷　　9584/4234
　　楊守敬編
　　清光緒二十三年（1897）宜都楊氏鄰
蘇園刻本
　　二册（八册改訂）

士禮居藏書題跋記六卷　　　9578/481
　　〔清〕黄丕烈撰
　　清光緒十年（1884）滂喜齋刻本
　　四册

士禮居藏書題跋記續一卷
　　　　　　　　　　　9578/4811.2b
　　〔清〕黄丕烈撰　　繆荃孫輯
　　清光緒半圭硯齋烏絲欄抄本
　　一册

拜經樓藏書題跋記五卷　　　9628/2346
　　〔清〕吳壽暘撰
　　清道光刻本
　　六册

華延年室題跋三卷附殘明大統曆、殘明
宰輔表　　　　　　　　　　9578/2423
　　〔清〕傅以禮撰
　　清宣統元年（1909）餘杭俞氏鉛印本
　　三册

儀顧堂題跋十六卷續跋十六卷
　　　　　　　　　　　　9578/7133
　　〔清〕陸心源撰
　　清光緒十六至十八年（1890—1892）
歸安陸氏刻本
　　十册
　　又一部，9578/7133b，八册。

勞氏碎金三卷　　　　　　　9578/2362
　　〔清〕吳昌綬輯録
　　清宣統元年（1909）仁和吳氏雙照
樓刻本
　　一册

專録之屬

經義考三百卷　　　　　　　120/2928
　　〔清〕朱彝尊撰
　　清光緒二十三年（1897）浙江書局刻本
　　五十册

經義考補正十二卷　　　　120/2928.8
　　〔清〕翁方綱撰
　　清抄本
　　二册

皇清經解檢目録要八卷附縮本通用表
　　　　　　　　　　　　110/7111.4
　　〔清〕蔡啓盛編

清光緒十二年（1886）武林刻本

二册

皇清經解縮版編目十六卷　110/7111.7B

〔清〕陶治元編輯

清光緒十七年（1891）上海鴻寶齋鉛印本

二册

皇清經解横直縮本編目十六卷

110/7111.3

〔清〕凌忠照編輯

清光緒十八年（1892）上海古香閣石印本

四册

皇清經解續編目録十七卷　110/7111.21

〔清〕蜚英書局編

清光緒二十三年（1897）上海蜚英書局石印本

四册

經籍要略不分卷附勸學八則　9550/3623

〔清〕裕德編

清光緒十六年（1890）山東書局刻本

一册

經籍舉要一卷附録中江書院尊經閣藏書目、中江講院建立經誼治事兩齋章程

9616/5357

〔清〕龍起瑞編　（書目）〔清〕王呈祥編　（章程）〔清〕中江講院編

清光緒十九至二十四年（1893—1898）蕪湖中江講院刻本

一册

經籍舉要一卷附吴晴舫學使告示六條家塾課程一卷中江講院添設季課示一卷

9550/0134

〔清〕龍啓瑞編　〔清〕袁昶增訂

清光緒二十一年（1895）婺源官舍刻本

一册

九通目録十四卷　9290/4133.95

〔清〕席裕福輯

清光緒二十九年（1903）圖書集成局石印本

十二册

古今算學叢書編目不分卷　7024/8757

〔清〕算學局書編

清光緒二十三年（1897）上海算學書局石印本

一册

歷代名醫書録一卷　T7904/7227

清烏絲欄抄本

一册

鳴沙山石室祕録一卷　9540/6151

羅振玉編

清宣統元年（1909）上海國粹學報社鉛印本

一册

欽定四庫全書簡明目録二十卷

9608/2162.2b

〔清〕紀昀等撰

清乾隆四十九年（1784）杭州趙懷玉刻本

十二册

欽定四庫全書簡明目録二十卷
9608/2162.2
〔清〕紀昀等撰
清同治七年（1868）廣東書局刻本
十六册

欽定四庫全書附存目録十卷
9608/2162.422
〔清〕胡虔輯
清光緒十年（1884）廣東學海堂刻本
六册

四庫書目略二十卷　　　9608/2162.5
〔清〕文良編
清同治九年（1870）刻本
十二册
又一部，9608/2162.5 c.2，十二册。

書目答問四卷輶軒語一卷　9550/1333.5
〔清〕張之洞撰
清光緒三年（1877）湖南濠上書齋
刻本
四册

書目答問五卷輶軒語一卷附國朝著述諸
家姓名略一卷四川尊經書院記一卷
9550/1333.11
〔清〕張之洞撰
清光緒五年（1879）貴陽陳文珊刻本
四册

書目答問五卷別録一卷國朝著述諸家姓
名略一卷校勘記一卷　　9550/1333
〔清〕張之洞撰　　趙祖銘校勘

清光緒二十三年（1897）沔陽盧氏刻
慎始基齋叢書本
二册

山東學政阮芸臺示生童書目一卷
9550/7111
〔清〕阮元編
清乾隆五十九年（1794）濟南府署刻本
一册

全上古三代秦漢三國晋南北朝文編目
一百三卷　　　5238.081/4421
〔清〕蔣鑿編
清光緒五年（1879）烏程蔣氏刻本
十六册

西學書目答問一卷　　　9558/4897
〔清〕趙惟熙編
清光緒二十七年（1901）貴陽學署
刻本
一册

版本之屬

宋元本行格表二卷　　　9566/3149
〔清〕江標撰
清光緒二十三年（1897）湖南刻本
二册

留真譜初編十二卷　　　9427/4234
楊守敬輯
清光緒二十七年（1901）宜都楊氏刻本
十二册